航海类高等职业教育项目化教材

轮机自动化

查辅江　主编
郑其山　王云华　主审

上海浦江教育出版社

内 容 提 要

本书为工学结合的项目化教材，满足《STCW 公约马尼拉修正案》和新的《中华人民共和国海船船员适任考试大纲》的要求。内容包括：船舶反馈控制系统的认识及参数调整，船舶计算机及船舶网络认识，船舶机舱辅助控制系统的操作、维护及常见故障分析处理，船舶主机遥控单元系统的认识，船舶主机遥控系统日常操作、维护保养及常见故障处理，船舶机舱监测与报警系统的操作、维护及故障分析。本书可作为航海类高等职业技术院校轮机工程技术专业教材，也可以作为 750 kW 以上海船船员的培训教材。

图书在版编目(CIP)数据

轮机自动化/查辅江主编. —上海：上海浦江教育出版社有限公司，2014.8

(航海类高等职业教育项目化教材)

ISBN 978-7-81121-351-5

Ⅰ.①轮… Ⅱ.①查… Ⅲ.①轮机—自动化—高等职业教育—教材 Ⅳ.①U664.1

中国版本图书馆 CIP 数据核字(2014)第 175847 号

上海浦江教育出版社出版

社址：上海海港大道 1550 号上海海事大学校内　邮政编码：201306

电话：(021)38284910(12)(发行)　38284923(总编室)　38284916(传真)

E-mail：cbs@shmtu.edu.cn　URL：http://www.pujiangpress.cn

上海图宇印刷有限公司印装　上海浦江教育出版社发行

幅面尺寸：185 mm×260 mm　印张：23.5　字数：571 千字

2014 年 8 月第 1 版　2014 年 8 月第 1 次印刷

责任编辑：黄丽芬　封面设计：赵宏义

定价：75.00 元

总　序

当前，我国高等职业教育已进入了快速发展时期，职业教育的教学模式也悄然发生着改变，传统学科体系的教学模式正逐步转变为行动体系的教学模式。项目化教学是"行动导向"教学法的一种，因其具有实践性、自主性、发展性、综合性、开放性等多个优点而被高等职业院校广泛采用。但由于受传统学科体系的教学模式和海事局船员适任考试评估大纲的影响，航海类高等职业教育的教材目前大多仍按知识体系架构编写，内容偏重于理论知识，而轻视实践技能的训练，与职业能力培养要求存在较大的差距。国内部分院校虽然也进行过项目化教学改革的尝试，但编写的配套教材大多采用模块(知识体系)+实训(海事局评估项目)架构，教学方法上采用"理论与实践交替互动"的模式，没有真正实现以项目为载体的理实一体化教学。

为了培养高素质航海技术技能人才，使教学模式遵循职业教育教学规律和高职学生的认知规律，我们组织编撰了《航海类高等职业教育项目化教材》(丛书)。为了高质量地完成教材的编撰工作，编委会组织了一批企业专家、知名学者和专职教师，在以华东师范大学博士徐国庆教授为核心的"职业教育项目化教改团队"的指导下，大力推进航海类专业以工作任务为导向的课程体系改革。本次课程体系改革，完全打破以往的基于知识体系的课程体系模式，而是以海船船员典型工作任务为导向，从船员岗位的工作领域和职业能力分析入手，形成了一套集知识目标和技能目标于一体、融理论学习和技能训练于一身的全新航海类项目化专业主干课程教材。

教材是课程教与学的载体，也是课程教与学模式的具体体现。在重新优化和构建以工作任务为导向的课程体系的基础上，编委会配套制定了各课程教学标准，分组开展了项目化课程设计，并以此指导项目化系列教材的编撰。

本套教材紧扣船员工作岗位的实际工作项目，通过"项目描述""项目目标""任务描述""任务实施""任务评价"等栏目逐层递进，在项目实施中完成对学生知识的积累和能力的培养。这种"做中学、学中做"教学方法，既符合高等职业教育的需求，也符合高等职业院校学生的认知规律。

航海类专业职业教育"课证融通"的特点，要求毕业生参加海事局组织的船员适任证书考试和评估，并取得相应船员适任证书。所以，本套教材在编撰过程中，还特别强调紧扣国际海事组织STCW公约2010年马尼拉修正案的新内容、新要求，在知识内容和实训项目设置上，完全涵盖中国海事局全国海船船员适任考试和适任评估两个大纲的要求，实现了理论和实践的有机融合。此外，本套教材还根据航海技术的最新发展动态，增加或修订了一些新技术或新设备内容，由此满足船员适任考试和评估的双重需要，还可作为船舶技术人员的参考用书。

本套教材的编撰，是我国航海教育项目化课程改革的有益探索和创新，由于我们的水平有限，书中或仍有某些不足，敬请专家、同行和其他读者不吝指教，以便我们适时改进，为推进我国航海高等职业院校项目化课程改革添砖加瓦。

《航海类高等职业教育项目化教材》编写委员会
2014年7月

《航海类高等职业教育项目化教材》编写委员会

前 言

根据国家示范性高职院校建设计划的精神，按照江苏海事职业技术学院轮机工程技术专业人才培养和教学模式改革方案的要求，为了培养学生的岗位职业核心能力，我们尝试编写这本工学结合的项目化教学教材。

本教材按照《STCW 公约马尼拉修正案》和新的《中华人民共和国海船船员适任考试大纲》的要求，结合航海类高职院校教学的特点，简单、系统地对相关内容进行编写；填补了"轮机自动化"课程项目化教材编写的空白。

"轮机自动化"课程理论性和实践性要求都很高。教材依据航海类高职高专技能培养的需要，以"好用、实用、管用"为度，培养学生岗位职业能力，使之具有更强的适任能力。

本教材共有6个项目，其中项目一由江苏海事职业技术学院祁辉宇编写，项目二由江苏海事职业技术学院于家凤编写，项目三由江苏海事职业技术学院孙立新编写，项目四至项目六由江苏海事职业技术学院查辅江编写。

全书由南京油运股份有限公司指导电机员郑其山、江苏海事职业技术学院副教授王云华主审。在编写过程中还得到许多航运公司的朋友和多位教师的帮助，在此表示衷心的感谢！在编写教材过程中，我们参考了中国海事服务中心组织编写的《轮机自动化》。在此表示衷心的感谢！

由于编者水平有限，书中难免存在不妥之处，恳请各位专家批评指正。

编　者

2014 年 6 月

目　录

项目一　船舶反馈控制系统的认识及参数调整

Item One　Knowledge of Marine Feedback Control System and Adjustment of Parameters

项目描述

本项目通过对各种调节器作用规律的认识、各种传感器结构原理的认识、气动和电动差压变送器结构原理的认识，掌握调整调节器参数技能，掌握气动和电动差压变送器零位和量程的调节技能。

任务1　反馈控制系统的认识

Task One　Knowledge of Feedback Control System

【任务描述】

反馈控制系统专门研究机器设备或生产过程的参数自动控制，其目标是把机器设备或生产过程各种运行参数，如温度、压力、液位、黏度和转速等，控制在所希望的最佳值上。在“自动控制原理”课程中，习惯将参数控制系统称为过程控制系统或自动控制系统。自动控制作为一门工程科学已被广泛地应用于工农业生产、交通运输以及国防建设中，从简单的家用电器到复杂的机器人，从船舶操纵到宇宙航行都离不开自动控制。特别是随着计算机技术的迅猛发展，自动控制技术的应用已经非常普及。本任务认识反馈控制系统的组成、反馈控制系统的工作过程，掌握如何评定控制系统动态过程品质的指标。

【学习目标】

(1) 认识反馈控制系统的组成。

(2) 会评定控制系统动态过程品质指标。

【相关知识】

一、反馈控制系统的组成

反馈控制系统对机器设备或生产过程参数的控制过程实际上是直接模拟人的手动操作过程，如图 1-1-1 所示为手动控制和自动控制柴油机气缸冷却水温度过程。

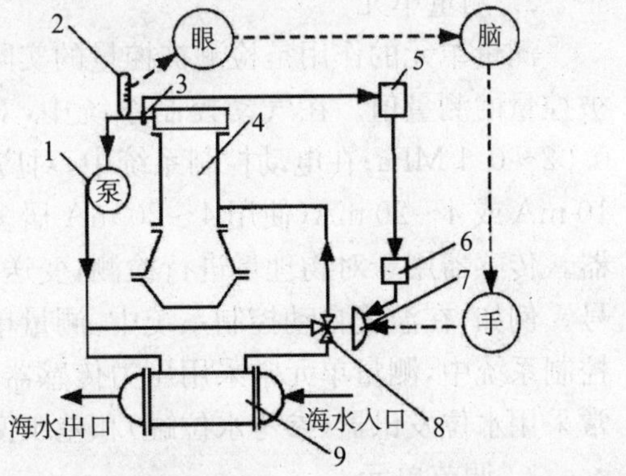

1—淡水泵；2—温度表；3—感温元件；4—柴油机；5—温度变送器；6—调节器；7—执行机构；8—三通调节阀；9—淡水冷却器

图 1-1-1　柴油机气缸冷却水温度控制过程

柴油机在运行过程中需要保持一个最佳的冷却水温度。假如冷却水出口温度应为80 ℃，则在手动控制时，操作人员要用眼睛观察温度表，并把观察到的冷却水实际温度反映给大脑。大脑对这一水温进行分析（温度的实际值是否偏离了最佳值）、判断（实际水温是高于最佳值还是低于最佳值）和计算（实际水温离开最佳值的数量），然后输出一个控制指令给双手，用双手改变三通调节阀的开度，即改变旁通水量和经冷却器冷却后的冷水流量，从而改变气缸冷却水的冷却强度，使冷却水的实际温度逐渐恢复到冷却水温度的最佳值上。

例如，当冷却水实际温度升高时，大脑通过眼睛从温度表上观察到这一信息，为了维持希望的温度值，必然指挥双手关小旁通水量。旁通水量关小的结果势必使实际温度下降，并且在温度表上得到体现。眼睛再把这一调节结果传递给大脑，以便大脑作出下一步判断，并进行下一步动作。这个过程一般都要反复进行，直至实际温度恢复到希望的最佳温度值为止。其中，眼睛把调节结果传递给大脑的过程就叫做反馈。显而易见，正因为利用了反馈，控制的最终目标才得以实现。

在自动控制过程中，由于不需要人干预控制过程，因此，必须采用相应的自动化仪表代替人的功能器官。如可用温度传感器和变送器代替人的眼睛，随时测量冷却水的实际温度并把该值送给调节器。调节器代替人的大脑，对冷却水实际温度进行分析和计算，然后输出控制信号给执行机构。执行机构代替人的双手，改变三通调节阀的开度。不论是手动控制，还是自动控制，反馈作用都是存在的。把包含反馈作用的控制过程称为反馈控制过程。其实，对任何其他运行参数进行控制也都具有类似的过程。分析上述实例不难发现，一个反馈控制系统的组成必须有四个最基本的环节，即控制对象、测量单元、调节单元和执行机构。

1. 控制对象

控制对象是指所要控制的机器、设备或装置，所要控制的运行参数则称为被控量。例如，如图 1-1-1 所示的柴油机气缸冷却水温度自动控制系统中，柴油机是控制对象，冷却水温度是被控量；在锅炉水位自动控制系统中，锅炉是控制对象，水位是被控量；在锅炉蒸汽压力控制系统中，锅炉是控制对象，蒸汽压力是被控量；在燃油黏度自动控制系统中，燃油加热器是控制对象，燃油黏度是被控量；在柴油机转速控制系统中，柴油机是控制对象，转速是被控量。控制对象也可称为被控对象。

2. 测量单元

测量单元的作用是检测被控量的实际值，并把它转换成统一的标准信号，该信号称为被控量的测量值。在气动控制系统中，对应被控量的满量程，其统一的标准气压信号是 0.02～0.1 MPa；在电动控制系统中，对应被控量的满量程，其统一的标准电流信号是 0～10 mA 或 4～20 mA（使用 4～20 mA 居多）。测量单元一般包含两部分，即传感器和变送器。传感器用于对物理量进行检测，变送器则将传感器的输出转换为调节器能够接受的信号。例如，在温度自动控制系统中，测量单元常采用温度传感器和温度变送器；在压力自动控制系统中，测量单元常采用压力传感器和压力变送器；在锅炉水位控制系统中，测量单元常采用水位发讯器（参考水位罐）和差压变送器。

3. 调节单元

调节单元是指具有某种调节作用规律的调节器。调节器接收测量单元送来的被控量测量值，并与被控量的希望值相比较得到偏差信号，再根据偏差信号的大小和方向（正偏差还是负偏差），按照某种调节作用规律输出一个控制信号，送给执行机构，对被控量施加控制作用，直到偏差等于零或接近零为止。

在反馈控制系统中，一般把被控量的希望值称为设定值，被控量的测量值与设定值之间的差值称为偏差值。若将设定值表示为 r，被控量的测量值表示为 z，偏差表示为 e，则

$$e=r-z$$

若 $e>0$，则说明测量值小于设定值，称为正偏差；

若 $e<0$，则说明测量值大于设定值，称为负偏差；

若 $e=0$，则说明测量值等于设定值，称为无偏差。

在实际应用中，调节器一般有位式调节器、比例调节器、比例积分调节器、比例微分调节器和比例积分微分调节器等 5 种。根据控制对象特性的不同及对被控量控制精度的要求，控制系统可选用不同调节作用规律的调节器。

4. 执行机构

执行机构接受调节单元输出的控制信号，并将该信号转换为作用到控制对象的实际控制作用。调节单元输出的控制信号一般都要经过执行机构才能作用到控制对象上，从而改变流入控制对象的物质或能量流量，使之能适应控制对象的负荷变化。在气动控制系统中，执行机构一般是气动薄膜调节阀或气动活塞式调节阀；在电动控制系统中，一般采用伺服电动机。

以上四个单元是组成反馈控制系统必不可少的基本单元。对于一个完整的控制系统，一般都还会有若干辅助单元，例如，用来指示被控量给定值和测量值的指示单元和设定给定值的给定单元等。对气动控制系统来说，还应设有气源装置；对电动控制系统还应有稳压电源等辅助装置。

二、反馈控制系统传递方框图

为了方便分析反馈控制系统工作过程，可把组成反馈控制系统的四个基本单元分别用一个小方框表示，并用带箭头的信号线表示各单元之间的信号传递关系。这样就构成了如图 1－1－2 所示的反馈控制系统传递方框图。通过传递方框图，需要明确以下几个概念。

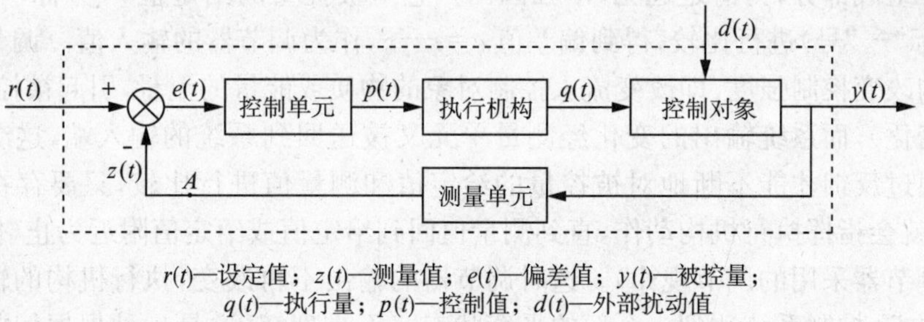

$r(t)$—设定值；$z(t)$—测量值；$e(t)$—偏差值；$y(t)$—被控量；
$q(t)$—执行量；$p(t)$—控制值；$d(t)$—外部扰动值

图 1－1－2　反馈控制系统传递方框图

1. 环节

在控制系统传递方框图中，代表实际单元的每个小方框称为一个环节。每个环节都有输入量和输出量，并用带箭头的信号线表示。其中，箭头指向该环节的信号线为输入量，箭头离开该环节的信号线为输出量，在信号线上可标明输入量和输出量的名称，也可以不标

明。任何环节输出量的变化均取决于输入量的变化以及该环节的特性，而输出量的变化不会直接影响输入量的变化；另外，如果信号线在某处出现分支，则各个分支的信号具有等值特性。

2. 扰动

控制对象作为反馈控制系统的组成环节，其输出量是被控量，而引起被控量变化的因素统称为扰动。显然，扰动量是控制对象的输入量，具体包含两类，即基本扰动和外部扰动。

基本扰动是指来自控制系统内部控制通道（调节通道）的扰动。例如，在水位控制系统中，给水调节阀开度的改变将引起水位的变化；在冷却水温度控制系统中，三通调节阀开度的改变将引起水温的变化，等等。这种扰动通过系统内部的调节通道，改变流入控制对象的物质或能量的流量，从而影响控制对象的输出。因此，基本扰动通过调节通道影响被控量。

外部扰动是指来自系统外部环境的扰动。例如，以锅炉为控制对象的水位控制系统，水位是被控量，锅炉负荷（外部用汽量）的变化将引起水位的变化；在柴油机气缸冷却水温度控制系统中，水温是被控量，柴油机负荷的变化、海水温度的变化、淡水冷却器中水管结垢的多少等都会引起冷却水温度的变化。这种扰动是由于设备负荷或外界环境的变化而导致控制对象内部的能量平衡遭到破坏而引起的。因此，外部扰动通过扰动通道影响被控量。

在图 1-1-2 中，有 2 个信号线的箭头指向控制对象，它们分别代表基本扰动（执行机构的输出 q）和外部扰动（控制对象负荷或环境因素的变化 d）。

3. 系统的输入与输出

前面提到的输入和输出的概念都是针对环节而言的，若从系统的角度来看，则可将如图 1-1-2 所示的各个基本环节看作一个整体，如图 1-1-2 中的虚框所示。不难看出，作为一个整体，系统具有 2 个输入（设定值和外部扰动）以及 1 个输出（被控量）。

4. 反馈

在控制系统传递方框图中，符号“⊗”是一个比较算子（它不是一个独立环节，而是调节器中的一个组成部分，为清楚起见，单独画出），它对被控量的给定值 r（旁标“+”号）和测量值 z（旁标“−”号）进行比较，得到偏差值 $e=r-z$，作为调节器的输入值。调节器的输出经执行机构改变控制强度，即改变流入控制对象的物质或能量的流量，引起被控量变化（即系统输出变化），而系统输出的变化经测量单元又被送回到系统的输入端，这个过程叫反馈。只有通过反馈才能不断地对被控量的给定值和测量值进行比较，只要存在偏差的变化，调节器就会指挥执行机构动作，直到测量值回到给定值或给定值附近为止（偏差是否为零取决于调节器采用的调节规律）。这时调节器的输出不再改变，执行机构的输出正好适应负荷的要求，控制系统达到一个新的平衡状态。不难理解，这是一种根据偏差进行控制的控制系统。

反馈有正反馈和负反馈之分。正反馈是指加强系统输入效应的反馈，它使偏差 e 增大；而负反馈是指减弱系统输入效应的反馈，它使偏差 e 减小。显然，按偏差进行控制的系统必定是一个负反馈控制系统。在自动化仪表中，特别是在调节器中，为实现某种作用规律和功能，常采用复杂的正、负反馈回路。

5. 前向通道与反馈通道

在控制系统传递方框图中，从系统的输入端沿信号线方向到达系统输出端的通道称为前向通道；相反方向的通道则称为反馈通道。

6. 闭环系统

在反馈控制系统传递方框图中，前一环节的输出就是后一环节的输入，系统的输出又经反馈通道送回到系统的输入端。这样，控制系统就形成了一个封闭的控制回路，称为闭环系统。反馈控制系统必定是闭环系统。如果在闭环系统的某处把回路断开，例如，图1-1-2中的A点断开，那么该系统就由闭环系统变成开环系统。开环系统不再是反馈控制系统，无法根据偏差实现设备或生产过程的参数自动控制。

三、反馈控制系统的工作过程

根据前面介绍的概念，反馈控制系统的工作过程可以描述如下：设系统处在平衡状态（即系统稳定运行）时突然受到一个外部扰动，被控量将离开初始稳定值发生变化，测量单元将把被控量的实际值送至调节器，在调节器内部，被控量的给定值与测量值进行比较，得到偏差值e，调节器依据偏差值的大小和方向按照某种调节作用规律输出一个控制信号，通过执行机构改变流入控制对象的物质或能量流量，被控量朝着偏差减小的方向变化，这一信号又通过测量单元送至调节器，重复上述过程，最终使被控量又回到给定值或给定值附近，系统达到一个新的平衡状态。当改变给定值时，系统的工作与上述过程类似。

四、评价反馈控制系统的品质指标

为评定控制系统动态过程品质，通常给系统施加一个阶跃输入信号，然后研究系统的输出量（被控量）随时间的变化曲线，即系统的动态过程。根据控制系统接受的扰动途径，可以分为两种情况：一种情况是外部扰动不变，改变给定值（如随动控制）；另一种情况是给定值不变（定值控制），改变外部扰动。由于控制器控制规律或系统参数的不同，控制系统的动态过程将表现为不同的形式。

如图1-1-3所示为控制系统在受到外部阶跃扰动后可能出现的4种不同情况。图1-1-3(a)为振幅不断增加的发散振荡过程，图1-1-3(b)为振幅相同的等幅振荡过程。

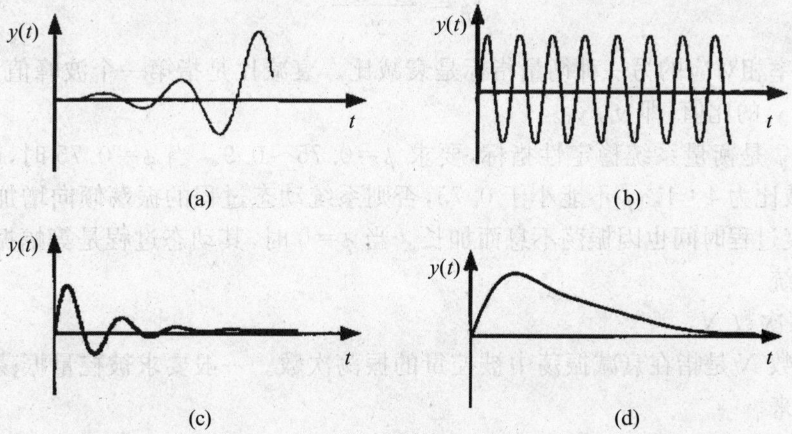

图1-1-3　过程曲线基本类型

显然这两种情况都是不稳定的过程，作为一个实际的控制系统，这是不可接受的。图 1-1-3(c)为一个振幅不断减小的衰减振荡过程；图 1-1-3(d)为一个非周期过程。虽然这两种情况均属于稳定的过程，但非周期过程往往会出现较大的偏差，或者整个调节过程所经历的时间过长，在实际中也是不可取的。因此，一个实际可用的控制系统，最起码的要求是其过渡过程为衰减振荡过程。

即便是衰减振荡过程，也存在衰减快慢的问题，并不是所有衰减振荡过程都符合要求。为了便于讨论控制系统的动态过程品质，常采用一些定量指标加以衡量。在定值控制和随动控制两种情况下，评价动态过程品质的指标有些相同，有些不同。图 1-1-4 和图 1-1-5分别给出了定值控制和随动控制系统在 t_0 时刻外部扰动和给定值阶跃变化的动态过程曲线。归纳起来，评价控制系统动态过程品质的指标包含以下三个方面。

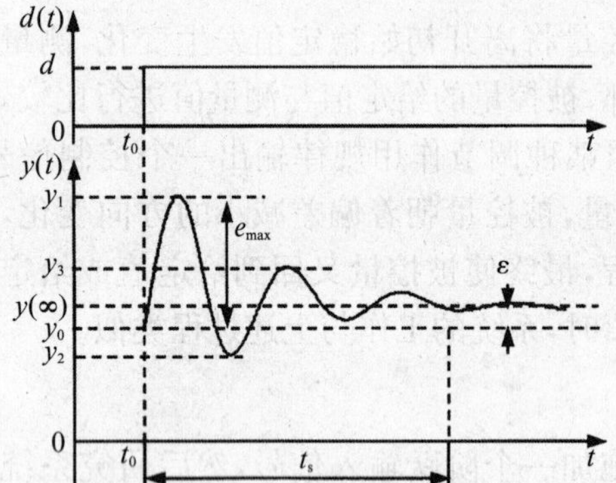

图 1-1-4　定值控制系统的动态过程

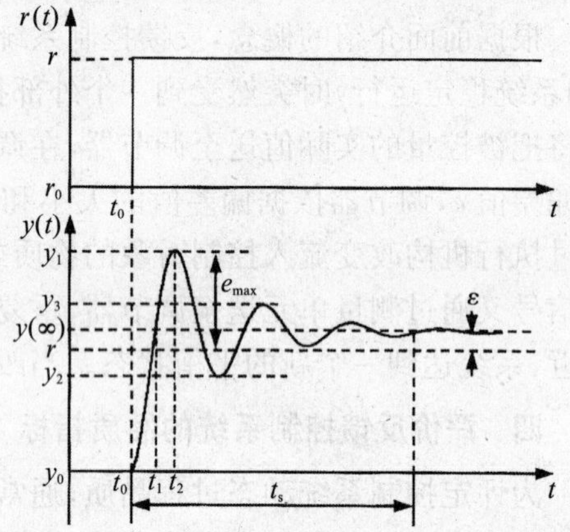

图 1-1-5　随动控制系统的动态过程

1. 稳定性指标

1）衰减率 ϕ

衰减率 ϕ 是指在衰减振荡中第一个波峰值 y_1 减去第二个同向波峰值 y_3 除以第一个波峰值 y_1，即

$$\phi = \frac{y_1 - y_3}{y_1}$$

与衰减率相对应的另一种衡量指标是衰减比。衰减比是指第一个波峰值为与第二个同向波峰值 y_3 的比值，即 y_1/y_3。

衰减率 ϕ 是衡量系统稳定性指标，要求 $\phi=0.75 \sim 0.9$。当 $\phi=0.75$ 时，y_1 是 y_3 的 4 倍，此时衰减比为 4∶1。ϕ 不能小于 0.75，否则系统动态过程的振荡倾向增加，降低系统稳定性，过渡过程时间也因振荡不息而加长。当 $\phi=0$ 时，其动态过程是等幅振荡，系统变成不稳定系统。

2）振荡次数 N

振荡次数 N 是指在衰减振荡中被控量的振荡次数。一般要求被控量振荡 2～3 次就应该稳定下来。

2. 精确性指标

1）最大动态偏差 e_{max}

最大动态偏差 e_{max} 是指在衰减振荡中第一个波峰的峰值。它是动态精度指标。e_{max} 大，说明动态精度低，要求 e_{max} 小些为好。但不是越小越好，因为 e_{max} 太小，有可能使动态过程的振荡加剧。

2）静态偏差 e

静态偏差 e 是指动态过程结束后被控量新稳态值与给定值之间的差值。e 越小说明控制系统的静态精度越高。在实际控制系统中，由于所使用调节器作用规律不同，其存在静态偏差的情况也不相同。有的控制系统受到扰动后，在调节器控制作用下，被控量最终不能稳定在给定值上，只能稳定在给定值附近，存在一个数值较小的静态偏差，称为有差调节。有的控制系统受到扰动后，在调节器的控制作用下，被控量能最终稳定在给定值上，即 $e=0$，称为无差调节。

3）超调量 σ_P

对于随动控制系统，通常采用超调量 σ_P 衡量其动态精度。超调量是指在衰减振荡过程中第一个波峰值 y_1 减去新稳态值 $y(\infty)$ 与新稳态值 $y(\infty)$ 之比的百分数，即

$$\sigma_P=\frac{|y_1-y(\infty)|}{|y(\infty)|}\times 100\%$$

超调量是评价控制系统动态精度的指标。超调量太大，说明被控量会偏离规定的状态太远，对于一些要求比较严格的场合，都有允许的最大超调量要求。在实际系统的过渡过程中，一般要求 $\sigma_P<30\%$。

3. 快速性指标

1）过渡过程时间 t_S

过渡过程时间 t_S 是指从控制系统受到扰动开始到被控量重新稳定下所需的时间。从理论上讲，这个时间是无穷大的。因此，通常这样定义过渡过程时间 t_S：当 $t\geqslant t_S$ 时，满足

$$\frac{|y(t)-y(\infty)|}{y(\infty)}\leqslant\Delta$$

式中：$y(t)$ 是系统受到扰动后在时间为 t 时的被控量值；$y(\infty)$ 是被控量的最终稳态值；Δ 是选定的任意小的值，一般取 $\Delta=0.02$，或 $\Delta=0.05$。上式的物理意义是，在 $t\geqslant t_S$ 的所有时间内，被控量 $y(t)$ 的波动值 $|y(t)-y(\infty)|$ 均小于或等于最终稳态值 $y(\infty)$ 的 2%或 5%。

2）上升时间 t_r

在讨论随动控制系统时，通常还用到上升时间 t_r 和峰值时间 t_P。上升时间是指在衰减振荡中被控量从初始平衡状态第一次达到新稳态值 $y(\infty)$ 所需的时间。在图 1-1-5 中，$t_r=t_1-t_0$。

3）峰值时间 t_P

峰值时间是指在衰减振荡中被控量从初始平衡状态达到第一个波峰峰值所需要的时间。在图 1-1-5 中，$t_P=t_2-t_0$。

t_r 和 t_P 都是反映动态过程进行快慢的指标。t_r，t_P 越小，说明系统惯性越小，动态过程进行得越快。

【任务实施】

一、任务要求

舵机控制系统是我们在船舶电气中学过的内容，以随动舵控制系统(图 1-1-6)为例认识反馈控制系统。

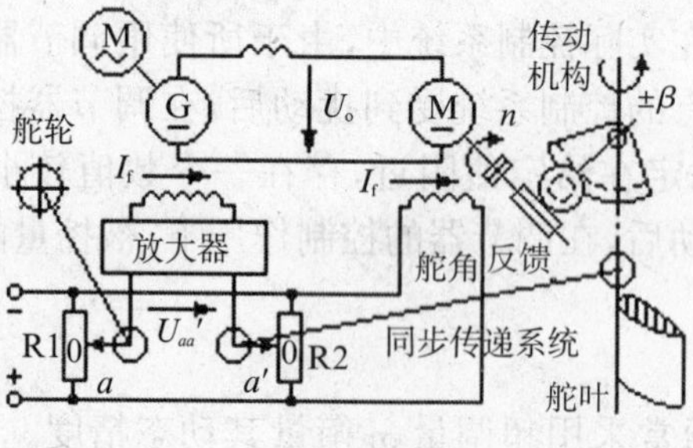

图 1-1-6　随动舵控制系统原理

二、任务操作

随动操舵，又叫“舵轮操舵”。舵叶随着舵轮转动，其原理是负反馈调节系统。以舵角和舵轮的偏差控制电动机。

操舵过程：舵轮向右转 $\alpha°$，R1 滑动点下移，电桥失去平衡，$U_{aa}'>0$，发电机输出 U_o 使电动机顺时针转，舵叶向右偏转；同时舵角反馈同步传递机构带动 R2 的滑动点不断向 a' 点移动。当电桥重新处于新平衡状态时，$U_{aa}'=0$，电动机停止，舵叶处于与舵轮转动相对应的角度上。回舵过程与之相似，只是放大器输入变反，电动机反转，舵叶回偏。

对照图 1-1-2 反馈控制系统框图，可从图 1-1-6 随动舵控制系统中找出：舵轮操舵是给定值；调节单元是放大器和发电机；控制对象是舵叶；测量单元是舵角反馈机构；执行机构是直流电动机。

【任务评价】

(1) 在自动舵控制系统中，能指出反馈控制系统的组成环节：给定环节、调节单元、执行机构、控制对象、测量机构。

(2) 能指出舵机控制系统的前向通道和反馈通道。

【课后练习】

(1) 反馈系统的工作过程有几种趋势？

(2) 评定系统稳定性指标有哪些？

任务 2　自动化仪表的认识

Task Two　Knowledge of Automated Instrumentation

【任务描述】

在船舶机舱中，自动化仪表的应用非常广泛。自动化仪表不仅能在反馈控制系统中对运行参数进行自动控制，还能对运行参数进行自动测量和显示。

自动化仪表的种类繁多：按功能分类，有测量仪表、显示仪表、调节器和执行器；按使用能源分类，有气动仪表和电动仪表；按结构形式分类，有基地式仪表和单元组合式仪表。单元组合式仪表是指把控制系统的各功能单元分别制成一台独立的仪表，包括测量仪表、显示仪表、调节器、执行器等，各个仪表之间用统一的标准信号相联系。气动仪表的统一标准信号是 0.02～0.1 MPa；电动仪表的统一标准信号是 0～10 mA 或 4～20 mA。基地式仪表是指把测量、显示和调节等功能单元组装在一个壳体内，构成一个不可分离的整体，他们之间也不用标准信号联系。在船舶机舱实际应用中，电动控制系统很少使用电动单元组合式仪表，大多数使用电动基地式仪表。关于电动基地式仪表的结构和工作原理，将在项目三中结合实际控制系统予以介绍。

在船上所采用的气动仪表中，基地式仪表和单元组合式仪表两种形式都有，而气动单元组合式仪表应用得更多一些。因此，本任务除了介绍气动仪表的基础知识外，重点介绍气动单元组合式仪表的结构、工作原理和在管理中应注意的问题。

【学习目标】

(1) 会评价自动化仪表的品质指标。

(2) 认识气动仪表的元部件及组成原理。

【相关知识】

一、气动仪表的主要元部件及组成原理

1. 气动仪表的主要元部件

虽然气动仪表的种类和结构形式有很多种，但构成这些仪表的元部件为数并不多，主要有弹性元件、节流元件、气体容室、喷嘴挡板机构和功率放大器等。

1) 弹性元件

弹性元件可分为弹性支撑元件和弹性敏感元件两类。螺旋弹簧和片簧等属于弹性支撑元件，用于支撑、平衡或增强弹性敏感元件的刚度。弹性敏感元件的作用是将承受的压力或轴向推力转换成位移信号。弹性敏感元件刚度小，灵敏度(刚度的倒数)δ 较大，当对弹性敏感元件施加一定的轴向推力时，其位移变形量较大，也就是说，它们对轴向推力的变化反应是敏感的。螺旋弹簧刚度较大，通常与弹性敏感元件组合使用，以增加其刚度，也多用于调整弹性敏感元件的初始位置。如图 1-2-1 所示。

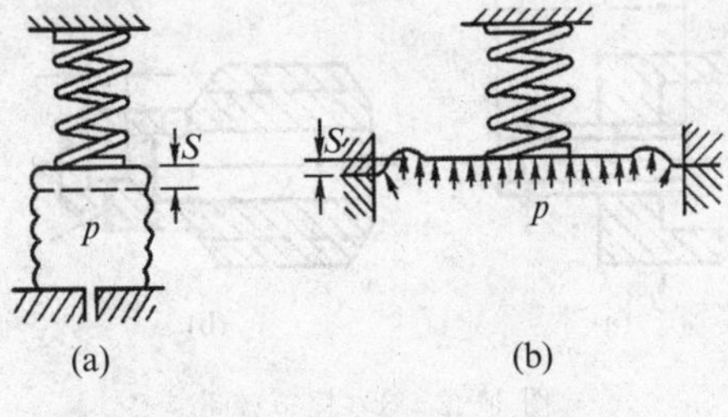

图 1-2-1　常用弹性敏感元件

弹性敏感元件有波纹管、金属膜片、橡胶膜片、弹簧管和金属膜盒等，如图 1-2-2 所示。假定送入波纹管的空气压力 p 是弹性敏感元件的输入量，波纹管的位移量 S 是弹性敏感元件的输出量，显然输出与输入的关系为

$$S = pF_e/E$$

式中：F_e为波纹管的有效面积，这个有效面积要大于波纹管顶部的几何面积 $\pi d^2/4$；E 为波纹管和支撑弹簧的总刚度。

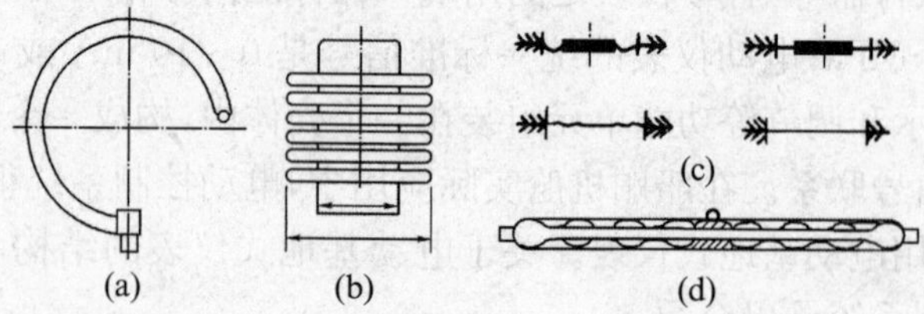

图 1-2-2　弹性支撑元件及弹性组合元件

从上面的式子可以看出，弹性敏感元件在弹性变形范围内，其刚度 E 为常数，有效面积为常数，则弹性敏感元件的输出量 S 与输入量 p 之间是成比例关系的。实验结果表明，波纹管的压缩变形比拉伸变形具有更好的线性关系，且处于压缩状态能承受较大的压力。如果一开始让波纹管处于自由状态，其工作过程中是处于拉伸变形，则当它的变形量不大时就进入非弹性变形区。为此，在实际安装波纹管时，常采用预压缩的办法提高波纹管的线性使用范围。

金属膜片在弹性变形范围内变形量很小。为了增加其线性范围，常制成波纹状，且与水平面成一定角度。弹簧管有单圈弹簧管和多圈弹簧管。单圈弹簧管的自由端位移量较小，如果要在弹性变形范围内得到较大的变形，可采用多圈弹簧管。

橡胶膜片很软，在小工作范围内，其刚度可近似为 0，在实际使用中，橡胶膜片往往制成波纹状且中间加硬芯。

2）节流元件

在气动仪表中，节流元件能够阻碍气体流动，它能产生压降和改变气体的流量。节流元件按其工作特点可分为恒节流孔和变节流孔两种类型。

常用的恒节流孔有两种，即毛细管式和小孔式，如图 1-2-3 所示。毛细管式可用不锈钢管或玻璃管制成，直径为 0.18～0.3 mm。小孔式恒节流孔的直径有几种规格，即 0.25 mm，0.3 mm，0.5 mm，长度为 4 mm。

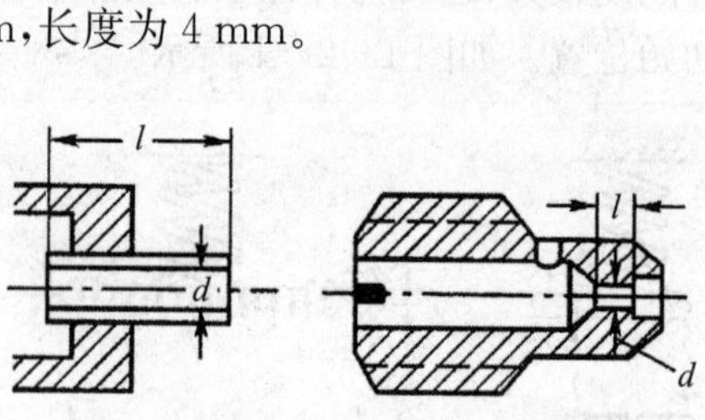

图 1-2-3　恒节流孔

衡量节流元件特性的参数是气阻，通常把气体流过节流元件在节流元件两端产生的压力降与气体流量之间的对应关系称为节流元件的流量特性。显然，节流孔内径越小，产生的压降也就越大。常用气阻 R 来表示节流元件对气体流动阻碍作用的大小。若气体在节流孔中处于层流状态时，气阻压力降 Δp 与气体流量 G 之间的关系为

$$R = \Delta p/G, \Delta p = G \cdot R$$

由于恒节流孔的流通面积不能改变，气阻不能调整，因此称为恒气阻或固定气阻。

变节流孔是指气体经过节流孔流通时的流通面积是可以调整合改变的，其结构有圆锥-圆锥形，圆柱-圆锥形，圆球-圆锥形 3 种，如图 1-2-4 所示。由于变节流孔的流通面积可调，故在气体流过节流孔产生相同压降情况下其流量不同，即气阻 R 不同，所以变节流孔的气阻 R 叫可调气阻。常用变节流孔组成的变节流阀，用于调整调节器的比例带、积分时间和微分时间。

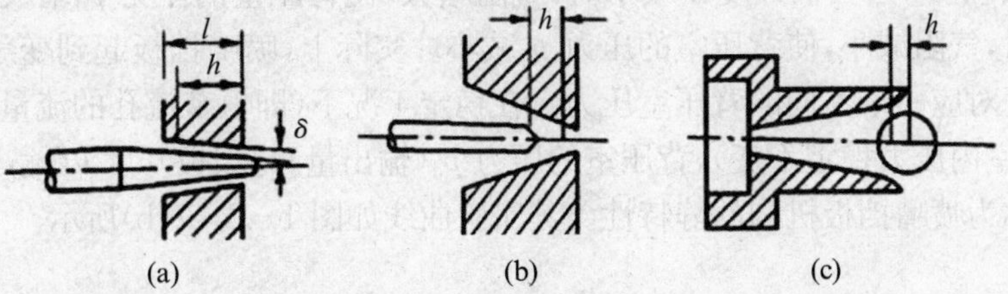

图 1-2-4　变节流孔

3）气体容室

气体容室简称气容，在气动仪表或气路中，能储存或放出气体，对压力变化起惯性作用。目前，所采用的气体容室有定容气室图 1-2-5(a)和弹性气室图 1-2-5(b)。

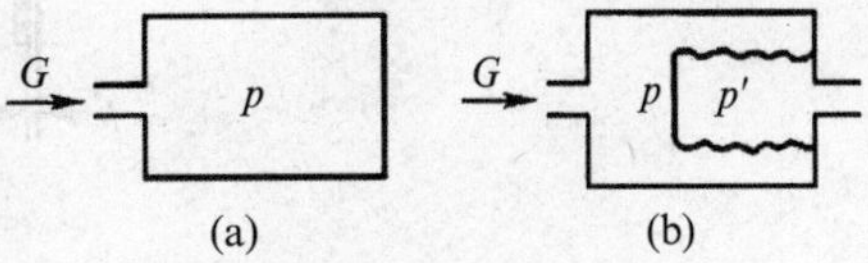

图 1-2-5　气体容积

定容气室是连接在气动管路上的一个能储存气体或放出气体的空腔，其特点是它的体积固定，不随压力的变化而改变。

弹性气室是在空腔中加装一个波纹管构成，其特点是容室体积（空腔与波纹管之间的体积）不固定，而是随波纹管内外两侧的压力差而改变。

常用气容 C 表示气体容室储存空气量的能力。气容 C 是指气体容室内，每升高单位压力所需要增加的空气储存量，即

$$C = \mathrm{d}m/\mathrm{d}p$$

式中：$\mathrm{d}m$ 是气体容室内空气储存量的增量；$\mathrm{d}p$ 是空气压力的增量。可见，气容 C 的大小是由气体容室的体积决定的。体积越大，压力每升高一个单位，气室内需要增加更多的空气储存量，说明它储存空气的能力大，即气容 C 大。对定容气室来说，由于气室的体积不变，故气容是个常数，其储蓄特性如图 1-2-6(a)所示。

弹性气室是在空腔中加装了一个波纹管，其容室的体积（空腔与波纹管之间的体积）是随压力 p 的变化而变化的，因此弹性气室再充、放气过程中，气容是变化的。它的储蓄特性如图 1-2-6(b)所示。

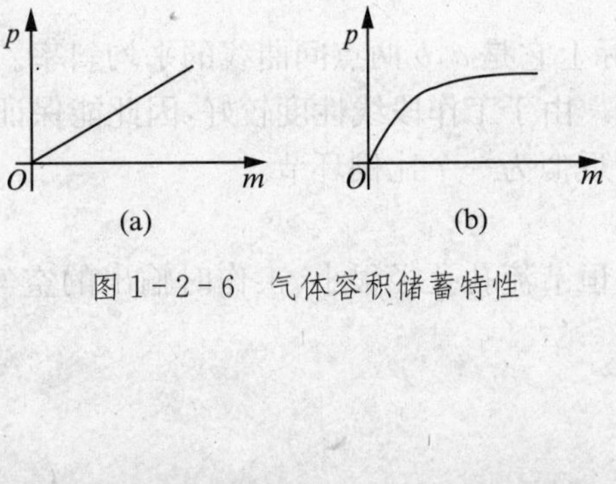

图 1-2-6　气体容积储蓄特性

4）喷嘴挡板机构

喷嘴挡板机构是气动仪表中最基本的元件，也是最精密的元件。它的作用是把挡板的微小位移转换成相应的气压信号。喷嘴挡板机构的结构如图 1-2-7(a)所示。它由恒节流孔 1、背压室 2、喷嘴 3 和挡板 4 所组成。与恒节流孔相比较，喷嘴的孔径 D 要大得多，通常 $D=(4\sim6)d$，保证在挡板全开时背压室的压力能降低到接近大气压力。同时，喷嘴的轴心线必须与挡板平面垂直，保证在挡板靠上喷嘴时，具有良好的密封性，这时背压室的压力接近气源压力 0.14 MPa。显然，当挡板开度 h 减小时，气阻增大，使背压室的压力 p_d 增大；反之，若挡板开度 h 增大时，气阻减小，使背压室的压力 p_d 减小。实际上，喷嘴挡板起到变气阻的作用，不同的挡板开度对应一个不同的背压室压力。在稳定工况下(即恒节流孔的流量与喷嘴的流量相平衡，背压室内压力稳定不变)，背压室的压力 p_d(输出量)与挡板开度 h(输入量)之间的一一对应关系称为喷嘴挡板机构的静特性。其实验曲线如图 1-2-7(b)所示。

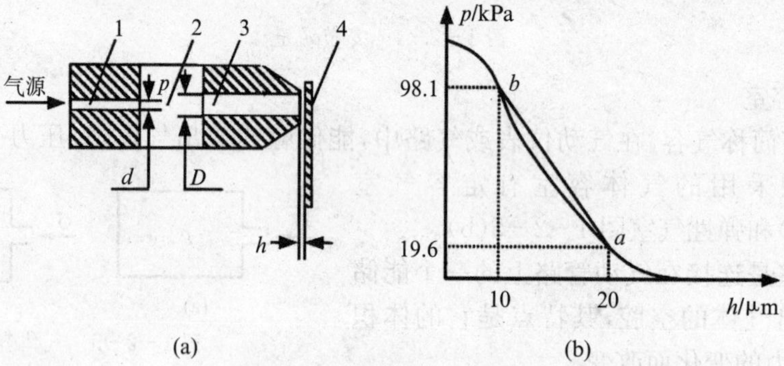

1—恒节流孔；2—背压室；3—喷嘴；4—挡板

图 1-2-7　喷嘴挡板机构结构及特性曲线

当挡板处于全关状态时($h=0$)，由于喷嘴挡板的加工与装配精度所限，难免有一点漏气，这样背压室的压力会略低于气源压力 0.14 MPa。在挡板全开时，由于喷嘴的孔径远大于恒节流孔的孔径，使背压室的压力接近大气压力(即为 0)。

挡板从全关逐渐移到全开时，背压室的压力 p 将从接近气源压力逐渐降低到接近大气压力。从静特性曲线上可看到，各点的斜率是不相同的。换而言之，背压室的压力与挡板开度之间不是严格的线性关系，特别是静特性曲线上、下两头，是明显的非线性关系。但是，在 a，b 两点之间，随挡板开度 h 的变化，背压室压力变化很快，静特性曲线很陡。这时用 a，b 两点间直线来代替 a，b 两点间的曲线，其误差不大。这样，喷嘴挡板机构的工作范围(背压室压力为 0.02～0.1 MPa)内，可把它看成线性元件。喷嘴挡板机构的背压室压力变化量 Δp 与挡板开度的变化量 Δh 呈线性关系，可表示为

$$\Delta p = K_1 \cdot \Delta h$$

式中：K_1 为比例系数，实际上它是 a，b 两点间曲线的平均斜率。喷嘴挡板机构通常是工作在 ab 段上，称之为工作段。由于工作段线性度较好，因此能保证仪表的精度和灵敏度。在工作段内喷嘴挡板机构可近似为一个比例环节。

5）气动功率放大器

由于喷嘴挡板机构的恒节流孔孔径很小，工作时输出的空气量很少，很难直接推动执

行机构或传送较远的距离。因此，几乎所有的气动仪表都在喷嘴挡板机构的输出端串联一个气动功率放大器，进行流量放大或流量、压力放大，即功率放大。

气动功率放大器的结构形式很多。其中耗气型气动功率放大器的结构如图 1-2-8(a)所示，它起流量和压力放大作用。

气动功率放大器由放大气路和弹性组件组成，两个变节流阀构成放大气路，一个是球阀 4，另一个是锥阀 1，它们各起不同的作用。球阀 4 控制来自气源的进气量，只要球阀发生微小的位移，就能引起进气量的很大变化，从而满足流量放大的作用。锥阀 1 控制排气量。弹性组件包括金属膜片 2 和弹簧片 3。

当输入压力增大时，为克服金属膜片和弹簧片的刚度，使阀杆下移，并开大球阀和关小锥阀，这样由 A 室进入 B 室的空气量增加，由 B 室经锥阀排入的大气量减少，B 室的压力即放大器输出压力增大，且输出的空气流量大大增加；反之，当输入压力减少时，B 室压力即放大器输出压力会降低。因此，阀杆的位移 S 决定放大器输出压力的大小。设输入压力为 p_d，金属膜片的有效面积为 F，则金属膜片承受的轴向推力 p_dF 与金属膜片位移变形之间的关系如图 1-2-8(b)所示。

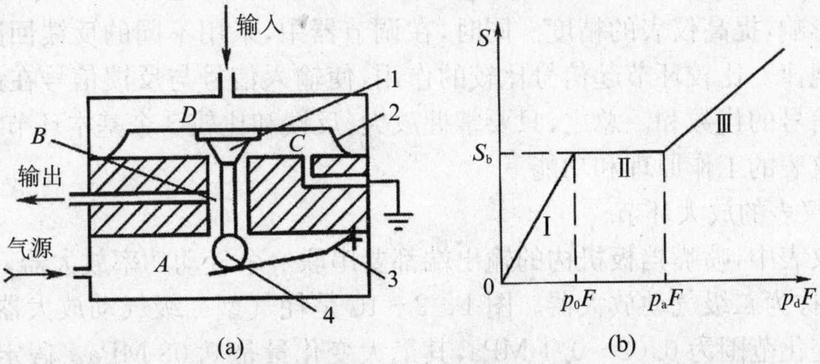

1—锥阀；2—金属膜片；3—弹簧片；4—球阀

图 1-2-8　耗气型气动功率放大器的结构及推力与位移的关系

当输入压力 p_d 等于大气压力时，金属膜片与锥阀之间存在一个间隙 S_0。输入压力开始增大时，金属膜片的位移使 S_0 逐渐减小。当输入压力 p_d 增加到 p_0 时，$S_0=0$，即图中斜线Ⅰ的情况。当 p_d 由 p_0 继续增大时，由于金属膜片承受的轴向推力 p_dF 不足以克服弹簧片的预紧力及气源对球阀的作用力，金属膜片与阀杆均无位移，这是水平线Ⅱ的情况。只有当输入压力 p_d 增加到 p_0 后，阀杆开始有位移，球阀被打开，放大器开始有输出。当输入压力 p_d 由 p_a 继续上升时，放大器工作在斜线Ⅲ(放大器的工作段)上。

在放大器的工作段上，阀杆位移的变化量 ΔS 与输入压力的变化量 Δp_d 成比例，放大器输出压力的变化量 $\Delta p_出$，与阀杆位移的变化量 ΔS 成比例，得

$$\Delta p_{出} = K_2 \cdot \Delta p_d$$

式中：K_2 为气动功率放大器的放大倍数，通常 K_2 为 10～20。K_2 与金属膜片的有效面积、弹性组件的刚度及放大器的结构等因素有关。当金属膜片及弹簧片选定后，可以近似地把 K_2 视为常数。因此，气动功率放大器是一个比例环节。

起步压力 p_a 是指功率放大器输出压力为 0.02 MPa 时的输入压力信号。当气动功率

放大器与喷嘴挡板机构串联使用时，起步压力的大小决定喷嘴挡板机构的工作区域，合适的起步压力才能保证喷嘴挡板机构工作在静特性曲线的线性工作段。起步压力的大小与金属膜片及弹簧片的刚度、金属膜片与锥阀之间的间隙以及弹簧片的预紧力等因素有关。若刚度或间隙或预紧力增加，则起步压力增大。通过调换不同刚度的金属膜片和弹簧片，或调整弹簧片的预紧力，可以改变放大器的起步压力。

2. 气动仪表的组成原理

几乎所有的气动仪表都是由3个基本环节组成的，即放大环节、反馈环节和比较环节，如图1-2-9所示。放大环节起信号放大的作用，要求它具有较高的灵敏性和足够大的输出功率。反馈环节起信号运算的作用，通常是把仪表的输出压力Δp_{SC}通过反馈回路，送回到仪表的输入端与输入信号进行综合，如果放大环节的放大倍数足够大，则整台仪表的特性只取决于反馈环节的特性。这样，可消除放大环节各种非线性因素的影响，提高仪表的精度。同时，在调节器中，采用不同的反馈回路，可实现不同的调节作用规律。比较环节起信号比较的作用，使输入信号与反馈信号在此比较，其输出信号等于各信号的代数和。总之，只要掌握放大、反馈和比较3个基本环节，就能比较容易地分析一台仪表的工作原理和功能。

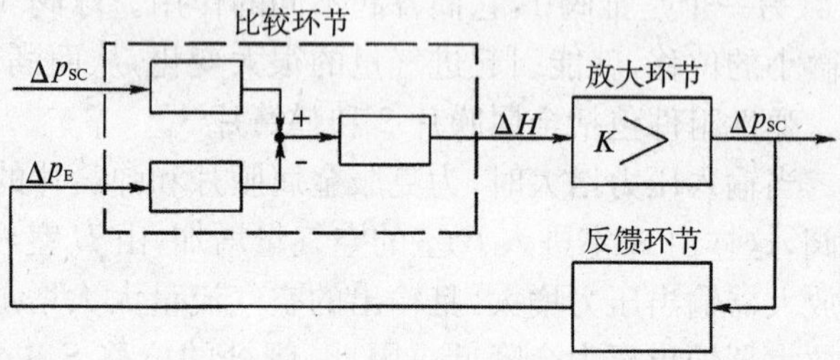

图1-2-9 气动功率表的组成环节

1）气动仪表的放大环节

在气动仪表中，喷嘴挡板机构的输出端都要串联一个气动功率放大器，在结构上，两者往往成一体，称为二级气动放大器。图1-2-10是耗气型二级气动放大器。功率放大器的输出压力变化范围为0.02～0.1 MPa，其最大变化量是0.08 MPa。假定功率放大器的压力放大倍数是10，则喷嘴挡板机构输出压力的最大变化量为0.08/10＝0.008 MPa，它只占喷嘴挡板机构静特性曲线很小的一段，如图1-2-11所示的ab段，其中a点所对应的喷嘴挡板机构的输出压力，就是放大器的起步压力。如果起步压力调整得较合适，放大器将工作在特性曲线最陡、最接近直线部分，如ab段，这样仪表能获得较高的灵敏度、精度和工作稳定性。如果起步压力调得过低或过高，使放大器工作在$a'b'$段或$a''b''$段，曲线平坦，且各点的斜率差别很大，使挡板开度的变化范围增大，仪表的灵敏度降低，工作可能不稳定。因此，调整好起步压力很重要。不过仪表在出厂前已经调好，在使用中不可轻易改动。

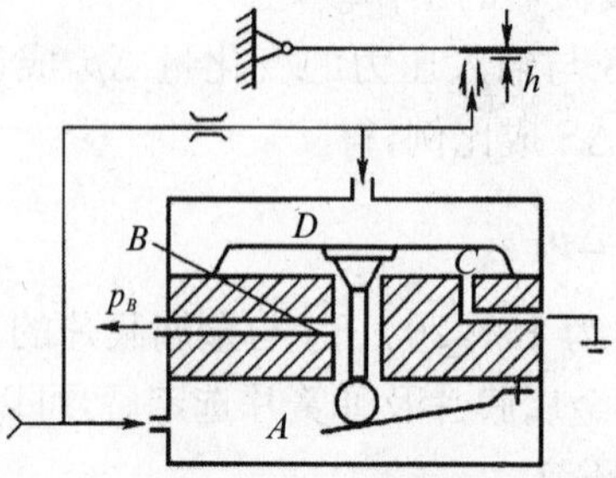

图1-2-10 耗气型二级气动功率放大器

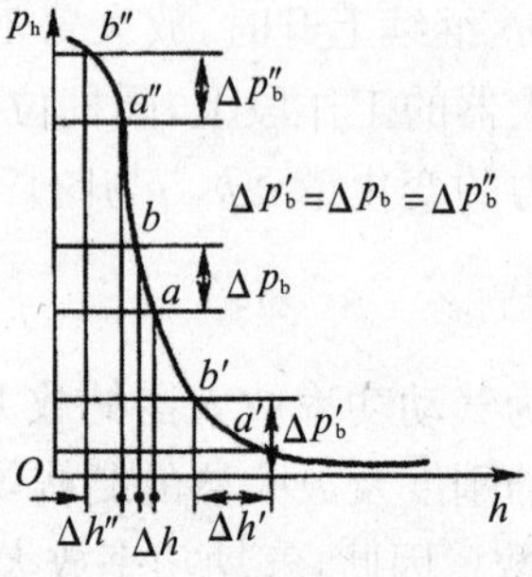

图1-2-11 起步压力的调整

2）气动仪表的反馈环节

在气动仪表中，总是把输出端的输出信号引回到输入端，构成负反馈回路，在调节器中采用较复杂的反馈回路，以实现比例、积分和微分的作用规律。下面介绍一些常用的反馈回路。

（1）节流分压器又称节流通室，它由可调气阻 R_F、流通气室和恒气阻 R 串联而成，如图 1－2－12 所示，两个气阻工作在层流状态，因为流通气室容积很小，可不考虑它充放气的过渡过程，所以仅分析流通气室压力（节流分压器的输出压力）p_1 与输入压力 p_0 和 p_2 之间的关系。一般 p_2 为大气压力，根据气体流动的连续性定理，在稳定情况下，流过可调气阻 R_F 的气体流量 G_1 必定等于流过恒气阻 R 的气体流量 G_2。如果气体密度在气阻前后保持不变，则

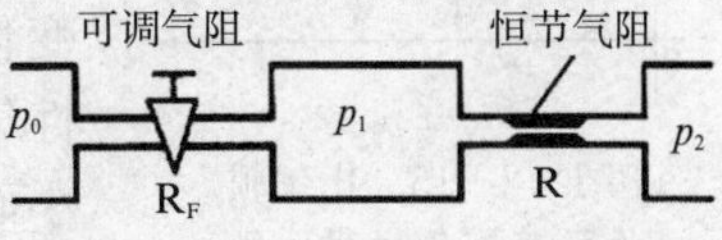

图 1－2－12　节流分压器结构

$$p_1 = R \cdot p_0 / (R_F + R) = K \cdot p_0$$

式中：$K = R/(R_F + R)$ 称为分压系数。当 R_F 一定时，K 是常数，p_1 随 p_0 成比例变化。若 p_0 不变，改变可调气阻 R_F，可改变 p_1 与 p_0 之间的比值 K。当变节流阀全开时，$R_F = 0$，$p_1 = p_0$；当变节流阀全关时，$R_F \to \infty$，$p_1 \approx 0$。因此，改变变节流阀的开度，可使 K 在 0～1 之间变化。可见，节流分压器的特性是比例环节。在调节器中，利用节流分压器作为反馈回路，可实现比例作用规律，可调气阻 R_F 可用来调整调节器的比例带。

（2）节流盲室是在变节流孔（可调气阻）后面串联一个定容气室（盲室）构成的，如图 1－2－13所示。p_i 为输入压力，p_0 为输出压力，用 R 表示变节流孔的气阻，用 C 表示节流盲室的气容，在节流盲室充气过程中 $p_i > p_0$。

节流盲室的特性是一阶惯性环节，$T = RC$ 为该环节的时间常数

$$p_0 = p_i(1 - e^{1/T})$$

显然，节流盲室的输出压力 p_0 是按指数规律变化，p_0 的变化速度取决于 T 的大小。因为 C 是固定不变的，所以改变气阻 R 可调整时间常数 T。T 越大 p_0 变化越缓慢，T 越小则 p_0 变化越快。在调节器中，利用节流盲室作为反馈回路，可实现积分作用规律，可调气阻 R 可用来调整调节器的积分时间。

（3）比例惯性环节是由弹性气室（波纹管 E 与壳体之间的腔室）、波纹管 E′、可调气阻 R 及连接管路组成，如图 1－2－14 所示，p_{sr} 是输入量，p_{sc} 是输出量，其工作情况与节流盲室相类似。所不同的是，第一，这里节流盲室的容积不是固定的，p_{sr} 的变化会引起波纹管 E 的伸缩，节流盲室的容积随之变化，气容 C 不是常数；第二，作用于节流盲室有两条通道，一条是 p_{sr} 经可调气阻 R 对节流盲室充放气，另一条是波纹管 E 伸缩造成挤排作用对弹性气室形成的通道。

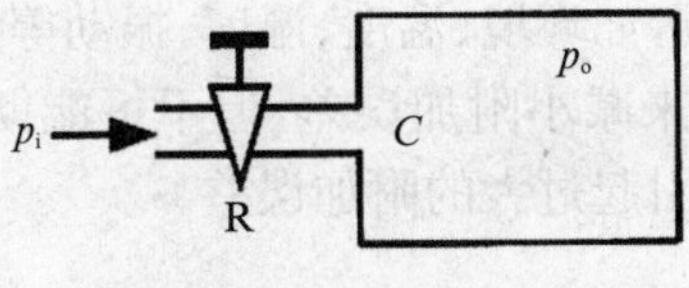

图 1－2－13　节流盲室结构

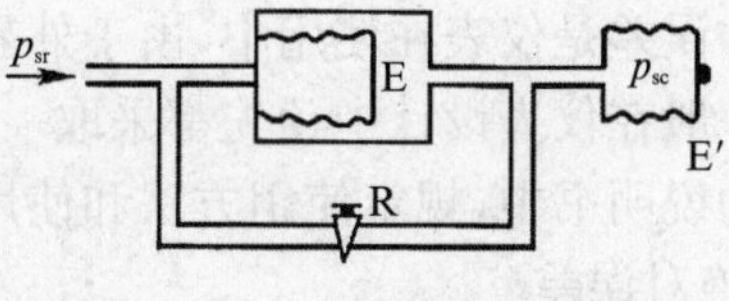

图 1－2－14　比例惯性环节结构

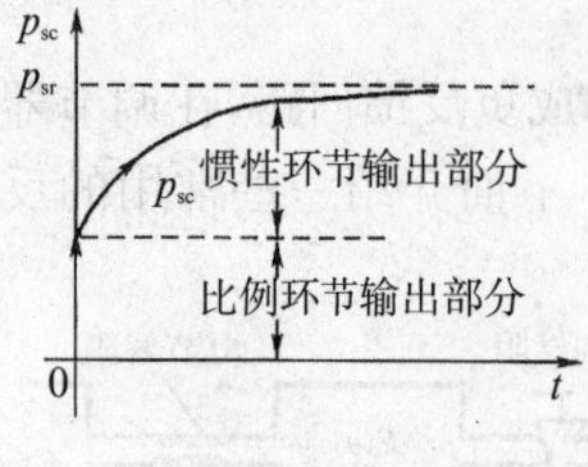

图 1-2-15　比例惯性环节充气过程曲线

图 1-2-15 给出比例惯性环节充气过程的特性曲线。当 p_{sr} 阶跃上升时，由于气阻 R 和气容 C 的存在，p_{sc} 不可能经气阻 R 通道立即升高，但在 p_{sr} 阶跃上升的同时，波纹管 E 立即伸长，挤压弹性气室的气体使 p_{sc} 所造成的弹性气室压力变化过程是个比例环节。在此基础上，p_{sr} 经气阻 R 不断向弹性气室充气，p_{sc} 继续升高，波纹管 E 由于内外压差的不断减小而逐渐收缩，直到 $p_{sc}=p_{sr}$ 为止，波纹管恢复原状。这是一个惯性环节的充气过程。总的充气过程是上述两个充气过程的叠加。在调节器中，利用比例惯性环节作为反馈回路，可实现比例积分作用规律，通过改变气阻 R 可调整调节器的微分作用。

3）气动仪表的比较环节

在气动仪表中，常常用比较环节对两个或两个以上信号进行综合和比较。只有输入信号与反馈信号始终进行比较，仪表才能有稳定的输出。比如，在初始平衡状态下，输入信号突然发生变化，这时仪表的输出信号还未来得及变化，则比较环节将输出一个不平衡信号，使喷嘴挡板机构中的挡板开度改变，于是仪表的输出变化。这个变化经反馈回路送至比较环节，直到反馈信号平衡了输入信号，挡板的开度不再改变（挡板最终开度变化是很小的，可忽略不计），仪表的输出就达到一个新的稳定状态。

在实际结构中，比较环节可按三种平衡原理来工作：其一是位移平衡原理，即输入信号使挡板开度的位移量，正好被反馈信号使挡板的位移量所平衡。挡板两次开度变化的综合，基本保持原开度不变（有一微小变化，可忽略不计）。其二是力平衡原理，即输入信号转换成一个作用力信号，使挡板产生位移，这个位移正好为反馈信号所转换成的作用力使挡板产生的位移所平衡，经两次位移，挡板的开度基本没有变化，因此，这种平衡原理是在比较环节上，输入信号与反馈信号作用力的比较。其三是力矩平衡原理，即在比较环节中，输入信号产生的力矩，正好为反馈信号产生的力矩所平衡，挡板的开度基本保持不变。

二、自动化仪表的主要品质指标

在自动控制和监测系统中，希望仪表所检测的参数值能完全反映出参数的实际值，但是，不论品质多么好的仪表，所测结果与参数的真实值之间总有一定的偏差，这种偏差称为“测量误差”。对自动化仪表品质的要求，主要是看它能以多大的准确度反映被测量参数的真实值。测量值与真实值越接近，仪表的误差就越小，测量精度也就越高。仅用误差来描述仪表的好坏是不够的，还必须从多方面来鉴别仪表的品质。

1. 基本误差与附加误差

基本误差是由于仪表结构中的间隙、摩擦、刻度不均或分度不准等原因所造成的误差，即为仪表本身缺陷所造成的误差。因此，一台好的仪表在加工制造时，就应制作得很精密，尽量减小其基本误差。

附加误差是仪表在使用中，由于外界条件的影响，如环境、温度、湿度、振动等所引起的误差。一般在仪表设计中预先都采取一些补偿措施来减小附加误差，但不可能彻底消除。在仪表的说明书中，规定使用方法和使用条件，以免引起过大的附加误差。

2. 绝对误差

绝对误差又称指示误差，若仪表指示的被测参数值为 A 而被测参数的真实值是 A_0，则

绝对误差 $\Delta = A - A_0$。被测参数的真实值是很难得到的，一般是用准确度很高的标准仪表所测得的平均值作为被测参数的真实值 A_0。绝对误差不能完全反映仪表的测量精度，比如，$\Delta p = 0.01$ MPa，若测量范围是 0～10 MPa 的话，该误差可忽略不计。但若测量范围是 0.02～0.1 MPa，则这个误差已大到该仪表不能再使用。

3. 相对误差

相对误差 δ 是指仪表的绝对误差与该仪表指示值之比的百分数，即

$$\delta = \Delta A / A \times 100\%$$

显然，相对误差的大小可以反映出仪表的测量准确度。

4. 仪表的精度

仪表的精度就是仪表盘或说明书中所写的精度等级，常见的等级有 0.1 级、0.2 级、0.35 级、0.5 级、1.0 级、1.5 级、2.0 级、2.5 级等，其中 0.1 级、0.2 级和 0.35 级多用于标准仪表。

仪表的精度是指测量中的最大指示误差 ΔA_{max} 占仪表的最大测量范围(量程)A' 的百分数 δ_0

$$\delta_0 = \frac{\Delta A_{max}}{A'} \times 100\%$$

通常用去掉百分号的数字表示仪表精度的等级。

5. 仪表的灵敏度

灵敏度是指仪表对输入信号开始有反映的灵敏程度，若仪表的输入量变化 Δx，相对应的输出量变化 Δy，则仪表的灵敏度

$$S = \frac{\Delta y}{\Delta x}$$

可见，仪表的灵敏度越高，越能测出微小的输入变化。一般小量程仪表的灵敏度比大量程的灵敏度高。

6. 仪表的不灵敏区、灵敏限、变差

由于仪表活动部件存在摩擦、间隙、弹性元件滞后现象，当输入信号发生微小变化时，仪表输出仍然不变，这就是不灵敏区。

灵敏限是指引起仪表输出发生微小变化时，所需输入量的最小变化值，一般认为灵敏限等于 1/2 不灵敏区。

仪表的变差是指在外界条件不变的情况下，多次由不同方向使仪表输入为同一真值时，仪表指示值之间的最大误差，即仪表在同一测量点，其正行程和反行程指示值之差。可见，仪表的不灵敏区是由输入量的变化来表示的，而变差是以输出量的指示变化来表示的，它们都是仪表结构不完善程度的标志。

【任务实施】

一、任务要求

对照气动差压变送器实物找出本任务学过的气动元件。

二、任务准备

QBC-560B 型气动差压变送器实物两台。

三、任务操作

气动差压变送器的结构形式有很多种，它由测量和气动转换两部分组成的。测量部分的结构原理如图 1-2-16 所示。它由主杠杆 9 及密封簧片 13、测量膜盒 16 和基体等部分组成。气动转换部分由喷嘴 6、挡板 7、放大器 1、反馈波纹管 10 及调零和迁移弹簧 8 等组成，它把测量部分输出的轴向推力（主杠杆的微小位移）转换成标准的气压信号作为差压变送器的输出。

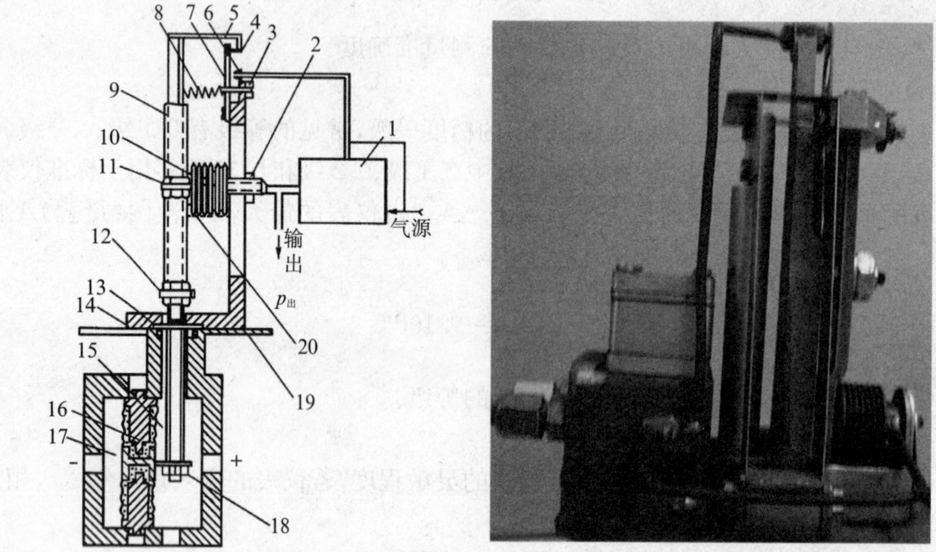

1—气动功率放大器；2，11—锁紧螺母；3—调零螺钉；4—顶针；5—顶针架；6—喷嘴；7—挡板；8—调零、迁移弹簧；9—主杠杆；10—反馈波纹管；12—静压误差调整螺母；13—密封簧片（弹性支点）；14—支架；15—正压室；16—测量膜盒；17—负压室；18—锁紧螺母；19—底板；20—反馈波纹管

图 1-2-16　气动差压变送器的结构原理及实物

【任务评价】

（1）认识弹簧、片簧（密封簧片）、膜盒、波纹管。

（2）认识喷嘴、挡板、气动功率放大器。

【课后练习】

（1）简述耗气型气动功率放大器的结构原理及推力与位移的关系。

（2）简述节流分压器、节流盲室、比例惯性环节在气动回路中的应用。

任务 3　各种调节器的作用规律认识及调节器参数调整

Task Three　Knowledge of Functional Rules and Parameters' Adjustment of Regulators

【任务描述】

在反馈控制系统中，调节器是最重要的组成单元。当控制对象确定后，反映控制对象特性的各种参数也是既定的，因此调节器就对控制系统的动态过程品质起着决定性的影响。调节器的输入是被控量的偏差值 $e(t)$，调节器的输出是控制量 $p(t)$，用于改变执行机构的位置(如调节阀的开度)，最终作用于控制对象。调节器的作用规律是指输出量 $p(t)$ 与输入量 $e(t)$ 之间的函数关系，即 $p(t)=y[e(t)]$，也就是说给调节器施加一个输入信号后，其输出量按何种方式进行变化。根据调节器输出的变化方向，调节器有正作用式和反作用式两种，一种是随着测量值的增加，调节器的输出也增加，称为正作用式调节器；另一种是随着测量值的增加，调节器的输出减小，称为反作用式调节器。

船舶机舱中常用的调节器作用规律有：双位作用规律、比例(P)作用规律、比例积分(PI)作用规律、比例微分(PD)作用规律、比例积分微分(PID)作用规律等 5 种。在这些作用规律中，除了双位作用规律之外，都有作用强度的问题，例如，比例系数的大小衡量比例作用的强弱，积分时间的大小反映积分作用的强弱，微分时间的大小决定微分作用的强弱。

本任务是认识双位作用规律、比例(P)作用规律、比例积分(PI)作用规律、比例微分(PD)作用规律、比例积分微分(PID)作用规律，会调节这些调节器的参数。

【学习目标】

(1) 认识各种调节器的作用规律。

(2) 认识各种调节器的优缺点及使用场合。

(3) 会各种调节器的参数调整。

【相关知识】

一、位式调节器

双位作用规律的特点是，对应被控量的上限 y_{max} 和下限 y_{min}，调节器只有两个输出状态(逻辑 0 和逻辑 1)，如图 1-3-1所示。这种作用规律不能使被控量稳定在某个值，而是使被控量在上限值和下限值之间波动。当被控量下降到下限值时，调节器的输出通过执行机构使被控量上升，当到达上限值时，调节器的输出状态改变，被控量下降，如此周而复始。当被控量在上、下限之间变化时，调节器输出状态不变。

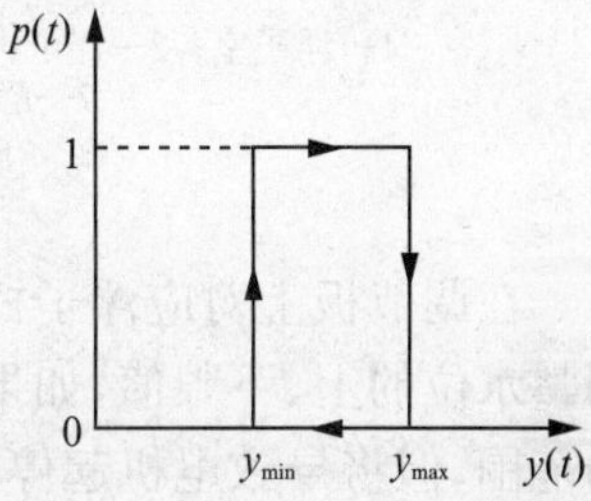

图 1-3-1 双位作用规律

双位控制广泛应用于允许被控量在一定范围内波动的控制系统中，例如，各种液位、压力和温度等的双位控制。下面以浮子式水位双位控制系统和双位式压力调节器为例加以说明。

1. 浮子式水位双位控制系统

在机舱中，浮子式液位双位控制例子很多，如热水井的水位控制、主机日用燃油柜的液位控制以及小型辅锅炉的水位自动控制等。如图 1-3-2 所示为采用浮子对辅锅炉水位进行双位控制的原理。在锅炉外面的浮子室有汽管和水管分别与锅炉的汽空间和水空间相通，故浮子室内水位与锅炉水位一致。浮子与水位同步变化，浮子杆绕枢轴 4 转动，通过上、下销钉 5 带动扇形调节板 3 绕枢轴 4 转动，调节板右边的永久磁铁 12 也跟着转动。当水位上升至接近上限值时，浮子杆与上面的销钉相接触，并带动扇形调节板 3 和磁铁 12 绕枢轴 4 顺时针转动，当磁铁 12 转至与它同极性的永久磁铁 6 相同高度时，由于同极性互相排斥，永久磁铁 6 立即被向上弹开，动触头 11 立即与静触头 7 断开，切断电机电源，给水泵停转，停止向锅炉供水。随着外界负荷不断消耗蒸汽，水位会不断降低，浮子连同浮子杆绕枢轴 4 逆时针转动，但调节板暂时不动。当水位下降到接近下限水位时，浮子杆与下面的销钉相碰，并带动调节板一起转动。当水位下降到下限值时，两同极性的永久磁铁12和6又正好相遇并互相排斥，动触头11立即与静触头7相接触，接通电机电源，并带动给水泵向锅炉供水。随着水位的上升，浮子连同浮子杆绕枢轴4顺时针转动，重复前面的过程。可见，只有水位处在上、下限值时，调节器的输出状态才发生改变，而水位在上、下限之间变化时，调节器的输出状态不变，例如水位从上限值下降时，电机保持断电，水位从下限值上升时，电机保持通电。

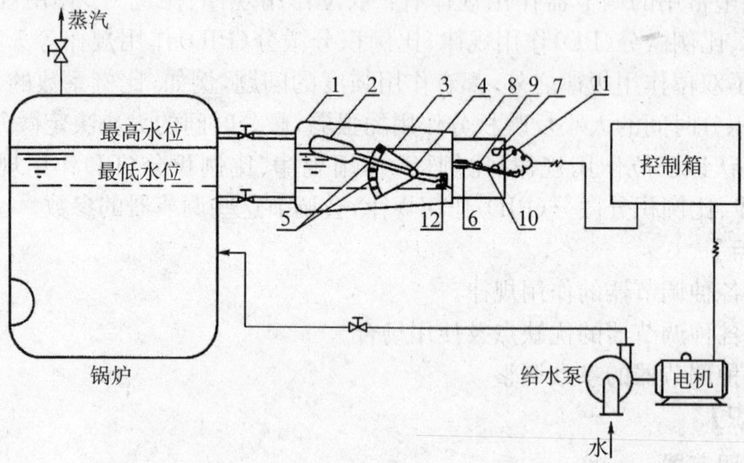

1—浮子室；2—浮子；3—调节板；4—枢轴；5—上、下限销钉；6，12—同极性永久磁铁；
7—静触头；8—开关箱；9—转轴；10—转杆；11—动触头.

图1-3-2　浮子式辅锅炉水位双位控制系统

在调节板上对应浮子杆的上、下限位置各有三个销钉孔，调整上、下销钉5的位置，可调整水位的上、下限值，如果把上、下销钉之间的距离调整得太小，虽然可以减小水位的波动范围，但将导致电机起停频繁，这是不利的。

2. 双位式压力调节器

双位式压力调节器也叫压力开关。压力开关的种类较多，原理也不尽相同，但其主要的外在功能都是一样的，即根据测量压力的上限值和下限值输出不同的开关量信号，用于船舶辅锅炉的蒸汽压力和日用海、淡水压力等的双位控制。

下面以YT-1226型压力调节器为例加以说明。如图1-3-3所示为YT-1226型压力调节器的结构。被测量的压力信号p接至测量室，通过波纹管转换为力信号作用于比较杠杆，产生测量力矩。此外杠杆上还作用着由给定值弹簧产生的给定力矩和由幅差弹簧产生的幅差力矩。

当输入信号p处在压力的下限值时，比较杠杆处于水平位置。这时动触点离开静触点1闭合于静触点2。此时，作用螺钉与幅差弹簧盘之间存在一定的间隙，幅差弹簧对杠杆不起作用。当p增大时，杠杆绕支点逆时针转动，通过拨臂使舌形片的下端左移，通过舌形片使跳簧压缩，储存弹性能。同时，作用螺钉与幅差弹簧盘的间隙逐渐消失，当杠杆继续转动时，不仅要克服给定力矩，还要克服幅差力矩。当杠杆转过某个角度，即被测量压力p达到上限值时，舌形片正好与簧片处在同一平面，跳簧有了释放能量的机会，迅速把簧片弹开，使动触点离开静触点2而与静触点1闭合。当压力p降低时，杠杆绕支点顺时针转动，当杠杆回到水平位置时，舌形片又与簧片处在同一平面，跳簧再次把簧片弹开，使动触点离开静触点 1 合到静触点 2。当压力 p 在上限值和下限值之间变化时，跳簧保持原状态不变，也就是调节器的输出状态不变。

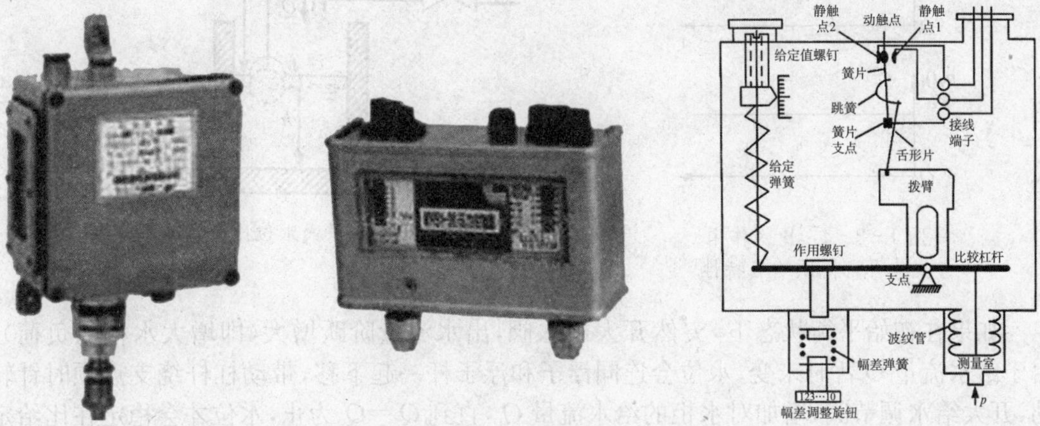

图 1-3-3　YT-1226 型压力调节器结构及实物

给定弹簧调整的是压力开关的下限值，用 p_L 表示，幅差调整旋钮用于调整幅差 Δp，压力开关的上限值 p_H 等于下限值 p_L 加上幅差 Δp，即 $p_H = p_L + \Delta p$。因此，压力开关的上限值是通过调整幅差来设定的。

YT-1226 型压力调节器给定指针的指示范围为 0～0.2 MPa，幅差调整旋钮上标记有 10 个格的刻度，对应的幅差范围为 0.07～0.25 MPa。幅差调整旋钮所调的格数 x 多可根据下式进行估算。由于刻度精度比较低，在实际使用时应该进行实验测定或现场调整。

$$\Delta p = p_H - p_L = 0.07 + (0.25 - 0.07) \times \frac{x}{10}$$

二、比例调节器

比例(P)作用规律是指调节器的输出量 $p(t)$ 与输入量 $e(t)$ 成比例变化，即

$$p(t) = K \cdot e(t)$$

式中：K 为比例系数。K 越大，在输入相同的偏差 $e(t)$ 时，调节器输出量 $p(t)$ 也越大，比例作用越强。反之，K 越小，比例作用越弱。采用比例作用规律的调节器，称为比例调节器。其开环阶跃输出特性如图 1-3-4 所示。

1. 比例(P)作用的控制过程

如图 1-3-5 所示为对单容水柜的水位进行比例规律控制的简单例子。它虽然不能直接用于实际的控制系统，但所揭示的比例作用规律和特点却具有普遍意义。

在图 1-3-5 中，水柜中的实际水位 h 是被控量，其给定值为 h_0。在初始平衡状态下，给水流量 Q_i 与出水流量 Q_o 相等，水位稳定在 h_0 上，偏差 $e(t)=0$。此时，水柜的出水流量 Q_o 对应水柜的额定负苛，其给水调节阀开度 $p(t)$ 为全开的一半左右。这样，不论负荷怎样变化，调节阀开度都有变化的余地，都能对给水流量加以控制。

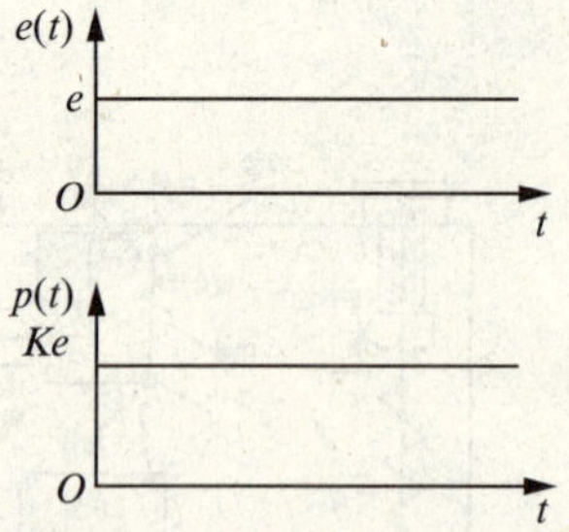

图 1-3-4　比例作用规律开环阶跃响应特性

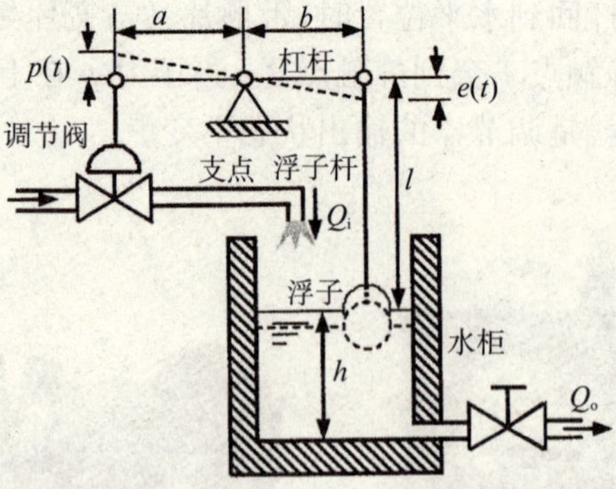

图 1-3-5　浮子式水位比例控制系统

如果在初始平衡状态下，突然开大出水阀，出水流量阶跃增大(即增大水柜的负荷)。由于给水流量 Q_i 暂时未变，水位会连同浮子和浮子杆一起下移，带动杠杆绕支点顺时针转动，开大给水调节阀，增加对水柜的给水流量 Q_i，直到 $Q_i=Q_o$ 为止，水位才会稳定在比给定水位略低的值上。相反，若突然关小出水阀。出水流量阶跃减少(即减少水柜的负荷)，水位连同浮子和浮子杆一起上移，通过杠杆作用使调节阀关小，减少给水流量 Q_i，直到 $Q_i=Q_o$ 为止。水位又会稳定在比给定值 h_0 稍高的值上。当对水柜施加扰动(出水阀开度变化)后，水位的实际值(浮子的位置)h 偏离给定水位 h_0 的数值就是偏差值。

在上述水位控制系统中，控制对象为水柜，杠杆起到调节器的作用，浮子是测量单元，而给水调节阀就是执行机构，被控量是水位高度 h，被控量的设定值实际上就是浮子杆的长度 l。

从图 1-3-5 可见，$p(t)$ 与 $e(t)$ 的关系为

$$p(t)=\frac{a}{b}\cdot e(t)=K\cdot e(t)$$

式中：$K=\frac{a}{b}$ 是比例调节器放大倍数。改变杠杆长度比号，可改变 K 值。左移可调支点，a 减小，b 增大，则 K 减小。反之，则 K 增大。K 是衡量比例作用强弱的参数，K 若大，系统出现一个较小的偏差 $e(t)$，调节器(本例中是杠杆)就能使调节阀开度 $p(t)$ 有一个较大的变化，给水流量的变化量也比较大，克服扰动的能力强，其比例作用强。K 若小，被控量出现较大偏差 $e(t)$ 时，调节器指挥调节阀开度变化不大，克服扰动的能力弱，比例作用弱。

比例作用规律的优点是，调节阀的开度能较及时地反映控制对象负荷的大小。负荷变化大，偏差 $e(t)$ 就大，调节阀开度能够及时地成比例变化，对被控量控制比较及时。正因为如此，比例调节器的应用比较广泛，也是其他作用规律(位式作用除外)的基础。但是，比例作用规律存在的缺点也是明显的。当控制对象受到扰动后，在比例调节器的控制作用下，被控量不能完全回到给定值上，只能恢复到给定值附近。被控量的稳态值与给定值之间必定存在一个较小的静态偏差，这是比例作用存在的固有的、不可克服的缺点。比例作用之所以存在静态偏差是由于调节器的输出与输入之间存在一一对应的硬性关系，从 $p(t)$ 与 $e(t)$ 的关系可以清楚地看出，调节器的输出变化将依赖于偏差的存在而存在。结合系统的工作过程，也不难理解这点。设想在初始平衡状态下突然开大出水阀时，由于 $Q_i<Q_o$，水

位下降，导致出现偏差 $e(t)$，在调节器的作用下，给水阀开度增大，给水流量 Q_i 增大，限制了水位的降低并使水位逐渐向给定值靠近，直至 $Q_i=Q_o$ 为止，此时的水位必然要比原来略有降低。因为假如水位又回到原来的设定值，偏差 $e(t)$ 将不再存在，调节器又回到原来的输出，给水阀的开度又将回到原来的开度，最终又将导致 $Q_i<Q_o$，系统无法平衡。

在比例作用规律中，如果放大倍数较大(比例作用越强)，那么稳态时只要有一个较小的静态偏差，调节阀就会有一个较大的开度变化以适用负荷的要求。因此，K 越大，稳态时静态偏差越小，反之亦然。但不可能通过无限制地增加比例系数的方法达到消除静态偏差的目的，而且当比例系数大到一定程度时将导致系统发生振荡。

比例控制系统虽然存在静态偏差，但这个偏差值不大，与自平衡对象受到扰动后，靠自平衡能力使被控量自行稳定在新稳态值上的变化量相比较要小得多，动态过程也要快得多。因此，比例调节器广泛应用于对被控量稳态精度要求不是很高的场合。

2. 比例带 PB

比例系数 K 虽然可以衡量比例作用的强弱，但 K 通常是一个带量纲的量。不同控制系统之间，其比例作用的强弱不便于比较。因此，在实际控制系统中，更多地采用无量纲的参数衡量比例作用强弱，这个无量纲的参数就是比例带 PB，有时也叫比例度 δ。

比例带 PB(或比例度 δ)，是指调节器的相对输入量与相对输出量之比的百分数，即

$$PB(\delta)=\frac{\dfrac{e}{X_{\mathrm{imax}}}}{\dfrac{p}{X_{\mathrm{omax}}}}\times 100\%=\frac{X_{\mathrm{omax}}}{X_{\mathrm{imax}}}\cdot\frac{e}{p}\times 100\%=\frac{R}{K}\times 100\%$$

式中：e 是被控量的变化量(偏差值)；X_{imax} 是被控量允许变化的最大范围(全量程)；p 是调节器的输出量，X_{omax} 是输出量的最大变化范围；被控量的变化量与全量程的比值 e/X_{imax} 是调节器的相对输入量；p/X_{omax} 是调节器的相对输出量；$R=X_{\mathrm{omax}}/X_{\mathrm{imax}}$ 称为量程系数，在单元组合仪表中，$R=1$。这样，$PB=(1/K)\times 100\%$，显然，比例带 PB 与放大倍数成反比。

比例带 PB 的物理意义可以这样理解，即假定调节器指挥执行机构变化全行程(如调节阀从全关到全开或从全开到全关)，需要被控量的变化量占其全量程的百分数就是比例带。如 $PB=100\%$，说明被控量变化全量程的 100%，调节器将指挥执行机构变化全行程的 100%；若 $PB=50\%$，说明只需被控量变化全量程的一半，调节器就能使调节阀开度变化全行程；若 $PB=200\%$，则说明被控量变化了全量程，调节阀的开度只变化了全行程的一半。可见，比例带 PB 越小，在被控量偏差占全量程百分数相同的情况下，调节器的输出变化也越大，克服扰动能力越强，比例作用也就越强；反之，比例带 PB 越大，比例作用越弱。比例带是比例作用规律极为重要的参数，当组成控制系统的控制对象确定以后，比例带 PB 的大小对控制系统动态过程品质的好坏起着决定性的作用。若 PB 选得太大，比例作用很弱，克服扰动的能力就弱，动态过程虽然很稳定，没有波动，最大动态偏差 $e_{\max}$ 也大，过渡过程时间 t_S 或许会拖得很长，稳态时静态偏差 e 也比较大。若 PB 选得太小，比例作用很强，稍微出现一点偏差就会使执行机构的动作大幅度变化，容易造成被控量的大起大落，系统的稳定性变差，同时，也会加长过渡过程时间 t_S。因此，对一个实际控制系统来说，要根据控制对象的特性，调定合适的比例带 PB，以保证一个控制系统具有最佳的动态过程。在一般情况下，控制对象惯性大的控制系统，可使比例带 PB 小一点，如温度、黏度等控制系统，其控制对象惯性比较大，可选定 PB 为 50%左右。反之，对于控制对象惯性小

的控制系统，比例带可适当选定大一点，如液位控制系统，其控制对象惯性都比较小，可选定 PB 为 70%～80%。在调节器上都设有比例带调整旋钮，用来设定比例带。比例带的可调范围，对不同类型的调节器不尽相同，一般在 5%～300%之间。

3. 气动比例调节器

如图 1-3-6 所示为一个反作用式气动比例调节器，即随着测量值的增加，调节器的输出不断减小。调节器由杠杆、测量波纹管、反馈波纹管、给定弹簧、喷嘴挡板机构和气动放大器组成。其中，测量波纹管的输入来自测量单元输出的标准压力信号，其压力大小反映被控量的实际值。气动放大器的输出一方面作为调节器的输出送到气动执行机构，另一方面作为反馈信号送到反馈波纹管。杠杆主要受到来自测量波纹管的测量力矩 $M_{测}$、来自反馈波纹管的反馈力矩 $M_{反}$ 和来自给定弹簧的给定力矩 $M_{给}$。在初始平衡态下，这 3 个力矩处于平衡状态，即 $M_{给}=M_{测}+M_{反}$，杠杆保持平衡，喷嘴与挡板之间的距离保持不变，调节器的输出不变。

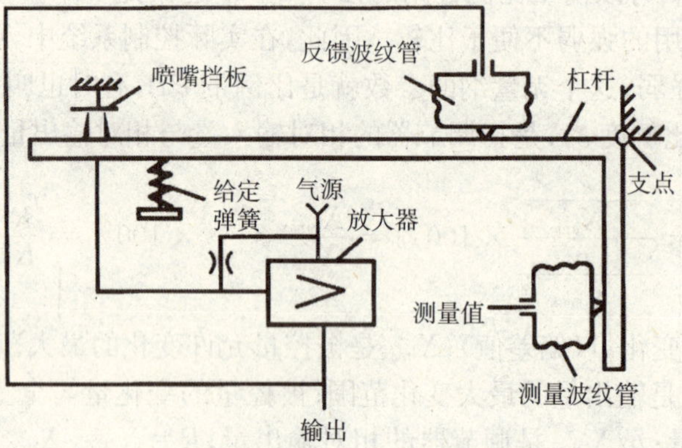

图 1-3-6 气动比例调节器

假设测量值发生一个阶跃变化，如阶跃地减小某个值，则导致 $M_{测}$ 减小，杠杆失去平衡，将顺时针转动，喷嘴靠近挡板，使得喷嘴背压增加，经过放大器放大之后，调节器的输出也增加。这个增大的输出一方面作为调节器的输出，另一方面送至反馈波纹管，使得 $M_{反}$ 增加，阻止挡板继续靠近喷嘴。当重新满足 $M_{给}=M_{测}+M_{反}$ 时，杠杆又恢复到新的平衡，调节器输出不再变化。

设测量值的变化为 $\Delta M_{测}$，调节器的输出变化为 $\Delta p_{出}$，由于给定值没有变化，即给定力矩的变化为 0，根据杠杆的平衡原理，有

$$\Delta p_{测} \cdot F_{测} \cdot l_2 + \Delta p_{出} \cdot F_{反} \cdot l_3 = 0$$

式中：$F_{测}$ 和 $F_{反}$ 分别为测量波纹管和反馈波纹管的横截面积，l_2 和 l_3 分别为测量力臂和反馈力臂的长度。由上式可得

$$\Delta p_{出} = -\frac{\Delta p_{测} \cdot F_{测} \cdot l_2}{F_{反} \cdot l_3} = K \cdot \Delta p_{测}$$

上式表明，调节器的输出变化和输入变化是成比例的，其中比例系数为

$$K = -\frac{F_{测} \cdot l_2}{F_{反} \cdot l_3}$$

由于测量波纹管和反馈波纹管的截面积通常是相等的，而测量力臂的长度 l_2 是固定不变的，因此，移动反馈波纹管的位置，即改变反馈力臂的长度 l_3 可以调整比例调节器的比例系数 K，或者说调整其比例带 PB。比例系数 K 为负值，表明这是一个反作用式调节器。在调节器的工作过程中，实际上在杠杆上还会产生一些附加力矩，如喷嘴气流产生的反作用力矩和杠杆偏转过程中各个弹性部件产生的变形力矩等。由于附加力矩很小，而且理论上可以证明，只要气动放大器的放大倍数足够大，这些附加力矩是可以忽略不计的，因此，在上述的分析过程中，对这些附加力矩未被给予考虑。

以上对比例调节器工作原理的分析表明，比例作用是通过将输出进行直接负反馈实现的，负反馈的强度决定着调节器的比例带。在调节器的实物上一般设有一个比例带调整旋钮，通过比例带旋钮可以左右移动反馈波纹管的位置，即调整反馈力臂的长度 l_3。左移反馈波纹管，l_3 增大，负反馈增强，K 减小，PB 增大，比例作用减弱；反之，则负反馈减弱，K 增大，PB 减小，比例作用增强。

应当注意的是，当调节器接入到实际的控制系统中时，测量值一般是不会阶跃变化的，而调节器的输出也将送至执行机构，作用于被控对象，形成闭环系统。此时，在调节器的控制作用下，被控量的测量值将朝着偏差减少的方向变化。无论如何，测量值也不可能恢复到和原来相等，因为假如测量值恢复到原来的大小，则杠杆的位置、喷嘴与挡板的距离以及调节器的输出都将复原，无法适应新的工况下物质或能量的平衡。

三、比例微分调节器

尽管比例调节器的输出能够与偏差同步变化，对系统的控制比较及时，当控制对象的惯性比较大时，扰动出现的初期被控量不可能在短时间内出现较大的偏差。而比例控制又是根据偏差大小来改变调节器输出的。因此，在这种情况下，比例控制作用就显得不够及时。控制对象惯性越大，这种现象越严重。为了克服这种控制不及时的现象，需要在比例调节器的基础上增加微分作用。

1. 微分(D)作用规律

所谓微分作用规律是指调节器的内部采用一个微分环节，其输出与偏差对时间的微分 $\mathrm{d}e(t)/\mathrm{d}t$，即偏差变化速度成比例，表达式为

$$p(t)=S_{\mathrm{d}}\cdot\frac{\mathrm{d}e(t)}{\mathrm{d}t}$$

式中：S_{d} 为微分系数。显然，微分作用的输出与偏差的绝对值没有关系，因此能在偏差绝对值还很小时就根据其变化速度提前输出一个控制量，及时抵御扰动。从这个意义上说，微分作用具有超前控制的能力，或者说微分作用具有抵制偏差出现的能力。上式表示的是理想的微分作用，这种理想的微分作用在实际中是难以实现的，因此，在调节器中微分作用都采用实际微分环节。如图 1-3-7 所示是一个实际微分环节的开环阶跃响应曲线。

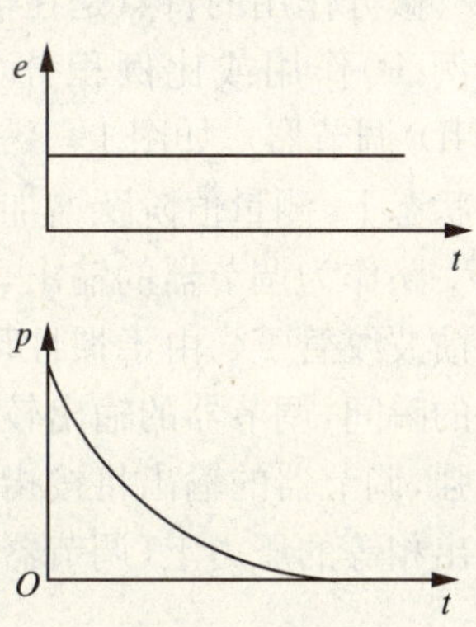

图 1-3-7 实际微分作用的输出特性

图 1-3-7 表明，给实际微分环节施加一个阶跃的偏差输入信号后，它先有一个较大的阶跃输出，起到超前控制作

用，尽管偏差依然存在，但微分输出随即按指数规律逐渐减少，最后消失为 0。因此，微分作用不能单独应用于调节器并构成控制系统，它只能与比例(P)作用或比例积分(PI)作用结合在一起，组成比例微分(PD)调节器或比例积分微分(PID)调节器。

2. 比例微分(PD)作用规律

比例微分作用是指在比例作用的基础上加入微分作用而得到的一种作用规律，即

$$p(t) = Ke(t) + S_d \frac{de(t)}{dt} = K\left[e(t) + T_d \frac{de(t)}{dt}\right]$$

式中：K 是比例微分作用规律的比例系数，在实际调节器中，不是用 K 而是用 PB 表示 PD 调节器比例作用强弱，T_d(微分时间)$=S_d/K$。

在 PD 作用规律中，比例作用是主要定调节器的最终输出变化量，微分作用只起辅助作用。

上述 PD 作用规律表达式中的微分部分仍然只是理想的微分作用，在实际的 PD 调节器中采用的是实际的微分环节，PD 调节器的开环阶跃响应特性如图 1-3-8 所示。特性曲线表明给 PD 调节器施加一个阶跃的偏差输入信号后，它首先有一个阶跃的比例加微分的复合输出，然后微分输出逐渐消失，最后消失在比例输出上。微分时间 T_d 衡量微分输出消失的快慢，或微分输出保留的时间长短。若 T_d 大，说明微分作用消失慢，则微分作用强；若 T_d 小，说明微分作用消失快，则微分作用弱。因此，微分时间 T_d 的大小，是衡量微分作用强弱的参数。

在 PD 调节器上有两个旋钮：一个是比例带 PB 调整旋钮，另一个是微分时间 T_d 调整旋钮。如果把微分时间旋钮调整到 $T_d=0$，相当于切除微分作用，这时调节器就成为纯比例调节器。一般来说，控制对象惯性很小的控制系统，其所采用的调节器可不加微分作用。而控制对象惯性大的控制系统，加入微分作用，可以有效地改善控制系统的动态过程。在 PD 调节器中，加进微分作用后，其比例带 PB 可比纯比例控制时略小些。PD 微分作用能实现超前控制，具有抵制偏差出现的能力，尽管 PB 小一些，也能保证系统动态过程的稳定性，而且较小的 PB 有利于减小静态偏差。PD 调节器与比例调节器一样，是不能消除静态偏差的。

3. 气动 PD 调节器

微分作用的特点是在输入变化的瞬间会有较大的输出，然后逐渐消失为零。它可以同比例(P)作用或比例积分(PI)作用结合在一起形成比例微分(PD)或者比例积分微分(PID)调节器。如图 1-3-9 所示为气动比例微分调节器的一种实现方法。假设在初始平衡状态下，测量值阶跃增加，则由于挡板靠近喷嘴，放大器的输出也阶跃增加。放大器的输出一路作为调节器的输出，另一路经过由微分阀 R_d 和微分气室 C_d 组成的惯性环节送到负反馈波纹管 F。由于惯性环节的滞后效应，初始时刻的负反馈强度较小，因此在测量值增大的瞬间，调节器的输出较大。随着惯性环节的输出按指数规律逐渐增强，负反馈也逐渐增强，调节器的输出将按指数规律逐渐减弱，最终负反馈波纹管的压力将稳定在与调节器输出相等的压力上，调节器输出也不再变化。此时

$$p_F \cdot F_F \cdot l_1 + p_G \cdot F_G \cdot l_2 = p_C \cdot F_C \cdot l_2$$

式中：p_F，p_G 和 p_C 分别为负反馈波纹管、给定波纹管和测量波纹管压强；F_F，F_G 和 F_C 分别

为负反馈波纹管、给定波纹管和测量波纹管面积，且 $F_F=F_G=F_C$；l_1，l_2和 l_3为力臂。若只考虑变化量，则有 $\Delta p_F\cdot F_F\cdot l_1+\Delta p_G\cdot F_G\cdot l_3=\Delta p_C\cdot F_C\cdot l_2$。

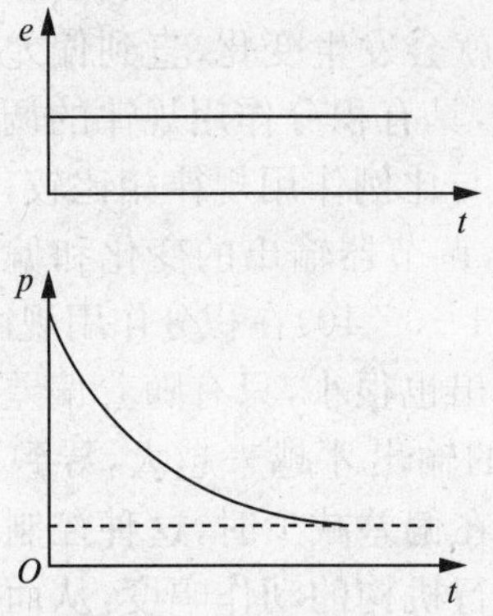

图 1-3-8　比例微分调节器输出特性

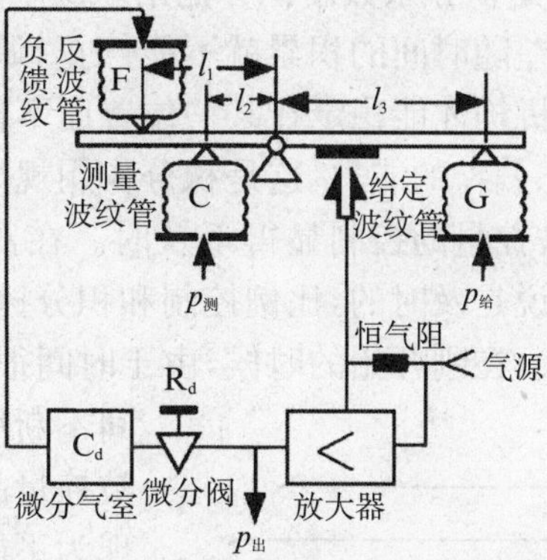

图 1-3-9　气动比例微分调节器原理

由于给定值没有变化，即 $\Delta p_C=0$，因此

$$\Delta p_F=\frac{F_C\cdot l_2}{F_F\cdot l_1}\cdot\Delta p_C=\frac{l_2}{l_1}\cdot\Delta p_C$$

当给定值不变时，测量值的变化实际上就是偏差，即 $\Delta p_C=e$，而当负反馈回路的惯性过程结束时，负反馈波纹管的压力变化和调节器输出压力变化相等，即 $\Delta p_F=\Delta p_出$，因此

$$\Delta p_出=\frac{l_2}{l_1}\cdot e$$

从以上分析可以看出，当测量值阶跃增大时，调节器马上有一个较大的阶跃输出，随后输出逐渐减小，最终稳定在比例输出上。调节器实现的是一个比例微分作用规律，其初始的阶跃输出包含比例和微分两部分，输出减小的过程就是微分消失的过程。微分消失的快慢取决于反馈回路中惯性环节的惯性大小，可由微分阀 R_d进行调整。R_d开度越大，微分消失得越快，即微分时间 T_d越短，微分作用越弱；反之亦然。当微分消失后，调节器的输出大小与偏差成比例，比例作用的强弱由负反馈波纹管的位置进行调整，左移负反馈波纹管，l_1增大，负反馈增强，比例作用减弱，比例带 PB 增大；反之，PB 减小。

当调节器用于实际闭环控制系统时，外部扰动将引起测量值的变化，但一般不会是阶跃变化的。在调节器的控制作用下，被控量的测量值将朝着给定值方向变化。由于微分作用的存在，调节器具有超前控制的作用，但由于没有积分作用，比例微分调节器不能实现无差调节。因此只能适用于对静态精度要求不高的场合。

四、比例积分调节器

比例积分作用规律是指调节器的输出量随输入量做比例积分变化。采用这种作用规律的调节器叫比例积分调节器，简称 PI 调节器。显然，在 PI 调节器中，含有积分作用。

1. 积分(I)作用规律

所谓积分作用规律，是指调节器的输出与输入的积分成比例，也就是说调节器是一个积分单元，即

$$p(t) = S_i \int e(t) d(t)$$

式中：S_i是积分系数。积分输出取决于偏差 $e(t)$的大小和偏差存在时间的长短，只要存在偏差，偏差随时间的积累就不能停止，调节器输出 $p(t)$就会发生变化，直到偏差等于 0 为止，执行机构才能稳定在某一位置而不再变化。换言之，具有积分作用规律的调节器具有消除静态偏差的能力，这是积分作用规律的突出优点。与比例作用规律相比较，积分作用规律对被控量的控制显得不及时。在比例作用规律中，调节器输出的变化和偏差是同步的，或者说是及时的，比例控制和积分控制的比较（见图 1-3-10）在积分作用规律中，即使偏差很大，在刚开始的时候，由于时间很短，调节器的输出也很小，只有随着偏差存在的时间不断增长，积分作用的输出才越来越大，导致调节器对被控量的控制不及时。在偏差减少时，这种控制不及时表现为不能及时地减小执行机构的动作幅度，从而导调节过头，造成被控量的大起大落，降低控制系统的稳定性。图 1-3-10显示控制系统在相同扰动情况下，采用比例调节器和积分调节器的控制系统动态过程曲线。图中曲线 b 是积分控制过程，曲线 a 为比例控制过程。在出现偏差的初期，由于积分作用控制不及时，所以最大动态偏差 e_{max} 较大。后期由于积分作用越来越强，调节过头，造成被控量振荡，系统稳定性降低。正因为积分作用存在这些缺点，在实际控制系统中，极少采用纯积分作用的调节器，而是将积分作用与比例作用相结合，形成比例积分作用规律的调节器，即 PI 调节器。

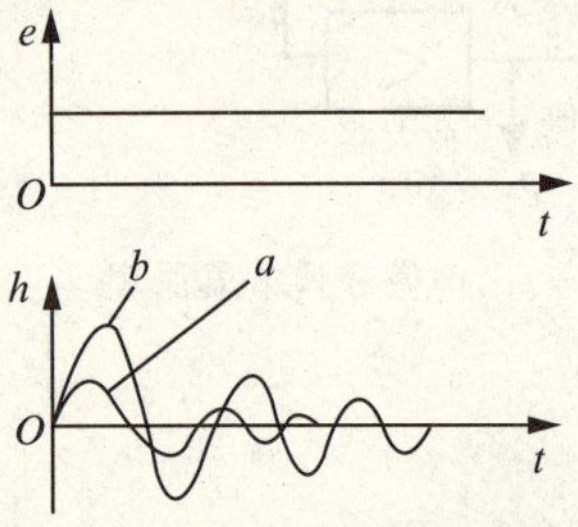

图 1-3-10　比例控制和积分控制的比较

2. 比例积分(PI)作用规律

PI 作用是指在比例作用的基础上加入积分作用而得到的一种作用规律，即

$$p(t) = Ke(t) + S_i \int e(t) dt = K\left[e(t) + \frac{1}{T_i}\int e(t) dt\right]$$

式中：K 是 PI 调节器的比例系数，$T_i = K/S_i$称为积分时间。

在 PI 调节器中，比例作用能使调节器的输出及时响应偏差的变化，起主导作用，而积分作用是辅助的，只用来消除静态偏差。衡量比例积分作用强弱的参数有两个，即比例系数 K 和积分时间 T_i。其中，比例系数 K 是衡量比例作用强弱的参数，在实际控制系统中，一般不用 K 而是用比例带 PB，比例带的大小对比例作用强弱的影响及比例带的物理意义与比例作用规律相同。积分时间 T_i是衡量积分作用强弱的参数，它具有时间的量纲（秒或分）。从比例积分作用规律表达式可以看出，若 T_i小，则积分输出部分大，即积分作用强；反之，若 T_i大，则积分输出部分小，积分作用弱。

假定给比例积分调节器施加一个阶跃的偏差输入信号，其阶跃量为常数 e（在实际系统中，偏差信号一般不会阶跃变化，但在开环实验中，人为地给 PI 调节器施加一个阶跃的输入信号很容易做到），则

$$p(t) = K\left(e + \frac{t}{T_i}\int e dt\right) = K\left(e + \frac{e}{T_i}\int dt\right) = K\left(e + \frac{t}{T_i}e\right) = Ke\left(1 + \frac{1}{T_i}\right)$$

式中：第一项为比例输出，在阶跃输入瞬间，比例作用把输入量 e 放大到 K 倍得阶跃输出。由于此时时间 $t=0$，故没有积分输出。第二项 Ket/T_i 是积分输出，它与时间 t 保持线性关系，其斜率为 Ke/T_i。据此，可画出比例积分作用规律的开环阶跃输出特性曲线，如图 1-3-11 所示。

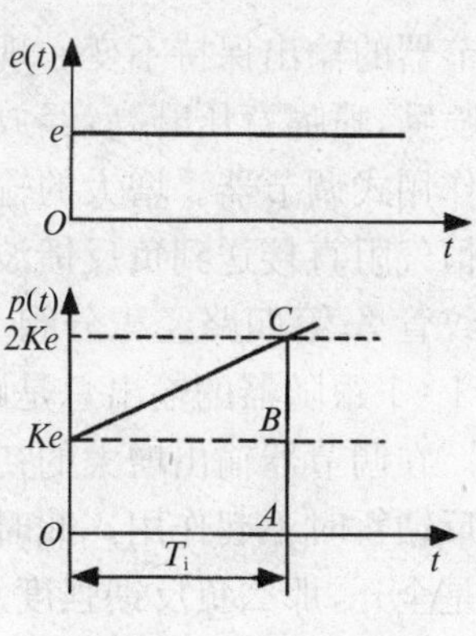

图 1-3-11　比例积分调节器开环阶跃输出特性

从图 1-3-11 可见，在输入阶跃偏差信号的瞬间（$t=0$），先有一个阶跃的比例输出 Ke。此时不论偏差多大，其积分输出为零。以后随着时间的增长，积分呈线性关系输出。当时间进行到 $t=T_i$ 时，$p(t)=2Ke$，即调节器的积分输出部分等于比例输出（$BC=AB$）。由此得到 PI 调节器中积分时间 T_i 的物理意义为：积分时间 T_i 是在给 PI 调节器输入一个阶跃的偏差信号时，其积分输出达到比例输出所需的时间。在工程上，标定或测定调节器积分时间一般规定在比例带为 100% 的条件下进行。

在 PI 调节器上设有两个旋钮，一个用于整定比例带 PB，另一个用于整定积分时间 T_i。T_i 的整定一定要合适，既要能保证控制系统稳定性的要求，又要能在较短的时间内使系统消除静态偏差。在整定 T_i 值时，切忌把 T_i 值整定得太小，否则由于积分作用太强，将导致系统的稳定性变差。如果 T_i 值不能进行准确地整定，那么选取 T_i 时，可以采用宁大勿小的策略。因为，T_i 值略微偏大时，尽管积分作用偏弱，但只会使消除静态偏差的时间稍长而别无它害。积分时间的整定范围一般在 3 s～20 min 之间。控制对象惯性大的控制系统，选取 T_i 值要大一些；控制对象惯性小的控制系统，选取 T_i 值可以小一些。

在比例积分调节器中，如果把积分时间 T_i 设定为∞，则相当于切除积分作用，而成为纯比例调节器。若要将积分切除而成为纯比例调节器，则应将比例带 PB 整定在一个恰当值上，以获得控制系统满意的动态过程。若要加入积分作用（其 T_i 不是∞），则此时的比例带 PB 要比纯比例作用时略大一些，以抵制由于积分作用的加入而产生的系统动态过程振荡的倾向。比例积分调节器是在实际控制系统中应用最广泛的一种调节器。

3. 气动 PI 调节器

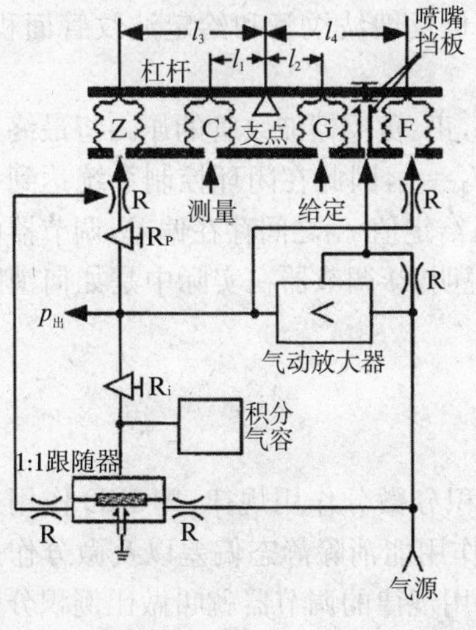

图 1-3-12　气动比例积分调节器原理

气动 PI 调节器是在气动比例调节器的基础上加上积分作用形成的。如图 1-3-12 所示为一种典型的比例积分实现方法。它主要由测量波纹管 C、给定波纹管 G、正反馈波纹管 Z、负反馈波纹管 F、气动放大器、1∶1 跟随器、比例带调节阀 R_P、积分阀 R_i、积分气容、恒气阻 R、杠杆和喷嘴挡板机构等组成。其中，4 个波纹管的截面积相同，且以杠杆支点为中心布置成左右对称，即 $l_1=l_2$，$l_3=l_4$。测量波纹管的输入来自测量仪表送来的被控量测量输出，给定波纹管的输入来自给定值旋钮设定的给定压力。气源分别给放大器、喷嘴挡板机构和 1∶1 跟随器供气。当调节器处于平衡状态时，4 个波纹管作用到杠杆上的力矩相互平衡，杠杆静止不动，喷嘴和挡板的间距不变，调节器的输出保持不变。现假设测量压力阶跃增加,则杠杆失去平衡,顺时针偏转,挡板靠近喷嘴,喷嘴背压升高,经放大器放大后,调节器的输出也阶跃增大。由此可见,这是一个正作用式调节器。增大的输出分为 4 路,一路作为调节器的输出送至执行机构;第二路通过恒气阻直接送到负反馈波纹管 F;第三路经过比例带调节阀 R_P、再经恒气阻送至正反馈波纹管 Z;第四路经积分阀 R_i 向积分气容充气,再经 1∶1 跟随器送至正反馈波纹管 Z,其中 1∶1 跟随器的输出总是跟踪输入的变化而变化,在气路中起到抗干扰的作用。

在调节器输出增大的初始时刻,由于积分阀和积分气容组成惯性环节,第四路产生的正反馈暂时不起作用。此时,由于 R_P 的存在,正反馈和负反馈的强度是不一样的,只要 R_P 不是全开,那么负反馈强度总是大于正反馈强度,因此,其综合效果还是负反馈。这一综合负反馈阻止杠杆的顺时针偏转,即阻止挡板继续靠近喷嘴,调节器的输出 $p_{出}$ 也暂时不再增大。显然,测量值增大得越多,即偏差越大,调节器输出的增大也越多,这是一个比例输出的过程。比例带调节阀 R_P 用于调整综合负反馈的强度,即调整比例带的大小。关小 R_P(气阻增大),正反馈减弱,综合负反馈增强,比例作用减弱,比例带 PB 增大;反之,开大 R_P(气阻减小),正反馈增强,综合负反馈减弱,比例作用增强,比例带 PB 减小。

调节器的输出不会稳定在比例输出上,因为随着时间的增加,由 R_i 和积分气容组成的惯性环节输出将逐渐增大,通过 1∶1 跟随器送至正反馈波纹管,使得正反馈逐渐增强,综合负反馈逐渐减弱,调节器的输出将在比例输出的基础上继续增大,这就是积分输出过程。由此可见,在气路中,调节器的积分作用是通过惯性环节正反馈实现的。积分阀 R_i 用于调整积分时间,关小 R_i(气阻增大),惯性环节的惯性增大,积分时间 T_i 增大,积分作用减弱;反之,开大 R_i(气阻减小),惯性环节的惯性减小,积分时间 T_i 减小,积分作用增强。

当调节器接入闭环系统时,在调节器的控制作用下,被控量的测量值将朝着偏差减小的方向变化,即测量值会不断靠近给定值。当系统达到平衡状态时,调节器的输出不再变化,此时杠杆处于平衡状态,即

$$p_Z \cdot F_Z \cdot l_3 + p_C \cdot F_C \cdot l_1 = p_F \cdot F_F \cdot l_4 + p_G \cdot F_G \cdot l_2$$

式中:p_Z,p_C,p_F 和 p_G 分别为正反馈波纹管、测量波纹管、负反馈波纹管和给定波纹管压强,F_Z,F_C,F_F 和 F_G 分别为正反馈波纹管、测量波纹管、负反馈波纹管和给定波纹管面积,l_1,l_2,l_3 和 l_4 为力臂。

根据气路的工作原理,当调节器的输出不再变化时,正、负反馈波纹管的压力将最终达到相等,即 $p_Z=p_F$。由于 $F_Z=F_C=F_F=F_G$,且 $l_1=l_2$,$l_3=l_4$,因此在闭环控制系统达到平衡状态时,必然有 $p_C=p_G$。换句话说,只要测量值 p_C 与给定值 p_G 之间存在偏差,调节器的控制作用就一直存在,直到 $p_C=p_G$ 为止。由此也可以说明 PI 调节器在实际中是如何消除静态偏差的。

五、比例积分微分调节器

1. 比例积分微分(PID)作用规律

把比例、积分和微分作用组合在一起,则构成比例积分微分作用规律,即 PID 作用规律。在 PID 作用规律中,仍以比例作用为主,吸收积分作用能消除静态偏差以及微分作用能实现超前控制的优点,即功能最为完善。基于这种作用规律的调节器就叫做比例积分微分(PID)调节。PID 作用规律输出与输入之间关系为

$$p(t)=Ke(t)+S_{\mathrm{i}}\int e(t)\mathrm{d}t+S_{\mathrm{d}}\frac{\mathrm{d}e(t)}{\mathrm{d}t}=K\left[e(t)+\frac{1}{T_{\mathrm{i}}}\int e(t)\mathrm{d}t+T_{\mathrm{d}}\frac{\mathrm{d}e(t)}{\mathrm{d}t}\right]$$

式中：K 为比例系数，T_{i}为积分时间，T_{d}为微分时间。K，T_{i}和 T_{d}的大小与相应的作用强度之间的关系与 PI 和 PD 调节器相同。若给 PID 调节器输入一个阶跃的偏差信号，并记录其输出响应，则可得到 PID 调节器的开环阶跃响应输出特性曲线，如图 1－3－13 所示。输出特性曲线表明，当对调节器施加一个阶跃的偏差输入信号后，它首先有一个较大的比例加微分的阶跃输出($OA+AB$)，然后微分输出逐渐消失。当微分输出消失到接近比例输出时，积分输出才不断地显现出来，使调节器输出不断增加。

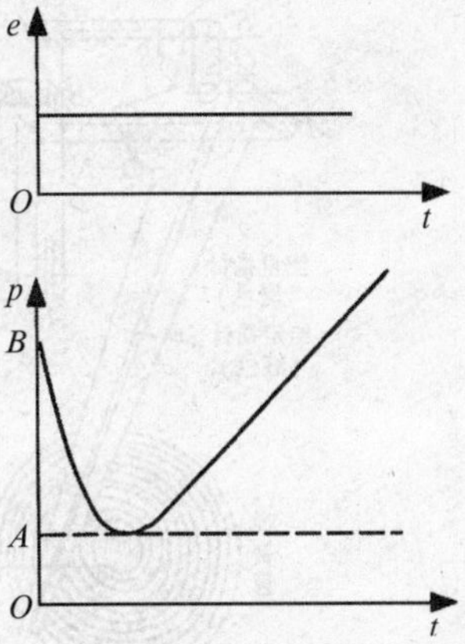

图 1－3－13　PID 调节器输出特性

PID 调节器综合比例、积分和微分三种作用规律，因此兼有比例作用控制及时、积分作用消除静差和微分作用超前控制的能力。传统的 PID 调节器都有三个旋钮，分别用于整定比例带 PB、积分时间 T_{i}和微分时间 T_{d}三个参数，只要把 PB，T_{i}和 T_{d}三个参数整定得合适，控制系统就能获得良好的动态过程品质。

在实际使用中，可根据具体的需要将 PID 调节器用作 P，PI，PD 和 PID 调节器。如把积分对间整定为 $T_{\mathrm{i}}\to\infty$，把微分时间整定为 $T_{\mathrm{d}}=0$，则相当于切除积分和微分作用，成为纯比例作用调节器；在纯比例作用的基础上加入积分作用，则成为 PI 调节器；在纯比例作用的基础上加入微分作用，则成为 PD 调节器；在纯比例作用的基础上同时加入积分和微分作用，则成为 PID 调节器。若对被控量的稳态精度要求较高，则调节器中应加入积分作用；若控制系统中控制对象惯性较大，则调节器应加入微分作用；若控制对象惯性较大且要求较高的静态指标，则应同时加入积分和微分作用。对于 PID 调节器，往往把积分时间 T_{i}整定得比微分时间 T_{d}长，它们之间的关系大致为 $T_{\mathrm{i}}=(4\sim5)T_{\mathrm{d}}$。当加进微分作用后，原来整定的比例带 PB 和积分时间 T_{i}都可以减小一点，这样既能减小最大动态偏差，保证系统的稳定性，又能加快系统的反应速度，使过渡过程时间 t_{s}缩短。

在船舶机舱中，还应根据被控对象的特点，避免采用微分作用。如机舱中的锅炉水位等液位控制系统中，就不宜采用 PD 调节器或 PID 调节器。这是因为微分作用对干扰信号比较敏感，随船舶的摇摆，微分作用会使给水调节阀的开度忽而大开，忽而大关，造成水位的大起大落，不利于对水位的稳定控制。

2. 气动 PID 调节器

将以上介绍的比例(P)、积分(I)和微分(D)作用的实现方法在同一个调节器里进行适当的组合便可以实现气动比例积分微分(PID)调节器。其组合形式主要有两类：一是将三种反馈并行地叠加在一起形成调节器内部的综合反馈；二是在 PI 调节器前串联一个微分器来实现。下面以两个气动 PID 调节器实例加以说明。

NAKAKITA 气动 PID 调节器在船舶机舱中常用于冷却水温度控制系统和燃油黏度控制系统，其三种作用规律通过内部综合反馈实现，其结构原理如图 1－3－14 所示。

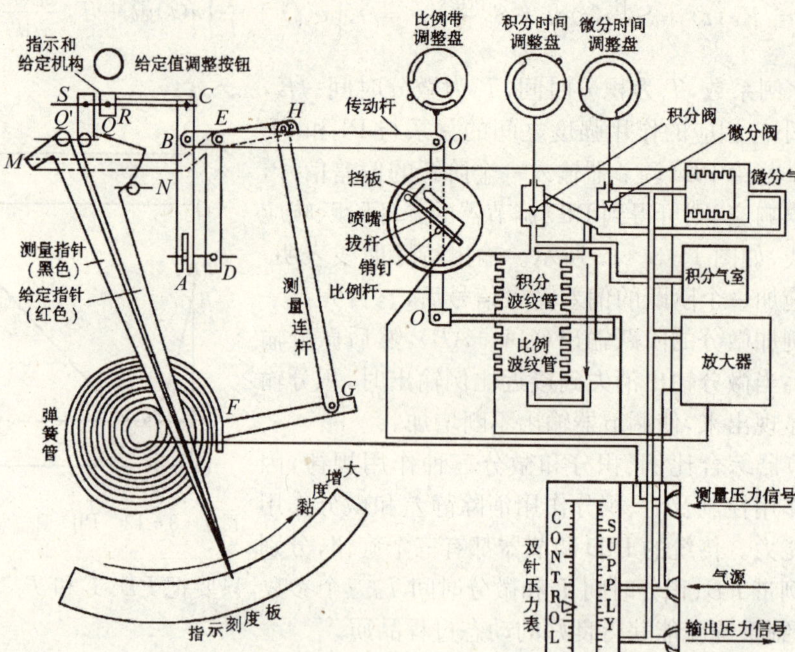

图 1-3-14　NAKAKITA 气动 PID 调节器结构原理

在 NAKAKITA 气动 PID 调节器中，比较环节是通过位移平衡原理实现的。测量值被送至弹簧管，测量压力的大小决定弹簧管的张度大小，弹簧管张度的变化通过连接杆件一方面改变测量指针（黑色）的偏转角度，指示当前测量值的大小；另一方面推动比例杆 OO' 绕 O 点左右偏转，通过销钉和拨杆改变挡板和喷嘴之间的距离，引起调节器输出变化。而调节器的输出变化将通过波纹管组合引起 OO' 杆的上下浮动，影响挡板和喷嘴之间的距离，实现位移反馈。这点与前面介绍的气动调节器中基于杠杆的力矩平衡原理不同。在初始平衡状态下，被控量测量值与给定值相等，黑色的测量指针与红色的给定指针重合。喷嘴挡板之间的开度不变，调节器有稳定的输出。比例波纹管、积分波纹管、积分气室及微分气室压力都相等，并等于调节器的输出压力。

当系统受到扰动时，测量值会离开给定值出现偏差。假设测量值降低，则弹簧管收缩，FG 杆带动 GH 下移，$HENM$ 杆和 HED 杆将绕 E 轴顺时针转动。一方面 MN 杆左移使黑色测量指针朝测量值刻度减小的方向转动；另一方面，D 点左移使 AC 杆绕 C 点顺时针转动，传动杆 BO' 左移，挡板靠近喷嘴，其背压增大，经放大器使调节器输出压力增大。可见，这是一个反作用式调节器。在调节器输出压力增大的同时，将使微分气室中的弹性波纹管立即伸长，挤压微分气室使其压力略有增大。这一增大的压力分为两路：一路直接送至比例波纹管，另一路经积分阀送至积分气室和积分波纹管。比例波纹管内部压力增大而略有伸长，阻止挡板继续靠近喷嘴，但这一负反馈很弱，挡板会大大靠近喷嘴，调节器的输出会大大增加，这就是调节器的微分输出。由于增大的调节器输出经微分阀不断向微分气室充气，负反馈逐渐增强，输出将逐渐减小，最后微分输出将消失在比例输出上。随着积分气室的不断充气，积分波纹管压力不断升高。这一附加的正反馈，又将使挡板靠近喷嘴，调节器输出增大，这就是调节器的积分输出过程。测量值增加的情况在原理上完全相同，只是动作过程相反。

在调节器上有三个调整盘，分别用来调整比例带 PB、积分时间 T_i 和微分时间 T_d，改变积分阀和微分阀的开度可分别调整 T_i 和 T_d。开大积分阀，可缩短积分时间，加强积分作用；关小微分阀，可增加微分时间，加强微分作用。反之亦然。比例带调整盘是一个偏心机构，转动比例带调整盘可使喷嘴和挡板一起沿着比例杆上下移动。当上移时，传动杆 BO' 左右移动相同的距离，即输入偏差相同的情况下，挡板开度变化要大，比例作用增强，比例带减小；反之，下移时比例作用减弱，比例带将增大。

给定值由给定旋钮确定，给定旋钮的角度变化通过连接杆件一方面改变给定指针（红色）的偏转角度，指示当前给定值的大小；另一方面，通过连接杆件带动比例杆 OO' 绕 O 点左右偏转，引起调节器输出变化。例如，顺时针旋转给定旋钮将使给定值增大，此时 QS 杆将绕 Q 轴逆时针转动，RC 杆左移。由于测量值暂时未变，A 和 D 点不动，故 BO' 杆左移，挡板靠近喷嘴，调节器输出压力增大，其工作过程与测量值降低的情况相同。根据实际需要，该调节器还可以工作在正作用方式，此时喷嘴挡板机构在比例杆 OO' 上的相对位置如图 1-3-15 所示。同反作用方式相比，区别在于喷嘴背压的变化将与测量值的变化方向相一致，而不是相反。例如，当测量值减小时，比例杆 OO' 绕 O 点逆时针偏转，通过销钉和拨杆的作用将使挡板和喷嘴之间的距离增大，喷嘴背压减小，调节器的输出也减小。调节器的工作方式应该根据控制任务的需要来决定，如应用于燃油黏度控制系统时，一般应采用反作用方式。

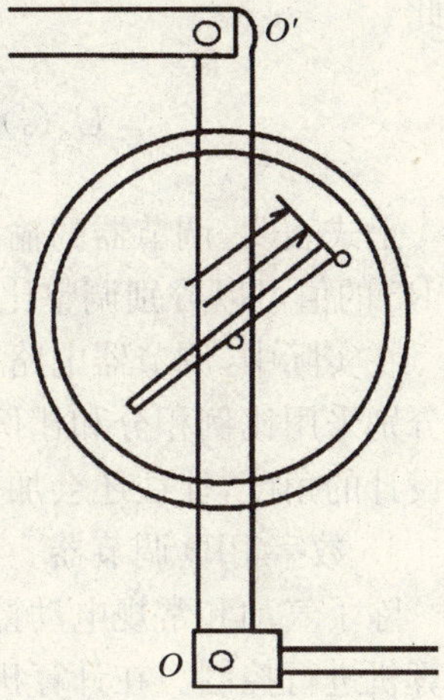

图 1-3-15　正作用切换

3. 电动 PID 调节器

在船舶机舱中，有些控制系统是采用电动的方式实现的。在电动控制系统中，调节器一般做成电路板的形式，其内部电路多数由运算放大器、电阻和电容等元器件组成。如图 1-3-16 所示为采用运算放大器实现 PID 调节器作规律的基本原理。

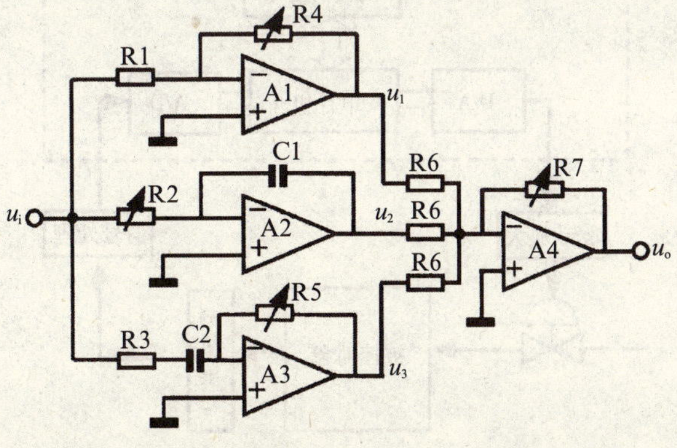

图 1-3-16　由运算放大器组成的 PID 调节器

图 1-3-16 中，u_i 为调节器的输入信号，即测量值电压与设定值电压相比较获得的偏差电压；u_o 为调节器的输出电压，一般要经过进一步处理之后才能送至执行机构；运算放大

器 A1,A2 和 A3 分别实现比例、积分和微分作用,A4 起加法器的作用,并使调节器的输出 u_o与输入 u_i在符号上相一致。

由于

$$U_1(s)=-\frac{R_d}{R_1}U_i(s) \quad U_2(s)=-\frac{R_d}{R_2C_1S}U_i(s)$$

$$U_3(s)=-\frac{R_5\cdot C_2s}{R_3\cdot C_2s+1}U_i(s)$$

因此

$$U_o(s)=\frac{R_7}{R_6}\left(\frac{R_4}{R_1}+\frac{1}{R_2C_1s}+\frac{R_5C_2s}{R_3C_2s+1}\right)U_i(s)$$

上式表明,调节器的输出在整体上对输入具有比例、积分和微分的作用。调整 R4,R2 和 R5 的值可以分别调整比例、积分和微分的作用强度。

在实际中,调节器电路往往会因具体的控制系统而异。例如,积分环节和微分环节可能分别采用比例积分和比例微分环节代替,作用规律之间也可能是串联关系。此外,从电路设计的角度,往往还会加上一些抗干扰措施。

4. 数字 PID 调节器

除了气动和常规电动控制系统之外,船舶机舱中越来越多的参数控制系统都采用微型计算机进行控制。在计算机控制系统中,调节器的作用规律通过软件编程实现,称为调节器作习规律的数字实现。

如图 1－3－17 所示是一个由单片机组成的反馈控制系统结构,它与气动或常规电动系统的最大区别是控制单元采用单片机系统。被控对象输出的被控量由测量单元和信号处理电路转换成标准电压信号,再经过单片机系统的模/数(A/D)转换电路转换成数字量。设定值在单片机系统上通过键盘与显示装置进行数字设定。单片机将设定值与测量值比较获得偏差,调用控制算法程序计算出控制量,并由数/模(D/A)转换电路转换成模拟量输出,经放大后驱动执行机构动作,作用于被控对象,形成闭环控制。

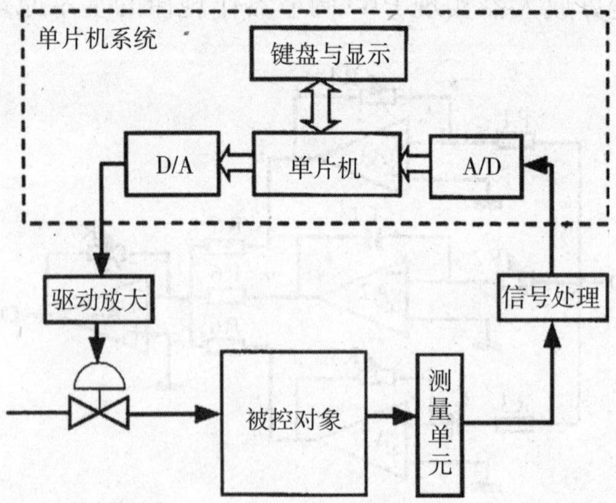

图 1－3－17　数字式反馈控制系统结构

计算机执行上述控制过程并不像模拟仪表那样连续进行的,而是每隔一定的周期(称为采样周期,用 T 表示)进行一次测量采样和控制量输出计算,称为采样控制。

与常规的气动或电动系统相比，采用计算机控制的反馈控制系统具有更高的控制精度和丰富的附加功能。例如，通过键盘(实际上往往只是几个功能按钮)操作，可以在显示器(通常为数码显示器或者液晶显示器)上方便地查看和修改被控量的设定值，查看和修改比例带、积分时间、微分时间和采样周期等调节器参数，以及查看被控量的测量值。此外，通过软件编程，实现调节器的参数自整定以及模糊控制和神经网络控制等智能控制算法。

有些控制对象往往会有多个被控量和多个执行机构，称为多输入多输出系统。计算机为了使各个测量值进行分别采样和对各个控制量分别输出，要在系统中设置多路开关切换电路，如图 1－3－18 所示。此类控制系统在控制算法上往往比较复杂，若被控量之间存在耦合现象，则还需采取解耦措施。

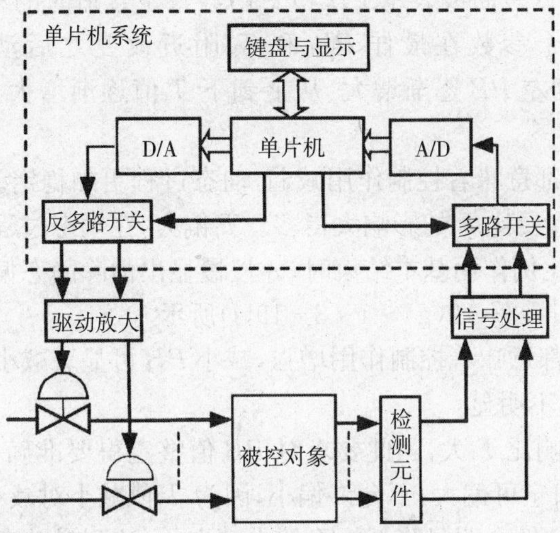

图 1－3－18　多输入多输出反馈控制系统结构

六、调节器参数对控制系统动态过程的影响

在反馈控制系统中，一旦各个组成环节安装完成，并且测量单元和执行机构调试完毕，唯一可调的只有调节器参数。为了获得理想的控制效果，只能调整调节器的参数值，即调节器的比例带、积分时间和微分时间。因此，在对调节器进行更换或维修之后，或由于长期运行导致系统性能降低时，都需要对调节器的参数进行调整，确定能获得满意控制效果的调节器参数值。通常也把这种确定调节器参数值的过程称为自动控制系统的整定或调节器参数的整定。

调节器参数的整定也不是万能的，它必须以测量单元和执行机构的正常工作为前提。如果测量单元的量程不对、执行机构动作失灵或执行不到位，那么仅仅通过整定调节器的参数值也难以达到满意的效果。

调节器的参数整定方法有理论计算和工程整定两种。理论计算涉及控制系统的模型辨识问题，难度较大，不适宜在现场进行，因此，在实际中通常采用工程整定的方法。

在反馈控制系统的控制方案已经确定，组成该控制系统的仪表已经安装并调校以后，为了能使控制系统符合动态过程品质指标的要求，唯一可改变的只有调节器整定的参数值，即调节器的比例带 PB、积分时间 T_i 和微分时间 T_d。因此，在控制系统安装好准备投入工作的时候，或该系统已经运行了一段时间，各台仪表性能有所降低的时候，都需要对调节器参数进行整定，以便确定或恢复为获得满意的控制效果的调节器的最佳参数值。但是，调节器参数的整定只能在一定范围内起作用。如果控制方案不合理、各种仪表的选型和安装不当、单台仪表没有调校好等，单靠调整调节器的参数值是不能达到控制系统动态品质指标要求的。因此不能片面地强调调节器参数的整定。

前面曾分别介绍过调节器的比例带 PB、积分时间 T_i 和微分时间 T_d 对控制系统动态过程影响，但在实际使用中，往往是两个或两个以上参数的联合作用。在这种情况下，调节参数对控制系统的动态过程影响要复杂一些。目前，PI 调节器应用比较广泛，下面着重分析 PB 和 T_i 联合运用时对动态过程的影响，并掌握参数整定的一般原则。

如图 1-3-19 所示表示在一个实际的控制系统中，通过改变 PB 和 T_i 所得到的控制过程曲线图 1-3-19(e)曲线表示 PB 和 T_i 已经整定合适时的动态过程情况。其他曲线表示 PB 和 T_i 这两个参数在最佳 PB_0 和 T_{i0} 附近改变之后动态过程的变化情况。图 1-3-19 中，从右到左 PB 逐渐增大，从上到下 T_i 值逐渐增大。比较这些曲线，可得出如下结论：

(1) PB 和 T_i 增大都意味着控制作用减弱，动态过程更加稳定。但被控量的最大动态偏差增大，在这方面 PB 要比 T_i 的影响大得多。T_i 偏大，在动态过程的开始阶段，积分作用几乎不起作用，只有在比例作用基本结束时，才慢慢显出消除静态偏差的积分作用，整个动态过程拖得很长，如图 1-3-19(g)～1-3-19(i)所示。

(2) PB 和 T_i 减小都意味着控制作用增强，减小 PB 可显著减小最大动态偏差，而减小 T_i 对减小最大动态偏差不明显。

(3) 由于 PB 的影响比 T_i 大，因此要求对 PB 值整定得要准确一些，而 T_i 值的准确度可稍差一点。对于 T_i 值宁可偏大，不允许偏小，因为 T_i 值减小对减小最大动态偏差的作用不大，且动态过程的稳定性会明显降低。T_i 偏大一点，可达到对动态稳定性的要求，只是消除静态偏差所花时间稍长一点。

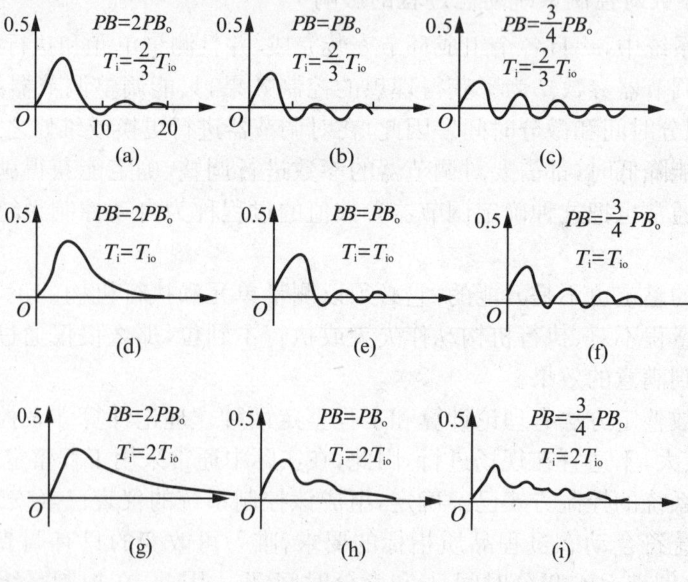

图 1-3-19 PB 和 T_i 改变时控制过程曲线图谱(控制对象 $\tau/T=0.22$)

【任务实施】

模块 1　压力控制器动作值的调节

一、任务要求

要求能够进行正确的电路连接，通过设定值旋钮和幅差调整旋钮将控制器的上、下限动作压力值分别调整在 0 MPa 和 0.1 MPa。

二、任务准备

本实训在仪表实训台上进行，所需的其他设备和工具如下：

(1) YWK－50－C 型压力控制器一个，下限值压力范围为 0～0.2 MPa，幅差范围为 0.07～0.25 MPa。

(2) 快速连接气管一根，螺钉调整工具一个。

三、任务操作

1. 气路连接

压力控制器的测量信号由实训台上的气压定值器提供，定值器设定的压力分别由相应的精密压力表和快速接头进行指示和输出。在进行气路连接时，可采用任意一个定值器输出。建议先将设定压力调为零，然后再通过快速连接气管将定值器输出接到控制器的压力输入端，如图 1－3－20 所示。

图 1－3－20　气动压力控制器实训接线

2. 上、下限动作压力值调整

下限值 P_L 由给定值旋钮通过给定弹簧设定，幅差 ΔP 由幅差调整旋钮通过幅差弹簧设定，压力开关的上限值 P_H 等于下限值 P_L 加上幅差 ΔP，即 $P_H=P_L+\Delta P$。因此，压力开关的上限值是通过调整幅差设定的。

压力控制器的调整步骤如下：

(1) 调整设定值旋钮，将刻度指针调整到希望的压力下限值 P_L。

(2) 根据上限压力值 P_H 计算幅差值 ΔP：$P_H=P_L+\Delta P$。

(3) 根据幅差值 ΔP 调整幅差调整旋钮。幅差调整旋钮上标记有 10 个格的刻度挡，对应的幅差范围为 $\Delta P=0.07\sim0.25$ MPa。幅差调整旋钮所调的格数 x 可根据下列关系进行估算：

$$\Delta P=P_H-P_L=0.07+(0.25-0.07)\times\frac{x}{10}$$

$$x=\frac{(\Delta P-0.07)\times 10}{0.25-0.07}$$

(4) 调整定值器输出，观察测量压力上升到上限值和下降到下限值是开关是否动作。如果动作值不对，则根据具体情况进行微调。

在实训过程中，由于刻度精度比较低，不论是下限值 P_L 还是幅差旋钮的调整格数 x 都只是近似值，只能作为粗调参考。精确设定必须根据开关动作时压力表的读数进行微调。

由于定值器的最大输出不大于 0.14 MPa，因此建议取 $P_L=0.02$ MPa，$P_H=0.1$ MPa。

模块 2　PID 参数调节方法

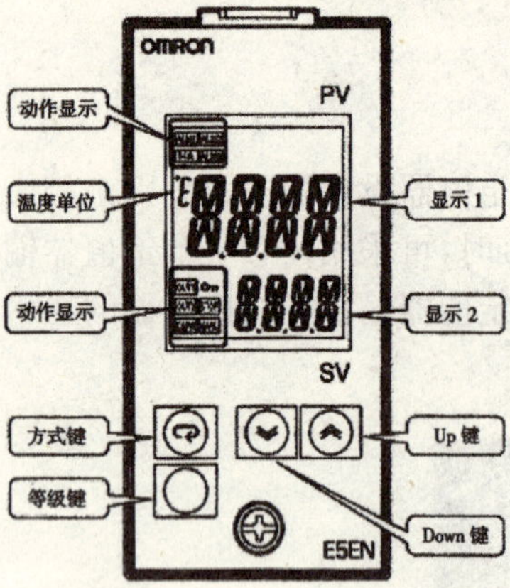

图 1-3-21　控制器面板

一、任务要求

会在缸套冷却水温度控制系统模拟面板上调节 PID 参数。

二、任务准备

系统包括缸套冷却水温度控制系统模拟面板和控制系统实际设备组成。

(1) 模拟面板结构组成。模拟面板（图 1-3-21）位于控制柜的正面，包括：①水温度控制系统结构流程图，如图 1-3-22 所示；②冷却水温度控制器；③温度模拟电位器。

(2) 控制系统实际设备包括：①温度传感器；②电动三通温度调节阀；③温度调节器；④实训台架。

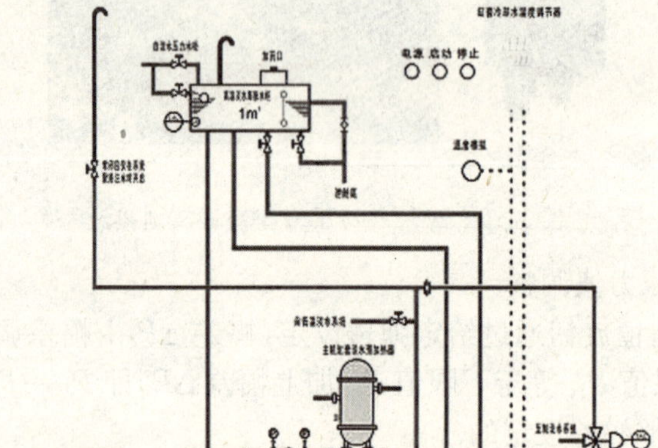

图 1-3-22　冷却水温度控制系统示意

系统中的温度控制器为 OMRON E5EN 型 PID 控制器，调节阀为三通型温度调节阀，传感器采用 Pt100 热电阻温度传感器，均为实船控制系统所采用的设备。

在实船系统中，温度传感器根据缸套水出口温度的实际值高低输出大小不同的电阻值，送给控制器。控制器根据温度设定值和测量值形成偏差，按照 PID 规律输出控制量，送至温度调节阀，改变控制阀旁通口和冷却口的开度。

在本实训系统中采用模拟面板上的温度模拟电位器来模拟 Pt100 的电阻值，用以模拟测量温度的变化。顺时针旋转电位器，其阻值增大，所模拟的温度值也增加；反之，温度值减小。

三、任务操作

1. 准备工作

设备供电，模拟面板上的电源指示灯亮；按模拟面板上的绿色按钮，按钮灯亮，使控制器和温度调节阀上电。

2. 操作步骤

1）控制器的操作

控制器操作面板及各部分名称如下："显示 1"显示的是过程值（*PV*），即冷却水实际温度。在实训系统中，调整温度模拟电位器，*PV* 值将随之改变。顺时针旋转电位器，电阻值增大，所模拟的温度值增加，即 *PV* 值加；反之，*PV* 值降低[⌄]。

"显示 2"显示的是设定值（*SV*），即设定温度。设定温度可以通过"Up"键[⌃]和"Down"键[⌄]调整，按"Up"键[⌃]使设定值增加，按"Down"键使设定值减少。

控制器上电后的状态为默认的操作菜单，通过[◎]、[○]、[⌃]和[⌄]等按键可进行菜单切换和参数滚动及修改。

[◎]键用于窗口滚动，在任一菜单模式下，均可通过操作[◎]键来滚动显示相应的内容。

[○]为菜单键，短按[○]键（少于 1 s）进入参数调整菜单，当进入调整菜单后，通过[◎]键进行滚动显示。如显示比例带、积分时间和微分时间等，如果认为需要调整，则通过[⌃]键和[⌄]键进行调整。再次短按[⌄]键退出调整菜单。

长按[○]键（至少 3 s）进入初始设定菜单，按住[○]键超过 1 s 退出初始设定菜单。同时按住[○]和[◎]至少 3 s，进入保护菜单，出现 wtpt 参数时，把下一行的 off 改为 on，会出现锁扣钥匙，表示温度设定值被保护不能修改，同时按住[○]和[◎]至少 1 s 退出保护菜单，下一行的 on 改为 off，表示温度设定值被保护能修改。

当出现 R－5 参数时，下一行出现 RUN，下一行左侧显示 OUT2 表示输出参数可调。

2）温度控制模拟实训

（1）观察当前实际温度值（*PV*）、设定温度值（*SV*）和三通调节阀进出水口的开度。结合反馈控制系统基本理论知识，对当前状态进行合理解释。

（2）将设定值设置在一个符合实际情况的某一温度值，调整温度模拟电位器，使模拟实际温度向设定值慢慢靠近，并最终使模拟实际温度和设定值相等，观察调节阀动作过程及最终状态。

（3）改变调节其参数，如改变比例带、积分时间和微分时间，重复（2），观察调节阀的动作，比较参数改变前后的差异，并给予正确解释。

【任务拓展】

PID 调节参数的工程整定方法：所谓整定方法就是确定调节器 PB，T_i 和 T_d 的方法。它可以通过理论计算确定，但误差太大。目前，应用最多的是工程整定法，如经验法、衰减曲线法、临界比例带法和反应曲线法等四种方法。

1. 经验法

经验法又称现场凑试法，即先确定一个调节器的参数值 PB 和 T_i，通过改变给定值对控制系统施加扰动，现场观察判断动态过程曲线形状。若曲线不够理想，可改变 PB 或 T_i，再观察动态过程曲线，经反复凑试直到控制系统符合动态过程品质要求为止，这时的 PB 和 T_i 就是最佳值。如果调节器是 PID 作用式的，则需要在整定好 PB 和 T_i 的基础上加进微分作用。因为微分作用有控制偏差变化的能力，所以确定 T_d 值后，可把整定好的 PB 和 T_i 值减小一点再进行现场凑试，直到 PB，T_i 和 T_d 取得最佳值为止。显然用经验法整定的参数是准确的，但很费时，为缩短整定时间，应注意以下几点：

(1) 根据控制对象特性确定好初始的参数值 PB，T_i 和 T_d。可参照在实际运行中的同类控制系统的参数值，或参照表 1-3-1 所给的参数值，使确定的初始参数尽量接近整定的理想值，这样可大大减少现场凑试的次数。

表 1-3-1　经验法经验参数

被控量	控制对象特点及 PID 使用要点	PB/%	T_i/min	T_d/min
流量	控制对象 T 较小，PB 应大，T_i 要小，不用微分	40～100	0.1～1.0	
温度	控制对象 T 较大，PB 应小，T_i 要大，需用微分	20～60	3.0～10	0.5～3
压力	控制对象 T 和 t 都不大，不用微分	30～70	0.4～3.0	
液位	在允许有静差时，不用积分、微分	20～80		

(2) 在试凑过程中，若发现被控量变化缓慢，不能尽快达到稳定值，这是由于 PB 过大或 T_i 过长引起的，但两者是有区别的。PB 过大，曲线漂浮较大，变化不规则；T_i 过长，曲线带有振荡分量，接近给定值很缓慢。这样可根据曲线形状来改变 PB 或 T_i。

(3) PB 过小，T_i 过短，T_d 太长都会导致振荡衰减得慢，甚至不衰减，其区别是 PB 过小，振荡周期较短；T_i 过短，振荡周期较长；T_d 太长，振荡周期最短。

(4) 如果在整定过程中被控量出现等幅振荡，并且通过改变调节器参数而不能消除这一现象时，可能是阀门定位器调校不准、调节器或变送器中的放大器调校不准、调节阀传动部分有间隙（或调节阀尺寸过大）或控制对象受到等幅波动的干扰等。这时就不能只注意调节器参数的整定，还需要检查与调校其他仪表和环节。

2. 衰减曲线法

衰减曲线法是以 4∶1 衰减比作为整定要求的，先切除调节器的积分和微分作用，用现场凑试法整定纯比例控制作用的比例带 PB（比同时试凑 2 个或 3 个参数要简单得多），使之符合 4∶1 衰减比的要求，记下此时的比例带 PB_s 和振荡周期 T_s。如果加进积分和微分作用，可按表 1-3-2 给出的经验公式进行计算：若按这种方式整定的参数在运行过程中，其动态过程曲线还不够理想，再根据曲线形状，对整定的参数作适当的调整。对有些控制对象，控制过程进行较快，难以从记录曲线上找出衰减比。这时，只要被控量波动 2 次就能达到稳定状态，可近似认为是 4∶1 的衰减过程，其波动一次时间即为 T_s。

表 1-3-2　衰减曲线法经验公式

控制规律	PB/%	T_i/min	T_d/min
P	PB_s		
PI	$1.2PB_s$	$0.5T_s$	
PID	$0.8PB_s$	$0.3T_s$	$0.1T_s$

3. 临界比例带法

用临界比例带法整定调节参数时，先切除调节器的积分和微分作用，让控制系统以较大的比例带，在纯比例控制作用下运行，然后逐渐减小 PB，每减小一次 PB 后都要认真观察过程曲线，直到达到等幅振荡时，记下此时的比例带 PB_k（称为临界比倒带）和振荡周期 T_k。再按表 1-3-3 给出的经验公式求出调节器的参数值：按该表算出的参数值后，要把比例带放在比计算值稍大一点的值上，把 T_i 和 T_d 放在计算值上，进行现场运行观察，如果比例带可以减小，再将 PB 放在计算值上。

表 1-3-3　临界比例带法经验公式

控制规律	PB/%	T_i/min	T_d/min
P	$2PB_k$		
PI	$2.2PB_k$	$0.85T_k$	
PID	$1.7PB_k$	$0.5T_k$	$0.125T_k$

这种方法简单，应用范围广，但不适用 PB_k 很小的控制系统和被控参数不允许振荡的系统。

4. 反应曲线法

前三种整定调节器参数的方法，都是在预先不知道控制对象特性的情况下进行的。如果知道控制对象的特性参数，即时间常数 T、时间迟延 τ 和放大系数 K，则可按表 1-3-4 给出的经验公式计算出调节器的参数。利用这种方法整定的结果可达到衰减率 $\phi=0.75$ 的要求。

表 1-3-4　反应曲线法经验公式

控制规律	PB/%	T_i/min	T_d/min
P	$(K \cdot t/T)\times 100\%$		
PI	$(1.1K \cdot t/T)\times 100\%$	$3.5t$	
PID	$(0.85K \cdot t/T)\times 100\%$	$2t$	$0.5t$

表中公式只适用于有自平衡能力的控制对象。所谓控制对象的自平衡能力是指控制对象在受到扰动后不需要人为干预，经过足够长时间后能够自动恢复到平衡状态的能力。

【任务评价】

(1) 会调节压力控制器设定值旋钮和幅差调整旋钮,设定上、下限动作压力值。

(2) 会在缸套冷却水温度控制系统模拟面板控制器上调节 P,I,D 参数。

【课后练习】

(1) 比例调节器的优点是什么?

(2) 积分调节器的优点是什么?

(3) 微分调节器的优点是什么?

任务4 传感器和差压变送器的认识及参数调整

Task Four Knowledge of Sensors and Differential Pressure Transmitters and Their Parameters' Adjustment

【任务描述】

测量单元是反馈控制系统的重要组成部分,它对被控量的实际值进行测量,并输出测量信号送至调节器和显示仪表。测量单元通常由各种各样的测量传感器和信号变送器组成,传感器的作用是将被测量的物理量变化转化为位移变化、压力变化,或电阻、电容、电感和电压等电参数的变化,而变送器则把这些变化进一步转换为标准的气信号或者电信号。

认识各种传感器的结构及测量原理,认识气动差压变送器和电动差压变送器的结构及测量原理,掌握变送器的参数调节方法和零点迁移方法。

【学习目标】

(1) 认识传感器和差压变送器。

(2) 会调节差压变送器的参数。

【相关知识】

一、船舶机舱常用传感器

在船舶机舱中,传感器的类型多种多样,其原理也各不相同。这里仅从传感器的用途出发,介绍船舶机舱最常见的几种传感器及其信号转换电路。

1. 温度传感器

温度传感器主要用于检测机舱中的各种温度信号,如各种水温、油温和排气温度等。常用的温度传感器有热电阻式、热电偶式及热敏电阻式3种。

1) 热电阻式温度传感器

热电阻式温度传感器是根据热电阻材料的电阻率随温度的增加而增加的原理工作的。热电阻由电阻体、绝缘体、保护套管和接线盒四部分组成。常用铜丝或铂丝双线并绕在绝缘骨架上,再把它插入保护套管内,装在要检测的管路或设备中。

常见的热电阻有铜热电阻和铂热电阻两种,其电阻值和测量温度一一对应,且具有较好的线性关系。例如,Pt100是船舶机舱常用的铂热电阻,当测量温度为0 ℃时,电阻值为100 Ω,而在100 ℃时的电阻值为138.51 Ω。详细的对应关系可通过公式计算或查阅热电阻分度表。

热电阻式温度传感器常采用电桥电路将被测温度的变化转换成相应的电压输出。但热电阻安装在所要检测的管路或设备中,若与转换电桥之间有一定的距离,由于连接导线的电阻值会随环境温度的变化而变化，而引起一定的测量误差。为此，热电阻通常采用“三线制”接法实现对环境温度变化的补偿，如图 1-4-1 所示。“三线制”接法采用两根材料、长度和截面积相同的导线分别接在测量桥臂和调零桥臂，以保证导线的电阻值相等。当环境温度变化时，两根导线阻值的变化量相等而抵消，使电桥输出 u_{ab} 保持不变。热电阻式传感器在船上常用于测量冷却水温度和轴承温度等。

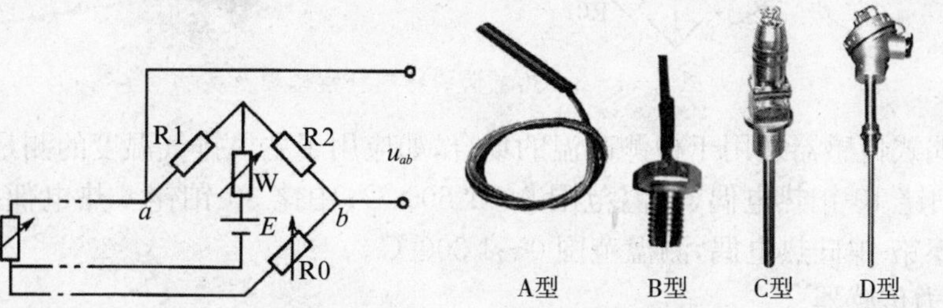

图 1-4-1　热电阻温度传感器接线原理和实物

2）热敏电阻温度传感器

热敏电阻是以半导体材料为基体，用热压处理，把锰、镍、铜、铁渗入半导体内，这种材料在接受温度变化时，具有使内部电子变得活泼的特性，其阻值能随温度的升高而减小，利用这一负阻特性，可做成热敏电阻。

如图 1-4-2 所示，它以热敏电阻（T802）配用电桥线路。热敏感电阻在感受温度变化以后，桥路就以其输出电压的变化传送到指示仪表或者送到监控系统中去，对温度进行自动操调。如果温度越限，应发出报警信号。热敏电阻的测温优势表现为：灵敏度高、体积小、结构简单、性能比较稳定、使用寿命长。

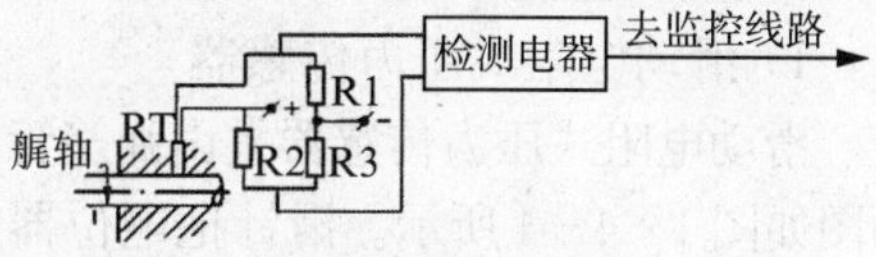

图 1-4-2　热敏电阻配用电桥接线

热敏电阻测量温度的主要缺点是：有热惰性电流强度改变后，要经过一段时间，电阻才能达到新的稳定值。为防止热敏电阻氧化，要求加以封闭。

热敏电阻常用于轴承的温度检测、活塞冷却水是否供应中断的判断等项目。出于可靠和方便的考虑，某些如艉轴轴承的温度检测，特设置两套热敏电阻。

3）热电偶式温度传感器

热电偶是将两种不同的金属导体的端点焊接在一起，并插入护套制成的。焊接端称为热端，与导线连接端称为冷端。热端插入需要测温的测量点，冷端置于环境温度中，若热、冷两端温度不同，则在热电偶回路中产生热电动势 e。当冷端温度不变时，其热电动势随热端温度的升高而增大。由于冷端温度是随室温变化的，若热端测量温度不变而环境温度升高，则因热、冷端之间的温差减小使热电动势 e 也减小，影响测量精度。为了消除冷端温度变化对测量精度的影响，可采用冷端温度补偿。冷端温度补偿的方法很多，如图 1-4-3所示为电桥补偿法。图中 R0，R1 和 R2 是锰铜丝绕制的电阻，它们的电阻值基本不随温度变化。R_{cu} 是铜丝绕制的补偿电阻，其电阻值随温度升高而增大。温度补偿电桥的输出 u_{ab} 与热电偶输出电动势 e 串联，只要补偿电阻和电路参数调整合适，补偿电桥的输出正好可以抵消由于冷端温度变化而引起的测量误差。

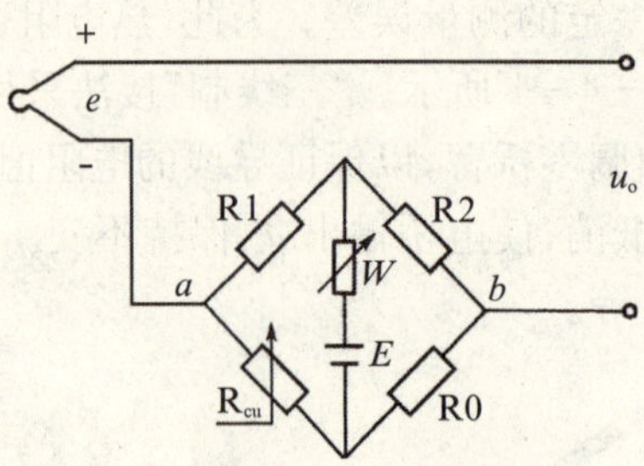

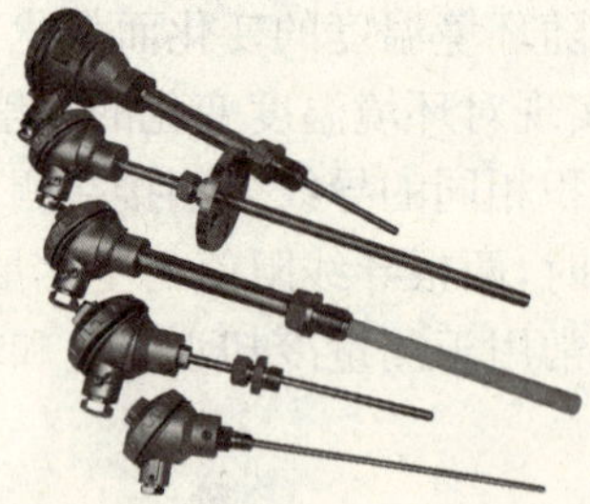

图 1-4-3　热电偶的冷端补偿原理及实物

热电偶式传感器适用于检测高温的场合，如应用于主机排气温度的测量等。常用的热电偶有：铂铑 10-铂热电偶，测温范围 0～1 600 ℃；铂铑 30-铂铑 6 热电偶，测温范围 0～1 800 ℃；镍铬-镍硅热电偶，测温范围 0～1 300 ℃。

2. 压力传感器

压力传感器用于将压力信号转换为监视报警系统能够接收的电信号。船舶机舱需要检测的压力信号很多，如控制空气压力、起动空气压力、主机各缸冷却水入口压力、主机燃油、滑油入口压力以及各种泵的出口压力等。

根据不同的测压原理，压力传感器的种类较多。例如，常见的压力传感器有弹簧管式压力传感器、应变片式压力传感器、扩散硅压力传感器和电磁感应式压力传感器等。

1）滑动电阻式压力传感器

滑动电阻式压力传感器是由弹簧管、传动机构、电位器及测量电桥组成的，它的原理及实物图如图 1-4-4 所示。滑针把电位器电阻分成两部分：一部分串联在 R4 的桥臂上，另一部分串联在 R3 的桥臂上。当所测量的压力变化时，通过弹簧管和位移传动机构使滑针绕轴转动，改变两个相邻桥臂的电阻值，使测量电桥输出的电压信号 u_{ab} 与输入压力变化成比例。

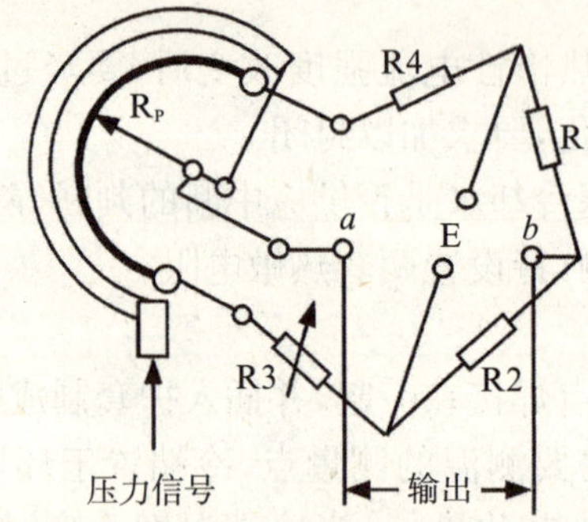

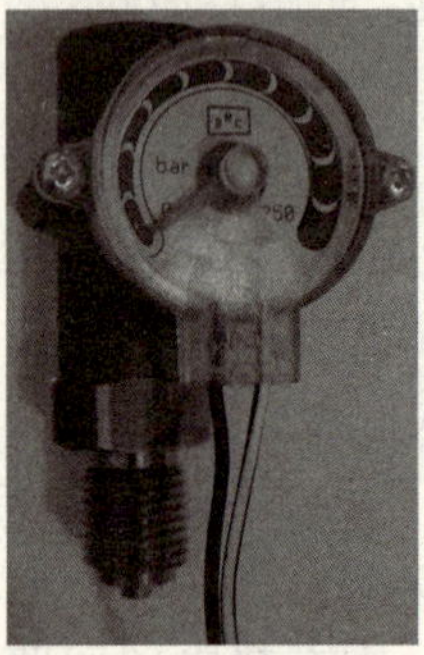

图 1-4-4　滑动电阻式压力传感器原理及实物

2）金属应变片式压力传感器

金属应变片是用铜镍或镍铬等金属丝绕成栅状，并用粘结剂贴在基板上，两端焊接镀银或镀锡铜线作为引出线而制成的。应变片粘贴在压力感受器的测压部分，当压力发生变化时，应变片随同感受器一起发生形变。应变片具有一定的电阻值，它作为测量电桥的一个桥臂，如图 1-4-5 所示。在测量压力为零时，调整 R4 的电阻值使电桥处于平衡状态，输出电压为零。当测量压力增大时，应变片要弯曲变形，栅状金属丝被拉长，使其电阻值增大。电桥失去平衡并输出一个与测量压力成比例的电压信号。

应变片式压力传感器可以用于测量静态压力也可用来测量动态压力，如用于监测柴油机的爆压等。

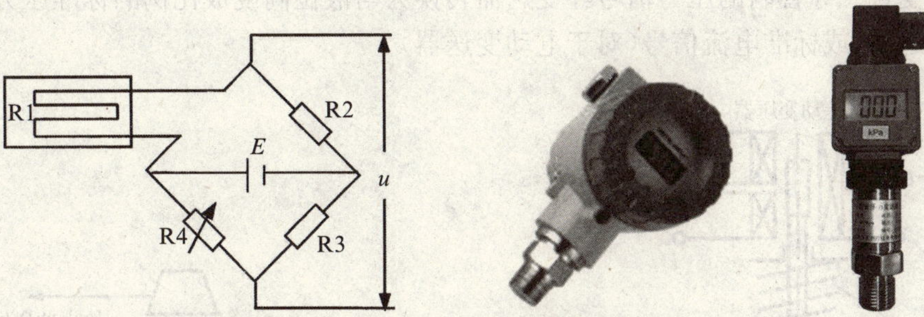

图 1-4-5　金属应变片式压力传感器原理及实物（金属片式、数显式）

3）电磁感应式压力检测器

如图 1-4-6 所示是电磁感应式压力检测器原理图，它由弹性元件和差动变压器组成。常用的弹性元件有波纹管和弹簧管，其中波纹管适用的测量范围为 0～0.3 MPa，弹簧管则适用于 0.6 MPa 以上的压力检测。

差动变压器是由一个初级线圈、两个线径和圈数都相等的次级线圈以及活动铁心等组成的。初级线圈加上交流电源成为一个激磁绕组。次级线圈之间采用反向串联连接，它们分别安排在支架的上下两侧。铁心在弹性元件控制下，在线圈骨架内产生与压力大小成正比的位移。差动变压器的初级与次级之间的互感系数将随铁心的位移变化而变化。铁心处于中间位置时，通过两个次级线圈的磁力线相同，其感应电动势是等量的，由于两个次级线圈采用反相连接，因此差动变压器的输出电动势 U_{OUT} 为零。如果铁心离开中间位置，它可以使一个次级线圈的互感系数增大，另一个互感系数减少，致使它们的感应电动势一个加大，另一个减小，于是差动变压器输出电压 U_{OUT} 随之按比例增大。

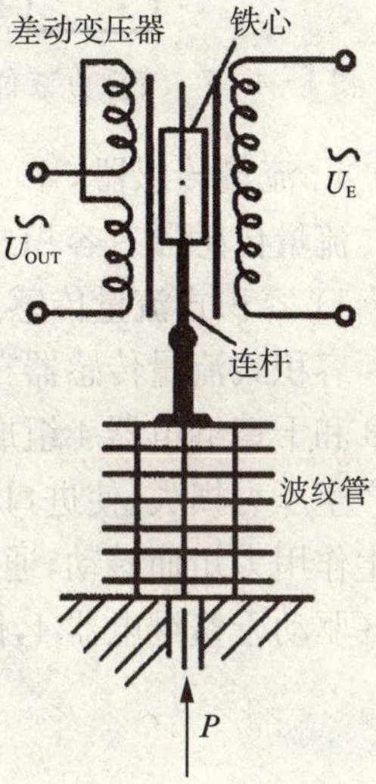

图 1-4-6　电磁感应式压力传感器原理

3. 液位传感器

船上有很多液位参数需要进行测量和监视，常用的液位检测方法有：浮力式、静压式、电极式、电阻式、电容式及超声波式等。以下介绍变浮力式和吹气式两种液位传感器。

1）变浮力式液位传感器

图 1-4-7 给出变浮力液位传感器原理图，其主体由浮筒、平衡力弹簧和差动变压器组成。浮筒的浮力、平衡弹簧的弹力和浮筒自身重力形成力的平衡关系，当液位发生变化时，浮力的变化必然导致浮筒位移变化，带动差动变压器的铁心产生位移，差动变压器的输出电压 U_{OUT} 发生改变，经过整流，输出与液位变化成比例的直流信号。

2）吹气式液位传感器

吹气式液位传感器属于静压式液位传感器，其结构原理如图 1-4-8 所示。它由过滤减压阀 1、节流阀 2、导管 3、平衡气室 4 及变送器 5 等元件组成。调整节流阀 2 使液位在最高位置时，从平衡气室中有微量气泡逸出，使得导管 3 中压力始终与平衡气室压力相等。平衡气室的压力就是液位的静压力，与液位高度成比例，因此，当液位变化时，导管内的压力也随之变化。导管内的压力信号经变送器转换为与液位高度成比例的标准压力信号（对于气动变送器）或标准电流信号（对于电动变送器）。

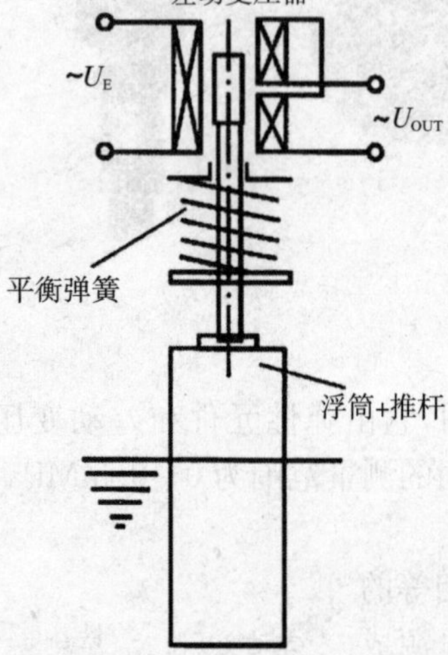

图 1-4-7　变浮力液位传感器原理

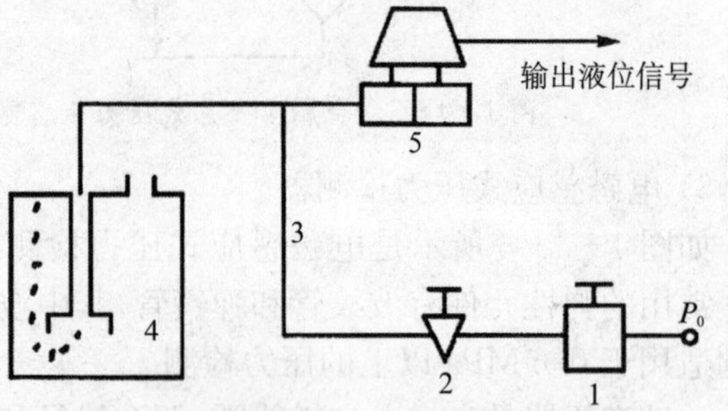

1—过滤减压阀；2—节流阀；3—导管；4—平衡气室；5—差压变送器

图 1-4-8　吹气式液位传感器原理

4. 流量传感器

流量传感器有容积式、电磁式和差压式等。

1）容积式流量传感器

容积式流量传感器在船上主要用来检测油液的流量。它由检测齿轮 1、转轴 2、永久磁铁 3 和干簧继电器 4 组成，如图 1-4-9 所示。当流体自下向上流过时，由于存在摩擦力而产生压力损失，使进口流体压力 p_1 大于出口流体压力 p_2，检测齿轮在压力差的作用下，产生作用力矩而转动，通过的流量越大，齿轮转速越快。齿轮转动经转轴 2 上端的永久磁铁 3 驱动干簧继电器 4，使其触点闭合或断开，从而输出反映流量大小的电脉冲信号。

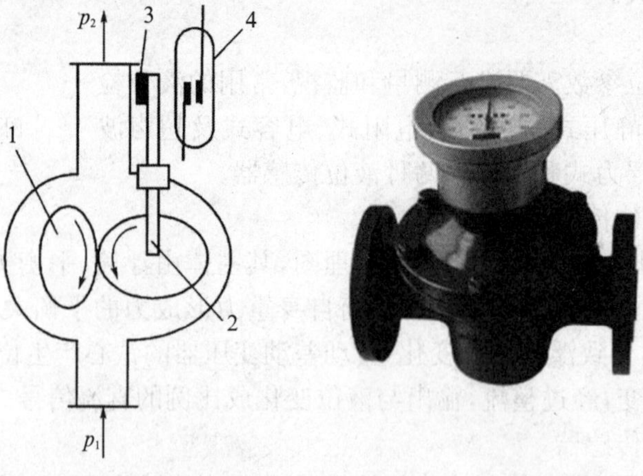

1—检测齿轮；2—转轴；3—永久磁铁；4—干簧继电器

图 1-4-9　容积式流量传感器原理

2）电磁式流量传感器

电磁式流量传感器是根据电磁感应原理检测流量的，所以只适用于测量导电液体的流量。它主要由一对磁极、一对电极和检测放大电路组成，如图 1-4-10 所示。一对磁极置于管道两侧，以产生一磁场，导电液体在磁场中垂直于磁通方向流动时，切割磁力线，于是在两个电极上产生感应电动势，其电动势的大小与液体的体积流量成比例。感应电动势经检测放大电路处理和放大后输出。

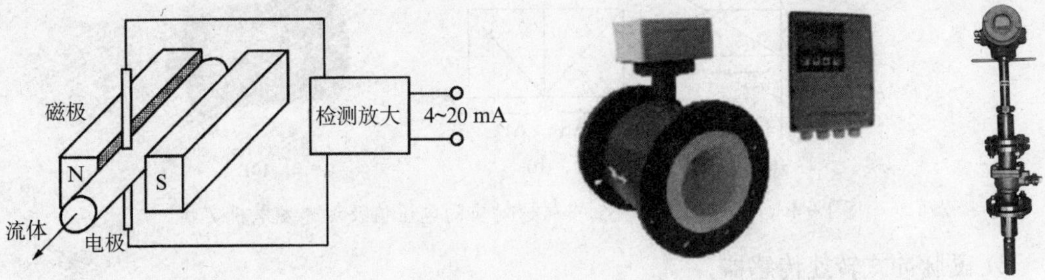

图 1-4-10　电磁式流量传感器原理及实物（分体式、插入式）

3）差压式流量传感器

差压式流量传感器原理和实物图如图 1-4-11 所示。它利用流体通过孔板等节流装置时产生压力差来反应流量变化。膜片两侧承受压力差信号 $\Delta p = p_1 - p_2$，通过膜片硬芯使差动变压器铁心偏离中间位置向左移动，差动变压器输出的电信号就与流量成比例。

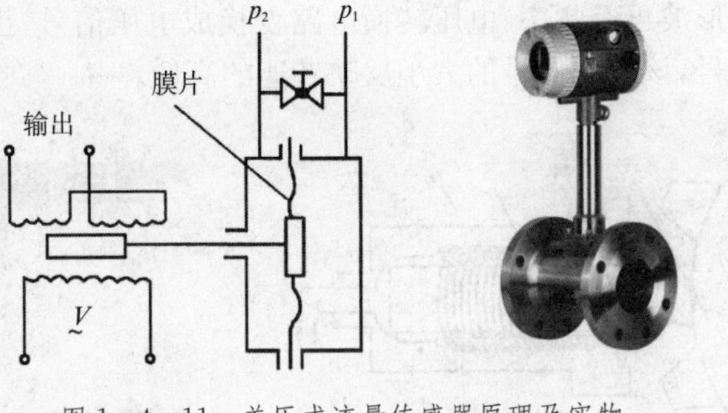

图 1-4-11　差压式流量传感器原理及实物

5. 转速传感器

转速传感器主要用来检测主机的转速和转向、发电原动机转速和透平转速等。常用的转速传感器有测速发电机和磁脉冲式转速传感器。

1）测速发电机

测速发电机利用导体切割磁力线所产生的感应电势与转速成比例的原理，把转速变换成相应的感应电动势。测速发电机有直流和交流两种形式。

直流测速发电机输出的是直流电压，其电压大小与转速成正比，即 $U=kn$，其中 k 为比例系数。如果用作主机测速，U 的大小反映主机转速的高低，U 的极性反映主机的转向。

由于直流测速发电机存在电刷等部件易引起故障，故在新型船舶中越来越多地采用交流测速发电机。交流测速发电机输出的电压信号是交变的，需要对它进行相敏整流和滤波后变成直流电压信号。同直流测速发电机一样，该电压信号可反映主机的转速和转向。

测速发电机测得的转速信号可送至转速表来指示主机的转速和转向，但作为控制系统中的转速反馈和转速逻辑鉴别信号，因不能使用负电压，故必须经过整流把倒车负极性电压信号转换成正极性电压信号，如图 1-4-12 所示。

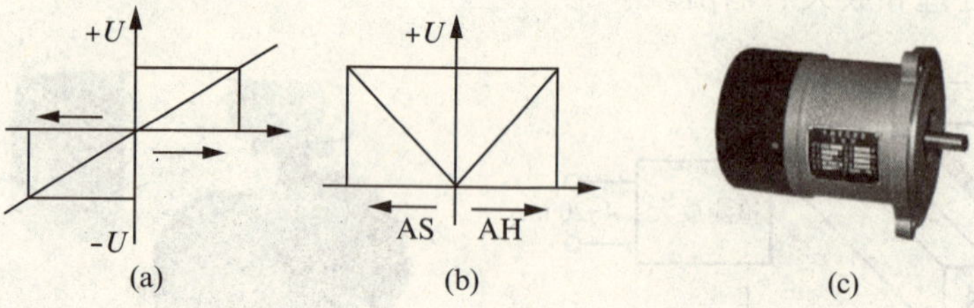

图 1-4-12　整流后正、倒车转速对应的电压值及测速发电机实物

2）磁脉冲式转速传感器

磁脉冲式转速传感器属于非接触式测速装置，它没有运动部件，不会发生磨损，具有使用寿命长、检测精度高的特点。它由永久磁铁 1、软磁心 2、线圈 3 及非导磁性外壳 4 组成，如图 1-4-13 所示。图 1-4-13 中 5 是一个安装在主机主轴上的铁磁材料齿轮（通常是盘车机齿轮），传感器应靠近齿轮安装，齿顶之间应保持一个较小的间隙。当主机转动时，齿顶和齿谷应交替经过，引起线圈内的磁通交替变化，使线圈感应出一系列脉冲信号。脉冲频率 f 取决于齿数 Z 和转速 n，即 $f=ZN/60$ Hz。传感器输出的感应电动势脉冲信号较弱，其波形也不理想，所以要把脉冲信号送入整形放大电路，使其转换成同频率的有较大幅值的矩形波。矩形波再经频率/电压转换电路变换成电压信号，也就是把转速按比例转换成相应的电压信号，该电压信号的大小反映转速的高低。

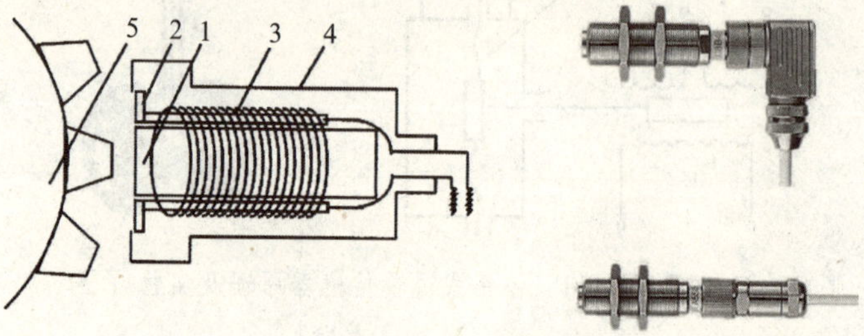

1—永久磁铁；2—软磁心；3—线圈；4—非导磁性外壳；5—齿轮

图 1-4-13　磁脉冲传感器结构原理及实物

为了检测主机的转向，需安装两个磁头，且它们之间的错位为 1/4 齿距，使两个磁头所产生的脉冲信号在相位上相差 1/4 周期。这两个磁头输出的脉冲信号经整形放大后分别送至 D 触发器的 D 端和 CP 端，由其输出端 Q 是 1 或 0 判别主机是正转或反转，其原理如图 1-4-14 所示。

当齿轮沿正车方向转动时，D 触发器 D 端的正脉冲总比 CP 端超前 1/4 周期，即 CP 端在脉冲上升沿时，D 端总是 1 信号，所以输出端 Q 保持 1 信号，表示主机在正车方向运转。当齿轮倒车方向转动时，D 触发器 CP 端的正脉冲总比 D 端超前 1/4 周期，即 CP

端在脉冲上升沿时，D 端总是 0 信号，所以输出端 Q 保持 0 信号，表示主机在倒车方向运转。

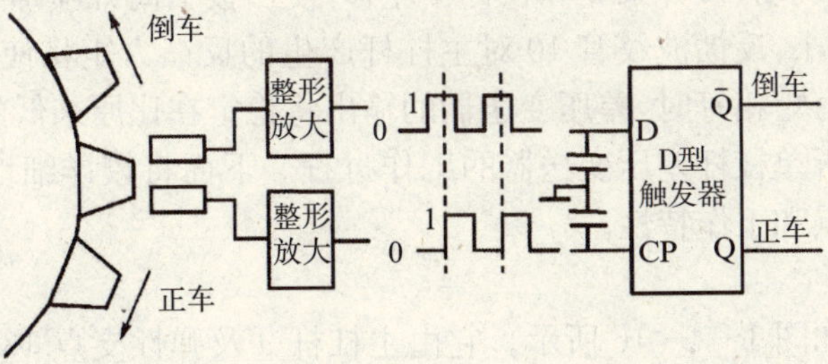

图 1-4-14　磁脉冲传感器检测主机转向的原理

二、变送器

1. 变送器的构成原理

变送器的组成框图如图 1-4-15 所示，主要由测量部分、放大器和反馈部分组成。测量部分的作用是检测被控量 x，并把变量 x 转换成电压、电流、位移、作用力或力矩等物理量，作为放大器的输入信号 Z_i。反馈部分则把变送器的输出信号转换成反馈信号 Z_f，输入信号 Z_i 与调零信号 Z_0 的代数和同反馈信号进行比较，其差值 ε 送给放大器进行放大，并转换成标准的气压或直流电流输出信号 y。以下分别介绍气动和电动两种类型。

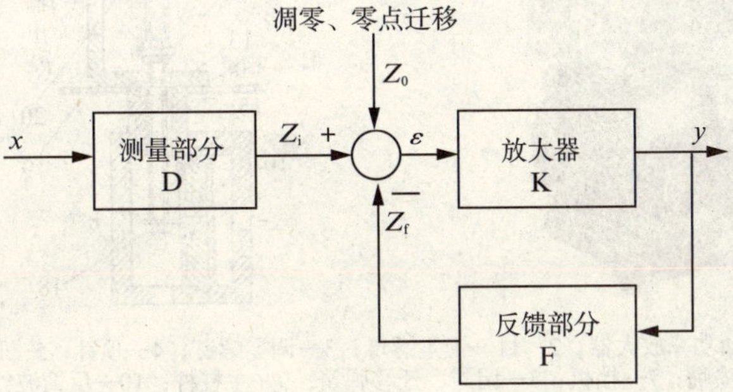

图 1-4-15　变送器的组成

2. 气动差压变送器

气动差压变送器的作用是将被测量的物理量转化为 19.8～98.1 kPa 的标准气压输出信号。

气动差压变送器的实物及原理图如图 1-4-16 所示。它由测量和气动转换两部分组成的。测量膜盒 16 把测量室分成正压室 15 和负压室 17，并分别承受 $p(+)$ 和 $p(-)$ 压力信号。在压差 $\Delta p=p(+)-p(-)$ 的作用下，测量膜盒 16 带动主杠杆 9 的下端产生微小的位移，主杠杆绕弹性支点 13 转动，其上端也会有一个微小的位移。比如，当作用在测量膜盒上的压差信号 Δp 增大时，测量膜盒连同主杠杆的下端一起左移，主杠杆绕弹性支点 13 顺时针转动，顶针架 5 和顶针 4 右移，挡板 7 靠本身弹性靠近喷嘴 6，喷嘴背压升高，经气动功率放大器 1 放大，差压变送器的输出压力信号 $p_{出}$ 增大。这个输出信号，一方面代表被控量的测量值送至显示仪表和调节器，另一方面直接送入反馈波纹管 10，$p_{出}$ 与反馈波纹管 10 的有效面积相乘就等于波纹管对主杠杆产生的推力。这个推力对弹性支点 13 产生的反馈力矩与测量膜盒对弹性支点产生的测量力矩相等时，主杠杆不再移动，喷嘴与挡板之间的开度不变，差压变送器输出信号 $p_{出}$ 稳定不变。若测量信号 Δp 减小，主杠杆 9 将绕弹性支点 13 逆时针转动，顶针架 5 和顶针 4 左移，使挡板 7 离开喷嘴 6，喷嘴背压下降，差压变送器输出 $p_{出}$ 减小，反馈波纹管 10 对主杠杆产生的反馈力矩将使主杠杆顺时针转动。当测量力矩与反馈力矩相等时，差压变送器的输出将稳定在比原来低的值上。

上面简单地分析单杠杆差压变送器的工作过程。下面将较详细地分析差压变送器各组成部分的结构特点和工作特性。

1）测量部分

测量部分原理如图 1-4-16 所示。它由主杠杆 9 及弹性支点 13（密封簧片）、测量膜盒 16 和基体等部分组成。杠杆的密封装置直接与工作介质接触；要求它具有良好的密封性和耐腐蚀性，以防止工作介质泄漏和本身被腐蚀。同时，密封簧片作为杠杆转动的支点，要求它具有良好的弹性和抗疲劳强度。为了满足上述要求，密封簧片一般用镍铬钛合金制成。

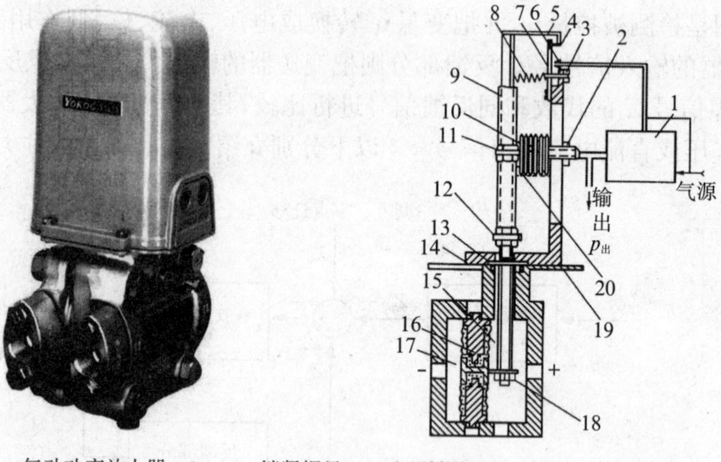

1—气动功率放大器；2，11—锁紧螺母；3—调零螺钉；4—顶针；5—顶针架；
6—喷嘴；7—挡板；8—调零、迁移弹簧；9—主杠杆；10—反馈波纹管；
12—静压误差调整螺母；13—弹性支点；14—支架；15—正压室；16—测量膜盒；
17—负压室；18—锁紧螺母；19—底板；20—反馈波纹管

图 1-4-16　气动差压变送器的结构实物及原理

检测元件是把基体分为正、负压室的测量膜盒。金属膜片用滚焊分别焊接在硬芯和基座上。在制造测量膜盒时，首先把膜盒抽成真空，然后充注硅油。硅油是一种低凝固点和体积膨胀系数较小的有机硅化合物，它在膜盒内作为传递压力的介质使膜片的运动产生阻尼，防止膜片和变送器发生振荡。单向过载保护圈和硅油可防止膜盒在单向承受过大压力时被压坏。在某些情况下，如误操作时，可能造成正、负压室一边的压力比另一边大大增加。这时，由于硅油的阻尼作用，膜片缓慢位移，当硬芯与单向过载保护密封圈接触时，因液体不可压缩，膜片不会再有位移，这就防止了膜片位移过大而损坏。

测量部分的作用是把压差信号 Δp 转换为轴向推力 $q_{测}$。假定测量膜盒中金属膜片的有效面积为 $F_{膜}$，则 $q_{测}=\Delta p \cdot F_{膜}$，若膜盒的有效面积 $F_{膜}$ 不变，那么轴向推力 $q_{测}$ 就与压差信号 Δp 成正比例。

2）气动转换部分

气动转换部分由喷嘴6、挡板7、气动功率放大器1、反馈波纹管10及调零和迁移弹簧8等组成，它把测量部分输出的轴向推力（主杠杆的微小位移）转换成标准的气压信号作为差压变送器的输出。

如图1－4－17所示为单杠杆差压变送器的工作原理，图中标明各部分有关尺寸 l_1，l_2 和 l_3。作用在比较杠杆（主杠杆）上的两个力矩为：测量力矩 $M_{测}=\Delta p\cdot F_{膜}\cdot l_1$；反馈力矩 $M_{反}=p_{出}\cdot F_{反}\cdot l_2$（$F_{反}$ 是波纹管的面积），杠杆平衡时 $M_{测}=M_{反}$，由此可以求得差压变送器的输出压力信号为

$$p_{出}=\frac{F_{膜}\cdot l_1}{F_{反}\cdot l_2}\Delta p=K\cdot\Delta p$$

式中：$K=(F_{膜}\cdot l_1)/(F_{反}\cdot l_2)$ 是差压变送器的放大系数。

在上式中，$F_{膜}$，$F_{反}$ 和 l_1 都是固定不变的，唯一可改变的是 l_2。反馈波纹管上移，l_2 增大，K 就减小。这就需要有较大的 Δp（即被控量要变化较大的范围）才能使 $p_{出}=0.1$ MPa，亦即增大变送器的量程。反馈波纹管下移 l_2 减小，K 就增大，变送器的量程减小。要得到较大的量程，必须把主杠杆做得很长，这不仅影响变送器的精度，而且也使变送器的结构很庞大，所以单杠杆差压变送器的量程不可能太大。在需要大量程的场合，可以采用双杠杆差压变送器。

如图1－4－18所示为双杠杆差压变送器的工作原理图，它的工作原理与单杠杆相仿，不过，由于多了一个副杠杆5，使力的传递过程略有不同。当主杠杆7顺时针转动时，通过连接杆10使副杠杆5绕量程支点8顺时针转动，挡板12靠近喷嘴11，变送器输出压力信号 $p_{出}$ 增大。这个信号，一路被送至调节器和显示仪表，另一路直接送入反馈波纹管14，使副杠杆5对量程支点8产生一个与测量力矩方向相反的反馈力矩。当这两个力矩平衡时，差压变送器的输出就稳定在某个值上。

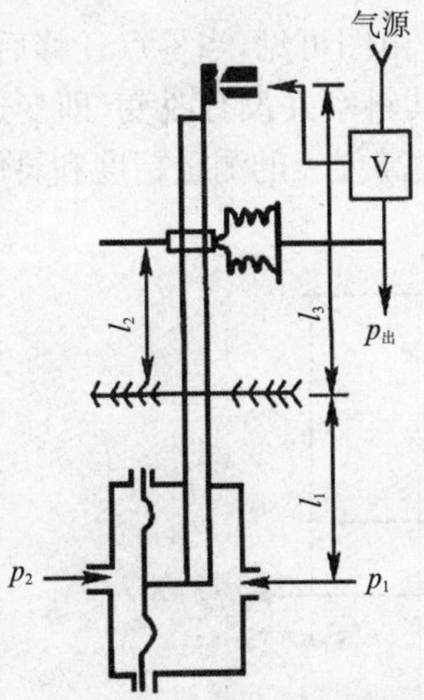

图1－4－17　单杠杆差压变送器原理

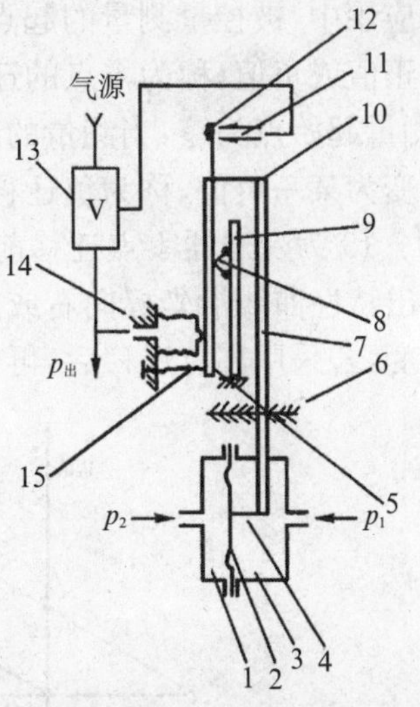

1—负压室；2—膜盒；3—正压室；4—弹簧片；
5—副杠杆；6—弹性支点；7—主杠杆；
8—量程支点；9—支架；10—连接杆；11—喷嘴；
12—挡板；13—放大器；14—反馈波纹管；15—弹簧

图1－4－18　双杠杆差压变送器工作原理

在双杠杆差压变送器中，副杠杆的作用实质上是对主杠杆顶端的位移进行二次放大，改变量程支点8的上、下位置，可以改变副杠杆的放大系数。当量程支点处于副杠杆中间时，量程等于单杠杆差压变送器的最大量程。若把量程支点向上移，放大系数减小，这时双杠杆差压变送器的量程比单杠杆最大量程还要大。

3）气动差压变送器零点和量程的调整

差压变送器在正常工作时，应该确保测量信号 Δp 在最大变化范围内变化时，其输出能在标准信号范围（0.02～0.1 MPa）内变化。因此在投入工作以前，要根据测量信号 Δp 的最大变化范围调整好零点和量程。

所谓调零点，就是当测量信号 $\Delta p=0$ 时，确保差压变送器的输出 $p_{出}=0.02$ MPa。若当 $\Delta p=0$ 时，$p_{出}\neq0.02$ MPa，则应进行调整。调整方法是：通过调整调零弹簧（或迁移弹簧）的预紧力，强制改变挡板与喷嘴之间的初始开度，使得 $\Delta p=0$ 时，$p_{出}=0.02$ MPa。所谓调量程，是指当测量信号 Δp 达到最大值时，调整反馈波纹管的上、下位置，使得 $p_{出}=0.1$ MPa。

假定测量信号 Δp 的最大变化范围是 0～0.01 MPa，调零和调量程的具体步骤为：首先，使 $\Delta p=0$，如让正、负压室均通大气，观察变送器输出压力 $p_{出}$ 是否指示为 0.02 MPa，若不是 $p_{出}=0.02$ MPa，则可拧动调整螺钉改变弹簧预紧力，强制改变挡板与喷嘴之间的初始开度，直到 $p_{出}=0.02$ MPa 为止。然后，逐渐增大压差，直到 $\Delta p=0.1$ MPa 为止，观察变送器输出 $p_{出}$ 是否为 0.1 MPa，若不是，如 $p_{出}=0.08$ MPa，说明量程大了，则可松开反馈波纹管的锁紧螺母，下移反馈波纹管，反之亦然。由于量程的调整会影响零点，因此当量程调整后，需重新调零，然后再看量程是否合适。重复上述操作，直到零点与量程准确为止。有经验者经 2～3 次调整，即可把零点和量程调准。量程调整完毕后要重新锁紧反馈波纹管的锁紧螺母。

4）零点迁移

在实际应用中，被控量测量的起点往往不是零，即 $x_{min}\neq0$，此时需要将测量的起始点迁移到某一正值或负值，称为零点的迁移。零点迁移的方法和零点的调整方法相同。在未加迁移时，测量起始点为零，当测量的起始点由零变为某一正值，称为正迁移；反之，当测量起始点由零变为某一负值，称为负迁移。

图 1-4-19 为变送器零点迁移前后的输入输出特性。由图可见，当零点迁移后，变送器的输入输出特性曲线沿坐标向右或向左平移一段距离，其斜率并没有改变，即变送器的量程大小不变，若采用零点迁移后，再辅以量程调整，可以提高仪表的测量精度和灵敏度。

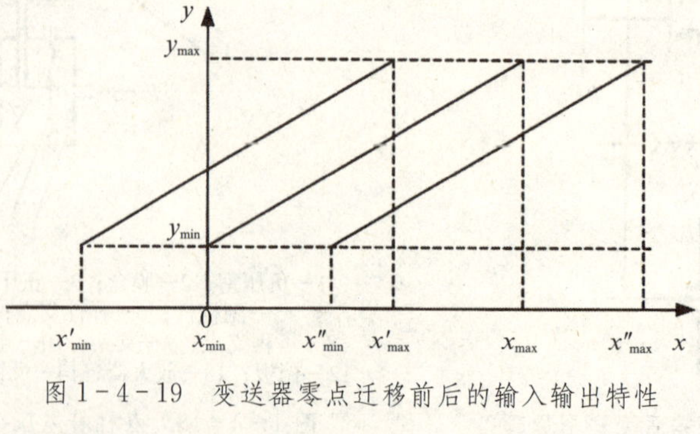

图 1-4-19　变送器零点迁移前后的输入输出特性

零点的调整与迁移不会影响变送器的量程。如果通过调整反馈系数 F 而使量程发生变化之后，则零点还需要重新调整。因此，变送器零点和量程的调整往往是一个反复调整的过程。

根据被测量物理量的不同，变送器包括温度变送器、压力变送器和差压变送器等，其中差压变送器是船舶机舱中最常见变送器。差压变送器是专门用于测量各种压差信号的一种测量仪表，用它可以间接测量温度、压力、液位、流量和黏度等物理量，并按比例转变成统一的标准信号输出。

3. 电动差压变送器

电动差压变送器将被测量的物理量转化为 4～20 mA 的标准电流输出信号，目前，在船舶机舱中主要以电容式电动差压变送器为主。电容式差压变送器的基本组成可用方框图表示(图 1-4-20)，它分成测量部件和转换放大电路两部分。输入差压 Δp 作用于测量部件的感压膜片，使其产生位移，从而使感压膜片(即可动电极)与两固定电极所组成的差动电容器之电容量发生变化。此电容变化量由电容-电流转换电路转换成直流电流信号，电流信号与调零信号的代数和同反馈信号进行比较，其差值送入放大电路，经放大得到变送器的输出电流 I_o。

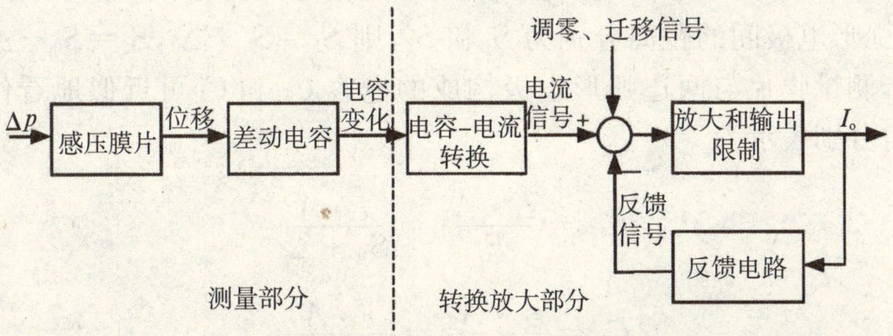

图 1-4-20 电容式差压变送器组成

电容式差压变送器的整个结构无机械传动与调整装置。它采用差动电容作为检测元件，并用全封闭焊接的方式将测量部分进行固体化。因此仪表结构简单，整机性能稳定、可靠，且具有较高的精度。

1) 测量部件

测量部件的作用是把被测差压 Δp 转换成电容量的变化，其核心是差动电容敏感元件。差动电容敏感元件包括中心感压膜片(可动电极)，正、负压侧弧形电吸(固定电极)，电极引线，正、负压侧隔离膜片和基体等，如图 1-4-21 所示。在差动电容敏感元件的空腔内充有硅油，用以传递压力。中心感压膜片和其两边的正、负压侧弧形电极形成电容 C_H 和 C_L，当作用在正、负压侧隔离膜片上的压力相等时，$C_H=C_L$。差动电容敏感元件将测量室分割成正、负压室，当正、负压室引入的被测压力 $p(+)$ 和 $p(-)$ 作用于正、负压侧隔离膜片上时，$p(+)$ 和 $p(-)$ 通过硅油的传递，分别引入到中心感压膜片的两侧。$p(+)$ 和 $p(-)$ 之差即却使中心感压膜片产生位移，从而使中心感压膜片与其两边弧形电极的间距不相等，结果使一个电容(C_H)的容量减小，另一个电容(C_L)的容量增加。

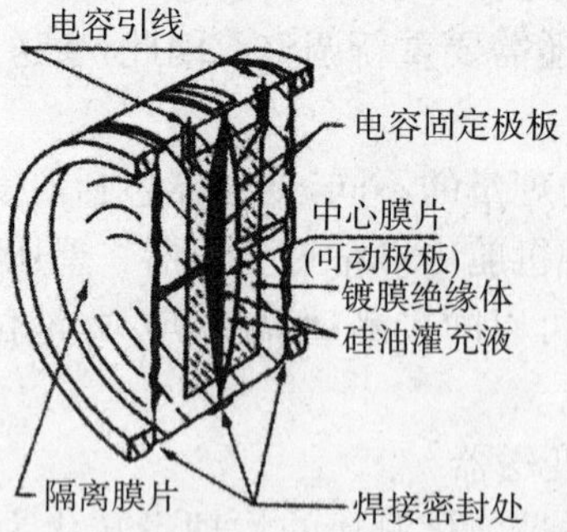

图 1-4-21 电容式差压变送器的敏感元件

由于膜片的位移很小(小于 0.1 mm),因此,膜片在差压 Δp 作用下的位移量 Δs 与差压 Δp 之间近似为线性关系,即

$$\Delta s = K_1 \cdot \Delta p$$

式中：K_1为比例系数。

当 $\Delta p=0$ 时,测量膜片与两弧形电极间的距离相等,设其间距为 S_0,当 $\Delta p\neq 0$ 时,设测量膜片与两弧形电极间的距离分别为 S_1和 S_2,则 $S_1=S_0+\Delta s$,$S_2=S_0-\Delta s$。若不考虑边缘电场影响,测量膜片与两边弧形电极构成的电容 C_H和 C_L可近似地看作平行板电容器,其电容量可分别表示为

$$C_H = \frac{\varepsilon_1 \cdot A_1}{S_1} = \frac{\varepsilon \cdot A}{S_0 + \Delta s}$$

$$C_L = \frac{\varepsilon_2 \cdot A_2}{S_2} = \frac{\varepsilon \cdot A}{S_0 - \Delta s}$$

式中：ε_1和 ε_2为电容 C_H和 C_L内介质的介电常数,由于填充介质均为硅油,故 $\varepsilon_1=\varepsilon_2=\varepsilon$;$A_1$和 A_2为电容 C_H和 C_L的弧形电极板的面积,制造上能保证使 $A_1=A_2=A_0$。

以上两式相减,得

$$\Delta C = C_H - C_L = \varepsilon \cdot A\left(\frac{1}{S_0 + \Delta s} - \frac{1}{S_0 - \Delta s}\right)$$

两电容量的差值与测量膜片的位移 Δs 成非线性关系,难以满足高精度的测量要求。若取两电容量之差与两电容量之和的比值,则

$$\frac{C_H - C_L}{C_H + C_L} = \frac{\varepsilon \cdot A\left(\frac{1}{S_0 + \Delta s} - \frac{1}{S_0 - \Delta s}\right)}{\varepsilon \cdot A\left(\frac{1}{S_0 + \Delta s} + \frac{1}{S_0 - \Delta s}\right)} = -\frac{\Delta s}{S_0} = K_2 \cdot \Delta s = K_1 \cdot K_2 \cdot \Delta p$$

式中：K_1,K_2为比例系数。

由此可以得到以下结论：

(1) 差动电容的相对变化值$(C_H-C_L)/(C_H+C_L)$与 Δp 成线性关系,可以通过转换电路将这一相对变化值转换为与 Δp 成线性关系的标准电流信号。

(2) $(C_H-C_L)/(C_H+C_L)$与介电常数ε无关，从原理上消除填充介质介电常数的变化引起的测量误差。

(3) $(C_H-C_L)/(C_H+C_L)$的大小与S_0有关，S_0减小，差动电容的相对变化量越大，即灵敏度越高。

2) 转换放大电路

转换放大电路的作用是将上述差动电容的相对变化值转换成标准的电流输出信号。此外，还具有零点调整、量程调整、正负迁移和阻尼调整等功能。其原理图如图1-4-22所示。该电路包括电容-电流转换电路及放大电路两部分。电容-电流转换部分主要有振荡器、解调器、振荡控制放大器，它的作用是将差动电容的相对变化值拼成比例地转换成差动电流信号I_i，并实现非线性补偿功能。放大电路部分主要由前置放大器、调零与零点迁移电路、量程调整电路、功放与输出限制电路等组成，该部分电路的作用是将差动电流I_i进行放大，并输出4～20 mA的直流电流。具体的电路原理比较复杂，在这里不进行详细分析。

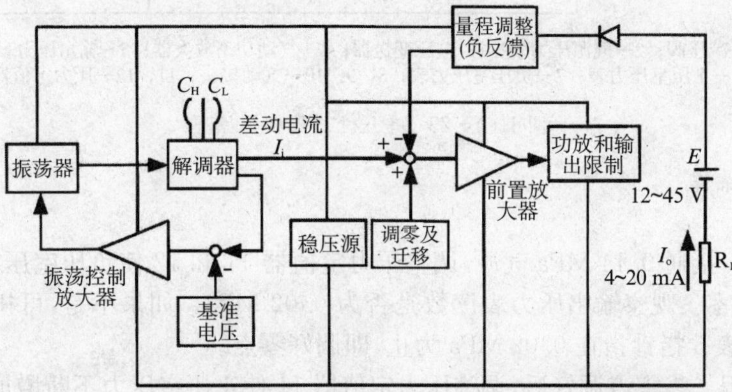

图1-4-22　电容式差压变送器转换放大电路原理

【任务实施】

模块1　气动差压变送器调整

一、任务要求

正确接通差压变送器的气源及输入和输出信号，对差压变送器进行调零、调量程及进行正、负迁移操作。要求学生进一步掌握单杠杆差压变送器的结构和工作原理，熟练掌握调零、调量程及进行迁移的基本操作技术，绘出变送器输出随输入而变化的曲线，分析其线性度。

变送器是反馈控制系统的测量单元，随工作时间的增长，其性能会有所下降。因此，在实际管理中要进行调整以保证控制系统的正确运行。通过该实训，学生能掌握变送器的调零、调量程及进行迁移的基本操作。

二、任务准备

1. 设备和工具准备

本实训在气动实训台上进行，所需的其他设备和工具有：

(1) QBC-560B型气动单杠杆差压变送器一台。

(2) 快速连接气管若干,螺钉调节工具一个。

2. 操作前的准备工作

(1) 按如图1-4-23所示的线路接通差压变送器气源,并调整减压阀使气源压力稳定在0.14 MPa上(观察气源压力表)。

(2) 变送器输出端接标准压力表,输入端的正、负压室(测量信号)由气源经定值器接入,并分别接标准压力表,以反应正、负压室的气压信号。

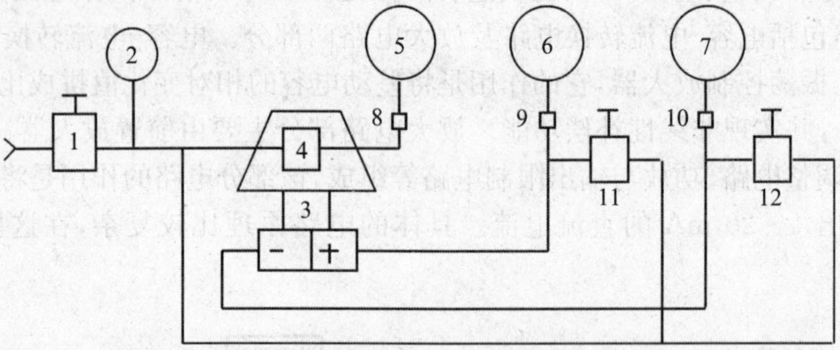

1—减压阀;2—气源压力表;3;差压变送器;4—气动功率放大器;5—输出压力表;
6—正压室压力表;7—负压室压力表;8,9,10—气动接头;11,12—压力定值器

图1-4-23 差压变送器实训原理

三、任务操作

1. 步骤

(1) 调零。接通0.14 MPa气源,调整压力定值器11和12使负压室压力等于正压室压力,即Δp为零。观察输出压力表读数是否为0.02 MPa。如果不是,可扭动调零弹簧,直到输出压力表5指针指在0.02 MPa为止,即调好零点。

(2) 调量程。当零点调好后,调整压力定值器11使正压室压力不断增加,观察正压室压力表6读数是否为0.06 MPa。如果不是,调正压室压力表6指针等于0.06 MPa。松开反馈波纹管锁紧螺母,沿主杠杆上、下移动反馈波纹管。输出压力表5读数小于0.1 MPa时要上移波纹管,当读数大于0.1 MPa时要下移波纹管。直至输出压力表5读数指示为0.1 MPa为止。

(3) 重新调零和调量程。移动反馈波纹管后,零点会改变,要反复进行调零和调量程,直到两者都符合要求为止。当量程调好后,要把反馈波纹管的锁紧螺母锁紧。

(4) 变送器线性度实训。变送器零点和量程调好后,调整压力定值器11和12使负压室压力等于正压室压力,其变送器输出为0.02 MPa。然后调整压力定值器11使正压室压力每增加0.01 MPa记录一次输出压力值,直到正压室压力增至0.06 MPa,输出压力达0.1 MPa为止。

(5) 负迁移实训。调整压力定值器11和12使正压室压力为零,负压室压力为0.07 MPa,这时输出压力表读数接近为零。然后扭动迁移弹簧直到输出压力表读数为0.02 MPa,再调压力定值器12使负压室压力每减0.01 MPa记录一次输出压力,直至负压室压力为0.01 MPa为止。

(6) 正迁移实训。调整负压室压力为零,正压室压力为0.05 MPa,扭动迁移弹簧使输出压力为0.02 MPa。然后逐渐增大正压室压力,正压室压力每增加0.01 MPa记录一次输出压力值，直到正压室压力为 0.12 MPa，输出压力为 0.1 MPa 为止。

2. 注意事项

(1) 在进行差压变送器实训时，要先接通气源，然后再接通正、负压室的信号。当实训结束时，要先切除正、负压室的输入信号，然后再切除气源。

(2) 在调量程时，上、下移动反馈波纹管每次移动量不要太大，动作应尽量平缓，移动后要扭紧锁紧螺母。

(3) 保持气源压力为 0.14 MPa。当接通气源后，要打开过滤减压阀的排污阀，放掉积水和脏物，等排污后关紧排污阀。

模块 2　电动差压变送器调整

一、任务要求

操作内容为用电动差压变送器测量气动压差信号、整定变送器的零点和量程。要求能够进行正确的电路连接，调整变送器的零点和量程，使得当输入压差在规定的范围内全程变化时，变送器的输出能在 4～20 mA 范围内变化。

差压变送器是反馈控制系统的测量单元，电动差压变送器越来越多地被应用于船舶机舱，特别是用于测量锅炉水位。掌握电动差压变送器的调校方法对控制系统的维护管理、保持控制系统的正常运行具有重要的实际意义。

二、任务准备

本实训在仪表实训台上进行，所需的其他设备和工具如下：

(1) 1151DP 型差压变送器一台。

(2) 快速连接气管、连接导线若干和螺钉调整工具。

三、任务操作

1. 气路连接

差压变送器的测量信号由实训台上的两个气压定值器提供，定值器设定的压力分别由相应的精密压力表和快速接头进行指示和输出。在进行气路连接时，应先使两个压力表的调定压力相等，即压差为零，然后再通过快速连接气管将高压端接至变送器的正压室 H，低压端接至负压室 L，如图 1-4-24 所示。

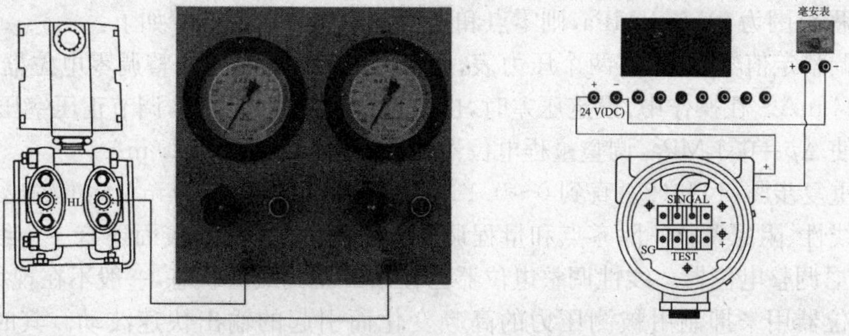

图 1-4-24　电动差压变送器实训气路连接

至于哪个输出用做高压端，哪个用做低压端，可由学生自行定义。另外，本实训无须使用阶跃开关，因此，实训过程中要把两个阶跃开关保持在气路接通的状态。

2. 电路连接

实训中使用的电动差压变送器,其工作电源为直流电,输出信号为 4～20 mA 交流。在实际使用中,变送器的输出往往带有负载,随着输出负载的不同,变送器的电源电压范围为 12～45 V 交流。

本实训中,电源采用实训台上的数显仪表提供的 24 V(DC)馈电输出,因此最大可以驱动 500 Ω 的负载。为简单起见,实训中可以不需要负载电阻,直接在输出回路中串接毫安表,用以测量输出电流的大小。

打开变送器电气壳体的端盖,可以发现上、下两排接线端子,上排标有“SIGNAL”的字样,下排标有“TEST”的字样。接线时应将电源正极接至“SIGNAL”的“+”端,“SIGNAL”的“−”端接至毫安表的“+”端,毫安表的“−”端接到电源负极,构成封闭回路。如图 1-4-24所示。

“TEST”端子是当变送器在工业现场使用时用于输出测试的,可以接内阻小于 8 Ω 的电流表,也可不接。本实训中,若将“SIGNAL”的“−”端接电源负极,而将毫安表接至“TEST”端子,也可以得到同样的实训效果。

3. 零点和量程的调整方法

在变送器的转换电路中设有两个电位器,分别用于调整零点和量程,它们位于电气壳体的铭牌后面,移开铭牌即可调整。调零电位器旁标有“Z”,量程电位器旁标有“R”,如图 1-4-25 所示。当输入信号不变时,顺时针转动两个电位器,均使变送器的输出电流增大,逆时针转动则使输出减少。

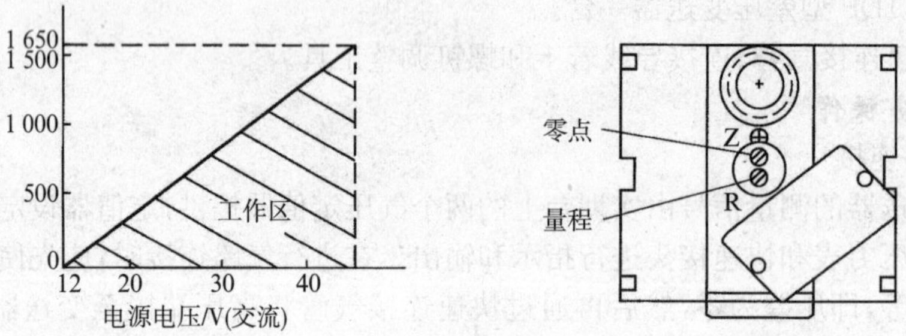

图 1-4-25　零点和量程调整螺钉

设量程范围为 0～0.1 MPa,则零点和量程的调整方法的步骤如下:

(1) 调整定值器,并观察两个压力表,使 $\Delta p=0$(下限值),调整调零电位器,直到变送器输出为 4 mA。在操作中,设定压差时,也可以让负压室放大气,调节正压室压力即可。

(2) 使 $\Delta p=0.1$ MPa,调整量程电位器,直到变送器输出为 20 mA。

(3) 重复步骤(1)和(2),直到 0～0.1 MPa 测量范围与 4～20 mA 标准输出相对应。

(4) 线性、阻尼调整。除零点和量程调整外,放大器板的焊接面还有一个线性调整电位器和阻尼调整电位器。线性调整电位器已在出厂调到最佳状态,一般不在现场调整。阻尼调整电位器用来抑制由被测压力的高频变化而引起的输出快速波动。其时间常数在 0.2(正常值)～1.67 s 之间,出厂时,阻尼器调整到逆时针极限的位置上,时间常数为 0.2 s。最好选择最短的时间常数,时间常数调节不影响变送器的零点和量程,可在现场进行阻尼调整。

模块3　差压变送器的使用保护和常见故障分析

一、任务要求

(1) 会正确操作差压变送器截止阀和平衡阀。

(2) 会处理差压变送器的常见故障。

二、任务准备

差压变送器操作实验台。

三、任务操作

1. 差压变送器的使用保护

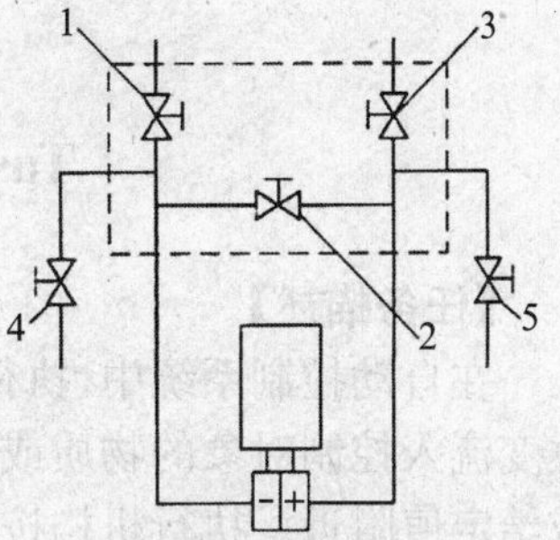

1，3—截止阀；2—平衡阀；
4，5—冲洗阀

图 1-4-26　差压变送器的阀组

差压变送器在投入工作或退出工作时，如果正压 P_1 和负压 P_2 不能同时作用在测量膜盒上，就会在测量膜盒的一侧突然受到一个很大的作用力，有可能使膜盒和挡板等元件损坏。为了防止差压变送器发生单向过载而被损坏，除了在测量膜盒的结构上采取抗单向过载的保护措施外，还必须在差压变送器的测量管路上安装三通平衡阀(或称三通导压阀)，三通平衡阀是由截止阀(导压阀)1，3 和平衡阀 2 所构成，如图 1-4-26 所示。为了达到保护变送器的目的，三通平衡阀必须按如下步骤正确的操作：变送器在投入工作时，即接入信号时，应先开平衡阀 2，后开截止阀 1 和 3。这样无论是先开截止阀 1 或 3，测量管中的高压经平衡阀将同时作用于膜盒两侧，使膜盒两侧的压力相等，不会产生单向受力情况。当截止阀 1 和 3 都打开后，再关闭平衡阀 2，使 P_1 和 P_2 同时接入正、负压室，变送器开始正常工作。当变送器退出工作时也须先开平衡阀 2，后关截止阀 1 和 3，使 P_1 和 P_2 同时被切除。冲洗测量管路冲洗阀 4，5 时，也要注意先开平衡阀 2。

2. 常见故障分析及排除

(1) 变送器有输入但无输出。这种故障现象可能是气源管路漏气或堵塞、减压阀过滤器堵塞、恒节流孔堵塞、输出管路漏气、输出管接头漏气或堵塞、迁移不正确等原因造成的。排除方法有：清堵、堵漏、重新调整迁移等。

(2) 变送器没有输入但有输出或输出压力达到最大值。这种故障现象可能是由喷嘴堵塞、气源压力过大、反馈波纹管有些漏气、放大器中球阀有污物、测量膜盒上的弹簧拉片变形等原因造成的。排除方法有：清堵、调整气源压力、更换反馈波纹管、清洗、更换弹簧拉片等。

(3) 零点漂移。这种故障现象可能是由喷嘴挡板沾污、顶针螺钉松动、输出管路漏气、测量膜盒漏油等原因造成的。排除方法有：清洗、重新上紧顶针螺钉、堵漏或换新、更换膜盒等。

(4) 输出压力波动。这种故障现象可能是输出管路漏气、反馈气路漏气、放大器或喷嘴沾污等原因造成的。排除方法有：堵漏或换新、清洗等。

【任务评价】

(1) 会连接差压变送器气路及电路。

(2) 会调节差压变送器的零点。

(3) 会调节差压变送器的量程。

(4) 会正确操作差压变送器截止阀和平衡阀的步骤。

(5) 会分析差压变送器的常见故障并排除。

【课后练习】

(1) 热电偶的补偿方法?

(2) 差压变送器的零点迁移方法?

任务5 执行机构的认识

Task Five Knowledge of Actuator

【任务描述】

在自动控制系统中,执行机构的输入是调节器输出的控制信号,执行机构的输出直接改变流入控制对象的物质或能量的流量,用以克服扰动,消除偏差,使被控量恢复到给定值或给定值附近。执行机构按其所使用的能源形式可分为气动、电动和液压三大类,这里只介绍比较通用的气动和电动执行机构。

本任务是认识气动执行机构和电动执行机构的结构原理、认识电动和气动仪表的组合方式、掌握执行机构的调节方法。

【学习目标】

(1) 认识执行机构的结构。

(2) 会调校阀门定位器。

(3) 会分析处理阀门定位器的常见故障。

【相关知识】

一、气动执行机构

气动执行机构是将调节器输出的气动控制信号转换为机械位移。在船舶机舱中,气动执行机构主要以气动薄膜调节阀为主。如图 1-5-1 所示为气动薄膜调节阀结构原理。

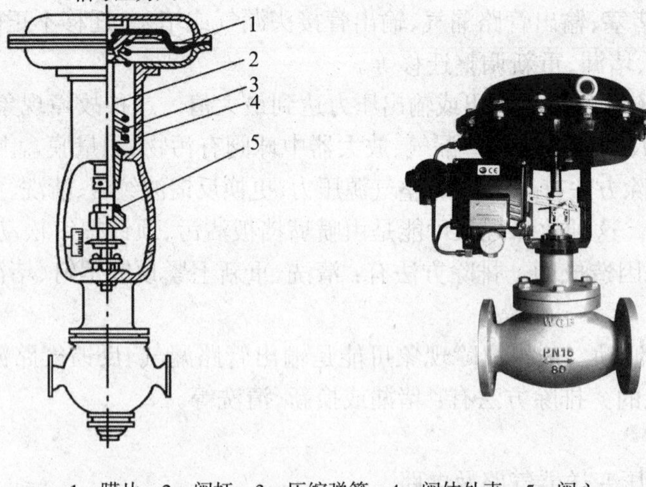

1—膜片; 2—阀杆; 3—压缩弹簧; 4—阀体外壳; 5—阀心

图 1-5-1 气动薄膜调节阀结构原理

气动薄膜调节阀由气动执行和调节阀两部分组成。控制信号可接在膜片 1 的上部空间，这时随着输入控制信号的增大，膜片 1 向下弯，压缩弹簧 3 使阀杆 2 推动阀心 5 一起下移，阀杆的位移与所输入控制信号的变化成比例，改变调节阀的开度。控制信号也可以接到膜片 3 的下部空间，这时随着输入控制信号的增大，膜片向上弯，阀杆带动阀心一起上移。气动薄膜调节阀具有结构简单、尺寸小等特点，适用场合比较广泛。但它的阀杆推力较小，在某些场合的使用受到一定的限制。

为使调节阀动作及时，并能准确动作到位，通常需要加装一个阀门定位器，如图 1-5-2所示是一个带阀门定位器的气动执行机构。从控制器输出的压力信号送到定位器的输入端 E，并作用在测量气室 5 的膜片 6 上。若这个信号增大，挡板 7 靠近喷嘴 8 远离喷嘴 9，引起喷嘴 8 背压升高，喷嘴 9 背压降低。这两个背压信号送入比较气室 10，分别作用于膜片 11 的上、下两面，使膜片 11 连同放气阀 14 一起下移，推动球阀 13 离开固定球阀座 15，使压缩空气经 C 室进入 D 室。因为放气阀 12 处于关闭状态，故 D 室压力升高并由输出端输出这个升高的压力信号 P_B。这个信号被送入调节阀的膜盒 2，由膜片 3 推动阀杆 1 下移，关小给水阀，减少给水量。当调节阀杆 1 向下移动时，反馈弹簧 16 被拉长，使杠杆 17 绕支点 F 逆时针转动。通过圆球支点使挡板往回移动，并停在一个新的位置上，这时阀门定位器有一个稳定的输出。这个输出信号与给水调节阀的阀位相对应。阀门定位器的作用是消除由阀杆所引起的滞后现象。这种滞后现象的产生是由于填料太紧或流动阻力太大而使其摩擦力过大所造成的。它适用于调节阀与调节器之间距离较远的场合以及波纹管容量较小的系统。另外，通过调整比例范围旋钮 18 可以改变阀门定位器输入与输出信号变化关系的比值。在气源中断或控制系统失灵时，可手动操作手轮 4 对调节阀的开度进行手动控制。

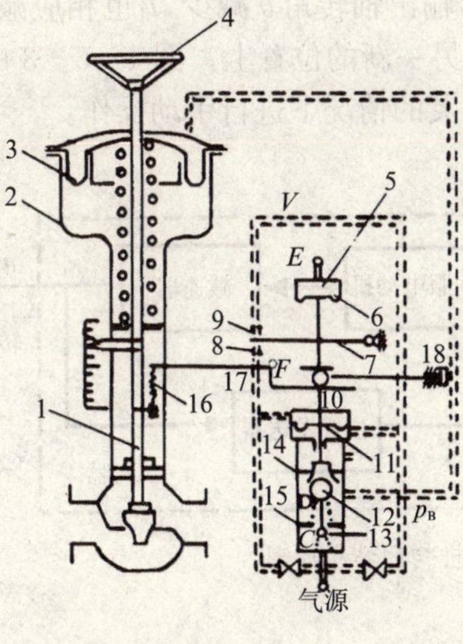

1—阀杆；2—膜盒；3，6，11—膜片；4—手轮；5—测量气室；7—挡板；8，9—喷嘴；
10—比较气室；12，14—放气阀；13—球阀；15—阀座；16—反馈弹簧；17—杠杆；18—旋钮

图 1-5-2 带阀门定位器的气动薄膜调节阀结构原理

对于一些需要阀杆推力较大的场合，还可以通过阀门定位器控制一个气缸活塞，由活塞带动阀心动作，称为活塞式气动执行机构。

阀门定位器实质上可看作是一个比例调节器，其设定值来自调节器的阀位信号，输出

则是阀杆的实际位置。因此，通过阀门定位器总可以使阀杆控制在希望的位置，具有较高的动作精度。

调节阀具有气开式和气关式之分，如果输入的控制信号增大，调节阀开度也增大，则叫气开式调节阀。反之，若输入控制信号增大，调节阀开度减小，则叫气关式调节阀。如图 1-5-2 所示的调节阀属于气关式调节阀。控制系统采用气开式调节阀还是气关式调节阀，要根据实际需要和调节器的作用形式(正作用式还是反作用式)来决定。

二、电动执行机构

电动执行机构接受的是调节器输出的 0～10 mA 或 4～20 mA 直流信号，并将其转换成相应的机械位移，以实现自动调节。

电动执行机构主要分为两大类：直行程式与角行程式。前者用于操纵直行程调节机构，后者用于操纵转角式调节机构，两者都是以伺服电动机为动力的位置伺服机构。角行程式执行机均又可分为单转式和多转式。单转式输出的角位移一般小于 360°，通常简称为角行程式执行机构；多转式输出的角位移超过 360°，可达数圈，故称为多转式电动执行机构，它和闸阀等多转式调节阀配套使用。

1. 基本结构和工作原理

电动执行机构由放大器和机行单元两大部分组成，其结构原理如图 1-5-3 所示。伺服放大器将输入信号 I_i 和反馈信号 I_f 相比较，得到偏差信号 ΔI。当偏差信号 $\Delta I>0$ 时，ΔI 经伺服放大器功率放大后，驱动伺服电动机转动，再经机械减速后，使输出转角 θ 增大。输出轴转角位置经位置发送器转换成相应的反馈电流 I_f，反馈到伺服放大器的输入端使 ΔI 减小，直至 $\Delta I=0$ 时，伺服电动机才停止转动，输出轴就稳定在与输入信号相对应的位置上。反之，当 $\Delta I<0$ 时，伺服电动机反方向转动，输出轴转角 θ 减少，I_f 也相应减小，直至使 $\Delta I=0$ 时伺服电动机才停止转动，输出轴稳定在另一新的位置上。图 1-5-3 中的毫安表用于输出位置指示，电动操作器用于自动控制失灵的情况下进行手动操作。

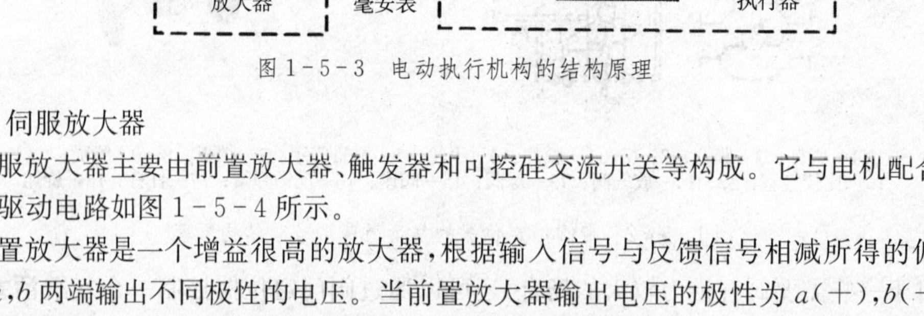

图 1-5-3　电动执行机构的结构原理

2. 伺服放大器

伺服放大器主要由前置放大器、触发器和可控硅交流开关等构成。它与电机配合工作的伺服驱动电路如图 1-5-4 所示。

前置放大器是一个增益很高的放大器，根据输入信号与反馈信号相减所得的偏差极性，在 a，b 两端输出不同极性的电压。当前置放大器输出电压的极性为 $a(+)$，$b(-)$时，触发电路 1 使可控硅 SCR1 导通，桥式整流器的 c，d 两端接通，220 V 的交流电压直接接到伺服电动机的绕组Ⅰ，并经分相电容 C_F 加到绕组Ⅱ上。这样，绕组Ⅱ中的电流相位比绕组

Ⅰ超前 90°，形成旋转磁场，使电动机朝一个方向转动。若前置放大器的输出电压极性和上述相反，即 $a(-)$，$b(+)$时，则触发电路 2 使可控硅 SCR2 导通，使另一桥式整流器的两端 e，f 接通，电源电压直接加于电机绕组Ⅱ，并经分相电容 C_F 供电给绕组Ⅰ，电机朝相反的方向转动。由于前置放大器的增益很高，只要偏差信号大于不灵敏区，触发电路便可使可控硅导通，电动机以全速转动，这里可控硅起的是无触点开关的作用。当 SCR1 和 SCR2 都不导通时，伺服电动机停止转动。

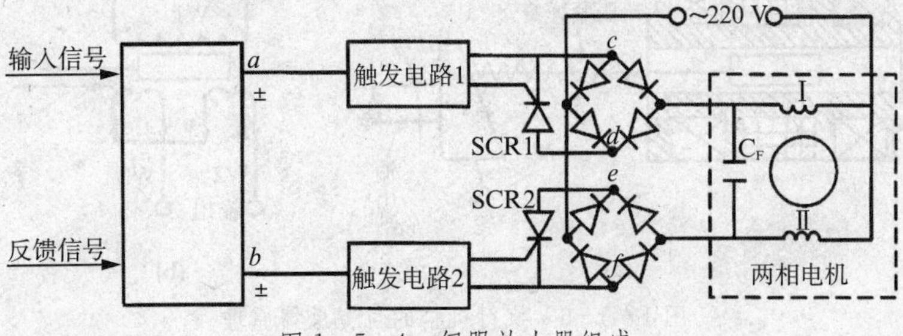

图 1-5-4　伺服放大器组成

3. 执行单元

执行单元由伺服电动机、机械减速器和位置发送器三部分组成。执行单元接受伺服放大器或电动操作器的输出信号，控制伺服电动机的正、反转，经机械减速器减速后输出力矩推动调节机构动作。与此同时，位置发送器将调节机构的角位移转换成相对应的 0～10 mA 直流信号，作为阀位指示，并反馈到前置放大器的输入端作为位置反馈信号以平衡输入信号。

1）伺服电动机

图 1-5-5 表示的是一个两相电容异步伺服电动机的结构原理，它将伺服放大器输出的电功率转换成机械转矩，作为执行器的动力部件。伺服电动机由一个用冲槽硅钢片叠成的定子和鼠笼式转子组成。定子上均匀分布着两个匝数、线径相同而相隔 90°电角度的定子绕组Ⅰ和Ⅱ。由于分相电容 C_F 的作用，定子绕组Ⅰ和Ⅱ的电流相位总是相差 90°，其合成向量产生定子旋转磁场，定子旋转磁场又在转子内产生感应电流并构成转子磁场，两个磁场相互作用，使转子旋转。转子旋转方向取决于定子绕组Ⅰ和Ⅱ中的电流相位差，即取决于分相电容 C_F 串接在哪一个定子绕组中。

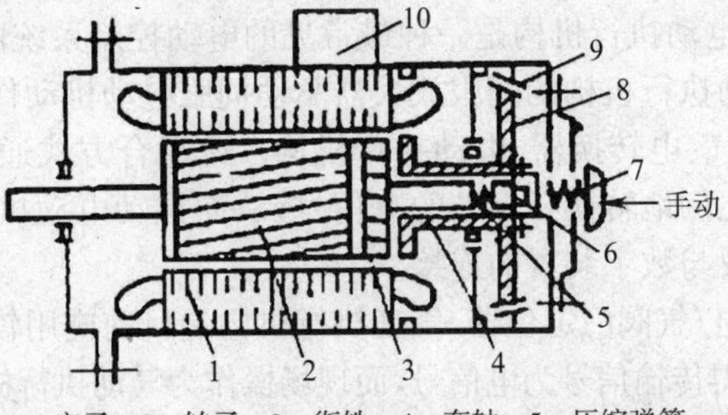

1—定子；2—转子；3—衔铁；4—套轴；5—压缩弹簧；
6—调节螺钉；7—手动按钮；8—制动轮；9—制动盘；10—出线盒

图 1-5-5　伺服电动机的结构原理

2）减速器

由于交流伺服电动机的转速高、力矩小，必须经过减速才能获得较大的转动力矩。常用的减速器有行星齿轮和蜗轮蜗杆两种，其中行星齿轮减速器由于体积小、传动效率高、承载能力大、单级速比可达 100 倍以上，获得广泛的应用。

3）位置发送器

位置发送器的作用是将电动执行机构输出轴的位移转变为 0～10 mA 直流反馈信号的装置。其主要部分是差动变压器，如图 1-5-6 所示。

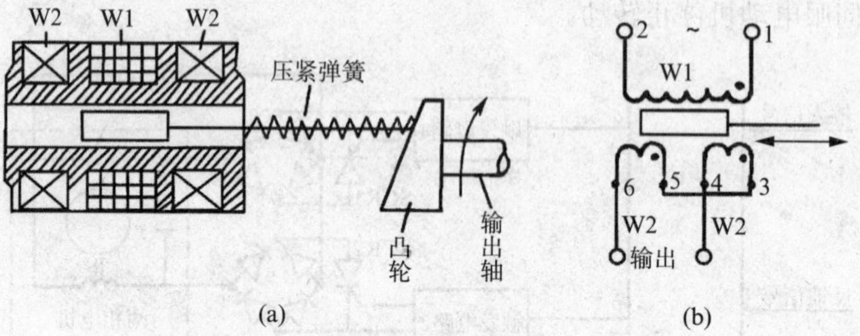

图 1-5-6　执行机构的位置反馈原理

差动变压器的铁心与凸轮斜面靠弹簧相互压紧，当输出轴转动时带动凸轮使铁心左右移动，凸轮斜面在设计上能保证铁心位置与输出轴之转角成线性关系，因此，变压器负边的输出电压将与输出轴的转角成线性关系。这一交流信号经进一步处理获得 0～10 mA 的直流信号。

4. 仪表组合方式

以上分别介绍气动和电动执行机构的结构和工作原理。一般来说，气动和电动执行机构分别与气动和电动调节器相匹配，但控制系统的设计是非常灵活的，在船舶机舱中往往会出现电动和气动仪表相混合的形式。如图 1-5-7 所示为各种可能的组合方式。

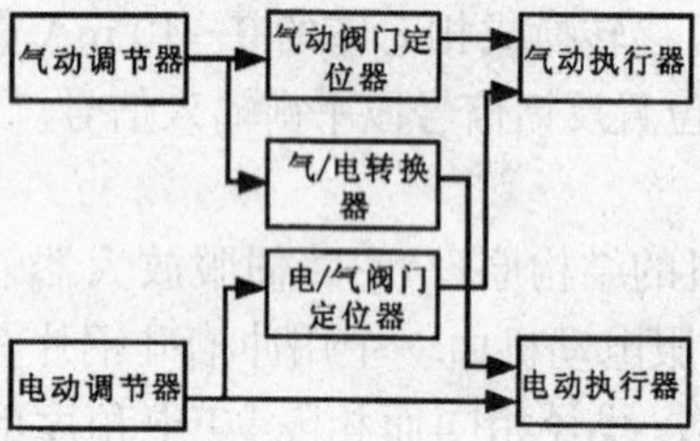

图 1-5-7　电/气动执行机构的组合方式

(1) 气动调节器、阀门定位器、气动执行机构是一种最常见的气动控制系统的组合方式。通过阀门定位器的辅助作用，可使气动执行机构准确定位，同时可在一定程度上放大调节信号的压力，增大执行机构的输出力(力矩)，增强执行器的工作平稳性。

(2) 电动调节器、电动执行机构是一种最常见的电动控制系统的组合方式。电动调节器的输出直接送到电动执行机构的伺服放大器驱动伺服电动机动作。

(3) 气动调节器、气/电转换器、电动执行机构。该组合方式通过气/电转换器将气动调节器的气压信号成比例地转换成标准的电信号，从而推动电动执行机构工作，实现气动信号的远距离传送以及与数字装置的连接。

(4) 电动调节器、电/气阀门定位器、气动执行机构是目前应用较多的一种组合方式，通过电/气阀门定位器使得传输信号为电信号，而现场操作为气动执行机构，因此具备电动和气动执行机构的优点。电/气阀门定位器实际上是电/气转换器和气动阀门定位器的组合。

【任务实施】

一、任务要求

(1) 会调校阀门定位器。

(2) 会分析处理阀门定位器的常见故障。

二、任务准备

带阀门定位器的执行器两台。

三、任务操作

1. 阀门定位器的调校方法

1) 阀门定位器的一般调校方法

(1) 零位调整，给定电流信号 4 mA，通过顺时针或反时针旋动调零螺钉，使输出压力为 0.2×100 kPa 左右或调节阀行程有微小位移。

(2) 量程调节给定信号 8 mA，12 mA，16 mA，20 mA，使阀杆行程应为 25%，50%，75%，100%。若量程偏大或偏小，调整螺母直至量程符合要求。

(3) 重复步骤(1)和(2)，使量程零点达到规定值。

2) 阀门定位器的特殊调校方法

在实际工作中有时会遇到用一般的调校方法不能校准阀门定位器。可以调节的参数还有零位弹簧的弹性系数和反馈杠杆的有效长度。可以将连接在阀杆上的销钉靠近阀门定位器，这样就将反馈杠杆的有效长度缩短，L 增大，行程也增大；反之，可将反馈杠杆的有效长度增长，则其行程减小。因此，将此方法配合常用的调校法可增大行程变化范围，易于阀门定位器的校准。

(1) 调整反馈杠杆法。

(2) 改变调零弹簧的弹性系数法。

2. 阀门定位器的常见故障分析

(1) 阀门定位器有输入信号但无输出。原因大多是空气中的灰尘、杂质没有彻底过滤，导致恒节流孔堵死，或者是喷嘴挡板位置不正确，继动器有缺陷等。解决方法为：检查并用 0.2 mm 钢丝疏通恒节流孔并清洗；检查喷嘴及背压管路、吹净；更换继动器等。

(2) 阀门定位器无输入信号但有输出压力。原因为继动器球阀卡死、喷嘴与挡板关不严。解决方法为：检查清洗继动器、调整喷嘴位置。

(3) 输出压力缓慢或不正常。在日常生产运行中，调节阀不断地动作，会导致调节阀的膜头受损、漏气，从而造成有输入信号但调节阀动作缓慢的故障，使调节阀达不到及时调节的效果，原因大多为：①转动部分卡死，造成无反馈力；②继动器球阀受脏物影响关不严；③输出或输入管道漏气；④调节阀膜头漏气。

其解决办法为：①清除卡死原因，并加表油润滑；②检查、清洗继动器；③检查气路密封性，消除漏气；④检查膜室，更换膜片。

【任务评价】

(1) 会调校阀门定位器。

(2) 会分析处理阀门定位器的常见故障。

【课后练习】

(1) 什么是反作用式执行器？

(2) 电动式执行器的组成有哪些？

项目二　船舶计算机及船舶网络认识
Item Two　Knowledge of Computers and Network of Ships

项目描述

20 世纪 90 年代中期，微型计算机(Microcomputer)，简称微机，开始应用于船舶机舱的集中监测系统。如今，微机技术已经渗透到船舶自动化领域的各方面，从单台设备的自动控制到机舱设备的分布式控制，再到全船的网络化管理，都已经离不开微型计算机。通过本项目的学习，使学生对微型计算机、单片机、可编程序控制器、船舶计算机网络有一个全面的认识，并能在实际工作中处理一些简单常见故障。

任务 1　微型计算机的认识
Task One　Knowledge of Microcomputers

【任务描述】

世界上第一台数字电子计算机于 1946 年在美国宾夕法尼亚大学诞生，在经历电子管算机、晶体管计算机、集成电路计算机和大规模/超大规模集成电路计算机的历程之后，计算机的性能价格比和性能体积比已经比第一代电子管计算机的高出成千上万倍。

微型计算机产生于 20 世纪 70 年代初期，它与大、中、小型计算机的主要区别在于其中央处理器(Central Process Unit, CPU)采用大规模或超大规模集成电路技术，其他类型计算机的 CPU 则是由相当多的分离元件电路或集成电路所组成。为了区分这两种 CPU，通常把微型计算机的 CPU 芯片称为微处理器。

本任务通过认识微型计算机硬件结构和微型计算机系统，建立学生对计算机的初步概念。

【学习目标】

(1) 认识微型计算机的硬件结构。

(2) 会处理微型计算机常见故障。

【相关知识】

一、微型计算机的硬件结构

微型计算机的典型硬件结构如图 2-1-1 所示，它由运算器、控制器、存储器、输入设备和输出设备五部分组成。其中微处理器包含运算器和控制器，它通过地址总线(AB)、数据总线(DB)和控制总线(CB)与存储器和输入/输出接口(I/O 接口)相连；存储器包括 RAM 和 ROM，分别用于存储数据和程序；输入、输出设备通过 I/O 接口进行数据的输入与输出。

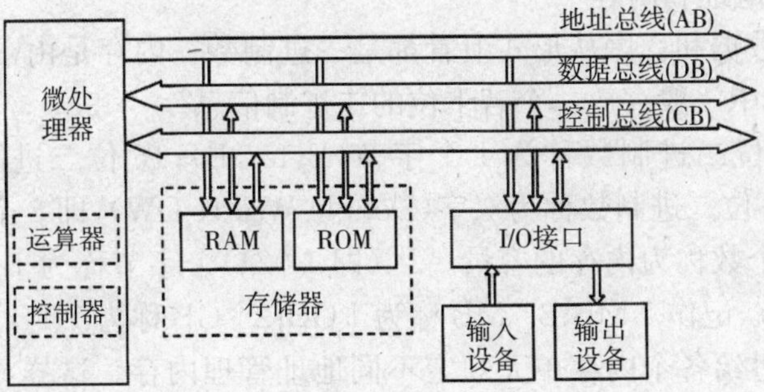

图 2-1-1 微型计算机结构

1. 微处理器

微处理器是微型计算机的运算和控制中心。不同型号的微型计算机，其性能的差别主要体现在其微处理器性能的不同。微处理器的性能又与它的内部结构、硬件配置有关。每种微处理器都有其特有的指令系统。无论哪种微处理器，其内部基本结构都是相似的。它们都有以下基本结构。

1) 运算器

运算器在控制器控制下，对二进制数进行算术和逻辑运算。运算器通常由算术逻辑单元(Arithmetic Logic Unit, ALU)、累加器(Accumulator, A)、通用寄存器和标志寄存器等部件组成。其中，ALU 是运算器的核心，在控制信号的作用下可完成加、减、乘、除四则运算和各种逻辑运算；累加器配合 ALU 工作，它寄存参与运算的一个操作数，送给 ALU 进行运算，并寄存 ALU 的中间结果；通用寄存器可寄存参与运算的一个操作数，或寄存 ALU 运算的中间结果，或寄存参与运算的一个操作数所在存储单元的地址；标志寄存器用于记录运算结果的状态特征。

2) 控制器

控制器协调整个微型计算机的有序工作，是整个微处理器的指挥控制中心，主要包括指令寄存器(Instruction Register, IR)、指令译码器(Instruction Decoder, ID)和操作控制器(Operation Controller, OC)，它根据用户预先编好的程序，依次从存储器中取出各条指令，放在指令寄存器 IR 中，通过指令译码(分析)确定应该进行什么操作，然后通过操作控制器 OC，按确定的时序，向相应的部件发出控制信号。

3) 寄存器阵列

寄存器阵列实际上是微处理器内部的一组 RAM 单元，可以单个使用，也可以成对使用(即寄存器组)，并可定义为各种特定的名称。寄存器或寄存器组用于存储控制器或运算器所需的各类信息，如操作数、地址和中间结果等。由于受芯片面积的影响，其数量不可能太多，是微处理器的重要资源。

4) 内部总线

内部总线是连接微处理器内部各个功能部件之间的一组公共信号线：可以传输数据、地址或控制信息。在同一时刻，总线上流动何种信息，则由指令决定。

2. 存储器

存储器又叫内存或主存，是微型计算机的存储和记忆部件，用以存放数据和程序。微型机的内存都是半导体存储器。

1）内存单元的地址和内容

内存中存放的数据和程序从形式上看都是二进制数。内存是由一个个内存单元组成的，每一个内存单元中一般存放一个若干位的二进制信息。

在计算机中，8 位二进制数称为 1 个字节（Byte，B）；16 位二进制数称为字（Word，W），即 2 个字节；32 位二进制数称为双字（Double Word，DW），即 2 个字。

内存单元的总个数称为内存的容量。2^{10}（即 1 024）个字节称为 1 千字节，记作 1 KB；2^{10} KB 称为 1 兆字节，记作 1 MB；2^{10} MB 称为 1 GB；2^{10} GB 称为 1 TB。

微型计算机通过给各个内存单元规定不同地址管理内存。这样，CPU 便能识别不同的内存单元，正确地对它们进行操作。

注意：内存单元的地址和内存单元的内容是两个完全不同的概念。

2）内存操作

CPU 对内存的操作有读、写两种。读操作是 CPU 将内存单元的内容取入 CPU 内部，而写操作是 CPU 将其内部信息传送到内存单元保存起来。显然，写操作的结果改变被写单元的内容，而读单元不改变被读单元中原有内容。

3）内存分类

按工作方式不同，内存可分为两大类，即随机存取存储器（Random Access Memory，RAM）和只读存储器（Read Only Memory，ROM）。

RAM 可以被 CPU 随机地读和写，所以又称为读写存储器，这种存储器用于存放用户装入的程序、数据及部分系统信息，当机器断电后，所存信息消失。

ROM 中的信息只能被 CPU 随机读取，而不能由 CPU 任意写入，机器断电，信息并不丢失。所以，这种存储器主要用来存放那些固定不变、不需修改的程序和数据。ROM 中的内容是由生产厂家或用户使用专用设备写入固化的。

3. I/O 接口

I/O 接口是微型计算机系统与外部设备之间的桥梁，外部输入设备和输出设备要通过 I/O 接口才能与计算机进行信息交换，完成实际工作任务。常用输入设备有键盘、鼠标器、扫描仪等；常用输出设备有显示器、打印机、绘图仪等；磁盘和光驱既是输入设备，又是输出设备。

4. 三总线结构

所谓三总线，指的是微型计算机系统中连接微处理器与存储器和 I/O 接口的三组总线，即数据总线（Data Bus，DB）、地址总线（Address Bus，AB）和控制总线（Control Bus，CB）。如图 2-1-1 中，三总线都画成宽线，表示不止 1 根线，至少包含 2 根以上。其中，数据总线宽度取决于 CPU 的数据宽度，一般为 8 的倍数，如 8 位、16 位和 32 位等；地址总线宽度取决于 CPU 的寻址能力，对于 8 位机而言，地址线宽度一般为 16 位。控制总线实际上都是单根信号线，数量取决于不同的 CPU 类型。

（1）数据总线（DB）。数据总线用来传输数据信息，是双向总线，CPU 既可通过 DB 从内存或输入设备读入数据，又可通过 DB 将内部数据送至内存或输出设备。

（2）地址总线（AB）。地址总线用于传送 CPU 发出的地址信息，是单向线。目的是指明与 CPU 交换信息的内存单元或 I/O 设备。

（3）控制总线（CB）。控制总线用来传送控制信号、时序信号和状态信息等。其中有些是 CPU 向内存和外设发出的信息，有些则是内存或外设向 CPU 发出的信息。因此，CB 中每一根控制线的方向是一定的、单向的。在图 2-1-1 中将控制总线画成双向，是因为将其视为一个整体。

二、微型计算机系统

微型计算机系统是以微型计算机为核心，再配以相应的外围设备、电源、辅助电路和控制微型计算机工作的软件而构成的完整的计算机系统。

在计算机中，数据和程序均以二进制代码的形式不加区别地存放在存储器中，存放位置由地址指定，地址码本身也为二进制。控制器是根据存放在存储器中的指令序列即程序来工作的，并由一个程序计数器(即指令地址计数器)控制指令的执行。控制器具有判断能力，能以计算结果为基础，选择不同的动作流程。

计算机软件分为系统软件和应用软件两大类。系统软件是用来支持应用软件的开发与运行的，它包括操作系统、标准实用程序和各种语言处理程序等。应用软件是用来为用户解决具体应用问题的程序及有关的文档和资料。

【任务实施】

一、任务要求

(1) 会维护微机。

(2) 会处理微机的常见故障。

二、任务准备

台式微机一台。

三、任务操作

1. 微机的维护

要使微机能较好地正常运行，并获得较长的使用寿命，不但要有良好的工作环境和条件，还必须有日常良好的维护和严格的保养制度，若平时的保养维护工作不经常，尽管不一定马上会出什么问题，却存在故障隐患，随时可能出问题。因此，微机的保养维护十分重要，特别是主机的保养。

按正确步骤开关机。开机时先给外围设备加电，后给主机加电，关机时要先关主机，再关外部的电源。

加电后，机器的各种设备不要随意搬动，不要插拔各种接口卡。外部设备和主机的信号电缆，一定要在关机断电的情况下装卸。

除此之外，还要注意：无维护能力的人员一般不要轻易打开机器拨弄插件。若发现不正常现象，应及时与维修人员联系；机器应经常处于运行状态，避免长期闲置不用，不要频繁开关机。

2. 微机常见故障的处理

船舶计算机容易发生的硬件故障有：

(1) 船舶电源电压不稳定或经常断电引起的故障。微机所使用的电源的电压不稳定，硬盘在读写文件时就会出现丢失或被损坏的现象。如果经常会发生不正常的断电现象导致微机重启，或是经常在计算机运行程序进时行冷启动，将会使系统受到破坏。为使微机更安全地工作，最好使用电源稳压器或不间断电源(UPS)。

(2) 由于船舶的震动在计算机部件之间容易引起接触不良的故障。接触不良主要反映在各种卡类与主板的接触不良或电源线、数据线、音频线的连接不良。其中各种接口卡、内存条与主板接触不良最为常见，如显卡与主板接触不良可能会使显示器不显示；内存条与主板接触不良可能使微机不工作等，通常只要更换相应的插槽或用橡皮轻轻擦一擦接口卡或内存条的金手指，即可排除故障。

【任务评价】

(1) 会维护计算机。

(2) 会处理计算机的常见故障。

【课后练习】

(1) 计算机的硬件结构有哪些？

(2) 计算机的软件分为哪两类？

任务2　单片机的结构、接口电路及通信方式的认识

Task Two　Knowledge of Microcontroller's Construction, Interface Circuit and Communication Mode

【任务描述】

单片机是最简单的微型计算机，它在一块芯片上集成中央处理部件(CPU)，存储器(RAM, ROM)，定时器/计数器和各种输入/输出(I/O)接口(如并行口、串行口和A/D转换器)等。由于单片机通常是为实时控制应用而设计制造的，因此又称为微控制器(MCU)。

单片机在智能化仪器仪表、家用电器和其他各种嵌入式系统中获得广泛的应用。船舶机舱的很多控制和检测仪表都采用单片机技术。虽然单片机的类型很多，但其工作原理大致相同，这里以Intel公司的MCS-51系列单片机为例简要阐述单片机的相关基础知识。

本任务通过认识单片机系统、I/O接口电路、数模转换(D/A)和模数转换(A/D)及模拟量I/O接口电路、计算机的通信方式，建立学生对单片机的基本概念，能诊断单片机控制系统的常见故障。

【学习目标】

(1) 认识单片机的结构、接口电路及通信方式。

(2) 会诊断单片机控制系统的常见故障。

【相关知识】

一、单片机系统

1. MCS-51单片机及其外部引脚

MCS-51系列单片机内部集成CPU、存储器、I/O接口、定时器/计数器和中断系统等功能部件，其基本型号为8031, 8051和8751。它们在内部结构及应用特性方面有一些差异，如8051和8751包含内部程序存储器，对于小型应用系统，无须外挂程序存储器。它们的引脚与指令系统完全兼容，图2-2-1给出其双列直插式封装的引脚名称及分配情况。下面以8031为例，介绍其主要引脚的功能。

1）电源及时钟引脚

8031 的工作电源是 5 V(DC)。VCC(40 脚)和 VSS(20 脚)为电源引脚,用于接入工作电源,其中 VCC 接电源+5 V(DC),VSS 接地。

计算机的工作是在时钟脉冲控制下有序进行的。$XTAL_1$ 和 $XTAL_2$ 为时钟引脚,它们外接振荡晶体与片内的电路构成振荡器,为单片机提供时钟控制信号。

2）控制引脚

此类引脚提供控制信号,有的还具有复用功能,即在不同情况具有不同功能。

(1) RST(9 脚):复位信号引脚。当振荡器运行时,在此引脚上加上一定时长的高电平将使单片机复位(RESET),即恢复到出厂的默认状态。

(2) ALE(30 脚):地址锁存允许。当访问单片机外部存储器时,ALE 输出脉冲的下跳沿用于地址锁存控制。

(3) $\overline{\text{PSEN}}$(29 脚):外部程序存储器的读选通信号。当 CPU 从外部程序存储器取指令或数据时,PSEN 有效(低电平),以实现对外部程序的读操作。

(4) $\overline{\text{EA}}$(31 脚):当$\overline{\text{EA}}$保持低电平时,CPU 只访问外部程序存储器。对于 8031 来说,因其无内部程序存储器,所以该引脚必须接地。

3）I/O 接口引脚

MCS-51 单片机共有 4 个 8 位的 I/O 接口,分别为 P_0,P_1,P_2和 P_3。从图 2-2-1 中可以看出,每个 I/O 接口都占用 8 根引脚。每根引脚上出现的电平可以是高电平(代表二进制数“1”),也可以出现低电平(代表二进制数“0”),因此每个 I/O 接口各引脚状态组合在一起就表示一个 8 位的二进制数。$P_{x.7}$(x=0～3)代表 8 位二进制数的最高位,$P_{x.0}$(x=0～3)代表最低位。

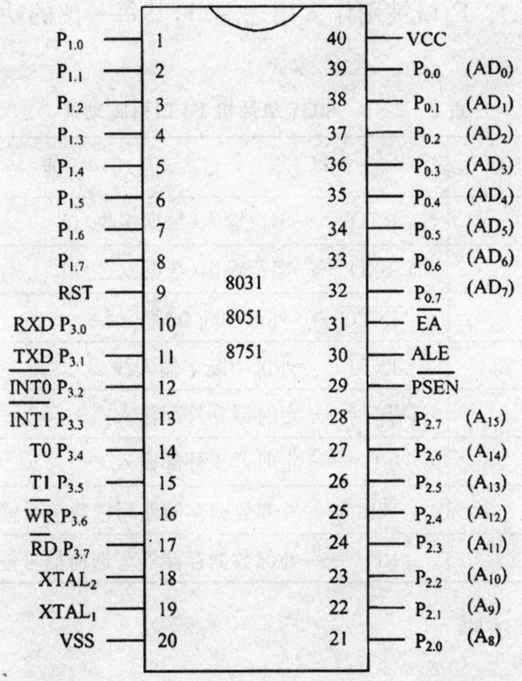

图 2-2-1　MCS-51 双列直插式封装和引脚分配

(1) P_0 口($P_{0.7}$～$P_{0.0}$)。MCS－51 单片机具有 16 位外部地址的寻址能力,即可以同时输出 16 位二进制数作为地址信息,用于确定某个具体地址。每个不同的 16 位二进制数都对应一个唯一的地址,因此共有 2^{16}(64 K)个地址。这 16 位地址中的低 8 位由 P_0 口输出。

另外,MCS－51 单片机如果要和片外的存储器或设备进行并行数据传输,数据只能从 P_0 口输入或输出。这里提到的并行传输,是指同时进行多位二进制数(如 8 位)传输,区别于串行传输(逐位传输)。

可见,P_0 口既要传送地址信息又要传送数据信息。为避免信息冲突,只能采用分时传送的办法,也就是说在不同的时刻传送不同的信息类型(地址或数据),称为分时复用。当 P_0 口输出地址信息时,单片机的 ALE 引脚会输出一个正脉冲信号,利用这个脉冲信号的下跳沿可以将地址信息通过锁存器锁存起来,实现地址和数据的分离。

在 8031 中,由于没有内部程序存储器,程序代码必须存储在外部存储器中,CPU 必然要通过 P_0 口输出地址信息,找到相应的地址单元,并将其中的程序代码(二进制数)通过 P_0 口输入。

因此,在 8031 中,P_0 口被用做地址总线(低 8 位)及数据总线的分时复用口,在访问(读或写,即 I/O)外部存储器或外部设备时,分时地切换为地址总线低 8 位和数据总线。正因为这个缘故,$P_{0.7}$～$P_{0.0}$ 通常记作 AD_7～AD_0(Address Data)。

(2) P_1 口($P_{1.7}$～$P_{1.0}$)。P_1 口为通用 I/O 接口。在 8031 中,P_1 口是 4 个 I/O 接口中唯一一个可以直接使用的 I/O 接口。它的每根引脚都可直接接入反映外部状态的 0～5 V 电平信号,如开关状态等;也可以用做输出直接驱动小功率负载,如发光二极管等。若要驱动大功率负载,则需要通过驱动放大电路连接。

(3) P_2 口($P_{2.7}$～$P_{2.0}$)。P_2 口被用做高 8 位地址口。它输出高 8 位地址 A_{15}～A_8,A_{15}～A_8 与 P_0 口输出的经锁存分离的低 8 位地址 A_7～A_0 一起形成 16 位地址信息 A_{15}～A_0。

(4) P_3 口($P_{3.7}$～$P_{3.0}$)。P_3 口被用作多用途端口,其每一位的功能都不相同,引脚的具体功能见表 2－2－1。

表 2－2－1　8031 单片机 P3 口引脚功能

引脚	功　能
$P_{3.0}$	RXD ——串行输入(数据接收)口
$P_{3.1}$	TXD ——串行输出(数据发送)口
$P_{3.2}$	$\overline{INT0}$——外部中断 0 输入线
$P_{3.3}$	$\overline{INT1}$——外部中断 1 输入线
$P_{3.4}$	T0 ——定时器 0 外部输入
$P_{3.5}$	T1 ——定时器 1 外部输入
$P_{3.6}$	$\overline{WR}$ ——外部数据存储器写选通信号输出
$P_{3.7}$	$\overline{RD}$ ——外部数据存储器写选通信号输入

2. 地址锁存与地址译码

1) 地址锁存

上面提到的 8031 单片机 P_0 口是一个地址和数据的分时复用口,地址锁存的目的是把其中的地址信息分离出来。常用的地址锁存器是 74LS373(373)芯片，其外部引脚如图 2-2-2 所示。图 2-2-2 中，引脚 $D_7 \sim D_0$ 为 8 个输入端，引脚 $Q_7 \sim Q_0$ 为 8 个输出端，引脚 C 为锁存端，引脚 $\overline{OC}$ 为输出允许端。

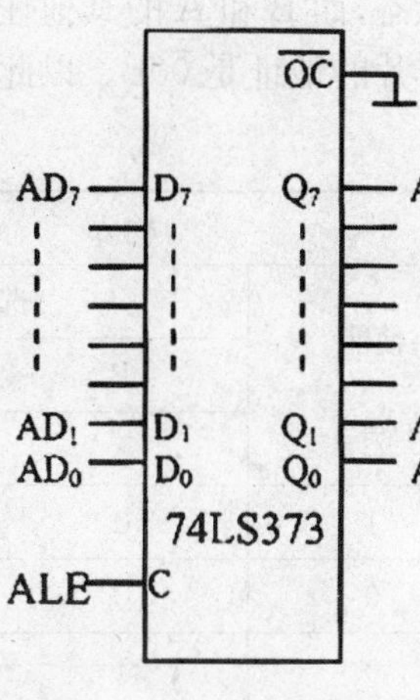

图 2-2-2　373 锁存器

单片机 P_0 口的地址和数据信息 $AD_7 \sim AD_0$ 送至锁存器的输入端，ALE 信号接到锁存端 C。当 P_0 口输出的是地址信息时，单片机会同时在 ALE 引脚上输出一个正脉冲作用到 C 端，并在脉冲的上升沿将输入端的地址信息送入锁存器内部。输出允许端 $\overline{OC}$ 的作用控制锁存器内部信息的输出，当它为低电平时，允许输出。$\overline{OC}$ 直接接地，一直处于低电平状态，因此进入锁存器的地址信息将直接送至输出端 $Q_7 \sim Q_0$。

当脉冲信号消失，在 C 端出现低电平时，锁存器的内部状态不再随输入的变化而变化，其输出也不再变化。随后，P_0 口上出现的是数据信息，由于 ALE 下降沿已过，数据信息不会影响锁存器的输出状态。

由此可见，地址锁存器在 ALE 信号的时序配合下，能够把来自单片机 P_0 口分时复用总线的地址和数据信息进行分离。应特别注意，锁存器输入端的信号是 $AD_7 \sim AD_0$，而输出端则是 $A_7 \sim A_0$（纯粹的地址信息）。这个地址信息可以和来自单片机 P_2 口的高 8 位地址一起形成 16 位地址。

2）地址译码

计算机送出的地址信息实际上是一个二进制编码，例如，某个 8 位地址为 10001101B（以 B 结尾表示这个数是一个二进制数），它表示的地址号为 141，这个地址号要么对应存储器的某个存储单元，要么对应一个外部器件。如何才能找到这个存储单元或外部器件呢？其方法是对这个地址编码进行翻译，翻译成相应的逻辑操作。这个过程称为地址译码。

对于存储器，存储器内部都有自身的译码电路，只要把来自计算机的地址线和存储器的地址线按位连接即可以对于外部器件，则通常采用译码器进行译码，由译码器的输出线找到相应器件。

如图 2-2-3 所示是一个最简单的译码器，它有 2 个输入，4 个输出，所以称为二四译码器。芯片 139 是一种专门的集成芯片，它包含 2 个二四译码器，图中只显示其中一个。图 2-2-3 中，$\overline{G}$ 是 139 译码器的使能端，低电平有效，即只有在 $\overline{G}$ 端接入低电平时，译码器才能工作。B 和 A 是地址信息的输入引脚，$\overline{y_3} \sim \overline{y_0}$ 是译码输出，低电平有效。表2-2-2 给出输入与输出之间的关系，数字逻辑电路的这种输入输出关系表习惯上被称为真值表。从表 2-2-2 中可以看出，如果 $\overline{G}$ 端为高电平（逻辑 1），那么不论 B 和 A 的状态是什么（X 表示任意状态），译码器的输出都全部为 1，只有当 $\overline{G}$ 为低电平（逻辑 0）时，输出端的状态才能随输入端的变化而变化。B 和 A 两位地址信息的变化组合共有 4 个，即 00，01，10 和 11，对应的有效输出分别为 $\overline{y_0}$，$\overline{y_1}$，$\overline{y_2}$ 和 $\overline{y_3}$。若将输出 $\overline{y_0}$ 接到某个芯片的使能端（通常也叫片选端，低电平有效），则只要 B 和 A 的状态为 00，就能使该芯片进入可工

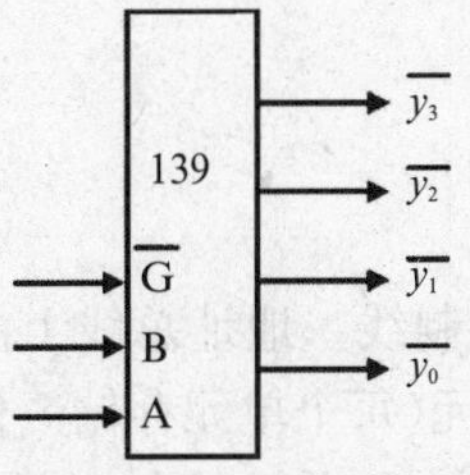

图 2-2-3　二四译码器

作状态，而 B 和 A 的其他任何状态都不可能。假设 CPU 只有 2 根地址线，那么就可以说该芯片的地址是 00B。以此类推，与 $\overline{y}_1$，$\overline{y}_2$ 和 $\overline{y}_3$ 连接的器件地址分别为 01B，10B 和 11B。

表 2-2-2　二四译码器真值表

输入			输出			
使能	选择					
	B	A	$\overline{y}_3$	$\overline{y}_2$	$\overline{y}_1$	$\overline{y}_0$
$\overline{G}$	X	X	1	1	1	1
1	0	0	1	1	1	0
0	0	1	1	1	0	1
0	1	0	1	0	1	1
0	1	1	0	1	1	1

3. 单片机系统

虽然单片机是一个高度集成的芯片，它集成微型计算机的主要组成部分，但要组成一个实际的单片微机系统，还需要一些外部电路的支持。特别是 8031 单片机，由于没有片内程序存储器，至少需要有一定数量的外部程序存储器，用以存储工作程序。另外，片内 RAM 的数量也有限，一般还需要有外部数据存储器。图 2-2-4 给出一个简单的 8031 单片机系统，其中，373 为地址锁存器，在 8031 单片机的 ALE 信号配合下，对在 P_0 口上出现的地址信息进行锁存；2764 是一个容量为 8 KB 的 EPROM 程序存储器；6264 是一个容量为 8 KB 的 RAM 数据存储器；139 为地址译码器。单片机可以通过 P_1 口和外界联络。

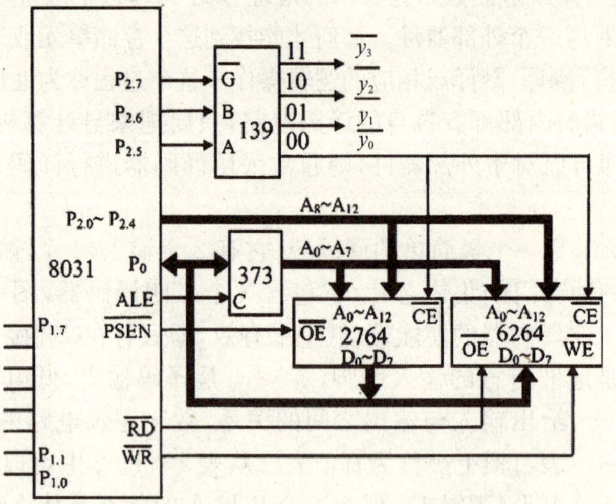

图 2-2-4　8031 单片机系统

存储器和 8031 单片机的连接信号包括地址总线、数据总线和控制线。地址总线上的信息经过存储器内部地址译码可以找到与地址内容相对应的存储单元（每个单元存储 8 位二进制数，即 1 个字节），这个过程称为寻址。数据总线用于将被寻址存储单元的存储内容送入单片机（读数据）或从单片机送入被寻址单元（写数据）。

2764 的控制线包括片选信号$\overline{CE}$(Chip Enable)和输出允许信号$\overline{OE}$(Output Enable)，$\overline{CE}$连接 139 译码器的 $\bar{y}_0$，只有 $\bar{y}_0$ 有效时，2764 才工作；$\overline{OE}$连接单片机的$\overline{PSEN}$，当 CPU 从 2764 读取指令时，单片机从$\overline{PSEN}$发出低电平信号，使$\overline{OE}$为低电平，允许存储器内容输出，并通过数据总线进入 CPU。

6264 比 2764 多一个写允许控制信号$\overline{WE}$(Write Enable)，与单片机的写控制引脚$\overline{WR}$连接，当单片机要往 6264 写数据时，$\overline{WR}$输出低电平，使得 CPU 从数据总线输出的数据能够进入 6264 中被寻址的存储单元。6264 $\overline{OE}$的与单片机的读控制引脚$\overline{RD}$连接，当 CPU 从存储器读数据时，$\overline{RD}$输出低电平，使被寻址单元的数据内容经数据总线进入 CPU。片选信号$\overline{CE}$和 2764 一样，也是连接 139 译码器的 $\bar{y}_0$，它们不会同时工作而导致数据混乱，因为单片机访问程序存储器时，$\overline{RD}$和$\overline{WR}$无效，而在访问数据存储器时，$\overline{PSEN}$无效。这是由所执行的指令性质所决定的。

2764 和 6264 的存储容量均为 8 KB，因此它们都有 13 根地址线($2^{13}=2^3\times2^{10}=8$ K)，在图 2-2-4 中标为 $A_0\sim A_{12}$。其中，低 8 位($A_0\sim A_7$)来自地址锁存器 373，高 5 位($A_8\sim A_{12}$)来自 8031 的 P_2 口($P_{2.0}\sim P_{2.4}$)。8031 单片机的地址线 $A_{13}\sim A_{14}$($P_{2.5}\sim P_{2.6}$)接 139 二四译码器，参加译码。译码器的 $\bar{y}_0$ 输出用做存储器的片选信号。地址线 A_{15}($P_{2.7}$)控制译码器的使能端$\overline{G}$，由于$\overline{G}$是低电平有效，因此译码器工作的前提是最高位地址为“0”。而 2764 和 6264 工作的前提是 $P_{2.6}P_{2.5}=00$。有兴趣的读者可以自行分析一下 2764 和 6264 的地址范围。

如图 2-2-4 所示的单片机系统只是一个简单示例，唯一一个能与外界进行信息输入和输出的通道是单片机的 P_1 口。根据实际需要，单片机可以通过 P_1 口输入外界信息，或者对外输出信息。若 P_1 口不够用，则还需进行 I/O 接口扩展。

作为一个单片机系统，硬件只是其中的一个组成部分，除此之外，还需要有软件(程序)的支持。软件编程可在 PC 机上通过专门软件进行，调试好的程序通过专门的设备写入程序存储器中，再把程序存储器插到单片机系统的电路板上。

在上述系统中，程序存储器是 2764，因此程序软件是以二进制的形式存储在 2764 中的。当单片机上电时，CPU 会自动地从 2764 存储器中第一个存储单元(单元地址为 0000H)开始读取并执行程序指令。

二、开关量输入/输出接口

在计算机系统中，通常用开关量表示一些非此即彼的状态信号，如开关的闭合和断开、电动机的起动和停止、阀门的打开和关闭等，它只有两种状态。在计算机内部，这两种状态分别用二进制数的“0”和“1”表示。

1. 开关量输入

单片机应用于工业现场的检测与控制时，总会涉及对现场设备状态的检测或接收来自外部的逻辑命令信号。不论是设备的状态信号还是逻辑命令信号，它们都属于开关量信号。为使单片机能够识别这些信号，一种方法是将这些开关量信号通过电平转换后送至单片机的某个字节位中，通过判断该字节位是“0”或是“1”来识别其状态。若是“0”，则表明与该位二进制数对应的输入电平为低电平。反之则为高电平。这就是开关量输入的基本原理。

1）开关量转换电路

在船舶机舱中，开关量往往来自操作台或控制箱的按钮、转换开关、继电器或来自现场的行程开关等的触点，而且伴有不同的电平输出和干扰噪声，因此首先必须经过电平转换电路将触点的通断转换成计算机电路能够接收的逻辑电平，同时还要考虑滤波、去抖动以及信号隔离等措施，然后再由单片机进行输入。对于 MCS－51 单片机，其工作电平是 TTL(Transistor Transistor Logic)电平，高于 2.4 V 为高电平，表示逻辑 1；低于 0.4 V 为低电平，表示逻辑 0。

图 2－2－5 为出几种微机系统中常用的开关量转换电路。虚框表示内部电路，图 2－2－5(a)和图 2－2－5(b)采用外部供电，图 2－2－5(c)～图 2－2－5(e)则采用内部供电。

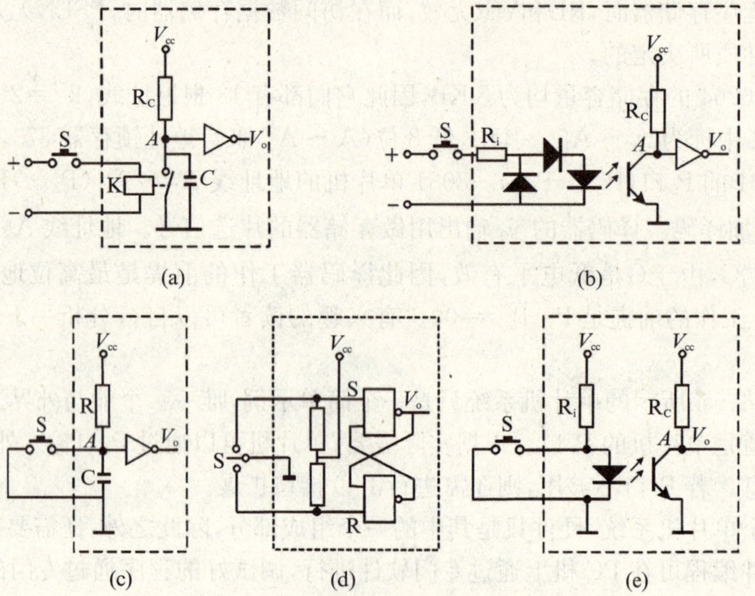

图 2－2－5　开关量输入电路

图 2－2－5(a)具有继电器隔离和电容滤波功能，当开关 S 闭合时，继电器 K 得电，其常开触头闭合，A 点电位为 0，经反相后 V_o 输出为 1；若开关 S 断开，则 V_o 输出为 0。

图 2－2－5(b)采用光电隔离技术，当开关 S 闭合时，光电耦合管导电，A 点接地，经反相 V_o 输出为 1；若开关 S 断开；则光电耦合管截止，A 点为高电平，V_o 输出为 0。

图 2－2－5(c)与图 2－2－5(a)类似，区别在于没有采用继电器隔离。

图 2－2－5(d)中，开关 S 具有上、中、下三个位置，并具有自动回中的功能。当 S 打到上方时，RS 触发器的 S 端为 0，V_o 输出为 1；当 S 打到下方时，RS 触发器的 R 端为 0，V_o 输出为 0。

在图 2－2－5(e)中，外部开关 S 直接控制内部电路中的光电隔离管，当 S 闭合时，光电管截止，V_o 输出为 1；当开关 S 断开时，光电管导通，V_o 输出为 0。

2）开关量输入接口

如图 2－2－6 所示电路是一个采用 373 锁存器进行开关量输入的典型接口电路。图中，S7～S0 代表 8 个外部设备的开关状态，经光电隔离转换电路后送至锁存器的输入端。锁存器输入端的状态反映开关的状态，如当 S7 闭合时，光电隔离器输出“1”(高电平)；反之，当 S7 断开时，光电隔离器输出“0”(低电平)。由于计算机的数据宽度一般都是 8 的整数倍，例如，MCS-51 单片机为 8 位，因此一般把需要输入的开关量按每 8 个为一组进行组合。这样，计算机实际上每次输入的是 8 个开关量。从图中可以看出，373 的 G 端已经连接+5 V 的高电平，8 个输入端的信息可以直接进入锁存器的内部，但什么时候被送至输出端，则由 CPU 根据程序指令来控制。

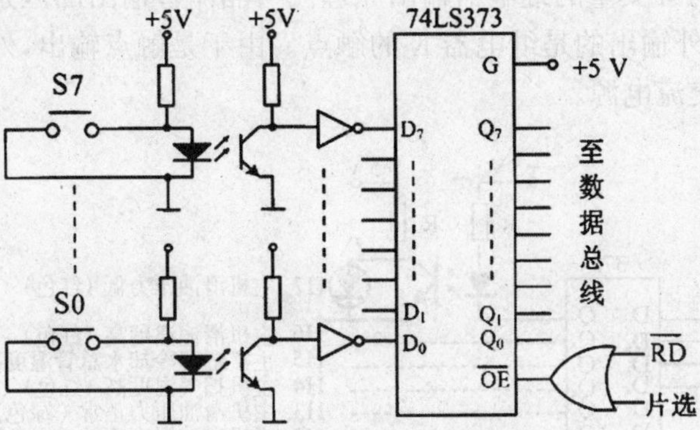

图 2-2-6 开关量输入接口电路

当 CPU 执行某条指令，需要对这组开关量进行输入时，通过地址译码会使图中的片选线为低电平(逻辑“0”)，由于 CPU 执行的是输入指令(即读操作)，$\overline{RD}$也为低电平(逻辑“0”)，或门输出逻辑“0”，锁存器的输出允许端$\overline{OE}$有效，反映锁存器输入端状态的内部信息送至输出端，再经由 CPU 的数据总线送入 CPU。

开关量输入的结果是以字节的形式出现的，字节中每一位的状态(是 0 还是 1)反映开关的状态(即是断开还是闭合)。例如，若某次输入结果 11H(00010001B)，则说明 S0 和 S4 是闭合的，其余开关都是断开的。

2. 开关量输出

开关量输出是指计算机向外界输出一个“0”或“1”信号，用于控制外部设备的起停或进行状态指示等。通常有 TTL 电平输出、电子无触点开关输出和继电器输出等几种形式。为保证计算机安全、可靠的工作，输出部分要加光电隔离电路，同时为了驱动继电器或其他执行部件，输出通道一般都要设置功率放大电路。

如图 2-2-7 所示为几种典型的开关量输出电路。其中，图 2-2-7(a)为采用 373 锁存器作为输出接口的 TTL 电平输出电路，输出可以直接驱动发光二极管等低功率负载。锁存器的时钟端 C 由片选线和写信号经或非门控制，输出控制端$\overline{OC}$接地，输入端来自 CPU 数据总线，输出端经光电隔离后控制 8 个指示灯的状态，图中还示例性地标明各个指示灯的含义。当计算机对片选地址执行写操作时，片选线和写信号$\overline{WR}$同时为 0，或非门输出 1，将来自数据总线的输出内容送入锁存器，由于输出控制端接地使得锁存器输出端处于常开状态，因此送入锁存器的内容直接到达输出端，经光电隔离后控制各个指示灯的状态。

从图 2-2-7(a)不难看出，在输出字节中，状态为 0 的位将使指示灯熄灭，状态为 1 的位则使指示灯点亮。以 D_7 位为例，若 $D_7=0$，则 $Q_7=0$，光电隔离器中的发光管点亮，与其配对的三极管导通，集电极接地，指示灯 H7 熄灭；反之，若 $D_7=1$，则 $Q_7=1$，发光管熄灭，三极管截止，集电极为高电平，指示灯 H7 点亮。

图 2－2－7(b)为开关量的晶体管输出原理，*D* 端为输出接口电路输出的某个字节位，或为 0，或为 1。若 $D=1$，则经反相后使光电隔离器中的发光管点亮，与其配对的三极管导通，三极管 T 也导通，负载 R_L 得电；反之，三极管 T 截止，R_L 失电。它适用于控制板外供电的继电器和电磁阀等的电磁线圈，板外电源必须是直流电源。

图 2－2－7(c)为开关量的继电器输出原理。与晶体管输出的区别在于三极管 T 驱动的是继电器 K，对板外输出的是继电器 K 的触点。由于是触点输出，外界负载 R_L 既可以是直流电源也可以是交流电源。

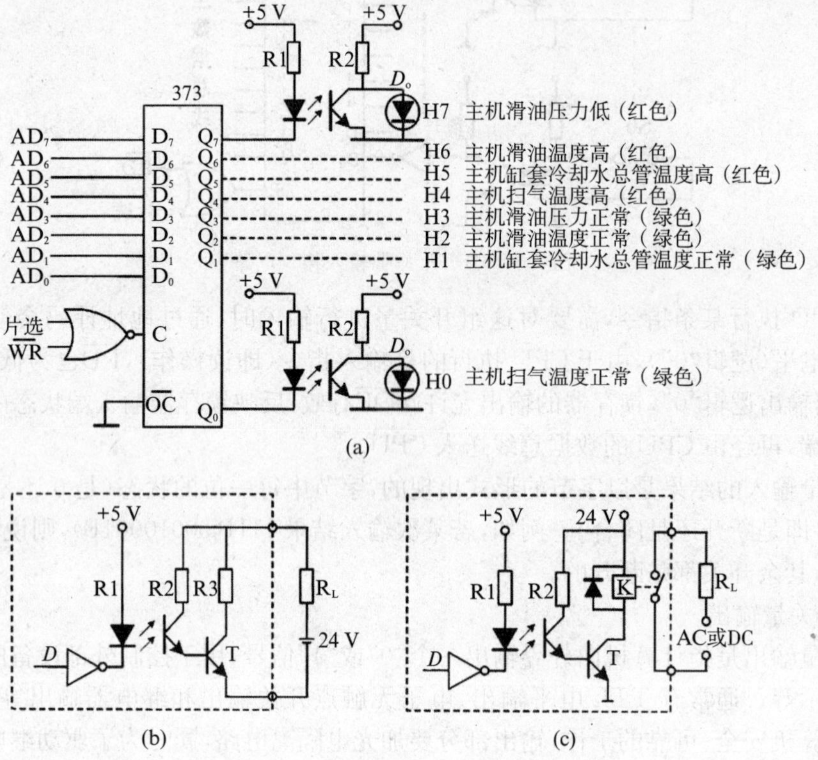

图 2－2－7　开关量输出电路

三、数模转换(D/A)和模数转换(A/D)及模拟量输入/输出接口

在微型计算机的实际应用中，除了开关量的输入和输出外，还会涉及很多连续变化的物理量，如温度、压力、水位、速度、电流和电压等。这些连续变化的物理量称为模拟量。当计算机要输入和处理这些模拟量时，就必须先把它们转变成计算机所能识别的二进制形式的数字量，然后再输入到计算机；当计算机要向外部设备输出一个模拟量时，由于计算机处理的结果是数字量，数字量是不能直接用于驱动外部设备的，因此必须把计算机输出的数字量转换成模拟量。

为了实现把模拟量转换成数字量，需要采用一种叫做模/数(Analog/Digital，A/D)转换器的器件；把数字量转换成模拟量，则需要采用数/模转换器(Digital/Analog，D/A)。如图 2－2－8 所示为一个包含模拟量输入和输出的单片机应用系统。

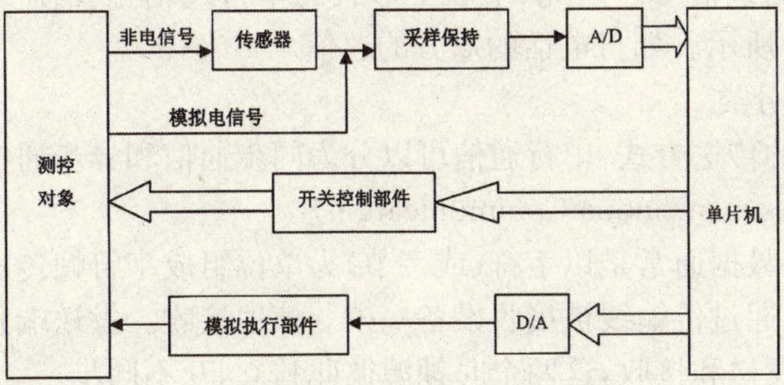

图 2-2-8　具有模拟量输入/输出的单片机应用系统

四、计算机串行通信的基本概念

计算机通信是指计算机与外界的信息传输，既包括计算机与计算机之间的信息传输，又包括计算机与外部设备，如显示器、磁盘和打印机之间的信息传输。信息的实体是数据，因此信息传输最终的表现形式是数据通信。

1. 并行通信与串行通信

计算机的数据通信有两种方式：一是并行通信；另一种是串行通信。所谓并行通信，是指采用并行的多根数据线同时传输多位二进制数，一般都以字节(即 8 位二进制数)为单位。串行通信则是使用一根数据线，在发送端将字节拆开后按顺序一位一位地传输，接收端逐位接收，接受完后再对字节进行组装复原。

并行通信的优点是控制简单、传递速度快；缺点是数据有多少位就至少需要多少根数据传送线。串行通信的突出优点是只需一对传送线，大大降低传送成本，特别适用于远距离通信；其缺点是控制较为复杂，传送速率较低。随着技术的不断发展，串行通信的速度不断提高，被越来越广泛地应用到远距离数据通信中，是目前通信网络中主要采用的数据传输模式。

2. 串行通信的通道形式

串行通信共有以下几种数据通道形式。

(1) 单工通信(Simplex)。单工形式的数据或信号传送是单向的。通信双方中一方固定为发送端，另一方则固定为接收端。单工形式的串行通信，只需要一条数据或信号通道，如图 2-2-9(a)所示。如寻呼台到寻呼机的通信。

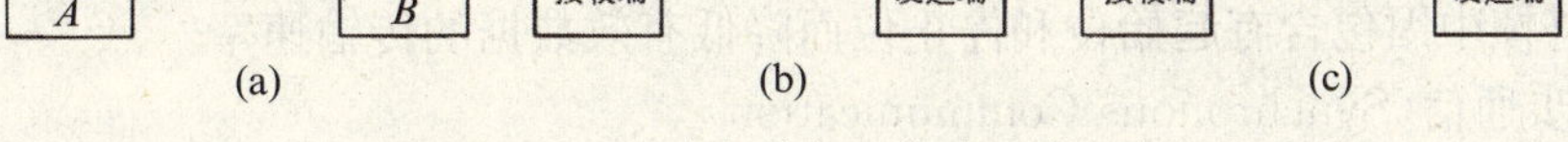

图 2-2-9　串行数据通信的通道方式

(2) 半双工通信(Half-Duplex)。半双工形式的数据或信号传送是双向的，在任何时刻只能由其中的一方发送数据或信号，另一方接收数据或信号。因此半双工形式既可以使用一条数据通道，也可以使用两条数据通道，如图 2-2-9(b)所示是采用一条数据通道，两个开关同时向上时，*A* 发 *B* 收；两个开关同时向下时，*B* 发 *A* 收。

(3) 全双工通信(Full-Duplex)。全双工形式的数据或信号传送也是双向的，且可以同时发送和接收数据或信号。因此，全双工形式的串行通信至少需要两条数据或信号通道，如图 2-2-9(c)所示。如打电话的双方的通信。

3. 串行通信的分类

根据串行数据的传送方式，串行通信可以分为同步通信和异步通信两类。

1) 异步通信(Asynchronous Communication)

在异步通信中，数据通常是以字符(或字节)为单位组成字符帧传送的。字符帧由发送端一帧一帧地发送，通过传输线被接收设备一帧一帧地接收。发送端和接收端可以有各自的时钟控制数据的发送和接收，这两个时钟源彼此独立，互不同步。

究竟发送端和接收端依靠什么协调数据的发送和接收呢？也就是说接收端怎么会知道发送端何时开始发送和何时结束发送呢？这是由字符帧格式规定的。平时发送线为高电平(逻辑“1”)，每当接收端检测到传输线上发送过来的低电平逻辑“0”(字符帧中起始位)时就知道发送端已开始发送，每当接收端接收到字符帧中停止位时就知道一帧字符信息已发送完毕。

在异步通信中，字符帧格式和波特率是两个重要指标，由用户根据实际情况选定。

(1) 符帧(Character Frame)。字符帧也叫数据帧，由起始位、数据位、奇偶校验位和停止位四部分组成，如图 2-2-10 所示。

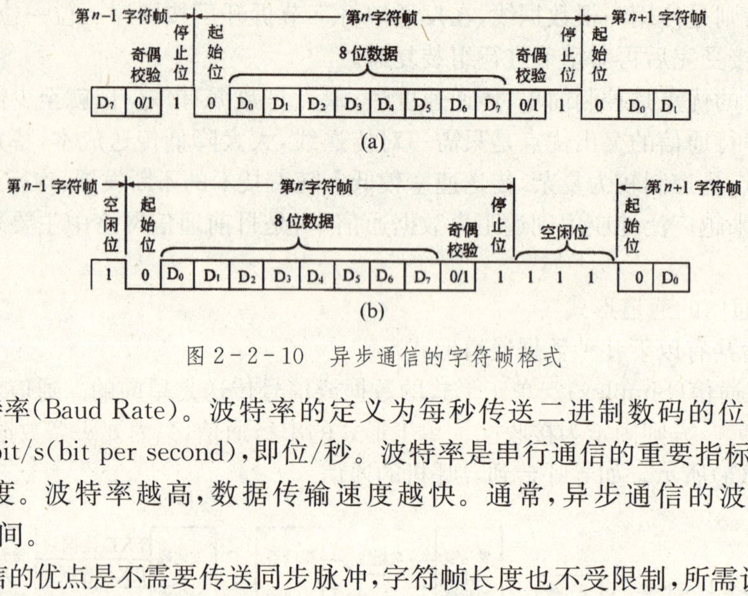

图 2-2-10 异步通信的字符帧格式

(2) 波特率(Baud Rate)。波特率的定义为每秒传送二进制数码的位数(亦称比特数)，单位是 bit/s(bit per second)，即位/秒。波特率是串行通信的重要指标，用于表征数据传输的速度。波特率越高，数据传输速度越快。通常，异步通信的波特率在 50～9 600 bit/s之间。

异步通信的优点是不需要传送同步脉冲，字符帧长度也不受限制，所需设备简单。其缺点是字符帧中因包含有起始位和停止位而降低有效数据的传输速率。

2) 同步通信(Synchronous Communication)

同步通信是一种连续串行传送数据的通信方式，一次通信只传送一帧信息；这里的信息帧和异步通信中的字符帧不同，通常含有若干个数据字符。

同步通信的数据传输速率较高，通常可达 56 000 bit/s 或更高。同步通信的缺点是要求发送时钟和接收时钟保持严格同步，故发送时钟除应与发送波特率保持一致外，还要求同时把它传送到接收端。

4. 错误校验

数据在长距离传送过程中必然会发生各种错误，奇偶校验是一种最常用的校验数据传送错误的方法。奇偶校验分奇校验和偶校验两种。

若采用偶检验，则发送端电路会自动检测发送字符位中"1"的个数，并在奇偶校验位上添加"1"或"0"，使得"1"的总和（包括奇偶校验位）为偶数。接收端电路会对字符位和奇偶校验位中"1"的个数加以检测，若"1"的个数为偶数，则表明数据传输正确；若"1"的个数变为奇数，则表明数据在传送过程中出现了错误。

若采用奇校验，则相反。

5. MCS－51 单片机的串行通信

MCS－51 单片机内部集成一个可编程的全双工串行通信接口，具有异步接收/发送的全部功能。该串行口由单片机内部的串行口控制寄存器 SCON 及发送和接收电路组成，其串行接收和发送引脚分别为 $P_{3.0}$(RXD)和 $P_{3.1}$(TXD)。

采用内部串行口进行串行通信存在占用单片机资源的缺点，所以也经常采用专门的串行接口芯片（如 8155）进行串行通信。此时，单片机只要将需要发送的数据以并行的方式发送给串行接口芯片，串行接口芯片会自动将平行数据转换为串行的方式进行发送；而在接收串行数据时，接口芯片能自动将串行数据转换为并行数据，并发送给单片机。

【任务实施】

一、任务要求

会诊断单片机控制系统故障。

二、任务准备

单片机控制系统两套。

三、任务操作

单片机控制系统内部电路复杂，再加上接口、传感器和执行机构部件的差别较大，因此故障现象是千变万化的，常常不易被人们捕捉。即使是经过精心设计和采用先进工艺的单片机控制系统被正式投入运行后也是有可能会出现故障的，要求维修工作者应能在系统出现故障后迅速排除它，使之恢复正常工作。系统维修人员往往不是系统的设计者，他们通常只拥有万用电表、逻辑笔和示波器等常规测试工具，这就增加故障诊断的难度。故障诊断的方法如下。

1. 同类比较方法

在单片机控制系统中，常常有多个在结构和功能上完全相同的部件或插件。如果怀疑其中某个部件或插件出现故障，则可将它与另一个互换，也可换一个备份的部件或插件，然后再观察故障是否已经跟踪转移。

2. 分段查找法

当主控设备和被控对象相距较远时，可采用分段查找法。本方法可在信息传输道路上逐个设置观测点，以确定故障在该点之前还是之后出现，从而诊断出故障的实际位置。

3. 隔离压缩法

根据故障现象以及主机对各分支线的相关性，采用暂时切断某条线路（封锁该线路上来的信息）压缩故障范围。例如，图 2－2－11 中，若发现 $2^{\#}$ 负载的输出不正常则可断开 $3^{\#}$

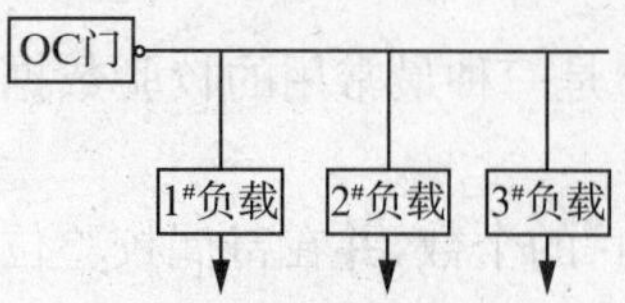

图 2-2-11　隔离压缩法

负载的输入通路和 $3^{\#}$ 负载的所有反馈回路，然后再测试 $2^{\#}$ 负载的输出状态。若变为正常，则说明OC门的驱动能力不够，应进行更换。

4. 故障跟踪法

本方法的原理是从出错节点向后（或向前）查找故障，直到检测到正常状态的位置，又称故障树分析法，通过逐层推理可找出系统内可能存在的所有能引起故障的因素，将这些因素用逻辑关系连接，并画成一个倒立的树状图形，就是故障树。

5. 拉偏检测法

元器件性能不好或自然老化等原因会造成某些元器件平时工作在特性曲线的边缘状态，一旦环境条件恶化或强磁场干扰就会使系统出现功能性错误。对于此类故障，可采用条件拉偏（如拉低电源电压）法促使故障再现，以诊断故障的位置。

6. 直接检查法

对于电气连接性故障，可以轻轻敲击插件或设备的有关部位，使插件、芯片、电缆接头处受到轻微震动，从而查找故障的实际位置；如果对单片机控制系统的硬件机理和软件流程了解得十分清楚，那么也可以直接根据故障现象查找一些可疑部件。例如，调节A/D通道上的模拟输入电压，使其在0 V到满量程内变化，观察数字量的变化是否和该电压成正比，若不成正比，则说明CUP和该A/D通道的数据线有开路或A/D通道中出现故障。

【任务评价】

(1) 认识单片机系统结构。

(2) 会诊断单片机控制系统故障。

【课后练习】

(1) 了解数模转换(D/A)和模数转换(A/D)及模拟量输入/输出接口。

(2) 了解计算机通信的相关知识。

任务3　可编程序控制器的结构、接口电路、梯形图及通信方式的认识

Task Three　Knowledge of Programmable Controller's Structure, Interface Circuit, Ladder Diagram and Communication Mode

【任务描述】

世界上第一台可编程序控制器(Programmable Logic Controller, PLC)是由美国数字设备公司于1969年研制成功的。当时的研制目的是取代通用汽车公司生产线上的继电器控制系统。短短的几年时间，可编程序控制器就渗透到各个工业领域之中，被誉为20世纪70年代的一场工业革命。

可编程序控制器是一种专门为在工业环境下应用而设计的数字运算操作的电子装置。它采用可以编制程序的存储器，用来在其内部存储执行逻辑运算、计时、计数和算术运算等操作的指令，并能进行数字量或模拟量的输入和输出，控制各种类型的机械或生产过程。计算机厂家在设计生产PLC时，在硬件和软件方面做大量的共性工作，这样用户在使用PLC组成某一控制系统时，只需针对具体控制任务做少量的专门工作，从而大大简化控制

系统的设计和生产。PLC 除了具有工业控制微机的优点外，还具有自身的一些特点。在硬件方面，PLC 采用模块化结构，能方便地增加或更换模块，使 PLC 的功能扩展和维修变得十分简单。在软件方面，由于采用通俗易懂的符号语言，用户可方便、灵活地编制和修改控制程序。正是由于这种软、硬件上的高度灵活性，使 PLC 能适应各种控制对象，得到越来越广泛的应用。

本任务通过认识可编程序控制器的结构、接口电路、梯形图及通信方式，建立学生对可编程序控制器的基本概念。能处理可编程序控制器的常见故障。

【学习目标】

(1) 认识可编程序控制器的外部设备的连接方法。

(2) 会处理可编程序控制器的常见故障。

【相关知识】

一、概述

1. 可编程序控制器定义

1980 年美国电气制造商协会（National Electric Manufacturer Ahsociation，NEMA）对 PLC 下的定义如下：

PLC 是一种数字式的电子装置。它使用可编程序的存储器存储指令，实现逻辑运算、计数、计时和算术运算等功能，用于对各种机械或生产过程进行控制。

1982 年，国际电工委员会（International Electrical Committee，IEC）颁布 PLC 标准草案，1985 年提交了第二版，1987 年的第三版对 PLC 作了如下定义：PLC 是一种专门为在工业环境下应用而设计的数字运算操作的电子装置。它采用可以编制程序的存储器，用来在其内部存储执行逻辑运算、顺序运算、计时、计数和算术运算等操作的指令，并通过数字式或模拟式的输入和输出控制各种类型的机械或生产过程。PLC 及其有关的外围设备都应按照易于与工业控制系统形成一个整体、易于扩展其功能的原则设计。

上述的定义表明：PLC 是一种能直接应用于工业环境的数字电子装置，它有与其他顺序控制装置不同的特点。

2. 可编程序控制器特点

1) 软、硬件功能强

PLC 的功能非常强大，其内部具备很多功能，如时序、计算器、主控继电器、移位寄存器及中间寄存器等，能够方便地实现延时、锁存、比较、跳转和强制 I/O 等功能。PLC 不仅可进行逻辑运算、算术运算、数据转换以及顺序控制，还可以实现模拟运算、显示、监控、打印及报表生成等功能，并具有完善的输入/输出系统。PLC 能够适应各种形式的开关量和模拟量的输入/输出控制，还可以和其他计算机系统、控制设备共同组成分布式控制系统，实现成组数据传送、矩阵运算、闭环控制、排序与查表、函数运算及快速中断等功能。PLC 的编程语言丰富，可分为梯形图语言、语句表以及控制系统流程图等多种。特别是梯形图，直观方便，类似于继电接触器电路图，很适合电气工程技术人员使用。

2) 使用和维护方便

PLC 不需要像计算机控制系统那样在 I/O 接口上做大量的工作。PLC I/O 接口是已经按不同需求做好的，可直接与控制现场的设备相连接的接口。如输入接口可以与各种开关、传感器连接；输出接口具有较强的驱动能力，可以直接与继电器、接触器、电磁阀等连接。不论是输入接口或输出接口，使用都很简单。PLC 具有很强的监控功能，利用编程器、监视器或触摸屏等人机界面可对 PLC 的运行状态、内部数据进行监视或修改，从而增加调试工作的透明度。PLC 控制系统的维护也非常简单，只要利用其自诊断功能和监控功能，就可以迅速查找到故障并及时给予排除。

PLC 的接线十分简单，只需将输入设备（按钮、开关等）与 PLC 输入端子连接；接收输出信号执行控制功能的执行元件（接触器、电磁阀等）与 PLC 输出端子连接即可，工作量相对少很多。

3）运行稳定可靠

由于 PLC 采用微电子技术，大量的开关动作由无触点的半导体电路完成，同时还采用屏蔽、滤波、隔离等抗干扰措施，所以其平均无故障时间在 2 万 h 以上。特别是在制造工艺上加强抗干扰措施，例如，输入/输出都采用光电隔离，能有效地隔离 PLC 内部电路与 I/O 电路之间的联系，从而避免由 I/O 通道串入的干扰信号引起的误动作。PLC 还采取屏蔽、输入延时滤波等软、硬件措施，有效地防止空间电磁干扰，特别对高频传导干扰信号具有良好的抑制作用。所有这一切措施，都有效地保证 PLC 在恶劣环境下能正常稳定地运行。

3. 可编程序控制器的功能

1）开关量的开环控制

开关量的开环控制是 PLC 的最基本的控制功能，包括时序、组合、延时、计数、计时等。PLC 控制的 I/O 点数可以不受限制，少则几点或几十点，多则成千上万点，并可通过联网来实现控制。

2）模拟量的闭环控制

对于模拟量的闭环控制系统，除了要有开关量的 I/O 点以实现某种顺序或逻辑控制外，还要有模拟量的 I/O 点，以便采样输入和调节输出，实现过程控制中的 PID 调节或模糊控制调节，形成闭环系统。这类 PLC 系统能实现对温度、流量、压力、位移、速度等参数量的连续调节与控制。目前除大、中型 PLC 具有此功能外，一些公司的小型机也具有这种功能，如 OMRON 公司的 CQM1 机和松下电工的 FP1 机就具有这样的功能。

3）数字量的智能控制

利用 PLC 能实现接收和输出高速脉冲的功能，而这个功能在实际中用途很大。在配备相应的传感器（如旋转编码器）或脉冲伺服装置（如环形分配器、功放、步进电机）后，PLC 控制系统就能实现数字量的智能控制。较高级的 PLC 还专门开发数字控制模块、运动单元模块等，可实现曲线插补功能。最近新出现的运动控制单元，还提供数字控制技术的编程语言，为 PLC 进行数字量控制提供更多方便。

4）数字采集与监控

由于 PLC 是在控制现场实现控制的，所以把控制现场的数据采集下来，并做进一步分析研究。对于这种应用，目前较普遍采用的方法是在 PLC 上加上触摸屏，这样既可随时观察采集下来的数据又能及时进行统计分析。有的 PLC 本身就具有数据记录单元，如 OMRON 公司的 C200Ha。此时可利用一般的便携计算机的存储卡插入该单元中保存采集到的数据。

PLC 的另一个特点是自检信号多，利用这个特点，PLC 控制系统可实现自诊断式的监控，以减少系统的故障，提高平均累计无故障运行时间，同时还可减少故障修复时间，提高系统的可靠性。

5）联网、通信及集散控制

PLC的联网、通信能力较强，可实现PLC与PLC，PLC与上位计算机之间的联网和通信，由上位计算机实现对PLC的管理和编程。PLC也能与智能仪表、智能执行装置（如变频器等）进行联网和通信，互相交换数据并实施PLC对其的控制。

利用PLC的强大联网通信功能，把PLC分布到控制现场，实现各PLC控制站间的通信及上、下层间的通信，从而实现分散控制、集中管理的目的。

4. 可编程序控制器分类

PLC的种类很多，其实现的功能、内存容量、控制规模、外形等方面均存在较大差异。因此，PLC的分类没有严格的统一标准，可以按照结构形式、控制规模、实现的功能等进行大致的分类。

1）按结构分类

PLC按照其硬件的结构形式可以分为整体式和组合式，整体式PLC外观上是一个箱体，又称箱体式PLC。组合式PLC在硬件构成上具有较高灵活性，由各种模块组成，可进行组合以构成不同控制规模和功能的PLC，也称模块式PLC。

（1）整体式PLC的CPU、存储器、I/O都安装在同一机体内，如西门子（SIEMENS）公司S5－90U和S7－200，欧姆龙（OMRON）公司的C20P和C40P，松下电工的FP0和FP1等产品。这种结构的特点是结构简单、体积小、价格低、I/O点数固定、实现的功能和控制规模固定，但灵活性较低。

（2）组合式（模块式）PLC采用总线结构，即在一块总线底板上有若干个总线槽（或采用总线连接器），每个总线槽上安装一个或数个模块，不同模块实现不同功能。PLC的CPU和存储器设计在一个模块上，有时电源也放在这个模块上，该模块一般被称为CPU模块，在总线上的位置是固定的。其他还有I/O、智能、通信等模块，根据控制规模、实现的功能不同进行选择，并安排在总线槽中。组合式PLC的特点是：系统构成的灵活性较高、可构成不同控制规模和功能的PLC、维修方便，但价格相对较高。

2）按控制规模分类

PLC的控制规模主要是指开关量的I/O点数及模拟量的I/O路数，但主要以开关量的点数计数。模拟量的路数可折算成开关量的点数，一般一路模拟量相当于8～16点开关量。根据I/O控制点数的不同，PLC大致可分为超小型、小型、中型、大型及超大型。具体划分见表2－3－1。

表2－3－1 PLC按规模分类

类型	I/O点数	存储器容量/KB	机 型
超小型	64以下	1～2	西门子S7－200，S5－90U，三菱F10等
小型	64～128	2～4	西门子S5－100U，三菱F－40，F－60等
中型	128～512	4～16	西门子S7－300，S5－115U，三菱K系列等
大型	512～8 192	16～64	西门子S5－135U，S7－400，三菱A系列等
超大型	大于8 192	64～128	西门子S5－155U，A－B公司PLC－3等

目前世界上生产PLC的厂家较多，较有影响的公司有德国西门子(SIEMENS)公司、美国罗克韦尔(ROCKWELL)公司、日本欧姆龙(OMRON)公司、三菱公司、松下电工等。

二、PLC系统的基本结构和船用PLC的常见类型

1. PLC的基本结构

可编程序控制器实质上是一种专用的计算机控制系统，它具有比一般计算机更强的与工业过程相连的接口，具有更适用于控制要求的编程语言。所以，可编程序控制器与一般的计算机控制系统一样，也具有中央处理单元(CPU)、存储器、输入/输出(I/O)模块、通信接口和电路等部分。其基本结构如图2-3-1所示。

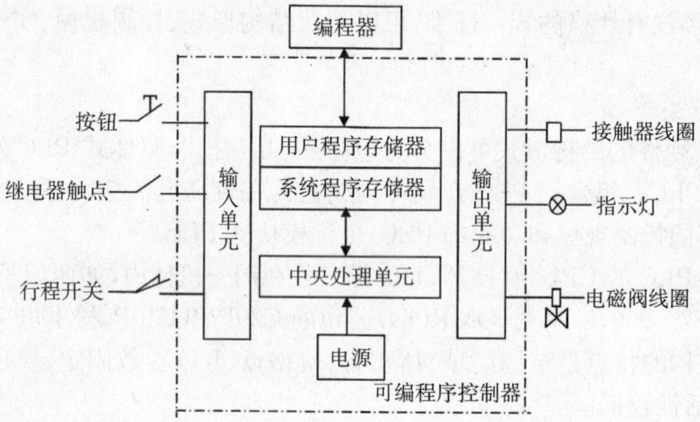

图2-3-1 可编程序控制器基本结构

1) 中央处理单元(CPU)

可编程序控制器中常用的CPU主要采用通用微处理器、单片机和双极型微处理器。通用微处理器如Intel公司的8080，8086，80286，80386等；单片机如8031，8096等；位片式微处理器如AM2900，AM2901，AM2903等。可编程序控制器的档次越高，CPU的位数越多，运算速度越快，功能指令也越强。

PLC的硬件是一种模块式的结构，它的核心部件是中央处理模块。整个可编程序控制器的工作过程都是在CPU的统一指挥和协调下进行的。它的主要任务是按一定的规律或要求读入被控对象的各种工作状态，然后根据用户所编制的应用程序的要求处理有关数据，最后再向被控制对象送出相应的控制信号。它与被控对象之间是通过各种I/O接口实现的。

可编程序控制器中的中央处理器模块与一般计算机系统中的CPU的概念不同，后者常用CPU表示一个中央处理器，即它是一块集成芯片。在一个中型或大型可编程序控制器的中央处理模块里，不仅有CPU集成芯片(可能不只一片)，而且还有一定数量的EPROM(存储系统的操作系统)和RAM(存储少量的数据或用户程序)。

可编程序控制器的CPU模块完成下述各项工作。

(1) 接收用户从编程器输入的用户程序，并将它们存入用户存储区。

(2) 用扫描方式接收源自被控对象的状态信号，并存入相应的数据区。

(3) 用户程序的语法错误检查，并给出错误信息。

(4) 系统状态及电源系统的监测。

(5) 执行用户程序,完成各种数据的处理、传输和存储等功能。

(6) 根据数据处理的结果,刷新输出状态表,以实现对各种外部设备的实时控制和其他辅助工作(如显示和打印等)。

2) 存储器

可编程序控制器的存储器分为两种:系统存储器和用户存储器。系统存储器存放系统管理程序,用户存储器存储用户程序。

常用的存储器有RAM,EPROM和EEPROM。RAM是一种可进行读写操作的随机存储器,存放用户程序,生成用户数据区,方便修改存放在RAM中的用户程序,为防止RAM中存放的程序和数据在掉电时丢失,可用锂电池做后备电源。EPROM和EEPROM都是只读存储器,往往用这些类型存储器固化系统管理程序和用户程序。

3) 输入/输出(I/O)单元

实际生产过程中的信号电平多种多样,外部执行机构所需的电平也千差万别,而可编程序控制器的CPU所处理的信号电平只能是标准电平,因此需要通过I/O单元实现这些电平的转换。I/O单元实际上是PLC与被控对象间传递I/O信号的接口部件。I/O单元具有良好的光电隔离和滤波作用。PLC输入接口的输入器件是各种开关、按钮、传感器等。PLC的各种输出控制器件往往是电磁阀、接触器、继电器,而继电器有交流型和直流型、高压型和低压型、电压型和电流型之分。

4) 电源

可编程序控制器的电源有的选用市电,也有很大一部分用直流24 V供电。PLC内有一个稳压电源用于对PLC的CPU单元和I/O单元供电,而小型的PLC电源往往和CPU合为一体,中、大型PLC都有专门的电源模块。此外,根据可编程序控制器的规模及所允许扩展接口板数,各种可编程序控制器的电源种类和容量往往是不同的,用户使用和维修时应该注意这一点。

5) 外围设备

PLC的外围设备主要有编程器、文本显示器、操作面板、人机界面和打印机等。

编程器是一种手持设备,也是PLC最重要的外围设备,分为简易型和智能型。小型PLC常使用简易型编程器,大、中型PLC多用智能型编程器。

对PLC的编程有两种方法:一是采用上述的编程器进行编程,由于编程器体积小,所能显示的信息有限,适用于编程人员或管理人员在现场对PLC进行管理维护;另一种方法是采用PC机编程界面,在个人计算机上接入适当硬件,安装软件包,并通过编程电缆与PLC通信接口相连,即可在PC机上对PLC编程。

编程器或编程界面有两种工作方式,即编程工作方式和监控工作方式。编程工作方式的主要功能是输入新的控制程序,或者对已有的程序进行编辑。监控工作方式是对运行中的可编程序控制器的工作状态进行监视和跟踪。

以上是PLC的重要组成部分,除此之外,PLC往往还包括以下部分,在需要时选用。

(1) 通信接口。实现“人-机-过程”或“机-机”之间的对话,通过通信接口可以与监视器、打印机、其他可编程序控制器和计算机等相连。

当与打印机相连时,可将过程信息、系统参数等输出打印;当与监视器相连时,可将过程图像显示出来，它既可以显示静态图像，也可以显示动态图像。它与其他可编程序控制器相连时，可组成多级控制系统，实现过程控制、数据采集等功能。

使用通信接口，可进一步加强可编程序控制器与外围设备的连接，从而也丰富可编程序控制器的各种功能。

(2) 智能I/O接口。为满足更加复杂控制功能的需要，可编程序控制器配有许多智能I/O接口。为满足模拟量闭环控制的需要，应配有闭环控制模板。为了对频率超过100 Hz的脉冲进行计数和处理，应配有高速计数模板，还应配有其他一些智能模板。所有这些智能模板都带有其自身的处理器系统。

智能I/O接口的使用，使可编程序控制器不仅可用于顺序控制，还可用于闭环控制等一些复杂的控制场合。

可编程序控制器的总线多为基板形式。无论电源模板、CPU模板、各种I/O模板都可插入这个基板上的相应位置、基板上各相应位置之间，通过印刷电路板实现电气连接。

2. 船用PLC的常见类型

船上常见的PLC有：

(1) 日本欧姆龙公司(OMROM)生产的CMP2A型、CQM1型系列产品等。

(2) 德国西门子(SIEMENS)公司生产的S5-95U，S5-100U，S5-115U，S7-200，S7-300型系列产品等。

(3) 美国罗克韦尔(ROCKWELL)公司生产的PLC-5型系列产品等。

(4) 日本三菱公司公司生产的F40，F60，FX2H型系列产品等。

(5) 日本松下电工公司生产的FP1，FP2，FP3型系列产品等。

三、PLC的I/O接口电路

1. 输入接口电路

PLC的输入电路主要有两种类型：一种是直流(12～24 V)输入；另一种是交流(100～120 V，200～240 V)输入。

如图2-3-2所示为直流输入接口电路。PLC输入电路有光电耦合器隔离，并设有RC滤波器，可以消除输入触点的抖动和外部噪声干扰。当输入开关闭合时，一次电路中有电流流过，输入指示LED灯亮，光电耦合器被激励，三极管从截止状态变为饱和导通状态，这一状态经滤波电路和输入选择器由I/O总线进行输入。

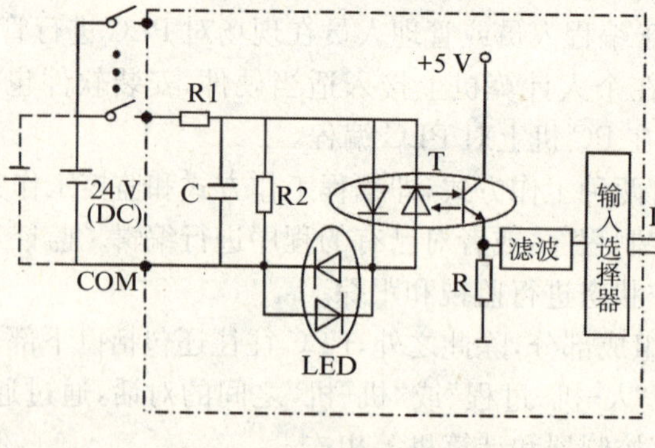

图2-3-2 PLC直流输入接口电路

由于采用的是双向光耦，因此外部接线没有极性要求，即公共端子 COM（SIEMENS PLC 的公共端标记为 M）既可以接在电源的正极，又可以接在负极（如图 2-3-2 中虚线电源所示）。

如图 2-3-3 所示为交流输入接口电路，输入原理与直流输入相似。图中，电容 C 起高通滤波的作用。

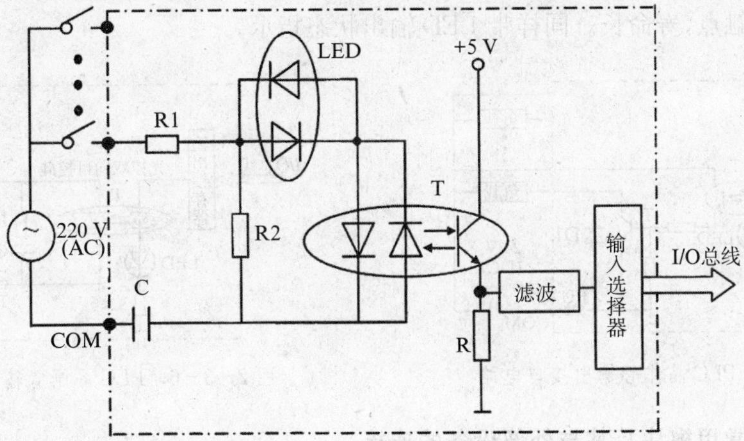

图 2-3-3 PLC 交流输入接口电路

2. 输出接口电路

PLC 的输出接口有三种形式，即继电器输出、晶体管输出和晶闸管输出。

继电器输出是最常用的输出类型，如图 2-3-4 所示。当 CPU 有输出时，接通或断开输出电路中继电器的线圈，继电器的接点闭合或断开，通过该接点控制外部负载电路的通断，并通过 LED 对输出点的状态进行指示。继电器输出方式利用继电器的触点和线圈将 PLC 的内部电路与外部负载进行电气隔离。

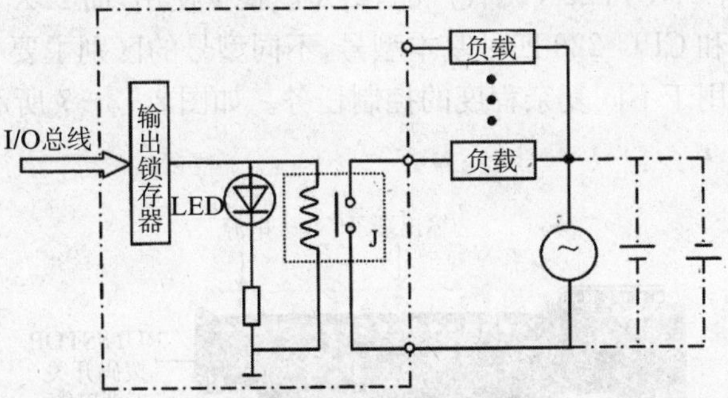

图 2-3-4 PLC 继电器输出接口电路

继电器输出对外提供的是无源干触点，适用于驱动大、小容量的交、直流负载，对直流负载的接线无极性要求。其缺点是响应速度（即通断速度）较慢（约 10 ms），且触点寿命有限。

晶体管输出接口如图 2-3-5 所示，它通过光电耦合使晶体管截止或饱和导通以控制外部负载电路，光电耦合对 PLC 内部电路和输出晶体管电路进行电气隔离。LED 对输出点的状态进行指示。

晶体管输出只能带直流负载，且电源方向有极性要求。其驱动能力较弱，不适用于直接带继电器、接触器和电磁阀等大容量负载，但响应速度较快（约 0.2 ms）、无触点、寿命长。

晶闸管输出接口电路如图 2-3-6 所示。它采用光触发型双向晶闸管，适用于驱动交流负载。适用的交流电压范围较宽，负载能力强，可直接驱动各种大容量设备，响应时间短（约 1 ms），无触点，寿命长。同样带 LED 输出状态指示。

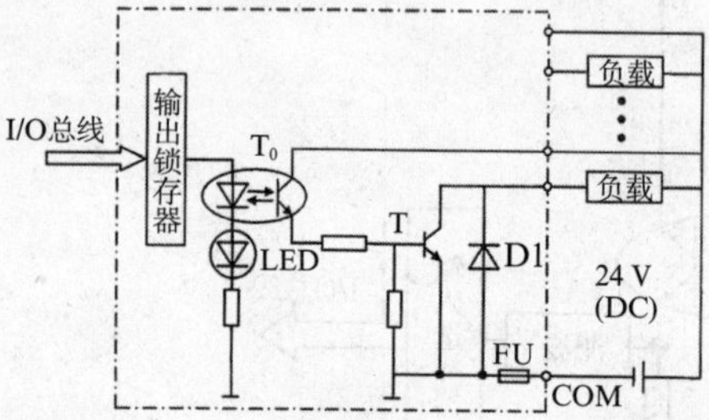

图 2-3-5　PLC 晶体管输出接口电路

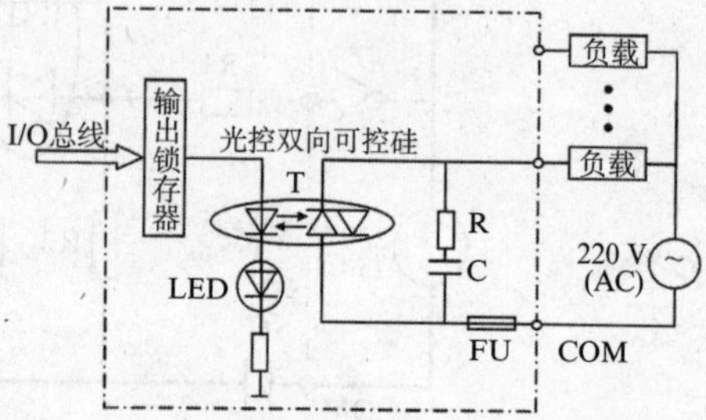

图 2-3-6　PLC 晶闸管输出接口电路

四、PLC 常用模块及其与外部设备的连接

PLC 控制系统是由各种功能模块组装在一起形成的积木式系统，模块的种类分为 CPU 模块和扩展模块两大类。下面以 SIEMENS 公司的 S7-200 PLC 为例，简要介绍 PLC 的常用模块及其与外部设备的连接方法。

1. CPU 模块

1）CPU 模块的类型和功能

CPU 模块将一个微处理器、一个集成电源和数量不等（取决于不同的型号）的输入/输出通道集成在一个紧凑的封装中，独自形成一个小型的 PLC 系统。

S7-200 PLC 有 21X 和 22X 两代产品，21X 已很少使用，而 22X 型 PLC 有 CPU 221，CPU 222，CPU 224 和 CPU 226 四种基本型号，不同型号的区别主要在于 I/O 点数和扩展能力的不同，分别适用于不同复杂程度的控制任务。如图 2-3-7 所示为 S7-200 CPU 模块的外观结构。

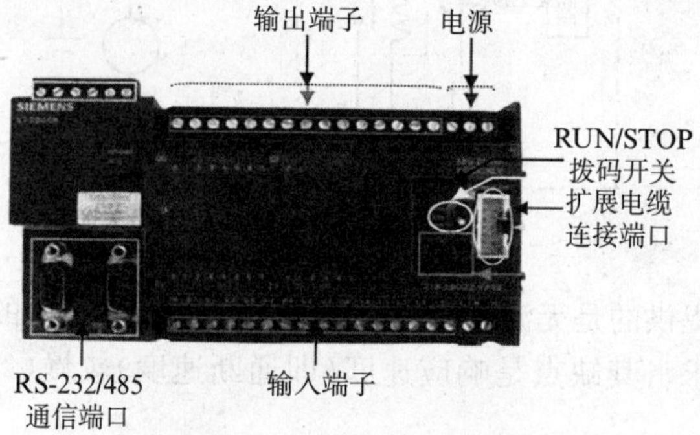

图 2-3-7　S7-200 CPU 模块

图 2-3-7 中，RS-232/485 通信端口用于连接编程设备或用于网络连接。当 CPU 模块通过编程电缆与编程设备连接后，可编辑或载入用户程序，内置的操作系统可对用户程序进行编译和运行。

顶部接线端子为输出接线端子和电源接线端子，输出端子的运行状态可由端子下方的一排指示灯显示；底部端子为输入端子和传感器电源端子，输入端子的运行状态可以由底部端子上方的一排指示灯显示。CPU 模块本身所带的输入/输出通道以开关量为主，只有少数几个型号带有模拟量输入/输出。

"RUN/STOP"开关用于控制 PLC 的运行模式，开关打在"RUN"时，程序运行，"RUN"指示灯亮，此时可通过编程设备对程序的运行状态进行监视；开关置于"STOP"时，程序停止运行，"STOP"指示灯亮，此时可通过编程设备对 PLC 进行编程操作。扩展电缆连接端口用于连接扩展模块，实现 I/O 扩展。

2）CPU 模块的外部接线

CPU 模块的外部接线主要包括电源接线、输入接线和输出接线。图 2-3-9 和图 2-3-10给出 CPU 266 的外部接线原理，它们分别对应 CPU 266 的两个不同型号。如图 2-3-9所示的型号采用交流供电、直流输入和继电器输出，如图 2-3-10 所示的型号采用直流供电、直流输入和直流输出。两者的共同点是都有 24 个开关量输入和 16 个开关量输出，底部为输入端子排，顶部为输出端子排。

在图 2-3-8 中，24 个开关量的输入分为两组，第一组由输入端子 $I_{0.0}$～$I_{0.7}$，$I_{1.0}$～$I_{1.4}$ 共 13 个输入点组成，外部电源的负极接第一组的公共端 1M，正极通过外部开关接至各个输入端；第二组由输入端子 $I_{1.5}$～$I_{1.7}$，$I_{2.0}$～$I_{2.7}$ 共 11 个输入点组成，外部电源的负极接第二组的公共端 2 M，正极通过外部开关接至各个输入端。底部右侧的 L+和 M 是一组 24 V(DC)/400 mA 的直流电源输出，可为外部传感器提供电源，也可作为输入端的外部电源使用。16 个开关量输出均为继电器输出，分为 3 组。第一组由输出端子 $Q_{0.0}$～$Q_{0.3}$ 共 4 个输出点和公共端 1L 组成，每个负载的一端与输出点相连，另一端经负载电源与公共端相连，负载电源可以是交流也可以是直流，由负载性质确定；第二组由输出端子 $Q_{0.4}$～$Q_{0.7}$，$Q_{1.0}$ 共 5 个输出点和公共端 2L 组成；第三组由输出端子 $Q_{1.1}$～$Q_{1.7}$ 共 7 个输出点和公共端 3L 组成。输出端子排的右端 N，L_1 端子是 PLC 的供电电源，供电电源为 120/240 V（AC）。关于以上接线原理，可参考图 2-3-2 和图 2-3-4。

CPU 226AC/DC/继电器 (6ES 7216-2BD23-0XB0)

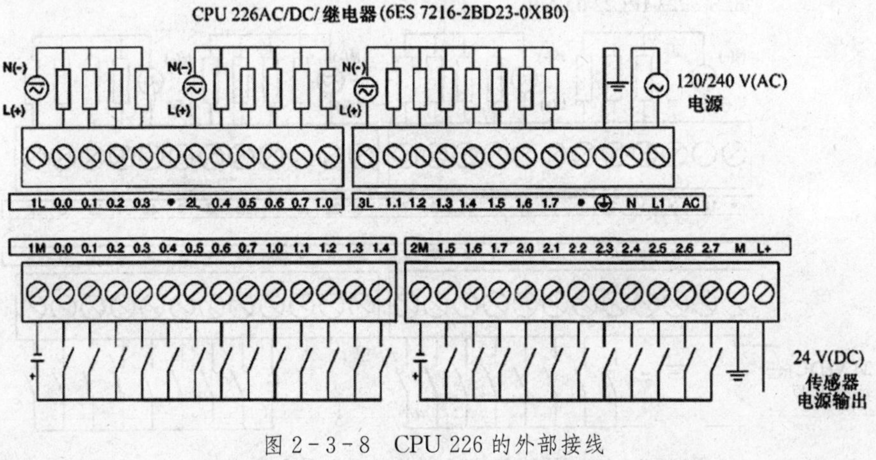

图 2-3-8 CPU 226 的外部接线

必须了解的是,PLC与单片微机等其他计算机一样,其输入/输出也需要端口地址。在PLC模块的上述接线中,端子名称实际上就是端子的地址名称,并且与PLC用于程序中的地址名称是一致的。在S7-200 PLC中,开关量输入端口的地址以字母I开头,开关量输出的端口地址以字母Q开头。例如,$I_{0.0}$~$I_{0.7}$表示开关量输入字节的8位.其中的某一位,如$I_{0.0}$表示该字节的第0位;$Q_{0.0}$~$Q_{0.7}$表示开关量输出字节的8位,其中的某一位,如$Q_{0.7}$表示该字节的第7位。

2. 扩展模块

CPU模块有时也称做本机或主机,当本机的I/O点不够用或有某些特殊的功能要求时,还必须用到扩展模块。扩展模块和CPU模块之间通过扩展电缆连接,如图2-3-9所示。若要扩展多个模块,则采用扩展电缆将两个模块连接起来即可。

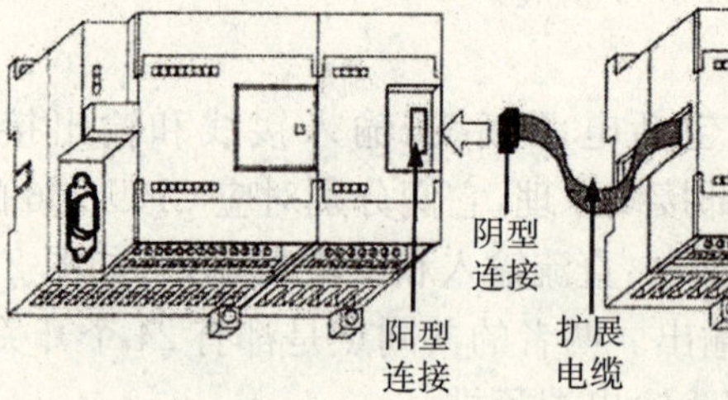

图2-3-9 S7-200 PLC CPU模块与扩展模块的连接

S7-200 PLC的扩展模块包括I/O模块、通信模块和其他具有某种专门用途的功能模块,而I/O模块又包括开关量I/O模块、模拟量I/O模块。模块的具体名称采用EM (Expansion Module)外加数字的形式表示,如EM 221,EM 231等。

1) 开关量I/O模块

S7-200的开关量I/O模块共有3个类型,分别为EM 221,EM 222和EM 223。其中,EM 221为开关量输入模块,EM 222为开关量输出模块,EM 223既有输入点又有输出点,为开关量输入/输出组合模块。根据输入/输出点数和输入/输出类型的不同,每种模块又有不同的型号。图2-3-10给出某个型号的EM 223组合模块的外部接线图,其接线原理与CPU模块类似。

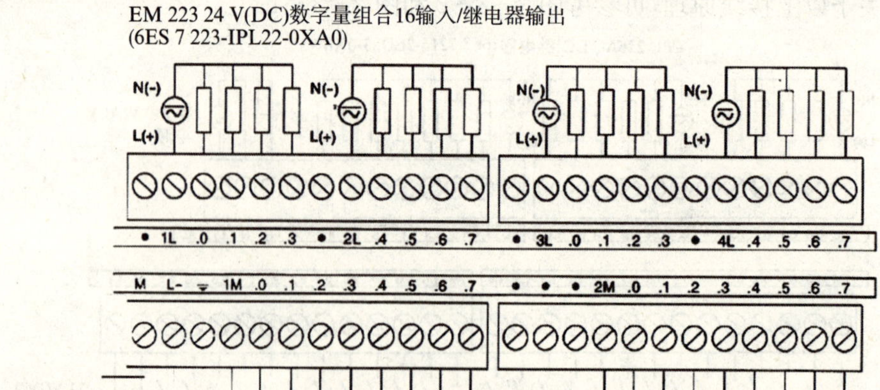

图2-3-10 EM 223组合模块的开关量I/O外部接线

2）模拟量 I/O 模块

S7－200 PLC 的本机一般不带模拟量 I/O 点，因此在涉及模拟量输入/输出的应用场合，都需要用到模拟量 I/O 扩展模块。S7－200 PLC 的模拟量扩展模块包括 EM 231，EM 232和 EM 235 三种，其中 EM 231 为模拟量输入模块，EM 232 为模拟量输出模块，EM 235 既有模拟量输入，又有模拟量输出，为输入/输出组合模块。根据输入/输出通道数和输入/输出类型的不同，各种模拟量 I/O 模块也有不同的型号。模拟量 I/O 模块具有较大的适应性、可以直接与传感器相连，使用灵活方便。

（1）EM 231 模拟量输入模块。图 2－3－11 给出两种型号的 EM 231 模拟量输入模块的输入通道排列及其外部接线图，如图 2－3－11(a)所示的型号具有 4 路模拟量输入，输入信号可以是电压也可以是电流，其输入与内部电路电气隔离。输入信号的类型和范围可以由配置开关设定。M 为 24 V(DC)电源负极端，L＋为电源正极端；RA，A_+，A_-，RB，B_+，B_- 和 RC，C_+，C_-，RD，D_+，D_- 分别为第 1～4 路模拟量输入端。当电压输入时，“＋”为电压正端，“－”为电压负端。当电流输入时，需将“R”与“＋”短接后作为电流的进入端，“－”为电流流出端。如图 2－3－11(b)所示的型号具有 6 路电压输入和 2 路电流输入，接线方法已在图中标明，不再详述。

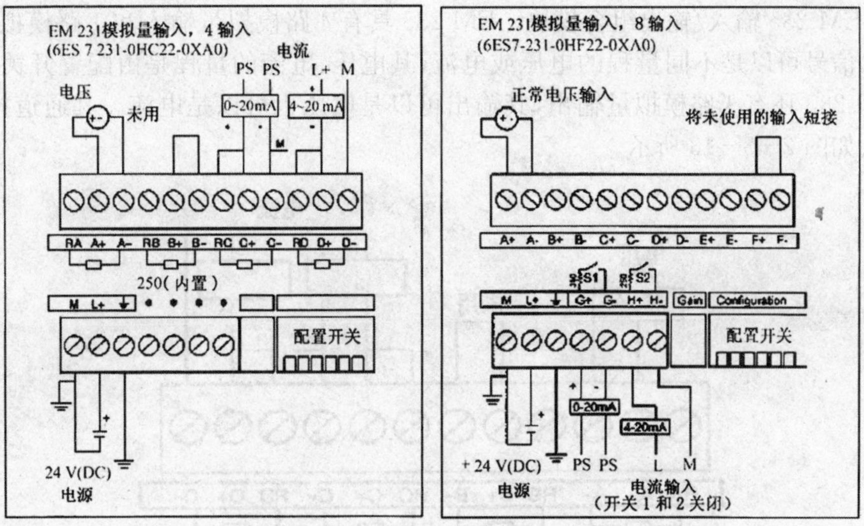

图 2－3－11　EM 231 模拟量输入模块的外部接线

在实际工程应用中，大量的模拟量输入都来自热电偶和热电阻，因此，西门子公司在 EM 231 的基础上专门开发热电偶输入模块和热电阻输入模块，其输入原理与常规的 EM 231 完全相同，只是在模块内部集成相应的补偿电路；

（2）EM 232 模拟量输出模块。EM 232 模拟量输出模块的输出通道排列及其接线方法如图 2－3－12 所示，两种型号分别具有 2 路和 4 路模拟量输出，输出与内部电路进行电气隔离。输出类型可以是±10 V 的电压信号，也可以是 0～20 mA 的电流信号。图中，M 为 24 V 直流电源负极端，L＋为电源正极端。M，V，I 为模拟量输出端，电压输出时，“V”为电压正端，“M”为电压负端；电流输出时，“V”为电流进入端，“M”为电流流出端。

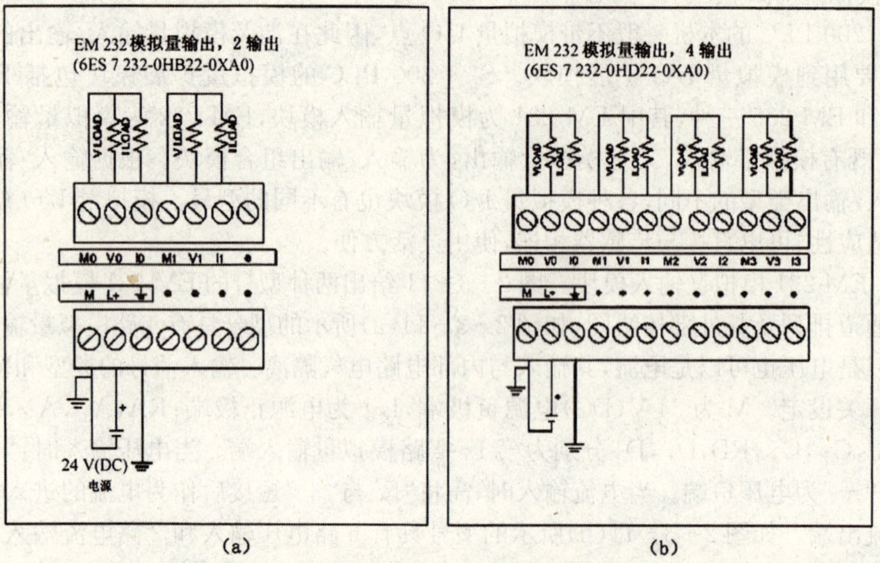

图 2-3-12　EM 232 模拟量输出模块的接线

(3) EM 235 输入/输出组合模块。EM 235 具有 4 路模拟量输入和 1 路模拟量输出，它的输入信号可以是不同量程的电压或电流，其电压、电流的量程是由配置开关设定的。另外，EM 235 还有 1 路模拟量输出，其输出可以是电压也可以是电流。其通道排列及其接线方法如图 2-3-13 所示。

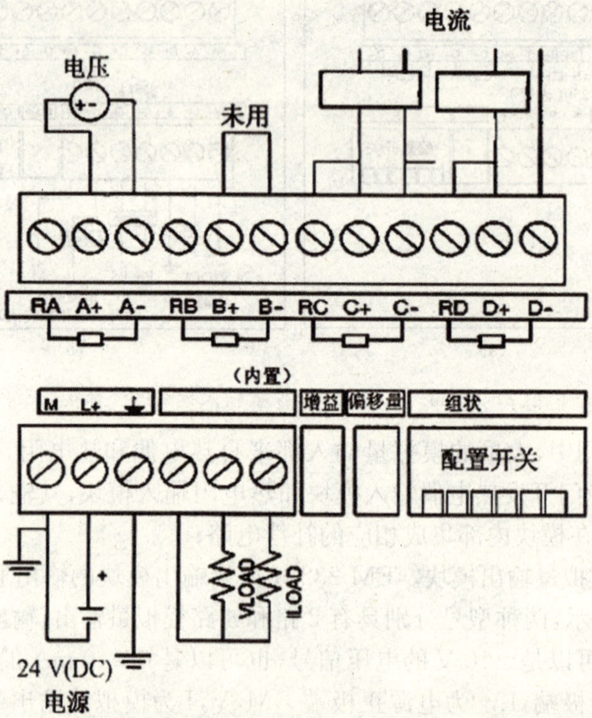

图 2-3-13　EM 235 输入/输出组合模块的接线

在图 2-3-13 中，RA，A_+，A_-；RB，B_+，B_-；RC，C_+，C_-；RD，D_+，D_-分别为第 1～4 路模拟量输入端。当电压输入时，“+”为电压正端，“-”为电压负端。当电流输入时，需将“R”与“+”短接后作为电流进入端，“-”为电流流出端。M 为 24 V 直流电源负极端，L+为电源正极瑞，MO，VO，IO 为模拟量输出端。当电压输出时，“VO”为电压正端，“MO”为电压负端。当电流输出时，“IO”为电流进入端，“MO”为电流流出端。

3）通信模块

S7-200 系列 PLC 除了 CPU 226 本机集成两个通信口以外，其他均只在其内部集成一个通信口，通信口采用 RS-485 总线。除此以外各 PLC 还可以接入通信模块，以扩大其接口的数量和联网能力。S7-200 系列 PLC 的通信模块有 EM 277，CP 243-1，CP 243-2 等。EM 277 模块是 ProfiBus-DP 从站模块，同时也支持 MPI 从站；CP 243-1 是工业以太网通信模块；CP 243-2 是传感器/执行器接口（Actuator Sensor Interface，AS-I）主站模块，可连接最多 62 个 AS-I 从站。

4）功能模块

在 PLC 系统中，为了减轻 CPU 模块的负担，生产厂家经常提供一些特殊功能的功能模块来完成高速或需要实时处理的任务。常见的功能模块有位置控制模块、称重模块、高速计数模块和闭环控制模块等。

3. S7-200 PLC 的系统配置及地址分配

PLC 的系统配置根据应用任务进行确定。S7-200 PLC 主机可构成一个独立的控制系统基本配置，因此对于简单任务，可采用只有 CPU 模块组成的基本配置；若 CPU 模块本身的资源不够用，则需采用扩展配置，即在 CPU 模块的基础上增加扩展模块。在进行系统配置时，要对各模块的 I/O 点进行编址，主机提供的 I/O 具有固定的 I/O 地址。下面以 CPU 226 为例说明其基本配置和扩展配置。

1）由 CPU 226 组成的基本配置

由 CPU 226 本机组成的基本配置可以组成 1 个 24 点开关量输入和 16 点开关量输出的小型系统，地址分配如下：

输入点地址为：$I_{0.0}$，$I_{0.1}$，…，$I_{0.7}$

$I_{1.0}$，$I_{1.1}$，…，$I_{1.7}$

$I_{2.0}$，$I_{2.1}$，…，$I_{2.7}$

输出点地址为：$Q_{0.0}$，$Q_{0.1}$，…，$Q_{0.7}$

$Q_{1.0}$，$Q_{1.1}$，…，$Q_{1.7}$

2）由 CPU 226 组成的扩展配置

CPU 模块的型号不同，其扩展能力也不同，即所连接的扩展模块个数不同。如 CPU 221 不能扩展，CPU 222 最多可扩展 2 个模块，CPU 224 和 CPU 226 最多可扩展 7 个扩展模块。

S7-200 PLC 扩展模块的地址是由 I/O 模块类型及其模块所在的位置决定，即按同类型的模块对各 I/O 点进行顺序编址。其地址分配原则有两点。

（1）开关量扩展模块和模拟量模块分别编址，开关量输入模块的地址冠以字母“I”，开关量输出模块的地址冠以字母“Q”；模拟量输入模块的地址冠以字母“AI”，模拟量输出模块的地址冠以字母“AQ”。

(2) 开关量模块的编址以字节为单位,而模拟量模块的编址是以字为单位(即以双字节为单位)。开关量模块的地址分配从最靠近 CPU 模块的开关量模块开始从左到右按字节连续递增,输入字节和输出字节可以重号。模拟量模块的地址从最靠近 CPU 模块的模拟量模块开始从左到右地址按字递增,模拟量输入和模拟量输出字节可以重号。

设某 PLC 控制系统总共需要 41 个开关量输入点、27 个开关量输出点、5 个模拟量输入通道、3 个模拟量输出通道,CPU 模块采用 CPU 226。表 2-3-2 给出一个能满足上述要求的配置方案及其各模块的地址分配情况。

表 2-3-2 S7-200 PLC 扩展配置地址分配示例

主机	模块 0	模块 1	模块 2	模块 3	模块 4
CPU 226	EM 223(16DI/16DO)	EM 221(8DI)	EM 235(4AI/1AQ)	EM 235(4AI/1AQ)	EM 232(2AQ)
$I_{0.0}$~$I_{0.7}$	$I_{3.0}$~$I_{3.7}$	$I_{5.0}$	AIW0	AIW8	AQW8
$I_{1.0}$~$I_{1.7}$	$I_{4.0}$~$I_{4.7}$		AIW2	AQW4	
$I_{2.0}$~$I_{2.7}$	$Q_{2.0}$~$Q_{2.7}$		AIW4		
$Q_{0.0}$~$Q_{0.7}$	$Q_{3.0}$~$Q_{3.7}$		AIW6		
$Q_{1.0}$~$Q_{1.7}$			AQW0		
注:模块量输出扩展模块以 2 个通道(4 个字节)递增的方式分配地址。					

五、梯形图基础知识

PLC 是一种工业控制计算机,不只有硬件,还有软件。目前 PLC 常用的编程语言有 4 种:梯形图编程语言、指令语句表编程语言、控制系统流程图编程语言以及高级语言。不同厂家,甚至相同厂家的不同型号的 PLC 的编程软件都有所不同。

梯形图编程语言简称梯形图,它类似电气控制系统中继电器控制电路图,逻辑关系明显;指令语句表编程语言键入方便;控制系统流程图也是一种图形式语言,类似于逻辑功能图;高级语言一般适用于较为复杂的控制系统。由于梯形图形象直观,用户很容易接受和学习,因此梯形图目前是用得最多的 PLC 编程语言之一。

作为轮机管理人员,很少需要对 PLC 进行编程,因此这里只简单介绍一下梯形图程序的基本概念,目的在于帮助理解 PLC 的工作原理。

1. 梯形图的表达形式

如图 2-3-14 所示是 SIEMENS S7 系列 PLC 的一个简单的梯形图,它由线圈、触点和功能块等基本要素组成。最左边的竖线称为起始母线或左母线,简称母线(某些 PLC 的梯形图还在最右边加上一条竖线,称为右母线)触点、线圈及功能块按照控制要求和一个完整电路的形式连接起来形成一个个程序段,称为梯级或网络,例如,图 2-3-14 中包含网络 1 和网络 2 两个网络(注意:这里提到的网络和计算机网络没什么关系)。母线可以理解为能量线,或继电器电路中的电源线。每个程序段从左母线开始,从左到右依次连接各个触点,最后以线圈或功能块结束(对于有右母线的梯形图,则以右母线结束),形成一个逻辑行或一个梯级,使得整个程序呈阶梯形。

在梯形图中,所谓线圈和触点(有常开、常闭两种)不是物理器件,而是计算机存储单元中某个字节的某一位。相应位为“1”状态，表示继电器线圈通电、常开触点闭合或常闭触点断开；相应位为“0”状态；表示继电器线圈断电、常开触点断开或常闭触点闭合。功能块是PLC的某个功能程字，如计时器和PID控制功能块等，图2-3-14中的T33是一个计时器功能块。

触点可以是来自外部输入的物理开关触点，也可以是线圈或功能块所带的触点。如图2-3-14所示的触点$I_{0.0}$，$I_{0.1}$和$I_{0.2}$均是来自外部输入的物理触点，$Q_{0.0}$则是线圈$Q_{0.0}$所带的触点。

线圈有两种：一种是具有实际输出的，它通过开关量输出点对外部设备起控制作用；另一种是出于程序设计的需要而采用的内部线圈，类似于继电器电路中的中间继电器，它们没有实际输出，在梯形图内部起逻辑控制作用。

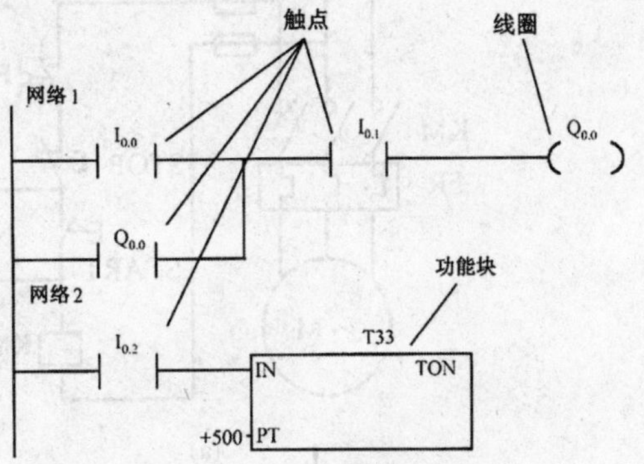

图2-3-14　梯形图基本要素

梯形图中的每个触点和线圈均有相应的标号，该标号实际上是地址号。对于与外部输入和输出有对应关系的触点和线圈，其地址要与PLC输入、输出的端子地址一致。

如图2-3-15所示是一个采用PLC取代继电器电路对电机进行起动控制的例子。图2-3-15(a)为电机起动的继电器控制电路，图2-3-15(b)是其对应的PLC梯形图，图2-3-15(c)是PLC的外部接线图，比继电器电路多一个运行指示灯L。

在继电器电路中用到START和STOP两个开关，当按下START后，接触器KM得电，主触点KM闭合，电机通电起动，同时KM的辅触点闭合自锁。在PLC电路中，START和STOP开关信号分别通过PLC的$I_{1.0}$和$I_{0.0}$输入点进行输入，输出点$Q_{0.0}$控制接触器KM，输出点$Q_{0.1}$控制运行指示灯。

当PLC运行如图2-3-15(b)所示的梯形图时，由于STOP常闭开关是合上的，因此$I_{0.0}$触点接通，若合上START开关，则$I_{0.1}$也闭合，此时线圈$Q_{0.0}$之前(左边)的所有触点都闭合，能量流到达线圈，线圈被激活，经输出端子$Q_{0.0}$使KM得电，起动电机。同时，梯形图中的线圈触点$Q_{0.0}$闭合，一方面对线圈进行自锁，另一方面使$Q_{0.1}$得电，经输出端子$Q_{0.1}$使指示灯L亮。当按下STOP开关时，开关断开，梯形图中的$I_{0.0}$断开，线圈$Q_{0.0}$失电，输出点$Q_{0.0}$没有输出，KM失电，电机停止。与此同时，$Q_{0.0}$对应触点断开，一方面解除自锁，另一方面使输出$Q_{0.1}$的输出消失，指示灯熄灭。

上述梯形图语句表如下：

LD $I_{Q.1}$
O　$Q_{0.0}$
ANI $I_{0.0}$
=　$Q_{0.0}$
LD $Q_{0.0}$
=　$Q_{0.1}$

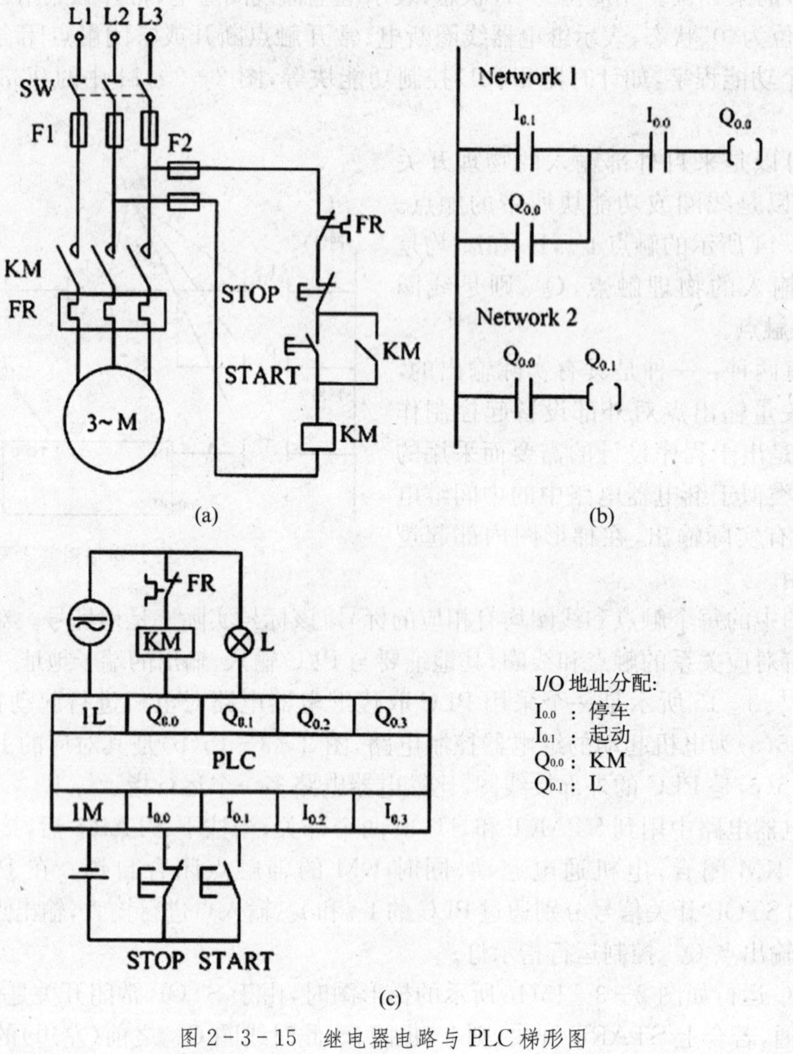

图 2-3-15 继电器电路与 PLC 梯形图

2. 梯形图语言的编程规则

(1) 在梯形图的每个梯级(网络)中,能量流总是以母线为起点,以线圈或功能块为终点。当 PLC 执行程序时,总是按照从左到右、从上到下的顺序执行,因此能量流只能是单向流动,即从左到右,梯级的改变也只能从上到下。

(2) 线圈及功能块必须位于一行的最右端,在它们的右边不允许再有任何触点存在,也不允许直接与左边的母线相连,必须通过触点才能连接到能量线。

(3) 梯形图中的线圈及其相应触点均使用同一地址,触点的数量不受限制。

(4) 同一个触点的使用次数不受限制,而同一线圈不能重复使用。

(5) 触点可以任意串联或并联,但线圈只能并联而不能串联。

(6) 在梯形图中,对于每行串联的触点数目和沿垂直方向的并联触点数目,虽然理论上没有限制,但它们受所用编程器显示屏幕大小的限制,不同的编程器对此有不同的限定。

(7) 当有几个串联支路相并联时,宜将触点最多的支路设计在最上面;当有几个并联支路相串联时,宜将含有支路最多的并联支路放在最左面。

(8) 程序结束时要有结束标志 END。

3. PLC 的编程

PLC 的编程有两种方法：一是通过编程器编程；二是将 PLC 通过通信口和连接电缆与 PC 机连接，在 PC 机上运行通过编程软件窗口进行编程，单个 PLC 与 PC 机的连接如图 2-3-16 所示。在 Windows 系列操作系统中，S7 PLC 的编程软件是 STEP-MicroWIN 32。在 STEP7 的编程窗口中可以很方便地进行梯形图设计，当调试好后下载到 PLC 即可运行。采用 PC 机编程比编程器编程要方便得多。

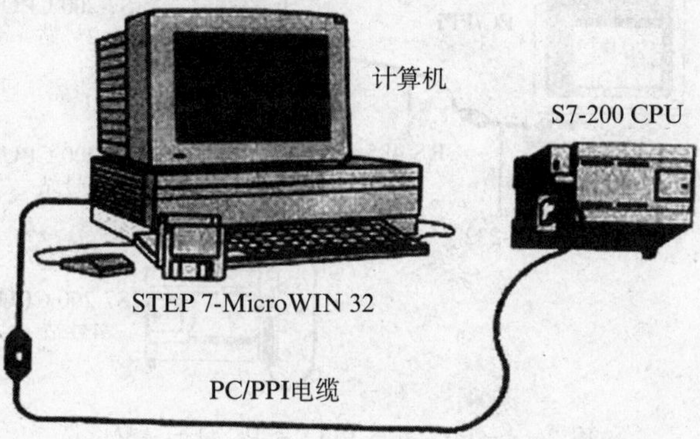

图 2-3-16　单个 PLC 与 PC 机的连接

六、PLC 网络基础知识

通过串行通信连接，SIEMENS S7-200 PLC 有很强的组网能力，支持多种形式的协议通信，其支持的通信协议主要包括：PPI 通信协议、MPI 通信协议、ProfiBus-DP 通信协议、USS 通信协议、自由口通信协议、Modbus 通信协议和 Ethernet 通信协议。

S7-200PLC 网络的硬件连接方式有两种：一是通过 CPU 模块本身的通信接口；二是通过扩展通信模块（EM 227，CP 243-1，CP 243-2）的通信接口。除了通信接口之外，构成通信网络的部件通常还包括网络连接器、网络电缆和网络中继器等。

CPU 模块本身的通信接口一方面可以与编程设备进行信息交换外，另一方面还支持与其他设备之间的 PPI 协议通信、MPI 协议通信、USS 协议通信、自由口通信协议、Modbus 通信协议。

通过 EM 227 通信扩展模块的通信接口能支持与其他设备之间的 ProfiBus-DP 通信协议，同时也支持 PPI 和 MPI 协议通信。

通过 CP 243-1 通信扩展模块的通信接口可使 PLC 与其他设备之间进行工业以太网连接，实现协议 Ethernet 通信。

通过 CP 24-2 通信扩展模块的通信接口可构成 AS-I 主站，最多可连接 62 个 AS-I 从站，进一步扩大 I/O 点数。

如图 2-3-16 所示就是一个最简单的 PPI 网络的例子，是一台上位 PC 机和一台 PLC 之间的通信。上位 PC 机有两个作用：编程时起编程器作用；运行时又可以监控程序的运行，起监视器作用。

如图 2-3-17 所示是一个由多个 S7-200 PLC 和上位 PC 机组成的 PPI 网络。在这个网络中，上位机和各个 PLC 各自都有自己的站地址，PC 机可以和各个 PLC 进行通信。在这个网络中，PC 机是主站。所有的 PLC 可以是从站，也可以是主站。

其他形式的网络连接及各种协议通信的具体内容涉及比较专业的网络知识，在此不进行展开。作为轮机管理人员，对 PLC 网络有一个认识性的了解是必要的。

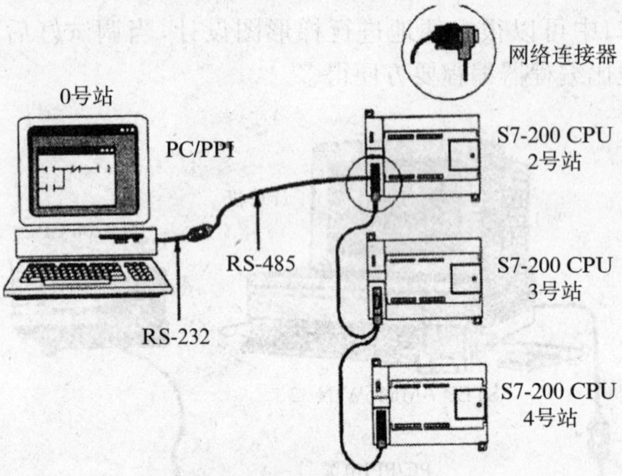

图 2-3-17　多个 PLC 与 PC 机的连接

【任务实施】

一、任务要求

(1) 会维护 PLC 系统。

(2) 会处理 PLC 的常见故障。

二、任务准备

PLC 的控制系统两套。

三、任务实施

1. 日常维护

PLC 是由众多半导体集成电路组成的电子设备，在可靠性的方面作了很多的考虑，使用环境对 PLC 影响很大，通常每隔半年时间要对 PLC 作一次定期的检查。否则在使用过程中会有诸多的问题出现。

PLC 除了锂电池和继电器输出型触点外，没有经常性的损耗元器件。当 PLC 断电时，RAM 中的用户程序由锂电池保持，它的使用寿命为 2～5 年。当它的电压降至规定值时，PLC 上的电池电压跌落，指示灯亮，提醒操作人员更换锂电池。更换时 RAM 中的内容是用 PLC 中的电容充电加以保护的，应在说明书中规定的时间内更换好电池。

2. PLC 常见故障的排除

根据维修的特点可分为：①外线维修，包括通信总线和 I/O 所连接的传感器、连接器、继电器、限位开关、保护元件、连接线和变频器等。②PLC 的固件维修，包括 CPU 单元、I/O单元、智能单元、供电模块的内部电路维修。PLC 控制器具有一定的自检能力，而且在系统运行周期中都有自诊断处理阶段。系统工作过程中无论发生何种故障，维修人员都要遵循一定的操作步骤。

(1) 检查 PLC 供电是否正常。若 POWER 指示灯不亮,可检查供电线路和熔断器。

(2) 检查 PLC 系统。起动 PLC 查看"RUN"指示是否正常,有无报警发生。通常正在使用的 PLC 系统是很难发生这种故障的。

(3) I/O 模块的检查。I/O 模块是 CPU 与外部控制对象沟通信息的通道,也是最容易损坏的部分,因此是维修的主要内容。①检查 I/O 模块供电电压是否正常。②检测输入输出端口的信号及对应端口指示灯显示是否正常,指示灯不亮是固件故障,解决的办法是进行固件维修。如果有冗余端口,可以通过编程重新定义 I/O 端口。若用仪表检测不到输入端口应有的信号以及输出端口有输出信号,但是所控元器件或设备不工作,则系外线故障。

(4) 工作环境的检查。主要影响的因素是温度和湿度。

(5) 固件的维修。当确认是 PLC 固件损坏,最好的办法是更换新的备件。

【任务评价】

(1) 会连接可编程序控制器的外部接线。

(2) 会维护 PLC 及处理常见故障。

【课后练习】

(1) 编写一个简单电路的梯形图。

(2) 编写一个简单电路的语句表。

任务 4　船舶计算机网络的认识

Task Four　Knowledge of Computer Network

【任务描述】

目前,计算机在船上已经得到广泛应用,从单台设备的控制到集中监视与报警系统,都离不开计算机。为避免由于计算机故障而导致整个系统瘫痪,提高系统的可靠性,同时也为了增加系统配置的灵活性,船舶机舱的监视报警系统往往由多台计算机组成。在早期产品中,一般采用一台或多台计算机作为下位机(子机),负责现场数据的采集,另一台计算机作为上位机(主机),负责对下位机采集的数据进行处理、显示、打印和报警输出等管理任务,而上位机与下位机以及外围设备之间采用串行通信的方式进行信息传递,例如,西门子公司生产的 SI - MOS - 31S 监视报警系统就采用这一系统结构。

随着单片机和网络技术的发展,采用分布式结构的网络型监视报警系统已经成为发展的主流。在这类系统中,对每个重要设备或区域,分别采用单独的计算机(如单片机)进行监视和控制,并用数据传输总线将各个计算机连接形成现场总线网络。现场总线网络再与由 PC 机组成的以太网互联,并由以太网执行上层管理功能。因此,在现代船舶机舱监视报警系统中,计算机数据通信扮演着非常重要的角色。

计算机之间的数据通信是通过通信总线进行的,在船舶机舱中采用最多的是串行通信总线。为了便于不同的计算机系统能够相互连接,国际上制定一系列串行通信的总线标准。

本任务是介绍计算机网络通信的基础知识和监视报警系统中常用的数据通信总线。通过认识计算机网络及结构、船用现场总线的种类及其特点、船舶以太网的结构及网络设置,建立学员对计算机网络的基本概念,学会维护管理船舶以太网。

【学习目标】

(1) 认识船用现场总线的种类及其特点。

(2) 会维护管理船舶以太网。

【相关知识】

一、计算机网络的基本概念

1. 计算机网络的基本组成

计算机网络包括硬件和软件两大部分。网络硬件提供的是数据处理、数据传输和建立通信通道的物质基础,而网络软件是真正控制数据通信的。软件的各种网络功能需依赖于硬件去完成,两者缺一不可。

按照网络覆盖的地理范围的大小,网络可分为局域网、城域网和广域网三种类型。局域网(Local Area Network, LAN)是将较小地理区域内的计算机或数据终端设备连接在一起的通信网络。局域网覆盖的地理范围比较小,一般在几十米到几千米之间。它常用于组建一个办公室、一栋楼、一个楼群、一个校园或一个企业的计算机网络。局域网可以由一个建筑物内或相邻建筑物的几百台至上千台计算机组成,也可以小到连接一个房间内的几台计算机、打印机和其他设备,适用于船舶内部计算机网络。

不论是局域网、城域网还是广域网,计算机网络的基本组成都主要包括如下四部分,常称为计算机网络的四大要素。

1) 计算机系统

建立两台以上具有独立功能的计算机系统是计算机网络的第一个要素,计算机系统是计算机网络的重要组成部分,是计算机网络不可缺少的硬件元素。计算机网络连接的计算机可以是巨型机、大型机、小型机、工作站或微机,以及笔记本电脑或其他数据终端设备(如终端服务器)。

计算机系统是网络的基本模块,是被连接的对象。它的主要作用是负责数据信息的收集、处理、存储、传播和提供共享资源。在网络上可共享的资源包括硬件资源(如巨型计算机、高性能外围设备、大容量磁盘等)、软件资源(如各种软件系统、应用程序、数据库系统等)和信息资源。

2) 通信线路和通信设备

计算机网络的硬件部分除了计算机本身以外,还要有用于连接这些计算机的通信线路和通信设备,即数据通信系统。通信线路分有线通信线路和无线通信线路。有线通信线路指的是传输介质及其介质连接部件,包括光纤、同轴电缆、双绞线等;无线通信线路是指以无线电、微波、红外线和激光等作为通信线路。通信设备指网络连接设备、网络互联设备,包括网卡、集线器(Hub)、中继器(Repeater)、交换机(Switch)、网桥(Bridge)、路由器(Router)以及调制解调器(Modem)等其他的通信设备。使用通信线路和通信设备将计算机互联起来,在计算机之间建立一条物理通道,以传输数据。通信线路和通信设备负责控制数据的发出、传送、接收或转发,包括信号转换、路径选择、编码与解码、差错校验、通信控制管理等,以完成信息交换。通信线路和通信设备是连接计算机系统的桥梁,是数据传输的通道。

3) 网络协议

协议是指通信双方必须共同遵守的约定和通信规则,如 TCP/IP 协议、NetBEUI 协议、IPX/SPX 协议。它是通信双方关于通信如何进行所达成的协议。比如，用什么样的格式表达、组织和传输数据，如何校验和纠正信息传输中的错误，以及传输信息的时序组织与控制机制等。现代网络都是层次结构，协议规定分层原则、层次间的关系、执行信息传递过程的方向、分解与重组等约定。在网络上通信的双方必须遵守相同的协议，才能正确地交流信息，就像人们谈话要用同一种语言一样，如果谈话时使用不同的语言，就会造成相互间谁都听不懂谁在说什么问题，那么将无法进行交流。因此，协议在计算机网络中是至关重要的。

一般来说，协议的实现是由软件和硬件分别或配合完成的，有的部分由联网设备来承担。

4）网络软件

网络软件是一种在网络环境下使用和运行或者控制和管理网络工作的计算机软件。根据软件的功能，计算机网络软件可分为网络系统软件和网络应用软件两大类型。

(1) 网络系统软件。网络系统软件是控制和管理网络运行、提供网络通信、分配和管理共享资源的网络软件，它包括网络操作系统、网络协议软件、通信控制软件和管理软件等。

网络操作系统（Network Operating System，NOS）是指能够对局域网范围内的资源进行统一调度和管理的程序。它是计算机网络软件的核心程序，是网络软件系统的基础。

网络协议软件（如 TCP/IP 协议软件）是实现各种网络协议的软件。它是网络软件中最重要的核心部分，任何网络软件都要通过协议软件才能发生作用。

(2) 网络应用软件。网络应用软件是指为某一个应用目的而开发的网络软件（如远程教学软件、电子图书馆软件、Internet 信息服务软件等）。网络应用软件为用户提供访问网络的手段、网络服务、资源共享和信息的传输。

2. 网络拓扑结构

网络拓扑结构是计算机网络结点和通信线路所组成的几何形状。计算机网络有很多种拓扑结构，最常用的网络拓扑结构有总线型结构、环型结构、星型结构、树型结构、网状结构和混合型结构。

1）总线型结构

总线型结构采用一条单根的通信线路（总线）作为公共的传输通道，所有的结点通过相应的接口直接连接到总线上，并通过总线进行数据传输。例如，在一根电缆上连接组成网络的计算机或其他共享设备（如打印机等），如图 2-4-1 所示。由于单根电缆仅支持一种通道，因此连接在电缆上的计算机和其他共享设备共享电缆的所有容量。连接在总线上的设备越多，网络发送和接收数据就越慢。

总线型网络使用广播式传输技术，总线上的所有结点都可以发送数据到总线上，数据沿总线传播。由于所有结点共享同一条公共通道，所以在任何时候只允许一个站点发送数据。当一个结点发送数据，并在总线上传播时，数据可以被总线上的其他所有结点接收。各站点在接收数据后，分析目的物理地址再决定是否接收该数据。粗、细同轴电缆以太网就是这种结构的典型代表。

总线型拓扑结构具有如下特点：

(1) 结构简单、灵活，易于扩展；共享能力强，便于广播式传输。

(2) 网络响应速度快，但负荷重时性能迅速下降；局部站点故障不影响整体，可靠性较高，但总线出现故障时，将影响整个网络。

(3) 易于安装、费用低。

2) 环形结构

环形结构是各个网络结点通过环接口连在一条首尾相接的闭合环形通信线路中，如图 2-4-2所示。每个结点设备只能与它相邻的一个或两个结点设备直接通信。如果要与网络中的其他结点通信，数据需要依次经过两个通信结点之间的每个设备。环形网络既可以是单向的，也可以是双向的。单向环形网络的数据绕着环向一个方向发送，数据所到达的环中的每个设备都将数据接收经再生放大后将其转发出去，直到数据到达目标结点为止。双向环形网络中的数据能在两个方向上进行传输，因此设备可以和两个邻近结点直接通信。如果一个方向的环中断了，数据还可以在相反的方向在环中传输，最后到达其目标结点。

环形结构有两种类型，即单环结构和双环结构。令牌环(Token Ring)是单环结构的典型代表，光纤分布式数据接口(FDDI)是双环结构的典型代表。

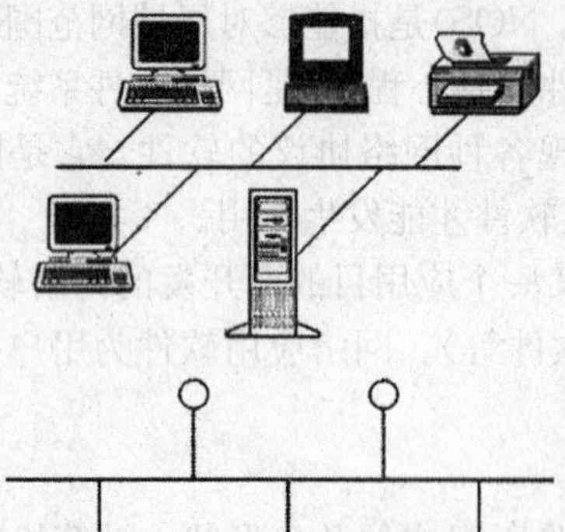

图 2-4-1 网络的总线型拓扑结构

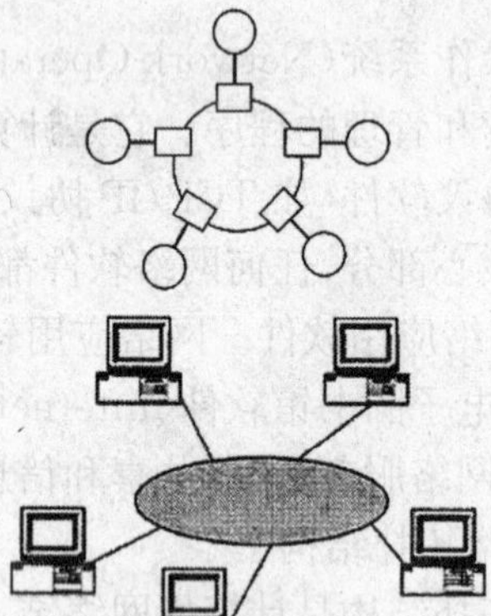

图 2-4-2 网络的环形拓扑结构

环形拓扑结构具有如下特点：

(1) 在环形网络中，各工作站间无主从关系、结构简单，信息流在网络中沿环单向传递，延迟固定，实时性较好。

(2) 两个结点之间仅有唯一的路径，简化路径选择，但可扩充性差。

(3) 可靠性差，任何线路或结点的故障，都有可能引起全网故障，且故障检测困难。

3) 星形结构

星形结构的每个结点都由一条点对点链路与中心结点(公用中心交换设备，如交换机、集线器等)相连，如图 2-4-3 所示。星形网络中的一个结点如果向另一个结点发送数据，首先将数据发送到中央设备，然后由中央设备将数据转发到目标结点。信息的传输是通过中心结点的存储转发技术实现的，并且只能通过中心结点与其他结点通信。星形网络是局域网中最常用的拓扑结构。

星形拓扑结构具有如下特点：

(1) 结构简单，便于管理和维护，易实现结构化布线，结构易扩充，易升级。

(2) 通信线路专用，电缆成本高。

(3) 星形结构的网络由中心结点控制与管理，中心结点的可靠性基本上决定整个网络的可靠性。

(4) 中心结点负担重，易成为信息传输的瓶颈，且中心结点一旦出现故障，会导致全网瘫痪。

4) 树形结构

树形结构(也称星形总线拓扑结构)是从总线型和星形结构演变来的。网络中的结点设备都连接到一个中央设备(如集线器)上，但并不是所有的结点都直接连接到中央设备，大多数的结点首先连接到一个次级设备，次级设备再与中央设备连接。如图 2-4-4 所示是一个树形总线网络。

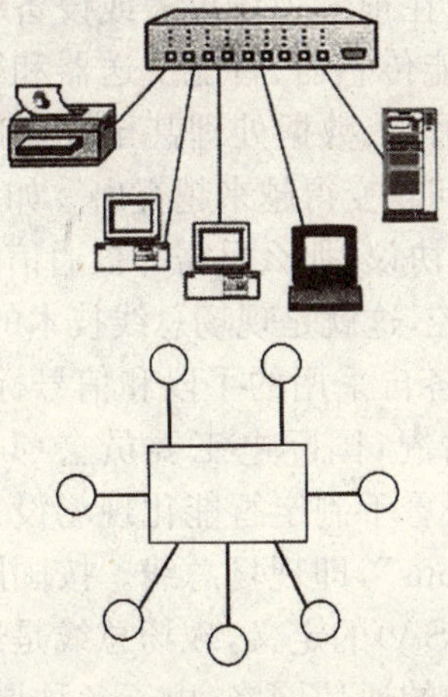

图 2-4-3　网络的星形拓扑结构

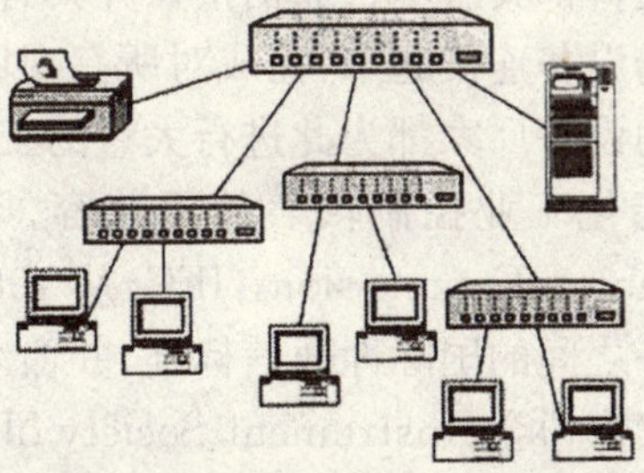

图 2-4-4　网络的树形拓扑结构

树形拓扑结构的主要特点如下：

(1) 易于扩展，故障易隔离，可靠性高；电缆成本高。

(2) 对根结点的依赖性大，一旦根结点出现故障，将导致全网不能工作。

3. 网络传输介质

传输介质指在通信系统中接收方与发送方之间的物理信道。传输介质可以分为两大类：有线介质和无线介质。有线介质包括双绞线、同轴电缆、光纤等。无线介质包括卫星通信、红外通信、微波通信等的载体。在船舶机舱中，目前主要采用有线介质。

(1) 双绞线是最常见的有线传输介质，它由一对相互绝缘的金属导线按一定的密度螺旋状地扭绞而成，成对扭绞可以有效减少相互间的电磁干扰。同一根电缆可包含一对或多对双绞线，并按其是否外加屏蔽丝网分为屏蔽双绞线(Shielded Twistedn Pair，STP)和非屏蔽双绞线(UnShielded Twistedn Pair，UTP)。美国电子工业协会(EIA)为双绞线定义1～5 类不同的质量等级，其中 3 类线和 5 类线常为计算机网络所采用，分别适用于 10 和 100 Mbit/s 的计算机网络。

(2) 同轴电缆由内外两个导体组成。内导体是一根芯线，外导体是以内导体为轴的金属丝圆柱编织面，或为外屏蔽导体，内外导体间用绝缘介质隔离。同轴电缆可分为基带同轴电缆和宽带同轴电缆。

(3) 光纤一般是由纤芯、包层和涂敷层等多层介质构成的对称圆柱体。纤芯由透明材料制成,包层采用比纤芯的折射率稍低的材料制成。数据信息转换为射入纤芯的光信号,经包层界面反射,使光信号在纤芯中传播前进。在接收端再将光信号还原为数据。一根或多根光纤组合在一起则形成光缆。采用光纤作为传输介质具有传输速率高、通信容量大、传输距离远和抗干扰性强的优点。

二、船用现场总线的种类及其特点

前面已介绍了 RS-232,RS-422 和 RS-485 等串行通信接口的原理,但它们只对接口的电气特性作了规定,只能代表数据通信的物理介质层。如果要实现数据的双向访问,还必须制定相应的通信协议和编写通信程序,这种程序一般都只适用于特定的设备,不具有通用性。

从 20 世圮 80 年代开始,随着微电子技术的发展,在很多现场仪表或设备中都置入微处理器而成为所谓的智能化仪表或智能化设备,如智能传感器、智能变送器和智能控制器等。这些智能化设备可以直接在现场完成许多数据采集、数据处理甚至控制的功能。因此,众多现场设备与上层自动化设备之间的信息传输问题变得越来越突出。如果全部或大部分现场设备都具有串行通信接口并具有统一的通信协议,那么只需一根通信电缆就可将分散的现场设备连接起来,完成对所有现场设备的监控,这就是现场总线技术的初始想法。

不同的设备厂家都为此进行大量的工作,但它们各自采用的手段和信号标准不同,结果导致智能化工业控制仪表的不兼容。鉴于这种情况,国际电工委员会(International Electrotechnical Commission, IEC)从 1985 年即开始着手制定智能化现场设备和控制室自动化设备之间的国际性通信标准,并命名为"Field bus",即现场总线。按国际电工委员会和美国仪表协会(Instrument Society of America, ISA)的定义,现场总线是连接智能现场设备和自动化系统的数字式、双向传输、多分支结构的通信网络;由于各种原因,到目前为止并没有真正形成国际范围内的统一标准,因此现场总线的种类很多,比较流行的有 CAN(Controller Area Network)总线、LON WorkS(Local Operation Network)网络、ProfiBus(Process Field Bus)总线、Hart(Highway Adressable Remote Transducer)总线、Device Net 和 Control Net 等。不同的现场总线产品各具特色,适用于不同的应用场合。

现场总线不仅规定硬件接口标准,而且还规定通信协议标准,具有完整的软件支持系统。其关键性标志是能支持双向多节点、总线式的全数字通信,具有可靠性高、稳定性好、抗干扰能力强、通信速率快、系统安全、造价低廉、维修成本低等特点。可以认为,现场总线是通信总线在现场设备中的延伸,它允许将各种现场设备,如变送器、调节阀、基地式控制器、记录仪、显示器、PLC 以及手持终端等与控制系统之间通过同一总线进行双向多变量数字通信。总线上允许多主存在,无主从设备之分,且遵守相同通信协议的不同产品可以互换,设备之间具有互操作性。对于低功耗的现场设备还可以直接从通信线上获取电能,无须单独供电。这一特点使得现场总线在船舶机舱自动化系统中得以广泛应用。目前在船舶机舱应用较多的主要有 CAN 总线和 ProfiBus 总线。

1. CAN 总线

CAN 总线是控制器局域网(Controller Area Network)总线的简称,最早由德国 BOSCH 公司推出,用于汽车内部测量与执行部件之间的数据通信。其总线规范已被 ISO 国际标准组织制定为国际标准,得到 Motorola,Intel,Philips,SIEMENS,NEC 等公司的支持，已广泛应用在分散控制领域。与其他总线相比，CAN 总线的数据通信具有突出的可靠性、实时性和灵活性，现已成为国内外最为普及的现场总线之一。

1) CAN 总线的特征

(1) CAN 以多主机方式工作，网络上任一节点均可在任意时刻主动地向网络上其他节点发送信息，而不分主从，通信方式灵活，且无须站地址等节点信息。可以采用点对点、点对多点及全局广播方式传输数据。

(2) CAN 总线上的节点信息分成不同的优先级，可满足不同的实时要求，高优先级的数据最快可在 134 μs 内得到传输。

(3) 数据信号采用差分电压传输，两条信号线分别为 CAN_H 和 CAN_L。当CAN_H 和 CAN_L 电平相等(2.5 V)时称为静态，静态表示逻辑 1，也称做“隐性”；当 CAN_H 比 CAN_L 高(一般为 CAN_H=3.5 V，CAN_L=1.5 V)表示逻辑 0，也称为“显性”。

(4) CAN 总线传输介质可用双绞线、同轴电线或光纤，具有较强的抗干扰能力。直接通信距离最大可达 10 km(速率小于 5 kbit/s)，最高通信速率可达 1 Mbit/s(此时距离最长为 40 m)，节点个数最多可达 110 个。

(5) CAN 总线采用非破坏性总线仲裁技术。当两个节点同时向网络上发送数据时，优先级低的节点主动停止数据发送，而优先级高的节点可不受影响地继续传输数据，大大地节省总线仲裁冲突时间，在网络负载很重的情况下也不会出现网络瘫痪。

(6) CAN 总线采用短帧结构，每一帧为 8 个字节，数据出错率极低，被公认为最有发展前途的现场总线之一。

(7) CAN 通信协议中，数据链路层具有严格的错误检测功能，CAN 节点有能力识别永久性故障和暂时性扰动，对错误作出判断，当故障计数大于 255 时节点被“脱离总线”，且不会对整个网络产生任何影响。

(8) CAN 总线采用公开的国际标准，有很好的开放性和良好的数据兼容性。在 CAN 系统中一个 CAN 节点不使用有关系统结构的任何信息，节点可在不要求其他节点及其应用层改变任何软件或硬件的情况下接入 CAN 总线。

2) CAN 总线接口的结构

一个 CAN 总线接口有 3 个部分组成，它们分别对应于 CAN 总线的物理层、数据链路层和应用层。

最上层为微控制器，主要负责上层应用以及系统控制，包括 CAN 协议的应用层协议的实现，协调各系统设备的工作。

中间层为 CAN 控制器，CAN 控制器负责处理数据帧，完成数据的打包、解包，错误界定，并提供报文缓冲和传输滤波。

最底层为 CAN 收发器，主要是接口电平的转换，接口电气特性的处理。CAN 总线收发器采用一对漏极开路器件来生成 CAN_H 对 CAN_L 的差分信号。当受到驱动时。发送器产生显性信号，表示逻辑 0。发送器没被驱动时，产生隐性信号，表示逻辑 1。

2. ProfiBus 总线

ProfiBus(Process Field Bus)是另一种国际上通用的现场总线标准之一，以其独特的技术特点、严格的认证规范、开放的标准、众多厂商的支持和不断发展的应用行规，已成为最重要的和应用最广泛的现场总线标准。根据应用特点，ProfiBus 可分为 ProfiBus - FMS

(Field BuS Mesage Specification), ProfiBus－PA(Process Automation)和 ProfiBus－DP(Decentralized Periphery)三个兼容版本。其中 ProfiBus－DP 网络的规模较小,实现成本较低且传输速度快。其传输速率为 9.6 kbit/s～12 Mbit/s。当传输速率小于 9.6 bit/s 时,最大传输距离为 1 200 m,当传输速率为 9～12 Mbit/s 时,最大传输距离为 200 m,可采用中继器延长至 10 km,传输介质为双绞线或者光缆。目前为止,ProfiBus－DP 的应用范围最广,占整个 ProfiBus 应用的 80%以上,代表 ProfiBus 技术的精华和特点,一般意义上的 ProfiBus 也是特指 ProfiBus－DP。在船舶机舱自动化系统中,ProfiBus－DP 主要应用于由 PLC 组成的控制系统。

1) ProfiBus－DP 总线的系统结构

ProfiBus－DP 总线上的站点包括主站和从站两类,其中主站又有 1 类(Class1)主站和 2 类(Class2)主站。ProfiBus－DP 总线的拓扑结构可以是总线型、星形和树形,支持单主站的主-从系统、多主站的主-主站系统和多主多从混合系统等传输方式。如图 2－4－5 所示为一种典型的总线型系统结构。

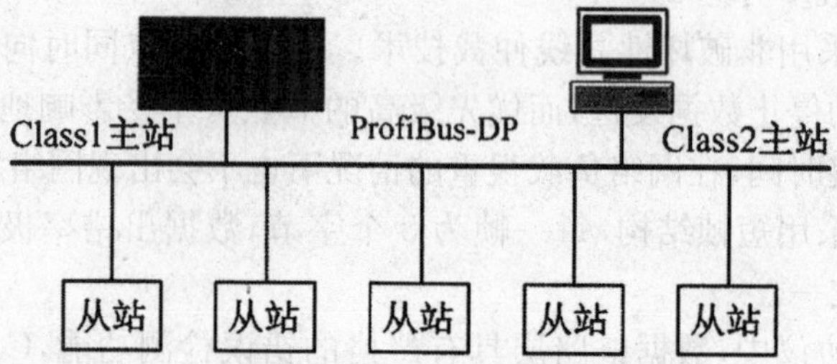

图 2－4－5　ProfiBus－DP 总线典型系统结构

在 ProfiBus－DP 网络中,1 类主站是中央控制器,它在预定的信息周期内与分散的站(如 ProfiBus－DP 从站)之间进行信息交换,并对总线通信进行控制和管理。此外,还可以将控制命令发送给个别从站或从站组,以实现数据输入/输出的同步。具有 ProfiBus－DP 接口模块的 PLC 或插有 ProfiBus 适配卡的 PC 机都可以用做 1 类主站。在图 2－4－5 中,1 类主站为一台 PLC。

2 类主站是编程器、组态设备或操作面板,是 ProfiBus－DP 网络中的编程、诊断和管理设备。它除了具有 1 类主站的功能外,在与 1 类主站进行通信的同时,还可以进行 ProfiBus－DP 从站地址分配,读取 ProfiBus－DP 从站的输入/输出数据和当前的组态数据。插有 ProfiBus 适配卡的 PC 机和触摸屏等都可用做 2 类主站。在图 2－4－6 中,2 类主站为一台插有 ProfiBus 适配卡的 PC 机。

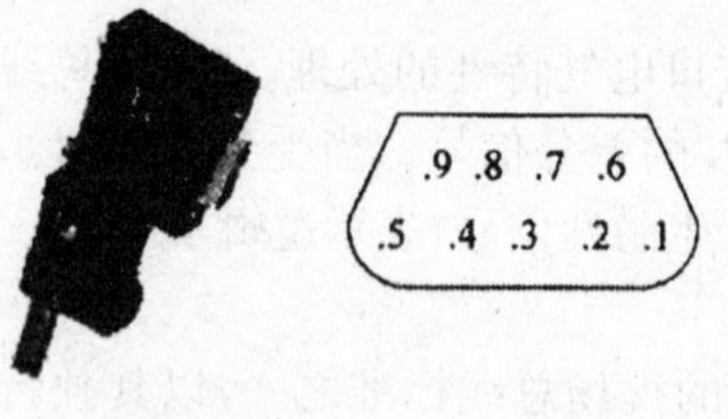

图 2－4－6　ProfiBus－DP 总线 RS-485 连接器

ProfiBus－DP 从站是进行现场数据输入和输出的外围设备,可由主站在线完成系统配置、参数修改和数据交换等功能,从站负责上传采集到的数据并执行由主站下达的命令。ProfiBus－DP 从站可以是 PLC、分散式 I/O 和各种具有 ProfiBus 接口的驱动器、传感器、执行机构等。一条 ProfiBus－DP 总线最多可以连接 124 个从站设备。

主站与从站的通信方式为主从方式,即通信始终由主站发起，从站被动响应。主站按照事先规定好的次序周期性地依次访问其所属的各个从站，其数据传输是轮回分时进行的，称为轮询传输。对于多主站网络，那么主站与主站之间通过传递一种特殊的数据帧(形象地称为令牌)来确定哪个主站拥有总线控制权，得到令牌的主站可在一个事先规定的时间内拥有总线控制权，并可以按照轮询表确定的顺序对所属从站发起通信，直至持有令牌的时间达到上限或者轮询表中的任务全部处理完毕，则交出令牌传递给下一个主站。

在实际应用中，有些时候可以不单独设立2类主站，也就是说2类主站往往是可选的。但调试阶段需要配置一台编程设备。如果需要监控站，则可以采用串行接口将1类主站连接到一台监控PC，但PC机不能直接读取从站数据，只能通过串口从1类主站读取。

2) ProfiBus-DP总线的传输介质

为满足不同场合的应用要求，ProfiBus提供3种传输介质，即RS-485，MBP(曼彻斯特)和光纤。ProfiBus-DP总线一般采用RS-485方式，其连接器主要采用9针“D”型插头，插座总是在站点一侧，而插头则在电缆一侧，如图2-4-6所示为ProfiBus-DP总线的电缆插头。ProfiBus-DP总线对9针“D”型插头的引脚使用有自己的定义，见表2-4-1。

表2-4-1 ProfiBus-DP总线RS-485连接器的信号线及其功能

引脚编号	引脚名称	功 能
1	Shield	外层保护地(屏蔽层)
2	M24	24 V输出电压(－)
3	RXD/TXD-P	数据接收/发送线(＋)
4	CNTR-P	中继器控制(＋)
5	DGND	数字地
6	VP	5 V电压(给终端电阻供电)
7	P24	24 V电压(＋)
8	RXD/TXD-N	数据接收/发送线(－)
9	CNTR-N	中继器控制(－)

数据传输使用连接在引脚3,8的一对双绞线。在一个典型的ProfiBus的“D”型接头内部都有1个备用终端电阻和2个偏置电阻，由“D”型接头外部的一个微型拨码开关控制其是否接入，当接头位于总线的两个终端时，应使开关闭合，即接入终端电阻。因此，站点一侧(即母头)必须使插孔5,6连接分别DGND和＋5 V，以给接头盒内设的终端电阻供电。

当外接站点需要经由总线电缆供电时，可通过2,7引脚提供不小于100 mA/24 V的电流。当总线上的设备较多(超过32个)时，容易产生信号失真和衰减，需将总线分为若干段，段与段之间采用中继器对信号进行放大和整形。此时可利用电缆中的4,9号线为中继器的控制线。电缆的外层屏蔽保护地应连接到每个站点的保护地上，以防止电磁干扰形成环路。

三、船舶以太网的结构及网络设置

局域网(Local Area Network, LAN)是在一个局部的地理范围(如船舶机舱、学校、工厂或机关)内,将各种台式计算机相互连接起来组成的计算机通信网,目前已得到广泛应用。局域网的拓扑结构有总线型、星形、环形和树形结构等。以太网(Ethernet)是采用无源电缆作为传输介质的总线型基带传输(直接传输未经调制的数字信号)的一种局域网,最初的研制者以曾经在历史上表示电磁波传播的以太(Ether)来命名。目前,船舶局域网主要采用以太网,主要应用于监视与报警系统的上层网络。例如,将与现场网络连接的集控室计算机通过局域网连接到驾驶台和轮机员舱室等,实现全船数据共享。

1. 以太网的物理结构

从技术的角度看,LAN 是通过特定类型的传输媒体(如电缆、光缆和无线媒体)和网络适配器(亦称为网卡)互联在一起的计算机,并受网络操作系统监控的网络系统。

以太网的连接模式有多种,但最流行的模式是采用网络接口板、集线器和双绞线连接,如图 2-4-7 所示为由单台集线器和多台集线器连成的以太网结构。

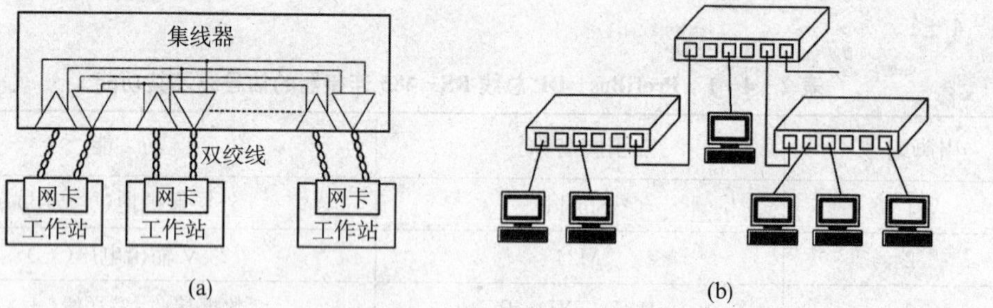

图 2-4-7 集线器及由集线器连成的以太网

网络接口板插在主机箱内的一块插板,又称网络适配器(Adapter)或网络接口卡(Network Interface Card, NIC),俗称网卡。网卡的作用是在驱动软件的控制下整理从计算机发往网络的数据,并将数据分解为适当大小的数据包再发送到传输介质上,同时也从网络接收数据。每个网卡都有唯一的网络节点地址,也称做 MAC 地址(物理地址),是由生产厂家在生产时烧入 ROM(只读存储芯片)中的,MAC 地址具有唯一性。

集线器(Hub)是双绞线以太网不可缺少的设备,如图 2-4-7(a)所示为集线器是如何通过双绞线将各个计算机的网卡连接在一起的。当由于计算机数量或物理距离的原因使得一个集线器不够时,可以采用多个集线器级联的方案,如图 2-4-7(b)所示。从表面上看,采用集线器连接而成的局域网在物理上是一个星形网络,由于集线器内部是使用电子器件来模拟实际电缆的工作,因此整个网络在逻辑上仍然像一个传统的以太网那样运行。整个网络的物理连接线路在逻辑上仍然是一条共享总线。

网卡与 Hub 之间的连接线俗称网线,由一定长度的双绞线和 RJ45 插头组成。其中,双绞线由 8 根不同颜色的导线分成 4 对绞合而成,每对传输一路差分信号。两端的 RJ45 插头分别与网卡和 Hub 的插孔相连。按电气特性的不同,在 EIA/TIA-568 标准中将双绞线分为 1~5 类等级,目前最多采用的是 8 芯 5 类非屏蔽双绞线。相应地,RJ45 插头/座也有采用相同的等级。

RJ45 是一个国际上通用的注册插孔(Registered Jack)其插头部分由铜片和透明塑料

外壳制成,俗称水晶头,如图 2-4-8 所示。双绞线的色标及其在水晶头上的排列方法有国际统一的严格规定,EIA/TIA 规定 586A 和 586B 两种布线标准,见表 2-4-2。显然,如果网线的两端采用同一标准,两端是直通的,称为直通线。在同一个局域网内,直通线的标准要求统一,一般采用 586B 标准;反之,若两端分别采用不同的标准,则网线的两端存在交叉,称为交叉线。

表 2-4-2 EIA/TIA568A 和 568B 标准

线序		①	②	③	④	⑤	⑥	⑦	⑧
色标	568A	绿白	绿	橙白	蓝	蓝白	橙	棕白	棕
	568B	橙白	橙	绿白	蓝	蓝白	绿	棕白	棕

针对不同对象之间的连接,应视情况采用直通线或交叉线。以太网卡和 Hub 的普通口(一般标识为 MDI-X)之间必须采用直通线。Hub 与 Hub 之间的连接有两种情况:一是通过 Hub 的级联口(一般标识为 MDI 或 Uplink)与上一级 Hub 的普通口连接,此时应采用直通线;另一种情况是在 Hub 的级联口故障或者 Hub 未提供级联口时,也可通过普通口与上一级 Hub 的普通口连接,此时应采用交叉线。当两台计算机通过以太卡对接时,其网卡之间也必须采用交叉线(智能网卡例外)。

图 2-4-8 RJ45 插头

网线的最大传输距离为 100 m。如果要加大传输距离,在两段双绞线之间可安装中继器,中继器最多可安装 4 个。如果安装 4 个中继器则可连接 5 个网段,则最大传输距离可达500 m。

以上介绍的只是以太网的最基本概念和网络物理结构,要实现以太网中计算机之间的数据通信还必须有网络操作系统的支持。目前,Windows 系列的操作系统均支持以 TCP/IP 的方式操作局域网,计算机之间可以通过 IP 地址进行相互访问,使得通信非常方便。应当指出的是,以太网的应用目前已从原来的台式机算机逐渐扩展到工业控制的现场层网络,许多设备的直视或控制模块都支持 TCP/IP 通信协议,可以方便地组成基于 TCP/IP 的工业以太网监控系统。

2. 网络设置

以太网采用 TCP/IP 通信协议,该协议在安装网卡驱动程序时自动安装并同网卡绑定。但要使计算机能够连接到网络上,还必须对其进行设置。

设置方法是首先在连接属性中找到“Internet 协议(TCP/IP)”项目,双击打开“Internet 协议(TCP/IP)属性”窗口,在“Internet 协议(TCP/IP)属性”窗口中,如果网络支持自动分配 IP 地址,则选中“自动获得 IP 地址”选项,确定即可;如果网络不支持此项功能,则需选中“使用下面的 IP 地址”选项,并手动填入各项内容。

【任务实施】

一、任务要求

会维护和管理计算机网络。

二、任务准备

校园计算机网络管理中心现场。

三、任务操作

1. 计算机网络的日常维护

(1) 日常维护主要有针对网络系统的硬件、软件、安全性和处理突发事件。网络管理员要随时监控网络的运行状况,以保证内部网络不出现任何问题,保证在第一时间内发现网络出现的问题并及时做出最快最有效的处理。网络管理是一项技术性很强的工作,网络的平稳运行关键在于管理人员平时的知识积累和对网络系统的勤检查、勤维护。

(2) 日常维护的主要任务,就是确保网络运行的不间断性和性能的良好性。任何系统都不可能永远不出现故障,关键是一旦出现故障就能将故障造成的损失和影响控制在最小范围内。对于要求不可中断的关键型网络应用系统,网络管理员除了在软件手段上要掌握备份系统配置参数和定期备份系统业务数据外,必要时在硬件手段上还需要建立和配置系统的热备份。对于用户访问频率高、系统负荷大的网络应用系统服务,必要时还应该采取负载分担的技术措施。

(3) 日常维护可以通过安装网络管理软件进行系统故障诊断、显示及通告,网络流量与状态的监控、统计与分析,网络性能调优以及负载平衡等。对于管理不到的设备应通过手工操作来检查状态,做到定期检查与随机抽查相结合,以便及时准确地掌握网络的运行状况,一旦发生故障能及时处理。

2. 计算机网络的管理

(1) 用户的设置与管理,用户使用系统服务和资源的权限管理和配额管理。不同的用户对网络的资源有不同的使用和管理权限,如何在网络中划分权限,这就需要网络管理员根据用户的需求进行合理的权限管理。

(2) 资源管理是网络管理工作的核心内容。网络的最大益处就是实现资源的共享,目的就是要实现所有软件、硬件和数据可以被网络中任何客户端访问到,形成畅通的信息通道,共享网络上的信息资源。

(3) 数据管理是网络管理的日常工作。要使网络的性能得到提高和优化,必须做好各类应用系统数据的传输、储存、加工、维护等数据管理和处理工作。如数据可以在多台网络主机上进行备份,也可以通过特定的软件技术实现数据在网络中的冗余,保证当某台网络主机意外停止工作时,仍然可以获得需要的数据,客户端提交的服务请求仍然可以得到正确的响应。

(4) 网络设备管理。为了确保网络通信传输畅通无阻,必须掌握局域网主干设备的配置情况及配置参数变更情况,备份各个设备的配置文件。对运行关键业务网络的主干设备配备相应的备份设备,并配置为热备份设备。负责网络布线配线架的管理,确保配线的合理有序。掌握用户端设备接入网络的情况,以便发现问题可迅速定位。采取技术措施,对网络内经常出现用户需要变更位置和部门的情况进行管理。掌握与外部网络的连接配置,监督网络通信状况,发现问题后与有关机构及时联系。实时监控整个局域网的运转和网络通信流量情况。制订、发布网络基础设施使用管理办法并监督执行情况。

【任务评价】

(1) 会维护船舶网络。

（2）会管理船舶网络。

【课后练习】

（1）计算机网络的结构有哪些？

（2）船用现场总线的种类及其特点是什么？

（3）船舶以太网的结构有哪些？

项目三 船舶机舱辅助控制系统的操作、维护及常见故障分析处理

Item Three Operation, Maintenance, Common Fault Analysis and Remedies of Auxiliary Control System in Ship Machinery Space

项目描述

船舶机舱辅助控制系统(Control System of Auxiliary Mechanism)通常包括控制运行设备参数的反馈控制系统,如柴油机气缸冷却水温度自动控制系统、主机燃油供油单元自动控制系统等;辅助设备如燃油净油单元自动控制系统、船舶蒸汽锅炉的自动控制、自清洗滤器、阀门遥控及液舱遥测系统等。通过本项目的学习,使学员了解船舶机舱中实际应用的典型控制系统的组成、工作原理,掌握其操作方法及参数调整方法,会处理实际工作中碰到的常见故障。

任务1 冷却水温度控制系统的操作、维护及常见故障的分析

Task One Operation, Maintenance and Common Fault Analysis of the Cooling Water Temperature Control System

【任务描述】

在现代大型船舶上,大多采用中央冷却水温度控制系统。随着计算机控制技术在船舶领域的广泛应用,船舶机舱越来越多地采用单片机等微型计算机作为冷却水温度控制系统的核心,如ALFA-LAVAL公司生产的ENGARD中央冷却水温度控制系统以及在船上广泛使用的各种智能控制器组成的中央冷却水温度控制系统等。本任务以ENGARD中央冷却水温度控制系统为例阐述冷却水温度控制系统的操作管理及参数调整。

【学习目标】

(1) 认识冷却水温度控制系统的组成及基本工作原理。

(2) 会操作、维护低温淡水控制系统及对常见故障分析。

(3) 会对中央冷却水温度控制系统操作管理及参数调整。

【相关知识】

一、冷却水温度控制系统的组成及基本工作原理

船舶柴油机在运行时,气缸套和气缸盖都需要用淡水来冷却。把冷却用的淡水温度控制在给定值或给定值附近,对柴油机安全、可靠和经济地运转都是十分重要的。其控制方

法是把气缸冷却淡水分成两部分：一部分通过淡水冷却器，用海水冷却淡水使淡水温度降低；另一部分不通过淡水冷却器，与经过冷却的淡水混合，然后进入柴油机气缸的冷却空间。如果冷却水温度高于给定值，应减少不经冷却器的旁通水量，增大冷却器的水量，使冷却水温度降回到给定值；反之，若冷却水温度低于给定值，则应增大旁通水量，减少经冷却器的水量，使冷却水温度回升到给定值。柴油机冷却水温度自动控制方式可分为直接作用式、基地式、单元组合式和现场总线微机控制式。小型柴油机上多使用简单的直接作用式。基地式和单元组合式在目前船舶中还有使用，但随着技术的发展将逐渐退出市场。在新造船舶中，现在使用的多为现场总线型微机控制方式。

电动冷却水温控制系统原理如图 3-1-1 所示。它由电动调节器 1、开关 2、限位开关 3、过载保护继电器 4、三相交流伺服电动机 M 及由它带动的三通调节阀 6 等部分组成，并且还需要外加电源。电动调节器是基地式仪表，它把测量、显示、调节各单元及相应的开关元件组装在一个控制箱内。

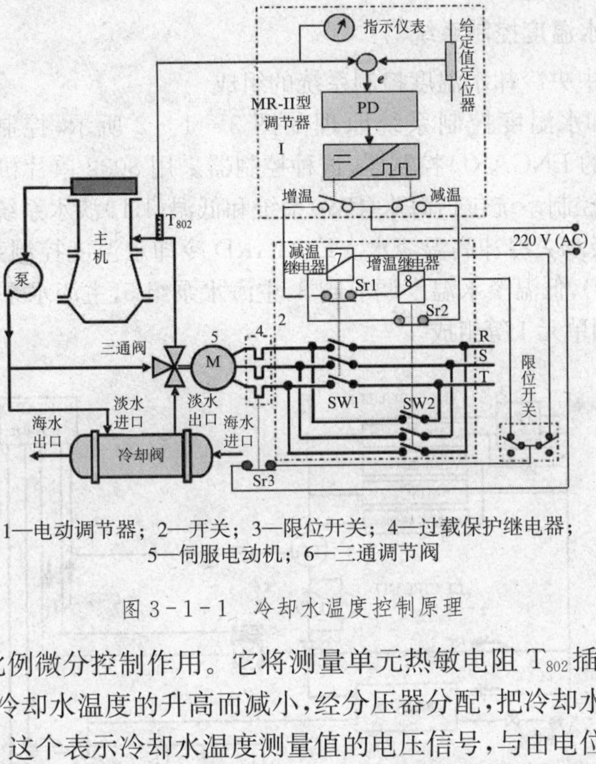

1—电动调节器；2—开关；3—限位开关；4—过载保护继电器；
5—伺服电动机；6—三通调节阀

图 3-1-1 冷却水温度控制原理

该系统能实现比例微分控制作用。它将测量单元热敏电阻 T_{802} 插在气缸冷却水进口管路中，其电阻值随冷却水温度的升高而减小，经分压器分配，把冷却水温度的变化成比例地转变成电压信号。这个表示冷却水温度测量值的电压信号，与由电位器调定的代表冷却水温度给定值的电压信号相比较，得到偏差值 ε。ε 经比例微分作用输出一个连续变化的控制信号送到脉冲宽度调制器，脉冲宽度调制器把 PD 输出的连续变化的控制信号调制成脉冲信号。若冷却水温度高于给定值，脉冲信号使"减少输出接触器 7"断续通电，组合开关 SW1 断续闭合。若冷却水温度低于给定值，其脉冲信号使"增加输出接触器 8"断续通电，组合开关 SW2 断续闭合。执行机构是一个三相交流伺服电动机 M，在它的轴上经减速传动装置带动两个互成 90°的平板阀。一个阀控制旁通淡水量，另一个阀经过冷却器的流量控制淡水。当 SW1 断续闭合时，伺服电动机 M 将断续正向（从操作手轮侧向电机方向看为逆时针）转动，关小旁通阀，开大经冷却器的淡水阀，使冷却水温度降低。当 SW2 断续闭合时，伺服电动机 M 将断续反向(顺时针)转动，使冷却水温度升高。这样，可保证冷却水温度稳定在给定值或者给定值附近。当冷却水温度测量值等于或者接近给定值时，调节器无输出，“减少”和“增加”输出接触器均断电。SW1 和 SW2 组合开关均断开，电动机 M 停转，三通调节阀的开度不变。

在“减少输出接触器”SW1 和“增加输出接触器”SW2 的电路中串联一个限位开关 3 和一个过载保护继电器 4 控制的开关 Sr3。若某些故障使伺服电动机 M 电流过大时，过载保护继电器动作，使开关 Sr3 断开。接触器 SW1 和 SW2 断电，其相应的组合开关断开，切断电动机 M 电源，保护电机不会因过热而烧坏。限位开关 3 在一般情况下，其触头合于 A，当电动机 M 带动三通调节阀中的平板阀转到接近极限位置时，触头 A 断开，使接触器 SW1 和 SW2 断电，切断电动机 M 电源，防止平板阀卡紧在极端位置，使电动机 M 回行时动作不灵敏，或因起动电流过大而引起过热。在接触器 SW1 和 SW2 的通电回路中，分别串联 SW1 和 SW2 的常闭触头 Sr2 和 Sr1 的作用是互相联锁，防止接触器 SW1 和 SW2 同时通电。

二、中央冷却水温度控制系统

1. ENGARD 中央冷却水温度控制系统的组成

ENGARD 冷却水温度控制系统原理如图 3－1－2 所示，控制系统采用由 ALFA LAVAL 公司生产的 ENGARD 控制器，这种控制器采用 8032 单片机，取代常规的电动调节器。中央冷却水控制系统包括海水(SW)系统和低温(LT)淡水系统，系统用海水冷却低温淡水，再用低温淡水去冷却高温淡水。ENGARD 冷却水温度控制系统主要由中央冷却器(常用板式冷却器)，低温淡水温度调节阀 3，主海水泵组 5，主淡水泵，Pt100 温度传感器 2 和 4，ENGARD 控制单元 1 等组成。

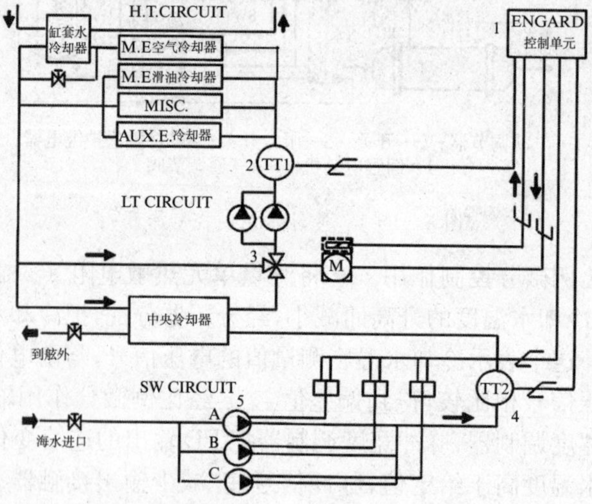

1—ENGARD控制单元；2，4—Pt100温度传感器；3—低温淡水温度调节阀；5—主海水泵组

图 3－1－2　ENGARD 冷却水温度控制系统原理

作为系统的核心部件，ENGARD 控制器的主要任务是：①通过低温淡水温度调节阀实现低温淡水的温度定值控制；②通过控制海水泵的台数及运转速度实现冷却海水流量的

控制。系统按照控制器设定的参数，通过海水流量的有级调节和调节阀的开度变化控制低温(LT)淡水系统的温度，以达到节能的效果。如果调节阀3是气动作用式的，则还需要配各电/气(E/P)转换器。

ENGARD控制系统具有如下特点：

在海水回路的三台海水泵中，两台是单速的，另一台由双速电动机拖动、可进行变极调速(也可以是两台双速，一台单速)。三台海水泵中的任意两台泵各在50%的负荷下并联运行时，就可以达到冷却系统的最大海水流量(100%)。ENGARD控制器管理这三台泵的运行状态，根据负荷大小变化自动地控制海水泵的并联、解列和调速，以得到合理的海水流量、满足中央冷却器在不同负荷下的控制需要。由流体力学可知，水量Q与转速n的一次方成正比，水压H与转速n的二次方成正比，轴功率P与n的三次方成正比，因此，当水量减少、水泵转速下降时，其功率要降低很多。与传统的流量节流调节或旁通调节相比，ENGARD控制系统具有明显的节能效果。

Pt100温度传感器TT1和TT2分别用来检测低温淡水温度和海水温度。

(1) 节能效果明显。例如，100%流量时，功率为50 kW；75%～85%流量时，功率为22 kW；40%～60%流量时，功率为4 kW。

(2) 使用有级调速后，水泵电机温升明显下降，同时减少机械磨损和维修工作量。

(3) 保护功能可靠，消除电机因过载或单相运行而烧坏电机的现象。

(4) ENGARD控制器采用8032单片机，具有完善的自检、控制、显示、多种故障报警等功能，提高系统的可靠性。海水泵电机与低温淡水温度调节阀通过控制系统的相关参数进行控制，具有很强的适应性和灵活性。该系统还通过RS-232与上位机进行通信，便于全船动力装置的集中控制与监视。

2. ENGARD控制器

ENGARD控制器是一种具有比例积分控制规律的全自动温度控制器，它由印刷电路板、固态继电器、电源滤波器、变压器和接线端子排等组成，印刷电路板上有8位微处理器、存储器(PROM，EEPROM，RAM等)及I/O接口。控制器对冷却水温度进行比例积分(PI)定值控制，既可以自动控制，必要时经转换也可以手动控制。操作面板上有操作按钮、模式开关、数码显示器、电机工况和系统报警LED。ENGARD控制器的输入和输出信号可以见表3-1-1和表3-1-2。

表3-1-1 ENGARD控制器的输入信号

INPUT	说　明	接线端子号
I10	电源100，110，115，127或220 V(AC)，+10%/－15%	XA：17-18
I21	低温淡水回路Pt100传感器TT1	X10：1，2，3，4
I22	低温淡水温度调节阀位置反馈电位器检测的旁通阀开度模拟量信号。如果是气动调节阀，需加电/气转换器，由于没有反馈电位器，则跨接X11：3	X11：1，2，3
I31	1#海水泵的起动反馈信号	X7：4-XC
I32	2#海水泵的起动反馈信号	X7：3-XC

（续表）

INPUT	说　明	接线端子号
I33	3＃海水泵的起动反馈信号	X7：2－XC
I34 I35 I36	4＃，5＃，6＃的海水泵的起动反馈信号（系统最多可配6台海水泵）	X7：1－XC X8：4－XC X8：3－XC
I40	海水回路Pt100传感器TT2	X12：1，2，3，4
I50	扩展报警信号（气源中断、海水高温等）	X9：3－XC
IC14	遥控信号（电流回路）	X13：1－4
IC24	串行通信（RS－232）	X14：1－4

表3－1－2　ENGARD控制器的输出信号

OUTPUT	说　明	接线端子号
U11	控制低温淡水调节阀的开/关信号	XA：10，11，12
U21	输出到I/P转换器4～20 mA的电流信号（控制气动调节阀）	X9：1－2
U31	1＃海水泵起动信号	X5：1－XD
U32	2＃海水泵起动信号	X5：2－XD
U33	3＃海水泵起动信号	X5：3－XD
U34 U35 U36	4＃，5＃，6＃海水泵起动信号	X5：4－XD X6：1－XD X6：2－XD
U41	海水泵"冲洗"功能信号	X6：3－XD
UC14	遥控信号	X13：1－4
UC24	串行通信	X14：1－4
UA12	过程报警信号	X1：3－4
UA13	功能报警信号	X2：1－2

3. 系统工作原理

自动控制系统主要是对低温淡水温度和海水流量的控制。淡水在一定的范围内变化时，通过低温淡水调节阀控制流经中央冷却器的淡水量；若淡水温度的变化超出调节阀的设定调节范围，则通过海水泵的转速及台数控制实现海水流量调节，海水泵的控制不仅取决于中央冷却器的热负荷，还受海水流量、海水温度及中央冷却器的脏污程度的影响。

1）低温淡水温度控制

温度传感器TT1，检测在LT回路中淡水泵之后的温度 T_1，T_2 被运送至控制器与低温淡水设定值 T_L 相比较得到偏差 $E_L = T_1 - T_L$，ENGARD控制器对偏差进行比例积分运算后，输出控制信号给 LT 回路的调节阀。当淡水温度降低时，即 $E_L<0$，调节低温淡水调节阀 3 的旁通口开大，使流经中央冷却器的淡水量减小；反之 $E_L>0$，旁通口关小，流经中央冷却器的淡水量增多。当淡水温度超过或低于限制值时，发出越限报警。

在 ENGARD 操作面板上有旁通阀的开度百分数显示。当旁通阀的开度信号达到海水泵的切换值时，海水流量设定值 T_{SW}将增大或者减小，ENGARD 控制器将根据 T_{SW}发送起动控制信号给海水泵，增加或者减少海水泵的台数。海水泵起动成功后，海水泵起动控制单元将一个反馈信号送回 ENGARD 控制器，ENGARD 控制器面板有相应的信号指示，若没有接收到该反馈信号，则控制器将发出故障报警。

2）海水泵的控制

海水泵的切换控制可以分别按照低温淡水调节阀的旁通口开度 V_1或低温回路的淡水温度 T_1控制，也可以同时采用 T_1和 V_1控制，如按 T_1控制大容量的海水泵，同时按 V_1控制小容量的海水泵。

若采取 V_1控制方式，当冷却系统的热负荷增大时(需要更多的冷却淡水流经中央冷器)，低温淡水调节阀将逐步关小旁通口。当旁通口开度逐步关小到设定值时，则增大海水泵流量或起动另一台海水泵并联运行；当冷却系统的热负荷减小时，低温淡水调节阀将逐步开大旁通口，当旁通口开度逐步开大到设定值时，减小海水泵流量或退出一台海水泵。

若采取 T_1控制方式，当冷却系统的热负荷增大时，低温淡水调节阀将关小旁通口直至全关旁通口、淡水全部流经中央冷却器，当 TT1 测得的温度信号增大到设定值时，增大海水泵流量或起动另一台海水泵并联运行；当冷却系统的热负荷减少时，低温淡水调节阀的旁通口不断开大直至全开、低温淡水的温度会随着热负荷的减少而降低，当 TT1 测得的温度信号降低到设定值时，减小海水泵流量或退出一台海水泵。

海水泵在自动控制方式下，在选择泵组投入运行时，如果两台泵的容量相等，则控制装置将比较两台泵的运行时间，运行时间较短的泵将优先起动。ENGARD 控制器自动实现 T_1、V_1与冷却海水流量之间的参数匹配，避免海水泵的频繁起停和淡水温度的大幅度振荡。如果低温淡水调节阀控制旁通口开度 V_1的变化范围在 0～5%之内，或者淡水温度偏离设定值不超过 0.5 ℃，则不需要对海水泵的流量进行调节。当增大海水流量时，系统将自动启动“冲洗”功能，每隔 2 min 顺序起动海水泵一次，冲洗沉淀在海水管路内的污垢，“FLU”将在操作面板的显示窗口中交替出现。“冲洗”功能可通过参数 P_{12} 进行设置，$P_{12}=0$，取消该功能。

3）报警与显示

ENGARD 控制器的报警分成过程报警和功能报警，前者是关于海水泵、淡水温度越限等故障，后者是关于 ENGARD 控制器内部及 I/O 故障。报警内容通过操作面板液晶窗口显示和 LED 指示。如果故障多于一个，先显示第一个未确认的报警，当该报警被确认之后，再显示下一个报警。如果在 5 s 之内未复位过程报警，则触发机舱集中监视系统工作。当发生功能报警时，低温淡水调节阀开度将保持原位不变。各种报警指示见表 3-1-3。其中，P 为过程报警，F 为功能报警。

表 3-1-3　ENGARD 的报警信号

报警符号	报警原因		报警符号	报警原因	
	淡水高温或低温	P	A2–	控制模块错误	F
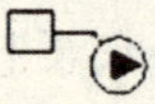	海水泵反馈信号故障	P	A3–	“Program mode”时间太长	F
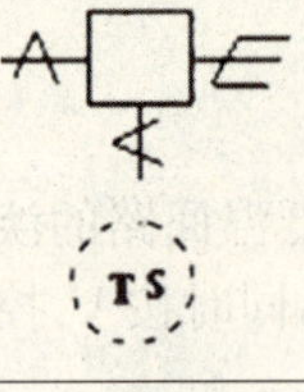	扩展报警，I/P 转换器气源中断中央冷却器后的海水温度偏高	P	A4–	电源故障	F
	备用泵运行	P	A5–	外部传感器接线故障	F
A1–	通信错误	P	A6–	传感器读数异常	F

模块 1　冷却水温度控制系统的操作及常见故障分析

一、任务要求

会操作与管理冷却水温度控制系统。

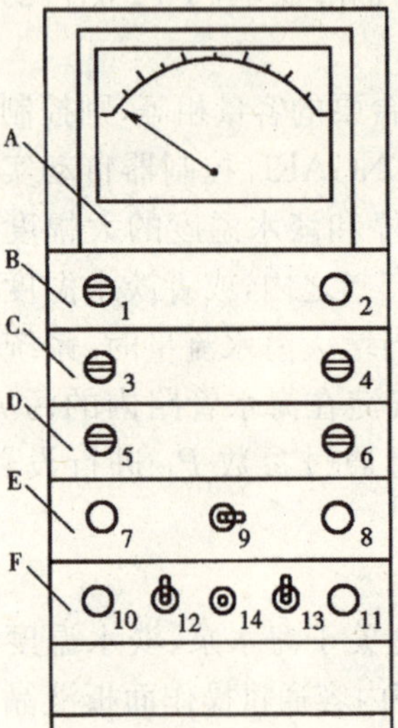

图 3-1-3　电动调节器正面面板的布置

二、任务准备

冷却水温度控制系统一套。

三、任务操作

1. 操作管理要点

电动调节器正面面板的布置如图 3-1-3 所示，它是由一个温度表 A 和 5 块插拔式电路板组成的。

温度表 A 实际是一个电流表，它与插板 B 相连，把 0～1 mA的变化范围按比例地转换成 0～100 ℃的刻度，用来指示冷却水温度的实际值或给定值。

插板 B 是测量电路，旋钮 1 用来整定给定值。按钮 2 是温度指示转换开关，拔出按钮，温度表 A 指示冷却水温度的测量值，按下按钮，温度表 A 指示冷却水温度的给定值。

插板 C 是比例微分调节电路。旋钮 3 和 4 分别用来整定微分时间和比例带。

插板 D 是脉冲宽度调制电路。旋钮 5 用来调整不灵敏区。旋钮 6 用来调整脉冲宽度。插板 E 是继电器和开关电路。7 和 8 是电动机 M 的转动方向指示灯。开关 9 是手操开关，当自动控制系统出现故障时，可手操扳动开关 9 使电动机 M 转到希望的位置上。

插板 F 是电源和“手动-自动”切换电路。10 和 11 是熔丝。开关 12 是“手动-自动”选择开关，扳到右边是“自动”位置，扳到左面是“手动”位置。开关13是电源主开关，扳到右面主开关合上，扳到左边主开关断开。14是电源指示灯。

(1) 控制系统投入工作的操作。先把开关13扳到右面位置，接通主电源，电源指示灯14亮。若不亮，可拔出熔丝10和11，更换烧坏的熔丝。电源正常后，按下按钮2，转动旋钮1，使温度表A指示在给定值上。再把按钮拔出，让温度表A指示冷却水温度的测量值，把开关12扳到左面位置，手操开关9将冷却水温度调节到给定值附近。然后把开关12扳到右面的自动位置，从而可实现无扰动切换，自动控制系统就可投入工作。

(2) 参数调整。控制系统安装以后，调节器的比例带PB、微分时间T_d和脉冲宽度调整旋钮不要轻易转动。确实发现动态过程不理想(观察温度表指针向给定值方向恢复很快，或指针波动较大)，可适当调整比例带、微分时间或脉冲宽度，但每次调整量要小。每调整一次都要认真观察温度表指针变化情况，直到调好为止。

2. 故障分析

在自动控制系统工作的过程中，如果温度指示的测量值与给定值之间有较大的偏差值，而指示灯7和8都不亮，说明电动机M没有转动。这时，必须把开关12立即扳到左面的手动位置，然后手操开关9，如果此时电动机M可按逆时针和顺时针方向转动，说明控制系统出故障。可分别抽出B，C和D板，人为地输入一个信号，观察其输出端是否有变化。哪块板输出不变化，故障就出在那块板上。换一块备件板，控制系统就能恢复正常工作，若手操开关9时，电动机M仍不转动，说明自动控制系统没有故障，故障是出在执行机构中，如电动机M烧毁或卡死；过载保护继电器动作，切断电动机M的电源等。如果手操开关9，电动机M能在一个方向转动，而不能在另一个方向转动，可能的原因是“减少输出接触器”或“增加输出接触器”的线圈断路，或者它们的触头磨损、烧蚀而不能闭合，要及时检查修复。

模块2　中央冷却水温度控制系统的操作与管理

一、任务要求

会操作与管理中央冷却水温度控制系统。

二、任务准备

冷却水温度控制系统一套。

三、任务操作

1. 系统操作

1) 操作面板

ENGARD操作面板如图3-1-4所示。

2) 系统投入运行的操作

(1) 开启系统的主进、出口阀，起动低温淡水泵运行。

(2) 开启海水泵的吸入阀和排出阀，排除海水泵内的空气。

(3) 在海水泵控制屏上将转换开关“MAN/AUT置“MAN”位，合上主电源开关。手动起动大容量的海水泵，用“STBY”开关选择备用泵。

(4) 开启中央冷却器的海水进、出口阀，系统开始工作。

（5）合上 ENGARD 控制器的“ON/OFF”电源开关（该开关在控制箱内部），同时复位主熔丝（按下按钮 15）。这时操作面板的显示窗口出现“d－PCU”，10 s 后，显示窗口 11 的左边显示低温（LT）回路调节阀的开度（两位数字，%），显示窗口的右边显示低温淡水温度（三位数字，℃）。按下按钮 8 确认 ENGARD 控制器在手动控制方式下工作，并使 LED7 不发光。

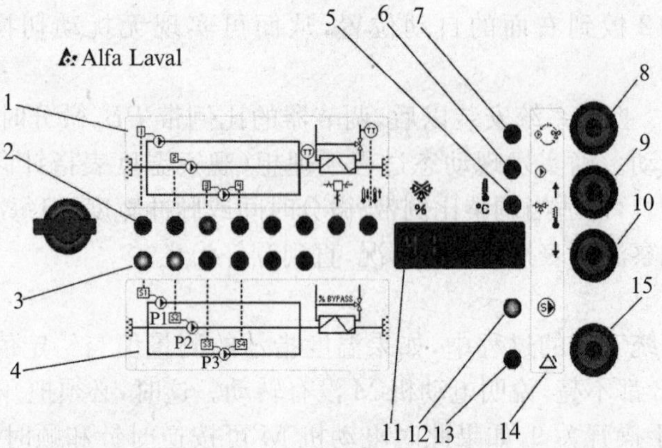

1—报警输入信号图表；2—报警输入信号LED（Red）；
3—控制系统输出信号LED（Green）；4—控制系统输出信号图表；
5—调节阀手动模式LED(Orange)；6—海水泵手动摸式LED(Orange)；
7—自动控制模式LED（Green）；8—手动/自动模式按钮；9—增加温度按钮(手动模式)；
10—降低温度按钮（手动模式）；11—显示器；12—备用泵工作LED(Orange)；
13—主报警LED(Red)；14—功能符号；15—报警复位试灯按钮

图 3－1－4　ENGARD 操作面板

（6）在操作面板上检查系统的工作参数，确保它们与系统的设定值相符（参数设定值列表在控制箱门的里面）。

（7）按下“Alarm reset/Lamp test”按钮 15，至少保持 3 s 以上（若显示窗口跳出 F 参数，则 5 min 后或者多按几次按钮 15 后将恢复正常），检查操作面板上的指示灯是否有异常。

（8）待系统稳定后或按需要，将系统工作方式转为“自动”。

系统投入自动运行的前提条件是低温淡水泵已经投入运行，ENGARD 控制系统已处于工作状态，海水泵处于手动控制方式并且已在原地起动运行。

确认条件无误后，再次按下 ENGARD 操作面板上的按钮 8，使得 LED 亮绿色：最后在海水泵控制屏上将转换开关“MAN/AUT”置“AUT”位。此时，ENGARD 控制系统工作在自动状态，系统将使海水泵运行在最佳状态，并且自动调节和监测低温淡水系统的温度。

系统初次转换到自动控制状态时，首先要将海水泵的安装参数 P25～P30 设置为“ON＝1”，双速泵的 P 参数设置为“ON＝1”。

3）手动/自动模式及切换

海水泵和淡水调节阀各有手动/自动两种操作模式，当海水泵手动操作时，低温淡水调节阀仍可工作在自动状态；反之亦然。

手动/自动操作模式是通过操作面板上的按钮 8 选择的。系统工作在自动方式时，操作面板上的 LED7 亮（绿色），此时按一下按钮 8，LED6 亮（橙色），LED7 灭，表明选择海水泵手动工作方式；再按一下选择调节阀手动工作方式；第三次再按按钮 8，LED7 亮，LED5 灭，则又回到自动工作状态。可以通过操作面板上的 4 看到在运行的海水泵。

选择海水泵手动操作模式时，按下按钮 8，LED6 亮，LED7 灭。将海水泵控制屏上的转换开关“MAN/AUT”置“MAN”位，然后根据低温淡水的温度手动起动/停止所需的海水泵。根据运行海水泵的容量，淡水调节阀将自动地连续调节低温淡水的温度。若要回到海水泵自动工作模式，则首先在海水泵控制屏上将开关“MAN/AUT”置“AUT”位，再在 ENGARD 操作面板上按两次按钮 8，使 LED7 亮、LED6 灭。

选择调节阀手动操作模式，按两次按钮 8，LED5 闪亮，LED7 灭。通过按钮 9(+)和 10(−)控制低温淡水温度的增加或减小。调节阀从全关到全开，对应显示值为 2%～98%。根据淡水调节阀开度或低温淡水的温度，海水泵自动地进行流量调节。此时要回到调节阀的自动工作模式，只需按一次按钮 8 即可，LED7 亮，LED5 灭。

4) 系统工作状况检查

系统在自动方式下正常工作时，操作面板上液晶窗口 11 显示调节阀开度值和低温淡水温度值。在无报警的情况下，按下按钮 15(Alarm reset/Lamp test)，可以让显示器显示 F 系列参数的读数。液晶窗口左边出现“F_0”右边显示海水温度值(℃)；若窗口左边出现“F_1～F_6”中的某一个，则右边数值为对应海水泵的累计工作时间(该数值乘以 1 000 等于运行小时数)。按钮 15 被按 5 min 后，系统将恢复到正常指示状态。

5) 报警功能

出现报警时，操作面板上的 LED2、LED13 闪亮(红色)，窗口 11 显示报警代码 A_1～A_6(参见表 3-1-3)。按“Alarm reset”按钮 15 对报警进行确认。所有报警被确认后，LED2，LED13 常亮。最后再按按钮 15 进行复位，LED13 熄灭，只有故障消除后 LED2 才熄灭。

6) 停止系统工作

要对某台海水泵停车检修，必须设置与其对应的“P25～P30”中的某一参数为“off=0”使该泵退出控制系统，切断该泵电源，关闭其进出口阀，但必须选择一台备用泵替代它工作。

要停止整个系统的工作，首先在操作面板上选择手动操作模式，海水泵控制屏上转换开关“MAN/AUT”置“MAN”位；然后手动停止大排量海水泵工作。正确关闭系统的某些海水阀；最后打开控制器箱门，关掉里面的电源。

2. 系统参数调整及维护保养

ALFA-LAVAL 公司提供有详细的过程参数表、安装参数表、备件表及接线图，放在 ENGARD 控制器操作面板门的后面，便于查阅。系统的主要参数见表 3-1-4。

表 3-1-4 ENGARD 控制器的主要安装参数

代码	过程参数	单位	显示	厂家设定	说明
P1	低温淡水温度设定值	℃	xx. x	36.0	温度设定值按照系统设计和柴油机厂家推荐值整定
P2	低温淡水温度上限报警值	℃	xx. x	40.0	
P3	低温淡水温度下限报警值	℃	xx. x	25.0	

（续表）

代码	过程参数	单位	显示	厂家设定	说明
P4	比例(P)常数	%℃	0x. x	1.0	比例积分作用需要重新整定
P5	积分(I)常数	1/s	xx. x	8.0	
P6	海水流量Ⅵ→ 更大流量	%℃	—xx xx. x	—40	海水流量按调节阀开度(—xx)/淡水温度(xx. x)调节。P8,P9 只按阀位调节 按阀位调节　　按温度调节 P7≤P6—5 units　　P7≥P6＋2 ℃ P8≤P7—5 units　　P8≥P7＋2 ℃ P9≤P8＋30 units　　P8≤P2—2 ℃ P9＞P8　　P9＜P8 P10≤P7＋30 units　　P10＜P7 P10＞P7　　P10＜P9 P11≤P6＋30 units　　P11＜P6 P10＞P6　　P11＜P10 　　P11≥P1＋0.5 ℃
P7	海水流量Ⅲ→ 更大流量	%℃	—xx xx. x	—30	
P8	海水流量Ⅱ→ 流量Ⅰ	%℃	—xx xx. x	—20	
P9	海水流量Ⅰ→ 流量Ⅱ	%℃	—xx xx. x	—50	
P10	更大流量→ 流量Ⅲ	%℃	—xx xx. x	—60	
P11	更大流量→ 流量Ⅳ	%℃	—xx xx. x	—70	
P12	海水系统的冲洗时间间隔,0=不冲洗	h	xxx	100	
P20	调节阀占空比(工作系数)	%	0xx	99	伺服电动机驱动的调节阀,调节速度快结束时断续动作所占时间比
P21	调节阀动作全行程时间(开度%)	s	0xx	60	调节阀旁通口全开—全关或全开—全关所用时间
P22	调节阀反应的最小时间(最小脉冲)	s	0xx	0.06	反应调节阀的灵敏程度
P23	起动延时	s	0xx	25	可以确定海水泵的起动顺序
P24	冲洗顺序延时	s	xxx	0	海水反向流动冲刷系统里的污垢
P25~P30	海水泵起动器 1-6	off=0/ on=1	00x	1	只有海水泵退出系统时,设置 off=0;起动器接线与代码、参数一致
P31	水泵切换延时时间	min	0xx	15	最短设定时间为 5 min
P32~P37	海水泵起动反馈信号报警延时	s	0xx	10	水泵起动后,控制器没有收到反馈信号,则延时 10 s 报警
P38	电动/电气调节阀	Electrical=0 Pneum. =1 Pneum. =2	00x	0	按照调节器类型设置参数,"0"电动;"1"气动(无反馈);"2"气动(有反馈信号)
P39	旁通阀 2%开度	Calibr. =1	00x	0	调节阀开度与反馈信号校准;参数为 1 时,开度为 2%或 98%
P40	旁通阀 98%开度	Calibr. =1	00x	0	

（续表）

代码	安装参数	单位	显示	厂家设定	说明
P41	通信方式	CL＝0 RS－232＝1	00x	1	CL＝0 为电流环通信方式
P42	报警延时	s	0xx	15	
P43～P48	海水泵运行时间计数器 1～6	Reset＝1	00x	0	每台海水泵的运行速度以“m/h”检测，累计工作时间。要复位时间计数器，Reset＝1，并进行下一参数设置。当开始下一个参数时，上一个参数设置回到 0
P49	海水泵回路是否安装 Pt100	1＝安装 0＝没安装	00x	1	

1）参数整定

首先将 ENGARD 控制箱内的模式选择开关置“P”，操作面板上显示“C_1－1”和间歇显示“Pro”。按操作面板（图 3－1－4）下面两个按钮 10 和 15，调整 C_1－12 参数值：按钮 8 可选择下一个被设置的参数；按上面两个按钮 8 和 9，进入参数内容（表 3－1－4），没有参数就显示“——”。新设置的参数在选择下一个参数时被存储，如果同时按下按钮 10 和 15，则将存储修改以前的参数值。操作面板上显示“C_2－2”，表明过程参数设置完毕，开始设置安装参数 C_2－12，方法与前面相同，当出现“End”时，安装参数设置完成。

结束参数整定，必须把控制箱内的模式选择开关置“L”或“R”，否则，10 min 后将发出“Program mode”报警（代码 A_3）。

2）淡水回路调节阀整定

首先打开 ENGARD 控制器箱门，将模式选择开关置“P”（program）。根据调节阀设定参数 P_{38}（表 3－1－4）。然后按下操作面板上的按钮 8（manual mode）1～3 次，LED5 闪亮（橙色），通过按钮 9（升温）和 10（降温）手动改变调节阀旁通口的开度。

按下按钮 10，手动操作调节阀旁通关小，关到 2％开度时，设置参数 $P_{39}=1$。按按钮 9，使调节阀旁通开大到 98％开度时，设置参数 $P_{40}=1$。调节阀动作到极限位置时，留有 2％的余量，防止阀被卡死，动作不灵敏。通过按钮 9/10 操作调节阀旁通全关→全开/全开→全关，测量调节阀动作全行程所需时间，把该时间值输入参数 P_{21}。

3）检查海水泵切换功能

在前面两项完成的基础上，按下按钮 8 选择调节阀手动摸式，LED5 闪亮（橙色）。通过按钮 10 手动关小调节阀的旁通阀，操作面板上 11 的左边显示 2％时，观察切换到大流量海水泵的时间不超过 5 s。由按钮 9 开大调节阀的旁通阀，液晶窗口 11 的左边显示 98％时，观察切换到小流量海水泵的时间在 15 min 之内。最后，将系统转换到自动模式。

4）系统的维护保养

为了预防故障发生，每周应进行试灯和报警功能试验；每月应进行淡水温度越限报警和水泵故障报警试验；每 6 个月应校验 1 次温度传感器，如果偏差超过±1 ℃，需要换新。

3. 故障分析

当系统出现故障时，将在操作面板上的 1(Alarm input diagram)，2(Alarm input LED)给出报警指示，在液晶窗口 11 中显示故障代码，故障性质参见表 3-1-3 所示。常见主要故障如下：

(1) 淡水温度异常。可能是由于手动操作不当、参数设置错误、流量或压力异常等原因造成，若水温过高，可能是流量或压力不足、海水温度偏高、中央冷却器阻塞、温变传感器发生故障或调节阀卡死在 2%～5%的开度上；若水温过低，原因情况与前者相反。可参照说明书正确调整参数 P_1/P_2，改手动为自动模式，认真检查海水、淡水泵的流量和压力，仔细检查 Pt100 温度传感器是否有断线、接地故障，检查调节阀是否卡死等。

(2) 海水泵反馈信号错误。可能是参数设置错误或海水泵故障，可检查参数"P_{25}～P_{30}"；海水泵退出系统工作时，其应为"Off=0"。

(3) 备用泵起动，可能是所用海水泵没有反馈信号或备用泵控制电路故障，应按照图纸检查电源盒接线是否有误。

(4) 气源中断报警。只有使用气动调节阀的情况下才会出现，应检查气源减压阀和 I/P转换器。

(5) 中央冷却器后的海水温度偏高。可能是海水流量不足、手动操作海水泵不当、柴油机负荷高等原因造成。

(6) 通信故障。报警代码为 A_1：A_1-1 是电流环通信错误，检查接线是否正确；A_1-2 是 RS-232 设置错误。

(7) 控制单元故障。报警代码为 A_2：A_2-1 是单片机 8032 内的 RAM 故障；A_2-2 是外部 RAM 故障；A_2-3 是外部 RAM 求校验和故障。A_2-4 是 PR0M 错误；A_2-5 是模式开关错误；A_2-6，A_2-7 是模拟量处理故障；A_2-8 是模拟量电路板电源或频率故障，检查电路板熔丝，检查电源电压和频率范围。A_2-1 到 A_2-3 类故障，接通/断开控制单元的电源几次可以消除，否则只能更换芯片。

【任务评价】

(1) 会启动冷却水控制系统。

(2) 会设定温度值和其他参数调节。

(3) 会手动-自动控制转换，并进行冷却水温度的手动控制操作。

(4) 会停止系统。

【课后练习】

(1) 试述冷却水温度控制系统启动步骤。

(2) 试述中央冷却水温度设定方法和参数调节方法。

任务 2 燃油供油单元自动控制系统的操作、维护及系统故障处理

Task Two Operation, Maintenance and Fault Remedies of Fuel Supply Unit's Automatic Control System

【任务描述】

ALFA LAVAL 公司生产的燃油供油单元 FCM，是新一代用于船上的燃油供给与自

动控制系统，是专门为燃油系统的自动监视和燃油黏度控制而设计。控制系统中最核心的设备包括黏度传感器 EVT20、温度传感器 Pt100、控制器 EPC－50B、蒸汽调节阀（或电加热供电单元）和燃油加热器，可实现燃油黏度或温度的自动控制；除此之外，系统还对供油泵、自动滤器、循环泵、“柴油/重油”自动转换实现全面的自动控制和监测。

其黏度传感器和控制器无论在结构上，还是在工作原理上都有根本的改变。黏度传感器 EVT20 和控制传感器 EPC－50 均用微型计算机取代常规的变送器和控制器。在系统中可采用 SHS 蒸汽加热器，也可采用 EHS 电加热器或者两者兼用。柴油或重油经转换后，由 EPC－50B 根据选择的加热器控制加热，并同时在线测量油温和黏度，由控制器根据选择的控制方式进行温度或黏度的自动控制。

本任务是掌握燃油供油单元自动控制系统的操作、维护及系统故障处理。

【学习目标】

1. 认识燃油供油单元自动控制系统的组成及基本工作原理。
2. 认识燃油供油单元的控制过程。
3. 会操作和维护燃油供油单元自动控制系统及对系统故障处理。

【相关知识】

一、燃油供油单元自动控制系统的结构组成及基本工作原理

燃油供油单元的结构组成如图 3－2－1 所示。总体上可以分为供油处理系统、燃油黏度或温度自动控制系统、供油泵电机和滤器自动控制系统等部分。

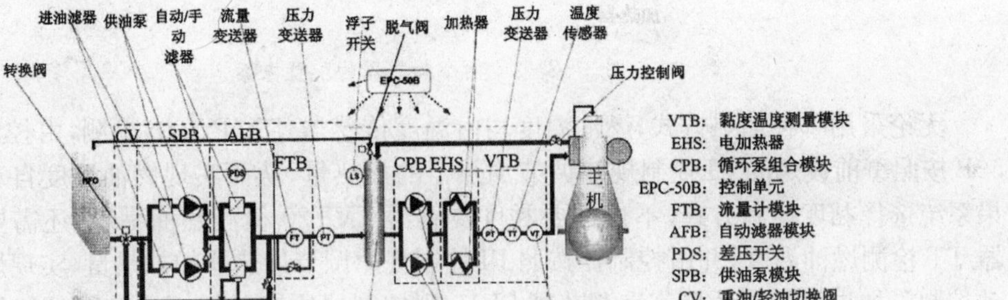

图 3－2－1　燃油供油单元的结构组成

供油处理系统由重油日用柜、柴油日用柜、“柴油/重油”转换阀、燃油供给泵（供油泵）、燃油自动滤器、流量变送器、压力变送器、混合管（混油筒）、燃油循环泵、燃油回油管系等设备组成。燃油供给泵的压力由压力变送器 PT 检测，用于控制器分析判断供给泵的状态。供给泵的流量由流量变送器 FT 检测，用于控制器分析柴油机的耗油情况。在自动滤器的前后装有压差开关 PDS，用于滤器脏堵报警的检测，当滤器进出口压差达到设定值时，控制器发出报警，虑器排污电磁阀可执行滤器自动排污。脱气模块包括带脱气的混合管、浮子开关和脱气阀，用于供油与加热后从主机的回油混合，并使油气分离，当气体达到一定量时，浮子开关动作，控制系统控制脱气阀打开，使油路中的气体返回日用柜 HFO。循环泵 CPB 用于向柴油机提供需要的油压，可以通过电压力变送器来检测。主机的回油通过电压力控制阀和管系回送到混合管，进行脱气处理。

在燃油黏度或温度自动控制系统中，若采用电加热器 EHS，则由 2 个电加热供电单元分别对 2 个电加热器的燃油进行加热，其作用一是提供足够的加热量，确保燃油能够得到加热；二是可以方便地控制加热速度的快慢，需要快速加热时，两个可同时满额工作；三是两个加热器可以互为备用，保障加热器的安全使用。若采用蒸汽加热，也是由两个加热器组成，电加热 EHS 被蒸汽加热器 SHS 代替。蒸汽从外部引入，经过蒸汽调节阀送到两个蒸汽加热器，然后从本系统流出至热水井。由 EPC－50B 控制器通过继电器触点输出，控制伺服电动机 M 动作，从而改变蒸汽调节阀 SRV 的阀门开度。另外，加热器还可以选择使用热油作为加热源，控制方式与蒸汽加热相同，也是通过调节阀控制加热量。系统配置两个不同类型的加热器，其典型的配置是一个蒸汽加热器和一个电加热器，既可方便控制加热，又能实现互为备用。在实际系统中，除采用并联外，还常采用串联配置，如图 3－2－2 所示是常见的两个加热器配置方案。

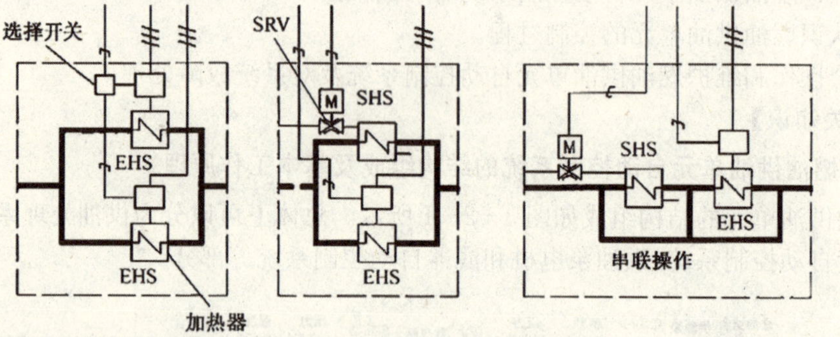

图 3－2－2　两个加热器的配置方案

无论采用哪种加热方式，燃油温度均由温度传感器 TT(Pt100)检测，由控制器 EPC－50B 按照事前设定的 PI 控制规律调节加热器的加热量，从而实现燃油温度自动控制。如果系统选择黏度控制方式，不仅需要黏度传感器 EVT20 检测燃油黏度，还需要温度传感器 TT 检测燃油温度，并由控制器按照 PI 控制规律调节加热器的加热量，实现燃油黏度自动控制。如果执行器件是蒸汽调节阀 SRV，则控制器给出“增加”或“减小”信号控制伺服电动机动作，直到阀门开度检测信号(0～2 kΩ 电阻信号)与输出要求一致；如果是电加热供电单元，则 EPC－50B 输出最多 5 挡加热控制(根据加热器容量和控制输出挡位设定决定)，由温度控制系统实现温度闭环控制。另外，控制器上配有手动/自动选择操作和手动加热量增加/减小(或加热挡位选择)操作，可以在需要时通过操作面板采用手动加热控制。控制系统除了燃油黏度或温度的自动控制以外，还能对“柴油/重油”转换阀进行自动控制，为保证转换正确且可靠，实际回路中装有限位开关来检测转换阀的具体位置，并将检测信号送给控制器。

供油泵电机起动箱实现电机的起动、停止控制，每个起动箱对应一台电机，并带电源开关、电流表和指示灯。在本地操作面板上，选择开关用于选择 Manual—Stop—EPC—Remote，当选择 EPC 时，即供油泵由 EPC－50B 控制器自动控制，两套供油泵之间互为备用，可实现备用供油泵自动切换运行控制。另外，自动滤器也是由本地操作面板选择手动清洗—手动关—自动控制，当选择自动控制时，由 EPC－50B 根据设定时间和压差开关 PDS 来控制滤器的自动清洗。当供油泵电机或自动滤器选择 Remote 时，则由 FCM 的远程(集控室)操作面板或微型计算机进行控制。

控制器 EPC－50B 是整个系统的核心单元，由主控制板、本地基本操作面板 OP 组成，如图 3－2－3 所示。另外可根据需要选配 FCM 远程操作面板 OP，如图 3－2－4 所示。

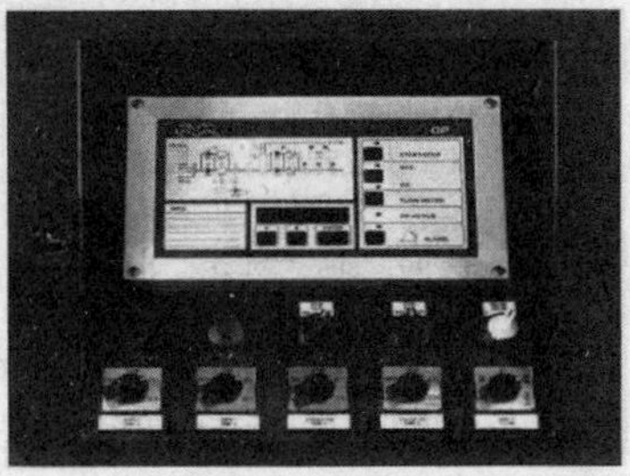

图 3－2－3　控制器 EPC－50B

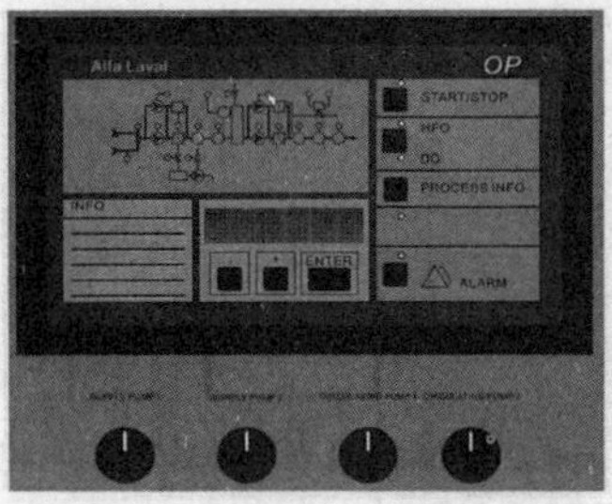

图 3－2－4　FCM 远程操作面板

控制器 EPC－50B 的主控制板与分油机控制中的 EPC－50 硬件上是一样的，也是微型计算机(单片机)控制系统。由于控制对象的不同，外围输入、输出不同，输出继电器扩展板和通信扩展板因需求不同也配置不同，所以配置的软件也不同，故在本系统中用 EPC－50B 表示。另外，有 4 个不同级别的操作模块，分别为基本级、扩展级、高级扩展级和全自动级。基本级即本地操作面板，属基本配置，可实现"柴油/重油"转换控制、燃油加热控制、报警控制、供油泵自动切换控制、自动滤器控制及 OP 上相关状态和测量值的信息显示等功能，其他级则扩展为可远程控制。

控制器 EPC－50B 主要分为三个部分：一是电源，由滤波装置和多输出变压器实现；二是主控制板，安装在 EPC－50B 控制箱内；三是操作面板 OP。主控制板与操作面板通过异步串行通信实现数据交换。主控电路板接收安装在燃油供油单元 FCM 管路上的各种变送器和传感器信号，经分析和处理后，输出控制信号使各种阀件或电器动作，实现"柴油/重油"转换控制、燃油温度或黏度控制、报警控制、供油泵自动切换控制、自动滤器控制等。同时，燃油供油单元 FCM 的运行状态也可通过主控电路板通信接口与 OP 联系，由 OP 上的一系列发光二极管及信息显示窗进行指示，实现良好的人机交互。

EPC－50B 的操作面板 OP 采用单片机 P80C32 实现显示控制、按键输入处理和与主板信息交换等功能。结构上分为两块电路板：一块为单片机主板，包括 CPU、内存、字库存储器、通信接口和显示驱动模块等；另一块为专用信息显示控制器，显示需要的 LED 和字符。

操作面板右面有四个按钮和对应的状态指示灯，最上面的第一个是起动/停止按钮，第二个按钮是"柴油/重油"转换按钮，第三个按钮是过程信息按钮，第四个是报警复位按钮。

正面左上部是 FCM 基本状态及流程模拟图，当前基本状态可以完整显示。具体参数可以通过左侧下方的信息显示窗显示，并可通过"＋""－"翻看需要显示的参数值；在发生故障时，显示立即起动切换到显示当前最新故障内容；另外，还可用"ENTER"翻看主要参数，配合"＋""－"可以实现参数的修改操作。

二、测黏计工作原理

FCM 中燃油黏度控制系统采用 EVT20 黏度传感器，整体上包含两部分组成：一是传感器本体部分；二是含控制和信号处理的电路板。本体装在燃油输送管道内，电路板安装在 EPC－50B 主板上部。传感器本身由不锈钢制成，安装在油路中。传感器的探头及流管经过特富龙 R 表面特殊涂层。自带约 5 m 长的信号电缆用于与电路板之间连接（即传感器与电路板间两线的最长距离约为 5 m）。

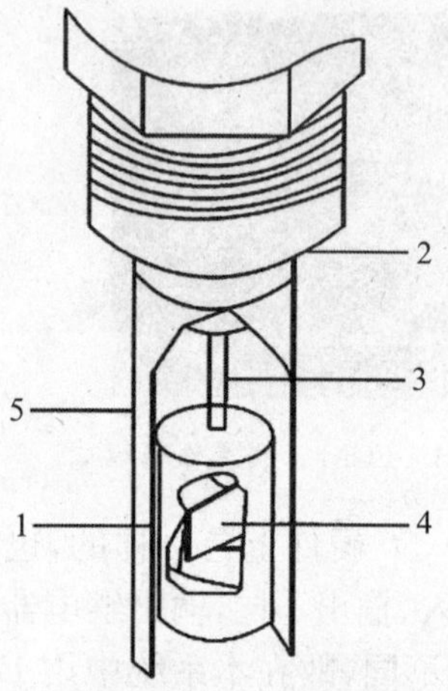

1—钟摆；2—底盘；3—扭力管；4—压电元件；5—保护管

图 3－2－5　EVT20 黏度传感器结构

黏度传感器本体采用有专利的检测原理测量工作原理是基于流动燃油的黏性对钟摆的旋转振动有阻尼作用。如图 3－2－5 所示，黏度传感器由一个钟摆 1 通过一个扭力管 3 附在底盘 2 上组成。两套压电元件 4（一套驱动钟摆旋转振动。另一套作为两个检测传感器，均用来测量钟摆的振动；一个作为反馈信号控制驱动用的压电元件，调节控制频率和幅值，以维持钟摆得以共振频率振动；另一个作为信号供系统采样计算黏度使用）位于钟摆内部。振动压电元件的信号由控制板提供，电路板受内的单片机 CPU 通过测量该共振频率下两个压电元件振动信号间的特定相位偏差值，从而可获得一个表示燃油阻尼性质的值，而该阻尼与黏度的平方根成比例，保护管 5 安装在钟摆周围，保护其不受机械损伤。在钟摆内还内置一个温度传感器 Pt100（图上未画）用于检测钟摆内的温度，供微机校正和补偿黏度测量中由温度引起的误差。

为了产生钟摆振动，需要振动源提供给压电元件；为了检测钟摆振动情况，需要对振动进行测量；所以需要一块电路板实现控制与检测。由于该 EVT20 是第三方产品，可以单独安装，有的系统单独安装在一个金属控制盒内。在 FCM 系统中，将 EVT20 的电路板安装在 EPC－50B 主控制板上，是两块单独的电路板叠放在 EPC－50B 的主板上，其中下边一块为电源板，输入双路 17 V 交流电源，通过整流滤波稳压后向黏度检测主板提供±15 V 和 5 V 电源。该控制板与黏度传感器的连线包括两对线用于检测振动的压电元件，一对线用于压电元件的振动源，还有三根线用于温度传感器 Pt100，因此，共需要用到电缆线中的 9 芯。电路板内采用单片机控制系统，检测转换响应时间小于 1 min，将检测到的信号转换为 4～20 mA，则对应的黏度为 0～50 cSt，瞬时误差范围为±2%。由于黏度传感器及其电路板是第三方提供的，所以系统采用简便的 4～20 mA 信号实现传感器向 EPC－50B 主控制微型计算机传送。黏度传感器内的温度传感器 Pt100 除自身需要黏度校正使用外，还可通过本电路板转换，选择输出 4～20 mA 供 EPC－50B 使用。

黏度传感器的电路板上有一个数码 LED 显示，用于显示传感器的状态。EVT20 电路板对诊断指示有规定，故障和错误用闪烁数字或文字显示在数码 LED 的第 7 段上（即数码管的中间一横）。根据故障、错误或警告的类型，黏度或温度输出将为 0 mA，4 mA，20 mA 或输出保持正常（4～20 mA 与实际黏度对应）。如果没有故障、错误或警告，数码管用不闪烁的符号指示程序状态，如电源开用“－.”，正在初始化硬件用“0.”等，具体可参考黏度传感器的说明书。

当打开电源后，数码管底部的小数点一直打开；当 EVT20 显示 EEPROM 时，小数点关闭；如果发生单个故障，通常 EVT20 电子设备将尝试重启单元直至确认故障。如果发生多个故障，由于故障是按其重要性确定次序的，位于表格上部的故障有最高的优先级，这就意味着高级别的故障可以改写较低级别的故障，即该数码管只显示当前最重要的故障。表 3-2-1 是说明书中的部分重要的故障显示字符。

表 3-2-1　黏度传感器电路板自检故障符号

数码管显示	故障原因	传感器电路板尝试性的反映
8`	①5 V 电源故障，电源低于 4.65 V 以下； ②微机内 EPROM 或 PLA 缺省； ③微机注册测试失败； ④微机系统没有突入工作	监控系统复位
0	栈溢出	自动复位
1	外部输入/输出回路测试失败	自动复位
9	软件故障	自动复位
d	15 V 电源故障，电压下降低于 13 V	延迟后重试

黏度传感器在正常使用中常出现传感器本身没有问题，而是系统环境或条件发生不良状态，导致测量出现极端情况。即传感器本身可能没有报警，但是送给 EPC-50B 的信号出现失常。表 3-2-2 列明常见故障现象、故障原因和处理方法供参考。

表 3-2-2　黏度传感器一般故障原因及处理方法

故障现象	故障原因	处理方法
黏度信号太低	空气夹杂在燃油系统中	系统排气
黏度信号保持在最大值	启动期间燃油温度太低	检查燃油管保温措施/或燃油加热器
	由于没有足够的热量，系统正常操作期间燃油温度太低	增加黏度控制器的输出信号至换热器
无黏度信号	空气夹杂在燃油系统中	排出旁同阀系统
	EVT-20 没有电源	检查主电源； 检查控制单元的熔丝/或电源开关； 检查电接头的完整性
	电源接头损坏	检查 4～20 mA 电线输出信号
	EVT-20 故障	联系最近的代表商修理，更换传感器

三、燃油黏度控制系统

在燃油供油单元 FCM 的自动控制系统中，采用黏度或温度定值控制是基于同一燃油温度的变化要比黏度的变化灵敏这一事实，特别是在温度传感器经改进后，检测温度很敏感的情况下，可大大提高系统的灵敏性，改善系统的动态特性，同时，两种定值控制可以互为备用，从而提高系统的可靠性。燃油黏度控制系统是由黏度传感器、温度传感器、控制器 EPC-50B 和加热器构成的。黏度传感器和温度传感器分别检测燃油加热器出口燃油的黏度和温度，并将黏度和温度值按比例转换成标准电流和电压信号送到控制器，控制器内置具有比例积分 PI 控制规律的软件，可以对重油的黏度或温度进行定值控制，而对柴油只能进行温度定值控制。在控制系统开始投入工作或换油切换过程,EPC-50B 控制器根据燃油温升斜坡速率实现温度程序控制。系统除可现场自动控制外,还可选择遥控;在需要时,还可在本地经转换选择后,实现本地手动调节。信息显示窗可以显示系统中燃油的黏度、温度值或其他需要的测量值,另外也可显示参数值和故障信息。燃油黏度或温度控制系统就是一个典型的单参数反馈控制系统。

从 DO 转换到 HFO 并工作状态稳定后,EPC-50B 对 HFO 进行温度或者黏度的定值控制。当 HFO 模式且系统处在温度控制方式时,即 *Pr*19=Temp,*Pr*30 作为温度设置点,此时的 *Pr*30 应为所需黏度对应的温度值。在从低温开始的加温过程中,系统控制加热量,实现按设定的温升参数 *Fa*30 程序控制加热。当温度程序控制加热设定 *Pr*30 减去3 ℃的温度值后,系统开始温度定值控制。当 HFO 模式且系统处在黏度控制方式时,即 *Pr*19=Visc,*Pr*20 作为黏度设置点,此时的 *Pr*30 应为所需黏度对应的温度值减去 2~4 ℃(一般设定为 3 ℃),这样,在从低温开始的加温过程中,按温升参数加热到 *Pr*30 后,系统自动转为黏度控制。所以 *Pr*20 与 *Pr*30 有对应关系,在换用不同的 HFO 时,一般要求黏度不改变,但要调整 *Pr*30 以适应黏度控制设定值 *Pr*20 的需要。

在燃油黏度定值控制过程中,系统根据黏度变化按控制器内 PI 调节参数进行自动控制。系统根据加热器的不同设置有两套 PI 调节参数,参数 *Fa*25,*Fa*26 为蒸汽或热油加热的比例带和积分时间,参数 *Fa*27,*Fa*28 为电加热的比例带和积分时间。如果调节过程出现振荡,则需要增加参数 *Fa*25 或 *Fa*27,*Fa*26 或 *Fa*28,但是这些参数的增加会使得系统反映变慢,消除静差能力减小。调试过程中应综合各种需要,整定到一个既稳定又反映较快的参数。一般出厂后调试工程师整定的参数应可靠保存,以备需要时恢复原始设定。如果调节过程中出现偏差过大,包括黏度和温度的偏差,系统都将给出报警信号。

黏度/温度调节系统的输出主要是控制 SHS 蒸汽加热装置的调节阀或 EHS 电加热装置的接触器,以达到控制燃油温度或黏度的目的。采用 SHS 蒸汽加热装置时比例积分调节器输出控制信号控制蒸汽调节阀,以保持系统设定的温度或黏度。而在 EHS 电加热装置和 SHS 蒸汽加热(或热油加热)装置同时被采用的系统中,系统以蒸汽加热(或热油加热)为主,电加热装置为备用,即在刚投入使用期间用 SHS 蒸汽加热装置,由增加或减少信号控制蒸汽调节阀;当来自 EPC-50B 的信号指示系统需要更高加热量且蒸汽调节阀已全开时,控制器输出控制信号使 EHS 电加热装置投入工作,以继续保持系统运行在设定的参数上。当加热功率需要减少时,首先减少电加热功率直至零后,如需再降低加热功率则自动关小蒸汽调节阀。

四、燃油供油单元的综合控制

系统除上述的黏度或温度定值控制外,还有 DO/HFO 的转换控制、燃油供油泵的运行/备用控制、燃油滤器的自动控制、回油的脱气自动控制、燃油循环泵的运行/备用控制及远程控制等功能,全部由控制器 EPC-50B 协调综合控制。

1. DO/HFO 的转换控制

作为燃油的转换控制,有两种不同的控制模式(即在 EPC-50B 控制器上设置控制模式按钮):柴油控制模式 DO 和重油控制模式 HFO。相应的 EPC-50B 控制器有两套设置和报警参数,并有相应的 LED 指示灯显示。在进行操作时,可能出现以下几个过程:

1) DO 控制模式

当控制器接通柴油模式 DO 时，EPC-50B 自动选择为温度控制模式，燃油温度被监控。加热程序由柴油温升参数 *Fa*31 控制，温升斜坡允许燃油在设定的时间内被加热到设定的温度(如果 *Fa*31＝0，斜坡函数被禁止，控制单元直接调节使用正常的设置点和报警限制等)。在斜坡函数加温期间温度控制指示 LED 灯“TT”闪烁，当燃油温度在达到温度设置 *Pr*35 的 3 ℃内后，温升斜坡停止，运行正常温度控制，“TT”LED 灯稳定发亮。在此过程中应注意：

(1) 在加热控制斜坡期间，低黏度和低温报警时无效的。

(2) 在加热控制斜坡开始阶段，设置一个最长的启动加热斜坡持续时间，从而确保它不能运行太长时间，如果启动斜坡超过该最长时间，则报警启动。

2) 从 OFF 到 HFO 或从 DO 到 HFO

当需要从 DO 转变到 HFO 时，操作步骤如下：

(1) 按操作面板上右侧 DO/HFO 选择按钮。

(2) 一个问题出现在信息显示屏上，“Change oil mode? ＋＝yes，－＝no”。

(3) 按“＋”按钮开始转换。

(4) 如果转换阀安装的是一个电动/气动转换阀，此阀将马上开始转换到 HFO。

当控制器接通 HFO 模式，或从 DO 转换为 HFO，燃油温度和黏度被监控和显示。加热运行程序由重油温升参数 *Fa*30 控制，温升斜坡允许燃油被加热到设定的温度。在设定的时间内和斜坡函数期间，LED 灯“VT”闪烁，如果从 DO 转换为 HFO，则“TT”LED 稳定发亮，如果从 OFF 开始就是 HFO 模式，则“TT”LED 不发光(如果 *Fa*30＝0，斜坡函数被禁止，控制器直接调节使用正常的设置点和报警限制等)。

一旦从 DO 转换为 HFO，则 EPC-50B 控制器可检测到黏度增加，表明重油已经进入系统，那么重油将被开始加热。在加热升温斜坡期间，如果控制器检测到油黏度降低，则加热暂停；当温度已经低于重油温度设置值 3 ℃，控制器自动转到黏度调节控制。此时“TT”LED 灯关闭，“VT”LED 灯稳定发光，切换程序完成，黏度控制开始运行。在此切换过程中，应注意以下几点：

(1) 在启动斜坡加热期间，低黏度和低温报警是无效的。

(2) 在加热开始，即斜坡开始阶段，设置一个最长的启动斜坡持续时间，从而确保它不能运行太长时间，如果启动斜坡超过最长时间，则报警启动。

(3) 上述过程是从 DO 转换为 HFO；反之亦然。燃油在 50 ℃时黏度被显示在瞬时值列表中，这样就可以查看燃油表，可知在通常的参考温度 50 ℃时，系统中有多少柴油转换为重油。

3) HFO 控制加热模式

HFO 控制模式类型由参数 *Pr*19 决定，选择的类型由传感器 LED，即操作面板流程图上的“VT”或“TT”指示出来。如果黏度传感器“VT”LED 发亮，控制器处在黏度控制类型。如果温度传感器“TT”LED 发亮，控制器处在温度控制类型。

4) 从 HFO 转换为 DO

当从重油转换为柴油，控制器将继续控制燃油黏度，同时降低重油/柴油混合温度保持黏度值，此时“TT”LED 闪烁，“VT”LED 稳定发光。当温度达到柴油的设置值时，控制模式被自动转变为柴油模式(温度控制)，然后“TT”LED 变换为稳定发亮，“VT”LED 关闭。

5）HFO与DO间自动转换

如果加热器发生故障，有可能自动安排转换到柴油，这取决于低温限制值参数 *Fa*14。在加热器发生故障时，油温低于 *Fa*14 并延时 2 min 确认后，系统才能被设置为自动转换到柴油。推荐设置 *Fa*14 值低于低温报警限制，当达到设置的低温限制，开始转换倒数计时，靠近 DO/HFO 转换按钮的"DO"LED 开始闪烁，一条信息在信息窗间断地出现，显示转换的时间。转换倒数计时器可以通过手动按 DO/HFO 按钮中断。

在系统配置电动或气动转换阀时，并且设置参数 *Fa*17 为主机最大燃油消耗量（1/*h*），在运行中，如果出现燃油消耗量持续小于参数值 *Fa*16（0～100%）2 min 后，系统会自动换到 DO 的控制程序。由于换油过程仍保持燃油黏度控制，所以一旦出现需要加温状况，系统再次回到 DO 到 HFO 的工况中，即保持加热到设定温度后，新一轮的黏度控制开始。

如果系统安装电动切换阀，即切换阀的开度可以通过电动伺服机构控制，则新的燃油可以被逐渐引进系统中，通过调节参数设置转换阀从 DO 到 HFO 的时间，或从 HFO 到 DO 的转换时间。

2. 燃油供油泵的运行/备用控制（燃油循环泵的运行/备用控制相同）

在 EPC－50B 控制器的操作面板上有供油泵工作模式选择开关，用于选择 Manual—Stop—EPC—Remote，当选择 EPC 时，即供油泵由 EPC 控制器自动控制，EPC－50B 根据内部参数 *Pr*1 选择燃油输送泵的控制方式，*Pr*1＝1(2)表示 1 号运行，2 号备用；*Pr*1＝2(1)表示 2 号运行，(1)号备用；(1)表示 1 号运行，(2)号停止；(2)表示 2 号运行，1 号停止。同理，*Pr*2 用于选择燃油循环泵的控制模式。备用机组的起动取决于相应的压力开关和运行机组的状态，如 *Pr*11 为燃油输送泵的出口压力下限制，当压力低于该压力时，并经过延时时间 *F*9 确认后，备用泵自动切换工作。或运行机组发生故障后，备用机组自动的起动。运行或故障状态在面板上相应的 LED 指示灯显示出来，并在信息窗提供相应的报警。

当设备断电后重新送电后，并经过参数 *Fa*11 延时后，EPC－50B 能够按时间间隔（约为 1 s，并根据参数 *Fa*10 设置依次起动各供油泵、滤器、加热器和自动控制系统，起动运行的供油泵是停电前的运行机组。如果 EPC－50B 控制器正常，而发生供油泵等动力电源断电后的再次恢复。EPC－50B 认为原设备有故障存在，将控制备用机组自动运行。

3. 燃油滤器的自动控制

假如滤器脏堵，燃油供油泵很难起动，所以即使 EPC－50B 控制器处于停止状态，滤器也应保持在自动运行模式；在 EPC－50B 控制器停止时，放残阀不能自动工作。在供油泵停止后，可以手动定期运行滤器和放残。

控制系统根据燃油滤器的选择开关控制滤器冲洗，选择位置有 MAN，STOP，AUTO 三挡，当选择为 AUTO 时，滤器间隔性自动进行反冲洗。压差开关 PDS 只起到滤器脏堵报警的检测作用。自动放残还取决于系统设定的时间间隔 *Fa*21，放残时间由参数 *Fa*22 决定。如果选择 MAN，则 AUTO 无效，需要定期手动冲洗，并时刻注意滤器的压差。

4. 脱气自动控制

混合管内将主机的回油和供油泵送来的油混合，油中混入的空气会因密度小而上升到上部，所以需要定时控制脱气阀，使空气返回日用柜（混有高温油）。如果上部浮子开关检测到液位低，表示混合管内空气过多，系统控制脱气阀打开，如果 2 min 后仍然在脱气，则启动报警。

5. 远程控制

除本地基本控制级外，系统还可选配扩展级、高级扩展级和全自动级。扩展级是基本级中的操作控制和有关指示功能远传到控制室，但是没有基本级上的流程图和信息显示窗。使用时需要本地选择开关转至 Remote(远程)；实现的功能有状态指示、燃油自动转换、系统启停控制、供油泵手动起停控制和报警指示；但是不能在远程站实现报警复位和供油泵自动切换控制，也没有信息显示窗和操作按键。一旦出现故障或供油泵停止，需要到 EPC-50B 现场实现报警复位或供油泵切换处理，所以扩展级与系统的连线是一般的控制电缆。高级扩展级表示本地操作面板移到远程，在本地面板上选择好 Remote 即可将功能全部移交远程站，包括各供油泵工作模式的选择控制和信息窗的显示和操作。显然，除需要控制电缆线连接外，还需要串行通信(RS-485 通信)电缆联系。要实现供油泵自动遥控，需要电机起动模式选择开关处于 Remote 控制。如果选用全自动级的远程操作，则通过现场总线(可在 EPC-50B 主机板上选 ProfiBus DP、Modbus RTU 或工业以太网)将控制器 EPC-50B 的总线接口与远程计算机直接相连，再在计算机内配置相应的通信和应用软件即实现远程全功能操作。本地控制 EPC-50B 即成为整个分布式控制系统的一个通信节点，向上位机提供所需要的信息，并接受上位机的控制。此时远程设备与控制系统的连线就是一根通信线，不再需要控制电缆。

【任务实施】

模块 1　燃油供油单元的管理

一、任务要求

会管理 EPC-50 型燃油供油单元。

二、任务准备

EPC-50 型燃油供油单元半实物仿真设备一套。

三、任务操作

(1) 在系统投入工作之前，要先检查燃油和加热系统有没有泄漏或损坏的情况，各阀件是否开关正确；把控制方式选择开关打到 OFF 位置，合上主电源，观察 EPC-50 主板和黏度检测电路板指示是否正常；观察比较测量值与实际值有无异常情况；手动检测各电磁阀或电动切换阀是否正常、灵活。当准备确认后，起动燃油供给泵，然后根据燃油系统具体配置情况将控制模式切换到 DO 或 HFO 位置，使用参数 $Pr19$ 选择温度或黏度定值控制。这时可通过信息显示窗显示燃油温度或黏度的实际测量值。系统正式投入调节控制工作。

(2) “EVT20”黏度传感器的工作情况，可通过设在传感器电路板上的数码管显示内容来检查。清洗 EVT20 传感器时应特别小心，防止人员受伤和损坏传感器。首先要切断通过 EVT20 传感器的供油，切断控制箱电源，尽可能排出和排空管系中燃油，把 EVT20 传感器从罩壳上拆除后，再拿下 EVT20 传感器，旋出两套固定保护管的螺钉，以拆下保护管，最后用一块干净的软布清洁钟摆，应防止钟摆被机械力损坏或弯曲，不要用研磨材料(如砂纸、锉刀等)清洁钟摆头。

(3) 在系统新安装后或工作条件改变时，要对系统运行的参数进行重新设定和修改，以适应新的需要。对于不同的燃油，需要调整一些参数设置，尤其是重油特性相差较大时，对应的参数设置也应相应地改变，以期获得最佳调节效果。当重油改变时，下面的一些参数是必须改变的：①密度参数 *Pr*23。对不同密度的一种重油，调整密度参数，可获得更为精确的黏度测量。②重油温度设置点参数 *Pr*30。新更换的燃油需要加热到不同的温度，从而得到相同的黏度。该温度值用于黏度智能调节过程的控制。③HFO 低温限制值 *Pr*32。HFO 加热温度控制不能低于该限制值。

除此之外，还需要根据油品的不同，有针对性地设置有关加热速率、加热温度、比例带和积分时间等参数。

(4) 系统故障处理。报警系统是为了确保一个安全的黏度控制系统而设计。所有报警都显示在操作人员面板屏幕上，大部分由发光二极管(LED)补充，报警按发生的次序显示。FCM 燃油控制系统中有两种类型的报警：①报警显示在 EPC－50B 上，由普通报警输出特征输出“Axx”。如 A40 表示黏度高。②仅给出警告在 EPC－50B 上，显示“Wxx”。如 W75 表示转换控制模式(*Pr*19)，传感器失灵。

在发生多个故障的情况下，需要读取历史报警列表，但 EPC－50B 中的 CPU 只存储最后的 32 次报警。通过按“ENTER”键，即可进入该故障有关信息的显示，通过按“+”来翻看，每个故障的具体内容有：①报警号，如 1 号报警时最新发生的报警，2 号报警时上次发生的报警……②报警时间，从报警发生后计时(小时，分钟)；③报警编码，用 Axx 或 Wxx 表示，具体含义参考说明书；④复位时间，即故障发生到报警复位的时间，如果复位时间为 0，表示刚一发生故障就被复位，也就是第一个复位的故障。

具体操作与分油机控制中的 EPC－50 类似，指示故障采用编码形式表示，主要故障见表 3－2－3，具体故障编号和故障原因及需要相应的处理措施参考说明书。

表 3－2－3　燃油供油单元自动控制系统故障

故障编号	故障说明	故障编码	故障说明
A40	黏度高	A100	输入/输出通信故障
A41	黏度低	A101	OP 操作人员面板通信故障
A42	黏度传感器 VT 故障	A102	OPr 通信故障
A50	温度高(xxx ℃)	A110	输入/输出板故障
A51	温度低(xxx ℃)	A111	OP 板故障
A52	温度慢反应	A112	OPr 板故障
A53	温度传感器 TT 故障	A113	加热器板故障
A54	温度传感器 TT2 故障	A115	电脑通信板故障
A70	三通阀 CV(DO)故障	A117	远程转变 HFO/DO 故障
A71	三通阀 CV(HFO)故障	A118	参数 xx. xx 没有规定
A80	转换到 DO 模式温度低	W49	黏度传感器 VT 失效
A81	检测到无油转换	W58	温度传感器 TT 失效
A82	调节阀 SRV 没反应	W59	温度传感器 TT2 失效
A83	电加热器故障	W75	转换控制模式(*Pr*19)，传感器发生故障
A84	模拟输入 1 故障	W79	三通阀 CV 失效
A87	电源故障	W116	IP 地址错误(xxx. xxx. xxx. xxx)

(5) 系统故障测试。由于采用与分油机控制器 EPC－50 一样的控制器，所以故障测试功能和方法也是类似的。可参照分油机控制系统的故障测试方法。在 FCM 燃油控制系统中，几乎所有的报警都可以在 EPC 运行中测试。在有些情况下，EPC 必须处于 AUTO 模式。系统的管理也要求经常性地对有关传感器、线路、执行部件、控制系统等进行有针对性的测试。同样需要注意的是：在测试中，如果改变参数触发一次报警，在正式操作前应该复位到原来的值。具体测试的测试动作、试验后的报警情况以及报警延时都可以在说明书中找到，如为测试“A42”——黏度传感器 VT 故障，可以断开接线端子 X5：5。如果系统原来处于黏度控制中，则会引起系统的故障和动作反映。所以在做该试验前，最好将控制模式选择为温度控制模式，即设置 $Pr19$＝Temp，$Pr30$ 值达到要求黏度时的温度，报警延时为参数 $Fa8$，这样可以在试验黏度传感器时，不影响系统的温度自动控制。

模块 2　燃油黏度控制系统操作

一、任务要求

会操作 EPC－50 型燃油供油单元。对照模拟面板和实物，熟悉燃油黏度控制系统的结构组成。一方面从燃油系统的角度熟悉主机燃油系统的管路流程，另一方面从反馈控制系统的角度熟悉燃油黏度控制系统的结构组成，根据要求熟练操作。

二、任务准备

EPC－50 型燃油供油单元半实物仿真设备一套。

三、任务操作

1. 操作训练的设备和器材

(1) 燃油黏度控制系统实训装置一套。

(2) 实训装置由燃油黏度自动控制系统模拟面板和控制系统实际设备组成。模拟面板位于控制柜的正面，包括：①油黏度自动控制系统结构流程图，如图 3－2－6 所示；②燃油黏度/温度控制器；③黏度模拟电位器；④温度模拟电位器。

控制系统实际设备包括：①燃油黏度测量装置（黏度传感器）；②燃油黏度调节阀（电动控制阀）；③燃油切换阀（电动三通阀）；④实训台架。

燃油黏度/温度控制器接受来自黏度测量装置、温度传感器的测量信号，控制器软件根据设定的工作状态和黏度、温度测量值输出控制信号，控制轻/重油转换阀和黏度调节阀动作。

燃油黏度测量装置采用压差式测黏计和电动差压变送器，电动差压变送器将反映黏度大小的压差信号转换为 4～20 mA 电流送给控制器，作为测量信号。实训系统中，采用模拟面板上的黏度模拟电位器模拟燃油黏度的大小，顺时针旋转旋钮，所模拟的黏度值增大；反之，黏度值减小。

实训系统中采用模拟面板上的温度模拟电位器模拟 Pt100 的阻值，并将这一信号接入控制器，用以模拟测量温度的变化。顺时针旋转电位器，阻值增大，所模拟的温度值也增加；反之，温度值减小。

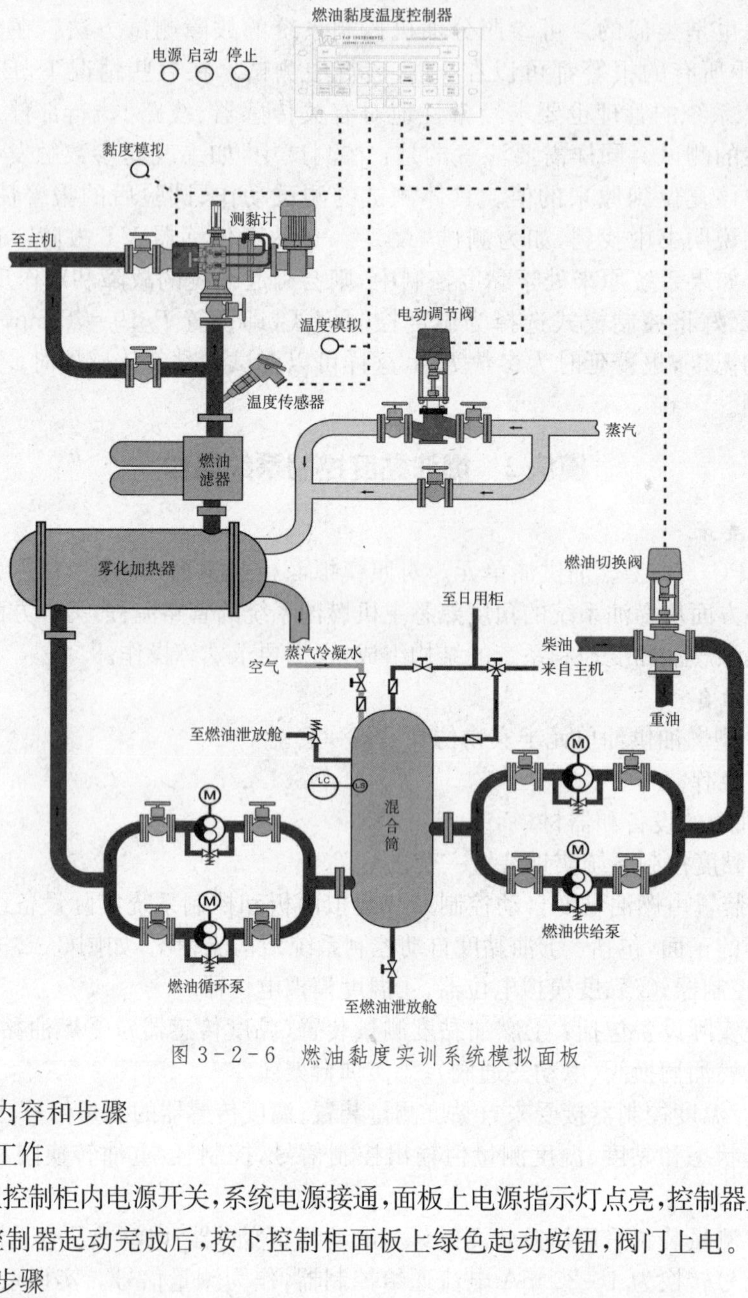

图 3-2-6 燃油黏度实训系统模拟面板

2. 操作内容和步骤

1）准备工作

（1）合上控制柜内电源开关，系统电源接通，面板上电源指示灯点亮，控制器上电起动。

（2）待控制器起动完成后，按下控制柜面板上绿色起动按钮，阀门上电。

2）操作步骤

（1）燃油黏度/温度手动控制实训。燃油黏度和温度的手动控制是通过手动改变蒸汽调节阀，改变雾化加热器的加热强度实现的。当蒸汽调节阀开大时，燃油温度升高，黏度降低；反之，温度降低，黏度升高。

温度和黏度的测量值可通过控制器显示屏的主窗口显示（按“MAIN MENU”），Act. Visc. 表示实际黏度，Act. Temp. 表示实际温度。

黏度/温度控制器提供手动改变蒸汽调节阀开度的功能，方法如下：①按“MANUAL CONTROL”键（手动控制），在显示窗口左侧显示 MANUAL 状态；②按“MENU UP”或

“MENU DOWN”键(滚动菜单),进入阀位设置窗口(SP. Valve);③按“CHANGE”键(修改),使光标闪烁;④再按“CLEAR”键(清除),清除原来的设定值;⑤用数字键输入希望的蒸汽阀开度设定值(百分数);⑥按“ENTER”键(确认),蒸汽调节阀将在电动执行机构的带动下准确地开启到设定位置;⑦按“MAIN MENU”键(主菜单),回到主显示窗口。

为了模拟温度的变化,应当适当调整温度模拟电位器和黏度模拟调压阀,使温度测量值和黏度测量值向合理的方向变化。

注意:在实船操作中,温度和黏度将会随着加热强度的改变而自动变化,通过手动控制蒸汽调节阀的开度,使温度或黏度值达到满意为止。

(2) 手动换油操作。控制器显示窗口的左侧位置有一状态指示显示燃油切换阀的当前状态,“MDO”表示在柴油位置,“HFO”表示在重油位置。

手动换油操作是指根据实际需要,在控制器面板上通过按键操作来改变切换阀的工作位置。在 MANUAL 状态,按“MENU UP”或“MENU DOWN”键(滚动菜单),使显示窗口的右侧显示以下内容:①按“CHANGE”键(修改),使光标闪烁,光标首先出现在“Visc. Motor”下方;②按“SHIFT”键(光标移动),使光标移动到“Fuel Choice”下方;③按“CHANGE”键(修改),“Fuel Choice”下方的显示内容将由 0 转换为 1,或由 1 转换为 0;④按“ENTER”键(确认),燃油切换阀将按照设定要求动作,动作到位后,显示器左侧的状态指示发生相应变化,燃油切换成功;⑤按“MAIN MENU”键(主菜单),回到主显示窗口。

注意:建议将手动换油操作与手动黏度/温度控制操作结合进行,要求学员明确实船换油的操作程序。

(3) 黏度/温度自动控制模式。控制器的自动模式分为黏度自动控制和温度自动控制两种模式。两种模式的详细工作过程分别如图 3-2-7 和图 3-2-8 所示。

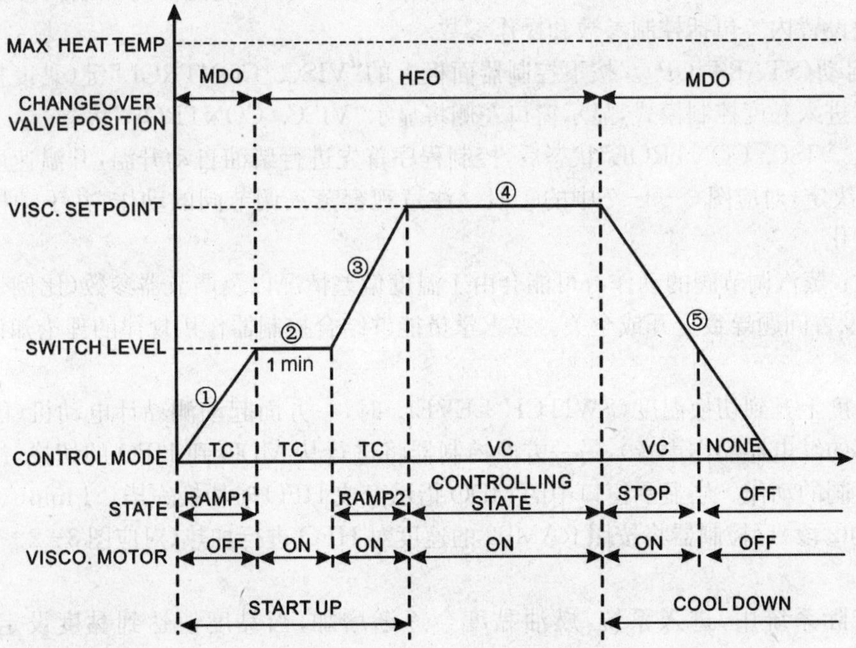

图 3-2-7　黏度控制特性

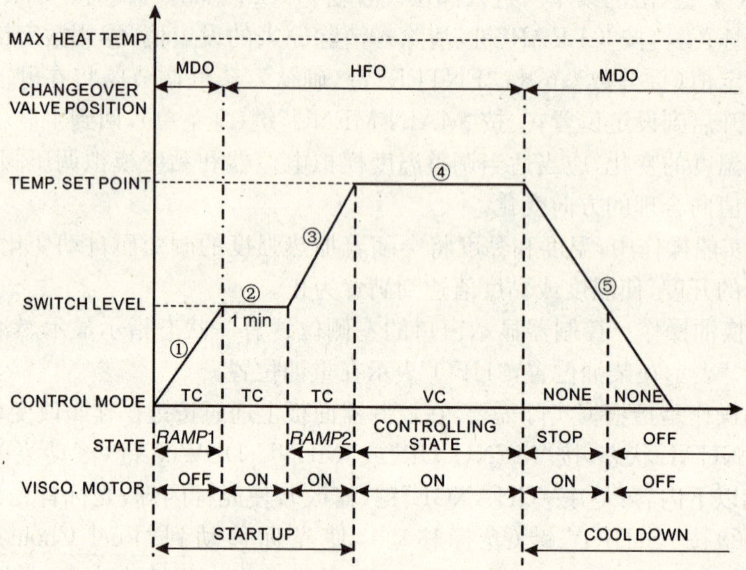

图 3-2-8　温度控制特性

①黏度控制模式。在黏度控制模式下，控制器将按照如图 3-2-7 所示的工作过程进行自动升温、燃油切换和黏度定值控制等一系列自动操作。

为使实训能够顺利进行，应先使燃油切换阀处在 MDO 位置，并调整黏度模拟电位器和温度模拟电位器，使初始温度和黏度先处于与柴油相对应的合理值。以便模拟从柴油加温、燃油切换、重油加温和黏度自动控制过程。

黏度自动控制是在控制器的程序控制下自动进行的，因此需要对控制器参数进行设置。参数设置内容包括控制参数和操作参数。

a. 启动(START UP)。按下控制器面板上的“VISC. CONTROL”键(黏度控制)，将使控制器进入黏度控制模式，显示窗口左侧将显示“VISC. CONTROL”状态。

进入“VISC. CONTROL”状态后，控制程序首先进行柴油自动升温，升温速度由参数 *RAMP*1 决定，对应图 3-2-7 中的①段。注意观察蒸汽调节阀的动作，并手动模拟温度的合理变化。

注意：蒸汽调节阀的动作有可能会由于温度偏差情况以及调节器参数(比例带和积分时间)的设置问题导致全开或全关。要求学员能够结合控制器作用规律的理论知识理解这一现象。

当温度上升到切换温度(SWITCH LEVEL)时，一方面起动测黏计电动机(能听到控制器内部的继电器动作声音)，另一方面控制器将进行从 MDO 到 HFO 的切换，注意观察燃油切换阀的动作。当显示窗口中的 MDO 指示变成 HFO 时切换完毕。1 min(对应图3-2-7 中的②段)后控制器将按照 RAMP2 的速度对 HFO 进行加热(对应图 3-2-7 中的③段)。

在实际系统中，进入系统，燃油黏度会逐渐增加，当黏度值达到黏度设定值(SP. Visc.)时，系统自动进入黏度自动控制状态。控制器以比例积分作用规律对燃油黏度进行控制(对应图 3-2-7 中的④段)，当黏度测量值超过设定值时，将开大蒸汽调节阀，增大加热强度，使黏度降低；反之，将关小蒸汽调节阀，使黏度增加。在实训操作中，应手动调整黏度模拟调压阀来模拟黏度的上述变化过程。

b. 停止(COOL DOWN)。按下"STOP CONTROL"键(停止)后，控制器将自动进行从 HFO 到 MDO 的切换，使燃油切换阀动作，当显示窗口中的 HFO 指示变成 MDO 时切换完毕。

由于柴油的黏度比重油小，因此切换成 MDO 后，应手动调整黏度模拟调压阀使黏度指示值减小，以模拟实船系统的实际情况。

切换完成的初期，控制器仍然保持在黏度控制模式，由于黏度实际值降低，控制器将指挥蒸汽调节阀关小，燃油温度会逐渐降低，如图 3-2-7 中的⑤段所示。实训操作中，在模拟黏度降低的同时，还应调整温度模拟电位器，模拟测量温度的降低。

当温度下降到切换温度(SWITCH LEVEL)时，测黏计电动机关闭(能听到控制器内部的继电器动作声音)，控制器进入"OFF"状态。

② 温度控制模式。温度控制模式的控制过程与黏度控制模式在过程阶段上类似，不同的是程序升温过程结束时，不进入黏度控制状态，而是对重油进行温度定值控制。在控制器显示窗口设定的温度设定值(SP. Temp.)为重油温度定值控制的设定温度。

a. 启动(START UP)。按下控制器面板上的"TEMP. CONTROL"按键(温度控制)，将使控制器进入黏度控制模式，显示窗口左侧将显示"TEMP. CONTROL"状态。

进入"TEMP. CONTROL"状态后，控制程序首先进行柴油自动升温，升温速度由参数 *RAMP*1 决定，对应图 3-2-8 中的①段。注意观察蒸汽调节阀的动作，并手动模拟黏度和温度的合理变化。

注意：蒸汽调节阀的动作有可能会由于温度偏差情况以及调节器参数(比例带和积分时间)的设置问题导致全开或全关。要求学员能够结合控制器作用规律的理论知识理解这一现象。

当温度上升到切换温度(SWITCH LEVEL)时，一方面起动测黏计电动机，另一方面控制器将进行从 MDO 到 HFO 的切换，注意观察燃油切换阀的动作。当显示窗口中的 MDO 指示变成 HFO 时切换完毕。1 min 后(对应图 3-2-8 中的②段)控制器将按照 RAMP2 的速度对 HFO 进行加热(对应图 3-2-8 中的③段)。当实际温度值达到温度设定值(SP. Temp.)时，自动进入温度定值自动控制状态。控制器以比例积分作用规律对燃油温度进行控制(对应图 3-2-8 中的④段)，当温度测量值超过设定值时，将关小蒸汽调节阀，减小加热强度，使温度降低；反之，将开大蒸汽调节阀，使温度增加。在实训操作中，应手动调整温度模拟电位器来模拟温度的上述变化过程。

b. 停止(COOL DOWN)。按下"STOP CONTROL"键(停止)后，控制器将自动进行从 HFO 到 MDO 的切换，使燃油切换阀动作，当显示窗口中的 HFO 指示变成 MDO 时切换完毕。

切换到 MDO 后，电动调节阀动作，将蒸汽阀关闭，停止加热，通过柴油和重油的混合来使进入主机的燃油温度逐渐降低，如图 3-2-8 中的⑤段所示。在实训操作中，应调整温度模拟电位器，模拟测量温度的降低。

当温度下降到切换温度(SWITCH LEVEL)时，测黏计电动机关闭(能听到控制器内部的继电器动作声音)，控制器进入"OFF"状态。

虽然在温度控制模式下也起动测黏电动机,但控制器只对黏度测量值进行显示,不参与控制。在实船系统中,可根据黏度测量值的具体情况改变温度设定值,直到黏度测量值进入要求的范围。

3. 控制器界面操作说明(图 3-2-9)

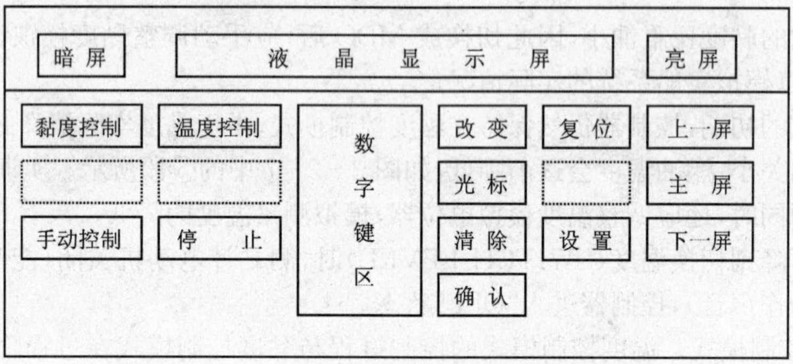

图 3-2-9 控制器界面

1) 翻看显示内容

按上一屏或下一屏,任何显屏下按主屏,总返回到显示"实际黏度"(Act Visc.)和"实际温度"(Act Temp.)的主显屏。

2) 改变数据

(1) 改变数字量: 按改变;此时屏幕光标在第一组数据位闪动,表示该组数据可以被改变,如要改变第二组数据位上的数据,可按光标,此键可使光标来回指定两组数据位;再按清除,清掉"老"数据;再按数字键,以输入"新"数据;再按确认,数据改变完成。

(2) 改变开关量: 按改变,并连续按动该键,开关量会交替改变;再按确认,开关量改变完成。

3) 手动控制

按手动控制,可以改变蒸汽阀的开度(0%全关,100%全开)和黏度传感器电机的起停,控制蒸汽阀开度;控制传感器黏度电机的起停。

4) 黏度控制

按黏度控制,系统自动进入黏度控制状态或自动进行柴油转重油过程。

5) 温度控制

按温度控制,系统自动进入温度控制状态。此功能是黏度传感器失效时的一种应急补充功能,平时一般不用。

6) 停止操作

无论结束"黏度控制""手动控制"还是"温度控制""重油转柴油"都应按停止。

7) 控制状态间的转换

本机可以直接从"黏度控制""温度控制""手动控制"之间切换功能,而不需以"停止"功能作为过渡。

4. 参数含义

P. setting：比例带。

I. setting：积分时间。

Valve hyst：电动阀的动作回差。

RAMP 1：转换重油之前的柴油升温速率。

Switch - level：油转换时的温度。

Visc. incr：柴油转换重油以后，黏度的增加值。到了这个增加量，系统自动按“RAMP 2”斜率继续升温。

RAMP 2：柴油转换重油以后的升温速率。

RAMP 2 max：系统升温的最高温度值。

Act. Visc：实际黏度。

Act. Temp：实际温度。

SP. Visc.：设定黏度。

SP. Temp.：设定温度。

Valve pos.：蒸汽阀的实际位置。

SP. Valve：蒸汽阀位设定(手动控制使)。

SP. visc. high Al：黏度高报警设定。

SP. visc. low Al：黏度低报警设定。

SP. temp. high Al：温度高报警设定。

SP. temp. low Al：温度低报警设定。

Visc. Motor：黏度传感器电动机起停控制。

【任务评价】

(1) 会启动燃油年度系统。

(2) 会设定黏度值、会调节其他参数。

(3) 会手动-自动控制转换，并进行黏度的手动控制操作。

(4) 会停止系统。

【课后练习】

(1) 如何清洗 EVT20 黏度传感器？

(2) EPC - 50 黏度控制器报警后怎样处理？

任务 3 燃油净油单元自动控制系统操作、维护及常见故障的分析处理

Task Three Operation, Maintenance and Common Fault Analysis and Remedies of Fuel Purification Unit's Automatic Control System

【任务描述】

以前的 FOPX 型分油机采用部分排渣法，其特点是待分油连续进入分油机，在排渣期间也不断切断进油；每次排渣时，其排渣口短暂打开，排出量一般是分离片外边缘与壳体之间容积的 70%。更新换代后的 S 型分油机常用作燃油净油单元，其特点是待分油在分油

设定时间内可连续进油、分油，在此期间短暂打开排水并保持持续分油。由于出口中的净油主要通过水分传感器检测其含水量，不再使用密度环，在净化不同密度的燃油时，由水分传感器判断油中水分是否过多，分油机中的油水分界面是否内移，从而判断是否需要一次排水控制。在分油期间，如果净油口水分传感器测到的水分超标时，则分油机控制一次排水，其排出时间可设定；如果一次排水，水分含量仍较高，则可连续再来一次排水操作；最多可连续进行5次排水操作。在达到设定的分油时间后，控制系统先用置换水将分离筒内的油全部挤出干净后，再通过排渣口的打开进行一次彻底的排渣操作，并准备下次分油；如果是结束操作，则分油机保持无油停机，在下次分油时，分油机将净筒起动运行。另外，正式分油前，控制器EPC-50可以实现待分油温度定值控制，根据待分油机的设定温度进行加热控制，并在温度满足要求后才开始分油程序控制。控制系统中重要的部件是水分传感器，型号为MT50，其电路板将水分信号转换为4～20 mA信号送给以单片机为核心的EPC-50控制器。本任务是介绍S型分油机自动控制系统的基本工作原理，掌握燃油净油单元自动控制系统操作、维护及常见故障的分析处理。

【学习目标】

(1) 认识燃油净油单元自动控制系统的组成及基本工作原理。

(2) 认识EPC-50分油机控制系统的控制过程。

(3) 会操作维护燃油净油单元自动控制系统及对常见故障分析处理。

【相关知识】

一、分油机的组成及基本工作原理

S型分油机的分离筒由一台电机通过平皮带动力传输部件和立轴驱动。电机驱动装置配有一个摩擦联轴器，以避免过载。分离筒为盘式，由水力驱动排渣。

S型分油机的结构原理如图3-3-1所示，分油机进出油管结构由原来的双向心泵(下部一个为净油排出，上部一个将分离出的水排出)，改为下部有一个具有向心功能的固定不动的向心泵(Parting Disc)12，它能把分离出来的净油从2口排出。上部使用向心管(Parting Tube)4能把分离出来的水从出水口3排出。向心管是活动的，在支撑臂及弹簧的作用下将其向外张开，使其保持与水腔内的水界面接触，需要时可把水腔内水向外泵出。实际上不管是向心泵还是向心管，都是把高速旋转的液体流动能转变成位能(压力能)，这种改进使能耗降至最低。待分油从进油口1连续进分油机，经旋转分离叠片组外边缘上的垂直缺口进入分离叠片组，油经分离叠片之间形成的通道上升，油在上升的过程中继续被分离，水分和渣质被离心力甩向分离叠片的外侧，净油被推向分离叠片的内侧，当净油向内离开分离叠片后，流过分配器油孔进入油腔，通过向心泵12扩压，油被泵出油腔，在净油出口2所接的管路上装手动背压调节阀和一台MT50型水分传感器，它能精确地检测净油中的含水量。当分离出来的水很少时，说明油水分界面在分离叠片外侧较远处，这时装在排水出水口3管路上的排水电磁阀关闭、封住出水口3不向外排水，这是正常分油过程。随着分离过程的进行，油水分界面不断向里移动，水分传感器会感受到净油中含水量的增大。当油水分界面移动到接近分离叠片外边缘时，净油中的含水量会增加到一个触发值。这个触发值将被送到EPC-50型监控装置，由该装置决定是打开排水电磁阀向外排水，还是打开排渣口X进行一次排渣。如打开排水电磁阀排水，油水分界面会迅速外移，净油中含水量也会迅速减少，当降低到一定值时停止排水。

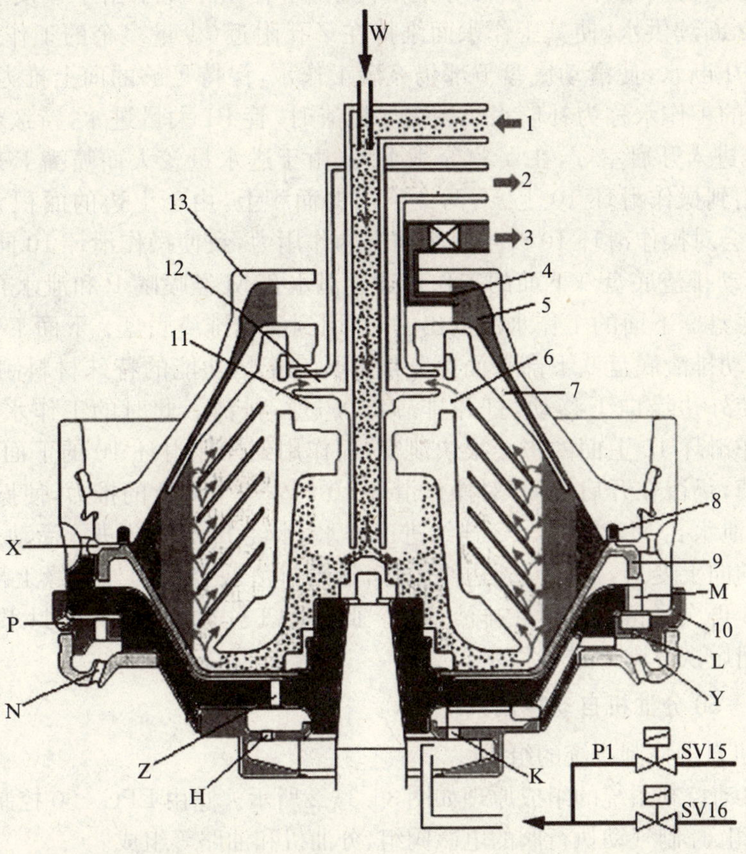

1—待分油进口；2—净油出口；3—出水口；4—向心管；5—水腔；
6—分配器孔；7—顶盘；8—密封环；9—活动排渣底盘；10—操作滑环；
11—分离油腔；12—向心泵；13—分离筒盖

图 3-3-1 S型分油机的结构原理

当待分油中含水量极少时，从上次排渣算起，又已达到最大排渣间隔时间，而油水分界面仍离分离盘外侧较远，此时尽管净油中基本不含水分，但 EPC-50 型控制装置也要进行一次排渣操作。为减少排渣时油的损失，首先停止向分油机供待分油，在排渣前从水管的 W 口供置换水，并关闭出油阀，油水分界面会向里移动。为了使更多的油在排渣前从分油机内被排出，以减少油的损失，当出油口压力传感器检测到的压力达到 0.05 MPa 时，打开出油阀，待分离筒内的待分油已全部被水置换，净油出口中检测到水分时，或当置换水供给到量时（置换水的体积是根据分油机首次起动时对水流量标定后自动设定的），关闭置换水，打开排渣口进行排渣，以防止排渣操作中将净油也排出。如果是停机排渣，则在此后控制分油机停机时，分离筒内基本是干净的，确保不会有燃油黏连内部器件；并在下次起动时，使得分油机净筒轻载起动。

S型分油机分离筒在结构上也有较大的改变，操作滑环 10 取消托顶弹簧，活动排渣底盘 9 不再利用上下运动使分离筒封闭，而是靠活动排渣底盘 9 下部的工作水形成的压力使活动排渣底盘 9 下部平面部分的向上变形，使活动排渣底盘 9 外边缘向上移动与分离筒盖上的密封环 8 紧密接合，从而使分离筒的排渣口 X 密封。分离筒盖的锁紧由以前的锁紧螺母改为锁紧环。在正常分油期间，为了补偿工作水由于蒸发和泄漏造成的缺失，由管 P2 断续供水，使其工作水面维持在 Z 孔附近（少量多余的工作水会经喷嘴 P 泻出），这时 P1 断水，使滑动底盘下部仍充满工作水，保持足够的向上推力，以确保分离筒密封，此时的工作水称为补偿水。当需要排渣时，管 P1 大量进水，持续约 3 s，水面向里移，经 K 孔进入开启室 Y，在 Y 室充满水后（由于进水量较大而喷嘴 P 来不及泄放），水压分别作用到操作滑环 10 上、下两个不同的面积上，由于上边的面积大于下边的面积，因此水压会对操作滑环 10 产生一个向下的作用力，致使操作滑环 10 向下移动，打开泄水孔 M，活动排渣底盘 9 下面的工作水通过泄水孔 M 经喷嘴 P 和泄水孔 N 泄出。由于活动排渣底盘 9 下面的工作水泄放出去，作用到活动排渣底盘 9 下面工作水的动压头消失，这样活动排渣底盘 9 下部平面部分是由具有记忆功能的特殊材料制成的，因此这时恢复常态使外边缘向下移动，打开排渣口 X 进行排渣。此时的工作水 P1 成为开启水。这样操作滑环 10 上面的水会很快泄完，而作用到操作滑环 10 的下面，孔 N 径向以外的水泄不掉，仍留在开启室 Y，对操作滑环 10 产生一个向上的推力，使操作滑环 10 上移，从而封闭泄水孔 M，然后管 P2 连续进工作水，水经 H 和 Z 孔进入活动排渣底盘 9 下部平面部分的向上变形，从而使外边缘上移，活动排渣底盘 9 的外边缘上部与分离筒盖上的密封环 8 再次紧密结合封住排渣口 X。此时的工作水 P2 称为密封水。管 P2 连续进水一段时间后恢复断续进补偿水。

二、EPC－50 分油机自动控制系统

1. 分油机自动控制系统的组成

分油机自动控制系统的组成原理如图 3－3－2 所示。它由 EPC－50 控制箱、电机起动箱、工作水阀组、控制气动执行阀的电磁阀组、分油机和油路等组成。

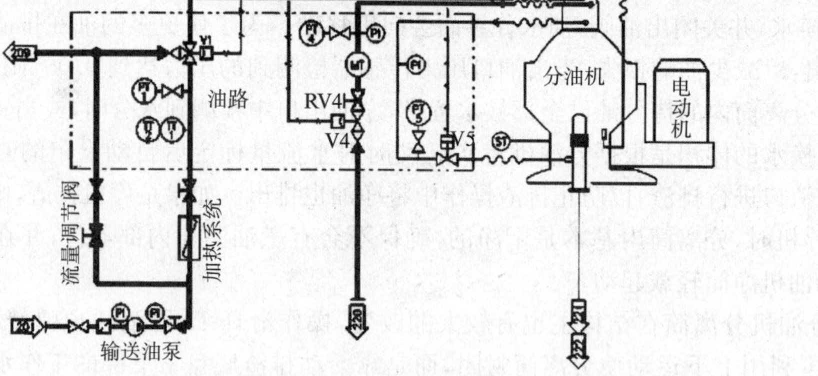

图 3－3－2　分油机自动控制系统的组成原理

系统分为燃油回路、工作水回路、气动回路、分油机、电机起动箱和 EPC－50 控制器，系统自带电加热器，还配有电加热控制器。燃油回路中有加热系统（Heating system）、温度传感器（TT1，TT2）、压力传感器（PT1）和待分油控制阀 V1，分油机的出口还配有净油出口阀 V4，排水出口阀 V5。工作水回路包括置换水（有的称冲洗水）电磁阀 SV10，开启水电磁阀 SV15，补偿水或密封水电磁阀 SV16，S 型分油机的 SV15 和 SV16 输出同一根水管，由于控制水量的不同，实现的作用也不同；在 P 分油机中 SV15 和 SV16 是两根水管作用在分油机不同的进水部位，实现开起和关闭的作用。气动回路包括控制待分油阀的电磁阀 SV1、控制净油出口电磁阀 SV4 和排水管电磁阀 SV5。分油机和待分油循环输送泵可由 EPC－50 控制箱上的起停按钮控制运转和停止。分油机全速运行后，控制器 EPC－50 开始控制分油过程，包括控制待分油控制阀 V1、净油出口阀 V4 和排水阀 V5、各工作水电磁阀等，实现密封、分油、排渣、保护停止等控制。根据自动控制的分析方法，将 EPC－50 构成的控制系统分为如下几个部分：

1）主要的输入信号装置

在该控制系统中，输入信号和输出信号是比较多的。这些信号能准确地监视分油机的工作状态，同时也能控制分油机的各种操作。

（1）水分传感器 MT50。在净油出口管路上装有 MT50 型水分传感器，它能随时检测净油中的含水量。EPC－50 控制器根据净油中含水量判断是否超设定值，另外还可判断 MT50 是否故障，如信号小于 4 mA 表示传感器断线，如果水分过低，可以判定净油出口油中有空气；如果水分过高，可以判断分油机内部油和水的状态，经延时后，由 EPC－50 决定是打开排渣口还是开启排水电磁阀。因此水分传感器是监控系统中很重要的部件，是由圆筒形电容器和由振荡器电路及信号调理电路组成的电路板两部分所组成。电容器实际上是两个彼此绝缘的同心圆筒，净油全部流过内圆筒，在内外圆筒的电极间电容量与油中的水分成比例。EPC－50 控制器为水分变送器提供直流电源，它使水分变送器内部的振荡器工作，产生频率为 1 MHz 的振荡信号源。当振荡器产生固定频率及幅值的交流电信号后，流过电容器中的电流大小就完全取决于电容器的介电常数。纯矿物油的介电常数只有 2～4，水的介电常数高达 80，因此净油中含水量的增加导致介电常数的增大，会使其流过电容器的电流也增大。MT50 的电路板通过交流电桥检测电容变化，并将信号处理后转换为 4～20 mA 的电流信号送给 EPC－50。该水分变送器检测精度是比较高的，一般精度可达±0.05%，同时，EPC－50 可判断该电路板和传感器的好坏，如果故障，则需要更换。在 EPC－50 控制器中可以通过调整参数取消该传感器功能，取消 MT50 功能后分油机将按特定程序运行，并且每隔 24 h 系统将会发出警报提醒。

（2）待分油压力传感器 PT1。装在燃油加热器出口，待分油控制阀 V1 前端，用于检测循环输送泵的出口压力是否建立，是否可以进行后续的分油操作控制以及判断加热器是否有油，是否可以进行加热控制。传感器采用扩散硅，内置信号调理电路，二线制输出给 EPC－50 的信号是 4～20 mA，所以 EPC 可以判断该传感器是否有断线故障，并且控制器可以根据信号的大小判断是否断流（过低压力）或管路堵塞（压力过高）。

（3）待分油温度传感 TT1 和 TT2。TT1 和 TT2 采用 Pt100 温度传感器，属于热电阻式温度传感器。这种传感器是利用金属材料电阻值随温度升高而增大，且在检测范围内他们之间保持良好线性关系的特性制造的。利用测量电桥把测温元件(金属丝)电阻值变化转化成电压信号,该电信号与所检测的温度成比例。测量电阻 R_t,是测量电桥的一个桥臂,它是安装在所要检测的管路中,离测量电桥较远。为补偿环境温度变化所产生的测量误差,在实际测量电路中往往把“两线制”改为“三线制”。

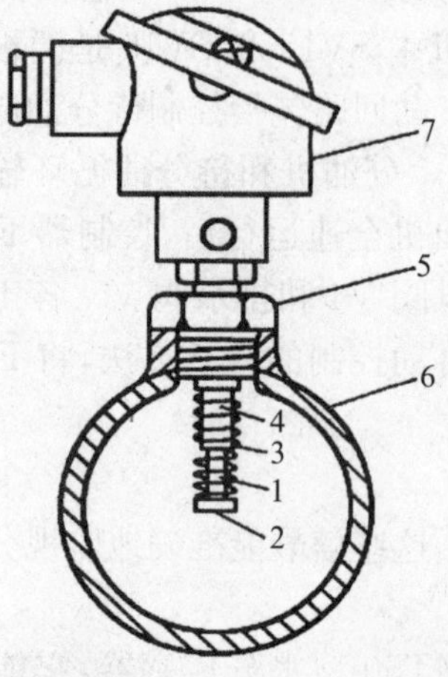

1—检测元件;2—止回帽;3—弹簧;
4—导向管;5—锁紧螺母;6—管路;7—传感器

图 3-3-3 Pt100 温度传感器结构原理图

Pt100 热电阻外形如图 3-3-3 所示,在结构上与以往使用的温度传感器有所不同。检测元件 1 直接插入被检查介质中,不用壳体防护,以避免热电阻与壳体之间的空气影响传热速度。为了避免更换或检修传感器时介质外逸,采用特殊的弹簧囊结构。若要拆下传感器 7,应先松开锁紧螺母 5,随后可旋出传感器。与此同时,止回帽 2 在弹簧 3 和燃油压力作用下,将导向管下端口盖住,从而可防止管路 6 燃油的逸出。这种改进后的热传感器的热惯性很小,能及时感受温度的变化。

在正常运行期间,它检测燃油温度实际值,当油温超过设定上、下限值时,控制器发出油温超限报警。另外,控制器能检测温度传感器的状态,可以判断传感器是否有短路或断线故障。两个信号各有用途:一是送至 EPC-50,由其中的燃油加热油温控制系统,作为温度偏差 PI 调节器的反馈信号,实现对燃油温度进行比例积分控制,把油温控制在给定值上;二是送至 EPC-50 控制器作为逻辑控制使用,除由数字显示窗显示待分油温度外,当发生油温上下限报警时,还可实现报警和保护控制。

(4) 净油出口压力传感器 PT4。其检测原理同 PT1,也可检测传感器本身是否故障。装于分油机净油出口处,检测出口背压。当出现超限时,需要调整相关分油等状态,甚至需要检测分油机内部。不同时间段出现的超限还需要注意油路或水路的状态。

(5) 排水压力传感器 PT5。检测原理同 PT1,也可检测传感器本身是否故障。装于分油机排水出口处,检测出口压力。当出现超限时,可以判断分离盘是否正确到位,并用于控制和监视排水阀 V5 的动作。

(6) 分油机速度传感器(Speed Transmitter, ST)。采用磁脉冲式检测分油机的旋转速度,二线制送到 EPC-50,通过电流检测,EPC-50 可以判断出该传感器是否处于故障或断线状态。如果传感器发生故障,一时又没有备件,可以通过修改 EPC-50 内部参数取消该传感器功能,但是,若这时不能实现分油机全自动模式,该传感器在 P 系列分油机中可以不用。

速度传感器用来检测分油机的转速,安装位置如图 3-3-4 所示。如转速发生下列情况之一,分油机应按一定的模式自动停止,同时发出相应的警报。①转速超过设定的分油机最高转速;②转速低于设定的分油机最低转速;③转速控制系统经常检查速度传感器检测到的脉冲情况,一旦检测异常;④分油机起动时,在设定的时间内转速达不到设定的转速范围。

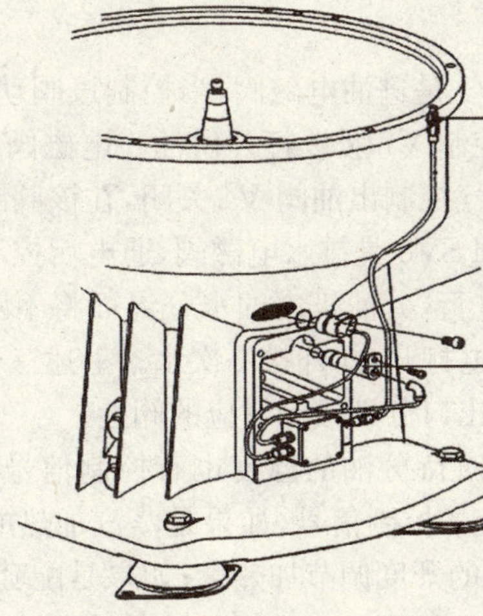

图 3-3-4　速度传感器、振动传感器和分油机盖的联锁开关的安装位置

(7) 分油机振动传感器(Vbration Transmitter，VT)。这是一个可选项，该三线制传感器将信号送给 EPC-50。一旦发现振动过大，控制器给出一个故障停止信号，控制分油机停止。另外，由 EPC-50 可以判断传感器的好坏，如果传感器发生故障，一时又没有备件，可以通过修改 EPC-50 内部参数取消该传感器功能，但是，这时不能实现分油机的全自动模式。

安装在分离筒的立轴旁径向位置的振动传感器(可选择)如图 3-3-4 所示。振动传感器用来检测分油机立轴的原始位置和运行状态，从而可监测分油机任何异常的不平衡状况。振动报警级别设置两个报警级别，如振动超过第一级别应发出警报，振动超过第二级别，分油机按安全停止模式自动停止，因为大量振动会缩短轴承的预期寿命，因此，振动应予以消除后方可起动。

(8) 分油机盖的联锁开关(Cover Interlocking Switch)(可选择)用来检测分油机盖安装是否正确，其安装位置如图 3-3-4 所示。在盖被关闭的后给控制系统送出信号，控制系统关闭此联锁回路，这样才允许起动分油机。

2) 输出信号装置

在控制系统中，EPC-50 控制器输出的信号有控制对分油机操作的各种电磁阀、显示分油机控制系统状态的指示灯及由显示器所组成的信息显示窗。

(1) 工作水阀组。所有的电磁阀均采用 24 V 交流供电，电磁阀 SV16 是用于控制进分油机补偿水和密封水的。在分油机排渣口密封期间，EPC-50 输出的信号将使电磁阀 SV16 断续通电，工作水经管 375 断续进分油机，把滑动底盘托起，并使滑动圈下面的工作水维持在泄水孔附近。电磁阀 SV15 是用于控制开启水的。当需要排渣时，EPC-50 将使电磁阀 SV15 通电打开 3 s，由管 375 向分油机进开启水，滑动底盘的外边缘向下移动，打开排渣口进行排渣。在排渣口密封期间，电磁阀 SV15 保持断电。电磁阀 SV10 是用于控制进分油机置换水，与待分油进入分油机是同一个进口，在需要排渣前，常通入冲洗水挤出分离筒内已分离的净油，确保排渣或排水操作时，不会将净油也排出。上述三个水阀组成一个整体阀组，当电磁阀通电时，电磁阀上带有旋转指示表示阀体动作，便于观察。其中进水口一个，SV10 出水口一个，SV16 和 SV15 的出口合在一起。

(2) 气动控制阀组。电磁阀 SV1 是进油电磁阀，当控制该阀动作时通过该阀，控制空气经节流控制后，送到供油阀 V1，控制 V1 缓慢打开供油。电磁阀 SV4 是净油电磁阀，当控制该阀动作时，通过该阀，控制空气控制出油阀 V4 关闭，在该阀断电或者没有控制空气时，出油阀是保持打开状态。电磁阀 SV5 是排水电磁阀，通电后控制空气经过该阀驱动排水阀 V5。随着分油机正常分油的进行，分油机内油水分界面将不断内移。当需要向外排水时，EPC－50 将使电磁阀 SV5 通电打开，向外排一次水。上述三个电磁阀组成一个阀组整体，控制空气为阀组的进口，三个出口分别接到对应的阀上。

(3) 温度控制输出。EPC－50 对待分油的温度也有控制信号输出，可以根据蒸汽加热、电加热或热油加热方式输出相应的控制信号，如果是蒸汽加热或热油加热方式，EPC－50 通过伺服机构控制加热介质阀门的开度调节加热量；如果是配套的电加热器，则须加装与电加热配套的电源单元(POWER UNIT)，由 EPC－50 输出相应的控制信号到电源单元实现温度控制。

当待分油温度在正常范围内，且没有发出使分油机停止工作的故障信号时，EPC－50 控制单元一直输出一个信号使电磁阀 SV1 通电，控制空气进入阀 V1 的动作气缸，使三通活塞阀接通在待分油进分油机状态，切断在分油机外面大循环的回路。当分油机发生故障或停止分油机工作时，电磁阀 SV1 断电，三通活塞阀动作气缸的控制空气从阀 SV1 放掉，将切断待分油进分油机的通路，使待分油流回沉淀柜。

(4) 报警及继电器控制输出。除温度控制采用继电器控制伺服电动机改变阀门开度外，EPC－50 还提供多种用途的继电器触点输出，包括循环泵电机和分油机电机的停止控制，系统配置需要的触点输出，远程状态显示和报警用的触点输出等。

3) EPC－50 控制器的组成

在 S 型分油机中，组成其控制系统的重要设备是控制器 EPC－50。EPC－50 控制器主要分为三个部分：一是电源，由滤波装置和多输出变压器实现；二是主控制板，安装在 EPC－50 控制箱内；三是操作面板(OP)，主控制板与显示操作板通过异步串行通信实现数据交换。主控电路板接收装在分油机待分油管路上和净油出口管路上的各种传感器信号，经分析和处理后，由输出端输出控制各种阀件或电器对分油机进行操作，同时分油机的运行状态也可通过在主控电路板通信接口与 OP 联系，由 OP 上的一系列发光二极管及信息显示窗进行指示，实现良好的人机交互。

(1) 操作面板 OP。如图 3－3－5 所示，EPC－50 的操作面板 OP 继承其传统的布置特点，其右面有四个按钮和对应的状态指示灯。最上面的是加热器按钮，按此按钮将接通加热器电源，对待分油进行加热，待分油在分油机外面打循环。第二个按钮是程序起动/停止按钮，按一次该按钮，EPC－50 运行预定的程序，程序运行(绿色)LED 亮，它首先监视待分油的温度，当加热器把待分油加热到正常温度值时，开始对分油机进行分油、排水、排渣等操作的正常程序的运行；再按一下停止分油程序，停止程序工作，其指示灯(黄色)点亮。第三个按钮是手动排渣按钮，按一次该按钮对分油机执行一次排渣程序。第四个也是最下面的按钮是报警复位按钮，当分油机和控制系统出现故障时，对应的总报警指示(红色)点亮，EPC－50 型装置将输出停止分油机工作或停止程序运行信号。待故障排除后，须按此复位按钮才能撤销故障信号，并使程序恢复到起动前的状态。其中第四个 LED 灯是操作面板激活指示灯，表示当前显示控制器有效工作。

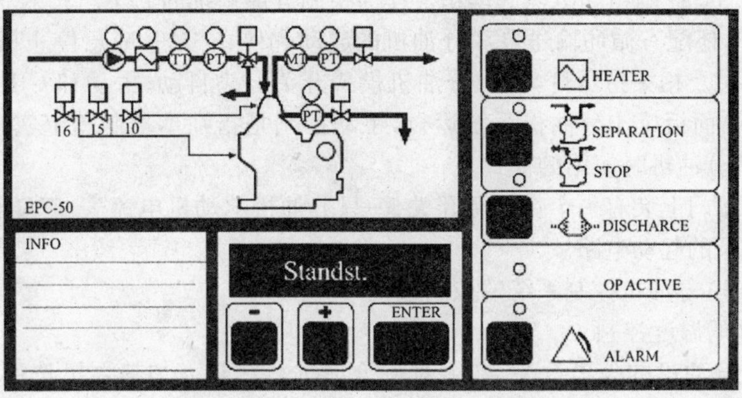

图 3-3-5　EPC-50 操作面板布置

正面左上部是分油机基本状态及分油流程模拟图，当前基本状态可以完整显示。具体参数可以通过左侧下方的一条信息显示窗（图示显示“Standst”）来显示，并可通过“+”“-”来查看需要显示的参数值；在发生故障时，显示立即起动切换到显示当前最新故障内容；另外还可以通过“ENTER”翻看主要参数，配合“+”“-”可以实现参数的修改操作。

OP 操作面板采用单片机 P80C32 实现显示控制，按键输入处理和与主板信息交换等功能。结构上分为两块电路板，一个为单片机主板，包括 CPU、内存、字库存储器、通信接口和显示驱动模块等，一个为专用信息显示控制器，显示需要的 LED 和字符。

(2) EPC-50 控制板位于控制箱内，由主板和扩展继电器输出板组成，主板分为电源、CPU 模块、开关量输入、模拟量输入、开关量输出、通信模块及扩展输出用总线接口。其中 CPU 模块采用金属外壳封装，内部使用 5 V 单一电源，内含 CPU，RAM，EPROM，晶振及总线接口等器件，实现一个小型化微机系统，配以外围接口电路，构成 EPC-50 的控制核心。开关量输入采用光耦输入，外围电源采用单独隔离的直流电源；主板上配有多路外围开关量输入，继电器输出；模拟量输入配有多路差分输入信号源，其中有两路 Pt100 温度传感器配以相应的信号处理电路作为其模拟量输入的一部分；主板还配有高速开关量输入电路，并通过 CPU 内的高速计数来测量分油机的转速；为实现与外围设备的通信，主板上配有内置双路的专用异步通信模块，其中一路通过 MAX232 转换为 RS-232 通信操作面板 OP 进行通信，交换信息。如果主板内参数选择为现场总线，则可选择另一个异步通信通道为 PROFIBUS 或 MODIBUS，并需要另外配有相应 ProfiBus 扩展板或 MODIBUS 扩展板，通信扩展板内含相关通信软件，从而可实现现场总线通信。如果需要，可以根据需要定制工业以太网、Device Net 或 CAN 总线接口。

(3) 电源。EPC-50 的工作电源来自分油机起动箱。起动箱通过变压器给出 220 V 交流主电源作为 EPC-50 的工作主电源。电源开关、滤波器、变压器在控制箱内控制板的旁边。要使分油机投入工作，首先要按起动箱上的循环输送泵起动按钮，等压力建立后，再按下分油机电机起动按钮，EPC-50 装置内部变压器输出 24 V，10 V，8 V，12 V×2 和 18 V交流电，经整流稳压输出需要的直流电源，作为主控电路板和传感器信号处理电路板、信号调理器或变送器的工作电源。接通 EPC－50 装置内部电源开关就接通主控制板和操作面板的电源。

(4) EPC－50 控制箱和电机起动箱。作为控制分油系统的 EPC－50 控制箱，除 EPC－50 操作面板外，还配有循环输送泵和分油机的起动和停止按钮，应急停止按钮，分油机运行模式选择开关及相关指示灯，其中分油机模式开关分为自动、手动和 CIP 方式，其中自动是由远程 OP 面板操作分油机系统运行，手动控制是指在本控制箱上实现系统运行控制，CIP 是清洗分油机时使用的模式。

电机起动箱门上装有一个主电源开关、一只分油机电动机电流表，起动箱内布置的是分油机及供油泵的起动电路。

2. EPC－50 分油机控制系统的控制过程

1) 待分油的温度控制

为了保证分油机的分离效果，必须对待分油进行加热。加热器可选用电加热器，也可选用蒸汽加热器或热油加热。在 EPC－50 主板上有个加热器板选件来控制待分油的温度，传感器 TT2 作为温度控制的反馈信号，TT1 作为温度报警和保护的信号；作为反馈控制的传感器配合 EPC－50 实现温度的自动控制，其中 EPC－50 通过加热器板输出“＋”或“－”两个继电器触点，去控制伺服电动机调节阀门开度，从而控制加热量；同时可通过电位器检测开度位置，即 Pt100，EPC－50 和温度调节阀构成一个温度自动控制系统；其 PI 调节参数在 EPC－50 中，可以根据实际情况予以调整。当选用电加热器时，由 EPC－50 将温度设定信号送给电加热器电源单元(POWER UNIT)控制加热，电加热器电源单元单独配有检测加热待分油温度的 Pt100 传感器，用于电加热器过热保护，即由 Pt100，EPC－50，POWER UNIT 和电加热器构成温度控制系统。而 EPC－50 配有的温度传感器 TT1 和 TT2 起到检测温度的作用，确保加热在正常的工作范围内。当待分油温度在正常范围内，且没有发生使分油机停止工作的故障信号时，EPC－50 根据时序控制要求，使电磁阀 SV1 通电，控制气压源(压力为 0.5～0.7 MPa)通过 SV1 和一个节流阀后控制三通活塞阀 V1 缓慢打开，使待分油不冲击进油。当分油机发生故障或停止分油机工作时，电磁阀 SV1 断电，三通活塞阀 V1 将切断进油通路，使待分油在分油机外面通过循环泵循环并保持加热。

2) 分油机的时序控制

刚开始投入工作时，应先按加热器按钮，开始将待分油进行加热，同时确认温度自动控制系统投入工作。当确认温度上升后，按一次程序启动/停止按钮，EPC－50 从初始化程序开始执行，首先它监视待分油温度。当油温达到正常温度值时，EPC－50 将对分油机进行密封排渣口、设备自检、分油、间断排水、排渣等操作。EPC－50 增加对设备状态的自检功能，可以根据被控制阀件的动作及相应参数变化的检测，智能地判断设备的故障，或对操作时序自动做适当的调校，以适应工况的变化。操作程序流程如图 3－3－6 和图 3－3－7 所示。

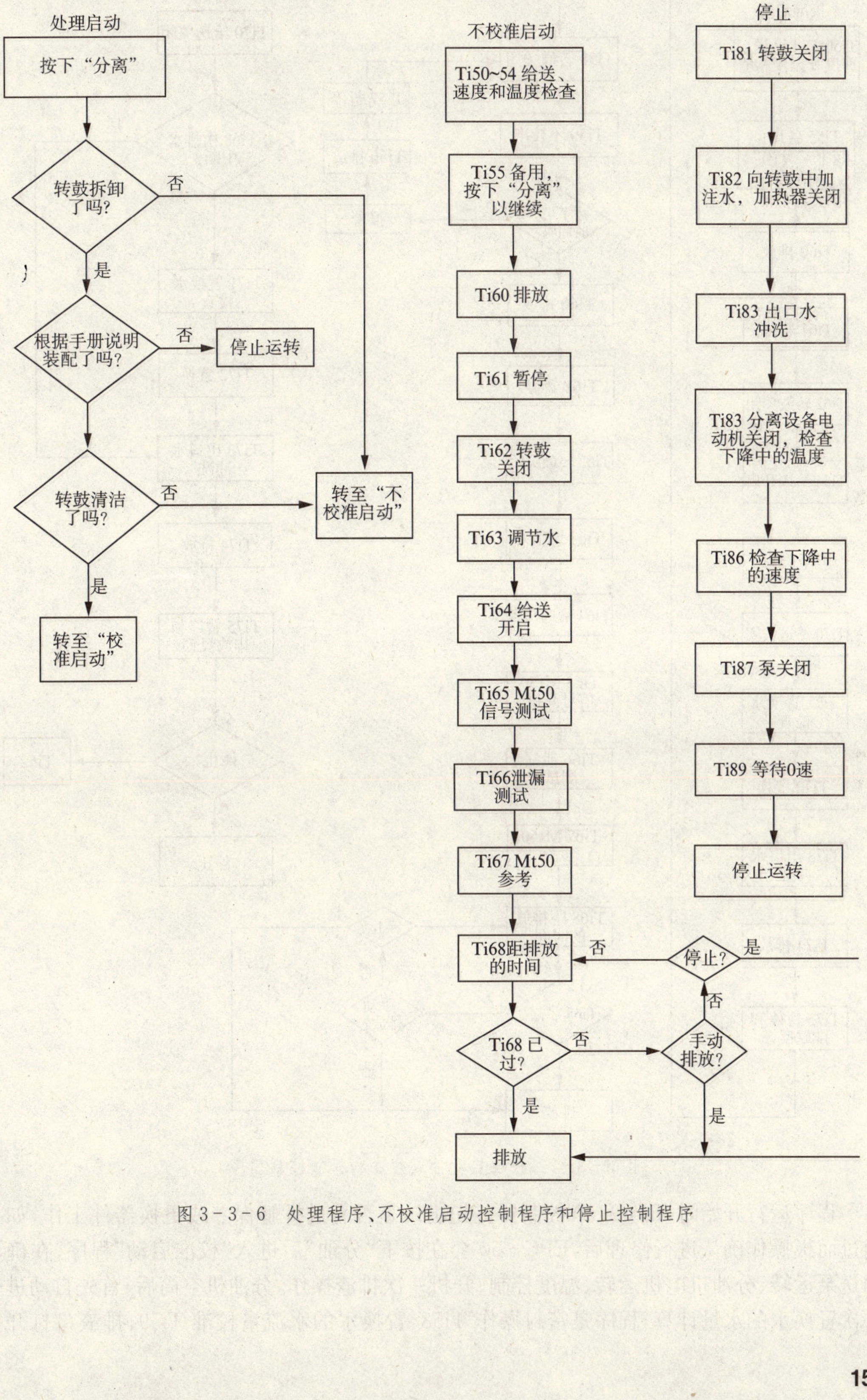

图3-3-6　处理程序、不校准启动控制程序和停止控制程序

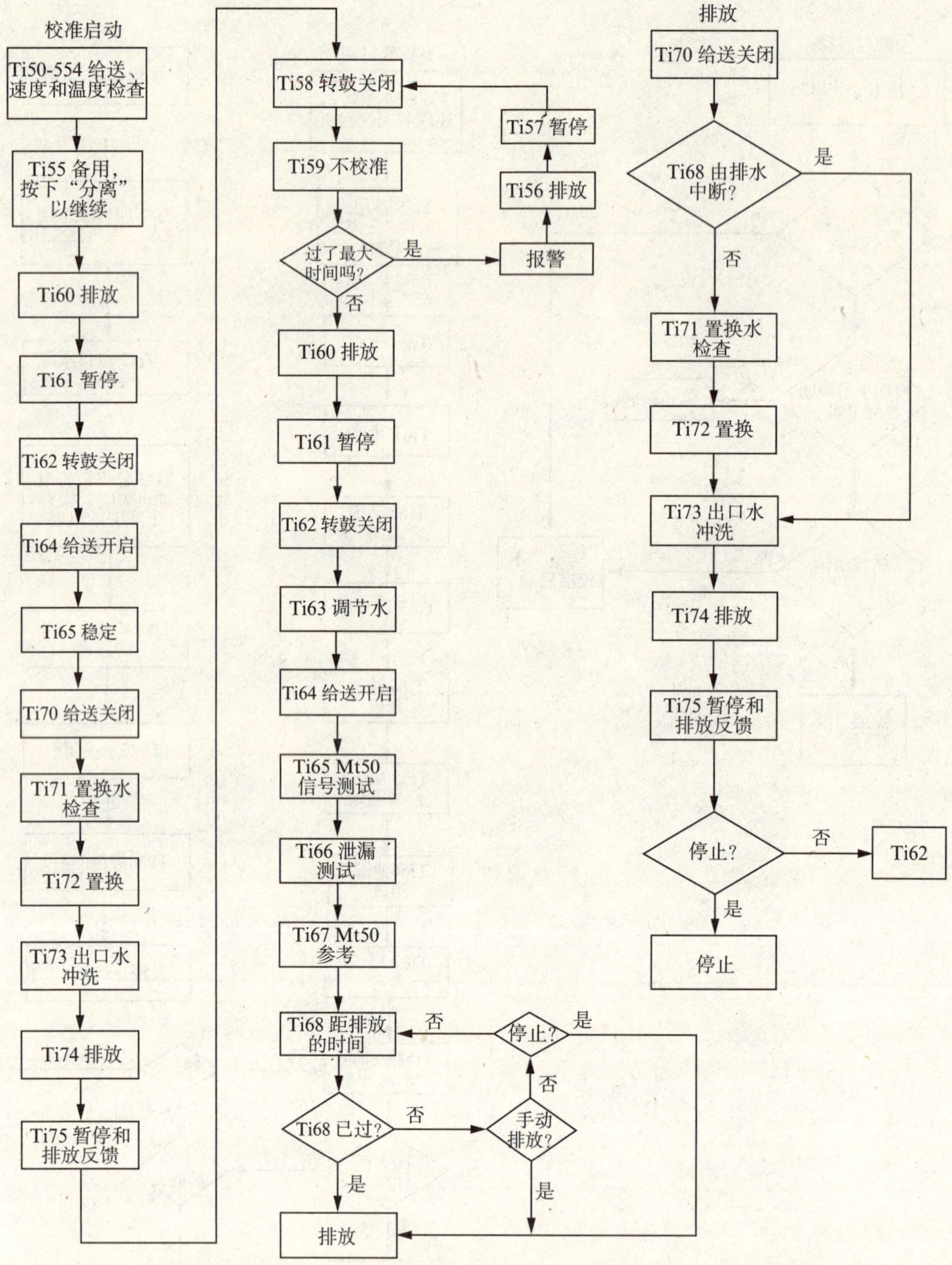

图 3－3－7　校准启动控制程序和排渣控制程序

程序运行开始时，EPC－50 控制器首先确认是否有过拆解保养或更换器件工作，如果通过面板操作确认进行修理后，EPC－50 会在按下“分油”后进入“校准启动”程序，在确认输送泵运转、分油机电机运转、温度控制、开机一次排渣操作，分油机空筒后，首先自动进行一次置换水的水量计算，程序是密封操作 Ti58、置换水的水流量校准 Ti59、排渣口打开控制 Ti56、工作水排水时间 Ti57。Ti59 的最大值为 170 s，如果在此时间内没有压力响应，则说明有泄漏或无水进入，无法建立压力，系统发出警报；而如果通过建立压力的时间，可计算出置换水(SV10)进水的流量。依据该水流量计算，EPC 还计算出 Ti63 的设置时间(应小于 120 s)，以便向分离筒中加注正确的调节水量，以便排渣后，在进行分油前，使分离筒内注满水。当选择分离设备的规格时，与分离筒相关的数据被激活。Ti63 的预设值仅用于起动，在计算后，会自动为 Ti63 设置正确的值。该段时间主要为校准置换水量，可称"校准"。水流量校准之后，"校准启动"和"不校准启动"就一样了。系统先进行一次"排渣"操作 Ti60，用于防止在断电后，排渣时间间隔中断，引起两次排放之间的时间大于排放间隔设定时间 $Pr1$，并在活动圈下建立水弹簧，使分离筒内滑动圈向上运动，关闭滑动底盘下腔排水口；接着是工作水排水时间 Ti61，设置时间的长短应确保滑动底盘、工作室和定量室工作水泄放完，其功能同前述的 Ti57。

接着开始准备分油。分油设定时间到，排渣后的程序也是回到此处，程序先控制滑动底盘下进工作水，进行"密封"操作 Ti62；之后控制 SV10 加水实施分离筒"注水"操作 Ti63。

分离筒注水后，SV1 控制供油阀 V1 开一小段时间 Ti64 和 Ti65，SV4 配合控制净油出口阀 V4 在 Ti64(约 60 s)关闭，Ti65 打开。Ti64 有进油，但出口净油关，分油机将分离筒内侧和出油管内原来的注水全部挤到分离筒外侧，所以此时应保证出口压力 PT4 达到设定值，水分传感器检测的水分小于设定值，说明已置换。Ti65 打开净油出口，同时检测水分仍小于设定，说明置换完全成功。到达 Ti64 时间后，如果由水分传感器 MT50 检测到水分偏大，说明前次置换水过多，则需要减小一次置换水量的计算值，供下次置换水使用。如果出油口中没有压力 PT4 的响应，则在 Ti64 内将发出警报；如果在 Ti65 时间内水分很大，同样会引起故障，系统自动进入排放程序，所以该段程序可以称为"置换"程序。

为保证系统可靠运行，在分油之前，还要进行一次分离筒是否泄漏的检查程序 Ti66，在该时间内供油阀 V1 关、净油出口阀 V4 关，PT4 压力应能稳住，波动值不应过大，如压力低于 0.1 MPa，系统将会发出警报，说明存在泄漏。在确认没有泄漏后，重新开始供油并打开进油口，进行分油，但是出口流量突变，水分传感器 MT50 的检测值需要一点时间(Ti67)稳定，即在该段时间，保持分油，不考虑水分对分油进程的影响。可称该段时间为"检漏"程序。

之后才是正式的分油过程 Ti68。Ti68 的时间与 $Pr1$ 相同。如果对其中一个时间进行更改，则另一个时间会随之自动更改。在 Ti68 期间，为保证滑动底盘向上压住密封条，工作水 SV16 会间断打开，每 5 s 打开 1 s。同时水传感器监视清洁过的油中的水分含量，如果监测值大于 100 pF，则排水阀(V5)短时间打开一次，然后会在几秒钟内再检查水分含量。当监测值低于 70 pF 时排水将停止。最多可连续打开 5 次进行排水。在打开超过 5 次后，监测值仍未低于 70 pF，系统程序将跳转至 Ti74 进行"排渣"控制，如排渣后监测值仍未低于 70 pF，系统将再次打开 V5 排水，5 次排水后监测值仍未低于 70 pF，系统将进入停止程序并报警。在该过程中，SV16 断续提供补偿水，SV5 控制 V5 间断排水。由于是正常分油主过程，所以称"分油"。

分油时间 Ti68 到后，或手动按排渣按钮，程序先进入"关油"程序 Ti70(关闭供油阀 V1)，此后由于没有进油，所以出口压力会下降；出口水分可能会增加，如果出现水分检测高于 100 pF,则需要进行一次排水操作,最多可进行 5 次排水操作,确保分离筒内的净油尽量排完。确认净油出口管内还是净油后,开始“进置换水”程序 Ti71：供油关,关闭净油出口阀 V4,开 SV10 置换水,出口压力 PT4 应增加至少 0.05 MPa,如果没有压力反馈,则发出警报;如增加到 0.05 MPa,则停止 Ti71 计时,说明冲置换阀 SV10 正常。接着是“冲洗”程序 Ti72：供油关,打开净油出口阀 V4,开 SV10 冲洗水,将分离筒内和出口的进油全部排出,冲洗时间受前述水流量校准限制,即不能进太多的水,以防止水冲出到净油去;之后,仅有排水阀 V5 打开进行管路的“冲洗”操作 Ti73;整个过程可称为“冲洗”程序。

完成“冲洗”后,再打开开启水 SV15 进行一次“排渣”操作 Ti74;排渣后进行工作水的排水操作 Ti75。“排渣”程序中,分离筒的转速应该会下降,如果“排渣”后分离筒速度下降小于参数 *Fa* 设定转速,则发出排渣反馈故障警报。正常“排渣”后,EPC-50 根据有关置换水的参数是否认为修改过,来确定程序是进入水流量校准 Ti59 进行参数校正,还是准备再次分油,直接进入分离筒“密封”操作 Ti62～Ti75 后,系统完成一个工作循环。

如果发生故障或手动停止操作,则从“关油”程序 Ti70 开始到“排渣”操作 Ti75 后,程序再次自动进入“密封”程序 Ti81;“冲洗”程序 Ti82,Ti83,Ti82 后停止加热温度控制;Ti83 后停止分油机程序至结束。

【任务实施】

模块 1　分油机控制系统的管理

一、任务要求

会管理 EPC-50 型燃油净油单元。

二、任务准备

EPC-50 型燃油净油单元半实物仿真设备一套。

三、任务操作

1. EPC-50 的面板操作与参数调整

EPC-50 的操作需要面板指示灯“OP ACTIVE”点亮后才能进行,该灯表明操作面板 OP 与主控制器已建立好通信联系。在循环泵和分油机的电机起动后,分油操作就可在本地操作面板上来操作或可通过远程通信来操作。在操作和参数修改过程中,用到最多的是“+”“-”和“ENTER“三个键。其中“ENTER”键用于显示参数序号与内容切换、确认、进入或者退出参数表。接收或储存参数值等。“+”“-”用于翻看参数序号或修改参数使用,状态显示时,可以翻看到一直需要观察的参数。

在正常运行过程中,显示当前工况和当前工况进行的时间,当发生报警时,报警信息显示在显示窗口左侧,系统准备排渣,而到下次排在前的时间将显示在显示窗口的右侧。正常情况下,可通过“+”键来切换显示内容,如显示“TI98 ℃”。系统中所有模拟量传感器的测量值都可以显示。系统设有三种参数类型：安装参数(Inxx)、工艺参数(Prxx)和工厂设置参数(Faxx),分油时序用时间参数(分离开始、排渣、停止)列在“工厂设置参数”下,称为“Tixx”。不同类型参数可以通过同时按“ENTER”和“+”来切换。安装参数必须在初次起动之前且先于工艺参数进行设置。这些参数极少需要重新调整。如果要存储新的参数值，则需要浏览整个列表，并在列表结尾处确认。工艺参数可以按所需(即使在运行过程中)轻松调整，以满足运行条件的变化(如果两次排渣之间的时间、油温以及报警点)。工厂设置参数可以根据实际运行过程中状态的变化来进行调整，尤其是有关分油时序的时间参数。其中“启动”对应的计时器为50～59；“分油”对应的计时器为60～69；“排放”对应的计时器为70～79；“停止”对应的计时器为80～89。参数的修改可通过按“ENTER”进入。具体面板的操作和参数的修改可参考设备说明书。

水分传感器值会受温度变化影响。可以根据待分油的不同使用不同的参数对其进行补偿。具体操作步骤如下：

(1) 记下传感器值，注意要进行此测试，传感器值必须稳定，并确认油中无水、无气。

(2) 在正常稳定运行温度下，将温度降低10 ℃。

(3) 在稳定的新温度下，读出温度和传感器值。

例如，当温度下降10 ℃时，传感器测量值变化+1(如从82.6到83.6)，则由于传感器值增大，实际值未变，必须通过将 $Fa34$(对应HFO)设置为负数来进行补偿。具体值为 $Fa34=-(1.0\times10)/10=-1.0$。

由于控制系统的程序大多依赖水分传感器，所以该传感器是非常重要的。如果该传感器发生故障，又要进行分油操作，可以应急设置参数 *Pr*4 从“On”调整为“Stb”，即进入分油备用控制工况，此后水分传感器MT-50功能禁用。程序每15 min进行1次“排渣”，而 *Pr*1 分油时间设定无效；排渣过程不加冲洗水和置换水，即只实现简单的分油和排渣操作。

2. EPC-50中的报警控制与功能测试

EPC-50在运行中如果发生故障报警，相应的总报警发光二极管和有关状态指示灯闪亮，同时，在显示及操作控制板(OP)中的信息窗中将会显示出完整的故障名称。故障复位需要消除掉故障后按“ALARM”按键才能复位。如果有多个故障，则当前显示为最新故障，为读取存储的警报列表，可以按“ENTER”键后用“+”“-”键翻看，中间可用“ENTER”键查看故障号、发生故障处于当前多长时间之前、故障名称及其对应的参数设置值和故障发生后的复位时间。

最后可再“ENTER”键用回到正常显示。显示窗口中显示的内容及对应的含义如下：

Alarm no 5：(5号警报)警号编号；

0：13：此警报在13 min前发出；

Feed pressure low：(进油压力低)警报类型；

P1 60：参数 *Pr*1 设为60 min；

00：02：13：2 min 13 s后复位该警报。

有些故障可以通过人为干预或通过设置EPC-50中对应的参数进行测试。如传感器断线故障、电源故障、油温过高、分离盘速度过低等。需要注意的是，任何参数为了试验而修改后，当测试结束开始正式工作前，需要恢复该参数原始数据。表3-3-1列出几个报警测试示例，具体其他方面的测试可参考说明书中的“功能测试”。表中出现的 *Pr*16，*Fa*10等为EPC-50的设置参数，即可以通过修改其内部参数，使之偏离正常值，在实际参数正常情况下模拟发生故障报警。

表 3-3-1 报警测试

警报消息	注释	故障 LED	实验前状态	试验方法	端子	试验结果
POWER FAILURE	电源故障		启动	运行期间关闭，开启电源		
Feed pressure PT1-HIGH	待分油压力 PT1——高	PT1	启动	减少限制（*Pr*14）		
Feed pressure PT1-LOW	待分油压力 PT1——低	PT1	启动	增加限制（*Pr*15）		V1 关
Feed pressure sensor PT1-ERROR	待分油压力传感器 PT1——错误	PT1	启动	断开传感器的连接	X5：4	
Oilfeed-TEMPERATURE HIGH	供油——油温较高	TT	启动	减少限制（*Pr*16/*Pr*19）		V1 关加热关
Oilfeed-TEMPERATURE LOW	供油——油温较低	TT	启动	增加限制（*Pr*17/*Pr*20）或降低 Ti53		V1 关
Temperature alarm sensor-ERROR	温度报警传感器——错误	TT	启动	断开传感器的连接	X5：4	V1 关加热关
Bowl speed-HIGH	分离盘速度——快		分离	减少限制（*Fa*10）		停止序列
Bowl speed-LOW	分离盘速度——慢		分离	增加限制（*Fa*11）		停止序列
Bowl speed sensor-ERROR	分离盘速度传感器——错误		停止	在断开传感器的情况下起动分离设备	X6：1	

3. 分油机手动起动与停止

（1）检查分油机的电源是否正常，油底壳的油位是否正常，进出油管路的阀是否处于正常的位置。

（2）若以上都正常，起动分油机燃油供给泵，将蒸汽加热阀打开。从操作面板上开启加热器。

（3）待温度达到要求以后，要起动分油机，先“SEPARATION/STOP”（分离）按钮激活 EPC-50，显示窗口中将滚动出现几个问题，必须先回答问题后起动分油机，待分油机的转速达到全速及油温超过低温报警设定值以后，EPC-50 控制系统将自动进入分油起动程序直到分油机正常分油。

（4）观察分油机供油以后工作是否正常，有无异常的振动或者噪声。通过 EPC-50 上的显示数据判断分油机的状态，如果一切都正常，说明分油机开始正常的工作。

（5）如果中间发生故障或需要停止分油时，可通过按下“SEPARATION/STOP”按钮，实现停止控制。分离设备停止序列对应的黄色 LED 将开始闪烁，起动排渣。排渣完成之后，停止序列 LED 将变为稳定的黄色，分离系统运行对应的绿色 LED 将熄灭，显示“Stop”（停止）。如果加热器由 EPC-50 控制，它将自动关闭。当供油温度开始下降时，进油泵将自动停止。当分离设备完全停止运转时,将显示“Standst”(停止运转)。

4. 控制系统在使用中的注意事项

开启分油机前需检查分油机运转方向是否正确。检查有无异常的振动,在开启之初,当分油机通过临界转速时会有振动,属于正常现象,在使用中要逐渐了解振动的表现和规律。如果分油机在正常的工作中有异常的振动,就要立即停止分油机,并查找分油机振动的原因,在未找到故障的原因之前不能开启分油机。分油机内部的高速旋转,严重时会造成分油机部件的损坏甚至伤人。在分油机刚起动时,起动电流会比分油机正常工作时的电流大很多,随着分油机转速升高,分油机的电流逐渐地降低并维持在一个稳定的数值上。如果分油机的工作电流维持在较高的数值上不变,这说明分油机跑油,必要时应停止分油机进行检查。分油机正常工作以后要检查供油流量是否正常,调节出口压力为 0.2 MPa。

注意:在没有完全停止之前不能进行拆卸工作,因为其内部高速旋转时会有伤人的危险。

在对分油机控制系统的日常使用和巡班检查时,应经常检查电源是否正常,应急操作是否有效;定期检查各种传感器,检查相关的工作水、控制空气及电磁阀;定期检查分离筒的状况。如果油渣空间中的硬油渣量不十分明显,则排渣间隔可以适当延长。但排渣间隔太长会使油渣不均匀地积聚在分离筒内,引起分油机振动。运行中应注意水分传感器的变化规律,注意电机起动时转速变化情况,包括振动情况。特别是要注意跑油检测信号是否完好、排渣通道是否淤塞等。对控制板和显示板要定期检查,以防止受潮或有关电线脱落等。

5. 故障处理

当分油机系统出现故障时,首先考虑的是故障对整个供油系统的影响。如果到了不能克服的状态,则需要考虑应急措施。故障可以分为传感器发生故障、参数越限、状态设备故障等,具体可通过说明书中的“Alarm and Fault Finding”查找原因和找到解决措施。

如果分油机发生故障报警,那么在分油机的 EPC－50 控制单元上,相应的警报指示灯就会发出红光,并不停地闪烁,机舱内同时伴有警报声。处理操作首先要确认警报,按下警报确认按钮。然后根据分油机的警报去查找原因,等排除故障以后,再按一下警报确认按钮。若故障已经被解除,则分油机就可以接着正常工作。分油机的警报有很多种,而每一个警报的原因有很多,因此解决分油机报警时一定要细心观察,除说明书确认的原因外,有时还需要根据分油机故障时的外在表现判断故障的原因。例如,排渣失败可能原因是没有工作水或工作水很少,也可能是开启水阀 SV15 问题,所以首先需要检查供水系统,如果可以确定工作水系统没有问题,那么问题就可能是分油机内部的机械故障。就一般情况来说,分油机的故障无非是控制系统和机械故障两个部分。其中机械故障一般都是由于分油机长期的工作,没有得到及时的保养,内部脏而导致的,分油机最常见的跑油故障(Oil Leaking from Bowl)原因及处理如下:

(1) 补偿水供应系统中的滤网被堵塞,处理措施是清洁该滤网。

(2) 补偿水系统中没有水,检查补偿水系统并确保任何供应阀均处理开启状态。

(3) 供应阀与分离设备之间的软管安装不正确。

(4) 水分传感器测量误差偏大,造成控制系统频繁进行排渣动作。

(5) 滑动圈中的堵头有缺陷,造成密封不严,应更换堵头。

(6) 开启水管中的供应阀 SV15 出现泄漏情况或相应的控制回路故障，造成排渣口打开，应及时校正该泄漏情况或检查该阀的控制线路。

模块 2　分油机控制系统的操作

一、任务要求

会操作 EPC－50 型燃油净油单元。详细了解系统组成、工作原理，对照模拟面板和实物，熟悉分油机自动控制系统的结构组成。

二、任务准备

EPC－50 型燃油净油单元半实物仿真设备一套。

三、任务操作

1. 操作训练的设备和器材

(1) 仿真控制柜 1 台，采用先进印刷技术制作分油机图形界面，包括控制空气、燃油、加热等。通过安装在图形界面相应位置的按钮可对分油机控制系统进行相关操作。

(2) 嵌入式主板及 I/O 模块 1 套，该实训台的各种操作模拟功能通过运行安装于嵌入式系统的模拟软件得以实现，I/O 模块完成与外部操作和显示点的交互。

(3) EPC－50 面板仿真单元，模拟 EPC－50 分油机控制单元界面及主要功能。

(4) 通信板卡 1 套，采用以太网技术实现各设备之间的数据采集和交互。

2. 操作内容和步骤

1) 准备工作

(1) 合上控制柜内电源开关，系统电源接通。

(2) 系统上电，等待控制器起动完成。

2) 操作步骤

(1) 手动起动分油机。进行手动操作前，需将分油机操作模式选择开关旋至“Manual”位置。

① 开启压缩空气系统至电磁阀组 SV1，SV4，SV5 的截止阀；

② 开启日用淡水系统至电磁阀组 SV10，SV15，SV16 的截止阀；

③ 开启供油泵前截止阀；

④ 按下泵供油起动绿色按钮，绿色指示灯点亮，观察控制器的上液压泵指示灯，及液压泵压力和流量；

⑤ 按下控制器上“SEPARATION”按钮，激活 EPC－50 控制器，绿色指示灯点亮；

⑥ 在控制器上按下“HEATER”加热按钮，起动加热器加热燃油；

⑦ 按下分油机起动按钮，注意观察分油机电动机电流表读数变化；

⑧ 按下控制器上的“SEPARATION”按钮，注意观察控制器窗口显示内容，此时窗口应交替显示电动机转速数值和“START”字样；

⑨ 通过按‘＋’键在显示屏上调出“TT1”检查供油温度，待油温加热到 98 ℃；

⑩ 当分油机的电动机转速达到稳定值 10 000 r/min，油温和油压正常，此时控制器窗口将显示“STANDBY”字样，此时再次按下“SEPARATION”按钮，分油机进入分油时序，起动时序结束，调整背压至正常运转值。

(2) 运转状态指示。

① 加热器运转指示灯亮(绿);

② 分油系统指示灯亮(绿);

③ 工作阀相应指示灯亮(绿)。

(3) 停止系统。

① 在分油机面板上按“SEPARATION”键停止分油机;

② 表示分油机停止程序启动的黄色指示灯会闪;

③ 排渣进行;

④ 停止程序灯变成稳定的黄色,当排渣结束时,表示分油机工作的绿灯熄灭;

⑤ 显示“STOP”;

⑥ 加热器的电源自动被断开;

⑦ 当供油温度开始下降的时候,供油泵电源自动关闭;

⑧ 分油机电动机电源自动被断开;

⑨ 当分油机完全静止时,显示“STANDST”。

(4) 自动模式起动分油机。在自动模式操作分油机,将分油机操作模式选择开关旋至“AUTO”位置。

① 开启压缩空气系统至电磁阀组 SV1,SV4,SV5 的截止阀;

② 开启日用淡水系统至电磁阀组 SV10,SV15,SV16 的截止阀;开启供油泵前截止阀;

③ 在分油机面板上按“SEPARATION”键启动自动操作程序;供油泵自动起动;

④ 加热器自动起动;

⑤ 分油机电动机自动起动;

⑥ 当油温、油压及电动机转速达到设定值,系统自动进入分离模式,显示“SEPARATION”。

(5) 手动排渣。分油机操作模式选择开关旋至“Manual”位置,系统正常运转时,按下“DISCHARGE”按钮,系统进入排渣时序。

① SV1 动作,进油阀自动关闭;

② SV15 动作,进入水封水;

③ SV10 短时通电,进入开启水,排渣口打开排渣;

④ SV16 动作,进入关闭水,排渣口关闭;

⑤ SV15 动作,进入水封水;

⑥ SV1 动作,进油阀打开,进入正常“分油”时序。

(6) 窗口操作。控制器的显示窗口可循环显示参数信息、报警信息以及系统运行状态等信息,可通过“ENTER”按钮可选择所要显示的信息类型。

① 参数显示。

a. 按动“ENTER”按钮,使窗口显示参数信息,通过按动“+”或“-”按钮可查看更多的参数。

b. 若所显示的某一参数呈闪烁状态,表示此参数可通过按动“+”或“-”按钮进行值的改动,改动后,按一下“ENTER”按钮,参数显示停止闪动;再次按动“+”或“-”可继续查看其他信息，如再次按下“ENTER”按钮，窗口将显示其他类型信息。

② 报警信息处理。

a. 系统产生报警时，蜂鸣器会声光提示，同时控制器的红色报警指示灯闪烁；此时第一次按下控制器上“ALARM”按钮确认，蜂鸣器声光提示会停止，红色报警指示灯常亮。

b. 报警确认后，需查找报警原因，可通过按动“ENTER”按钮在显示窗口查看报警信息，通过按动“+”或“-”按钮可查看更多的报警信息(如果不止一项报警)。

c. 查看报警信息后，如故障消除，再次按下“ALARM”按钮，红色报警指示灯熄灭；如故障未消除，再次按下“ALARM”按钮，蜂鸣器将恢复声光提示，红色报警指示灯闪。

【任务评价】

(1) 会手动和自动起动分油机，直到进入正常分油状态。

(2) 会手动排渣操作。

(3) 会进行停机操作。

【课后练习】

(1) 简述 EPC-50 分油机控制系统的控制过程。

(2) 简述 EPC-50 分油机跑油故障处理步骤。

任务 4 自清洗滤器自动控制系统的认识
Task Four Knowledge of Automatic Control System of Self Cleaning Filters

【任务描述】

目前，在自动化船舶上广泛采用自清洗滤器。自清洗滤器有空气反冲式和油反冲式两种类型。本任务是以空气反冲式滑油自清洗滤器为例，说明自清洗滤器及其控制电路的组成和工作原理，掌握自清洗滤器操作方法。

【学习目标】

(1) 认识自清洗滤器自动控制系统。

(2) 会操作自清洗滤器。

【相关知识】

一、空气反冲式自清洗滤器的组成及工作原理

空气反冲式自清洗滤器的结构原理如图 3-4-1 所示。该滤器由 4 个滤筒 1、1 个旋转本体 6 以及驱动电机 2 等部分组成，滤筒中装有滤网等滤清元件。在清洗时，由电机驱动旋转本体依次对准每个滤筒。在同一时间只有一个滤筒处于清洗状态，其他三只滤筒在进行正常的过滤工作。被清洗的滤筒由旋转本体切断进油通路。此时电磁阀 S1 通电，控制活塞 9 上部空间通大气，下部空间通气源 P。经减压阀 4 送来的压缩空气，抬起控制活塞，打开控制阀 8 和排污阀 7。压缩空气进入冲洗滤筒，并从滤筒内向滤筒外冲洗，这与油的流动路线(从滤筒外向滤筒内)正好相反，故称空气反冲式自清洗滤器，被冲洗下来的污物经打开的排污阀 7 从排污口排出。大约冲洗 1 min，电磁阀 S1 断电下位通气源 P。经减压阀 3 送至控制活塞 9 的上部空间。由于活塞上面的受压面积大于下面的受压面积，使活塞向下的作用力大于向上的作用力，故把控制活塞 9 压下，关闭控制阀和排污阀，停止对该滤筒的清洗，然后起动电机 2 带动旋转本体 6 转动，并对下一个滤筒进行清洗。每当滤器

进出口压差高于某值(如 0.09 MPa)时开始清洗,当滤器进、出口压差低于某值(如 0.03 MPa)时,电磁阀 S1 不再通电,停止对滤筒的清洗。

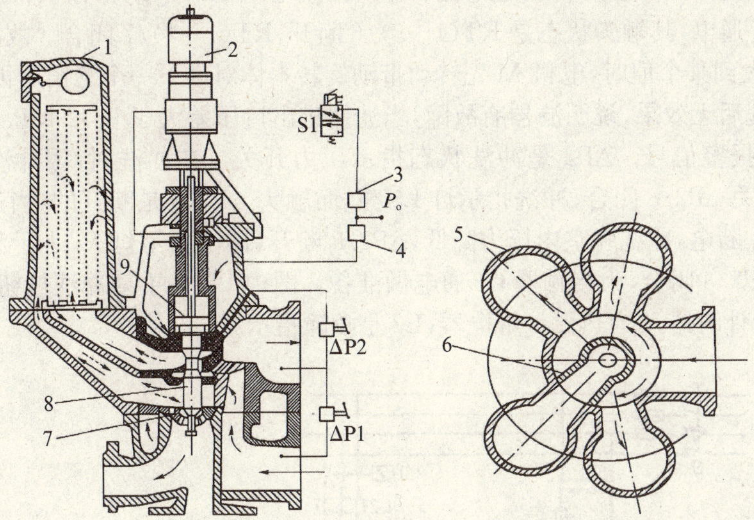

1,5—滤筒;2—驱动电机;3,4—减压阀;6—旋转本体;7—排污阀;
8—控制阀;9—控制活塞;S1—清洗电磁阀;ΔP1—进出口压差开关;
ΔP2—清洗状态指示压力开关

图 3-4-1 空气反冲式自清洗滤器结构原理

二、自清洗滤器的自动控制电路

自清洗滤器的自动控制电路如图 3-4-2 所示。合上电源主开关 S,因延时继电器 RT 还没有动作,其触头 RT(1～2)/7 断开,RT(1～3)/6 闭合,冲洗电磁阀 S1 通上路通,控制活塞 9 上部空间通大气,控制活塞下面的 0.3～0.4 MPa 的压缩空气把控制活塞抬起,打开控制阀 8 和排污阀 7,对 1 个滤筒进行清洗。冲洗 1 min 左右时间,继电器 RT 已达到延时时间动作,其触头 RT(1～3)/6 断开,T(1～2)/7 闭合。电磁阀 S1 断电下位通,控制活塞 9 上部空间通气源经减压阀 3 输出的气压信号,把控制活塞压下,关闭控制阀 8 和排污阀 7,应停止清洗。当滤器进口压差 ΔP_1 大于某值时,其压力开关 ΔP1/3 闭合。因为 ΔP2 是常闭的,所以接触器 C1/3 通电动作,触头 C1 闭合,电机 M 转动,触头 C1/6 断开,在电机转动时,电磁阀 S1 不能通电。电机 M 在转动时,凸轮开关 CS/5 闭合,维电器 R1/5 通电动作,其触头 R1/4 闭合使接触器 C1,不会因触头 RT(1～2)/7 断开而断电,即保持电机继续转动。继电器 R1 触头 R1/9 断开,时间继电器 RT 断电其触头 RT(1～2)/7 立即断开,RT(1～3)/6 闭合,为冲洗做准备。当电机驱动旋转本体转到对准下一个滤筒时,凸轮开关 CS/5 断开,继电器 R1/5 断电,其触头 R1/4 断开,接触器 C1/3 断电,触头 C1 断开切断电机 M 电源而停止转动,接触器 C1 触头 C1/6 闭合。此时虽因继电器 R1/5 断电其触头 R1/9 闭合,时间继电器 RT 通电,但它需延时 1 min 左右其触头才能动作,故 RT(1～3)/6 继续保持闭合,所以电磁阀 S1 通电,对滤筒进行清洗。当清洗 1 min 左右时,达到时间继电器 RT 的延时时间,其触头 RT(1～3)/6 从闭合状态断开,RT(1～2)/7 闭合,电磁阀 S1 断电停止清洗,接触器 C1 通电,再次起动电机 M 驱动旋转本体对准下一个滤筒进行冲洗。以后就重复上述动作，直到滤器进出口压差 ΔP_1 小于某一个值时，其压力开关 ΔP1/3 断开。接触器 C1 断电，电机 M 断电停转，C1/6 闭合为下次冲洗做准备，因电机 M 不转，开关 CS/5 是断开的，继电器 R1/5 断电，触头 R1/4 断开，而 R1/9 是闭合的，时间继电器 RT 通电，其触头状态是 RT(1～3)/6 断开，RT(1～2)/7 闭合。故滤器进出口压差 ΔP_1 再增大到某个值时，电机 M 先转动带动旋转本体对准下一个滤筒后再进行冲洗。

如果清洗后无效果，说明滤器有故障，当滤器进出口压差大于 0.12 MPa 时，报警触头 ΔP3 闭合，发报警信号。ΔP2 是冲洗状态指示压力开关。在冲洗时，因冲洗腔室内压力高，使压力开关 ΔP2/8 闭合，冲洗指示灯 L3 亮，而触头 ΔP2/3 是断开的，当达到冲洗时间时，电磁阀 S1 断电，冲洗腔室内压力降低，ΔP2/8 断开，冲洗指示灯灭，表示某个滤筒冲洗完毕，同时 ΔP2/3 闭合，为接触器 C1 通电做准备。图中 PB 是手动冲洗按钮开关，用于手动清洗。h 为计时器，e 为热保护继电器，L2 是故障指示灯。

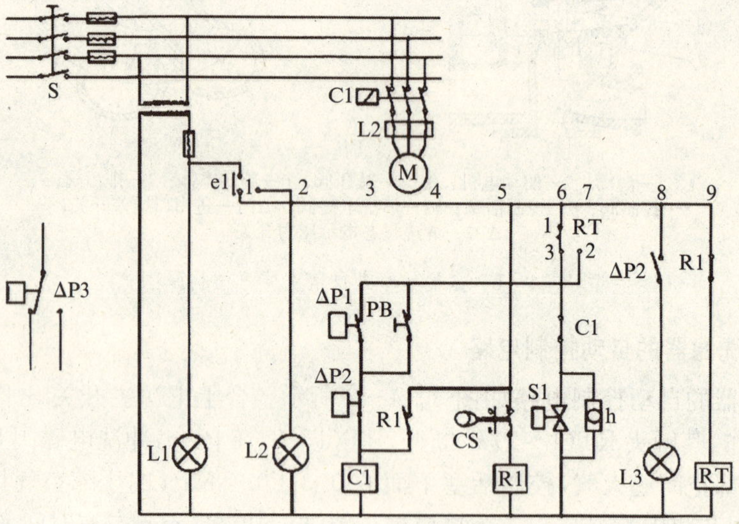

图 3-4-2　空气反冲式自清洗滤器控制电路

【任务实施】

一、任务要求

通过本操作掌握船舶自清滤器的结构、工作过程、自动控制原理，并了解典型参数设置方法。

二、任务准备

滑油自清洗滤器模拟装置 1 套，仿真计算机及其附件。

三、任务操作

1. 基本操作

起动模拟计算机，运行仿真软件。此软件用于模拟滑油自动清洗虑器的工作过程，在默认状态下液压泵和阀门都处于的开启状态。

操作过程如下：

(1) 将电源开关打到“ON”的位置，工作指示灯“ON”亮(绿灯)，滤器投入工作。观察管路里液体的流动状态(箭头指示)以及左上角时间控制冲洗的倒计时(默认 10 min)和压差不断升高的指示(初始值为 0.2 bar)。

(2) 系统触发自动发冲洗的条件有两种:其一为滤器滑油进出口压差达到设定值(默认为 0.8 bar),其二为自动反冲洗时间倒计时至"0",当满足这两个条件任意一个时,系统开始自动反冲洗程序。电动机转动,其运行指示灯(绿灯)亮,带动分离筒依次转动到冲洗位置(相应红色指示灯亮),同时排渣柱塞移动到排渣的位置,表示各个分离筒按顺序进行反冲洗。

(3) 冲洗完毕后,电动机及分离筒的指示灯灭,排渣柱塞回位。在实际的系统中电动机停止依靠的是限位开关,因此在下一次排渣时电动机要反向旋转(分离筒指示灯的旋转方向与前一次相反)。

(4) 手动冲洗可以通过按下仿真软件界面的冲洗按钮或者模拟面板下部的蓝色冲洗按钮实现。

2. 参数设定

本系统可以实现的参数调节功能包括时间控制(P_2,P_3)、排渣的时间(P_4)、压差控制(P_{13})的功能。参数调节方法如下:

(1) 单击模拟软件上的电源开关系统开始运行,软件界面的左上角的蓝色框内显示冲洗时间的倒计时,默认时间为 600 s,当计到 0 时,开始强制冲洗。当冲洗完毕后,重新计时。控制液晶屏上的显示器上显示的是操作的信息,当调节参数的时候显示的是参数的类型与具体的值。

(2) 时间控制 P_2(h)参数的设定。双击参数显示器下方的中间设定按钮,这时运行指示灯(绿灯)灭,设定指示灯(黄灯)亮;单击上翻或下翻按钮选择需要设定的参数 P_2,单击中间的设定按钮,此时运行指示灯(绿灯)闪烁,即可对具体的参数设定指定的值。

(3) 单击上翻或下翻按钮选择需要设定的小时数(默认是 0,范围是 0～59),再次单击中间的设定按钮,设定完毕,此时运行指示灯灭(停止闪烁);如果要继续对其他的参数进行设定,可再次单击上翻或是下翻按钮,依照(2)的操作即可。

(4) 参数设定完后,双击中间的设定按钮,设定指示灯(黄灯)灭,工作指示灯(绿灯)亮,设置的参数生效,参数设置完毕。

各参数意义如下:

P_2:冲洗间隔时间,设定区间 0～59 h;

P_3:单缸冲洗时间,设定区间为 0～59 min;

P_4:排渣的时间,设定区间为 5～100 s;

P_{13}:自动冲洗压差设定值,区间为 0～1.0 bar(间隔为 0.2 s)。

【任务评价】

(1) 会开启自清洗滤器控制系统。

(2) 会手动操作自清洗滤器系统。

(3) 会调整自清洗滤器系统参数。

【课后练习】

(1) 如果自清洗滤器装置不停地清洗怎么办?

(2) 如果冲洗状态指示压力开关 ΔP2 不动作会怎样?

任务5　阀门遥控及液舱遥测系统的操作及维护

Task Five　Operation and Maintenance of Valves Remote Control System and Tanks Telemetering System

【任务描述】

根据国际规范的要求和船舶自动化程度的提高，采用先进自动化技术的船舶阀门遥控及液舱遥测系统已经在各类型新造船舶中得到广泛应用。阀门遥控系统主要用于监控船舶压载水系统、舱底水系统以及货油装卸系统等管路上的遥控阀门状态，液舱遥测系统则主要用于监测船舶各压载舱、淡水舱液位以及船舶吃水状态。对于新造液货船舶，包括原油船、成品油船、化学品船等，为了达到密闭装卸的要求，液舱遥测系统不仅需要监测液舱内的液位，还要随对监测舱内的温度、气体压力、液货密度、重量等参数，以确保船舶装卸与航行的安全和液货质量。

阀门遥控系统的阀门驱动方式一般有电动、液压和气动三种。在机舱舱底、管隧等潮湿环境和油船上的危险区域，一般不采用电动方式。气动装置结构简单、造价低，即使泄漏也不污染环境，可以利用船上压缩空气系统的气源，比较适用于中、小型船舶。由于气源压力有限，驱动器体积较大，气动遥控阀工作时有冲击性，难以保持中间开度，空气中的水分会造成气功元件锈蚀。根据船舶建造规范，油船油舱内不能使用气动驱动器，因此，目前船舶阀门遥控系统主要采用液压方式。

液舱遥测系统根据船舶液舱传感器采集到的电信号满足所有液舱参数的测量要求。目前用于液位测量的方法主要有压力传感器式和雷达式。为了减少安装于液舱中传感器的数量，可以根据需要选用集测量温度、压力以及液位等参数于一体的多功能传感器构成完整的液舱遥测系统。

本任务是掌握阀门遥控及液舱遥测系统的操作及维护。

【学习目标】

(1) 认识阀门遥控系统的组成及原理。

(2) 认识液舱遥测系统的组成及原理。

(3) 会操作及维护阀门遥控及液舱遥测系统。

【相关知识】

一、阀门遥控系统的组成及基本工作原理

1. 阀门液压集中控制系统

阀门液压集中控制系统一般由液压泵站、电磁换向阀组、控制箱、液压执行机构、阀位指示器等部分组成，如图3-5-1所示。由于该类型控制系统中所有阀门的开闭均由液压泵站提供的液压油实现，采用集中控制，无论几个阀门需要开闭，都需要起动液压泵，

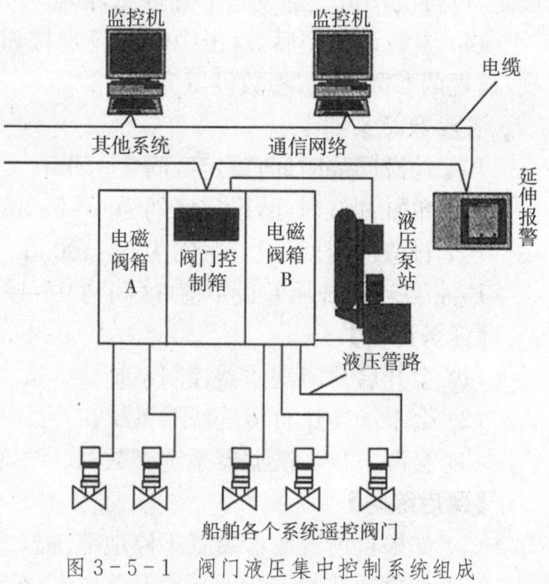

图3-5-1　阀门液压集中控制系统组成

控制管路长而且复杂，容易泄漏而造成污染，如果液压泵站出现故障，整个系统将无法工作。对于离液压泵站较远的阀门由于管路中存在较大的压力损失，不利于阀门的开闭。

液压原理如图 3-5-2 所示。在液压泵站中通常装有气囊式蓄能器，与单向阀、压力继电器构成保压回路以补充系统的内泄漏，并且在液压泵出现故障时作为应急油源。

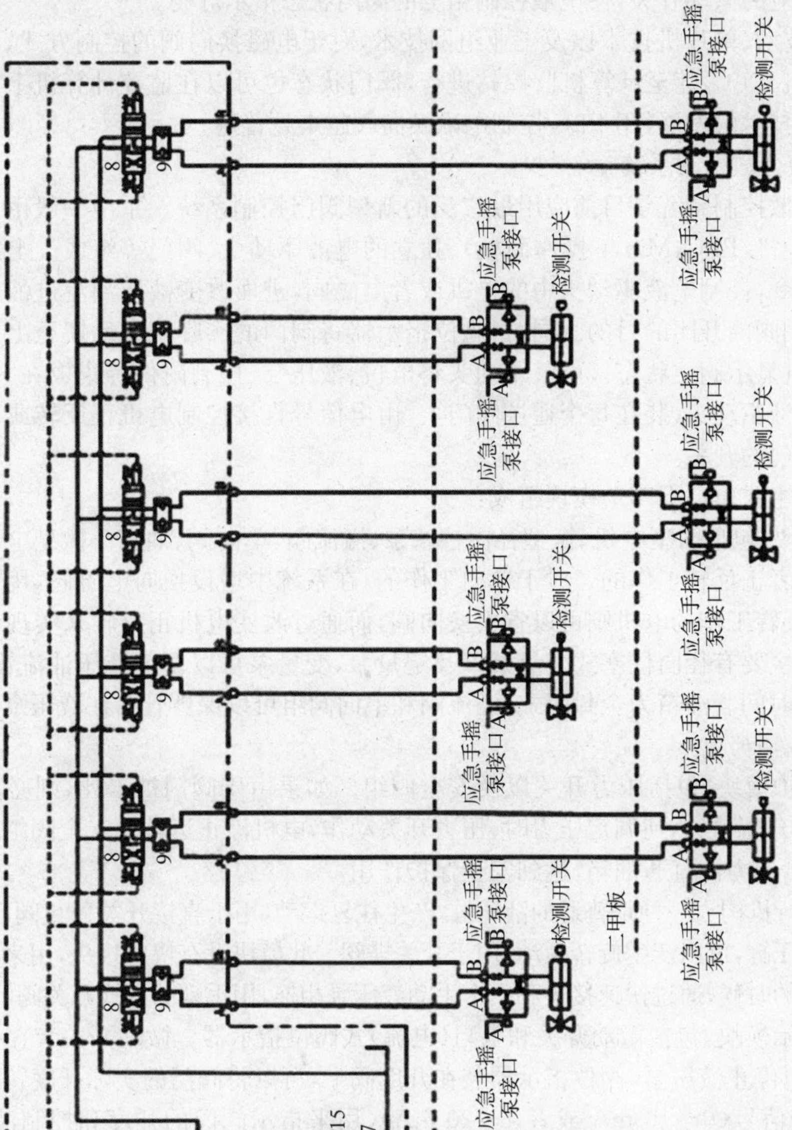

1—控制箱；2—压力表；3—储能器；4—截止阀；5—压力传感器；6—压力继电器；7，17—滤器；8—电磁阀；9，11—单向阀；10—溢流阀；12—电动机；13—液位继电器；14—液压泵；15—应急手摇泵；16—油箱；

图3-5-2　液压原理

操作人员通过控制电磁换向阀改变进入液压执行机构液压油流动的方向，以达到控制阀门开闭的目的。当电磁阀两端电磁铁均断电，阀心处在中位时，液压锁可将液压执行机构两端油路无泄漏封闭，锁住阀门。

在阀位指示器上装有两个微动开关，当阀门处在全开或者全闭位置时，阀位指示器上的摆动杆压合相应的微动开关，使电液控制箱上的阀门状态指示灯亮。

结合 PLC 技术、单片机技术以及工业组网技术，对于电磁换向阀的控制方式，可以通过继电器、单片机、PLC，甚至计算机监控站进行，阀门状态也可以在监控计算机上得到体现。随着自动化技术的发展，用 PLC 控制电磁换向阀越来越普遍。

2. 阀门电液分散控制系统

阀门电液分散控制系统是目前应用最广泛的新型阀门控制系统。系统一般由上层控制设备(包括工控机，PLC，Mimic 操作面板)、独立的电液驱动头、阀门等组成。上层控制设备发出控制指令，控制电液驱动头中的电机或者电磁阀，进而改变液压油流进液压执行机构的流向，达到阀门开闭的目的。同时，阀位指示器将阀门的实际状态反馈至上层控制设备，通过指示灯显示阀位状态。电液驱动头将电机、液压泵、控制附件等集成在一起，组成小型的独立电液驱动头，装在每个遥控阀门上，由电信号直接控制电机正反转或者电磁阀通位来控制阀门的开关。

电液驱动头主要由以下四个模块组成：

(1) 动力模块，包括微型电机、微型径向柱塞泵、溢流阀、单向阀、油箱。微型电机可以选择单向工作或者正反转工作的。对于单向工作的，在系统中增设换向电磁阀，用于改变液压油流向；正反转工作的电机则可以省去换向阀，而通过改变电机正反转来实现油流向的改变。液压泵主要有径向柱塞式变量泵以及定量泵，变量泵可以调节液压油流量，进而改变阀门启闭的时间。油箱为全封闭式，溢流阀和单向阀组可以保证管路在液压泵停止工作时也充满油液。

(2) 安全保护模块，包括压力开关以及安全阀组。如果由于阀门被卡死，则必然导致开关阀门时压力升高，当达到调定压力时，压力开关动作，电机停止运转。安全阀组在压力异常升高时开启，压力油直通油箱，达到安全保护作用。

(3) 液压执行机构。一种是普通的液压缸，产生往复运动，用于直接开关截止阀；一种是齿轮和齿条的液压缸，可以产生旋转运动，用于开关蝶阀。此模块设有快速接头，用来在电液控制器不能工作的时候，通过快速接头和一个手动液压泵相连，用手动的方式开关阀门。

(4) 阀位指示模块，包括微动开关和电阻(电流)式阀位指示器。微动开关装在开关阀上，用于在到位时停止液压泵，阀位指示器装在开度阀上，可以将阀门的实际开度转变为标准的电阻(电流)信号(0～10 mA 或者 4～20 mA)，用来指示阀门的开度和控制液压泵。阀门电液分散控制系统采用与液压集中控制系统完全不同的控制模式，采用分散控制，各个控制单元彼此互不相关，一个控制单元损坏不会影响其他控制单元的工作，可靠性得到极大提高。另外，液压控制单元采用集成制造工艺，不存在管路、系统中油液较少，也基本上不存在泄漏，污染很小。

二、液舱遥测系统

1. 液舱遥测系统的组成及原理

一般液舱遥测系统由信号处理单元、操作单元、显示器、打印机、压力/温度传感器或者雷达式加压力、温度传感器组成，如图 3-5-3 所示。现在很多液货船要把燃油舱的信息传送至机舱集中操作台，则可选用分散式显示仪表显示燃油舱的液位、温度、重量、容积等，便于轮机部门及时了解燃油舱的燃油消耗情况。根据要求，系统还可提供安装在甲板上的就地指示器以便装卸时就地读出。由于船舶自动化程度日益提高，越来越多的船舶所有人要求在驾驶室配置终端计算机，使当班驾驶员能在驾驶室直接了解船的实时装载、吃水、稳性等各种状态，因此，系统提供计算机网络功能，可随时连接多个终端。在当代最新开发应用的全船自动化系统中，也把测量系统能通过网络功能作为液货管理和船舶受力及稳性监测计算机子系统加入到全船监控系统中。

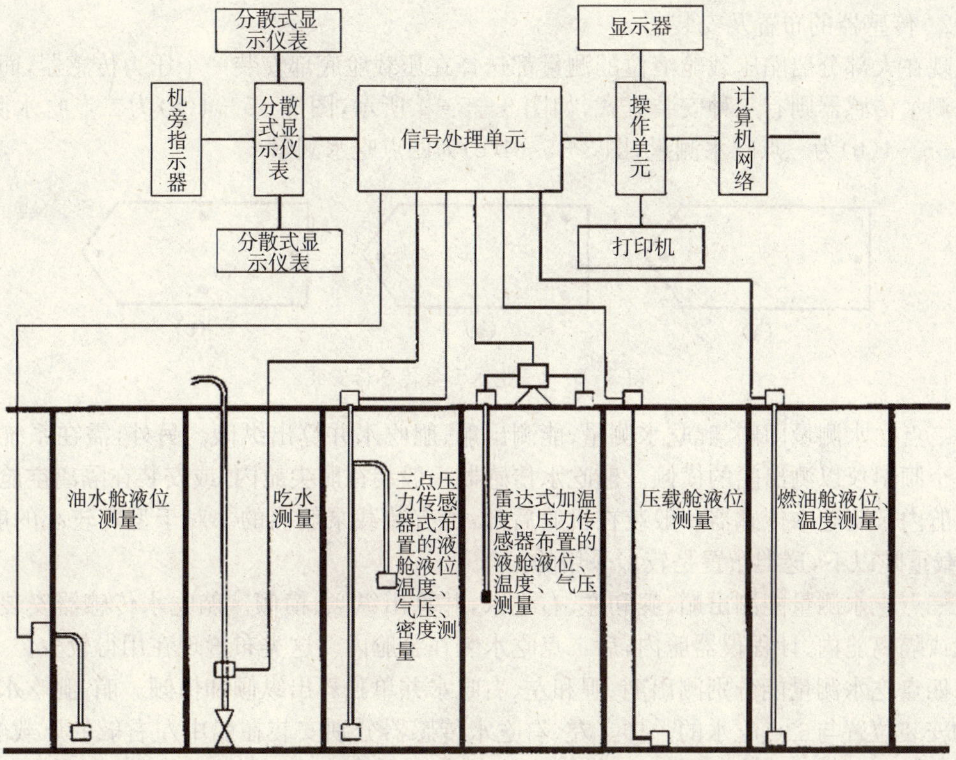

图 3-5-3　液舱遥测系统组成

(1) 信号处理单元由不间断电源、接口板及控制器等构成。其硬件和软件均为智能化模块设计，能与不同类型的传感器接口连接，输出各种数字和模拟信号。控制器一般采用工业用单机或者 PLC。信号处理单元的主要功能是：根据操作单元的指令，依次扫描每个舱的传感器信号，通过接口板进入控制器进行信号判别处理，计算后送入操作单元。同时，还根据采得的信号，对传感器标定自检，确保送入操作单元的信号有效。如发现信号异常，则给出传感器或电缆异常的报警信号，以确保系统的安全运行。

(2) 通常操作单元为一台特制的船用 PC 兼容机或者工业 PC，配备工业键盘、鼠标和显示器。基于 Windows 操作系统和 TCP/IP 局域网络协议，安装有液舱遥测系统监控软件，人机界面采用层次化、模块化设计，切换界面可以得到所有监测数据，简单易懂，有利于船上操作人员上机操作。另外，操作单元时刻与信号处理单元通信，对信号处理单元送来的数据信号进行处理、计算并编制成表格、图像后送至显示器和打印机。操作单元还具备网络功能，可以连接其他终端或与全船自动化系统联网。

(3) 彩色显示器。显示器为高密度彩色显示器，用来显示所有的图形、数据、报表和报警等。

(4) 打印机用来打印所需的数据、表格，尤其能打印各种配载方案，装卸货报表，以便归档保存。

(5) 传感器是液舱遥测系统中最为基本的组成部分。根据测量参数以及测量区域不同，传感器的选型以及布置都有所不同。测量区域及参数包括压载舱的液位，船舶吃水，船舶液货舱的液位、温度、压力等。

2. 传感器的布置及安装

现在大部分船舶压载舱液位的测量都选择在压载舱底部安装一个压力传感器，而船舶吃水测量传感器则有三种安装方式，如图 3－5－4 所示，图 3－5－4(a)为二点吃水测量；图 3－5－4(b)为三点吃水测量；图 3－5－4(c)为四点吃水测量。

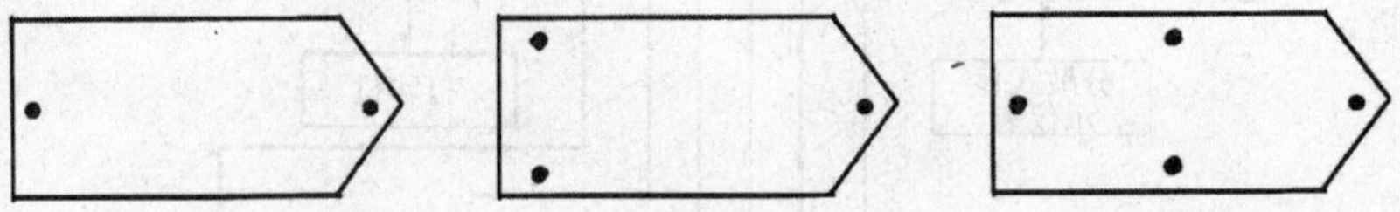

图 3－5－4　吃水测量传感器安装

二点吃水测量即艏、艉吃水测量，能测出艏、艉吃水并算出纵倾。另外，需在系统内安装一个倾斜仪以测出船的横倾。艏吃水传感器一般装在艏尖舱内，或安装在隔离空舱或计程仪舱内。艉吃水传感器一般装在机舱后部，也有装载泵舱内的。对于型宽较小的船，如 2 万载重吨以下，这类布置是较多采用的。

三点吃水测量能测出艏、艉和左、右吃水，并算出纵倾、横倾。艏吃水传感器安装在艏尖舱或隔离舱内、计程仪器舱内，后二点吃水装在泵舱内。这类布置现在用得较少。

四点吃水测量能分别测出艏、艉和左、右吃水并单独算出纵倾和横倾。艏、艉吃水传感器的安装位置与二点吃水的一样。左、右吃水传感器分别安装在船中左右舷的压载舱内。2 万载重吨以上的船舶几乎都采用这种布置方式。通过四点吃水测量还能直接观察到船体的中拱或中垂现象。

液货舱由于要求监测舱内的液位、温度和气压，传感器的布置选型稍微复杂，主要有压力传感器式和雷达式这两种典型的布置方式。

1) 压力传感器方式

如图 3－5－3 所示，1 个液舱内装有 3 个压力/温度传感器，Pt100 高精度温度传感器附装在压力传感器内，此 3 个传感器组合可测得舱内的液位、温度、气压和密度。

顶部传感器装在液舱的顶部，测量舱内的气压和气体温度。底部传感器装在液舱后壁离底部 60 mm 处，测量舱内的液位和温度。在船舶卸货时，由于艉倾，当液位显示“0”时，标明舱内基本达到干舱。

系统能测量密度，也就能自动计算装载重量，而不像无密度测量功能的系统，在计算重量时必须人工输入密度，而且有些液货密度的温度系数很大，因此很难得到高精度的重量计算结果。

对于当代多品种化学品船，绝对不允许货品混淆，有了实际密度测量，即可在系统中设密度报警。在装货时，一旦实际密度超过设定密度的极限即给出报警，提醒当班人员核查，以避免更严重的混装事故。

2）雷达方式

雷达测量器装在甲板上（如图 3－5－3 所示）。如果只需测量舱内的液位，雷达式的安装工作要比压力传感式的简单。但现代液货船的船员不仅要知道液舱内的液位，还要知道温度和气压，因此，除了雷达测量器外，还要在舱内安装温度探头及其保护管和舱内气体压力传感器。雷达测量器需布置在离舱内的结构件如侧壁肋骨等尽量远的地方，以避免干扰波的影响，并在相应的舱底要留出约 1 m 直径的平整面积，以确保雷达波能直接反射至雷达测量器。

液舱传感器有多种形式的安装方式可供选择，有舱内安装、舱外安装、舱的顶部安装或者侧边安装，安装形式如图 3－5－5 所示。

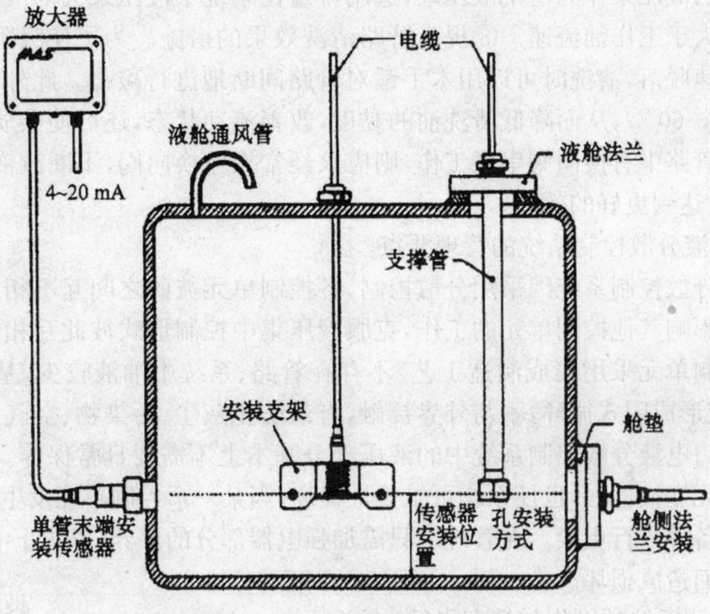

图 3－5－5 液舱传感器安装

【任务实施】

一、任务要求

（1）会管理阀门液压集中控制系统。

（2）会管理阀门电液分散控制系统。

二、任务操作

1. 阀门液压集中控制系统的管理要点

液压元件及其管路是阀门液压集中控制系统最易出现故障的部分。由于控制管路长且复杂，采用集中控制，若液压泵站出现故障，整个系统将无法正常工作，因此在管理中应该注意以下几点：

(1) 每次起动液压泵前,应该检查油箱中的油位情况,注意油的颜色、黏度是否正常,检查阀门的开启和关闭情况是否正确,防止因阀门的误操作而损坏设备。

(2) 起动液压泵后,注意倾听声音是否正常,检查油压是否正常,系统是否存在漏油,通过观察滤器压差指示判断滤器是否脏堵。

(3) 对于液压管路中的阀门应该注意操作方法,采用缓慢开、关阀门的方法,尽量减少液压冲击,从而保护液压管路。

(4) 注意控制液压油的污染,滤器定期清洗,补油时应该对新油过滤后再加入油箱。

(5) 对于液压泵站中有蓄能器的,一般每半年检查一次蓄能器的气压,当压力不足时必须及时补气。

(6) 定期检查液压泵站,采用专门的液压泵及清洗油对管路进行清洗。为了提高清洗质量,应该注意以下几个问题。①管路清洗的条件。当清洗管路时,应该检查系统的气密性。同时也应把循环油柜清洗干净,并且检验合格。对有关设备和较精密的元件,可以采用临时跨接管进行串联,使清洗油在管内循环流通。②管路清洗泵及清洗油的选用。尽量不用原系统中的液压泵作为清洗液压泵,选用排量比系统中液压泵大的液压泵进行清洗,使清洗油流速大于工作油流速。③提高管路清洗效果的措施。为了使吸附在管路内壁的机械杂质能迅速脱落,清洗时可以用木手锤对管路间断地进行敲击。此外,清洗油最好能预先加热至 45～60 ℃,从而降低清洗油的黏度,改善流动状态,还可使杂质溶解在清洗油内。如果清洗管路中有换向阀串联工作,则应该经常操作换向阀,不断改变管路中清洗油的流向,使清洗达到更好的效果。

2. 阀门电液分散控制系统的管理要点

阀门电液分散控制系统因采用分散控制,各控制单元彼此之间互不相连,一个控制单元的损坏不会影响其他控制单元的工作,克服液压集中控制形式彼此互相影响的缺点,可靠性提高。控制单元采用集成制造工艺,不存在管路、系统中油液较少,基本上不存在泄漏,工作时油液形成闭式循环,不与外界接触,有效防止灰尘、污染物、空气、化学物质侵入系统。所以阀门电液分散控制系统中的液压部分基本上不需要日常保养。集成化的模块式结构使得单元互换性强,也使系统可维修性提高,当某一个控制单元发生故障时,可以十分方便地采用备件进行更换。在管理中只需加强电器部分的保养,以防止电气设备浸水或者产生过电压而造成损坏。

3. 液舱遥测系统的操作与管理指导

各个传感器能否正常工作是液舱遥测系统获得实时数据的关键,因此,在对液舱遥测系统的管理中应该加强对传感器的管理。需要注意以下几个方面的问题:

(1) 经常调整各传感器的零点,使显示数据更加准确,每次调整零点后要进行备份,以防止信息丢失。

(2) 各舱室在装入液体物质前应经常仔细检查各传感器的连接及密封情况,以防止因密封不好造成传感器不能正常工作或损坏。

(3) 对于上位监控机,应该严格按照说明操作,不按与系统无关的各功能键、组合控制键,虽然系统有很大的容错功能,但也有限度,乱操作有可能造成死机或不可预测的结果。

(4) 保证至少有一套系统软件的备份,一旦系统文件丢失或出现其他事故,可以尽快恢复。

(5) 在进行其他维修工作时应该注意保护通信电缆,否则会造成严重的后果。

【任务评价】

(1) 会操作与管理阀门遥控系统。

(2) 会操作与管理液舱遥测系统。

【课后练习】

(1) 简述遥测传感器的种类和安装位置。

(2) 简述液舱遥测系统的组成。

任务6 船舶蒸汽锅炉自动控制系统的认识、维护及常见故障分析
Task Six Knowledge of Marine Steam Boiler Automatic Control System and It's Maintenance and Common Fault Analysis

【任务描述】

锅炉是船舶动力装置最早实现自动控制的设备之一。它包括水位的自动控制、蒸汽压力的自动控制、锅炉点火及燃烧的时序控制和自动安全保护等。

在蒸汽动力装置中,船用锅炉称为主锅炉,它所产生的蒸汽用来驱动船舶主机,如汽轮机等,它的蒸发量较大、蒸汽压力较高,对水位和蒸汽压力要求比较严格,水位和蒸汽压力不允许有较大的波动。对主锅炉一般都采用带有积分作用的调节器所组成的定值控制系统加以控制。在内燃机动力装置中所使用的锅炉称为辅锅炉。其中,大型油船辅锅炉所产生的蒸汽要如加热货油,驱动货油泵及其他甲板机械,其蒸发量和蒸汽压力都比较大。它的工作特点接近主锅炉。柴油机货船辅锅炉所产生的蒸汽仅用于加热柴油机所需用的燃油、滑油及船员生活。它的蒸发量小(一般小于 5 t/h)、蒸汽压力低(一般低于 1.0 MPa),对水位和蒸汽压力的波动要求不严格,一般采用双位控制。

通过前面的介绍可以看出,柴油机货船辅锅炉和柴油机油船辅锅炉的工作特点是很不相同的。本任务将分别介绍柴油机货船和柴油机油船辅锅炉水位和蒸汽压力的控制特点,还介绍柴油机货船辅锅炉的燃烧时序控制系统。掌握船舶蒸汽锅炉自动控制系统的维护及常见故障分析。

【学习目标】

(1) 认识锅炉自动控制系统的组成及原理。

(2) 认识锅炉自动控制系统的燃烧时序。

(3) 会维护船舶蒸汽锅炉自动控制系统及对常见故障分析。

【相关知识】

一、柴油机货船辅锅炉水位自动控制

1. 柴油机货船辅锅炉水位控制特点

柴油机货船辅锅炉由于蒸发量小、蒸汽压力低,为简化其控制系统,一般对水位进行双位控制,当水位下降到允许的下限水位时,自动起动给水泵向锅炉供水。锅炉水位会逐渐升高。当锅炉水位达到允许上限水位时,自动停止给水泵的工作,停止向锅炉供水。因此,锅炉在工作期间,其水位在允许的上、下限之间波动,不稳定在某一个水位上。这种对锅炉水位进行双位控制的过程比较简单,故略。下面介绍电极式双位水位自动控制系统,其原理如图 3-6-1 所示。

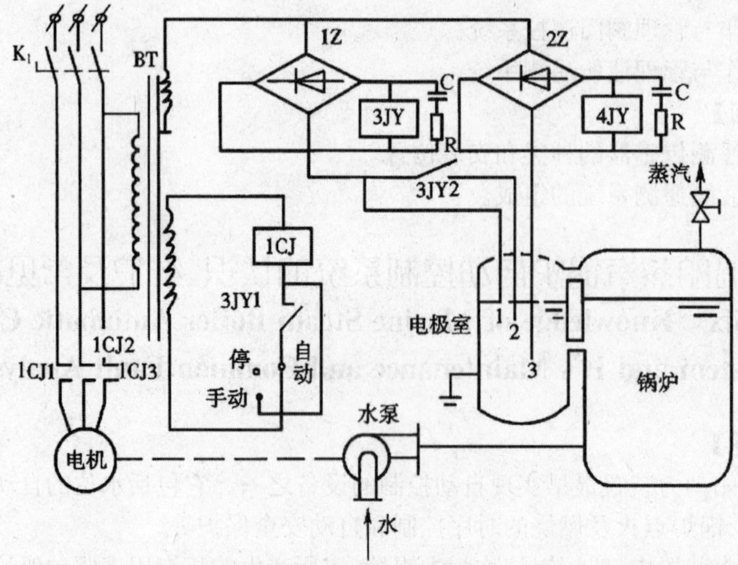

图3-6-1 电极式双位水位控制系统原理

电极式双位水位控制系统是在锅炉的外面装设一个电极室，它分别与锅炉的水空间和蒸汽空间相通，故电极室中的水位与锅炉水位一致。由于锅炉水有一定的盐分，所以它是导电的，电极室中插有三根电极棒，其中，电极1,2分别控制允许的上、下限水位；电极3用于危险低水位报警。1Z和2Z是二极管桥式整流电路。由变压器次级绕组输出的24 V交流电压经1Z,2Z,电极1,2,3,锅炉水及电极室接地的壳体，构成交流通路，经1Z和2Z整流成直流电作为电器3JY和4JY的电源。当水位下降到允许的下限水位时，电极1和2均露出水面，切断1Z的交流通路，继电器3JY断电，其常闭触头3JY1闭合，接触器1CJ通电动作，其常开触头1CJ1～1CJ3闭合，起动电机并带动给水泵向锅炉供水，水位不断升高。由于继电器3JY的常开触头3JY2已经断开，所以当水位超过电极2时，1Z的交流通路仍然是断开的，3JY保持断；泵继续向锅炉供水。当水位达到上限允许水位时，电极1和2均浸在水里，使二极管桥式整流电路1Z构成交流通路，继电器3JY通电，常闭触头3JY1断开，接触器1CJ断电，其常开触头1CJ1～1CJ3断开，电机断电停转，停止向锅炉供水，水位会逐渐下降。由于继电器3JY的常开触头3JY2已经闭合，故继电器3JY不会因电极1露出水面而断电，即不会马上起动给水泵向锅炉供水。只有水位下降到下限允许水位，电极2露出水面时，继电器3JY才会断电，水泵才能向锅炉供水。显然，调整电极1,2的位置可调整锅炉的上、下限水位。一般来说，在允许波动的范围内，电极1和2之间的距离不要调整得太小，否则给水泵电机起停频繁，影响使用寿命。如果给水泵有故障，当水位下降到下限水位，电极2露出水面时，水泵不能向锅炉供水，水位会继续降低。当水位降低到危险低水位时，电极3露出水面，切断2Z的交流电通路，使继电器4JY断电，发出声光报警，同时会自动停炉。

2. 管理要点及常见故障的分析方法

一般辅锅炉都装有两个电极室：一个工作，另一个备用。电极室由于长期被使用，其中水的纯度会提高，电极及电极室壳体会结水垢，使电极及电极室的导电性能降低。因此，电极室要定期放水和清洗。清洗前，要转用备用电极室，然后关闭电极室与锅炉水空间和汽空间相通的截止阀，再打开电极室底部的放水阀放掉电极室中的水。拔出电极，打开电极室上盖，清洗电极室壳体上和电极上的水垢。同时，检查电极与电极室上盖之间的绝缘是否良好，如果绝缘不好，更换绝缘材料。电极室装复后，打开与锅炉汽和水空间相通的截止阀，电极室的水位与锅炉的实际水位一致。

二、油船辅锅炉水位自动控制

1. 油船辅锅炉水位控制的特点

锅炉在运行期间，炉水中有一部分是汽泡，这种汽泡不断在受热面上形成，随后脱离受热面升起并进入锅炉的蒸汽空间。对于现代船用锅炉，水面下的总蒸汽量可达到全部水容积的15%～20%。水面下的蒸汽总量与锅炉的蒸发量和气压有关，蒸发量越大，气压越低，水面下的蒸汽总容积就越大。因此，锅炉在稳定工况时，水位与水面下的蒸汽容积有关。锅炉在过渡工况时，水位不仅受蒸发量和给水量的影响，而且还受水面下蒸汽容积变化的影响。特别是在负荷突然变化的短时间内，水位的变动主要取决于水面下蒸汽容积的变化。这是因为锅炉在运行时，炉水温度接近于锅炉压力下的饱和蒸汽温度。假如蒸汽流量突然增大，而炉膛中的燃烧情况还未来得及随之变化，锅炉气压就要降低，蒸汽的饱和温度也随之下降，这样会使水面下蒸汽比容增大，造成水面下蒸汽总容积增大；另一方面，由于炉水变成过热水，将产生更多汽泡也使水面下蒸汽容积增大。由于这种自蒸发现象，尽管在蒸汽流量大于给水量的情况下，水位却虚假地上升。反之，当锅炉负荷突然减小时，尽管给水量大于蒸汽流量，水位会虚假地下降。

1）锅炉水位的双冲量控制

仅仅根据锅炉水位来控制给水阀开度的控制系统称为单冲量水位控制，它是连续给水自动控制中最简单、最基本的一种形式。在蒸汽压力较高、负荷变动较大、炉水容积相对较小的情况下，只用单冲量水位控制会在短时间内加大蒸汽流量与给水量之间的差值，这时采用双冲量的水位控制对克服虚假水位能取得良好效果，其控制原理如图3-6-2所示。它的检测装置有两个：一个是检测水位变化的水位冲量信号3；另一个是检测蒸汽流量变化的蒸汽流量冲量信号4。这两个冲量信号都被送到双冲量调节器5。蒸汽流量信号是前馈信号，它与扰动变化大小成比例，控制作用在扰动发生的同时就产生，而不是等到扰动引起被控量发生波动后才产生，因此采用前馈控制可以改善控制的质量。对于双冲量给水自动控制系统，当蒸汽流量发生变化时，给调节器发去一个信号，使给水量和蒸汽量同方向变化。因此，可以减小或抵消由于虚假水位现象而使给水量与蒸汽流量相反方向变化的误动作，使调节阀一开始就向正确的方向移动，从而减小给水量和水位的波动，缩短调节时间，可以改善水位的控制品质。

船用水管主锅炉，常采用双冲量，甚至是三冲量（水位、蒸汽流量和给水量作为调节器的输入量）的给水调节器。而船用辅锅炉，大多数采用单冲量或双冲量水位控制系统。

2）水位自动控制中的双回路给水

油船锅炉给水系统通常由汽轮机给水泵大热水井把水抽出来，经给水调节阀打进锅炉里。控制给水量可通过改变给水阀的开变实现。通过给水阀的给水流量G与给水阀的流通面积F和给水阀前后压差ΔP有关，它们之间的关系为

$$G = \mu F \sqrt{\Delta P}$$

式中：μ 称为流量系数，给水系统选定以后是一个常数。改变给水阀的开度实际上就是改变给水阀的流通面积 F。从上式可知，只有在给水阀前后压差 ΔP 基本不变的情况下，给水流量 G 才能与给水阀的流通面积 F 成比例。但对汽轮机给水泵来说，如果蒸汽调节阀开度不变，则泵的排量基本不变，不管开大或关小给水阀，进入锅炉的给水量基本上是不变的，因此，仅仅改变水阀的开度往往达不到控制给水量的目的。这样，锅炉水位连续自动控制系统除了具有根据水位偏差和蒸汽流量双冲量来控制给水阀开度的水位控制回路外，还应设有维持给水阀前后压差恒定的给水差压控制回路。这样，给水量就直接与给水阀的开度成比例。其控制原理如图 3-6-3 所示。

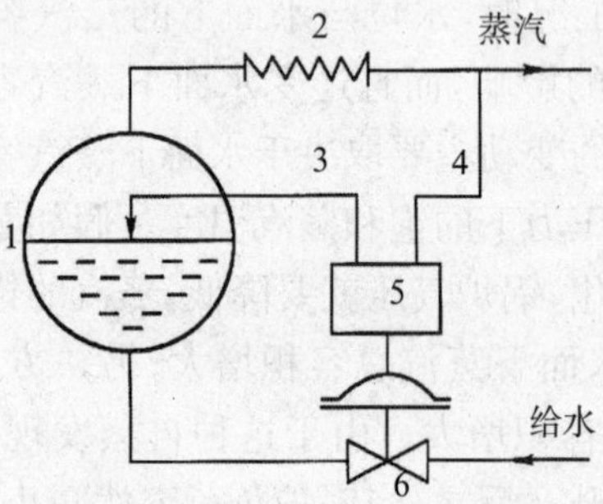

1—锅炉水位测量室；2—过热器；
3—水位冲量信号；4—蒸汽流量冲量信号；
5—冲量调节器；6—进水调节阀

图 3-6-2　双冲量给水控制原理

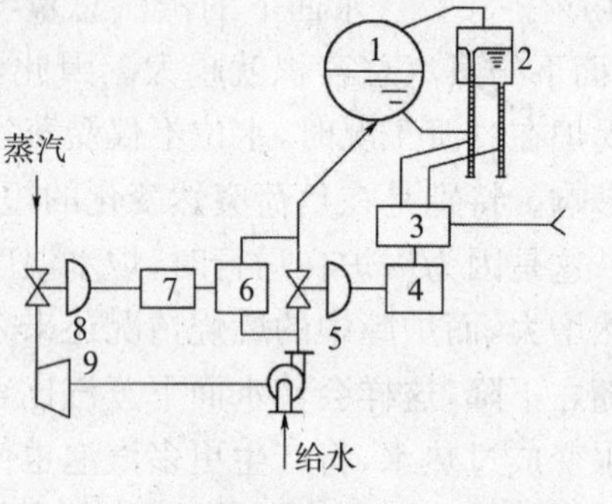

1—锅炉；2—参考水位罐；3—差压变送器；
4—水位比例积分调节器；5—给水调节阀；
6—差压变送器；7—比例积分调节器；
8—蒸汽调节阀；9—透平给水泵机组

图 3-6-3　双回路水位控制系统工作原理

若锅炉水位低于给定值，水位比例积分调节器 4 输出的控制信号开大给水调节阀 5。由于给水阀开大使其前后压差减小，给水差压调节器输出的控制信号开大蒸汽调节阀 8，提高汽轮机给水泵的转速，使给水阀前后压差保持恒定。有的锅炉还有给水温度控制，如果给水系统用除氧器代替给水加热器，则还要有除氧器压力和水位控制。

2. 油船辅锅炉水位自动控制系统的组成及工作原理

某油船辅锅炉给水控制采用的是双冲量水位自动控制系统，在系统中还设有给水差压控制回路，如图 3-6-4 所示为该水位自动控制系统原理。

此锅炉水位自动控制系统主要是由水位差压变送器 1、水位调节器 2、气动计算器 3、蒸汽流量变送器 4、给水调节阀 5、给水差压变送器 6、给水差压调节器 7 等主要部分组成。锅炉水位的变化是由气动变压变送器 1 测量的；蒸汽流量的变化也就是锅炉负荷的变化，则由蒸汽流量变送器(气动差压变送器)来测量。系统中水位变送器 1 的作用是将锅炉水位的变化量转变成标准气压信号送到气动水位调节器 2 中。水位调节器的作用是将变送器 1 的输出信号经比例积分的反作用处理后，送到气动计算器的通道 A 中。气动计算器具有如下功能：

$$P = B + K(A - C)$$

式中：P 为计算器的输出气压信号；A 为锅炉水位调节器的输出信号；B 为蒸汽流量变送

器的输出信号；K 为系统常数，此处 $K=2$；C 为仪表制造常数，本仪表为 50%(0.06 MPa)。如果锅炉的负荷保持不变，则蒸汽流量变送器输出的气压信号 B 将是一个恒定值，此恒定值使给水控制阀在计算器的作用下有一个相应的开度，以保持恒定的水位。而这恒定的水位要保持在锅炉正常水位的中间值，水位调节器的输出必须是在 50%的值上(0.06 MPa)，故有 $K(A-C)=2\times(50-50)=0$。

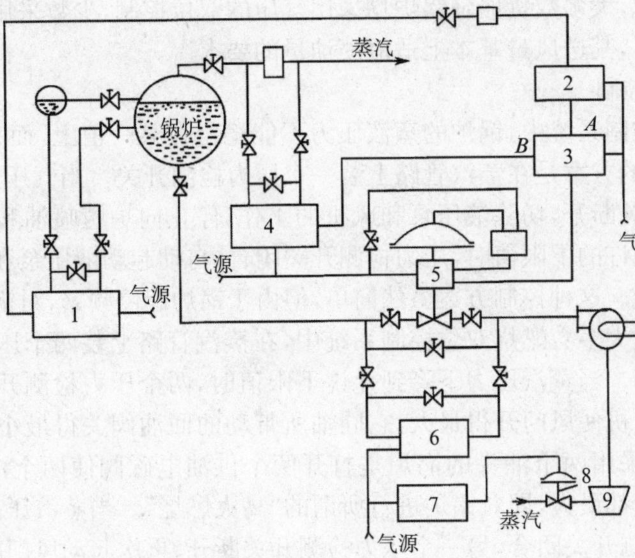

1—水位差压变送器；2—水位调节器；3—气动计算器；4—蒸汽流量变送器；
5—给水调节阀；6—给水差压变送器；7—给水差压调节器；8—蒸汽调节阀；9—涡轮给水泵机组

图 3-6-4 锅炉水位自动控制系统原理

由此可见，在锅炉负荷不变的条件下，锅炉的正常供水量仅取决于锅炉的负荷量，也就是说锅炉给水阀的开度是由蒸汽流量的大小来决定的。在变负荷条件下，锅炉的水位是在不断变化的。如随着负荷的变化在某一时刻给水量大于负荷量，锅炉中的水位将随之上升而引起水位调节器的输出信号减小并小于 50%(0.06 MPa)，在这种情况下 $K(A-C)$将会是负值，即 $P<B$，也就是计算器的输出将逐渐减小，使给水阀趋于关小，直到建立新的平衡为止。反之，当锅炉的水位在瞬间变低时，通过水位变送器及调节器的作用，可使 $K(A-C)$变成一个正值，并且这个正值加上蒸汽流量信号成为气动计算器的新输出值，这个新输出值是渐渐地开大给水调节阀的，以恢复正常的水位。所以，锅炉水位是由给水调节阀的开度来保证的。当锅炉负荷变化时，控制给水阀开度的信号大小是由气动计算器根据蒸汽流量变化加上一个水位调节器的输出信号(正或负)来决定的。在使用、管理过程中，如果锅炉水位需要维持得高一些或低一些时，只要相应地改变表征给定值的设定气压信号即可。

系统中的给水差压控制回路把给水调节阀前后的压差信号送到给水差压变送器 6 的测量部分，并按比例转换成气压信号。变送器输出的给水差压信号送到气动比例积分调节器 7 的测量波纹管。在调节器 7 的内部可以给定一个固定的气压信号，并将它转换成给定参数，相当于 0.2 MPa 的给水压差。当给水压差测量值偏离上述给定值时，调节器输出一个随时间变化的气压信号，改变蒸汽调节阀的开度使进入给水泵汽轮机的蒸汽流量改变，从而改变给水泵的转速，最后使给水差压值恢复到给定值上。

系统中水位变送器与调节器之间有一个由气容和气阻构成的惯性环节，以克服和减少由于船舶摇摆而对测量信号造成的干扰。

三、柴油机辅锅炉蒸汽压力自动控制

对锅炉的蒸汽压力控制，是通过改变向炉膛的喷油量和送风量、控制锅炉的燃烧强度来实现的。对柴油机货船辅锅炉蒸汽压力自动控制系统的要求是简单、可靠，对经济性的要求并不严格。因此，大多数货船辅锅炉均采用气压的双位控制，少数采用比例控制，并保证在锅炉不同负荷下，其送风量基本上适应喷油量的要求。

1. 燃烧的双位控制

在燃烧的双位控制系统中，锅炉的蒸汽压力不能稳定在某一值上，而是在允许的范围内波动。其中，最简的方案是在蒸汽管路上装一个压力检测开关。当气压上升到允许的上限值时，压力检测开关断开，切除液压泵和风机的工作，停止向炉膛喷油和送风，即自动停炉。当气压下降到允许的下限值时，压力检测开关闭合，自动起动液压泵和风机，即自动起动锅炉进行点火燃烧。这种控制方案虽然简单，但由于锅炉起停频繁，对锅炉运行不利，所以被很少采用。在绝大多数燃烧双位控制系统中，在蒸汽管路上装两个压力检测开关，它们动作的整定值不同。当蒸汽压力下降到允许下限值时，两个压力检测开关都闭合，控制系统自动起动风门电机使风门开得最大，它同轴所带动的回油阀关得最小(这是采用一个油头工作的情况，对采用两个油头的锅炉是打开两个供油电磁阀使两个油头同时喷油)。这时喷油量和送风量都最大，即对锅炉进行所谓的“高火燃烧”。当蒸汽压力上升到正常上限值时，一个压力检测开关闭合，另一个压力检测开关断开，再次起动风门电机把风门关得最小。它同轴带动的回油阀开得最大(或关闭一个燃油电磁阀，使一个油头喷油工作)。这时，喷油量和送风量都是最小的，即锅炉进行所谓的“低火燃烧”。当锅炉负荷变化时，蒸汽压力就在允许的下限值和正常的上限值之间波动。当锅炉负荷很小时，在“低火燃烧”的情况下，蒸汽压力仍然要继续升高。当气压升高到高压保护压力时，两个压力检测开关均断开，自动停炉，发声光报警。当蒸汽压力下降到允许的下限值时，两个压力检测开关均闭合，但必须按复位(起动)按钮才能重新起动锅炉。

2. 燃烧的比例控制

在少数货船辅锅炉的蒸汽压力控制系统中，采用压力比例调节器和电动比例操作器所组成的比例控制系统。其工作原理框如图3-6-5所示。其中，图3-6-5(a)是压力比例调节器的结构原理，图3-6-5(b)是电动比例操作器的工作框图。蒸汽压力的变化会使划针2沿着电位器滑动[图3-6-5(a)]，改变电阻R1和R2的比值[图3-6-5(b)]，于是A点电位U_A就与气压信号成比例。扭动调整螺钉6可改变弹簧5的预紧力，可调整蒸汽压力的给定值。

当锅炉的燃烧强度适应锅炉负荷要求时，蒸汽压力稳定在某一值上，划针2的位置不变。由风门电机带动的反馈划针位置也不变，图3-6-5(b)所示的电桥平衡，其条件是$R_1 \cdot R_4 = R_2 \cdot R_3$。当蒸汽压力升高时，划针左移，$R_1$减小，$R_2$增大，破坏电桥的平衡，使电桥输出一个上负下正的不平衡电压信号U_A。经放大器放大后，去触发反转可控硅交流开关使其导通，电机M反转，关小风门开大回油阀，以降低锅炉的燃烧强度使蒸汽压力降低。与此同时，电机M同轴带动的反馈凸轮转动并推动反馈划针向左移动，使R_3减小、R_4增大。

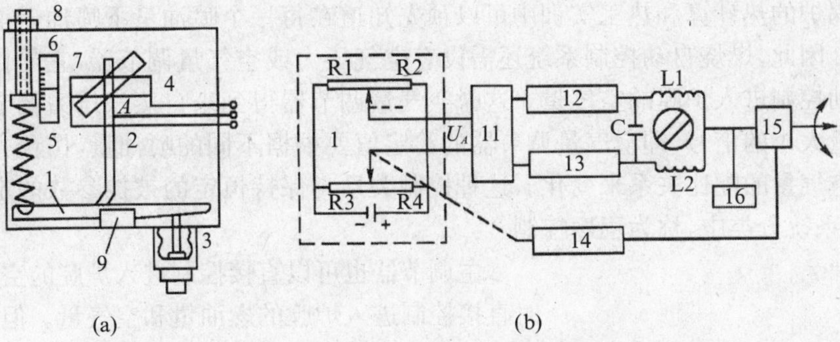

1—平衡杠杆；2—发讯针；3—测量波纹管；4—电位器；5—设定调节弹簧；6—设定调节螺钉；7—指示牌；8—锁紧螺母；9—支点；10—电桥；11—放大器；12—正转可控硅交流开关；13—反转可控硅交流开关；14—反馈凸轮；15—减速器；16—油门风门

图 3-6-5 燃烧比例控制工作原理

当反馈划针移动到使 $R_1 \cdot R_4 = R_2 \cdot R_3$ 时，电桥又处于新的平衡状态，这时 $U_A=0$，电机 M 停转，锅炉的燃烧控制达到一个新的平衡状态。当蒸汽压力降低时（锅炉负荷增大），划针右移，电桥输出的不平衡电压信号 U_A 为上正下负。经放大器 2 放大后，触发正转可控硅交流开关 3 导通，电机 M 正转，开大风门关小回油阀，加强锅炉的燃烧强度，使蒸汽压力上升。同时反馈划针右移，直到 $R_1 \cdot R_4 = R_2 \cdot R_3$ 时，控制系统又达到一个新的平衡状态。通过改变测量电位器的倾斜角度，可调整比例作用强弱。该电位器倾斜角越大，在蒸汽压力变化量相同的情况下，即划针左右移动相同距离时，电桥所输出的不平衡电压信号 U_A 变化量越大，电机 M 需要转一个较大的角度，也就是对炉膛的送风量和喷油量改变比较大才能达到新的平衡，即比例控制作用强；反之比例作用减弱。

四、油船辅锅炉蒸汽压力自动控制

锅炉蒸汽压力自动控制也就是燃烧自动控制。它根据气压的高低自动改变进入炉膛的喷油量和送风量，维持锅炉汽压恒定或在允许的范围内波动。由于船用主锅炉和大型油船辅锅炉的蒸发量较大，气压较高，往往需要保持稳定的气压，一般都采用定值控制方案。

1. 蒸汽压力控制的特点

由于燃烧自动控制系统中的被控量是气压，所以首先要有蒸汽压力调节器，又称主调节器。它在锅炉不同负荷下接受气压的偏差信号并输出一个控制信号，通过伺服器控制进入炉膛的燃油量和空气量，即控制炉膛内的燃烧强度，以便保持气压为恒定值。为完成这样的任务，主调节器一般采用比例积分调节器。

对于供应饱和蒸汽的锅炉，主调节器的输入信号管路都接在与汽包相连的蒸汽管路上。如果主调节器采用比例调节器，在零负荷时，调节器使汽包内保持额定气压；在满负荷时，因比例调节器有静差，故汽包内的压力要比额定气压低 10% 左右，但这对用气设备不会有什么影响。

对于供应过热蒸汽的锅炉，主调节器的输入信号管路应接在过热器后面。如果输入信号管路仍接在与汽包相连的蒸汽管路上，则在满负荷时，除由于调节器静差使气压降低 10% 左右外，蒸汽流经过热器管道后，气压又会降低 10% 左右，这对使用蒸汽设备的工作是不利的。要保证燃油的完全燃烧，在喷油量改变的同时，必须相应地改变进入炉膛的空气量。从锅炉的热计算和热工实训中可以预先知道在每一个喷油量下喷油器前应保持多大的风压。因此，燃烧自动控制系统还需设有空气压力或空气量调节器，它严格地根据喷油量的变动控制进入炉膛的空气量。这时空气量调节器得到来自蒸汽压力调节器的一个反映供油量大小的信号，即空气量调节器的给定值要根据不同的喷油量，按预先规定好的喷油量与空气量的配比关系来变化。这种控制关系与保持恒定的被控参数的定值控制不同，在控制系统分类中，称为程序控制。

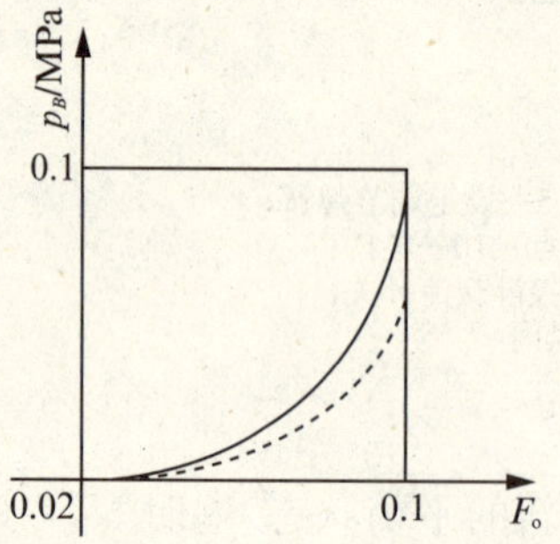

图 3-6-6　喷油量与风压之间的关系

主调节器也可以直接控制进入炉膛的空气量，或同时直接控制进入炉膛的燃油量和空气量。但是，燃油量与空气量的这种“程序”关系是不变的，如图 3-6-6 所示为由实验测定的空气压力与喷油量之间的关系曲线。图中横坐标 F_o 为喷油量，纵坐标 p_B 表示在每一个喷油量下所需要的空气压力。如果空气量调节器采用比例调节器，每一个喷油量所对应的实际供气压力如图中虚线所示，虚线与实线之间的距离就是调节器的静差。

空气量调节器最终控制风门挡板或鼓风机，需要相当大的作用力，因此这种调节器都是采用间接作用式。

燃油能否完全燃烧，还取决于燃油雾化的情况，燃油压力和温度是影响燃油雾化的两个因素。为此，在燃烧控制中，还应装有燃油温度和燃油压力调节装置，这里不作详细讨论。

2. 蒸汽压力自动控制系统的组成及工作原理

以蒸汽压力为被控量的蒸汽压力自动控制系统，要求它满足锅炉在不同负荷下，气压都能稳定在给定值上。其控制系统如图 3-6-7 所示。由图 3-6-7 可见，油船锅炉蒸汽压力自动控制系统是由两个控制回路组成的。其中一个回路是根据蒸汽压力的偏差值经比例积分的蒸汽压力调节器控制燃油调节阀的开度，即改变向炉膛的喷油量。喷油量的改变必须同时改变向炉膛的送风量(空气量可用风道与炉内之间的压差来表示)。为了保证燃油完全燃烧并得到较高的经济性，对应某一喷油量要有一个最佳的送风量(最佳的空气压力)与之相匹配，即在某一喷油量下要求有一个最佳的风油比。经实验已测定空气压力与喷油量之间近似平方关系，如图 3-6-6 所示。这样，燃烧控制系统的另一个控制回路是根据喷油量对空气压力进行控制的回路。在这个回路中，空气压力的给定值是随喷油量而变化的。燃油量变送器输出的气压信号代表喷油量，函数发生器输出与喷油量平方成比例的信号，这一信号是代表该喷油量下最佳空气量的气压信号。该信号一路直接送到高压选择阀，另一路与微分控制阀的微分部分输出信号相加后再送入高压选择阀。

当锅炉负荷从一个平衡位置突然增加时，燃油控制阀的输入信号也随之突然增加，此时微分控制阀的微分部分也将随突然增加的燃油控制阀输入信号而有一个较大的输出信号，然后与函数发生器的输出信号相加(由于函数发生器具有一阶延迟特性，此时输出的变化量是较小的)后送入高压选择阀。高压选择阀的作用是自动选择这两个信号中的较大者作为输出，从而使空气压力控制回路有一个突然增加的设定空气量信号。由于设定空气量信号及时调到函数发生器延迟后应输出的信号，使过量空气优先于喷油量增加而进入炉内，从而维持稳定的燃烧。当锅炉负荷突然减小时，送到燃油控制阀的信号也突然减小，这时，高压选择阀选用函数发生器输出信号。函数发生器的延迟效应使炉内处于空气过剩状态。

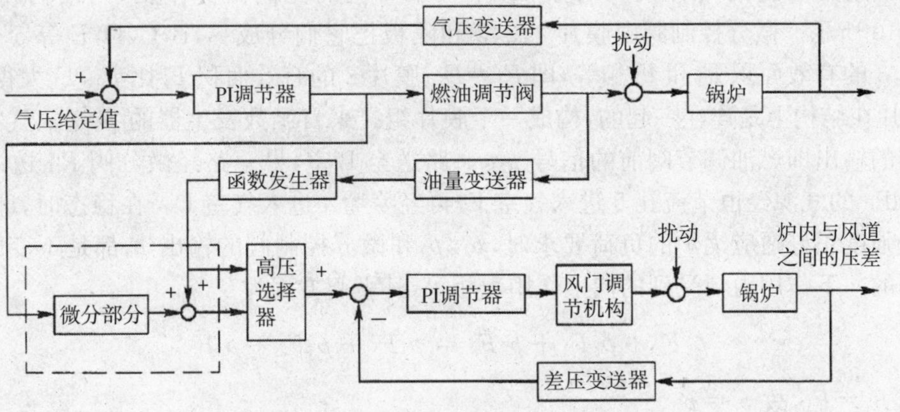

图 3-6-7　油船辅锅炉燃烧控制系统框图

送入炉膛的实际空气量是用风道与炉内的压差反映的，经差压变送器输出一个代表送锅炉空气量实际值的气压信号与高压选择阀送出的给定值相比较，得到空气量的偏差信号，经比例积分的空气量调节器控制风门调整机构以改变向炉膛的送风量。

该系统统中使用的蒸汽压力调节器和空气量调节器的类型与水位控制系统中的调节器完全相同。蒸汽压力变送器、油量变送器及风压差变送器的工作原理、调零、调量程的方法与测量水位用的差压变送器是相同的，只是在结构上略有差异，故不再重述。

3. 系统的其他主要元件

(1) 气动燃油控制阀的结构和工作原理如图 3-6-8 所示。p_1是由蒸汽压力调节器输出的控制信号，作为燃油控制阀的输入信号。p 是燃油控制阀输出的燃油压力，它与燃油量成比例。p_0 是燃油控制阀前的压力。假定，膜片 3的有效面积为 F；反馈波纹管 4 的有效面积为止弹簧 1 的预紧力为 N。在稳态时，燃油控制阀的输入信号压力 p_1 与输出的燃油压力 p 之间的关系为

$$p_1 \cdot F + N = p \cdot f$$

在工作中，F，N，f 是不变的，因此，燃油控制阀输出的燃油压力 p（即燃油量）只取决于信号压力 p_1。它们之间保持良好的线性关系，而不受阀心摩擦力、阀前油压变化等因素的影响。

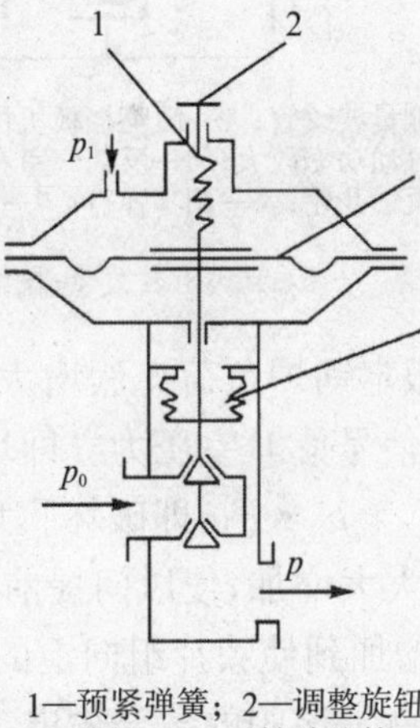

1—预紧弹簧；2—调整旋钮；3—膜片；4—反馈波纹管

图 3-6-8　燃油调节阀结构原理

(2) 函数发生器使喷油量与送风量成近似平方关系，其结构原理如图 3-6-9 所示。代表喷油量实际值的气压信号 $p_入$ 送入测量波纹管 1，若喷油量增大，挡板靠近喷嘴，喷嘴背压升高，经放大器 3 使输出气压信号 $p_出$ 增大，通过风门调节机构增大向锅炉的送风量，同时增大的 $p_出$ 送入反馈气室，压缩反馈波纹管使反馈杆上移，于是反馈凸轮 5 顺时针转动，通过反馈杆件及调零弹簧限制挡板继续靠近喷嘴。函数

发生器 $p_{出}$ 与 $p_{入}$ 之间的函数关系是由反馈凸轮 5 的外形轮廓实现的，即 $p_{入}$ 在不同范围内变化其反馈强度不同。

(3) 微分控制阀具有放大倍数($K_1=1$)不可调的比例微分作用，其结构原理如图 3-6-10 所示。微分控制阀由膜片 1,2,3 和隔板把它们分成 A,B,C,D,E 等 5 个气室。膜片 1,3 的有效面积 F_1 和 F_3 相等，即 $F_1=F_3$；膜片 2 的有效面积 F_2 比 F_1，F_3 大得多。这 3 个膜片在结构上是连在一起的，构成一个膜片组。来自函数发生器的 p_2 送入气室 A，主调节器的输出即燃油调节阀前的信号 p_3，一路送至 B 室，另一路经微分阀 R4 送入 C 室。0.14 MPa 的气源经恒节流孔 5 进入气室 E，再经喷嘴 4 进入气室 D。在稳态时，即炉膛内的燃烧强度正好适应锅炉的负荷要求时，p_3，p_2 和微分控制阀的输出 p_o 都是不变的，膜片组受到的向下作用力与受到的向上作用力相等，其平衡方程为

$$p_2F_1 + p_3F_2 + p_3F_3 = p_3F_1 + p_3F_2 + p_oF_3$$

因 $F_1=F_3$，故 $p_o=p_2$。

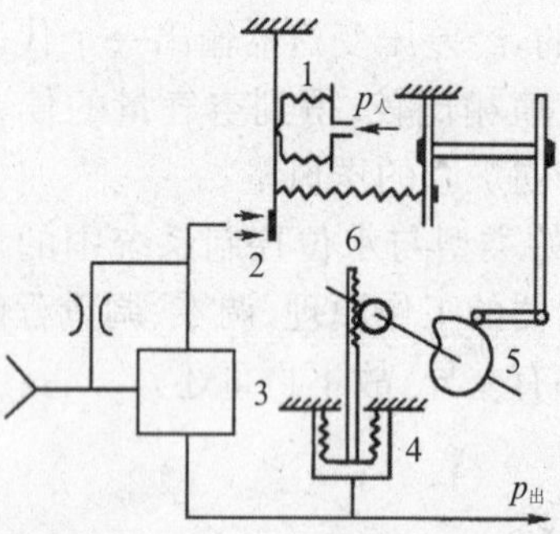

1—测量波纹管；2—喷嘴挡板机构；
3—气动功率放大；4—反馈气室和反馈波纹管；
5—反馈凸轮；6—调零弹簧；7—量程调整螺钉

图 3-6-9 函数发生器结构原理

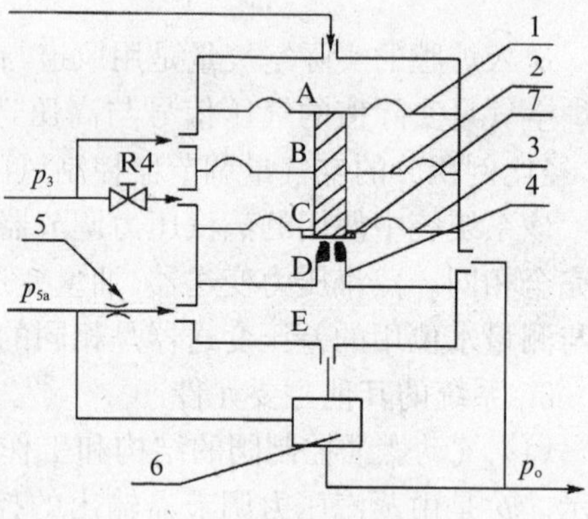

1，2，3—膜片；4—喷嘴；
5—恒节流孔；6—放大器；7—挡板

图 3-6-10 微分控制阀结构原理

假定锅炉负荷突然增大，蒸汽压力迅速下降，主调节器将立即输出一个增大的 p_3 信号，该信号使 B 室压力立即增大，因微分阀 R4 的节流，C 室压力暂时不变，由于 $F_2 \gg F_1$，即 $p_3 \cdot F_2 \gg p_3 \cdot F_1$，即破坏膜片组的受力平衡，使膜片组下移较大的距离，挡板大大靠近喷嘴，p_o 大大增加，使风门提前有一个较大的开度。p_o 增大使 $p_o \cdot F_3$ 增大，限制膜片的下移，当 p_o 增加到使膜片组向上的作用力等于向下的作用力时，膜片组处于一个暂时的平衡状态，这就是该阀的微分输出。以后 p_3 经节流阀 R4 使 C 室压力逐渐增大，由于 $F_2 \gg F_3$，膜片组向上的力逐渐增大，破坏膜片组的暂时平衡，使挡板逐渐上移，p_o 逐渐减小，这就是微分输出的消失过程。当 C 室压力增大到与 B 室相等时，膜片组又恢复到初始平衡状态。但是，在主调节器输出 p_3 增大的同时还去开大燃油调节阀，使函数发生器的输出 p_2 增大，膜片组下移，p_o 增大。当 $p_o=p_2$ 时，膜片组达到一个新的平衡状态，其输出 p_o 不变。可见，微分控制阀的输出 p_o 是对函数发生器送来的信号 p_2 进行放大系数 $K_1=1$ 固定不变的比例控制。

(4) 高压选择器的结构原理如图 3-6-11 所示。它由膜片 1 和喷嘴 2 等组成。A 接

微分控制阀的输出，B接函数发生器的输出，C输出为空气压力控制回路的设定值。两个输入压力信号分剥作用到膜片1的两侧，其中高压侧将自动关闭另一侧的喷嘴，同时把高压侧压力作为输出压力。可见，高压选择器可自动地选择或设定两个信号中的高压信号，只要有0.35 kPa大小的压力差就能使它动作。因此，过程控制信号在没有任何扰动下就能平滑地传输出去。

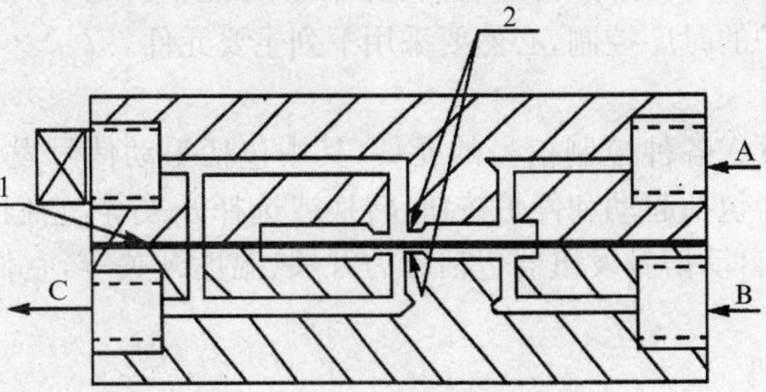

1—膜片；2—喷嘴

图3-6-11 高压选择带结构原理

五、燃烧时序控制

辅锅炉燃烧时序控制是指给锅炉一个起动信号后，能按时序的先后自动进行预扫风、预点火、喷油点火，当点火成功后，对锅炉进行预热，接着转入正常燃烧的负荷控制阶段。同时对锅炉的运行进行一系列的安全保护。辅锅炉燃烧时序控制功能，如图3-6-12所示。

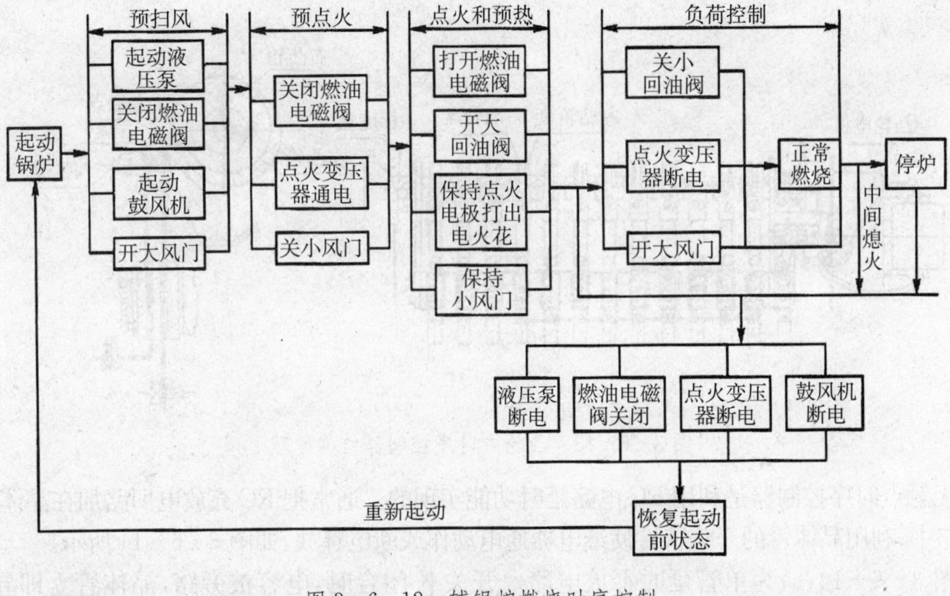

图3-6-12 辅锅炉燃烧时序控制

按下锅炉起动按钮后，自动起动燃油泵和鼓风机，关闭燃油电磁阀使燃油在锅炉外面进行循环。此时风门开得最大，以大风量进行预扫风，以防止锅炉内残存的油气在点火时发生“冷爆”。预扫风的时间根据锅炉的结构形式而异，一般是 20～60 s。当达到预扫风时间后，系统自动关小风门，同时点火变压器打出电火花，进行预点火，时间为 3 s 左右。然后打开燃油电磁阀，开大回油阀，以小风量和小喷油量进行点火。当点火成功后维持一段“低火燃烧”对锅炉进行预热，然后开大风门关小回油阀使锅炉转入“高火燃烧”，即进入正常燃烧的负荷控制阶段。在预定的时间内若点火不成功，或风机失灵，或中间熄火等故障现象发生时，会自动停炉，待故障排除后按复位按钮方能重新起动锅炉。

为了实现辅锅炉的时序控制，必然要采用下列主要元件。

1. 信号发讯器

信号发讯器是发送各种控制信号的元件，其中包括手动信号发讯器和自动信号发送器。手动信号发讯器包括起动和停炉按钮、转换或选择开关等，它们的结构和工作原理简单，这里不予介绍。自动信号发讯器包括压力开关、温度开关等，它们的结构类型很多，在此也不再赘述。

2. 时序控制元件

时序控制器是辅锅炉燃烧时序控制的核心部分。它根据起动信号发讯器送来的电信号，接通或切断电路，或者根据规定的时间接通或断开电路，用以实现预扫风、预点火、点火及转入正常燃烧等一系列时序动作，广泛采用的时序控制器有两大类，即有触点时序控制器和无触点时序控制器。

有触点的时序控制器多采用凸轮式时序控制器，如图 3－6－13 所示为凸轮式时序控制器结构原理。同步电机经减速装置带动一根凸轮轴转动，在凸轮轴上通常安装有若干组凸轮，每一组凸轮控制一个微动开关。每组凸轮由右凸轮和左凸轮构成，控制开关触点的闭合或断开。改变左、右凸轮的相对位置可以调整开关闭合或断开的时间。定时器相当于钟表机构。

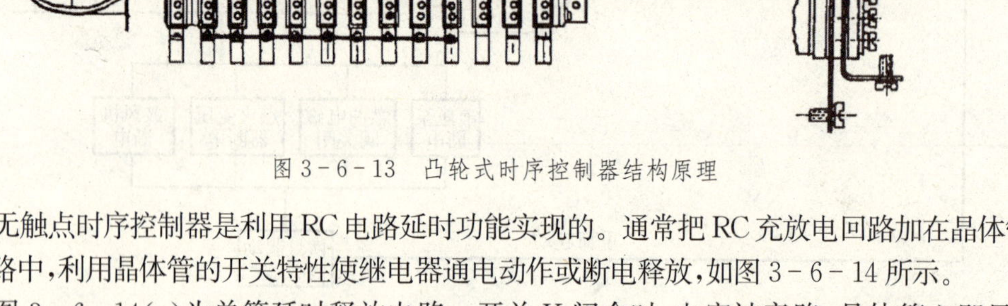

图 3－6－13　凸轮式时序控制器结构原理

无触点时序控制器是利用 RC 电路延时功能实现的。通常把 RC 充放电回路加在晶体管基极电路中，利用晶体管的开关特性使继电器通电动作或断电释放，如图 3－6－14 所示。

图 3－6－14(a)为单管延时释放电路。开关 K 闭合时，电容被旁路，晶体管立即导通，继电器 J 通电动作。当开关 K 断开时，电源向电容充电。在一段时间内晶体管基极的充电电流较大，晶体管保持导通，继电器 J 保持通电。随着电容的充电，电容两端电压不断升高，充电电流不断减小，晶体管集电极电流不断减小，经延时后继电器 J 断电释放。

图 3－6－14(b)是继电器延时通电电路。当开关 K 闭合时，电容 C 被短路，晶体管立即截止，继电器 J 立即断电释放。当开关 K 断开时，电源向电容充电，起初充电电流较大，晶体管基极电流近似为零。以后随着电容 C 两端电压的升高，晶体管基极电流不断增大，经延时后，基极电流增大到使晶体管导通，继电器 J 通电动作。晶体管延时开关电路的延时时间取决于 RC 电路的时间常数 T 及继电器的动作电流，延对时间可以从 1 s 到几十秒内进行无级调整。

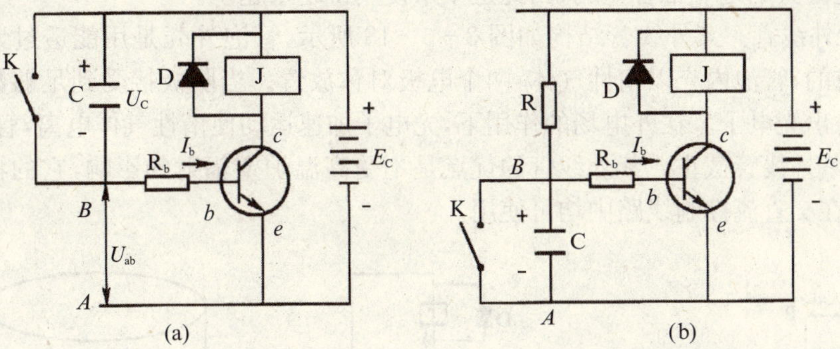

图 3－6－14 晶体管延时开关电路

3. 火焰感受器

火焰感受器是用来监视炉膛有无火焰的。当点火失败或在持续燃烧期间熄火时，为避免再向炉内喷油引起故障，要求立即关闭燃油电磁阀停止喷油，并发出声光报警。因此，自动化锅炉都装有火焰感受器监视炉膛内的火焰。辅锅炉上常用的火焰感受器有光敏电阻、光电池和紫外线灯泡等。

(1) 光敏电阻。光敏电阻是由涂在透明底板上的一片光敏层，经金属电极和导线引出而制成的，如图 3－6－15 所示。光敏层由铊、镉、铅的硫化物或硒化物制成，光敏电阻的主要特性是：接受光照射时其电阻值很小；当无光照射时，其电阻值较大。因此，在光敏电阻两端所加电压不变的情况下，有光照射和无光照射时流过光敏电阻的电流相差很大。用光敏电阻组成的光焰感受器如图 3－6－16 所示。为了防止光敏电阻接受高温炉墙所辐射的可见光和红外光使光敏电阻动作迟延或误动作，在安装时要避免高温炉墙辐射线直接照射在光敏电阻上。此外，光敏电阻不能承受高温，否则会影响使用寿命。因此，光敏电阻火焰感受器装有散热片并用空气冷却，磨砂玻璃可阻挡红外线的透入。

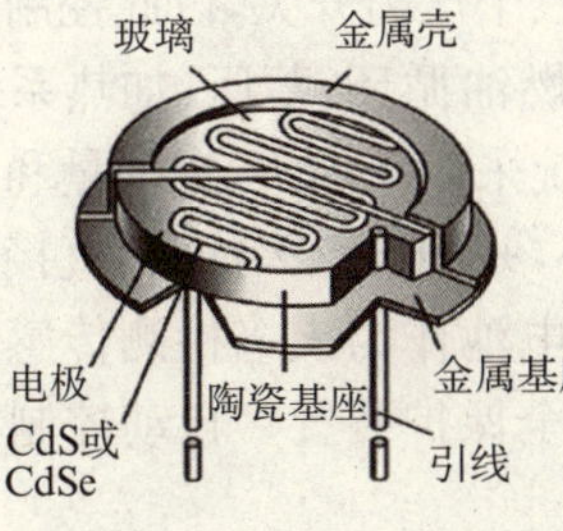

图 3－6－15 光敏电阻

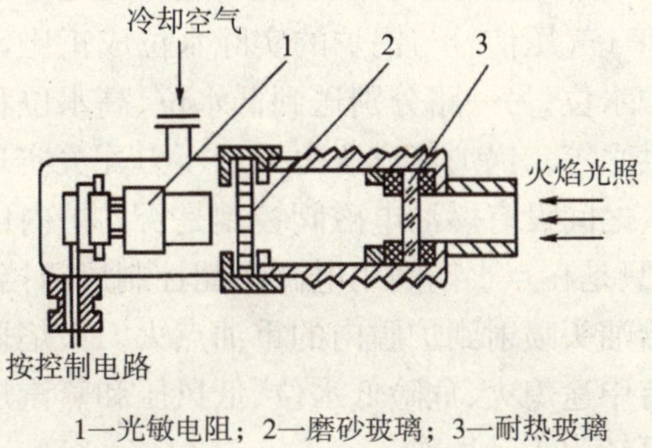

1—光敏电阻；2—磨砂玻璃；3—耐热玻璃

图 3－6－16 光敏电阻火焰感受器

(2) 光电池。光电池是一种半导体材料,它是利用有光照射后在两极间产生电压的原理工作的。如图 3-6-17 所示为光电池的控制电路。其中,图 3-6-17(a)采用 RAR 型硒光电池作为光敏元件,当它接受光照射时,正负两极之间将会产生小于 1 V 的电压,经磁放大器 MV 放大后足以激励继电器 FR 动作;图 3-6-17(b)采用 2CRⅡ型光电池,当它接受光照射时,光电池两极间能产生 0.5 V 的电压,经晶体管放大器放大后,可使继电器 J 通电动作。光电池使用寿命长,而且它的光谱敏感范围仅限有于可见光,不包括红外线。这对监视炉膛内火焰是非常合适的,因此近年来使用得越来越多。

(3) 紫外线管。紫外线管结构如图 3-6-18 所示,管泡外壳是用能透过紫外线的石英玻璃制成的,管泡内充以惰性气体,两个电极对称放置。当阴极接受到足够数量的紫外线时会发射出光电子。在外电场的作用下,光电子加速运动使惰性气体电离,管子导通;若无光照射,紫外线管截止。紫外线管的优点是不受高温炉壁辐射的影响,它的特性较光敏电阻好,且在交直流控制线路中均可使用。

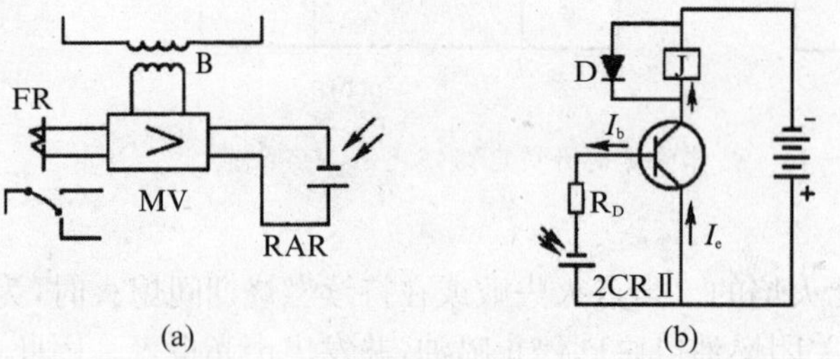

图 3-6-17 光电池控制电路

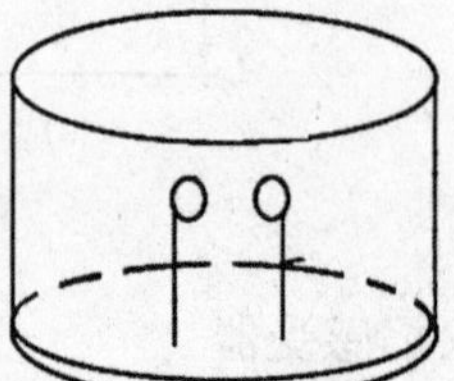

图 3-6-18 紫外线管结构

六、PLC 控制的燃烧时序控制系统工作原理

可编程序控制器作为传统继电接触器控制系统的替代产品已广泛应用于工业控制的各个领域。由于 PLC 采用软触点实现常规继电器的控制功能,具有体积小、组装灵活、编程简单、抗干扰及可靠性高等特点,非常适合于在恶劣的工业环境下使用。PLC 在船用辅锅炉自动控制系统中的应用已相当普及。

目前,西门子公司生产的 PLC 在船舶设备控制中得到广泛的应用,下面将以西门子 S7-200 系列的 PLC 为例,介绍辅锅炉燃烧时序的 PLC 控制。

1. 系统概述

系统采用参考水位罐和气动差压变送器检测锅炉的水位。差压变送器输出的 0.02~0.1 MPa 气压信号与锅炉的实际水位成正比,一路送远距离显示仪表(气动色带指示仪)显示锅炉水位;另一路分别送到低水位、高水位和危险低水位三个压力开关,以此控制水泵向锅炉供水等。锅炉蒸汽压力采用压力开关实现双位控制。燃油循环、蓄压、加热系统管路到油头之间设有燃油电磁阀控制是否向炉内供油。燃烧系统采用单油头、定油量和定风量燃烧,只是在点火期间用电磁线圈控制风门挡板将风门关小,并不设点火油头,直接用点火电极给油头喷射到炉膛内的重油点火。火焰监视器采用光电池作为火焰检测传感器。系统设有中途熄火、危险低水位、低风压和蒸汽压力超压等安全保护装置。自动控制系统失灵时可转为手动操作。

锅炉起动前,应检查锅炉是否处于可起动状态,例如,锅炉的水位、燃油系统的温度和压力等。准备就绪后，可把手动/自动转换开关转到“自动”位置，则燃烧时序控制系统开始自动投入工作。这时控制系统自动起动供油泵和风机，关闭燃油电磁阀，并将风门开得最大，以大风量进行预扫风；当预扫风过程结束后，控制系统自动关小风门，点火变压器通电进行预点火；然后打开燃油电磁阀进行供油点火，在点火时间内要求小风量、少喷油。光电池用来监视点火是否成功，在设定的点火时间内，如果炉膛内有火焰，说明点火成功，否则说明点火失败，自动停炉，待故障修复后再重新起动。点火成功后维持一段时间低火燃烧对锅炉进行预热，然后开大风门，关小回油阀，增强炉膛内的燃烧强度，使锅炉进入正常燃烧的负荷控制阶段：如果发生风机失压、水位太低、中间熄火、点火失败等现象，会自动停炉对锅炉进行安全保护。待故障排除后按复位按钮重新起动锅炉。

2. PLC 及其控制程序

1) PLC 的 CPU 型号及其 I/O 通道分配

本系统采用的是西门子 S7－200 PLC，CPU 型号为 226。CPU 226 模块本身具有 24 路开关量输入、16 路开关量输出和丰富的定时器资源。I/O 通道的项目名称、定时器名称及其地址分配见表 3－6－1。

表 3－6－1 I/O 点和定时器的名称、地址

序号	名称	地址	注释	序号	名称	地址	注释
1	水泵停止	$I_{0.0}$	转换开关	20	手动点火按钮	$I_{2.6}$	按钮触点
2	水泵自动	$I_{0.1}$		21	火焰监视器	$I_{2.7}$	按钮触点
3	水泵手动	$I_{0.2}$		22	水泵控制	$Q_{0.0}$	输出继电器
4	燃烧停止	$I_{0.5}$	转换开关	23	风机控制	$Q_{0.1}$	输出继电器
5	燃烧自动	$I_{0.6}$		24	供油泵控制	$Q_{0.2}$	输出继电器
6	燃烧手动	$I_{0.7}$		25	点火变压器控制	$Q_{0.3}$	输出继电器
7	风压低保护开关	$I_{1.0}$	输入触点	26	风门挡板控制	$Q_{0.4}$	输出继电器
8	蒸汽压力控制开关	$I_{1.1}$	输入触点	27	燃油电磁阀	$Q_{0.6}$	输出继电器
9	危险低水位开关	$I_{1.2}$	输入触点	28	熄火保护	$Q_{0.7}$	输出继电器
10	高水位开关	$I_{1.3}$	输入触点	29	水泵运行指示	$Q_{1.0}$	输出继电器
11	低水位开关	$I_{1.4}$	输入触点	30	风机运行指示	$Q_{1.1}$	输出继电器
12	水泵热保护开关	$I_{1.5}$	输入触点	31	供油泵运行指示	$Q_{1.2}$	输出继电器
13	风机热保护开关	$I_{1.6}$	输入触点	32	熄火指示	$Q_{1.3}$	输出继电器
14	供油泵热保护开关	$I_{1.7}$	输入触点	33	危险低水位指示	$Q_{1.4}$	输出继电器
15	风机供油泵自动	$I_{2.1}$	转换开关	34	低风压指示	$Q_{1.5}$	输出继电器
16	风机供油泵手动	$I_{2.2}$		35	报警器控制	$Q_{1.6}$	输出继电器
17	复位按钮	$I_{2.3}$	按钮触点	36	定时器 1	T_{33}	通电延时断开，70 s
18	蒸汽超压保护开关	$I_{2.4}$	按钮触点	37	定时器 2	T_{34}	通电延时闭合，60 s
19	手动燃油电磁阀开关	$I_{2.5}$	按钮触点	38	定时器 3	T_{35}	通电延时闭合，60 s

（续表）

序号	名称	地址	注释	序号	名称	地址	注释
39	定时器 4	T_{36}	通电延时闭合，62 s	42	定时器 7	T_{32}	通电延时闭合，10 s
40	定时器 5	T_{97}	通电延时闭合，60 s	43	定时器 8	T_{96}	通电延时断开，2 s
41	定时器 6	T_{98}	通电延时断开，60 s				

2）外部接线及梯形图

辅锅炉燃烧时序控制系统的 PLC 外部接线如图 3－6－19 所示。

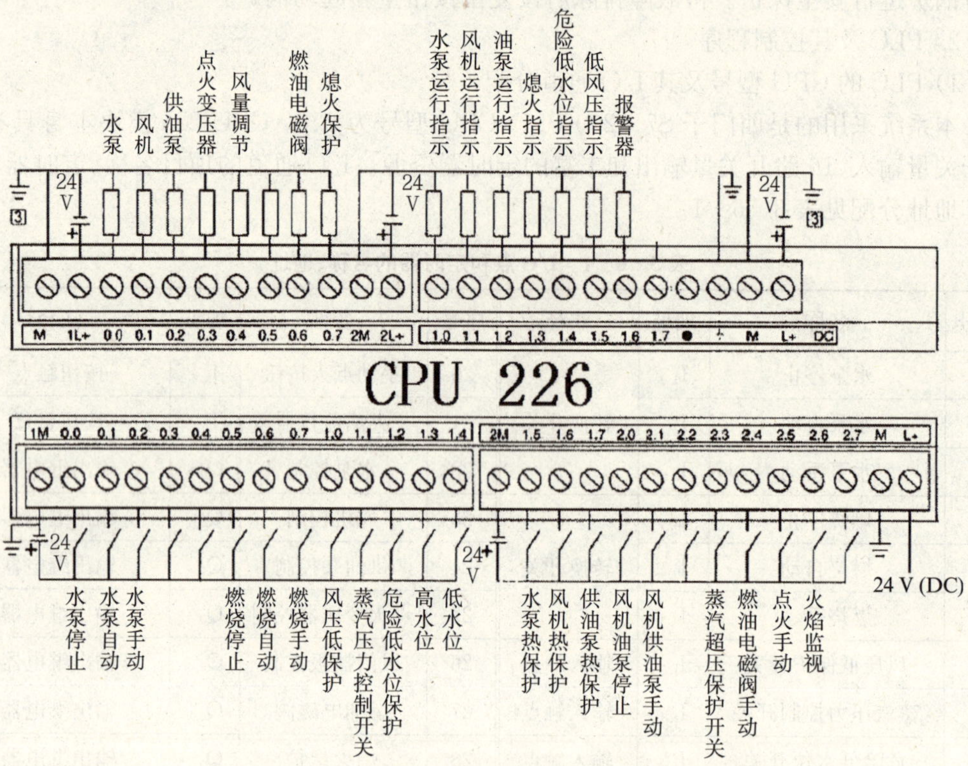

图 3－6－19　辅锅炉燃烧时序 PLC 控制系统接线

【任务实施】

模块 1　控制系统常见故障分析及管理要点

一、任务要求

(1) 会管理锅炉控制系统。

(2) 会分析控制系统常见故障。

二、任务准备

实物燃油锅炉设备一套。

三、任务操作

1. 常见故障分析

(1) 锅炉负荷处于稳定状态，但蒸汽压力出现振荡。主要原因可能是：燃油控制阀振荡;燃油泵输送压力振荡;蒸汽压力变送器本身振荡或节流不当;主控制器的灵敏度太高等。

(2) 锅炉负荷处于稳定状态,但检测的蒸汽压力与设定值不符。主要原因可能是:主调节器的调整不正确或蒸汽压力变送器调整不当等。

(3) 尽管风道和炉内压力处于稳定状态,但燃烧器前风压振荡。主要原因可能是:风门驱动装置振荡;空气差压变送器本身振荡或输出管路节流不当;燃油压力变送器或函数发生器振荡;空气差压变送器的灵敏度太高等。

(4) 锅炉在突然增加负荷时,大量冒黑烟和燃烧不稳定。主要原因可能是:当喷油器数增加时,燃油压力降低;空气量调节器灵敏度太高;风门调节机构动作迟缓;微分控制阀的灵敏度低;空量调节器灵敏度低等。

(5) 锅炉燃烧器进口供给空气不足。主要原因可能是:空气差压变送器的零点偏高或量程偏小等。

2. 管理要点

(1) 在锅炉运行期间,如要对蒸汽压力自动控制系统进行"手动—自动"切换,必须注意做到无扰动切换。

(2) 要经常检查蒸汽压力等变送器的输出信号与输入的实际压力是否相符,并检查其工作是否正常。

(3) 要经常检查燃油控制阀动作和工作是否平稳,填料压盖有没有泄漏,它是否按设计的输入信号工作等。

(4) 蒸汽压力等变送器和各调节器的放大器、节流部件、喷嘴、检测管等要定期吹通和清洗,每年进行一次。

模块 2　PLC 锅炉燃烧时序控制系统的管理与维护要点

一、任务要求

(1) 会管理 PLC 锅炉控制系统。

(2) 会分析 PLC 锅炉控制系统常见故障。

二、任务准备

PLC 实物燃油锅炉设备一套。

三、任务操作

如果辅锅炉燃烧时序控制系统采用 PLC 控制,而 PLC 具有很高的可靠性,因此,燃烧时序控制系统的日常管理与维护工作不是太多,主要是对 PLC 控制系统的日常管理与维护。

1. 日常维护检查的注意事项

(1) 应注意系统的环境温度、湿度以及是否积尘。

(2) 检查系统的供电和输入、输出使用的电源是否在基准范围之内,尽量避免不必要的停电。

(3) 检查外部配线螺钉有无松动,外部配线电缆是否有断裂。定期检查 PLC 系统的 I/O 的接线情况。特别注意,尽量不要将灰尘、油污弄到接线端子上,以免引起接触不良。

(4) 注意输出继电器的寿命,检查控制系统外部电气、继电器触头、滑动接触电器的状况。

(5) 在PLC产品中,有些使用电池保证在停电时CPU模块内存中存储的工作参数等信息不丢失。要经常注意电池故障灯状况,一旦灯亮,就应在一周之内更换电池。对于西门子S7系列PLC,在更换时应保持电源供电,即带电更换电池;日本的一些PLC产品,如欧姆龙、三菱和富士电机公司的产品,在更换电池时应断电更换,这是因为在更换的过程中,有一个大电容在放电,这类PLC在更换电池时往往要求在数十秒内完成即可。电池的更换周期一般不超过5年。为防止意外,要求船上始终要存有该电池的备件。

(6) 阅读系统的技术资料,接船、交船时对系统进行全面的功能测试,或进行模拟试验。注意与资料对照或记录系统正常工作时的参数,系统正常运行时的仪表和指示灯显示,以便在维修或发生故障时进行对照。

2. 常见故障分析与排除

燃烧时序控制系统的功能是自动地根据时间顺序与过程状态和控制指令对执行机构发出控制信号,对被控对象锅炉进行控制。在PLC时序控制系统中,各种物理量(如风压、火焰状态、气压和水位等)都是以电信号的形式输入到PLC,由PLC中预先输入的用户程序进行处理。当系统的功能不符合该系统的规定时,则往往是系统出现故障。

在查找故障时,一般先看电源是否正常。如果电源正常,再看故障的影响范围,是整个系统(包括PLC设备的显示信息和被控制的设备)都瘫痪,还是发生局部的故障(此时,PLC模块的RUN LED仍然亮,PLC设备基本没有问题)。如果是局部故障,则使用提供的技术资料图纸,找到该项出问题的功能所涉及的外部逻辑条件及其所对应的具体I/O通道和具体设备,进行检查测量。

下面介绍一些故障排除方法和注意事项。

(1) 在进行故障判断前要熟悉系统的结构、工作原理、功能和操纵方法,熟悉操作开关的用途、显示灯的含义,熟悉各种操纵方式之间的转换方法和相互关系、系统运行的条件和结果,仔细阅读说明书。充分利用显示灯、LED的信息,尤其是自检显示的信息。当发生故障时,可以首先查看PLC的CPU模块P0WER LED显示,判断是否是电源故障。如果P0WER LED亮,再查看RUN LED是否亮,如果灯灭,表示PLC运行停止,可能是扩展模块或外部通信连接不好所致。

(2) 如果属PLC硬件故障,可通过换用PLC模块备件的方式进行解决。若硬件无故障,而系统的控制功能不符,应根据故障的具体现象,考虑其他原因。例如,锅炉点着火后,但很快又出现火焰故障报警,随后停炉,则可检查火焰监测器前面的隔热玻璃是否脏污。又如,在锅炉点火过程中两点火电极间不打火,则应检查点火变压器的输出,或拆下点火电极进行清洁并重新调整两电极间的间隙到合适的距离。

(3) 当经过测试,输出点的LED显示表明系统的输入/输出信号控制关系正常,而执行机构没有随其动作时,应根据电气原理图和接线图检查外部的继电器、电磁阀或者外部电气连接。

(4) 在使用键盘修改系统工作参数或通过印刷板上的微调电位器修改系统工作参数之前,最好记录其原始数据或原始位置,以便在修改无效时,恢复初始值。

(5) 拔插印刷电路板或模块时,要关闭电源。记住模块或印刷电路板的型号和在插槽的原始位。要将新模块上的可设置的拨动开关、跳线、电位器设置与原有模块一致。

(6) 其他注意事项，如保证系统可靠、正确地接地，避免电磁干扰(如大负载电缆靠近PLC系统)，等等。

3. 船舶蒸汽锅炉的安全保护

蒸汽锅炉是船舶机舱重要的辅助设备，其运行情况直接关系到船舶机舱用汽设备的正常工作；另外，锅炉属于压力容器，一旦发生爆炸，将对人身和财产安全造成重大事故。因此，船舶蒸汽锅炉要采取严格的安全保护措施。主要包括以下几个方面。

1) 蒸汽压力保护

蒸汽压力保护的目的主要是防止蒸汽压力超过汽包的设计压力，避免爆炸事故。压力保护的手段是在锅炉上安装安全阀，一旦蒸汽压力超过安全阀的设定压力，安全阀能够自动开启，对炉内压力进行泄放。

锅炉一般安装有2个安全阀，通过安全阀的调压弹簧可以调整安全阀的开启压力，开启压力的大小可为大于实际工作压力的5%，但不应超过锅炉的设计压力。安全阀在开启状态的泄压能力有相应的规范要求，这要通过设计和制造环节加以保证。从管理的角度来讲，应对其进行定期试验。试验时可关闭主蒸汽阀，对锅炉进行升火，观察压力表，确定是否能够正常开启；若不能，则需调整安全阀的调压弹簧：直到能在希望压力开启为止。

为保证在应急情况下能够手动开启安全阀，必须设有远距离操作装置，必要时可通过远距离手动操作的方式将安全阀强制打开。

2) 水位安全保护

在正常情况下，锅炉的水位在控制系统的控制下将保持正常水位，对于水位连续控制的锅炉，水位能稳定在设定水位附近；若是双水位，则其水位应该在水位的上限和下限之间波动。

在故障情况下，若出现低水位报警后，水位还继续下降，则会出现锅炉干烧的情况，为此，锅炉必须设有危险水位保护装置。当水位下降到危险水位时，保护装置应能切断锅炉的燃烧，并发出报警。

锅炉的危险水位报警和保护装置一般独立于水位自动控制系统，包括专门的浮子室、浮子开关和控制电路。

危险低水位保护装置也应该定期检查和试验，对于控制电路，可以通过短接浮子开关输出接线端子，模拟浮子的动作，试验自动停炉功能。对于浮子室及浮子开关，可以关闭浮子室的通汽和通水阀，再打开浮子室泄放阀，让浮子室水位下降，测量浮子开关与输出接线端子之间的通断情况。

3) 熄火保护

熄火保护是在锅炉非正常熄火时，能及时切断锅炉的燃油系统，并发出声光报警。熄火保护装置是锅炉点火时序控制系统的一部分，主要由火焰探测器及其控制电路组成。不仅在中途非正常熄火时起作用，而且在点火过程中还用于判断点火是否成功。熄火保护装置的试验可以在正常燃烧过程中人为地断开火焰探测器的接线，以试验其熄火停炉功能。

模块3 锅炉控制系统的操作

一、任务要求

会操作锅炉控制系统，根据船用燃油辅锅炉自动控制系统操作步骤完成锅炉准备、扫风、点火、升压过程的操作，所有操作需要学员在硬件配合软件设置完成。

二、任务准备

半实物仿真燃油锅炉设备一套。

三、任务操作

1. 操作训练的设备和器材

辅助锅炉自动控制系统模拟实训装置一套。其面板布置，如图 3-6-20 所示。

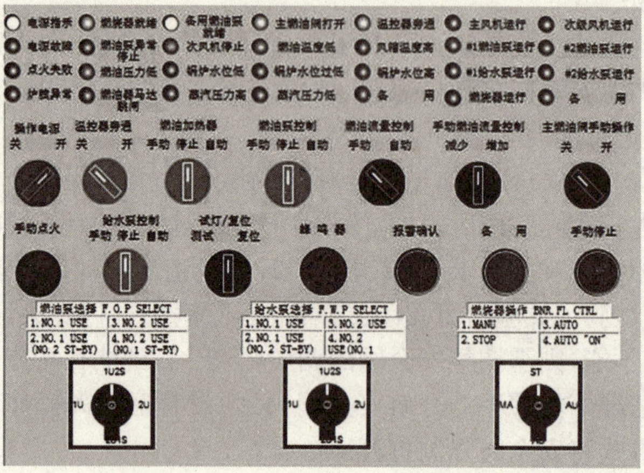

图 3-6-20　辅助锅炉自动控制

在本系统中，燃油锅炉自动控制功能基本在操作面板上实现，操作面板主要由系统状态指示灯、操作及转换开关、报警装置与复位按钮等。

2. 操作内容和步骤

1）准备工作

（1）检查系统及仿真计算机工作是否正常。

（2）检查网络连接情况，正常情况下开机后运行程序不会出现错误，如果运行程序后出现“套接字错误”，请检查网络连接是否正常，包括仿真计算机与设备交换机的连接、交换机与通信板卡的连接。

（3）结合模拟屏，对系统组成及基本功能进行简要说明。

2）操作步骤

（1）程序运行后，首先将“操作电源”旋钮转至“开”的位置，此时电源指示灯亮，由于系统没有起动，因此次级风机处于停止状态，燃油温度及燃油压力均报警，蜂鸣器鸣响，需要按下“报警确认”按钮对警报进行复位。

（2）系统准备工作。

① 起动燃油系统。燃油泵分为点火油泵和燃油供给泵两种，燃油供给泵的起、停可以分别由“燃油泵控制”与“燃油泵选择”旋钮共同控制，具体如下。

a. “燃油泵控制”旋钮选择为“手动”位置时，由“燃油泵选择”旋钮决定起动哪台燃油泵。

1U2S——1 号燃油泵起动，2 号燃油泵备用，同时备用燃油泵就绪指示灯亮。

1U——仅使用 1 号燃油泵。

2U1S——2 号燃油泵起动，1 号燃油泵备用，同时备用燃油泵就绪指示灯亮。

2U——仅使用 2 号燃油泵。

b. "燃油泵控制"旋钮选择为"停止"位置时，不能起动任何一台燃油泵。

c. "燃油泵控制"旋钮选择为"自动"位置时，系统会根据"燃油泵选择"旋钮的设定自动起动其中一台燃油泵。

② 启动给水系统。给水泵分起动与燃油泵相同，分别由"给水泵控制"与"给水泵选择"旋钮共同控制，具体如下。

a. "给水泵控制"旋钮选择为"手动"位置时，起动哪台给水泵由"给水泵选择"旋钮决定。

1U2S——1 号给水泵起动，2 号给水泵备用。

1U——仅使用 1 号给水泵。

2U——仅使用 2 号给水泵。

2U1S——2 号给水泵起动，1 号给水泵备用。

b. "给水泵控制"旋钮选择为"停止"位置时，不能起动任何一台给水泵。

c. "给水泵控制"旋钮选择为"自动"位置时，系统会根据"给水泵选择"旋钮的设定自动起动其中一台给水泵。

(3) 点火及升压。

① 手动 DO 点火程序。

a. 检查锅炉水位及给水系统中各阀门的开闭状态是否正确，油柜油位及燃油系统中的阀门是否在正确位置。若水位低于过低水位，起动一台给水泵补水。

b. 打开清油日用柜至锅炉的速闭阀门，将轻-重油连通阀打开，保持重油油柜出口速闭阀关闭，使锅炉使用轻油点火。

c. 系统若有警报，按"报警确认"按钮进行消声，旋转"试灯/复位"进行报警复位。打开燃油供给泵、点火油泵进口截止阀，关闭燃油预热器进口截止阀，旁通燃油预热器。

d. 将燃油供给泵设置到"手动"，给水泵根据需要设置，将"燃油流量控制"旋钮保持。

e. 将锅炉控制模式打到手动位置，控制程序将自动起动主风机和次级风机进行锅炉扫风，扫风持续约 60 s。扫风完毕后自动关小风门挡板，起动点火油泵，为点火做准备。

f. 当风门关小到适当位置后，"手动点火"按钮指示自动点亮，表示此时可以进行手动点火操作。按下"手动点火"按钮，点火变压器将点火油头点燃，此时手动控制"主燃油阀手动操作"至"开"位置，打开主油头，点火油头将主油头点燃。

g. 锅炉火焰探测器检测到锅炉点火成功后，自动停止点火油泵的运行。在手动点火模式下，控制系统保持在最小供油量 15%，此时可以通过手动操作"手动燃油流量控制"旋钮，进行增加或减少燃烧油量控制，随着油量的增大或减少，风门自动开大、关小火。

h. 锅炉燃烧一定时间后气压上升，此时可以慢慢开启主停汽阀门，开始往外供汽。气压高于 6.5 kg/cm^2 锅炉停止燃烧，气压高于 7.5 kg/cm^2，高气压报警，气压低于 5.5 kg/cm^2 锅炉再次燃烧。

② 自动 DO 点火程序。

a. 分别检查锅炉燃油供给系统、给水系统是否正常，对系统报警进行确认与复位操作。

b. 将“燃油泵控制”“燃油流量控制”旋钮转至“自动”位置，“主燃油阀手动操作”旋钮转至“关”位置。系统将自动起动主风机和次级风机进行锅炉扫风，扫风持续约 60 s 后，自动关小风门挡板，起动点火油泵，并将点火变压器通电进行预点火。

c. 预点火成功后，自动开启主油头点火。锅炉火焰探测器检测到主油头点火成功后，自动停止点火油头和点火变压器工作，系统转入自动燃烧管理。

③ DO 换 FO。当锅炉产生蒸汽后，打开重油油柜出口速闭阀，开启锅炉蒸汽控制阀，同时保持“燃油加热器”控制旋钮在“自动”位置，用锅炉蒸汽对锅炉燃油加热器加热，当燃油加热温度达到设定温度后，“锅炉温度低”指示灯自动熄灭，此时关闭轻、重油油柜之间的连通阀，锅炉转为重油燃烧。一般重油正常的燃烧温度应保持在 90 ℃以上，140 ℃以下。

(4) 手动停炉程序。

①在手动模式下，按下“手动停止”按钮，锅炉起动停止时序，包括蒸汽吹扫，后扫风时序；

②直接停止燃油供给泵，锅炉会因为燃油压力低导致故障停炉，并触发相应报警。

【任务评价】

(1) 会启动锅炉控制系统。

(2) 会使系统投入正常的自动控制工作状态，观察自动预扫风和点火燃烧时序过程。

(3) 会将系统转换到手动操作状态，并进行手动点火，点火成功后对蒸汽压力进行手动调整。

(4) 会停止锅炉系统。

【课后练习】

(1) 锅炉控制系统中函数发生器的作用有哪些？

(2) 紫外线管火焰感受器比光敏电阻好在哪里？

项目四　船舶主机遥控单元系统的认识
Item Four　Knowledge of Remote Control System of Marine Main Engine

项目描述

船舶主机遥控系统(Main Engine Remote Control System)是操纵船舶主机的设备,通过主机遥控系统能对主机进行起动、停车、换向等逻辑控制和对主机的转速进行闭环控制。同时还对主机的转速和负荷进行必要的限制,并具有必要的安全保护功能。通过本项目的学习,使学生掌握主机遥控系统的各种操作功能。

任务1　主机遥控系统的组成结构及其主要类型
Task One　Structure and Major Types of Main Engine Remote Control System

【任务描述】

目前,大型船舶的推进装置主要有柴油机推进和电力推进两类。当采用柴油机推进时,直接驱动螺旋桨的柴油机称为主柴油机。主柴油机一般可以在机旁、集控室和驾驶台三个操作部位进行操作和控制。当离开机旁在集控室或驾驶台操作时,无法通过机旁操纵机构直接操纵主机,这就需要在操作部位与主机之间设置一套能够对其进行远距离操纵的控制系统,称为主机遥控系统。随着柴油机制造技术的发展,近年来在船上已经开始采用无凸轮轴的电喷式柴油机(也称为智能柴油机),其控制系统与常规的凸轮轴式柴油机有较大区别。这里主要针对传统的凸轮轴式柴油机介绍主机遥控系统的基本概念。

对于大型低速柴油主机,主机遥控可分为自动遥控和手动遥控两种方式。在驾驶台操作时通常采用自动遥控方式,此时,遥控系统能根据驾驶员发出的车令信号按照主机要求的操作步骤自动地进行起动、停车、换向和加减速控制,直至主机运行状态达到车令要求。在集中控制室操作时,考虑到操纵主机的是轮机员,通常采用手动遥控方式。此时,轮机员根据驾驶台车令,按照操作步骤和要求通过主机气动操纵系统对主机进行手动操作。

主机遥控系统是现代化船舶最复杂的控制系统,类型繁多,它由六大部分组成,能实现船舶操纵和保护主机的各项功能,本任务是认识主机遥控系统。

【学习目标】

(1) 认识主机遥控系统的组成和功能。

(2) 会对主机遥控系统分类。

【相关知识】

一、主机遥控系统的组成

主机遥控系统主要包括遥控操作台、车钟系统、逻辑控制单元、转速与负荷控制单元、安全保护装置以及包括遥控执行机构在内的主机气动操纵系统六大部分。其系统结构如图 4-1-1 所示。

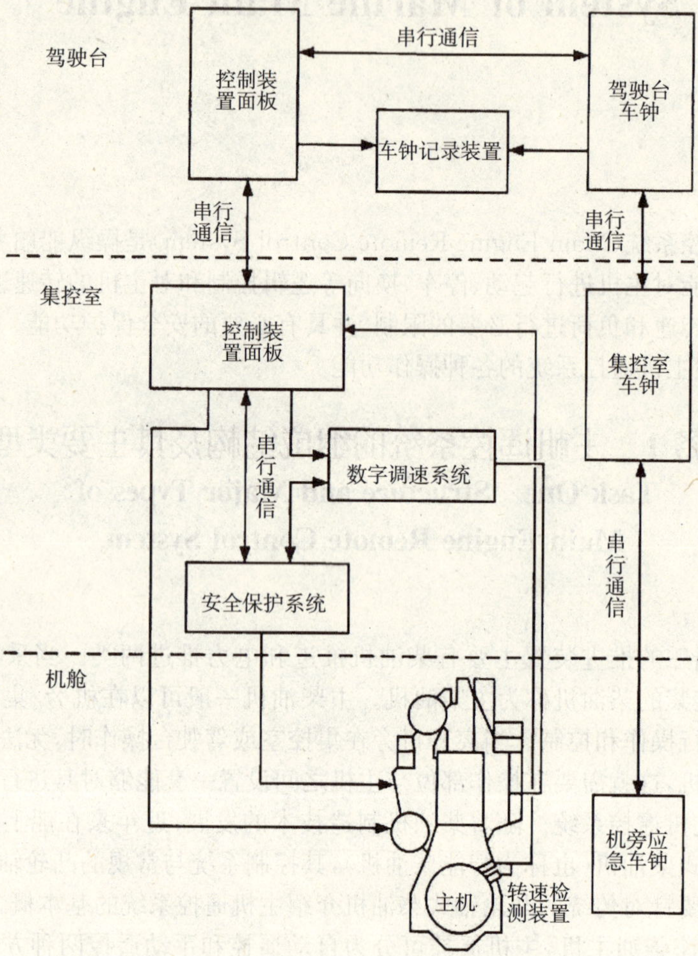

图 4-1-1　主机遥控系统的组成

1. 遥控操作台

遥控操作台设置在驾驶室和集控室内，分别与驾驶台操作台和集控室操作台形成整体。驾驶室操作台主要安装有车令手柄、辅助车钟、车令记装置、指示灯和操作面板以及显示仪表等；集控室操作台上主要包括车钟回令兼换向手柄、主机起动与调速手柄、操作部位切换装置、指示灯和操作面板以及显示仪表等。

此外，在主机机旁还设有应急操作台，包括应急车钟和机旁应急操作装置。

2. 车钟系统

车钟系统是实现驾驶台与集控室、驾驶台与机旁之间进行车令传送与应答的重要设备，由驾驶台车钟、集控室车钟和机旁应急车钟组成。车钟系统一般有两种工作模式，一种是操纵模式，另一种是传令模式。操纵模式对应于在驾驶台遥控主机的情况，此时驾驶台车钟直接通过逻辑控制单元和转速控制单元对主机进行自动遥控。传令模式对应于在集控室或机旁操作的情况，此时驾驶台车令首先传递到集控室或机旁，轮机员进行车令应答（回复）后，再对主机进行相应的操作。

3. 逻辑控制单元

逻辑控制单元是主机自动遥控系统的核心，它根据遥控操作台给出的指令、转速的大小和方向、凸轮轴位置以及主机的其他状态信息，完成对主机的起动、换向、制动、停油等逻辑控制功能。

4. 转速与负荷控制单元

转速与负荷控制单元一方面通过闭环控制使主机最终运行在车令手柄设定的转速，另一方面在加、减速过程中对加、减速速率以及主机所承受的机械负荷和热负荷进行必要的限制，以确保主机运转的安全。

5. 主机气动操纵系统

主机的起动、换向、制动和停车等操作的逻辑控制通常都是以压缩空气作为动力源的，对于采用液压调速器的主机，其转速给定环节也是通过气路实现的。主机气动操纵系统就是为实现上述功能而设置的一套气动逻辑回路，通常由主机厂家随主机一起提供，是主机遥控系统的重要组成部分。通过气动操纵系统，可以在集控室对主机进行手动遥控和在机旁进行应急操作。

6. 安全保护装置

安全保护装置用来监视主机运行中的重要参数。一旦某个重要参数发生严重越限，安全保护装置应能通过遥控系统使主机减速，或迫使主机停车，以保障主机安全。安全保护装置是一个不依赖于遥控系统而相对独立的系统，即使遥控系统出现故障，也能正常工作。

二、主机自动遥控系统的主要功能

尽管不同厂家生产的主机遥控系统在实现方案和实现手段上不尽相同，但各厂家都必须共同遵守相关船级社所规定的船舶建造和入级规范。总体上讲，主机自动遥控系统的主要功能应包括五个方面，即操作部位切换功能、逻辑程序控制功能、转速与负荷控制功能、安全保护与应急操作功能以及模拟试验功能。下面分别进行具体介绍。

1. 操作部位切换功能

出于安全考虑，主机遥控系统在设计上必须保证在驾驶台自动遥控失效时能切换到集控室进行操纵，而集控室失效时能切换到机旁进行应急操纵。因此，遥控系统必须在机旁和集控室提供操作部位切换装置。机旁一般设有“机旁（Local）”和“遥控（Remote）”转换开关，而在集控台上则设有“集控室（ECR）”和“驾驶台（BR）”转换开关。只有在机旁转换开关转至“遥控（Remote）”位置时才能在集控室或者驾驶台操作，是在集控室还是驾驶台操作由集控室转换开关进行选择。在三个操作部位中，机旁的操作优先权最高，自动化程度最低；集控室的操作优先权和自动化程度均在其次；驾驶台的操作优先权最低，但自动化程度最高。在进行操作部位切换时，在高优先级的操作部位可以无条件地获得操作权，反之则不然。

2. 逻辑程序控制功能

(1) 换向逻辑控制。当有动车车令即车钟手柄从停车位置移至正车或倒车的某一位置,遥控系统首先进行换向逻辑判别,即判断车令位置与实际凸轮轴的位置是否一致。当车令位置与实际凸轮轴位置不符时,便自动控制主机换向,将主机的凸轮轴换到车令所要求的位置上。换向完成后,遥控系统转入起动逻辑控制(如车令位置与实际凸轮轴位置相符,则省去上述换向过程,直接进入起动逻辑控制)。如在规定的时间内,主机凸轮轴未能换到车令所要求的位置,遥控系统将发出换向失败报警信号,同时禁止起动主机。

(2) 起动逻辑控制。换向逻辑控制完成后,遥控系统紧接着进入起动逻辑判断,也就是对起动条件进行鉴别。当满足起动主机所需的各项条件时,控制空气分配器投入工作,打开主起动阀,起动空气将进入主机进行起动,在主机转速达到发火切换转速时,自动完成油气转换(对油气并进的主机可提前供油),停止起动。这时若起动成功,自动转入主机加速程序。

(3) 重复起动程序控制。若主机在起动过程中发生点火失败,遥控系统将自动进行第二次起动。若第二次起动又发生点火失败,则自动进行第三次起动。无论第二或第三次中哪次起动成功都将自动转入主机加速程序。当出现第三次起动失败时,遥控系统将自动停止起动,同时发出起动失败报警。当故障排除后,需把车钟手柄拉到停车位置,对三次起动失败信号复位,方可对主机进行再起动。

(4) 重起动逻辑控制。在应急起动、倒车起动或有重复起动的情况下,为了提高主机起动的成功率,遥控系统将自动增大起动供油量,或者自动地提高起动空气切断转速对主机进行重起动。

(5) 慢转起动逻辑程序。当主机停车时间超过规定时间(一般是 30~60 min 内可调)以后,或在停车期间停过电,再起动主机时,遥控系统将自动控制主机先进入慢转起动,即让主机缓慢转动 1~2 转,随后再转入正常起动。若慢转起动失败,将发出报警信号并且封锁正常起动。之所以要设置慢转起动,其目的是使主机各主要摩擦面建立起润滑油膜后再转入正常起动,以减少磨损;另一方面当慢转起动失败后,可以检查出主机的故障,避免起动事故发生。

(6) 主机运行中的换向与制动逻辑程序控制。当船舶全速航行遇到紧急情况时,若把车钟手柄拉到停车位置,遥控系统发出停油动作。由于船舶的惯性很大,船舶的滑行距离很长,主机转速也会因为螺旋桨的水涡轮作用而保持相当长的时间,这对紧急避碰来说是极为不利的。为了解决这个问题,现在的主机遥控系统一般都设有主机运行中的换向与制动功能。

当主机在正车(或倒车)运行中车钟手柄突然从正车拉到倒车位置(或相反)时,遥控系统将自动执行停油—换向—制动—倒车起动—倒车加速过程。有的主机换向需要有转速限制,即转速降到一定数值才允许换向,而且换向转速分为正常换向转速和应急换向转速(应急换向转速比正常换向转速大)。制动的前提是换向完毕。制动分为能耗制动和强制制动,有的遥控系统只设置强制制动(主要用于大型低速柴油机),有的遥控系统先进行能耗制动,然后再进行强制制动(主要用于中速柴油机)。所谓能耗制动,是在应急换向完成后,只让空气分配器工作,主起动阀关闭,这时主机是正车转向,而凸轮轴是倒车位置。因此,当某缸活塞上行(压缩冲程)时,空气分配器使此气缸起动阀开启,气缸内的气体经气缸起动阀到主起动阀后被截止，使主机起压缩机作用，消耗能量，降低转速，实行能耗制动。能耗制动是主机转速较高且制动力矩较小时的制动方式。而强制制动是让空气分配器工作，且主起动阀开启。此时，高压起动空气在各缸的气缸起动阀前等待，当某缸活塞上行时，空气分配器控制此气缸起动阀开启。于是，高压起动空气进入气缸，强行阻止活塞运动，使主机转速迅速下降为零，实行强制制动，当主机转速下降为零后，则按倒车的起动逻辑控制来起动主机，使主机倒转，并按倒车加速程序将主机转速调节到车令设定转速。

3. 主机的转速与负荷控制功能

1) 转速程序控制

当对主机进行加速操纵时，应对加速过程有所限制，转速(或负荷)范围不同对加速过程的限制程度就不同，因此加速过程控制有下列两种形式：①加速速率限制；②程序负荷(也称负荷程序)。其中加速速率指的是主机在中速区以下的加速控制，加速速率较快。程序负荷指的是高速区的加速控制，特别强调慢加速。因为在高负荷时加速太快，会使主机超热负荷，严重影响缸套、活塞和缸盖等燃烧室部件的寿命。因此，有了加速速率和程序负荷这种控制功能，驾驶员可按实际情况把车钟手柄扳到任一速度挡，而不必考虑是否会损害主机。当车钟手柄从停车扳到正车(倒车)全速时，主机先进行起动操作，起动阶段完成以后，主机的加速过程就会按预先设定好的加速速率进行加速，当主机定速后，主机转速控制系统就会按设计好的程序负荷继续给主机加速，一直到车钟手柄所设定的正车海速转速。由此可见，转速给定值是变化的，而且变化规律是确定的。因此，在主机起动完成到转速稳定这段时间内，主机转速控制系统实际上是在完成一个转速程序控制过程。

实际上不仅有加速程序负荷，还有减速程序负荷，只不过减速程序负荷比加速过程快得多，往往被忽略。除遇到应急情况外，主机在从海速降速时进行一段减速程序负荷控制，对延长主机使用寿命和降低故障率都是十分重要的。因此，部分主机转速控制系统还设有减速程序负荷。

2) 转速-负荷控制

主机的转速与负荷控制回路是一个综合控制回路。在正常航行工况下，控制回路主要是通过调速器对主机转速进行定值控制。控制回路的作用就是克服各种扰动，把主机转速控制在车钟手柄所设定的转速上。但是，当船舶在恶劣海况下航行时，螺旋桨可能会频繁露出水面导致转速升高，若此时仍采用转速定值控制，调速器为了维持主机运行在设定转速上，不得不频繁地大幅度调节主机供油量，这就有可能导致主机超热负荷。一旦调速器减油不及时，主机就会发生飞车而使主机超机械负荷。这时，主机转速控制系统常采用负荷控制方式或死区控制方式来保障主机的安全运行。

3) 转速限制

为了保证主机安全、可靠及有效地运行，车令设定的转速值必须符合主机自身特性的要求，因此，遥控系统将对进入主机调速器的设定转速进行临界转速避让、最小转速限制、最大转速限制以及轮机长手动设定最大转速的限制。

(1) 临界转速自动避让。当车钟设定转速处于临界转速区时，为了保证主机不在临界转速上运转，遥控系统将自动地把设定转速限制在临界转速区之外，并在设定转速经过临界转速区时，自动地控制其快速通过临界转速区，以确保主机安全运转。

(2) 最小转速限制。当车令设定转速值小于主机最低稳定转速时。为了防止主机不稳定运转或熄火停车，遥控系统将自动地把设定转速限制在主机最低稳定转速上。

(3) 最大转速限制。当车令设定转速值大于主机所允许的最大转速时，为防止主机超速，遥控系统将自动地把设定转速限制在主机所允许的最大转速范围内。由于主机倒车运行工况较正车差，故有些遥控系统还设置数值上较正车小的最大倒车转速限制。

(4) 轮机长手动设定最大转速的限制。在非应急运转工况下，当车令设定转速值大于轮机长手动设定最大转速的值时，遥控系统将对其车令设定转速值述行限制，以确保主机转速不超过轮机长所设定最大允许转速。

4) 负荷限制

主机转速控制系统在对主机转速进行转速自动控制时，主机的供油量是由调速器根据偏差转速大小来控制的。调速器为了把主机的转速快速调节到设定转速，有可能使主机因供油量太大而超负荷。为此，遥控系统应对主机的供油量进行限制。负荷限制主要包括如下几个方面。

(1) 起动油量的设置。若要使主机顺利且平稳地起动起来，就必须在主机起动时供给适量的燃油，为了使起动油量不受车令设定转速的影响，实现定油量起动，遥控系统在主机起动期间自动阻断车令设定转速信号，给出一个最佳起动转速及最大允许起动油量，以确保主机安全、平稳、可靠地起动。

(2) 转矩的限制。为了保证主机的安全运行，延长使用寿命，遥控系统一般都设置转矩限制功能，原因是主机在某一转速下运行时，如供油量过大就有可能使主推进轴的扭矩超机械负荷。此时，遥控系统将自动地限制主机的供油量，即根据车令设定的转速或主机的实际转速给出一个相应的允许供油范围，从而将主机的转矩限制在安全的范围内。

(3) 增压空气压力限制。主机从低速开始加速时，油量会突然增加很多，而此刻增压器输出的增压空气压力较低，这样就会出现油多气少的现象，导致燃烧不充分而冒黑烟。为防止主机在加速过程中出现冒黑烟现象，遥控系统将自动地根据增压空气压力的高低来限制主机的供油量，以保证喷入气缸的燃油充分燃烧，同时也可防止主机受热部件的过热现象。

(4) 螺旋桨特性限制。主机与螺旋桨的配合是按螺旋桨推进特性工作的，即功率与转速成三次方关系，转矩与转速成平方关系，而前述的各种限制方式都是在某一负荷范围内的直线限制特性。有的遥控系统设置按螺旋桨的特性来限制主机的供油量，用来修正原有负荷的限制特性，使之接近螺旋桨推进特性曲线形状，以满足螺旋桨吸收功率的需要。

(5) 最大油量的限制。在主机供油量超出轮机长所设定的最大供油量时，遥控系统将自动地将主机供油量限制在轮机长设定的最大供油量上，以实现主机的最大负荷限制。

4. 安全保护及应急操纵功能

1) 安全保护

如前所述，安全保护装置是主机遥控系统的重要组成部分。当主机重要参数越限时，它能使主机自动减速或自动停车，并发出报警信号显示安全系统动作的原因，以保护主机的安全。有些重要参数的安全保护值有两个：一个是自动减速值，另一个是自动停车值。当出现安全保护装置动作且故障排除后，需要对故障复位后才能进行起动和加速。

2）应急操纵

在应急情况下，为了保证船舶的安全需要对主机进行一些特殊的操纵，主要包括以下三个方面：

（1）机旁应急运行。在主机遥控系统失灵的情况下，为了保证主机仍然继续运行，只要将主机操作部位从驾驶台或集控室直接切换到机旁，即可实现机旁手动应急操纵。

（2）应急运行。在运行中的全速换向操作一般在紧急避碰中使用，属于应急运行。它包括应急换向、应急起动及应急加速。应急换向指的是主机在应急换向转速下的换向。应急起动除了采用重起动外还将自动取消慢转起动与时间起动。应急加速主要指的是取消负荷程序进行快加速，同时还自动取消某些限制（如增压空气压力限制，转矩限制等）。船在锚地走锚后所进行的应急起动和应急加速也是一种应急运行。当安全保护系统动作后，使主机减速和停车，从整个船舶的安全看，不允许停车和减速，这时应采取“舍机保船”措施，取消自动减速和自动停车信号，迫使主机“带病”运转。但对一些严重的故障停车信号（如主机滑油低压和超速）一般是不能强迫运转的。有的船上只能在有自动减速信号时才可采取应急运行的强迫运转方式，而对所有故障停车信号都不能采取强迫运转方式。

（3）手动应急停车。当车钟手柄扳回到停车位置时，由于遥控系统出现故障，不能使主机停油，这时应按下“应急停车”按钮，通过应急停车装置使主机立即断油停车，并发出报警。若要重新起动主机，必需对应急停车信号进行复位，才可进行起动操作。

5. 模拟试验功能

各种主机遥控系统几乎都设置相应的模拟试验装置。它主要用于：显示遥控系统的运行工况，如电磁阀的状态、主机凸轮轴的位置以及起动过程等；测试和调整遥控系统的各种参数；检查遥控系统的各种功能是否正常，若有故障，可利用模拟试验查找和判定故障部位。

掌握正确的模拟试验方法对轮机管理人员来说是十分重要的。尽管有各种各样的模拟试验装置和多种试验方式，但其中最基本的试验方式是在主机停车时利用车钟（实际车钟或模拟车钟）和模拟转速旋钮配合操作，使遥控系统完成一系列动作。因为，遥控系统对主机的实际转速和模拟转速没有辨别能力，把模拟转速同实际转速同等对待。正是利用这一点，达到检查遥控系统各种功能和判断故障的目的，并按设计要求完成各种动作。在用实际车钟和模拟转速的试验中，除了主机因主起动阀关闭而不能转动以外，遥控系统的各种阀和部件都可以动作。因此，在进行模拟试验前要做好相关的准备工作。

三、主机遥控系统的类型

根据所采用的遥控设备及实现手段的不同，主机遥控系统可以分为以下几种类型。

1. 气动式主机遥控系统

气动式主机遥控系统主要由气动遥控装置和气动驱动机构组成，并配有少量的电动元件如电磁阀和测速电路等。它的主要特点是驱动功率大，工作可靠，结构简单、直观，便于掌握和管理。缺点是存在压力传递滞后的现象，因此控制距离受到限制，对气源要求高，气动元部件容易出现漏气、脏堵及磨损现象。

2. 电动式主机遥控系统

电动式主机遥控系统的遥控装置与驱动机构均由电动元部件构成。它的主要特点是结构紧凑，遥控距离不受限制，控制性能好，能较灵活地实现各种功能。缺点是执行机构的驱动功率小，对管理人员技术要求较高。电动遥控系统又可分为有触点继电器式和无触点集成电路式两种。

3. 电/气式主机遥控系统

电/气式主机遥控系统的遥控装置主要由电动元器件构成，驱动机构则由气动元件构成。这种结构充分发挥电动式和气动式两种遥控系统的优点，是较完善的遥控系统。

4. 电/液式主机遥控系统

电/液式主机遥控系统主要由电动遥控装置与液压执行元件构成。它具有驱动功率大、可控性好、便于远距离控制等优点，但结构复杂，需设置液压油回收系统，并且容易出现漏油、渗气现象。

5. 微机控制的主机遥控系统

微机控制的主机遥控系统主要由 PLC 或微型计算机及其接口电路组成，只有驱动机构采用气动或电动元件。遥控系统的功能主要由软件实现，具有应用灵活、功能强大、适用性强和可靠性高的特点。近几年下水的船舶几乎全部采用微机控制，并朝着分布式和网络化的方向发展。

6. 现场总线型主机遥控系统

现场总线型主机遥控系统是计算机网络化技术在船舶上广泛应用的产物。在现场总线型主机遥控系统中，控制系统的各个组成部件采用分布式计算机节点控制，各个控制节点采用现场总线互联，大大地减少连接电缆，降低布线成本，安装和维护极为方便，同时也提高系统的可靠性。从严格意义上说，现场总线型主机遥控系统也属于微机控制的范畴。

【任务实施】

一、任务要求

认识主机遥控系统的组成。

二、任务准备

AC－4 主机遥控系统模拟器一套。

三、任务操作

AC－4 主机遥控系统的结构组成整个系统包括四大部分：①实现主机起、停、换向等逻辑控制的 AC－4 主机遥控系统，包括 AC－4 驾驶台单元和 AC－4 集控室单元；②实现主机转速控制的 DGU8800e 数字调速单元；③实现主机安全保护功能的 SSU8810 安全保护单元；④车钟系统，由驾驶台车钟、集控室车钟和机旁应急车钟组成。各大部分在功能上具有完整性和独立性，既可以由这四部分组合成一套完整的主机遥控系统，也可以单独地与其他遥控系统配合使用。

在轮机模拟器现场指认 AC－4 主机遥控系统的结构组成的四大部分以及每个部分的操作面板界面，也让学员一并认识其他操作面板及仪表。

【任务评价】

(1) 认识主机遥控系统的操作台上的车钟；遥控主机的操纵器；数字调速器单元面板；保护单元面板；综合报警面板；显示器；打印机；相关仪表等。

(2) 认识驾驶台车钟、集控室车钟和机旁应急车钟组成及操作面板。

【课后练习】

(1) 简述主机运行中的换向与制动逻辑程序。

(2) 简述主机遥控系统的模拟实验功能。

任务 2　主机遥控系统主要气动元件的认识
Task Two　Knowledge of Major Pneumatic Components of Main Engine Remote Control System

【任务描述】

在遥控系统中,气动部件是常见的基本组成要素,尤其是对于气动操纵系统更是如此,常用的气动阀件有逻辑元件、时序元件和控制元件。它们工作的气压信号是由气源提供的,一般为 0.7 MPa。

本任务是认识主机遥控系统主要气动元部件的结构、功能、符号,主机遥控系统气源的标准及其要求,便于看懂完整的主机遥控系统图。会调节有关气动阀件的参数值。

【学习目标】

(1) 认识气动阀件的符号。

(2) 会调节精密转速调压阀设定值。

【相关知识】

一、逻辑元件

逻辑元件实际上就是开关元件。根据某些逻辑条件,其输出端或者通气源压力信号输出为 1,或者输出端通大气输出为 0。逻辑元件包括二位三通阀、二位四通阀、三位四通阀、二位五通阀、双座止回阀和联动阀。

1. 二位三通阀

1) 机械动作的二位三通阀

机械动作二位三通阀的结构原理如图 4-2-1(a)所示,图 4-2-1(b)是其逻辑符号,有两个位置三个通路。该阀的用途是在受机械动作时工作口 2 通入压缩空气(此时接口 4 为压力口)或使 2 口排气(此时接口 1 为压力口)。其工作原理是当控制端有机械动作时,通过滚轮杠杆 6 作用于顶杆 7,顶杆 7 首先与阀心 5 接触,从而切断接口 2 和 1 之间的通路,然后顶杆将阀心 5 从阀座 3 上向下顶开,使 2 口和 4 口接通,在逻辑符号图上相当于上位通。若控制端机械动作取消,顶杆在弹簧作用下回到其初始位置,而复位弹簧 8 就会将阀心重新压回至阀座 3 上,这样接口 1 和 2 接通,而接口 4 截止,在逻辑符号图上相当于下位通。

若将气源接到接口 1 上,该阀就为常通式二位三通阀。若将气源接到接口 4 上,该阀就为常断式二位三通阀。

2) 气动二位三通阀

气动二位三通阀的结构原理如图 4-2-2(a)所示,图 4-2-2(b)是其逻辑符号。该阀的用途是当控制口 Z 有压力信号时,可使工作口 A 通入压缩空气(P1 为压力口),或使工作口 A 排气(P2 为压力口)。其工作原理是当控制口 Z 有控制压力信号,则活塞 1 克服弹簧 2 的弹力向下运动,在顶杆 3 随之一起向下运动的过程中首先使 A 口与 P1 口的通路截断，然后使阀心 4 从其阀座上向下离开，从而使 P1 口与 A 口相通，在逻辑符号图上相当于上位通。如果控制口排气，活塞 1、顶杆 3 和阀心 4 均在复位弹簧作用下复位，则接口 A 和 P2 接通，而接口 P1 截止，在逻辑符号图上相当于下位通。

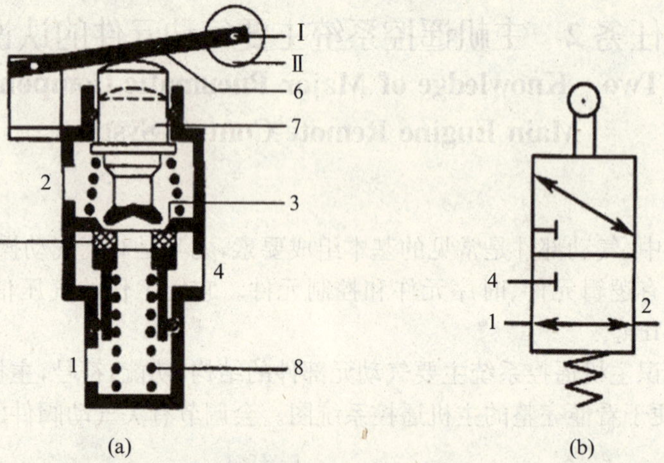

(a)　　(b)

1，2，4—工作接口；3—阀座；5—阀心；6—滚轮杠杆；7—顶杆；8—复位弹簧

图 4-2-1　机械动作二位三通阀结构原理及逻辑符号

(a)　　(b)

Z—控制口；A，P1，P2—工作接口；1—活塞；2—弹簧；3—顶杆；4—阀心

图 4-2-2　气动二位三通阀结构原理及逻辑符号

若将气源接到接口 P2 上，该阀就为常通式二位三通阀。若将气源接到接口 P1 上，该阀就为常断式二位三通阀。

根据动作阀心力的性质不同，也就是控制信号A的种类不同，二位三通阀可分为机械动作、手动操作、单气路控制、双气路控制和电动控制等类型，图4-2-3分别是他们的逻辑符号。

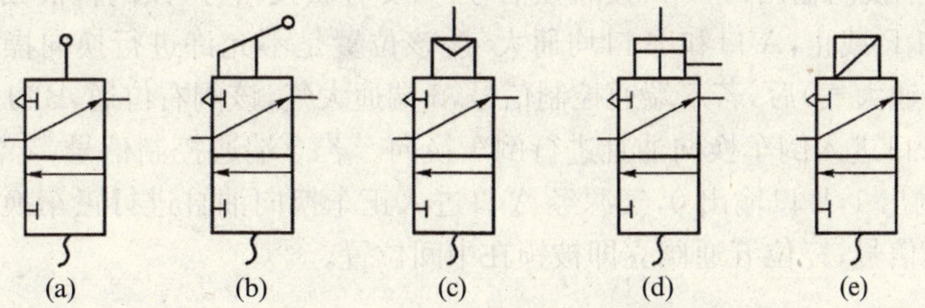

图4-2-3　常用二位三通阀逻辑符号

2. 二位四通阀

气动二位三通阀的结构原理如图4-2-4(a)所示，图4-2-4(b)是其逻辑符号。该阀的用途是当控制口被加压后，同时使一个工作口通入压缩空气，而使另一个工作口排气。其工作原理是当控制口2被加压后，阀心6被向上移动，阀心6克服弹簧4的弹力而向上移动，阀心6下方的台肩使工作口1和排气口E1之间的通路截断，而且使工作口1和压力口5相通，阀心6上部的台肩使工作口3和排气口E2相通。控制口2失压后，利用弹簧的弹力而使该阀复位。该二位四通方向阀可以安装在任意位置。

3. 二位五通阀

二位五通阀的结构原理及逻辑符号如图4-2-5所示。该阀的用途是使两个工作口之一与压力口相通的同时而另一工作口和排气口相通。其工作原理是若扳动手柄1可使顶杆2克服弹簧3的弹力向下运动，从而使压力口P与工作口A相通，工作口B与排气口S相通，排气口R截止。如果手柄回到其初始位置，则弹簧同样使顶杆回到其初始位置，这时P口与B口相通，A口与排气口R相通，排气口S截止。二位五通可以被安装在任意位置上，松开螺钉4可根据需要调节手柄的初始位置。使用时应防止排气口被水和污物阻塞。

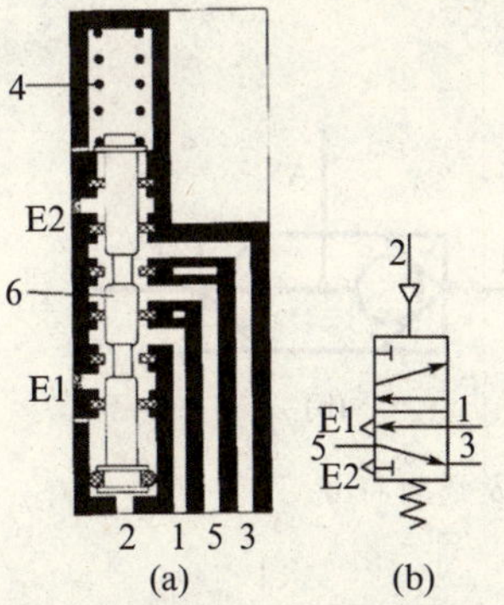

1，3，5，E1，E2—工作接口；
2—控制口；4—弹簧；6—阀心

图4-2-4　二位四通阀结构原理及逻辑符号

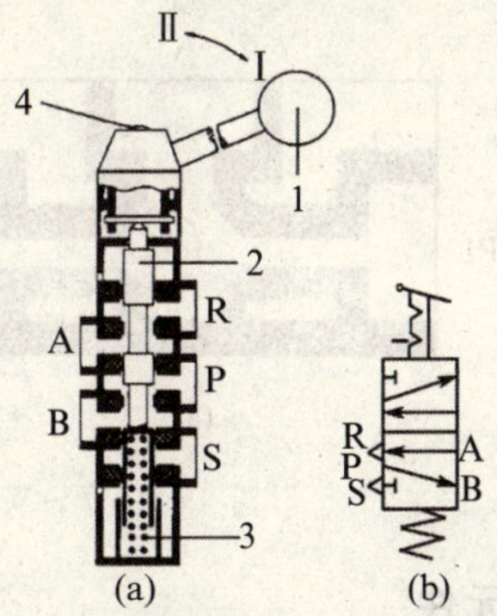

1—手柄；2—顶杆；3—弹簧；4—螺钉；
A，B—工作口；P—压力口；R，S—排气口

图4-2-5　二位五通阀结构原理及逻辑符号

4. 三位四通阀

在遥控系统中,三位四通阀常作为双凸轮主机的换向阀。图 4-2-6(a)和图 4-2-6(b)分别为该阀的结构原理和逻辑符号。它由阀体、左右滑阀及弹簧组成,A 口和 B 口分别为正车换向和倒车换向输出口,7 口接联锁信号,只要有联锁信号,该阀就被锁在中位通的位置,此时气源口 P 截止,A 口和 B 口均通大气,该位置是不允许进行换向操作的。联锁信号 7 撤销(7 口通大气)后,若 5 端通控制信号,6 端通大气,该阀右位通,B 口输出 1,A 口输出 0,气源经 B 口进入倒车换向油缸进行倒车换向。若 6 端通控制信号,5 端通大气,该阀左位通,A 口输出 1,B 口输出 0,气源经 A 口进入正车换向油缸进行正车换向。换向完成后,7 口通联锁信号,三位五通阀立即被锁在中间位置。

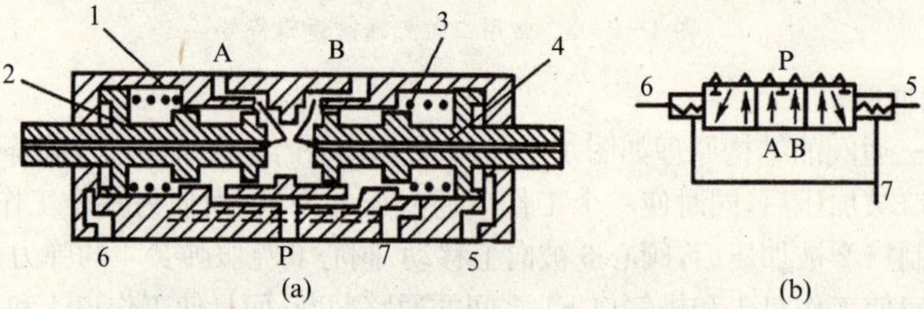

1—阀体; 2—左滑阀; 3—弹簧; 4—右滑阀; 5—倒车信号; 6—正车信号;
7—联锁信号; A—正车换向口; B—倒车换向口; P—气源口

图 4-2-6 三位四通阀结构原理及逻辑符号

5. 双座止回阀

双座止回阀是或门阀,俗称梭阀,其结构原理和逻辑符号如图 4-2-7 所示。它有两个输入端 P1 和 P2,一个输出端 A,其逻辑功能是 A=P1VP2。该阀的用途是用于控制有共同工作口的两个压力口的转换。其工作原理是当两个压力口之一(P1 口或 P2 口)进气时,小球将第二个压力口关闭并使压缩空气到达工作口 A。当两个压力口同时进气时,具有较高压力的压力口与工作口相通。在安装上要求水平安装。

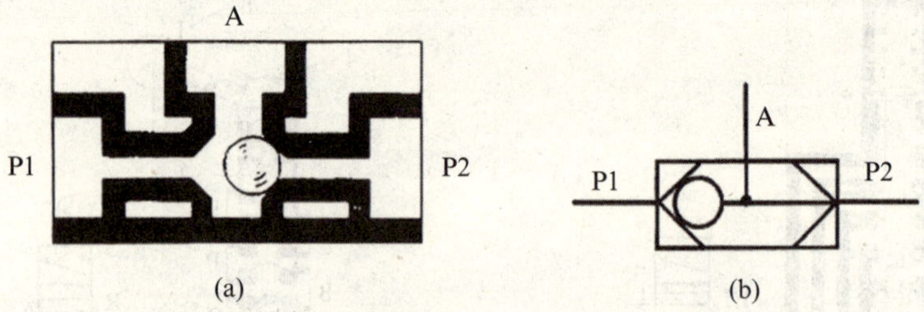

图 4-2-7 双座止回阀结构原理及逻辑符号

二、时序元件

时序元件在气路中一般对气压信号的变化起延时作用,它包括单向节流阀、分级延时阀及速放阀。

1. 单向节流阀

单向节流阀的结构原理与逻辑符号如图 4-2-8 所示。该阀的用途是可以在一个方向上对气流进行节流调节，当气流以相反的方向流过时不节流。其工作原理是当从接口 4 进气时，碗形密封圈 5(预应力大约 0.04 MPa)被从阀座上打开，气流不被节流地流到接口 3。当从接口 4 排气时，碗形密封圈被关闭，并且接口 3 的进气只能通过节流口 6，节流口可以通过调节螺栓 7 改变。向右拧动，减少流通面积，延长排气时间；向左拧动增大流通面积，节流作用减弱。安全环 8 用于防止将节流口完全关闭。另外，还用两个孔隙为 20 μm 的过滤器 2 来防止污物进入节流口。

节流阀可以安装在任何位置上，但在安装时必须注意流动方向。

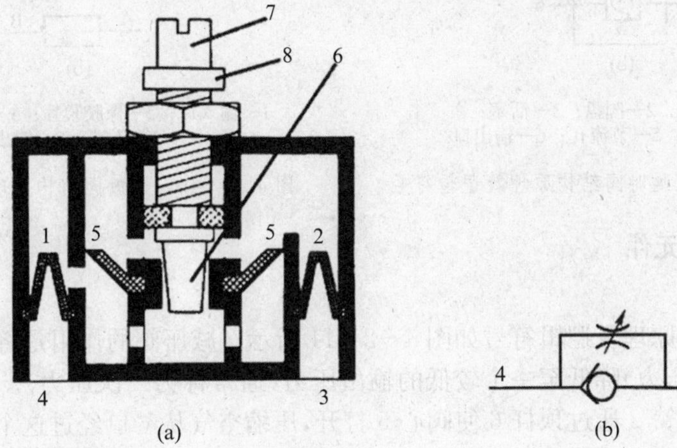

1，2—过滤器；3，4—接口；5—密封圈；6—节流口；7—调节螺钉；8—安全环

图 4-2-8　单向节流阀结构原理及逻辑符号

2. 分级延时阀

分级延时阀的结构原理及逻辑符号如图 4-2-9 所示。当输入口的压力信号较低时，在弹簧作用下，活塞 3 下移。阀盘 2 离开阀座，由 1 口输入的气压信号经 4 口直接达到输出口 6，不进行节流延时，当 1 口输入压力信号增大到一定值时，活塞 3 克服弹簧张力上移使阀盘 2 压在阀座上，输入的气压信号必须经 7 口，再经节流孔 5 达到输出端 6，进行节流延时。转动调整螺钉 A，可改变弹簧的预紧力，即可调整开始进行节流延时的输入信号的压力值；转动调整螺钉 B，可改变节流孔的开度，即可调整延时时间。当输入的气压信号降低或撤销时，在弹簧作用下，活塞连同阀盘一起下移，输出端 6 直接与输入端相通，不进行节流延时。

3. 速放阀

速放阀的结构原理及逻辑符号如图 4-2-10 所示。A 端为输入端，B 端为输出端。当输入端 A 有气压信信号时，橡胶膜片 2 被顶起封住通大气口 3，使输出端 B 的气压信号立即等于 A 端；当输入端 A 的气压信号撤销时，膜片 2 下落封住输入端，同时打开通大气口 3，使输出端 B 的气压信号就地泄放，而不必经输入端 A，再经较长的管路泄放，避免信号泄放的延时。

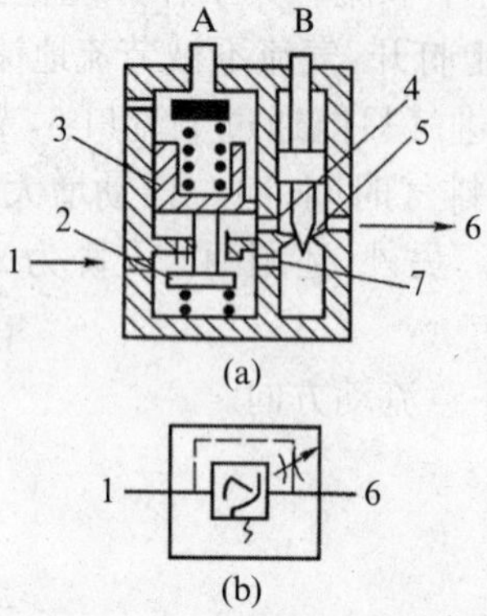

1—输入口；2—阀盘；3—活塞；
4，7—气口；5—节流孔；6—输出口

图 4-2-9　分级延时阀结构原理及逻辑符号

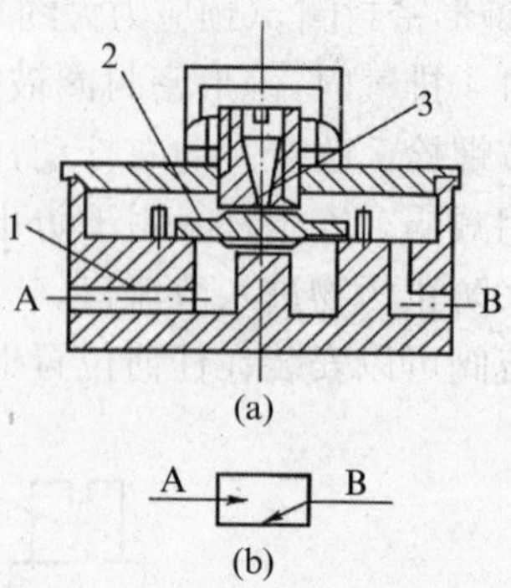

1—输入口；2—橡胶膜片；3—通大气口；
A—输入端；B—输出端

图 4-2-10　速放阀结构原理及逻辑符号

三、气动比例元件

1. 减压阀

减压阀的结构原理及逻辑符号如图 4-2-11 所示。减压阀的作用是将较高的输入压力(通常称为一次压力)降低至一个较低的输出压力(通常称为二次压力)。其工作原理是经过预压的调压弹簧 2 通过顶杆 6 使阀心 5 打开，压缩空气从 V 口经过这个打开的阀口流向压力较低的 Z 口，同时压缩空气也到达膜片 3 的下方，随着 Z 口压力的升高，使带顶杆的膜片和阀心一起克服调压弹簧的弹簧力向上运动，直到 Z 口压缩空气作用在膜片上的力(Z 口压力×膜片的有效面积)与通过调节螺钉 1 调节的弹力相平衡为止，这时阀心与阀座 4 接触，从而使 V 口与 Z 口之间的通路截止(截止状态，即输入与排气均被截止)。

如果二次压力口的压力下降到低于与调压弹簧的弹力相对应的值时，则膜片向下运动，并通过顶杆使阀心 5 打开阀口，直到重新达到与调压弹簧的弹簧力相对应的压力值为止。如果二次压力的压力超过与调节弹簧的弹力相对应的压力值，则膜片带着顶杆脱离开阀心 5，使 Z 口的一部分压缩空气通过孔 7 排出，当 Z 口的压力达到期望值时，膜片向下运动，使排气口关闭，这样重新达到该阀的截止状态。减压阀可以安装在任意位置上，但应为安装和调整预留足够的空间。

2. 比例阀

比例阀的结构原理及逻辑符号如图 4-2-12 所示。比例阀常用于气压信号的隔离跟随。当输出端 2 的气压信号与输入端 5 相等时，膜片 6 上、下受力相等，处于平衡状态。动阀座 8 截止气源 1，阀心 7 压在动阀座上，封住通大气口 4，输出信号不变。当输入端的气压信号增大时，膜片 6 向下弯，动阀座 8 下移，气源 1 与输出端 2 相通，使输出端的气压信号增大。该增大的气压信号经反馈口 3 进入膜片 6 的下部空间，当输出的气压信号增加到与输入信号相等时，膜片 6 又处于平衡状态，气源 1 被动阀座 8 截止，输出稳定在比原来高的压力值上。当输入信号降低时，膜片 6 向上弯，阀心上移，输出端 2 与大气口 4 相通，输出压力降低。经反馈口 3 使膜片下部空间的压力降低，直到输入信号与输出信号相等时，膜片 6 又恢复到平衡状态，这时输出压力就稳定在比原来低的值上。可见，比例阀在稳态时，其输入与输出是相等的。

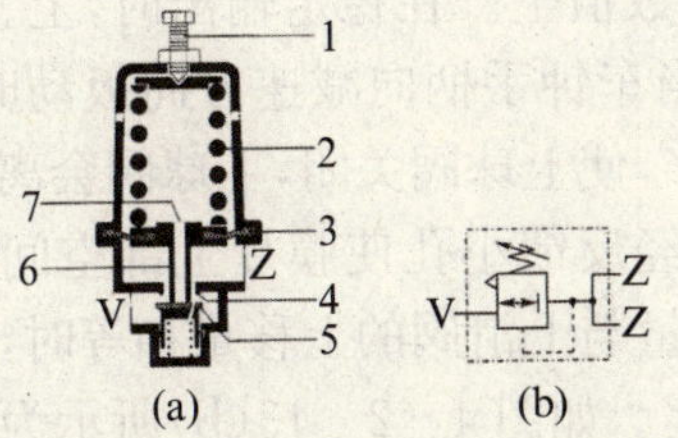

1—调节螺钉；2—调压弹簧；3—膜片；
4—阀座；5—阀心；6—顶杆；7—通气孔

图 4-2-11　减压阀结构原理及逻辑符号

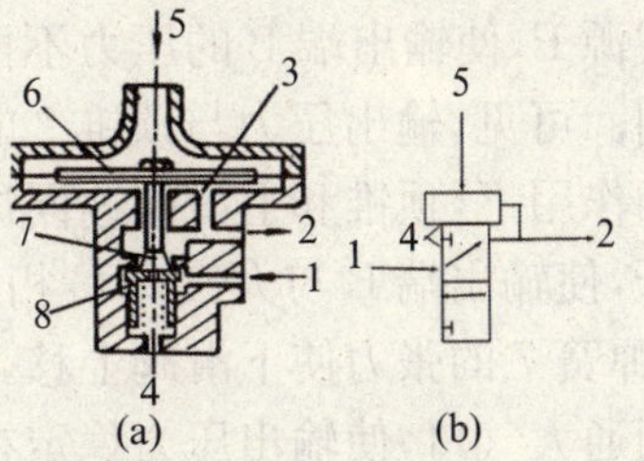

1—气源；2—输出端；3—反馈口；4—大气口；
5—输入端；6—膜片；7—阀心；8—动阀座

图 4-2-12　比例阀结构原理及逻辑符号

3. 转速设定精密调压阀

在气动遥控系统中，转速设定精密调压阀用于车钟设定转速的发讯，其输入信号是车钟手柄的位移，输出信号是与设定转速所对应的空气压力。该阀的结构原理及输出特性如图 4-2-13 所示。

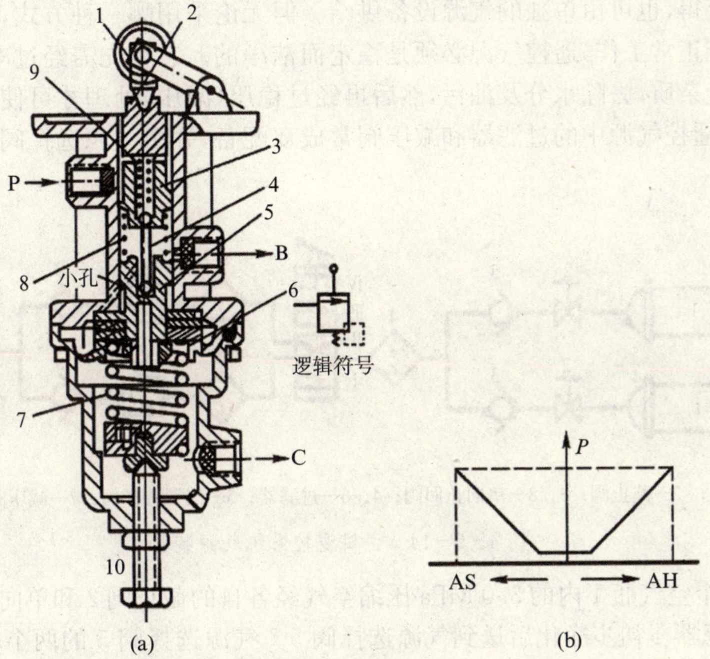

1—滚轮；2—顶锥；3—上滑阀；4—进排气球阀；5—下滑阀；6—膜片；
7，8，9—弹簧；10—调整螺钉；P—气源；B—输出口；C—通大气

图 4-2-13　转速设定精密调压阀结构原理及输出特性

滚轮 1 与车钟手柄下面所带动的凸轮相接触。当车钟手柄向加速方向扳动时，经滚轮使顶锥 2 下移，克服弹簧张力使上滑阀 3 下移，进排气球阀 4 中的下球阀仍压在下滑阀 5 的阀座上，封闭通大气口，上球阀会离开上滑阀 3 的阀座而打开。气源 P 经上球阀通至输出端 B，使输出压力升高。该升高的压力信号一方面作为转速设定信号输出，另一方面经反馈小孔(图中虚线所示)进入膜片 6 的上部空间，压缩弹簧 7，使下滑阀连同下球阀一起

下移。当下滑阀的下移量与顶锥2的下移量相等时，上球阀又被压在上滑阀3的阀座上，封闭气源P，使输出端B的压力不再升高，稳定在某一数值上。在稳定输出时，上、下球阀均关闭。可见，输出压力与顶锥2的下移量成比例。当车钟手柄向减速方向扳动时，在弹簧8的作用下，顶锥和上滑阀连同进排气球阀一起上移，使上球阀关闭，下球阀会离开阀座而打开，使输出端B与大气口C相通，输出压力降低，经反馈小孔使膜片上部空间压力降低，靠弹簧7的张力使下滑阀上移，直到下滑阀的上移量与上滑阀的上移量相等时，下球阀又封闭通大气口，使输出压力稳定在比原来低的数值上。如图4-2-13(b)所示为该阀的输出特性线。因为车钟手柄下面所带动的凸轮正、倒车边是对称的，所以正、倒车转速设定的特性线是相同的。在主机遥控系统中，利用上面介绍的遥控阀件可组成起动、换向、制动、转速限制和负荷程序等各种逻辑回路及控制回路。因此，掌握这些阀件的工作原理，特别是掌握其逻辑符号，对分析和理解一个复杂的遥控系统是很重要的。

四、主机遥控系统气源的标准及其要求

在气动主机遥控中，常用3.0 MPa的压缩空气作为换向和起动的动力气源，用0.7 MPa的压缩空气作为遥控气源。0.7 MPa的遥控气源可由3.0 MPa的空气瓶的压缩空气减压而获得，也可由单独的气源设备供给。但无论采用哪一种方式，为了保证气动主机遥控系统能正常工作，遥控气源必须是稳定而洁净的。它首先需经过净化处理，以滤去空气中的灰尘杂质，去除水分及油污，然后再经过稳压(减压)处理才可使用。鉴于遥控气源的重要性，遥控气源中的过滤器和减压阀常成双配备，并由气源选择阀来选用，如图4-2-14所示。

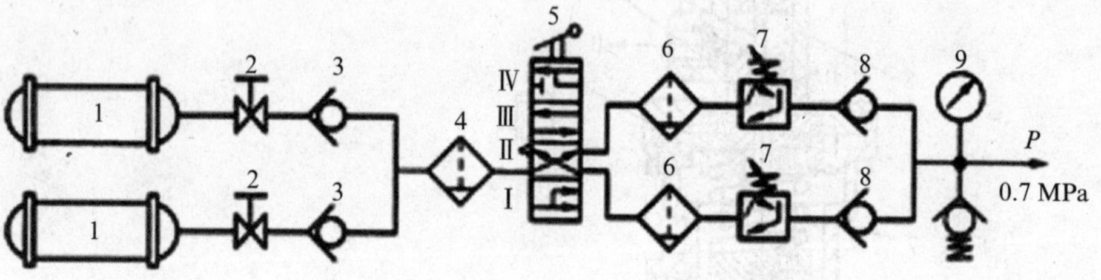

1—空气瓶；2—截止阀；3，8—单向止回阀；4，6—过滤器；5—气源选择阀；7—减压阀；9—压力表

图4-2-14 主机遥控系统气源装置

图中，两个空气瓶1内的3.0 MPa压缩空气经各自的截止阀2和单向止回阀3引入过滤器4，由过滤器4初步净化后送到气源选择阀5。气源选择阀5的两个输出气口上接有两条具有同样过滤器6和减压阀7的气路，过滤器6将3.0 MPa的压缩空气进一步净化后由减压阀7减至0.7 MPa，最后再经各自的单向止回阀8送到遥控系统中作用遥控气源。气源装置的四种工况由气源选择阀选定。

气源选择阀切换到Ⅳ位，由过滤器4来的3.0 MPa压缩空气截止，上、下过滤减压支路均通大气(不工作)，无气源输出，遥控系统不工作，因此该工况用于停泊状态。

气源选择阀切换到Ⅲ位，上支路通大气，下支路投入工作，输出0.7 MPa遥控气源。气源选择阀切换到Ⅱ位，下支路通大气，上支路投入工作。输出0.7 MPa遥控气源。

可见，Ⅱ位和Ⅲ位都是单路工作(一路工作，另一路备用)。因此，适合海上航行状态，在海上航行中若工作支路出现故障或需清洗滤器，可切换到备用支路。

气源选择阀处于Ⅰ位，上、下支路同时投入工作。它主要目于进、出港时供气，以满足进出港时主机操纵频繁、耗气量大的要求，确保进出港时的操作安全。

【任务实施】

一、任务要求

学员会调节转速设定精密调压阀输出压力上、下限值。

二、任务准备

转速设定精密调压阀一台。

三、任务操作

转速设定精密调压阀输出压力的变化范围一般为 0.05～0.5 MPa，其中 0.05 MPa 对应于最小设定转速值，0.5 MPa 对应于最大设定转速值。最小设定转速值的调整（图 4-2-13）是通过转动螺钉 10 改变弹簧 7 的预紧力实现的，即可上、下平移输出特性线。若旋紧螺钉 10 使弹簧 7 预紧力增大，则最小设定转速值增大，即向上平移输出特性线，反之亦然。最大设定转速值的调整是通过转动弹簧座，改变弹簧 7 的有效工作圈数即刚度实现的，从而可改变输出特性线的斜率。若减少有效工作圈数，会刚度增大，则最大设定转速值增大，输出特性线的斜率增大，反之亦然。

【任务评价】

（1）会调节精密调压阀的最小设定转速。

（2）会调节精密调压阀的最大设定转速。

【课后练习】

（1）三位四通阀的功能及符号是什么？

（2）转速设定精密调压阀的最大设定转速应如何设定？

任务 3　车钟系统元件的认识及操作部位的转换

Task Three　Knowledge of Telegraph Unit and Position Change-over

【任务描述】

车钟系统从传统意义上讲只是用来在各操作部位之间发送和接收主机操作指令及传递操作信息的装置，一般都由驾驶台车钟、集控室车钟和机旁应急车钟组成。根据所传递指令的不同性质，车钟还可分为主车钟和副车钟两种。本任务是会进行车钟操作部位的转换。

【学习目标】

（1）认识主机遥控系统的主车钟发讯原理。

（2）会转换车钟系统的操作部位。

【相关知识】

一、车钟系统概述

1. 主车钟

主车钟用于传送停车、换向和转速设定等主机操纵命令，一般设有停车（STOP）、前进微速（Ahead Dead Slow）、前进慢速（Ahead Slow）、前进半速（Ahead Half）、前进全速

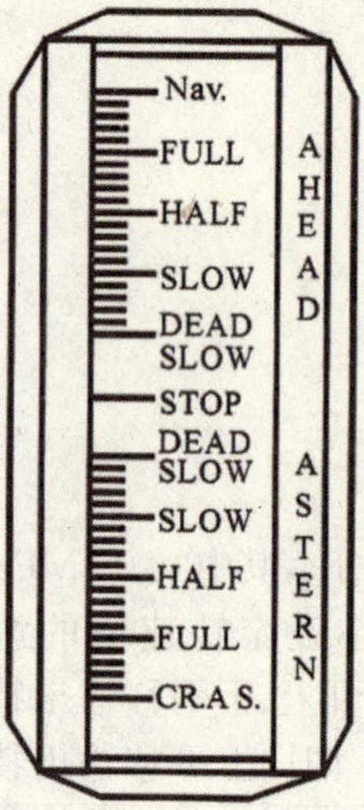

图 4－3－1　车钟挡位示意

(Ahead Full)、海上全速(Navigation)、后退微速(Astem Dead Slow)、后退慢速(Astem Slow)、后退半速(Astem Half)、后退全速(Asterm Full)和应急后退(Crash Astem)等挡位。驾驶台车钟和集控室车钟一般采用手柄操作,而机旁应急车钟除了早期船舶采用手柄操作外,目前大多数船舶均采用按键操作。手柄式车钟的挡位定义如图 4－3－1 所示。

手柄式车钟一般设有两根指针,一根指示本地手柄的位置,另一根跟踪其他操作部位的手柄位置,也称为复示指针。按键式车钟则用指示灯代替指针。手柄式车钟的指针跟踪一般采用自整角机或由电路控制的伺服电动机实现。

当驾驶台发出车令后,集控室和机旁的复示指针或指示灯将跟踪驾驶台车令,轮机员应在主机的当前操作部位进行回令,即将车钟手柄推到相应的位置,或按下按键式车钟相应的挡位按钮。回令之前,三地车钟均有声响提示,回令结束后,声响提示消失。

对于在驾驶台安装有自动遥控系统的船舶,车钟系统往往还兼有主机的控制功能,除了传送车令信息外还能够向主机遥控系统发送主机的各种操作命令。目前大型自动化船舶所使用的车钟通常都是集传令车钟与遥控手柄于一体的指针跟踪式或指示灯跟踪式车钟,车钟系统已成为主机遥控系统的重要组成部分。

主车钟向遥控系统发送主机操作命令的发讯装置通常有气动和电动两种类型。气动发讯装置采用手柄的机械动作控制二位三通阀,利用二位三通阀的气压输出实现正车、倒车和停车信号的发讯,并用手柄带动的凸轮控制精密调压阀的气压输出,由输出压力大小给出与手柄位置相对应的转速设定值,从而实现转速指令的发讯。电动发讯装置通常采用微动开关和相应的逻辑处理电路发出正车、倒车和停车信号,采用精密电位器与信号处理电路发出 0～10 V 的电压、4～20 mA 的电流或 0～5 kΩ 的电阻等信号实现转速设定值的发讯。在不同的操作部位操纵主机时,主车钟的工作模式也不同。以定距桨船舶的低速主机为例,当在驾驶台操纵时,驾驶台车钟直接对主机进行遥控操作,集控室车钟和机旁应急车钟只对驾驶台车令进行复示;在集控室或机旁操纵时,驾驶台车钟只用于传令操作,当轮机员回复车令后,在集控室或机旁对主机进行手动操纵。应当指出的是,集控室车钟手柄通常还兼有主机的换向控制功能,而主机的起动、停车和转速控制则由主机操纵手柄进行控制。

2. 副车钟

副车钟用于传送与主机操纵有关的其他联络信息,如备车(Stand By)、完车(Finished With Engine)和海上定速(At Sea)等。假设当前操作部位为集控室,则当需要进入备车状态时,首先由驾驶台人员按下“备车”按钮,发出主机备车指令,车铃声响,“备车”指示灯闪光。值班轮机员在集控室按“备车”按钮予以应答,车铃声响停止,“备车”指示灯变为平光,进入备车状态。当冲车和试车完毕后,可将主机的操作部位转到“驾驶台”位置。当船舶结束机动航行进入海上定速航行时,在驾驶台按“定速”按钮,车钟声响,“定速”指示灯闪光,发出海上定速航行指令。在集控室按“定速”按钮,车铃声响停止,“定速”指示灯切换为平光，进入定速航行状态，同时自动取消备车信号。当船舶停泊后不再需要操纵主机时，驾驶台按下“完车”按钮，集控室按“完车”按钮应答后，进入完车状态，“完车”指示灯平光指示。在副车钟操作过程中，备车、完车、定速这三个状态之间是互锁的。

在机旁、集控室和驾驶台上均设有应急停车按钮，当出现异常情况需要应急停车时，在任一位置按下“应急停车”按钮，都将通过主机安全保护系统可靠切断主机的燃油供给，强迫主机停车。当应急停车后，需在故障排除后，将车钟扳回到停车位置或按复位按钮进行复位后，主机才能再次起动运行。

二、主车钟发讯原理

1. 气动遥控车钟

如图 4-3-2 所示为一种气动遥控车钟的结构原理及逻辑符号，它主要由外壳、精密调压阀和二位三通换向阀组成，具有发送转向控制信号和主机转速设定值的功能，用于控制定距桨船舶的可逆转低速柴油主机，也可用于控制通过减速齿轮箱带动定距桨的中速柴油主机。

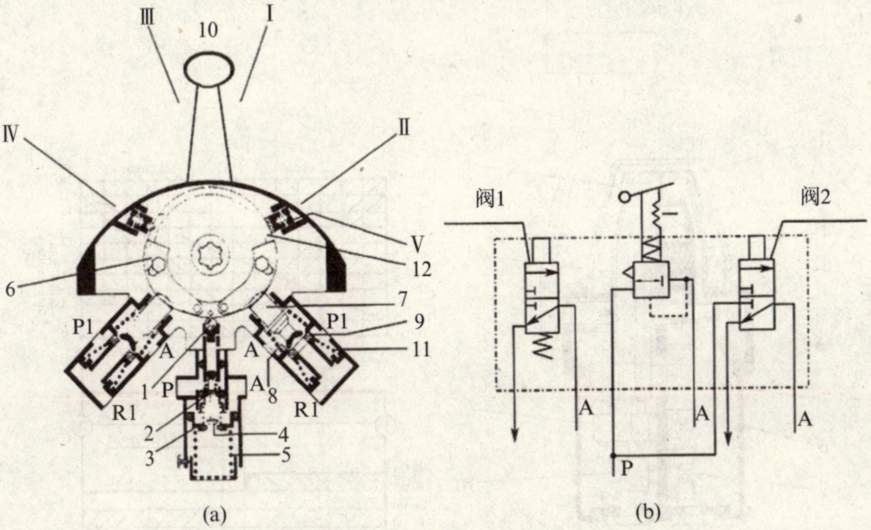

1，7—顶杆；2—进气口；3—活塞；4—排气口；5，11—弹簧；6，12—凸轮；8—阀座；9—阀心；10—螺钉

图 4-3-2　气动遥控车钟结构原理及逻辑符号

在图 4-3-2 中，车钟外壳的上部由一个带刻度盘的保护罩组成，保护罩下面是调压阀和二位三通阀的机械控制部分。通过一个可调的摩擦锁紧装置，操纵手柄可以锁定在任意位置，在 0 位、Ⅰ位和Ⅲ位还分别带有定位槽。

当手柄位置移动时，手柄将带动对称凸轮 7 驱动顶杆 1。若顶杆 1 下移，则会使排气口 4 关闭，进气口 2 打开，压缩空气从 P 口流向 A 口，并在 A 口处建立起一定的压力，这个压力使得调节活塞 3 克服调节弹簧 5 的弹力而向下移动，一旦作用在调节活塞 3 上的力（气压×活塞面积）和与其相对应的弹簧 5 的弹力相平衡，进气口和排气口将关闭。如果这个力的平衡状态通过顶杆 1 的位移变化或 A 管路的压力下降而被打破，则进气口和排气口相应地打开和关闭，直到一个重新建立新的平衡状态为止。手柄偏离停车位置的位移越大，顶杆 1 被压下的位移越大，使得精密调压阀的输出压力（即转速设定值）与手柄位置成一一对应关系。

当手柄移动时，还通过对称凸轮 12 带动两个二位三通换向阀发送转向（前进/后退）命令。当手柄处于 0 位时，阀心 9 在弹簧 11 的作用下压紧阀座 8，压力口 P1 截止，接口 A 与排气口 R1 相通，输出压力为 0；当手柄处在位置Ⅰ～Ⅱ或Ⅲ～Ⅳ之间时，凸轮 12 带动顶杆 7 移动，切断 A 与 R1 之间的通路，并使阀心 9 从阀座 8 离开，从而使 P1 和 A 接通，输出正车或倒车换向信号。一旦手柄回到 0 位，弹簧 11 使阀心 9 重新回到阀座 8，A 口重新与 R1 口相通，而 P1 口截止。

2. 电动遥控车钟

电动遥控车钟种类繁多，按照不同的分类方法可分为模拟量车钟和数字量车钟，或分为有级调速车钟和无级调速车钟。

如图 4-3-3 所示为一种电位器式无级调速转速指令发送器，其中图 4-3-3(a)为结构原理，4-3-3 图(b)为输出特性曲线。它可用于定距桨船舶的换向逻辑信号、主机转速设定值和变距桨船舶的螺距设定信号等车令的发讯。

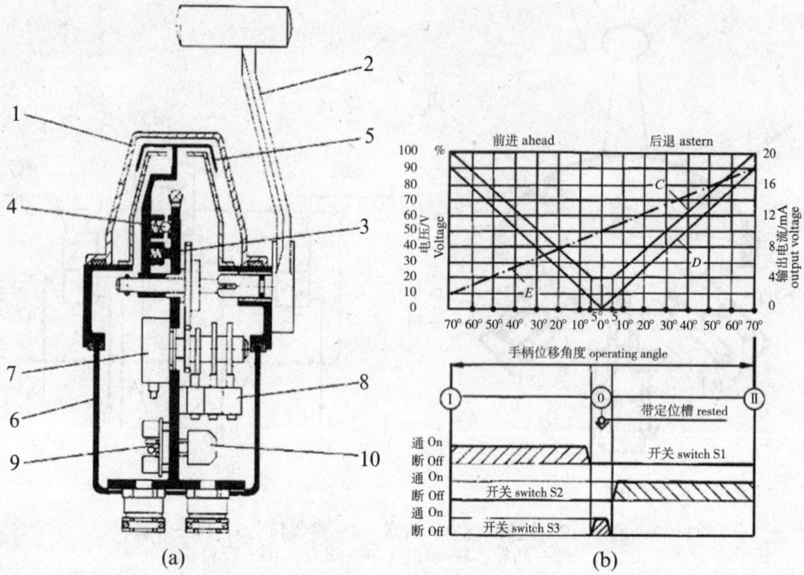

1—外壳；2—操作手柄；3—锁紧装置；4—定位槽；5—刻度盘指针；6—电路板；
7—电位器；8—微动开关；9—放大器；10—接线端子

图 4-3-3　指令发送器结构原理和输出特性曲线

指令发送器由透明的外壳 1 和带照明装置的刻度盘组成，操作手柄 2 在停车位置由定位槽 4 定位，并可通过摩擦锁紧装置 3 在任意位置锁紧，手柄位置由刻度盘指针 5 指示。电位器 7、微型开关 8、放大器 9 和接线端子 10 等电气元件安装在垂直设置的电路板 6 上。指令发送器的上部采用防水密封设计，金属保护罩 7 用于保护装入操作台后处在操作台台面以下的部分。

当操作手柄 2 移动时，其角度位移将通过无间隙传动的齿轮机构传递到电位器 7，该位移角度正好与可变螺距螺旋桨的螺距或及发动机转速的给定值相对应。电位器的输出可以是 0～5 kΩ 的电阻值，也可以是经放大器 9 转换后的 4～20 mA 电流信号或 0～10 V 电压信号，其输出特性分别如图 4-3-3(b)中 E,C 和 D 曲线所示。这些模拟量信号可根据遥控系统的需要用作螺距设定值或主机转速设定值。另外，凸轮也和手柄一起移动，它控制微动开关 9 给出"前进""后退"和"停止"等逻辑信号，各开关的通断如图 4-3-3(b)下部所示。

【任务实施】

一、任务要求

学员会进行车钟系统操作部位的转换。

二、任务准备

AC-4 主机遥控系统一套。

三、任务操作

在主机遥控系统中，可以在驾驶台操纵主机，也可以在集控室操纵主机，而且在自动遥控失灵的情况下还可在机旁应急操作主机。在上述三个操作部位中，机旁操纵的优先级最高，其次是集控室，驾驶台操纵的优先级最低。为了确保安全，避免因操作部位转换而产生扰动，在正常情况下，驾驶台和集控室之间的操作部位转换要满足如下两个条件：

(1) 集控室遥控车钟发出的正车、倒车或停车车令必须与驾驶台遥控车钟发出的正车、倒车或停车车令一致，否则操作部位切换阀将被联锁机构锁定而无法切换，这一条件是驾驶台和集控室之间的操作部位转换必须满足的条件。

(2) 集控室遥控车钟发出的转速设定值必须与驾驶台遥控车钟发出的相等，否则切换中因车令设定转速改变而使主机转速变化，产生切换扰动，但这一条件不是必备的条件。

以 Autochief-Ⅳ型主机遥控系统的车钟系统为例说明实际车钟系统的结构组成及其工作原理，其系统总体结构如图 4-3-4 所示。该系统采用微机控制，由驾驶台车钟、集控室车钟和机旁应急车钟组成，相互间通过串行通信进行信息联络。驾驶台和集控室的主车钟采用手柄操作，机旁主车钟为按键操作，三地副车钟均为按键操作。驾驶台车钟还能将车令信息发送给主机遥控系统(Remote Control System)的驾驶台控制单元，以便在驾驶台操作时，通过遥控系统直接控制主机。此外，车钟系统还连接一台车令打印机，对车令信息进行打印记录。

一般来说，驾驶员都是在驾驶台内直接通过驾驶台车钟对主机进行操作，但对于大型船舶而言，通常还需要在驾驶台的左右舷设置侧翼(Port Wing 和 STB Wing)操作手柄，其目的是便于船舶离靠码头时的机动操作。侧翼操作的实现大体有两种方案：一种是在左右舷各设置一个与驾驶台内完全一样的车钟手柄，它们可以完全独立地发送各种车令信号，具有完全独立操纵主机的功能；另一种就是如图 4-3-4 所示，在侧翼操作台设置"Joysuck"手柄(香蕉柄)。"Joystick"手柄必须通过驾驶台的车钟系统间接完成车令发送任务，它通过控制三个微动开关的动作给出三个开关量车令信号，向前推给出"正车加速(Increase Ahead)"车令信号，向后拉给出"倒车加速(Increase Astem)"车令信号，松手回中给出维持当前转速车令信号，向左扳给出"停车(Stop)"车令信号。这三种车令信号通过伺服电动机和齿轮机构驱动驾驶台车钟手柄机构向正倒车方向转动，车钟手柄机构再带动其下设的精密转速设定电位器，实现转速调节和压动正车、倒车微动开关给出正车、倒车车令信号。驾驶台转速设定电位器的实际转速设定信号被反馈到左、右舷车钟手柄操作台上的转速设定复示表(Sedpoint Repeator),供操作人员参照。应该指出的是左、右舷车钟手柄主要是用于离靠港时控制主机在"微速"以下的机动运行,采用"Joystick"车钟手柄是可以有效地满足此种用车操纵要求的。

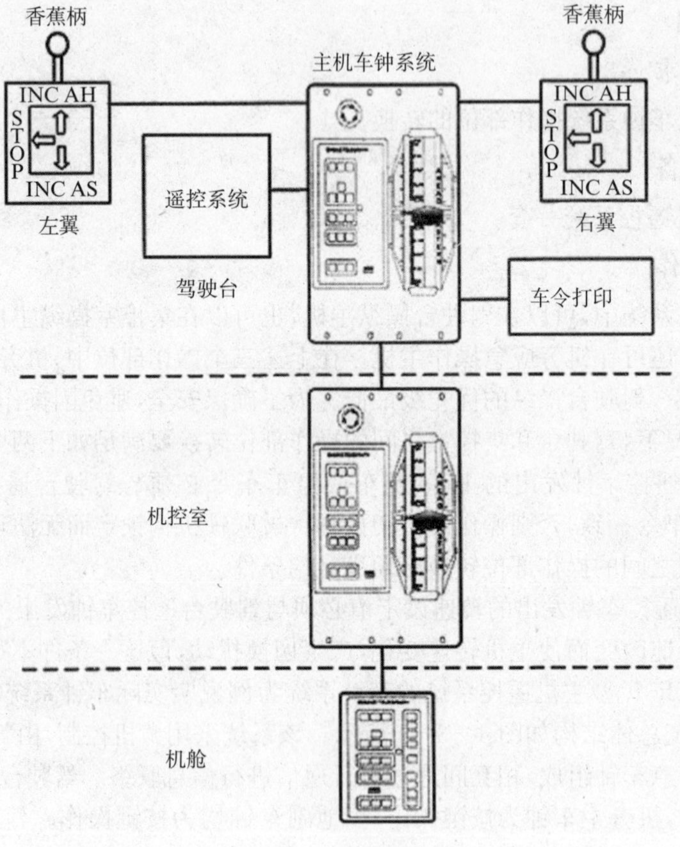

图 4-3-4　车钟系统结构

驾驶台车令转速信号的具体转换、传送过程如图 4-3-5 所示。从图中可以看出,转速车令发讯器是一个 5.0 kΩ 的电位器(最大倒车值为 0.5 kΩ、停车值 2.5 kΩ、最大正车值 4.5 kΩ),也就是车钟手柄的每一个位置都对应一个准确的电阻值,这个电阻值信号经驾驶台控制单元的微处理器转换成 400～3 900 范围的数值,该数值代表车钟手柄位置对应的主机转速设定值。然后通过串行通信接口送到集控室控制单元,集控室控制单元在接收到这个数值后,利用在它内部所设的数/模转换器转换成 4～20 mA 之间的一个电流值,送到集控室 DGS8800e 数字调速器系统,数字调速器系统输出 −10～+10 V 信号到数字伺服放大器,控制执行电机调节给油量,从而实现在驾驶台对主机转速的控制。

在驾驶台遥控时,主车钟除了控制主机转速之外,还要能控制主机的转向,即能进行主机的换向、起动或停车操作,这些逻辑命令是通过设置在车钟内部的正车和倒车微动开关实现的。车令手柄除了带动车令电位器,还带动正车微动开关和倒车微动开关。这两个开关量信号分别经驾驶台控制单元和串行通信接口送到集控室控制单元,由集控室控制单元对主机进行相应的逻辑控制。例如，在驾驶台操作状态下，当手柄处在停车位置时，正车微动开关和倒车微动开关均断开，集控室控制单元将这一输入状态转换成主机停车。

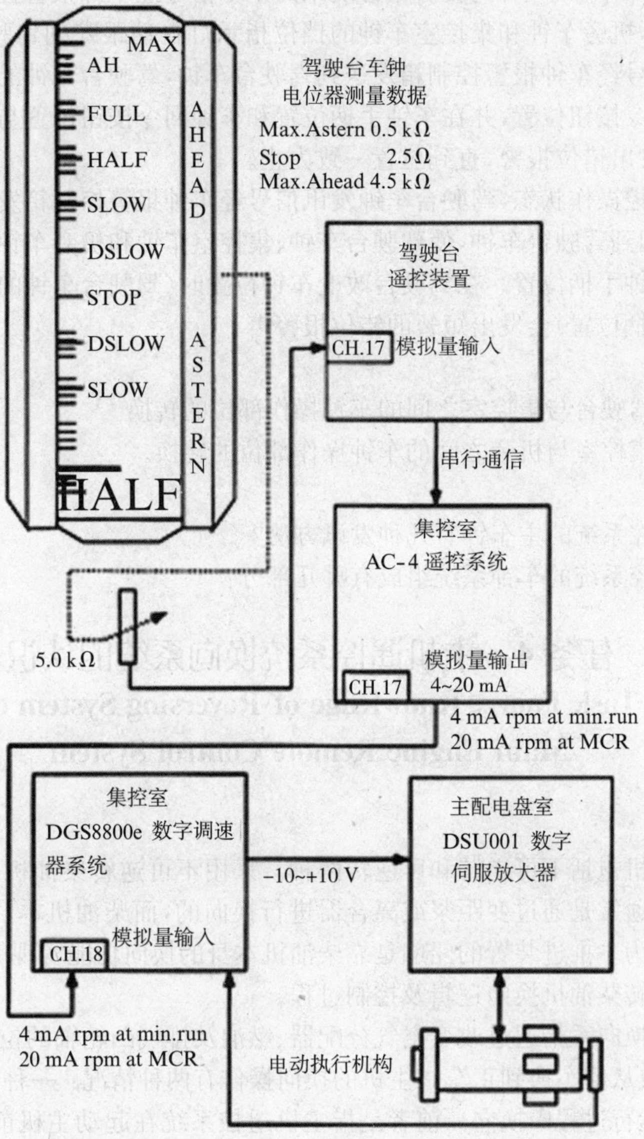

图 4-3-5　驾驶台车令信号及调整示意

当把主机的操作部位“驾控-集控”转换装置转到集控室遥控操作后，驾驶台主车钟的遥控功能将被取消，但仍然保留传令车钟的功能。在集控室操作状态下，驾驶台车钟的发讯信号经车钟报警控制箱发送到集控室车钟和机旁车钟，集控室车钟和机旁车钟挡位指示灯自动跟踪到驾驶台车钟手柄位置。集控室车钟发讯信号经车钟报警控制箱发送到驾驶台车钟，驾驶台车钟的挡位指示灯自动跟踪到集控室车钟手柄位置，并在车钟手柄位置与跟踪指示灯位置不一致的情况下发出错位报警，直至车钟手柄位置与跟踪指示灯的位置一致为止。在集控操作时，集控室车钟除了完成对驾驶台车钟的回令外，还兼有换向操作的功能。这一功能是靠装在车钟下面的正车和倒车气动阀件实现的，这样就可在用集控室车钟复令的同时完成主机的换向操作。

在机旁应急操作状态下，驾驶台车钟发讯的车令信号经车钟报警控制箱发送到机旁车钟和集控室车钟，机旁车钟和集控室车钟的挡位指示灯自动跟踪到驾驶台车钟手柄位置。机旁车钟发讯信号经车钟报警控制箱发送到驾驶台车钟，驾驶台车钟的挡位指示灯自动跟踪到机旁车钟回令按钮位置，并在车钟手柄位置和车钟回令按钮位置与跟踪指示灯位置不一致的情况下，发出错位报警，直到位置一致为止。

在驾驶台遥控操作状态，驾驶台车钟发讯信号经车钟报警控制箱发送到集控室车钟和机旁车钟，并返回到驾驶台车钟，使驾驶台车钟、集控室车钟和机旁车钟的随动指示灯自动跟踪到驾驶台车钟手柄位置。在驾驶台改变车钟位置时(驾驶台车钟的随动指示灯尚未跟上驾驶台车钟手柄位置)会发出短暂的错位报警声。

【任务评价】

(1) 会进行驾驶台与集控室之间的车钟操作部位的转换。

(2) 会进行集控室与机旁之间的车钟操作部位的转换。

【课后练习】

(1) 主机遥控系统的主车钟有几种发讯方法?

(2) 主机遥控系统的车钟系统组成有哪几部分?

任务4　主机遥控系统换向系统的认识

Task Four　Knowledge of Reversing System of Main Engine Remote Control System

【任务描述】

船用主柴油机包括不可逆转和可逆转两种。采用不可逆转柴油机作为主推进装置的船舶前进或后退通常是通过变距浆或离合器进行换向的，而柴油机本身不需要换向；采用可逆转柴油机作为主推进装置的船舶是靠柴油机本身的换向功能实现船舶前进或后退的。下面仅叙述可逆转柴油机换向逻辑及控制过程。

主柴油机的换向系指通过改变空气分配器、燃油及排气凸轮轴的位置将主机的转向从正车换到倒车，或从倒车换到正车。主机的换向操作有两种情况：一种是在停车状态下换向；另一种是在运行过程中换向。前者是指主机遥控系统在起动主机前，首先鉴别主机的凸轮轴位置是否与车钟指令一致，如不一致，其换向控制回路就通过换向执行机构将主机的凸轮轴位置换到车钟指令所给定的转向上，并在换向过程中禁止主机起动，直至换向成功。后者是指主机在某一转向运行时，如突然改变车钟指令转向，遥控系统将自动按停油、凸轮轴换向、制动及反向起动程序控制主机改变运行转向。

本任务是认识主机遥控系统的气动和电动换向逻辑图，掌握主机遥控系统的换向操作方法。

【学习目标】

(1) 认识主机遥控系统的换向逻辑条件。

(2) 认识主机遥控系统的气动和电动换向逻辑图。

(3) 会进行主机遥控系统的换向操作。

【相关知识】

一、换向控制逻辑

由于主机的凸轮轴换向装置不同,故换向控制的逻辑条件也有所不同,下面以双凸轮换向控制为例说明主机换向的逻辑条件,然后以一实例说明换向控制原理。

1. 换向逻辑鉴别及换向控制的逻辑条件

换向逻辑主要解决两个问题,即要不要换向和能不能换向。所谓要换向就是要有换向操作指令,主机遥控中的换向操作指令是由换向逻辑控制回路在满足换向鉴别逻辑条件时自动生成的。有了换向操作指令后主机能不能换向还要取决于是否满足停油和换向转速条件,只有在满足上述条件情况下换向逻辑控制回路才进行换向,从而使主机遥控系统能按主机的操作规律准确无误地完成换向操作,以确保主机的操作安全。

1) 换向逻辑鉴别

换向逻辑回路应具有逻辑判断和识别能力,当有开车指令时,根据车令与凸轮轴的实际位置,首先要判断是否需要换向操作,如果需要,就会自动输出一个换向信号,对主机进行换向操作。换向完成后,自动取消换向信号,并为后续的逻辑动作提供换向完成信号。

当有开车指令时,换向逻辑回路首先要鉴别车令与凸轮轴位置是否一致。只有车令与凸轮轴位置不一致,才满足换向的逻辑鉴别,允许输出换向信号。如果用 I_H 和 I_S 分别表示正车车令和倒车车令;用 C_H 和 C_S 分别表示凸轮轴在正车位置和倒车位置;用 Y_{RL} 表示换向逻辑鉴别,并注意 $C_H=\overline{C}_S$,$C_S=\overline{C}_H$,则换向逻辑鉴别表达式为

$$Y_{RL}=I_H C_S+I_S C_H=I_H \overline{C}_H+I_S\overline{C}_S$$

若 $Y_{RL}=1$,说明车令与凸轮轴位置不一致,满足换向逻辑鉴别,允许换向;若 $Y_{RL}=0$,说明车令与凸轮轴位置一致,不能进行换向操作。

2) 停油逻辑条件

主机在换向过程中必须停油。主机在运行中完成换向后,其车令与主机转向不一致,也必须停油。尽管这两种停油情况分别属于两个逻辑回路,即为换向停油和制动停油,但在实际遥控系统中,它们往往是通过同一逻辑部件输出停油信号到停油伺服器,把油门推向零位。因此,这两种停油情况是密不可分的,如果用 Y_{RT} 表示停油信号,用 R_H 和 R_S 分别表示主机在正车方向运行和在倒车方向运行,则停油条件的逻辑表达式为

$$Y_{RT}=(I_H \overline{C}_H+I_S \overline{C}_S)+(I_H\overline{R}_H+I_S\overline{R}_S)=I_H(\overline{C}_H+\overline{R}_H)+I_S(\overline{C}_S+\overline{R}_S)$$

若 $Y_{RT}=1$,说明已满足停油条件,油门已被推向零位。若 $Y_{RT}=0$,说明已解除油门零位联锁,允许对主机供油。另外,把车钟手柄扳到停车位,或安全保护系统送来停车信号时,也必须停油,在上式中没有反映这些停油条件,出现这些停油指令的停油过程将在后面叙述。

3) 转速条件

主机在运行中需要换向时,要待主机转速下降到换向转速 N_R 或下降到应急换向转速 N_{ER} 时,方可进行换向操作。比如,主机在全速正车运行时,突然把车钟手柄从正车方向扳到倒车某速度挡时,遥控系统首先对主机进行停油操作,主机转速下降。待转速下降到

N_R才可进行换向操作。在改变车钟手柄方向的同时,又按应急操纵按钮,主机转速下降到比 N_R较高的转速 N_{ER}即可进行换向操作。

4) 顶升机构抬起条件

在双凸轮换向的主机中,特别是四冲程中速机,为便于移动凸轮轴,需要把进排气阀的顶杆抬起,使顶杆下面的滚轮离开凸轮轴,换向完成。顶杆下落,使其滚轮落在另一组凸轮片上。用 D_{UP}表示顶升机构抬起条件,$D_{UP}=1$,顶升机构被抬起,可移动凸轮轴换向;$D_{UP}=0$ 表示不需要换向或换向已经完成。

以上列出的换向逻辑条件应该是与的关系,其逻辑表达式为

$$Y_R=Y_{RL}\cdot Y_{RT}\cdot(n_R+n_{ER})D_{UP}=(I_H\overline{C}_H+I_S\overline{C}_S)\cdot Y_{RT}\cdot(n_R+n_{ER})D_{UP}$$

若 $Y_R=1$,表示满足换向逻辑条件,对主机进行换向操作;若 $Y_R=0$,表示不满足换向逻辑条件,不能对主机进行换向。应注意的是,不同机型,其换向逻辑条件不尽相同,比如,采用单凸轮液压差动换向的大型低速柴油机,在运行中换向时对其转速要求并不严格,D_{UP}也不是必备条件。但是,换向的鉴别逻辑和停油条件是所有机型换向的必备条件。

二、换向控制回路

如图 4-4-1 所示为一种采用单凸轮液压差动换向装置的换向控制回路。主机的换向操作不受换向转速的约束,只要车令与主机凸轮轴位置不一致,即可控制凸轮轴换向,使凸轮轴相对曲轴转动一差动角。若在主机运行中换向,则在车令改变的同时,还能控制主机停油。由于这一遥控系统的换向控制较简单,柴油机的操纵系统中已具备换向及停油控制逻辑功能,因此,用于这种换向装置的电动遥控装置中无换向逻辑判断回路,仅设置用于车令信息与操作系统中的正、倒车电磁阀驱动电路,如图 4-4-1(a)所示。为了分析该系统的换向控制,图 4-4-1(b)给出操作系统中的换向、停油控制回路。在图中 25D 为正车电磁阀;25C 为倒车电磁阀;I_H和 I_S分别为驾驶台正车和倒车车令,I_{ST}为停车车令。

1) 主机起动前的换向

当车钟手柄置停车位置时,$I_{st}=1$,经驱动器 G3 使晶体管 T3 导通,停车发光二极管 LD,亮。同时停车继电器 STO 通电,其常闭触头 STO-1 和 STO-2 均断开,切断电路的电源,则正、倒车电磁阀 25D 和 25C 均断电。在驾驶台遥控主机时,其操作部位转换阀 IE 已转到“驾控”位,阀 IE 上位通,0.7 MPA 的控制空气经压的上位一方面成为阀 25D 和 25C 的气源,另一方面作用于阀 29B 和 29A 的控制端,使其分别为右位通和左位通,则集控室车钟手柄控制的正、倒车控制阀 ID 和 IC 的输出分别被截止在阀 29B 的右位和 29A 的左位,此时集控室车钟手柄是不能进行正、倒车换向操作的。此时因驾驶台车钟手柄是在停车位置,电磁阀 25D 和 25C 断电,则阀 29B 和 29A 的输出均经阀 25D 和 25C 放大气。三位气缸中活塞处于中间位置,换向阀被拉到停车位置。正、倒车换向的油压信号 a 和 b 均泄放于低压油槽,换向伺服器无油压信号,故 C 管也无油压信号。阀 27F 控制端为 0,信号上位通,无应急停车信号使应急停车阀 24A 下位通,则停油伺服器(停油气缸)活塞右边的空气经应急停车阀 24A 下位、阀 27F 上位放大气,在弹簧作用下,停油活塞右移把油门推向零位,使主机停油。

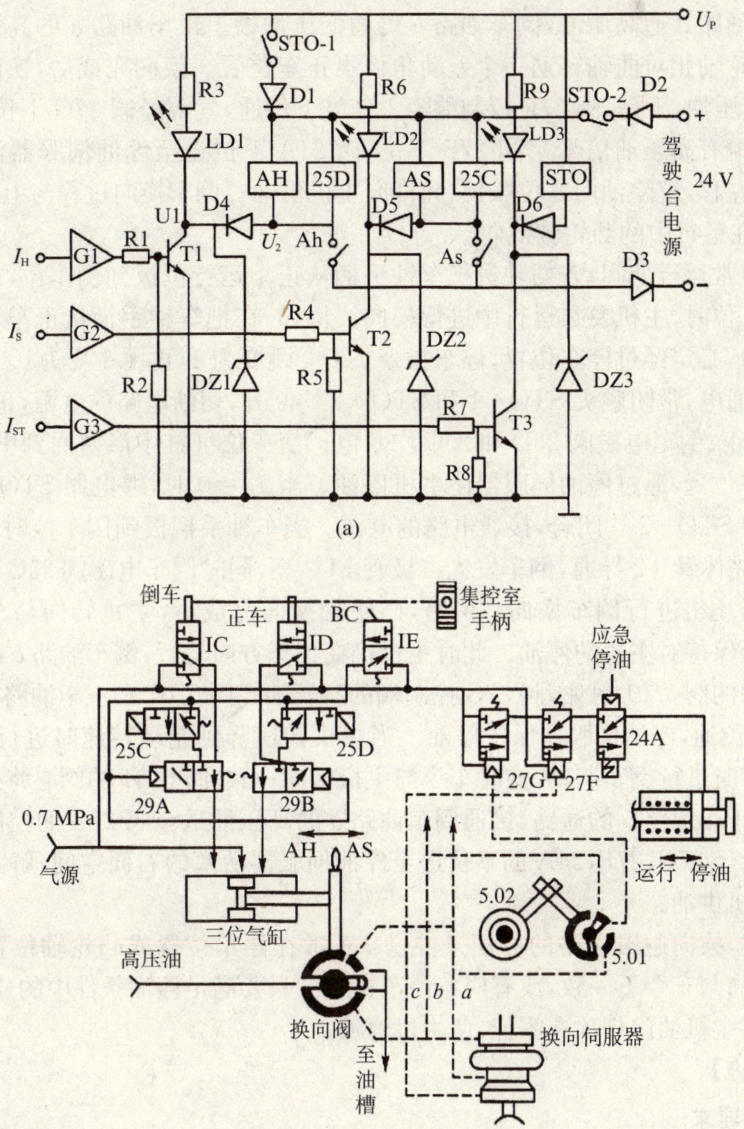

图 4-4-1　换向逻辑回路

停车前，如果凸轮轴在倒车位置，现把驾驶台车钟手柄扳到正车某速度挡，则 $I_H=1$，和 I_{st} 均为 0。由于 I_{st} 为 0，晶体管 I3 截止，LD3 熄灭，停车继电器 STO 断电，触头 STO－1 和 STO－2 均闭合，接通电路的电源。I_H 为 1，晶体管 T1 导通，正车发光二极管 LD1 亮，同时电磁阀 25D 和正车继电器 AH 由 V_P 经 STO－1，D1，D4 和 T1 均通电。正车继电器 AH 通电，其常开触头 AH 闭合，接通 24 V 驾驶台电源的负极，由于 $U_1 \geq U_2$，二极管 D4 截止，使 AH 和 25D 由驾驶台电源直接供电而保持通电状态，不必经过导通的晶体管 T1，可防止长时间流过 T1 较大的电流而把 T1 烧坏，此时流过 T1 的仅是使 LD1 发光的很小的电流。电磁阀 25D 通电右位通，气源经 25D 右位和 29B 右位送至三位气缸中活塞的右面空间，左面空间仍通大气，活塞左移把换向阀的换向杆拉至正车位置 AH，阀心逆时针转过一个角度，使正车油路 a 通高压油，倒车油路 b 仍通低压油槽。正车油路 a 的高压油进入换向伺服器，使凸轮轴相对曲轴转动一个差动角而至正车位置。换向完成后，换向伺服器输出的油路 c 通高压油，于是，阀 27F 控制端为 1 信号下位通，气源经阀 27G 下位（车令与转向一致，其控制端有高压油信号）、阀 27F 下位、阀 24A 下位送至停油伺服器活塞的右面空间，停油活塞左移，解除油门零位联锁，允许向主机供油。倒车换向过程与上述相同。

2）主机在运行中的凸轮轴换向

主机在正常运行期间，若驾驶员把车钟手柄从正车运行位扳到倒车位，或者从倒车运行位扳到正车位时，主机要在运行中进行换向。例如，在把车钟手柄从正车运行位扳到倒车位的过程中，必定经过停车位置，停车指令 $I_{st}=0$ 跳变为 1，再由 1 变为 0。当 $I_{st}=1$ 时，继电器 STO 通电，常闭触头 STO－1 和 STO－2 均断开，切断电路的电源，正、倒车继电器 AH 和 AS 及正、倒车电磁阀 25D 和 25C 均断电。使三位气缸中渗塞回到中间位置，换向阀被拉到停车位置，通过停油伺服器使主机停油。当 $I_{st}=0$ 时，继电器 STO 断电，常闭触头 STO－1 和 STO－2 均闭合，接通电路的电源。当车钟手柄扳到倒车位时，I_S 为 1，而 I_H 和 I_{st} 均为 0，晶体管 T2 导通，倒车发光二极管 LD2 亮，同时倒车电磁阀 25C 和倒车继电器 AS 都通电，对主机进行倒车换向。但是，凸轮轴换向完成后，主机转向与车令是不一致的，因此，必须保持对主机的停油。此时主机仍在正车方向运行，倒车油路 b 的高压油被转向联锁装置中的阀 5.01 封住，阀 27G 控制端的高压油经阀 5.01 和正车油路 a 通入低压油槽，使 27G 上位通，停油伺服器保持停油。当主机转速降到制动转速时进行强制制动，待转速下降到零时进行倒车起动，这时车令与主机转向一致，阀 5.01 的阀心将逆时针转过一个角度，封住正车油路 a 的通路，接通倒车油路 b 的高压油送至阀 27G 的控制端使其下位通。气源才能经 27G，27F，24A 的下位送至停油伺服器活塞的右面空间，解除油门零位联锁，可以对主机供油。

综上所述，换向逻辑回路的停油条件是：车钟在停车位置或凸轮轴位置与车令不一致，或主机转向与车令不一致，或有应急停车指令。只要满足停油条件中的任一条件，停油伺服器就会将主机油门杆顶在零位，使主机停油。

【任务实施】

一、任务要求

会进行主机的换向操作。

二、任务准备

AC－4 轮机模拟器一套。

三、任务操作

（1）将车钟放在停车位置，主机转速为 0，油门位置放在停油位置。

（2）如凸轮轴位置为倒车（ASTERN）位置，盘车机位置放在脱开位置，起动空气低压开关扳到正常位置，取消慢转开关扳到取消位置，越控开关扳到正常位置。

（3）将车钟扳到正车全速位置，进行停车状态的换向实验，观察流程图和的指示灯变化情况。

（4）在正车全速运行时，将车钟扳到倒车全速位置，进行运行时的换向实验，观察流程图和指示灯的变化情况。

(5) 在正车全速运行时，将车钟扳到倒车全速位置，同时按下"应急运行(EN. EUN)"键，进行运行时的应急换向实验，观察流程图和指示灯的变化情况。

在操作过程中特别要注意起动阀和空气分配器的变化状态。

【任务评价】

(1) 会进行主机在停车状态的换向操作。

(2) 会进行主机在运行状态的换向操作。

【课后练习】

(1) 主机遥控系统的换向逻辑条件有哪些？

(2) 主机遥控系统的气动和电动换向逻辑过程是什么？

任务5 主机遥控系统起动系统的认识
Task Five Knowledge of Starting System of Main Engine Remote Control System

【任务描述】

起动逻辑控制回路是主机遥控系统各种逻辑和控制回路之一。它的基本功能是：当有开车指令时，能自动检查是否满足起动的逻辑条件；当所有的起动条件均得到满足时，能自动输出起动信号开启主起动阀，对主机进行起动。当主机达到发火转速时，能自动撤销起动信号，关闭主起动阀结束起动，使主机在供油状态下运行。起动逻辑回路包括主起动逻辑回路、重复起动逻辑回路、重起动逻辑回路及慢转起动逻辑回路。

本任务是认识主机遥控系统的气动和电动起动逻辑图，掌握主机遥控系统的起动操作方法。

【学习目标】

(1) 认识主机遥控系统的起动逻辑条件。

(2) 认识主机遥控系统的气动和电动起动逻辑图。

(3) 会进行主机遥控系统的起动操作。

【相关知识】

一、主起动逻辑控制

主起动逻辑控制回路是主机遥控系统完成遥控起动功能的最基本控制回路，它能检查起动条件是否得到满足，这些条件包括起动准备逻辑条件及起动鉴别逻辑。

1. 起动准备逻辑条件

起动准备逻辑条件多数是在"备车"时完成的，为方便起见，可用字母和符号表示各种准备逻辑条件，大致如下：

TG——盘车机脱开信号，脱开为1，未脱开为0；

MV——主起动阀位置信号，在自动位为1，否则为0；

PA——起动空气压力信号，压力正常为1，太低为0；

PC——控制空气压力信号，压力正常为1，太低为0；

P_L——滑油压力信号，压力正常为1，太低为0；

ES——遥控系统电源信号，电源正常为1，否则为0；

PS——操作部位转换信号，转换完成为1，否则为0；

TS——模拟试验开关位置信号，在工作位置为1，在试验位置为0；

$\overline{ST}$——故障停车复位信号，已复位为1，否则为0；

$\overline{F}_3$——三次起动失败闭锁信号，无三次起动失败为1，三次起动均失败为0；

$\overline{T}_M$——起动限时信号，未到起动限时时间为1，达到起动限时时间为0；

n_I——发火转速逻辑鉴别信号，主机转速低于发火转速为1，高于发火转速为0。

不同机型其起动准备逻辑条件不完全相同，有的多一些，有的少一些。但是，起动准备逻辑条件必须全部满足，故它们之间应是与的关系，其逻辑表达式为（以下逻辑算符"∧"用"·"代替，"∨"用"+"代替）

$$Y_{SC}=TC\cdot MV\cdot P_A\cdot P_C\cdot P_L\cdot ES\cdot PS\cdot TS\cdot\overline{ST}\cdot\overline{F}_3\cdot\overline{T}_M\cdot n_I$$

若Y_{sc}为1，表示满足起动准备逻辑条件；若Y_{sc}为0，表示不满足起动准备逻辑条件，不能对主机进行起动。

2. 起动鉴别逻辑

起动鉴别逻辑是指能自动判定车令与凸轮轴位置是否一致。有开车指令时，只有车令与凸轮轴位置一致才允许起动，否则是不准发起动信号的。用I_H和I_S分别表示正车车令和倒车车令，用C_H和C_S分别表示凸轮轴在正车位置和在倒车位置。用Y_{SL}表示起动的鉴别逻辑，其逻辑表达式为

$$Y_{SL}=I_H\cdot C_H+I_S\cdot C_S$$

若$Y_{SL}=1$，表示车令与凸轮轴位置一致，满足起动鉴别逻辑；若$Y_{SL}=0$，说明车令与凸轮轴位置不一致，不满足起动鉴别逻辑，不准发起动信号。

3. 主起动逻辑回路

主起动逻辑回路发出起动信号，既要满足起动准备逻辑条件，还要满足起动鉴别逻辑，这两者是与的关系，其逻辑表达式为

$$Y_{SO}=Y_{SC}\cdot Y_{SL}=$$

$$TG\cdot MV\cdot P_A\cdot P_C\cdot P_L\cdot ES\cdot PS\cdot TS\cdot\overline{ST}\cdot\overline{F}_3\cdot\overline{T}_M\cdot n_I\cdot(I_H\cdot C_H+I_S\cdot C_S)$$

若$Y_{SO}=1$，表示满足所有的起动逻辑条件，主起动阀正在开启对主机进行起动。当主起转速达到发火转速n_I时，n_I为0，$Y_{SO}=0$，关闭主起动阀，停止起动。如果从发出起动信号（$Y_{SO}=1$）开始，在规定的时间内，主机仍达不到发火转速，$\overline{T}_M=0$，终止起动，发出起动失败的声光报警信号。起动失败的另一种情况是，在起动时，主机能达到发火转速，n_I为0，但撤消起动信号（$Y_{SO}=0$）后，主机转速立即下降，以至下降到零。使n_I由0又变为1。第一次起功失败后，间隔一段时间自动进行再起动。但是，当第三次起动仍然失败时，$\overline{F}$为0，将终止起动，发出起动失败的声光报警信号。$\overline{ST}$是故障停车复位信号，如果主机由于某些故障而自动停车，或三次起动均失败$\overline{ST}$为0，不允许起动主机，待排除故障后，必须把车钟手柄扳回到停车位置，使$\overline{ST}$由0变为1，这个过程叫做故障停车复位。只有复位后才允许起动，这就避免在排除故障期间主机突然动车而造成危险。TS是模拟实验开关位置信号。主机遥控系统一般都设有一块模拟实验板，可检验主机遥控系统的各种逻辑功能。一

般模拟实验是在停车状态下进行的，并须把模拟实验开关转至“实验”位置。在这个位置是不允许动车的。做完实验后，须把该开关转至“工作”位置方可起动主机。ES 是遥控系统电源信号，在备车时必须先接通遥控系统电源，这样，一些状态指示灯才能亮。同时，即便是气动遥控系统也需要少量的电磁阀。电源不正常，电磁阀也不能按要求通、断电，主机遥控系统有关的逻辑回路是不能正常工作的，更不用说是电动遥控系统。PS 是操作部位转换信号，只有在操作部位转换装置指定的部位方可起动主机，在其他部位是不能动车的。比如，把机旁操作部位转换阀转至“自动”位，把集中控制室操作台上的操作部位转换阀转至“驾控”位。这时，只有驾驶台遥控主机 PS 为 1，而其他部位操车 PS 为 0。其余的起动逻辑条件很明显，这里就不再详细说明。

4. 电动主起动逻辑控制回路

如图 4－5－1 所示为一种设有主起动控制回路、时间起动控制回路、重复起动逻辑回路及起动故障检测与联锁回路的电动主起动逻辑回路。其中，设置时间起动回路是该遥控系统与其他主机遥控系统的重要区别之一。时间起动是相对正常起动而言，在正常起动中，何时停止起动是以主机转速为依据的。时间起动是以设定的起动时间为依据的，在时间起动过程中，从主起动阀开启的瞬间就进行计时，达到设定时间后，不论主机是否达到发火转速即关闭主起动阀，停止起动。一般设定的起动时间较短，主机还未达到发火转速就停止起动。试验表明热车时间起动的成功率可达 85%～90%，这在机动操作中可节省大量起动空气。图中与非门 G4 是起动逻辑回路，用于判别起动条件的，它有 8 个输入端，只有这些输入信号均为 1，即满足所有的主机起动逻辑条件，与非门 G4 才输出 0，允许对主机进行起动。下面分别介绍 8 个输入信号。

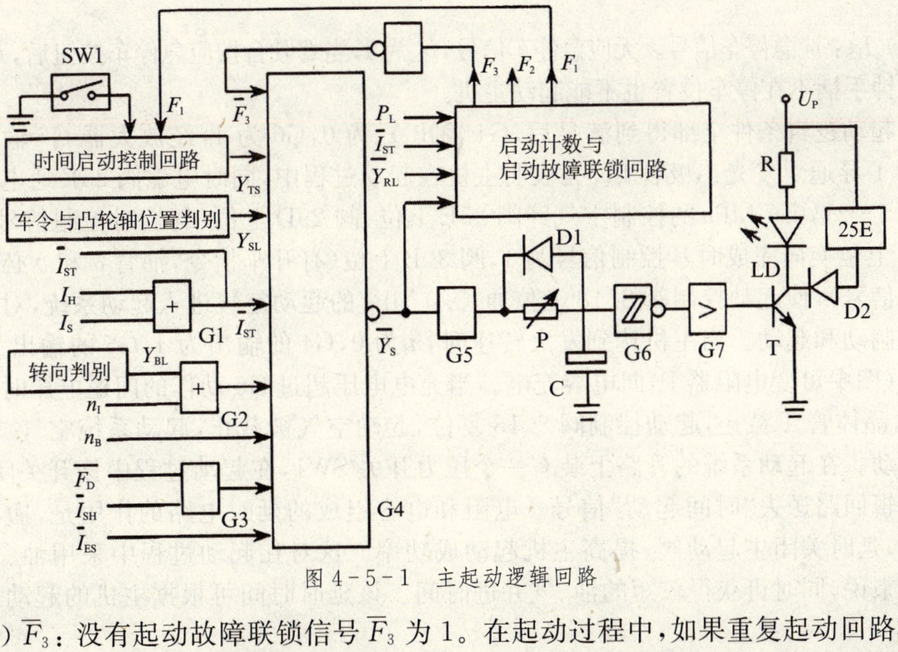

图 4－5－1 主起动逻辑回路

(1) $\overline{F}_3$：没有起动故障联锁信号 $\overline{F}_3$ 为 1。在起动过程中，如果重复起动回路检测到三次起动均告失败，或一次起动时间太长，即主起动阀打开较长时间主机仍达不到发火转速，或起动空气压力太低等，都作为起动故障联锁信号使 $\overline{F}_3$ 为 0，封锁起动回路，终止起动。

(2) Y_{TS}：没有时间起动信号，或有时间起动信号但在时间起动计时时间之内。若 Y_{TS} 为 1，有时间起动信号且超过时间起动计时时间；若 Y_{TS} 为 0，在时间起动失败后，将撤消时间起动信号使 Y_{TS} 为 1，允许进行正常起动。

(3) Y_{SL}：起动鉴别逻辑。车令与凸轮轴位置一致，Y_{SL} 为 1；若不一致，Y_{SL} 为 0。该信号表明，只有换向完成才能发起动信号，否则不允许起动主机。

(4) $\overline{I}_{ST}$：车钟手柄不在停车位置 $\overline{I}_{ST}$ 为 1。该信号表明，要起动主机必须有开车指令，或者有倒车指令 I_S 为 1，或者有正车指令 I_H 为 1。车钟手柄在停车位置 $\overline{I}_{ST}$ 为 0，不能起动主机。

(5) Y_{BL} 和 n_I：制动鉴别逻辑和发火转速。当车令与转向不一致时，Y_{BL} 为 1；若车令与转向一致，Y_{BL} 为 0。主机转速小于发火转速时，n_I 为 1；高于发火转速时，n_I 为 0。

(6) n_B：当主机转速下降到低于制动转速时，n_B 为 1；高于制动转速时，n_B 为 0。实际上是将制动鉴别逻辑 Y_{BL} 与发火转速 n_I 和制动转速 n_B 配合起来完成对主机进行强制制动、起动和停止起动的逻辑判别。主机在运行中完成换向后，Y_{SL} 为 1，Y_{BL} 为 1，或门 G2 输出 1。此时由于车令与转向不一致，主机停油降速。当主机转速下降到低于制动转速时，n_B 为 1，满足起动条件，实际上是对主机进行强制制动。当主机转速下降到零后进行正常起动时，虽然 Y_{BL} 为 0，但只要主机转速低于发火转速 n_I 为 1(一般 $n_B > n_I$)仍满足起动条件。当主机达到发火转速时，G2 输出 0，封锁起动回路，停止起动。

(7) $\overline{F}_D$：测速装置的故障信号。它是用来检测主机的转向和实际转速的。该装置无故障，$\overline{F}_D$ 为 1；若有故障，$\overline{F}_D$ 为 0。$\overline{I}_{SH}$ 是故障停车信号，该信号来自安全保护系统。无故障停车，信号 $\overline{I}_{SH}$ 为 1；有故障停车，信号 $\overline{I}_{SH}$ 为 0，只有这两个信号均为 1，G3 输出 1，才允许起动。

(8) $\overline{I}_{ES}$：应急停车信号。无应急停车信号，$\overline{I}_{ES}$ 为 1，当驾驶台按应急停车按钮后，$\overline{I}_{ES}$ 为 0。尽管车钟手柄不在停车位置也不能起动主机。

在起动逻辑条件全部得到满足后，G4 输出 $\overline{Y}_S$ 为 0，G6 为 1，经放大器 G7 输出 1 使晶体管 T 导通。发光二极管 LD 亮表明主机在起动过程中，同时电磁阀 25E 通电上位通(图 4-5-2)，0.7 MPa 的控制空气经阀 25E 上位、阀 29D 上位(驾控时控制信号为 1)、阀 27C 上位换向完成时其控制信号为 1，阀 30B 上位(有开车指令，油管 a 和 b 必定有一个为 1 信号)，使起动控制阀 8.18 上位通，3.0 MPa 的起动空气进入起动系统，对主机进行强制制动和起动。当主机达到发火转速时，n_I 为 0，G4 的输出为 1，G5 的输出为 1，并经电阻(图中可变电阻器 P)向电容充电。当充电电压超过 G6 动作的门槛电压时，G6 输出为 0，晶体管 T 截止，起动控制阀 8.18 复位，起动空气被截止，起动系统空气放大气，结束起动。在起动系统的管路上装有一个压力开关 SW1，在起动过程中该开关闭合，向起动逻辑回路送去“时间起动”信号。电阻和电容组成的延时电路的作用是，撤消起动信号后，延时关闭主起动阀，提高主机起动成功率。这对在起动过程中采用油、气分进的主机来说，同时可获得较短的油、气并进时间。该延时时间可根据主机的起动工况进行设定。

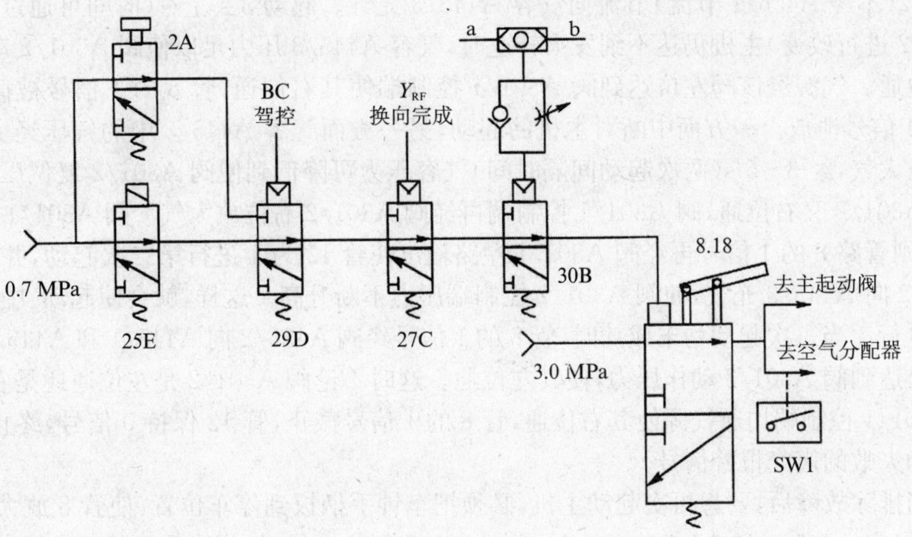

图 4-5-2 强制制动和起动控制回路

二、重复起动逻辑控制

重复起动是指主机起动失败后对主机进行的再次起动。在重复起动中,总的起动次数一般选定为3次。起动失败有两种情况:一是在起动过程中主机一直达不到发火转速,即n_1保持为1;二是主机能达到发火转速,但停止起动后,主机转速又降到零。重复起动的逻辑功能是,当满足起动逻辑条件时发起动信号,若起动成功则撤消起动信号,终止起动,主机由起动状态转为在供油下的正常运行状态。若起动不成功,需记录起动失败次数,中断几秒钟后再进行起动,依次自动进行三次起动。如果三次起动均未成功,终止起动,发出起动失败的声光报警信号,说明起动回路有故障。当故障被修复后,要把车钟手柄扳回到停车位置,即故障停车复位后,方可再次起动主机。

根据起动失败的两种情况,重复起动逻辑回路大致有两种安排方式,即按时序逻辑方式和按时序一转速控制方式安排。

1. 按时序方式安排的气动重复起动回路

按时序逻辑控制方式安排的重复起动回路,大多数用于气动遥控系统,其中延时环节可用节流元件与气容组成的惯性环节实现,调整节流阀的开度,可调整延时时间。

如图4-5-3所示为气动重复起动逻辑回路。当有开车指令且车令与凸轮轴位置一致时,管8接通气源为1信号,管12通主起动逻辑回路,即12为1信号,打开主起动阀起动主机,管12为0信号,关闭主起动阀停止起动,在满足起动鉴别逻辑之前(如车钟手柄在停车位置),管8为0信号,管12必定通大气,气瓶A445/1,A445/2,A445/3均通大气,阀A301/2,A301/3控制端为0信号,复位均右位通。阀A301/1控制端经阀A301/2和A301/3的右位放大气,阀A301/1复位左位通。当满足起动条件时,管8为1信号,经单向节流阀A406/2向气容A445/1和A445/2充气。这个气阻和气容所组成的惯性环节对阀A301/3控制端压力信号的建立起延时作用。通过调整A406/2的节流程度使阀A301/3控制端压力达到该阀的动作压力正好为三次起动总时间。管8的1信号经阀A301/1的左位输出,使管12为1信号,它一方面打开主起动阀起动主机,另一方面经分级延时阀

A436/2(不经 A406/1 节流)节流向气容 A445/3 充气。起动 3 s 左右(时间可通过调整阀 A436/2 进行改变)主机仍达不到发火转速时,气容 A445/3 压力足以使阀 A301/2 动作,该阀左位通。气源经该阀左位达到阀 A301/1 控制端使其右位通,管 8 的 1 信号被截止,管 12 的 1 信号泄放。一方面中断对主机的起动,另一方面气容 A445/3 中的气压经 A406/1 节流放大气,经 3~5 s(两次起动间隔时间)气容压力可降低到使阀 A301/2 复位压力。这时阀 A301/2 又右位通,阀 A301/1 控制端再经阀 A301/2 右位放大气。阀 A301/1 复位左位通,则管路 8 的 1 信号再经阀 A301/1 左路输出使管 12 为 1 进行第二次起动,并再经阀 A436/2 向 A445/3 充气,使阀 A301/2 控制端压力不断升高。这样,就会使起动、中断起动重复进行。当三次起动均未成功时,管 8 的 1 信号经阀 A436/2 向 A445/1 和 A445/2 充气压力已达到阀 A301/3 动作压力,使其左位通。这时不论阀 A301/2 是左位通还是右位通,阀 A301/1 控制端均通气源使其右位通,管 8 的 1 信号截止,管 12 保持 0 信号,终止起动,发起动失败的声光报警信号。

当排除故障后,要想再次起动主机,必须把车钟手柄扳到停车位置,使管 8 放大气为 0 信号,气容 A445/1 和 A445/2 放大气,阀 A301/3 复位右位通,才能重新起动主机。

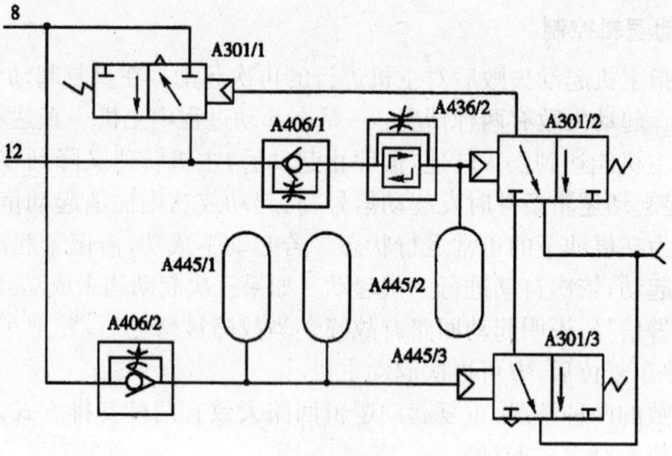

图 4-5-3　气动重复起动逻辑回路

2. 按时序-转速逻辑控制方式安排的电动重复起动回路

时序-转速控制方式是指,在重复起动回路中,主机的每次起动由转速或时序原则控制起动的结束过程。在主机能达到发火转速的正常情况下,按转速原则结束起动过程;若因主机起动系统气路漏气、起动空气压力低、气缸起动阀卡死、活塞咬死或拉缸、主轴瓦烧蚀等机械方面的故障,或螺旋桨缠绕异物等,使主机起动时一直达不到发火转速,则按时间原则结束起动过程。两次起动间隔时间按时间原则控制。起动失败次数采用计数方式。

按时序-转速逻辑控制方式安排的重复起动回路,多用于"电-气结合"的主机遥控系统。在下列电动重复起动逻辑回路中,允许对主机进行三次起动。如果满足时间起动逻辑条件,则第一次起动为时间起动,第二次为正常起动,第三次为重起动。若不满足时间起动逻辑条件,则第一次和第二次起动均为正常起动,第三次为重起动。除时间起动外,正常起动和重起动都是以主机转速为依据的。在主机达到发火转速停止起动后,其转速又下降到低于发火转速时,说明起动没有成功,间隔一段时间后再进行下一次起动。如此进行三次仍未起动成功，就认为起动失败，终止起动并发出起动失败的声光报警。如果一次起动时间过长，即在设定的时间内，主机仍达不到发火转速，也认为是起动失败，发起动失败的声光报警并封锁主起动回路，终止起动。时序-转速控制重复起动和起动故障联锁回路如图 4-5-4 所示。

图中 G4 就是图 4-5-4 中检测起动逻辑条件的主起动逻辑回路的与非门 G4。当同时满足所有起动逻辑条件时，$\overline{Y}_S$ 为 0，该信号一方面送至电磁阀 25E 的驱动电路使其通电，打开主起动阀对主机进行起动；另一方面送至一次起动计时电路的与非门 G6，使 G6 输出为 1（低于制动转速 n_B 为 1），经电位器 P2 向电容 C 充电计时；第三路送至移位寄存器 1F 的时钟脉冲端。起动前或车钟手柄在停车位置 $\overline{I}_{ST}$ 为 0，或车令与凸轮轴位置不一致 $\overline{Y}_{RL}$ 为 0，则 G14 输出为 0，1F 的复位端 R 为 0，其输出 Q_1，Q_2，Q_3 均保持 0 状态。在起动中，若主机转速达到发火转速，n_I 为 0，$\overline{Y}_S$ 为 1，电磁阀 25E 断电停止起动；G8 输出为 0，电容 C 经二极管 D 快速放电，复位一次性起动时间的计时，以备下次起动再计时；移位寄存器 1F 的 CP 端由 0 跳变为 1，D 端的 1 信号送至输出端 Q_1，这时 $Q_3Q_2Q_1=001$（如果第一次是时间起动，虽然主机可能未达到发火转速，因 Y_{TS} 为 0，$\overline{Y}_S$ 也会由 0 变为 1，与上述情况相同）。由于 $Q_1=F_1=1$，撤消时间起动。在第二次起动且主机达到发火转速时，1F 的输出状态 $Q_3Q_2Q_1=011$。$F_2=1$ 为第二次起动失败后进行第三次的重起动做准备。当第三次起动主机且达到发火转速时，1F 的输出状态 $Q_3Q_2Q_1=111$。$Q_3=1$ 使 D 触发器 2F 的 CP 端由 0 跳变为 1，其输出端 Q 为 1。如果第三次起动又失败，即主机转速又低于发火转速，n_I 为 1，与门 G11 输出 1，使 $F_3=1$ 发出起动失败的声光报警，同时 G13 输出 $\overline{F}_S$ 为 0，封锁主起动回路，终止起动。当起动故障修复后，再次起动主机前，必须对 1F 和 2F 复位，即把车钟手柄扳到停车位或让车令与凸轮轴位置不一致，使 1F 和 2F 的 R 端为 0，1F 的输出状态 $Q_3Q_2Q_1$ 又恢复到 000；2F 的输出端 Q 为 0，使 F_3 为 0，撤销起动失败报警信号，$\overline{F}_3$ 为 1，解除对主起动回路的封锁。

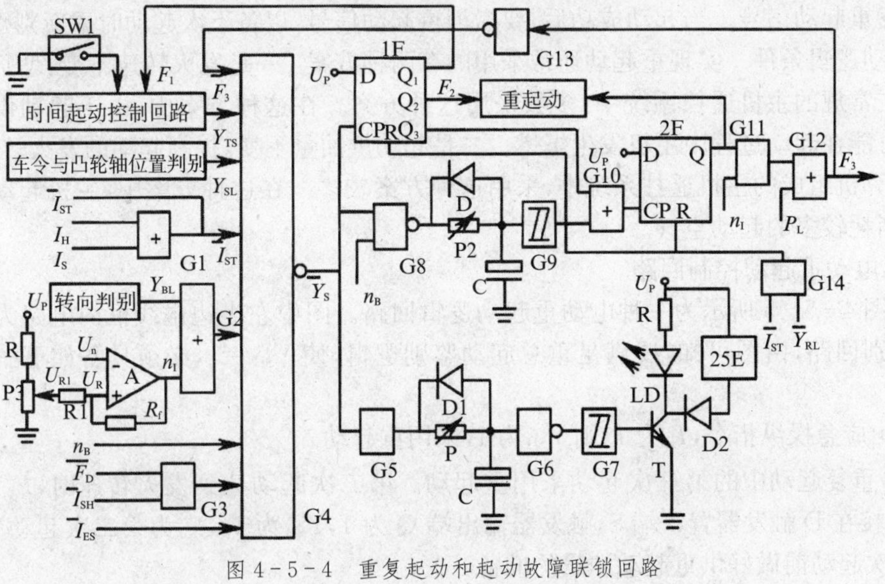

图 4-5-4　重复起动和起动故障联锁回路

在一次起动过程中，如果主机一直达不到发火转速，G8 的输出保持高电平，并经 P2 持续向电容 C 充电计时。当计时时间达到设定时间（一般调整为 8～10 s），电容上的电压已升高到 G9 动作的门槛电压，其输出为 1，2F 的 CP 端由 0 跳变为 1，Q=1，F_3 为 1，$\overline{F}_3$ 为 0，同样发出起动失败报警，并封锁主起动回路。起动空气压力正常 P_L 为 0，起动空气压力太低，P_L 为 1，也会发出起动失败报警，封锁主起动回路。

三、重起动逻辑控制

所谓重起动是指在一些特殊条件下的起动过程，目的在于保证起动的成功。重起动逻辑回路必须能区分正常起动和重起动逻辑条件。在正常起动条件下，起动逻辑回路应送出正常起动油量和正常起动转速信号。在重起动条件下，起动回路送出增大起动供油量的信号，或者送出提高发火转速的信号。

1. 重起动鉴别逻辑条件 Y_{SH}

（1）必须满足起动的逻辑条件，$Y_{SO}=1$。因为重起动也是起动，其起动的准备逻辑条件和起动鉴别逻辑必须都得到满足，即 Y_{SC}，Y_{SL} 必须均为 1。

（2）有应急操作指令 I_E（在发开车指令的同时按应急操纵按钮），或者有重复起动信号 F[第一次起动为正常起动，第二次和（或）第三次起动为重起动]，或者有倒车指令 I_S（倒车起动性能不如正车）。

（3）起动转速未达到重起动发火转速，$n_H=1$。

重起动的逻辑表达式为

$$Y_{SH}=Y_{SO}\cdot n_H(I_E+F+I_S)$$

在重起动逻辑条件中，关于倒车起动是否采用重起动，不同机型不尽相同。有的机型正、倒车起动性能一样，在表达式中可取消这一项。有的机型是在运行中完成倒车换向后的起动采用重起动。遥控系统发出起动信号后，起动逻辑回路要能判别是否满足重起动逻辑条件。不满足重起动逻辑条件的，起动逻辑回路发正常起动信号；若满足重起动逻辑条件，则发重起动信号。当起动成功后，要撤消重起动信号，以备下次起动时重新判别是否满足重起动逻辑条件。实现重起动通常采用的有两种方案：一是发火转速不变，增加起动供油量，在常规的主机遥控系统中，多数采用这种方案。在这种方案中，由于起动供油量较多，有可能在起动过程中主机发生爆燃。二是起动供油量不变，提高起动的发火转速，在用微型计算机组成的主机遥挂系统中，采用这种方案较多。在这种方案中，主机起动是平稳的，但消耗较多的起动空气。

2. 电动重起动控制回路

如图 4-5-5 所示为一种电动重起动逻辑回路。图中左半边虚线框内电路为重起动逻辑鉴别回路，由图可知，要满足重总起动鉴别逻辑，使 $Y_{SH}=1$，必须具备如下三个条件之一。

（1）应急操纵指令，I_E 为 1，则 Y_{SH} 为 1，采用重起动。

（2）重复起动中的第三次起动采用重起动。第二次起动达到发火转速时，F_2 为 1，$\overline{F}_2$ 为 0，它接在 D 触发器置 1 端 S，触发器输出端 Q 为 1，Y_{SH} 为 1。它为第二次起动失败、进行第三次起动前做好供重起动油量的准备。

（3）主机在运行中完成换向后的起动采用重起动。当主机高于制动转速运行时，n_B 为 0，触发器输入端D为1，如果把车钟手柄从原方向扳到另一个方向，车钟手柄必定会经过停车位置，故$\bar{I}_{ST}$会从0跳变为1，触发器输出端Q为1，则Y_{SH}为1。于是，遥控系统在控制主机完成停油、换向和制动后进入起动工况时，即运行中完成换向后，将自动采用重起动，并在一次试起动失败后的第二次和第三次重复起动中继续保持重起动。

复位重起动的逻辑条件是：

(1) 应急操作指令已复位，即$I_E=0$。第三次起动失败后，$F_3=1$，或者由于一次起动时间过长而使起动失败，$T_1=1$，或将车钟扳回停车位置后再进行起动操作，这时由于主机转速低于制动转速，$n_B=1$，经G1反相后，D触发器的输入端D为0，而$\bar{I}_{ST}$有一个从0到1的信号变化，D触发器的CP端收到此信号后，就把$D=0$信号锁存入D触发器，使D触发器复位，输出端Q为0，从而撤销重起动信号。

(2) 起动转速的设定。图4-5-5中右半边是起动转速的设定回路，Y_S和Y_{SH}分别为正常起动和重起动信号。在正常起动过程中，Y_{SH}为0，C3为0，二极管D截止。因Y_S为1，G4输出高电平，N点电位是稳压管DZ的稳压值，经电位器P、分压输出的电压值U_{SS}对应于正常起动设定转速，此时将这个正常起动设定转速所对应的电压值U_{SS}送至调速器。当满足重起动逻辑条件时，Y_S和Y_{SH}都为为1，G3和G4输出高电平。G3输出的高电平经R1，P_H与R2分压后，使H点的电平高于N点电平，二极管D导通，N点电平被抬高，稳压管D截止，抬高N点的电压，再经P_N分压后输出重起动设定转速，从而提高起动设定转速，以致增加起动油量。改变P_H的中心抽头位置可调整正常起动设定转速；改变P_H中心抽头位置可改变N点电压在重起动时所要提高的值，从而调整重起动时的起动设定转速。调整时应先调整正常起动设定转速，后调整重起动设定转速。

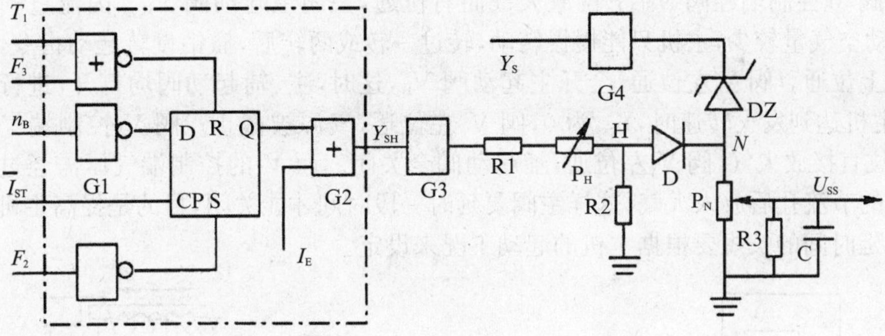

图4-5-5　重复起动逻辑回路

四、慢转起动逻辑控制

慢转起动是指主机长时间停车后，再次起动时要求主机慢慢转动1～2圈，然后转入正常起动，这样才能保证主机在起动过程中的安全，同时对摩擦部件起到“布油”作用。慢转起动逻辑回路应能区别正常起动和重起动。在遥控系统发出起动指令时，首先要检查是否已形成慢转起动指令，若已形成慢转指令，则要进行慢转起动，当慢转起动完成后，自动转入正常起动。如果有重起动指令，则取消慢转指令，直接进行重起动。

1. 慢转起动的逻辑条件

(1) 起动前，主机停车时间超过规定的时间(30～60 min)，用S_{Td}表示。

(2) 没有应急取消慢转指令,用 $\bar{I}_{ST}$ 表示。

(3) 主机没有达到规定的转数(1～2 圈)或规定的慢转时间,用 $\bar{R}_1$ 表示。

(4) 没有重起动信号,用 $\bar{I}_{SH}$ 表示。

(5) 满足起动逻辑条件,即 $Y_{SO}=1$。

以上逻辑条件是与的关系,其慢转起动的逻辑表达式为

$$Y_{SLD}=S_{Td}\cdot\bar{I}_{SC}\cdot\bar{I}_{SH}\cdot\bar{R}_1\cdot Y_{SO}$$

当满足慢转起动逻辑条件时,$Y_{SLD}=1$,遥控系统自动进入慢转起动控制方式。

2. 慢转起动控制方案

在实际应用中,慢转起动的方案基本上有两种：控制主起动阀开度的方案和采用主、辅起动阀的方案。

(1) 控制主起动阀开度的方案。如图 4-5-6 所示为控制主起动阀开度实现慢转起动的工作原理。当形成慢转指令时,电磁阀 V_{SL} 通电右位通,当有起动指令 Y_{SO} 为 1 时,阀 V_A 下位通,主起动阀上面的控制活塞被起动空气压力,限制主起动阀的开度,进入起动系统的起动空气压力较低,流量较小,主机只能慢慢转动。主机转过一圈或两圈后,撤销慢转信号,电磁阀 V_{SL} 断电左位通,控制活塞上面的气压信号经阀 V_A 下位放大气,主起动阀全开进行正常起动。当主机达到发火转速时,$Y_{SO}=0$,撤销起动信号,阀 V_A 上位通,关闭主起动阀停止起动。

(2) 采用主、辅起动阀的方案。如图 4-5-7 所示为采用主、辅起动阀控制慢转起动原理。当形成慢转指令时,电磁阀 V_{SL} 通电下位通。当有起动指令 $Y_{SO}=1$ 时,阀 V_C 右位通,输出气源信号。该信号使阀 V_A' 右位通。打开辅起动阀 V_A。气源信号被截止在阀 V_{SL} 的下位,阀 V_B' 控制端经阀 V_{SL} 下位放大气而右位通,关闭主起动阀 V_B。因流过辅起动阀 V_A 的起动空气量较少,主机只能慢慢转动,转过一转或两转后,撤销慢转起动指令,电磁阀 V_{SL} 断电上位通。阀 V_B' 左位通,全开主起动阀 V_B,这时,主、辅起动阀均打开,进行正常起动。当主机达到发火转速时,Y_{SO} 为 0,阀 V_C 左位通,气源被截止。阀 V_A' 控制端气压从阀 V_C 的左位直接放大气,阀 V_A' 左位通,辅起动阀全关闭。而 V_A' 的控制端气压需经过单向节流阀 V_D 的节流孔后放入大气,这样主阀要延时一段时间才能关闭,目的是提高主机起动的成功率,延时间的长短要根据主机的起动工况来设定。

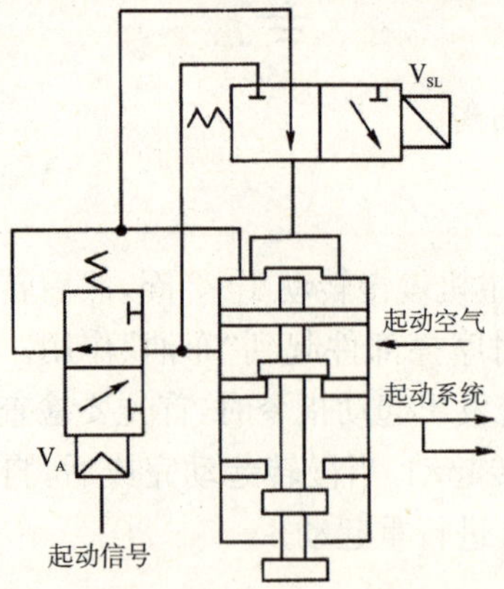

图 4-5-6 控制主起动阀开度的慢转起动

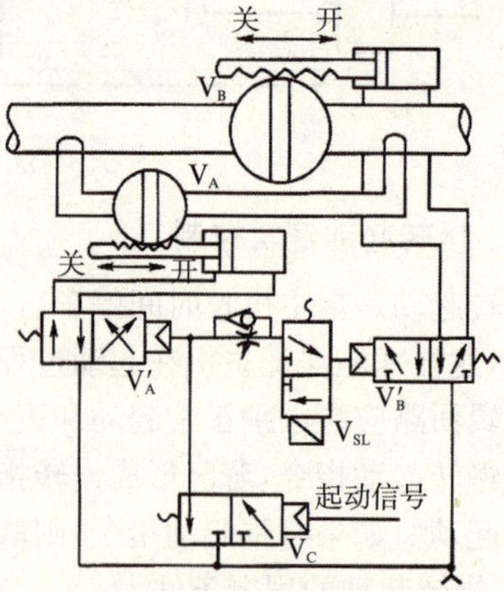

图 4-5-7 采用主、辅起动阀控制的慢转起动

【任务实施】

一、任务要求

会进行主机的起动操作。

二、任务准备

AC－4 轮机模拟器一套。

三、任务操作

1. 检查主机起动准备条件

起动准备条件是主机能否动车的先决条件，要使主机安全起动，必须同时满足下述所有条件：

(1) 盘车机已经脱开。

(2) 主起动阀已打到自动位。

(3) 起动空气压力在正常范围内。

(4) 遥控控制空气压力正常。

(5) 主滑油压力正常。

(6) 遥控控制电源电压正常。

(7) 操作部位切换到集控室。

(8) 模拟试验开关转到工作位置。

(9) 无故障自动停车。

(10) 没有三次起动失败。

(11) 一次起动未到限时时间。

(12) 未达到发火转速。

将应急鼓风机打到自动位，AC－4 主机遥控系统集控台面板的 02 号（REDAYFOR START）指示灯亮，表示准备工作已经完成，可以起动。

2. 主机的起动

(1) 确认示功阀处于开启状态。

(2) 电话通知驾驶台：请求“主机冲车和试车”。

(3) 驾驶员同意后，集控室车钟为“DEAD SLOW”位，驾驶台回令至相同位置，蜂鸣器停响。

(4) 集控室油门推至“START”位进行冲车，冲车后关闭示功阀。

(5) 确认示功阀关闭后，再次把油门推至“START”位，待转速上升至 12～13 转后，将油门推至运行位 1～2 s，确认主机起动成功后，油门返回零位，停车后再反向试车。

(6) 试车完毕将车钟放在“停车”位置。

(7) 转驾控：①在集控室按下“BC”（驾驶台控制）带灯按钮；②驾驶员在驾驶台按下“BC”带灯按钮进行应答，驾驶台和集控室两处的蜂鸣器停响、“BC”带灯按钮由闪光转为平光；③然后将“集控台”上的“REMOTE CONTROL/C. R. CONTROL”转换开关转至“REMOTE CONTROL”位置；④在驾驶台起动主机，在集控台上观察转速、车钟、负荷指示及主机遥控流程图等显示状态；⑤试车完毕将车钟放在“停车”位置。

3. 停车操作

(1) 驾驶台停车，当驾驶台操纵车钟至停车位置，在集控台上观察主机的各项参数显示仪表及主机遥控流程图等显示状态等是否正常。

(2) 集控室停车，驾控转集控室控制。

(3) 在驾驶台按下“E. R. CONTROL”(集控室控制)带灯按钮。

(4) 轮机员在集控室按下“E. R. CONTROL”带灯按钮进行应答，驾驶台和集控室两处的蜂鸣器停响，“C. R. CONTROL”带灯按钮由闪光转为平光。

(5) 将“集控台”上的“REMOTE CONTROL/E. R. CONTROL”转换开关转至“E. R. CONTROL”位置。

(6) 在集控室操纵车钟至停车位置。

(7) 再操纵主机油门操纵器至零位，主机即停车。

【任务评价】

(1) 主机起动前的准备工作正确。

(2) 在集控室操作主机遥控系统起动主机的步骤正确。

(3) 在驾驶台操作主机遥控系统起动主机的步骤正确。

【课后练习】

(1) 主机遥控系统的起动逻辑条件有哪些?

(2) 主机遥控系统的气动和电动起动过程是什么?

任务6　主机遥控系统制动系统的认识

Task Six　Knowledge of Braking System of Main Engine Remote Control System

【任务描述】

制动是指主机在运行中完成换向后，为使主机更快停下来并进行反向起动所采取的操作措施。实践证明，主机停油后，从高转速能较快地下降到低转速。但是，由于船舶的惯性造成的螺旋桨水涡轮作用，使转速下降得越来越慢，需很长时间主机才能停下来，显然进行反向起动就要等待较长的时间。这一点在实船的操作实验中看得更为清楚。主机以 75 r/min 的转速运转，船舶航速为 15 kn 左右，若不采用制动措施，主机从停油到停下来需 12.5 min，船舶滑行时间为 17 min，滑行距离为 1.4 n mile。若采用制动操作，仅需 0.7 min 主机就能停下来，船舶滑行时间为 3.1 min，滑行距离仅为 0.4 n mile。从这组数据可以看出，主机采用制动操作，对提高船舶操纵的机动性和实时性都具有重要意义。因此，在遥控系统中均设有制动逻辑回路，主机制动方式有两种：能耗制动和强制制动。

本任务是认识主机遥控系统的气动和电动制动逻辑图，掌握主机遥控系统的制动操作方法。

【学习目标】

(1) 认识主机遥控系统的制动逻辑条件。

(2) 认识主机遥控系统的气动和电动制动逻辑图。

(3) 会进行主机遥控系统的制动操作。

【相关知识】

1. 能耗制动

能耗制动是指主机在运行中完成换向后，在主机高于发火转速的情况下所进行的一种制动。因此，能耗制动常常是在应急操纵情况下进行的。能耗制动的功能是保持主起动阀处于关状态，让空气分配器投入工作。这时空气分配器控制处在压缩冲程那个缸的起动阀打开，柴油机相当于一台压气机，消耗柴油机运动部件的惯性能，使主机能较快地降速。能耗制动的逻辑条件包括：

(1) 制动的鉴别逻辑。当车令变化时，制动逻辑回路能判断车令与主机转向是否一致，只有车令与转向不一致才满足制动的鉴别逻辑。用 Y_{BL} 表示制动的鉴别逻辑，其逻辑表达式为

$$Y_{BL}=I_H \cdot R_S+I_S \cdot R_H \quad 或 \quad Y_{BL}(I_H\overline{R}_H+I_S\overline{R}_S)$$

(2) 换向已经完成，$Y_{BF}=1$。

(3) 已经停油，$Y_{RT}=1$。

(4) 转速高于发火转速，$\overline{N}_I=1$。

(5) 有应急操纵指令，$I_E=1$。

这些条件应该是与的关系，其逻辑表达式为

$$Y_{BRO}=Y_{RF} \cdot Y_{RT} \cdot Y_{BL} \cdot \overline{n}_I \cdot I_E=(I_HC_H+I_SC_S) \cdot (I_H\overline{R}_H+I_S\overline{R}_S) \cdot Y_{RT} \cdot \overline{n}_I \cdot I_E$$

$Y_{BRO}=1$ 表示满足能耗制动逻辑条件，对主机进行能耗制动。

2. 强制制动

强制制动有三点与能耗制动不同：一是对所有主机，只要在运行中完成换向后都能进行强制制动，而不必有应急操纵指令；二是只有主机低于发火转速时才能进行强制制动；三是空气分配器与主起动阀均投入工作，气缸在压缩冲程进起动空气，强迫主机停止运行。这样，强制制动的逻辑条件包括是：

(1) 制动鉴别逻辑，即车令与主机转向不一致，$Y_{BL}=1$。

(2) 换向已经完成，$Y_{BF}=1$。

(3) 满足停油条件，$Y_{RT}=1$。

(4) 主机低于发火转速，$n_I=1$。

这些逻辑条件应该是与的关系，其逻辑表达式为

$$Y_{BRF}=Y_{BL} \cdot Y_{RF} \cdot Y_{RT} \cdot n_I$$

式中：$Y_{BRF}=1$ 表示满足强制制动逻辑条件，对主机进行强制制动。

从强制制动的逻辑表达式可以看出，它与起动的逻辑表达式相似。其中，换向完成信号 Y_{RF} 就是起动的鉴别逻辑 Y_{SL}，即 $Y_{RF}=Y_{SL}$。在强制制动的逻辑条件下，强调转速条件 n_I，实际上，它应当满足起动的准备逻辑条件，即 $Y_{SC}=1$。这样强制制动逻辑表达式可改为

$$Y_{BRF}=Y_{BL} \cdot Y_{SL} \cdot Y_{RT} \cdot Y_{SC}$$

可见，强制制动是在车令与转向不一致且停油情况下的起动。强制制动在遥控系统中不是独立存在的，它是附加在起动回路上，并且用起动回路的功能达到强制制动的目

的。应当指出，能耗制动是在较高转速上的一种制动方式，对主机较快降速的效果是明显的，此时如果采用强制制动，其效果并不明显，且要消耗较多的起动空气。在较低的转速范围内采用强制制动，对克服螺旋桨水涡轮作用、使主机更快地停下来是很有效的。在中速机中，往往采用能耗制动和强制制动相结合的制动方案；在大型低速柴油机中，主机从停油到换向完成，其转速已经降到比较低的范围，可只设强制制动而不必设置能耗制动逻辑回路。

3. 制动及换向控制过程

1）具有能耗和强制制动功能的换向过程

如图 4-6-1 所示为具有能耗和强制制动功能的主机遥控系统在变换主机转向时的波形图。图中曲线Ⅰ为应急换向，曲线Ⅱ为正常换向。在应急换向过程中，当主机在全速正车运行时，若在 t_1 时刻将车钟手柄拉到倒车位置，同时按下应急运行按钮，出现车令与主机转向不符的情况。主机首先停油（$Y_{RT}=1$），当主机停油后转速下降到应急换向转速时（$n=n_{ER}$），即 t_2 时刻，满足应急换向逻辑，控制凸轮轴换向，使主机凸轮轴从正车位置（C_H）换到倒车位置（C_S）。在换向到位后的 t_3 时刻，因已符合能耗制动逻辑，所以控制空气分配器投入工作（$V_D=1$），主起动阀关闭（$V_M=0$）。主机进入能耗制动工况，转速迅速下降。在转速降到等于或低于发火转速（起动空气切断转速）后 t_4 时刻（$n\leqslant n_I$），因能耗制动逻辑已不再满足，而符合强制制动逻辑，所以遥控系统自动转为强制制动，开启主起动阀（$V_M=1$），继续使空气分配器工作（$V_D=1$），于是主机转速进一步迅速下降。在主机转速降到零后的 t_5 时刻，虽然强制制动逻辑不再满足，但已满足起动控制逻辑，所以主起动阀继续打开，空气分配器继续工作。因这时主机转向已与车令转向和凸轮轴位置一致，所以主机处于倒车起动工况，转速逐渐上升。对油气并进的主机，在转速上升到转向鉴别回路检测到倒车转速时（这一转速通常是指可供油转速 n_F），即在 $n\geqslant n_F$ 的 t_6 时刻，不再满足停油逻辑，于是停油回路撤销停油联锁控制，由调速回路设定的起动油量控制主机供油。而对油气分进的主机，只有在主机转速上升到起动空气切断转速时才进行起动供油。由于是应急换向，所以起动过程一直持续到主机转速达到重起动空气切断转速（$n\geqslant n_H$）的 t_7 时刻，遥控系统才关闭主起动阀（$V_M=0$），停止空气分配器工作（$V_D=0$），结束制动与起动过程。若主机起动成功，则按应急加速程序把主机转速加至车令所设定的转速。在正常换向过程中，若在改变车令转向时没有按“应急运行”按钮，那么主机停油后，必须等转速降到正常换向转速时（$n\leqslant n_R$）才进行换向。换向到位后，在主机转速低于起动空气切断转速（$n\leqslant n_I$）时刻，进入强制制动，使主机转速快速下降，而在转速过零后开始倒车起动，直到转速达到倒车起动空气切断转速（$n\geqslant n_I$）时结束制动与起动过程，进入正常加速程序。

2）只具有强制制动功能的换向过程

如图 4-6-2 所示为只具有强制制动功能的大型低速主机从正转变换到倒转的时序。图中 t_1 到 t_2 为主机凸轮轴换向时间，t_1 到 t_4 为主机换向过程中的停油联锁时间，t_3 到 t_4 为强制制动时间，t_4 到 t_5 为主机第一次倒车起动时间，t_5 到 t_6 为主机第一次起动未成功时的两次起动中断时间，t_6 到 t_7 为主机第二次起动时间。如主机第二次起动也未成功，中断片刻后将进行第三次起动，第三次起动失败后将终止起动，发出起动失败报警（图中未画）。

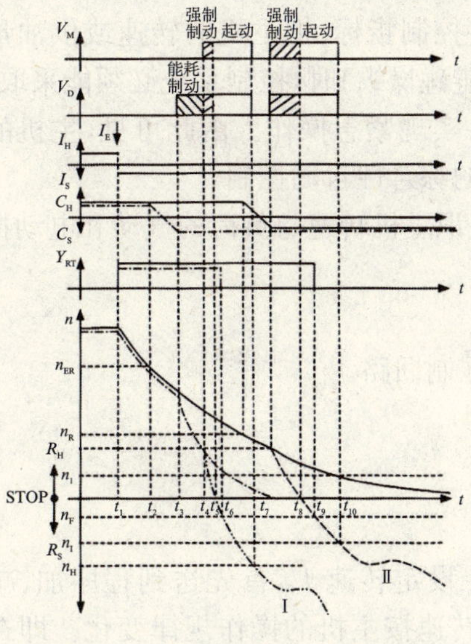

图 4－6－1　具有能耗制动和强制制动功能的换向过程波形

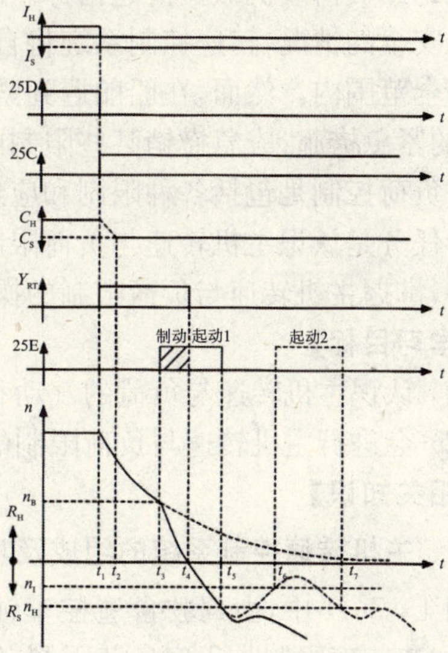

图 4－6－2　只具有强制制动功能的换向过程波形

【任务实施】

一、任务要求

会进行主机的制动操作。

二、任务准备

AC－4 轮机模拟器一套。

三、任务操作

在主机运行中，将车令手柄扳至反方向，当换向完成，且转速低于发火转速时，打开空气分配器和主起动阀，使高压空气按照与主机运转方向相反的顺序，即气缸处于压缩冲程时进入各个气缸，起到强行阻止活塞向上运动的作用，进而迫使主机减速。

【任务评价】

（1）主机遥控系统的制动操作前的准备工作正确。

（2）主机遥控系统的制动操作方法正确。

【课后练习】

（1）主机遥控系统的制动逻辑条件有哪些？

（2）主机遥控系统的气动和电动制动过程是什么？

任务 7　主机遥控系统程序负荷限制的认识

Task Seven　Program Load Limit of Main Engine Remote Control System

【任务描述】

主机的转速控制除了与其他自动控制系统一样需要考虑其品质指标外，还需兼顾其控制后果。因为在大幅度操作主机或变工况的情况下，若只考虑控制系统的品质指标可能造成主机的热负荷或机械负荷超指标。因此，为了保障主机的运行安全，控制中一旦出现危及主机安全的情况，转速控制系统将自动放弃某些控制指标，把主机的转速或供油量限制在其安全范围内。然而，在船舶遇到紧急情况（如避碰操纵）时，控制系统必须能采取"舍机保船"的紧急措施，应急撤销某些限制或放宽限制，实现紧急操作。由此可见，主机的转速控制与负荷控制是包括各种限制和应急操作在内的综合性自动控制。

本任务是认识主机转速与负荷限制的意义，认识主机转速与负荷的气动和电动控制限制回路，掌握主机转速与负荷限制的操作方法。

【学习目标】

(1) 认识主机转速与负荷的气动和电动控制限制回路。

(2) 会进行主机转速与负荷限制的操作。

【相关知识】

一、主机转速控制系统的组成及功能

图 4-7-1 中，由驾驶台遥控车钟发出的车令设定转速 I_n，首先送到程序加、减速环节，受加速速率限制与程序负荷限制，使车令设定转速按主机的操作规律变化。即在低速区允许设定转速快速变化，在中速区则应变化慢一些，在高速区应按时间原则程序加速，以提高主机在低速范围内的机动性，避免中速区加速过快及高速区热负荷波动过大。经程序加、减速后的设定转速再送到转速限制环节，进行临界转速的自动避让，以保证主机不在临界转速区域内运行，然后进行最小和最大转速限制，以确保主机转速不低于其最低稳定转速或高于其最大允许转速。通过上述处理后的设定转速作为转速调节环节的转速给定值 n_s被引到其比较环节，使之与测速装置检测到的主机实际转速测量值 n_f进行比较。比较所得转速偏差（n_e）按固有的调节规律（如 PI 规律）运算后输出主机供油控制信号 F_C至负荷限制环节。有时为了使主机的调速特性与螺旋桨的推进特性相逼近，通常在调节规律运算后增加一个螺旋桨特性限制环节，或在调节规律运算中采用非线性变增益运算。调速环节输出的控制油量 F_C除了受螺旋桨特性限制外，还受到主机的增压空气压力限制、转矩限制及最大油量限制。即把经螺旋桨特性限制的转速控制油量 F_P，增压空气压力限制所允许的最大油量 F_{km}，转矩限制所允许的最大油量 F_{nm}及轮机长手动设定的最大允许油量 F_m都送到选小器进行选小。保证主机在运行过程中，其供油量不会超过各限制环节所限定的最大允许油量，以确保主机的运行安全。然而，在恶劣海况下，船舶纵向摇摆厉害，螺旋桨吃水变化大，调速系统为了把主机转速维持在设定转速，将频繁调节主机供油量，使主机的负荷变化可能超出主机所能承受的范围，甚至发生飞车现象，从而危及主机运行安全。为此，遥控系统通常采用如下两种方法避免主机负荷变化过大及飞车现象。

1. 负荷控制方法

当船舶航行中遇到风浪时，可通过操作台上的选择开关接通负荷控制开关，使主机的控制方式从转速控制切换到负荷控制。这时车钟发出的车令设定转速（I_E）经负荷控制器处理后输出与 I_n成比例的主机油量控制信号 F_L一起送到选小器，由于在正常情况下，$F_L \leqslant F_C$，所以选小器选择负荷控制输出油量（F_L），使主机的供油量仅与车令设定转速有关，因此，在车令设定转速不变时，主机的供油量也保持不变，负荷不变。此时主机的转速无法恒定，随着螺旋桨的吃水变化而变化。当螺旋桨下沉时，它产生的阻力矩就大于柴油机气缸燃气所产生的驱动力矩，使动量平衡破坏，主机转速下降，以满足新的动量平衡关

系。反之，主机转速就会升高。可见，负荷控制是一种定负荷、变转速的控制方式，由于它未将系统输出量反馈至输入，而是直接由给定量控制的，所以负荷控制是一种开环控制。

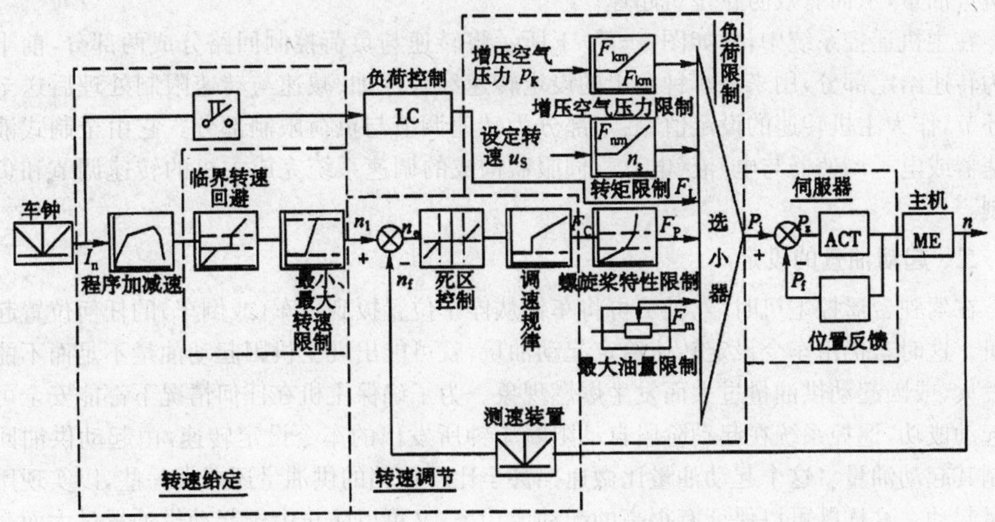

图 4-7-1 转速与负荷控制回路原理

当螺旋桨露出水面，主机会出现飞车现象。在图 4-7-1 的控制回路中，遥控系统进入负荷控制状态时，调速回路并未停止工作。在正常情况下，由于调速回路输出 F_C 大于负荷控制回路输出 F_L，故无法输出调速控制信号。然而，当船尾上翘时，主机转速逐渐升高。在主机转速上升到一定值后，偏差转速出现负值，使调速控制信号 F_C 减小，当小于负荷控制器输出 F_L 时，选小器选择 F_C 作为输出。于是控制系统又转化为转速控制方式，将主机油门关小，阻止主机转速进一步上升，从而避免主机超速。

2. 死区控制方法

在主机转速控制中的转速偏差 n_e 后加一个死区控制（图 4-7-1 中死区控制环节内的虚线）。它利用控制死区范围实现三种不同的控制方式。

（1）刻度控制方式。这种控制方式的死区范围最大。当主机转速偏离车令设定转速的偏差未超过最大死区范围时，死区控制无输出，调速回路无调节作用，主机油门刻度位置不变，使主机的热负荷和机械负荷基本保持不变。但主机的转速将随螺旋桨负荷变化而在一个较大的范围内波动。因此，刻度控制适用于主机高负荷范围内需维持主机进油量恒定以获得稳定的热平衡效果的场合。

（2）正常控制方式。正常控制方式的死区范围适中，比刻度控制小得多。因此，正常控制方式能使主机的转速跟随车令设定转速，并将其偏差转速保持在正常控制方式死区范围内。主机在稳定运行状态下，只要主机的转速波动小于正常控制死区范围，死区控制就无偏差，无调节作用。因此，可减小转速波动对调速系统的影响，提高系统的静态稳定性。但是，一旦主机转速波动超出正常控制死区，调速回路就会将其自动调节到正常控制范围内。由此可见，正常控制是在保证所需的调节精度下尽可能减小主机油门刻度位置波动的一种控制方式。因此，它适用于主机正常运行工况。

（3）恶劣海况控制方式。这种控制方式主要是为防止主机在大风浪运行中发生超速。

在恶劣海况控制方式中，控制回路减小主机的最大供油范围，并将死区调到最小（趋于零），以提高转速控制灵敏度。因此，当螺旋桨露出水面时，调速系统就能以最快响应速度减小主机进油量，从而有效防止主机超速。

在主机遥控系统中，常如图 4－7－1 所示将转速与负荷控制回路分成两部分，前半部分为转速给定部分，用来将车钟发出的设定转速经程序加、减速与转速限制处理后送至调速环节，作为主机转速的设定值；后半部分为转速调节与负荷限制部分。它由全制式液压调速器或电子调速器与电/液（电/气）伺服器构成的调速系统完成主机的转速调节和负荷限制。

二、起动油量的设定

在驾驶台遥控主机时，驾驶员可将车钟从停车位置扳到正车（或倒车）的任何位置起动主机。这时若仍由车令设定转速给定起动油量，就可能出现主机因起动油量不足而不能正常发火，或因起动供油量过大而发生爆燃现象。为了确保主机在任何情况下都能安全可靠地起动成功，遥控系统在起动阶段自动阻断车钟所发出的车令设定转速，由起动供油回路控制其起动油量。这个起动油量比微速挡甚至比慢速挡的供油量还要大一些，以实现用定油量起动。这样既可以保证有很高的起动成功率，又可以防止由于起动供油量过大而产生严重爆燃的现象。

对于不同的主机遥控系统，其起动供油量方式也不同，有的采用油-气并进方式，还有的采用油-气分进方式。油-气并进是指主机在压缩空气起动的同时供给起动油量，直到主机转速达到起动空气切断转速而结束压缩空气起动时，才转为车钟设定值；油-气分进是在压缩空气起动阶段不供油，当主机转速达到起动空气切断转速时，在切断起动空气的同时供油。因此，油-气分进式系统的起动空气切断转速常称为发火切换转速。为了保证起动成功，除提供适当的起动油量外，对油-气分进式还需维持数秒起动供油时间后才转入车钟设定值，因此，常在起动与车令转速切换阀的控制端设置一单向节流阀与气容，用来组成一个延时环节，以设定起动维持时间。

三、主机加、减速程序控制

主机的加、减速程序是指主机在加、减速过程中应遵循的加、减速规律。为了使车钟所发出的车令转速信号能符合主机的加、减速规律，必须对车令转速进行预处理。即在低速区，允许主机加速或减速，不限制车令转速的变化速度；在中速区，对车令转速进行加速速率和减速速率的限制；在高速区，如在 70％额定转速以上再加速时，则按主机负荷变化规律，对车令转速进行程序加速和减速。为此，遥控系统中都设置加速与减速速率限制环节和程序负荷环节，以便把车钟所设定的车令转速分段按预先调定好的速率发送出去。在应急情况下，可手动操作取消程序负荷限制，实现快加速或快减速。

1. 加速速率限制

加速速率限制是指主机在低负荷区加速时对主机转速增加速率的限制。在气动遥控系统中，加速速率限制一般是由分级延时阀实现的，如图 4－7－2 所示。当车令与转向一致时，$S=1$，阀 A 右位通，实现起动油量和运行油量的切换，车令设定的转速信号经阀 A 右位、分级延对阀 B 向气容 C 充气。当设定转速低于额定转速的 30％左右时，该信号不经阀 B 的节流，直接向气容 C 充气，主机转速可迅速升高。当设定转速高于额定转速的 30％

以上时，该信号要经 B 阀的节流再向气容 C 充气。这时，主机转速的增加就会稍慢一些。减速时气容内压力信号不经 B 阀节流而直接通减小的设定信号，实现快减速。

在电动遥控系统中，加速速率限制环节的形式是多种多样的。如图 4－7－3 所示为一种电动无触点遥控系统的加速速率限制方式。图中，运算放大器 A1 接成电压比较器，其同相端和反相端分别接转速设定信号 U_{I1} 和该加速速率限制环节的输出信号 U_{O1}。A2 是接成负反馈的运算放大器，其反相端电压总是高于同相端电压 U_{O1}，故运算放大器 A2 始终输出 0 信号。在加速时，由于 $U_{I1}>U_{O1}$，A1 输出 1 信号，电子开关 SW 闭合于 1～15，标准电压 U_R 经电阻 R5 向电容 C 充电，电容上电压 U_{O1} 按指数曲线不断增大。由于 A1 是接成正反馈的电压比较器，A1 在输出 1 和 0 时，A1 同相端的电压是不同的，故使 A1 输出状态发生变化的输入值就存在一个回差，其上、下限值分别用 U_{IH} 和 U_{IL} 表示。所以当输入 $U_{O1}>U_{IH}$ 时，A1 输出 0 信号，电子开关 SW 由 1～15 断开合于 2～15，切断电容充电回路，接通放电回路。随着放电的进行，U_{O1} 不断降低，当 $U_{O1}<U_{IL}$ 时，A1 再翻转输出 1 信号，U_R 经 R5 向电容 C 充电，由于 U_{IH} 与 U_{IL} 之间回差不大，故 U_{O1} 可在 U_{I1} 附近达到一个动态的平衡。减速过程与加速过程相同。调整电容 C 充放电的时间常数，可调整加、减速的速率，调整电阻 R5 的电阻值大于 R6 和 R7 的电阻值，可实现慢加速、快减速。

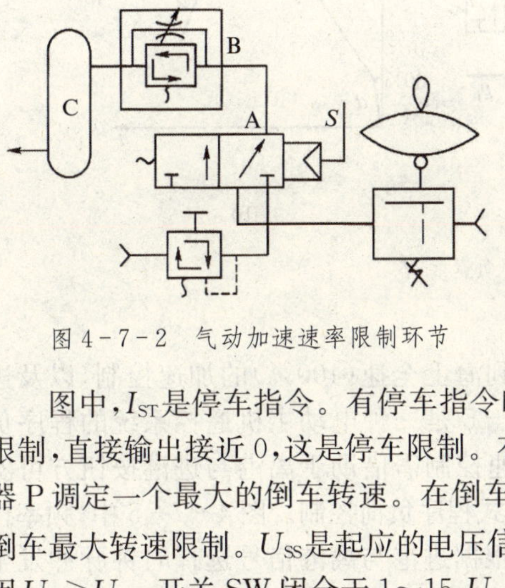

图 4－7－2　气动加速速率限制环节

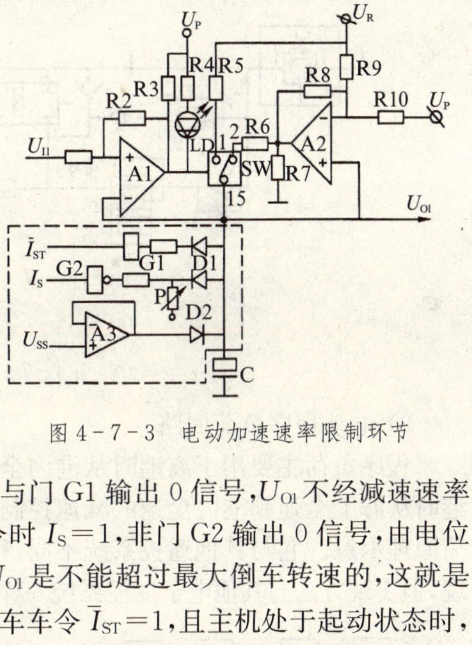

图 4－7－3　电动加速速率限制环节

图中，I_{ST} 是停车指令。有停车指令时 $\bar{I}_{ST}=0$，与门 G1 输出 0 信号，U_{O1} 不经减速速率限制，直接输出接近 0，这是停车限制。有倒车指令时 $I_S=1$，非门 G2 输出 0 信号，由电位器 P 调定一个最大的倒车转速。在倒车运行时，U_{O1} 是不能超过最大倒车转速的，这就是倒车最大转速限制。U_{SS} 是起应的电压信号。有开车车令 $\bar{I}_{ST}=1$，且主机处于起动状态时，因 $U_{I1}>U_{O1}$，开关 SW 闭合于 1～15，U_{SS} 经电压跟随器 A3 直接向电容 C 充电，使 U_{O1} 能迅速达到起动油量所对应的电压信号。起动成功后撤销 U_{SS} 信号，U_{O1} 将逐渐达到车令设定转速信号 U_{I1}。

2. 程序负荷

1）气动程序负荷回路

当主机转速达到额定转速的 70％以上时，进入高负荷区，主机已经承受很高机械负荷和热负荷。此后的加速过程必须严格加以限制，以防止超负荷。在高负荷区内，保持加速速率限制的加速尚嫌过快，故必须设置特殊的时间程序，使之慢慢加速，即为程序负荷。

在气动遥控系统中，一般是通过节流元件与气容组成的惯性环节实现的，如图 4－7－4 所示。图中阀 2 是程序负荷设定调压阀，它的最大输出是程序负荷开始转速值所对应的气压信号。当输入信号小于这个调整值时，输出与输入相等。P_i是车令设定转速值所对应的气压信号，当该信号小于程序负荷开始的转速（如额定转速的 70%）时，只经分级延时阀 1 的节流，通过阀 2 向气容 6 充气。气容内的压力升高较快，再经比例阀 7 送至调速器转速设定波纹管，这就是加速速率限制。当车令设定转速大于程序负荷开始转速时，P_i不仅要经分级延时阀的节流，还要经单向节流阀 3 的节流，再经节流选择阀 4 的上位向气容 6 充气。气容内压力升高较慢，如图 4－7－4(b)中 c 线所示。从港内全速到海上全速大约需要 25 min，称为快程序。如果把节流选择阀转至下位通，则单向节流阀 3 的输出还要经节流阀 9 的节流，这时气容内压力升高很慢，如图 4－7－4(b)中 c'线所示。其程序负荷时间大约需要 55 min，称为慢程序。选择何种程序取决于操作人员的要求和主机的承受能力。在应急操纵的情况下，电磁阀 8 通电右位通，分级延时阀输出的信号直接向气容充气，取消程序负荷，按加速速率限制可把主机的转速一直加到海上全速，其加速过程如图 4－7－4(b)中的 e 线所示。在减速时，气容内的气压信号经速放阀 5 就地泄放，因不经阀 1 和 3 的节流，实现快减速，如图 4－7－4 中斜线 d 所示。

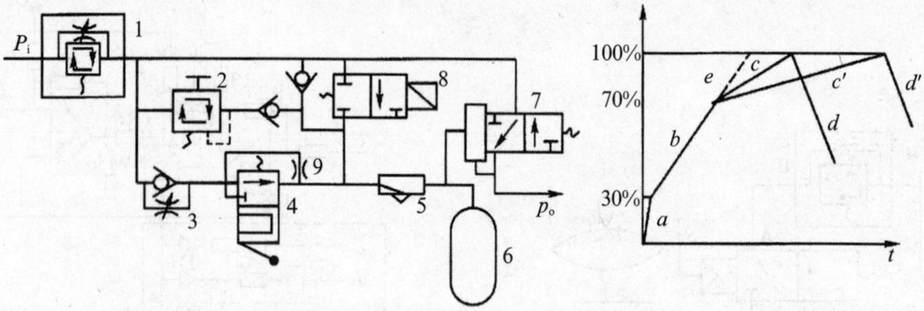

(a) (b)

图 4－7－4　气动程序负荷回路

2）电动程序负荷回路

程序负荷主要用于离港时从港内全速（70%）到海上全速（100%）的加速控制，以及进港时从海上全速到港内全速的减速控制。图 4－7－5 是一种电动主机遥控系统的程序负荷原理示意。它与其他遥控系统不同，程序加、减速控制需借助于离港与进港按钮方可实现，但实现方法与其他电子遥控系统一样，采用计数式程序负荷控制。图 4－7－5 中，频率控制回路根据进港与离港信号选择时钟脉冲发生器的定时回路，以控制其输出相应频率的脉冲作为程序计数器的计数脉冲。程序计数器在加、减速控制回路的控制下，在加速时作减数计数，在减速时作加数计数。而程序计数器输出的二进制计数值还需经 D/A 转换器转换成相应的电压 U_{LP}，然后再由选小器将 U_{LP}与车令设定转速 I_n进行选小，使主机的设定转速在离港或进港时按预先调定的程序负荷速率加速或减速。

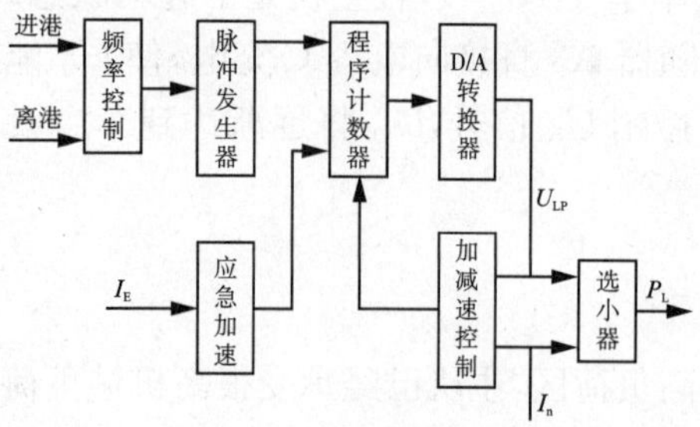

图 4－7－5　程序负荷原理

四、转速限制

转速限制是指限制送到调速器的转速设定值，以此限制主机的运行转速。设置转速限制的目的是使车钟发出的车令设定转速能符合主机的操作要求，保证主机不在临界转速区域内运行，不在低于最低稳定转速以下运行以及不在高于主机最大允许转速上运行。

1. 最大转速和最低稳定转速等限制

1）轮机长最大转速限制

轮机长最大转速限制是指正常运行时，自动将主机的最大运行转速限制在轮机长所设定的最大允许转速值，并在应急情况下，可通过应急操纵指令取消限制。

轮机长最大转速限制回路如图 4-7-6 所示，图中，A4，A6 和 R5 构成一个选小器；P3 为轮机长最大允许转速设定电位器；U_S为车令设定转速值；I_E为应急操纵指令。在正常运行时 $I_E=0$，G1 输出低电平，A6 输入由 P3 与 R7 分压后得到的最大允许转速值U_m。当车令设定转速值小于最大允许转速值时，即$U_S<U_m$，则选小器选择车令设定转速作为输出，即$U_o=U_S$，无限制作用。当车令设定转速值大于最大允许转速值时，即$U_S>U_m$时，选小器选择轮机长设定的最大允许转速值作为输出，即$U_o=U_m$，从而将主机转速限制在轮机长所设定的最大转速值。调大 P3 的电阻值，主机的最大允许转速值U_m会减小。有应急操纵指令时 $I_E=1$，G1 输出高电平，使 A6 的输入电压 U_m 提高到近似电源电压，选小器选择车令设定转速 U_S 作为输出，从而取消限制。

2）最低稳定转速限制

最低稳定转速限制是指当车钟手柄设定的转速在最低稳定转速以下时，能保证主机在最低稳定转速上运行，以防止主机运行不稳定，甚至停车。最低稳定转速限制回路如图 4-7-7 所示。图中，A9，A10，D，R14 和 R15 构成一个选大器，电位器 P5 可调整最低稳定转速限制值U_{min}。该限制回路的输入U_o来自上述选小器的输出，就是经过限制的车令设定转速值。当$U_o>U_{min}$时，A9 工作在电压跟随器状态，输出$U_{I1}=U_o$。这时，因为 A10 输出电压小于U_{I1}，所以二极管 D 截止（使 A10 工作于电压比较器状态，输出为 0）。选大器选择U_o作为输出，无限制作用。当车令设定转速小于最低稳定转速限制值时，$U_o<U_{min}$，则 A10 输出增大，使 D 导通，于是，A10 从电压比较器状态转为电压跟随器，使$U_{I1}=U_{min}$。此时，A9 的同相端输入电压小于反相端端电压，其输出减小。因为 A9 与 A10 为推挽输出运算放大器，而且 A9 输出经电阻 R14 与U_{I1}相连，所以，A9 输出的电压全部降在电阻 R14 上，使 A9 的负反馈作用消失，由电压跟随器转为电压比较器。U_{I1}将受到 A10 的钳位作用而保持在U_{min}值，从而将主机转速限制在最低稳定转速上。

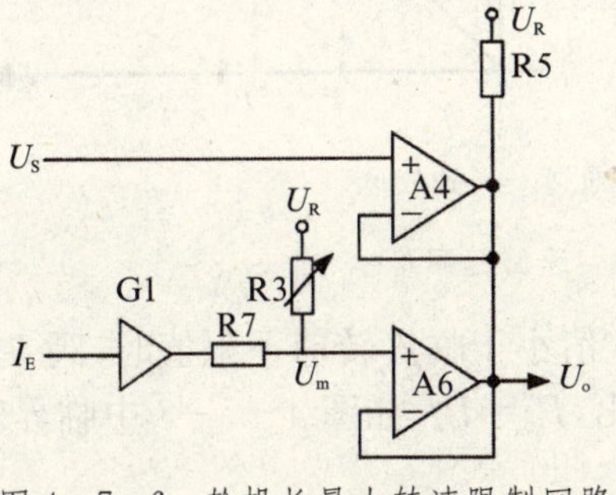

图 4-7-6　轮机长最大转速限制回路

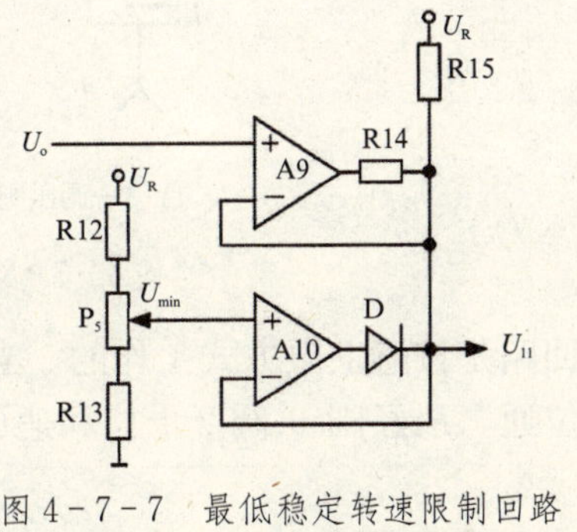

图 4-7-7　最低稳定转速限制回路

3）最大倒车转速限制

倒车最大转速限制是防止因倒车车令设定转速值太大而使倒车转速太高的限制。由于螺旋桨倒转时的阻力大于正转阻力，当主机倒转时，如仍将其转速调整在正转最大转速，就会导致主机超负荷。为了保证主机的安全，主机遥控系统都设有最大倒车转速限制功能。如图 4－7－3 所示为电动无触点遥控系统加速速率环节。

4）故障降速转速限制

故障降速转速限制是指当主机发生某些故障时，主机降速到所允许的低转速值。在有应急操纵指令时，将取消故障降速功能，不允许主机降速。

2. 临界转速的回避

柴油机轴系都有其固有的自振频率，当外界强制干扰频率（主机转速）与其自振频率相同时，将引起共振。在柴油机全部工作转速范围内可能有两个或两个以上共振区，其中最大的共振区称为临界共振区，所对应的主机转速叫临界转速。主机在临界转速区工作时，产生的扭转振动应力将超过材料的允许应力，造成曲轴的扭伤或折断，或者造成组合式曲柄组合件的相对滑移。因此，柴油机在运行期间必须避开临界转速区。其原则是，不在临界转速区内运行及快速通过临界转速区。临界转速自动回避的方式有三种：一是避上限，当车令转速设定在临界转速区时，遥控系统能自动使主机在临界转速的下限值运行；二是避下限，当车令转速设定在临界转速区时，遥控系统能自动使主机在临界转速的上限值运行；三是避上、下限，加速时避下限，减速时避上限，但有些遥控系统正相反，即加速时避上限，减速时避下限。在实际应用中，为使该环节结构简单，多采用避上限方式。

1）气动临界转速回避回路

在气动遥控系统中，临界转速的回避是用气动阀件组成的逻辑回路实现的，其工作原理如图 4－7－8 所示。图中 1 和 3 是调压阀，当输入信号小于调定值时，输出等于输入；当输入信号大于调定值时，其输出保持调定值不变。阀 1 调定值为临界转速的下限值 P_a；阀 3调定值是临界转速的上限值 P_b；阀 2 是双气路控制的二位三通阀；P_s是转速设定值。

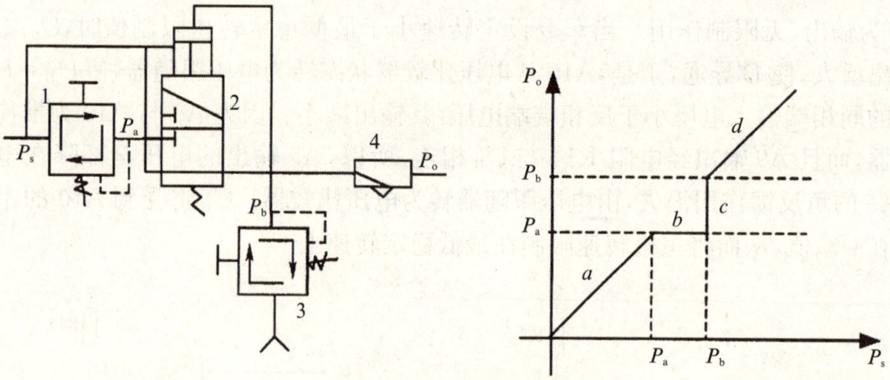

1，3—调压阀；2—二位三通阀；4—速放阀

图 4－7－8　气动临界转速回避回路

该回路是按避上限方式工作的。当转速设定值小于临界转速下限值时，阀 1 输出 P_s，阀 2 上位通。P_s经阀 1、阀 2 上位和速放阀 4 输出，$P_o = P_s$，如图 4－7－8 中临界转速回避

特性的 a 线所示。当转速设定在临界转速区时，$P_s>P_o$，阀 1 输出 P_a 不变，阀 2 上位通不变，$P_o=P_a$，主机在临界转速下限值运行，如图 4－7－8 中 b 线所示。当设定转速 P_s 大于临界转速上限值时，阀 2 下位通，输出 P_o 由临界转速下限值立即跳变到大于临界转速上限值 P_b，可快速通过临界转速区，然后输出随 P_s 而变，如图 4－7－8 中 c 和 d 线所示。同理，在减速时，当 $P_s>P_b$ 时阀 2 下位通，$P_o=P_s$。当 $P_a<P_s<P_b$ 时，即转速设定在临界转速区时，阀 2 上位通，P_s 截止，$P_o=P_a$。$P_s<P_a$ 时，$P_o=P_s$，所以在减速时也是避上限，且可快速通过临界转速区。

2）电动临界转速回避回路

如图 4－7－9 所示为一种常用的电动临界转速回避回路，它主要由电压比较器和选小器组成。图中 A3，A4 和 R5 构成一个选小器；A1 为电压跟随器；A2，A5 为电压比较器；电位器 P1 设定临界转速的上限值 U_{P1}，P2 设定临界转速的下限值 U_{P2}。U_s 是车令设定转速值，一路送入 A4 的同相端选小，另一路经 A1 缓冲后送到 A2 的同相端，与临界转速上限值 U_{P1} 比较。

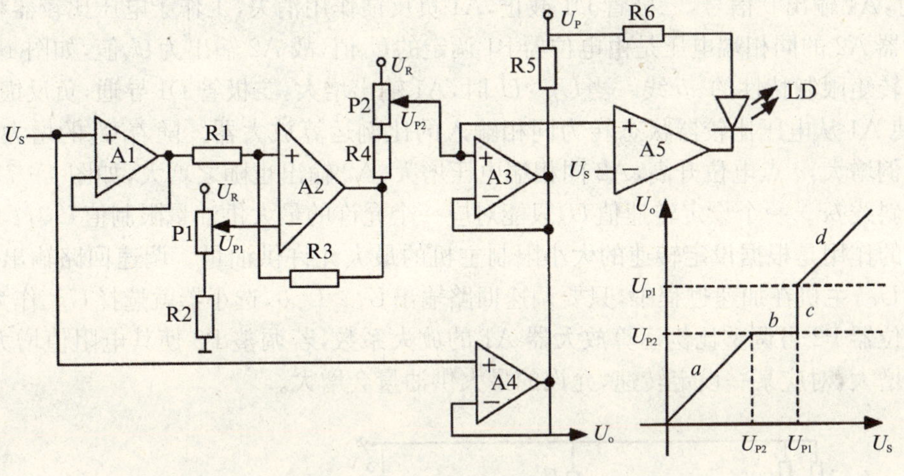

图 4－7－9 电动临界转速回避回路

当车令设定转速小于临界转速下限值时，$U_S<U_{P1}$，则 A2 输出为 0。使 P2 与 R4 分压后得到一个相当临界转速下限值的电压 U_{P2} 送 A3 的同相端选小。这时，因为 $U_S<U_{P2}$，所以选小器选择车令设定转速值 U_S 作为输出，如图 4－7－9 中临界转速回避特性的 a 线所示。同时，A5 输出高电平，临界转速限制发光二极管 LD 不亮。当车令设定转速处于临界转速区时，$U_{P2}<U_S<U_{P1}$，U_S 仍小于 U_{P1}，A2 保持输出 0。这时由于 $U_S>U_{P2}$，因此选小器选择临界转速下限值 U_{P2} 作为输出，即 $U_o=U_{P2}$ 把主机转速自动限制在临界转速的下限值，如图 4－7－9 中 b 线所示。因 $U_S>U_{P2}$，所以 A5 输出低电平，使临界转速限制发光二极管 LD 点亮。当车令设定转速大于临界转速上限值时，$U_S>U_{P1}$，A2 翻转输出高电平，将 U_{P2} 提高至接近电源值 U_P，使它大于 U_S，于是选小器又选择车令设定转速 U_S 为输出，使选小器输出从临界转速下限 U_{P2} 立即跳变到上限 U_{P1}，快速通过临界转速区，然后输出随 U_S 而变，如图 4－7－9 中 c 和 d 线所示。同时，A5 又输出高电平，使发光二极管 LD 熄灭。

五、负荷限制

负荷限制用来限制主机的供油量，以防止主机超负荷，故又称燃油限制。由于主机转速控制系统是根据偏差转速控制主机供油量的，当螺旋桨吸收功率增加使主机转速降低，或给定转速增大时，为了快速把主机转速调节到给定转速，有可能使主机供油量增加过多或过快，造成热负荷与机械负荷超载。为此，必须对主机供油量进行限制，以确保主机安全。负荷限制包括增压空气压力限制、转矩限制和最大油量限制等。

1. 转矩限制

转矩限制的目的是限制主机的机械负荷和热负荷，以防止主机超负荷运行。主机的转矩过大是由于主机在某一转速下的喷油量过多造成的。因此，转矩限制普遍采用转速限制油量的方法。转矩限制有设定转速限制油量和主机实际转速限制油量两种方法。目前，采用设定转速限制油量的方法用得较多，它是按设定转速的大小限制主机的最大允许供油量。

如图 4－7－10 所示为一种电动转矩限制回路。图中，电压跟随器 A2 与调速回路的运放器 A3 构成选小器。由电位器 P1 调定的电压值 U_a 是转矩限制的开始转速值，一般为额定转速的 50%～60%。运放器 A1 的工作模式由 U_S 的大小确定，当车令设定转速值 U_S 小于 U_a 时，A1 输出 0 信号，二极管 D1 截止，A1 负反馈作用消失，工作于电压比较器状态，电压跟随器 A2 的同相端电压是由电位器 P1 调定的 U_a 值，故 A2 输出为 U_a 值，如图 4－7－10 中所示转矩限制特性的 ab 线。当 $U_S > U_a$ 时，A1 输出增大，二极管 D1 导通，负反馈回路起作用，使 A1 从电压比较器状态转为同相输入的比例运算放大器。随着 U_S 的增大，A1 输出按比例增大，a 点电位升高，A2 同相端电压增大，A2 输出也随之增大，如图 4－7－10 中所示的斜线 bc。一个设定转速值 U_S 只能对应一个允许的最大供油量限制值 U_{NM}。因此转矩限制的作用是根据设定转速的大小限制主机的最大允许供油量。调速回路输出的控制信号是 U_C，主机在加速过程中，只要调速回路输出 $U_C > U_{NM}$，选小器就选择 U_{NM} 作为输出。调整电位器 P2 可调整比例运算放大器 A1 的放大系数，若调整 P2 使其电阻值增大，则放大系数增大，对应某一设定转速，允许的最大供油量会增大。

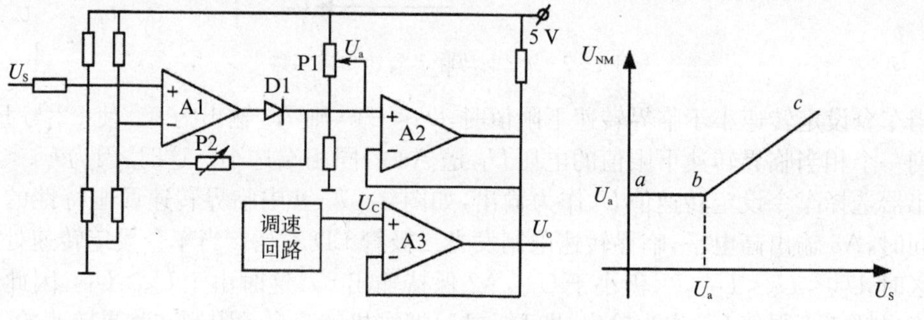

图 4－7－10　转矩限制环节

2. 增压空气压力限制

在加速时，若主机喷油量增加过快，但由于增压器的滞后效应，增压空气压力不能及时增大，造成油多气少，燃烧不完善，导致主机的排气温度过高，热负荷超过允许值。因此，为避免主机加速过程中出现的冒黑烟现象，防止超热负荷，必须按增压空气压力的大小来限制主机的最大允许供油量。如图 4－7－11 所示为一种电动增压空气压力限制回路。图中，电压跟随器 A2 与调速回路的放器 A3 构成选小器。运放器 A1 的工作模式由 U_K 的大小确定，U_K 是与增压空气压力成比例的电压值，并经二极管接在运算放大器 A1 的同相端，

A1 的反相端接由电位器 P1 调定的电压值 U_N。在主机起动时，$U_K \approx 0$，A1 的反相端大于同相端。由于 $U_K < U_N$，A1 输出 0 信号，A1 负反馈作用消失，工作于电压比较器状态，这时电位器 P1 的抽头电压就是其起控电压 U_N，而电压跟随器 A2 的同相端电压是由电位器 P2 调定的 U_{Km} 值，故 A2 输出为 U_{Km} 值，它就是最大起动油量限制所对应的电压值，如图 4-7-11中所示增压空气压力限制特性的 *ab* 线。所以在起动期间，增压空气压力限制不起作用，只是最大起动油量限制起作用。当起动成功后，U_K 会增大，只要 $U_K < U_N$，A2 输出 U_{Km} 保持不变。当增压空气压力 $U_K > U_N$ 时，A1 输出增大，抬高 *a* 点电压 U_a，使 P1 抽头电压也相应提高，A1 负反馈回路起作用，则 A1 从电压比较器状态转为同相输入的比例运算放大器，U_a 随着 U_K 的增大而按比例升高。于是，A2 同相端电压 U_{Km} 也按比例增大，A2 输出随之增大，允许主机多供油，如图 4-7-11 中所示的斜线 *bc*。但对应一个 U_K 值就对应一个 U_{Km} 值，也就是允许的最大供油量限制值只能随着增压空气压力的增加而按比例增大。因此，增压空气压力限制的作用是根据增压空气压力的大小限制主机的最大允许供油量。调整电位器 P1 可调整比例运算放大器 A1 的放大系数，即可改变斜线 *bc* 的斜率。若调整 P1 使其对地电阻值增大，则放大系数减小，对应某一增压空气压力，允许的最大供油量会减小。增压空气压力限制环节与调速回路的连接是通过选小器实现的。调速回路输出的控制信号是 U_C，主机在加速过程中，只要调速回路输出 $U_C > U_{Km}$，选小器就选择 U_{Km} 作为输出，从而实现增压空气压力的限制。调整电位器 P2 可调整最大起动油量限制 U_{Km} 值。

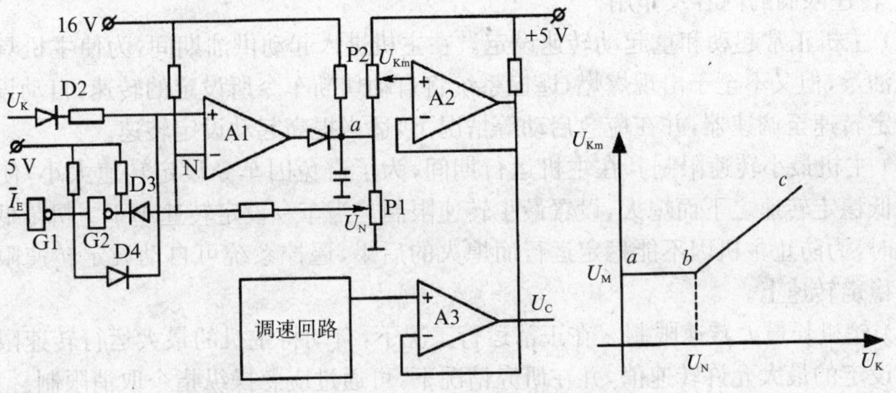

图 4-7-11　增压空气压力限制环节

在应急情况下，为了使主机快速地加速，常取消增压空气压力的限制作用。按下应急操纵按钮，使 $\bar{I}_E = 0$，G1 输出为 1，G2 输出为 0，二极管 D4 导通，D2 截止，A1 同相端电压接近 5 V；D3 导通，A1 反相端电压接近 0 V。于是 A1 又成为电压比较器，输出高电平，将 U_{Km} 提高到极大值，选小器就选择调速回路输出的 U_C 从 A3 输出，从而取消增压空气压力的限制。

3. 最大油量限制

最大油量限制是指轮机长根据海面状况和主机的运行情况，手动限制主机的最大供油量，防止在驾驶台遥控主机时，主机可能发生超速和超负荷现象。最大油量限制范围一般为额定油量的 50%～100%。在应急操纵情况下，可取消最大油量限制。

最大油量限制的实际电路与轮机长最大转速限制环节相似，不同的是最大油量所限制的是调速器输出的油量信号，而轮机长最大转速限制所限制的是送入调速器转速设定值。

【任务实施】

一、任务要求

学员会进行主机加速速率限制、程序负荷限制操作。

二、任务准备

AC-4 轮机模拟器一套。

三、任务操作

1. 主机加速速率限制、程序负荷限制操作

(1) 在驾驶台控制状态下，先使主机正车微速运行状态。将车钟突然扳到正车海上全速位置，观察加速程序曲线图、车钟设定转速指示值(TELEGAPH RPM)、调速器输入设定转速指示值(GOVERNOR INPUT RPM)及快速率与中速率的转折点转速 np1 和中速率与慢速率的转折点转速 np2。

(2) 在转速上升到海上设定转速，将车钟直接扳到正车微速位置，通过减速程序曲线图(ACCELERATION)上的指示灯，观察减速过程。

(3) 待转速减小到微速设定值后，将车钟直接扳到正车海上全速位置，同时按下"应急运行"键，观察应急加速过程。

2. 转速限制的内容及作用

(1) 主机正常起动和重起动转速设定。在主机进入起动供油期间，为使主机具有足够的起动油量，但又不至于出现爆燃，遥控系统将自动切断车令所设定的转速，自动设定一个起动设定转速至调速器，并在应急启动等情况下，适当提高起动设定转速。

(2) 主机最小转速限制。在主机运行期间，为了避免因车令设定转速太小，使主机工作在最低稳定转速之下而熄火，设置最小转速限制。当车令设定转速小于主机最低稳定运转转速时，为防止主机因不能稳定运行而熄火的后果，遥控系统可自动设定转速限制在主机最低稳定转速上。

(3) 轮机长最大转速限制。在正常运行工况下，自动将主机的最大运行转速限制在轮机长所设定的最大允许转速值，并在研究情况下，可通过应急操纵指令取消限制。

(4) 临界转速的自动避让。为了保证主机运行安全，不在自动其临界转速区域内运行，设置临界转速的自动避让。当车令设定转速处于临界转速临界转速时，遥控系统将自动将其限制在临界转速下限之下，在变速通过临界转速区域时，能自动控制主机快速穿越临界转速区。

3. 主机转速限制操作

(1) 按照起动步骤，使主机进入正常压缩空气起动状态，观察车钟转速与调速器输入转速值。

(2) 将车钟扳到正车全速位置，同时按应急运行键，观察车钟转速与调速器输入转速。

(3) 将车钟扳到正车微速，按减速微调键，观察最小转速限制(MIN. SPEED LIMT.)指示灯、车钟转速与调速器输入转速显示值，直到最小转速限制指示灯亮为止，观察调速器输入转速不再减小时所显示的最小转速值。

(4) 轮机长手动最大转速修改及检验：①修改轮机长手动设定最大转速值，把车钟扳到轮机长手动设定最大转速之上，观察主机转速是否限制在轮机长手动设定最大转速值上。②按"应急运行"键，轮机长手动设定最大转速限制取消，主机转速可加速到轮机长手动设定最大转速之上。

(5) 按上述方法观察倒车最小和最大转速值。

(6) 将车钟扳到半速位置，按加速微调键，观察临界转速限制（CRITICAL LIMT.）指示灯，车钟转速与调速器输入转速显示值，直到临界转速限制指示灯亮为止，观察调速器输入转速不变时所显示的临界转速下限值。然后慢慢增加车钟转速，直到临界转速限制指示灯熄灭为止，观察显示的临界转速上限值。同时观察调速器输入转速和车钟转速的变化。

【任务评价】

(1) 会进行主机转速速率限制试验。

(2) 会进行主机程序负荷限制试验。

(3) 会进行主机转速限制试验。

【课后练习】

(1) 简述主机转速与负荷限制的意义。

(2) 简述主机转速与负荷的气动和电动控制限制回路原理。

任务 8　主机遥控系统的转换装置及执行机构的认识

Task Eight　Knowledge of Converters and Actuators of Main Engine Remote Control System

【任务描述】

在电动遥控和用微型计算机进行遥控的系统中，驾驶台发送的转速设定信号是电压信号，这个电压信号经各种转速限制回路的处理后，作为转速给定值送至调速器。对于采用PGA型调速器的遥控系统，必须把转速给定值的电压信号转换成气压信号，才能送至调速器的转速设定波纹管以控制主机转速，这就需要有电/气（E/P）转换器。对于采用电子调速器的遥控系统，调速器输出的控制信号是电压信号，该信号是不能直接控制主机的供油量的，必须把它转换成液压信号才能使主机油门杆动作，这就要有一个电/液（E/H）伺服器。目前广泛采用的数字调速系统所配的电动执行机构是一套交流伺服系统。下面仅就电/气转换装置和电/液伺服器分别阐述其结构组成和工作原理。

本任务是掌握主机遥控系统的电/气转换装置和电/液伺服器的维护方法及参数调整。

【学习目标】

(1) 认识主机遥控系统的电/气转换装置。

(2) 会维护主机遥控系统的电/液伺服器及调整参数。

【相关知识】

一、电/气(E/P)转换器

电/气转换器类型很多，其中较为常用的一种类型的组成和工作原理如图 4-8-1 所示。图中，U_S 是转速给定值，接在差动输入运算放大器 A1 的反相端。P_O是该电/气转换器输出的气压信号，一路送至调速器转速给定波纹管，另一路经压力传感器（P/U）按比例转换成电压信号U_2接在A1的同相端;G是脉冲信号发生器,它输出一系列幅值不大的正、负脉冲信号;A2是反相输入的加法器,其输出U_2是输入U_1和U_1'两个电压相加的反相值;U_2接在D型触发器T1和T2的时钟脉冲端CP及复位端R,T1和T2的输入端D均接高电平,输出经功率放大器A3和A4分别驱动电磁阀M1和M2。

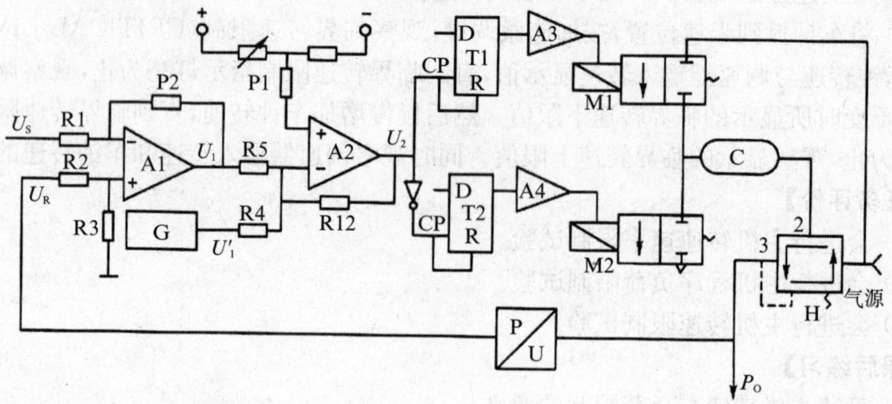

图4-8-1　电/气转换器的组成和工作原理图

当输出的气压信号P_O相当于转速给定值时,U_R等于U_S,则A1的输出U_1等于0,A2的输出$U_2=U_1'$,因其幅值很小,达不到触发器动作电压,触发器T1和T2均复位输出低电平,电磁阀M1和M2均断电右位通,气源和放大气口均被截止,气容C内的气压信号不变。H是调压阀,其功能是输出端3始终与输入端2相等,故P_O保持不变。在快加速过程中,U_S比U_R大,U_1是幅值较大的负极性电压值,不论U_1'是正还是负脉冲信号,U_2均为幅值较大的正极性电压值,触发器T2保持复位状态。触发器T1解除复位状态,CP端由0跳变为1,T1输出高电平,电磁阀M1通电,左位通,气源向气容充气。P_O值不断增大,U_R也不断增大。当U_S与U_R差值不大时,U_1负极性电压值较小,它与U_1'负极性脉冲信号叠加后,触发器T1的CP端保持1信号,T1输出保持高电平,电磁阀M1保持通电;而与U_1'正脉冲信号叠加后,T1的CP端由1跳变为0,并对T1复位使其输出为低电平,电磁阀M1断电。可见,在U_S比U_R大得较多的情况下,电磁阀M1一直通电,气源连续向气容充气。当U_S与U_R差值较小时,随着U_1'正、负脉冲的变化而断续通电,气源断续向气容充气,直到$U_S=U_R$为止。减速时,$U_S>U_R$,其差值较大时,脉冲信号发生器G不起作用,U_2是幅值较大的负极性电压值。触发器T1复位输出低电平,电磁阀M1断电右位通,气源被截止,不会向气容充气。负极性电压值U_2经反相后为1信号,解除触发器T2的复位状态,其CP端由0跳变为1,触发器T2输出高电平,电磁阀M2通电左位通,气容经大气口放气。P_O不断降低,当P_O减小到U_R与U_S差值不大时,U_1与U_1'叠加起作用,使电磁阀M2断续通电,气容C断续放气,一直到$U_R=U_S$为止。

二、电/液伺服器

在采用电子调速器的遥控系统中,调速器输出的电压控制信号必须进行信号变换才能送至控制油闸杆动作的执行机构,极少数遥控系统采用气动执行机构使油门动作。在这种控制方式中,需要把调速器输出的电信号转变成气压信号,再送至气动伺服器,此种工作方式这里不再介绍。绝大多数遥控系统采用液压执行机构。它需要把调速器输出的电信号转换成液压信号，经放大后执行调油任务，这就是电/液伺服器。较为常用的是 Hagenuk 电/液伺服器，其组成和工作原理如图 4-8-2 所示。

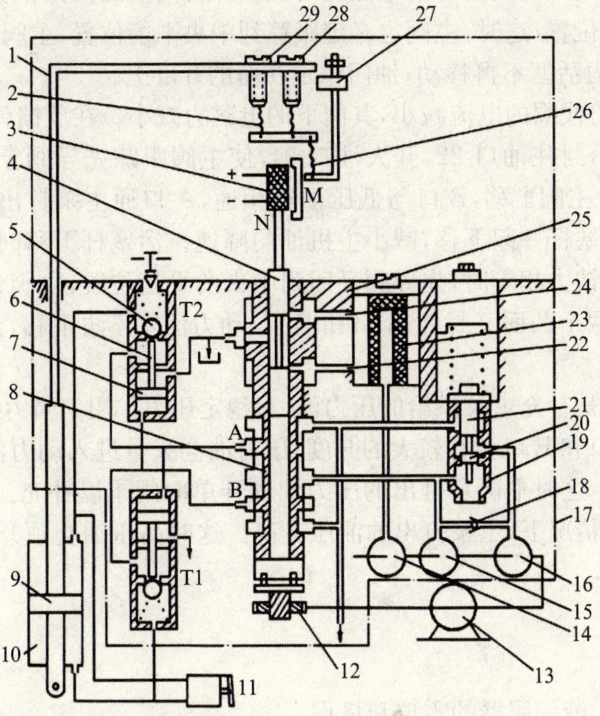

1—反馈杆；2—反馈弹簧；3—线圈；4—先导阀；5—单向阀；6—顶杆；
7—活塞；8—主阀；9—伺服活塞；10—伺服油缸；11—旁通阀；
12—传动齿轮；13—电机；14—先导泵；15—主泵；16—平衡泵；
17—伺服器壳体；18—单向阀；19—油压控制阀；20—活塞；21—滑阀；
22—主阀下路油口；23—滤器；24—主阀上路油口；25—阀体；26—调零弹簧；
27—调零螺钉；28，29—反馈弹簧调节螺钉

图 4-8-2　电/液伺服器组成和工作原理

在铸铁的箱盖上面装有电机 13，它带动主阀 8 高速旋转，同时带动先导泵 14、主泵 15 和平衡泵 16 三个泵工作。先导泵 14 排出的油压经滤器 23 进入由先导阀 4 控制的主阀上、下路油口 24 和 22。当先导阀 4 处于中间平衡位置时，先导阀上、下控制边缘刚好把油口 24 和 22 打开少许，使其压力油流回低压油柜。这时，主阀 8 处于中间位置，主阀上的凸面封住 A 口和 B 口，主泵打出的高压油被封住在主阀两凸面之间。先导阀与主阀之间的动作关系是，主阀始终跟踪先导阀移动，电/液伺服器的工作过程就是依据这一动作特点进行的。

电子调速器输出的电压信号，要经过电压/电流（U/I）转换器，把电压信号转换成 0～10 mA 或 4～20 mA 电流信号，送至与先导阀连在一起的力线圈 N 中。在永久磁场 M 中载流线圈会产生向下的电磁力，这个力与流过力线圈 N 的电流大小成比例。加速时，电流增大，力线圈和先导阀克服反馈弹簧 2 的拉力下移，关闭油口，开大油口 22。油口 24 油压大于油口 22 的油压，主阀在这一油压差作用下跟踪先导阀下移，直到油口 24 和 22 的开度相等为止。由于主阀 8 下移，A 口与低压油箱相通，B 口通主泵打出的高压油。该压力油顶开联锁阀 T1 的单向阀进入动力油缸活塞 9 的下部空间。

同时，B 口输出的高压油顶开联锁阀 T2 中的单向阀，使活塞 9 上部空间的油压经 A

口流回低压油箱，动力活塞和活塞杆一起上移，即向加油方向移动。随着活塞的上移，将增大反馈弹簧的拉力使力线圈和先导阀逐渐上移，封住油口22，开大油口24，于是主阀又跟先导阀上移。当力线圈受到向下的电磁力与反馈弹簧向上的拉力相等时，力线圈和先导阀又回到中间的平衡位置，这时，主阀也必定跟踪到中央平衡位置，主阀上的两个凸面又把A口和B口封住，动力活塞不再移动，油门稳定在新的开度上。

减速时，流过力线圈的电流减小，其向下的电磁力减小。在反馈弹簧的拉力下，力线圈与先导阀一起上移，封住油口22，开大油口24，使主阀跟踪先导阀上移。直到油口24和22开度一样为止。主阀上移，B口与低压油箱相通，A口通主泵打出的高压油，则动力油缸中活塞9连同活塞杆一起下移，减小主机油门降速。活塞杆下移时，减小反馈弹簧的拉力。当电磁力与反馈力相等时，先导阀又回到中央的平衡位置，主阀也必定跟踪到中央平衡位置，主阀上的两个凸面又封住A口和B口，动力活塞不再下移，油门开度就稳定在比原来小的位置上。

平衡泵的作用是补充主泵供给的压力油，起稳定压力作用。当力线圈接收一个较大电流变化信号时，A口和B口会有较大的开度，压力油会大量进入动力活塞9的上部或下部空间，油压会降低。这时平衡泵打出的压力油顶开单向阀予以补充。在A口和B口开度很小或全被封住的情况下，主泵打出的油压升高。这时高压油会顶开活寒阀，使一部分油流回低压油箱。

【任务实施】

一、任务要求

学员会调整电/液伺服器的零位和量程。

二、任务操作

Hagenuk电/液伺服器在出厂时已经被调好，使用时不要轻易扭动有关螺钉。经较长时间使用，确实发现零点和量程不准，方可进行调整。电/液伺服器的零点，是指当输入电流为0 mA(或4 mA)时，动力活塞所在位置应保证供最低稳定转速油量，若零点不准，可通过螺钉27调整调零弹簧26，改变力线圈的初始位置调整。电/液伺服器的量程，是指当输入电流为10 mA(或20 mA)时，动力活塞所在位置应保证供主机在额定转速下的油量，若量程不准，可通过螺钉28和29加以调整，增大反馈弹簧的预紧力，负反馈强可增大量程。反之，量程减小。Hagenuk电/液伺服器工作是可靠的，但要经常检查油质的变化情况，如果油中含有过量的水、杂质、氧化物等，或油温太高，都会引起运动部件的磨损，造成控制失常或转速波动等现象。最好每年对电/液伺服器清洗一次，并更换新油。换油时要注意油的品种是否正确，且把陈油除净，绝对不允许混用两种不同的油。

【任务评价】

(1) 会维护主机遥控系统的电/液伺服器。

(2) 会调整主机遥控系统的电/液伺服器的参数。

【课后练习】

(1) 简述主机遥控系统的电/气转换装置的工作过程。

(2) 主机遥控系统的电/液伺服器的零位和量程如何调整?

项目五　船舶主机遥控系统日常操作、维护保养及常见故障处理

Item Five　Routine Operation, Maintenance and Common Fault Resolving of Marine Main Engine Remote Control System

项目描述

船舶主机遥控系统(Main Engine Remote Control System)是操纵船舶主机的设备,主机遥控系统不仅能改善轮机人员的工作条件,改善船舶的操纵性能,而且还能提高船舶航行的安全性以及主机工作的可靠性和经济性,是轮机自动化的重要组成部分,也是现代化船舶实现无人机舱必不可少的条件之一。对主机遥控系统的操作、维护、管理是轮管人员必须掌握的基本技能。通过本项目的学习,使学生具备这些技能。

任务1　船舶柴油主机气动操纵系统的操作、维护保养及常见故障处理

Task One　Routine Operation, Maintenance and Common Fault Resolving of Marine Main Engine Pneumatic Control System

【任务描述】

主机气动操纵系统是主机遥控系统的重要组成部分,主机的起动、换向和停车,甚至转速设定信号的传递,最终都是依赖气动操纵系统完成的。主机气动操纵系统一般由主机生产厂家随主机配套提供,因此,对于不同的船舶主机,其气动操纵系统不尽相同。

这里以当前比较普及的 MAN-B&W-MC/MCE 型主机的气动操纵系统为例,主要介绍主机气动操纵系统的结构组成和操作原理。

本任务是掌握 MAN-B&W-MC/MCE 型主机气动操纵系统分别从驾驶台、集控室、机旁操纵方法,掌握 MAN-B&W-MC/MCE 型主机气动操纵系统维护管理方法。

【学习目标】

(1) 会操纵 MAN-B&W-MC/MCE 型主机气动操纵系统。

(2) 会管理 MAN-B&W-MC/MCE 型主机气动操纵系统。

【相关知识】

MAN-B&W-MC/MCE 型主机气动操纵系统的气路如图 5-1-1 所示,其主要控制元部件分布在集控室操作台、机旁和专门的气动控制箱内。系统提供对主机进行机旁手动操纵和集控室手动遥控的功能,若配上自动遥控装置,则可以实现驾驶室自动遥控。该

系统要求提供 3.0 MPa 动力气源。此外，还要求提供两个相互独立的 0.7 MPa 气源，分别用作控制气源和安全保护气源。

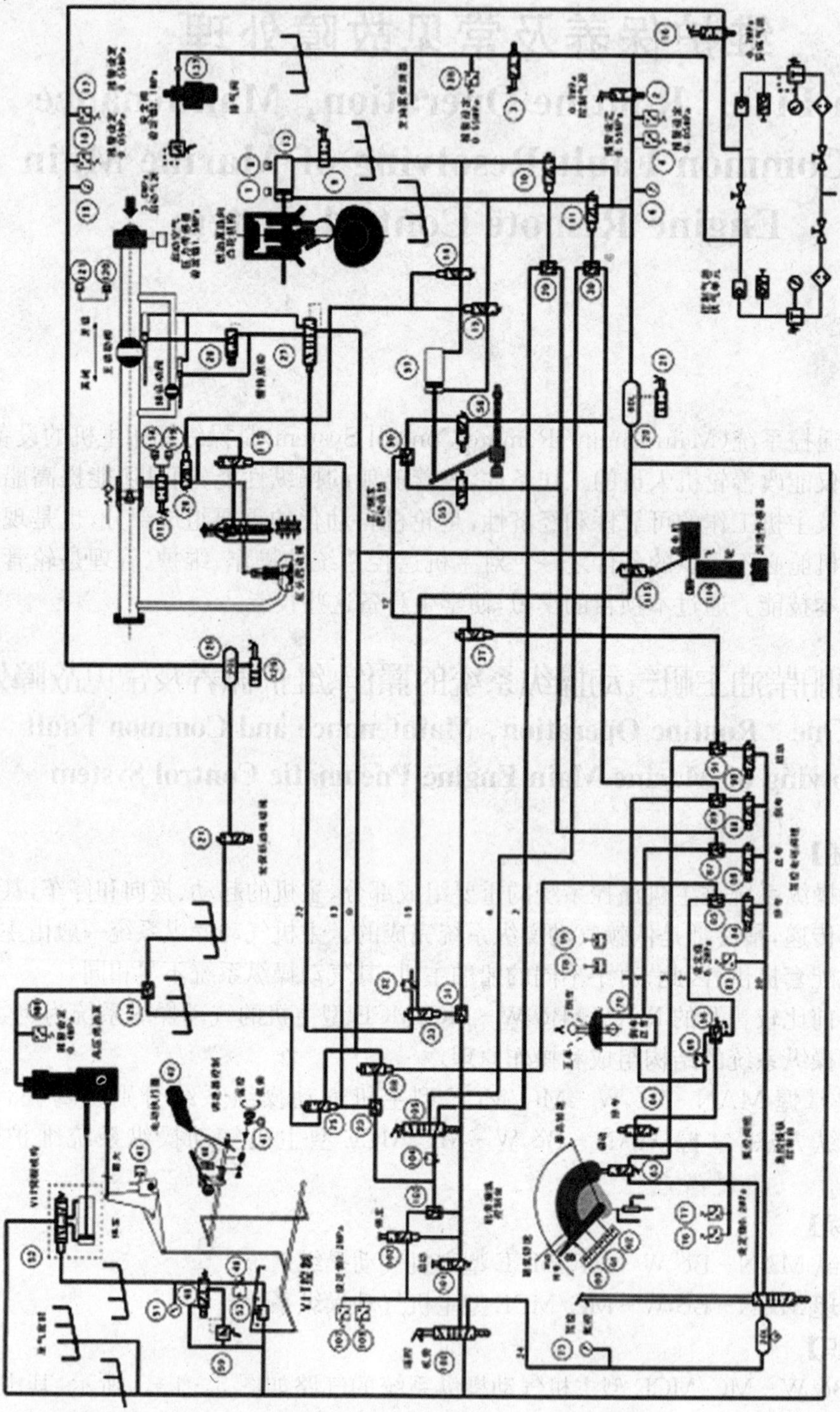

图5-1-1 MAN-B&W-MC/MCE型主机气动操纵系统

图 5-1-1 所描述的当前工况为：主机处于停车状态；凸轮机构的滚轮处于正车位置；已具备电源和气源条件；调速器连接油门拉杆的供油离合器处于“遥控”位置；机旁操作台的“遥控/机旁”转换阀 100 处于“遥控”位置，已具备集控室操纵工作条件；盘车机已脱开；至空气分配器的气路已打开。

一、集控室操纵

1. 集控室主机操作台

集控室的主机操作台如图 5-1-2 所示，其中：A 为换向手柄兼回令车钟手柄；B 为主机操纵手柄，即“停车-起动-供油调速”手柄；73 为控制空气压力表；1 为“电子调速器供油限制取消”指示灯；79 为“电子调速器供油限制取消”开关；2 为“慢转起动”指示灯；78 为“慢转起动”控制开关；80 为“驾控/集控”转换阀。

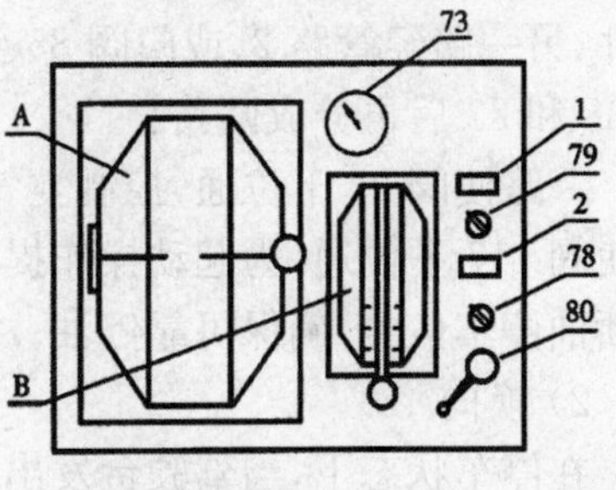

A—换向手柄兼回令车钟手柄；B—主机操纵手柄（停车-启动-供油调速）；73—控制空气压力表；1—“电子调速器供油限制取消”指示灯；79—“电子调速器供油限制取消”开关；2—“慢转启动”指示灯；78—“慢转启动”控制开关；80—“驾控/集控”转换阀

图 5-1-2　集控室主机操作台

换向手柄 A 有三个工作位置，即正车（AH）、倒车（AS）和停车（STOP）位置。它一方面通过电路给出回令信息，另一方面控制换向阀给出换向信号。如图 5-1-2 所示，当手柄 A 处于正车位置时，管路 6 有气；处于倒车位置时，管路 8 有气；处于停车位置时管路 6 和管路 8 均放气。

操纵手柄 B 也有三个位置，即停车（STOP）、起动（START）和供油区（FUEL RANGE）。当手柄 B 处于停车位置时，阀 64 被压下，工作在上位，送出停车指令，管路 2 有气；同时限位开关 60 和 61 动作，向电子调速器发送断油停车信号和向起动逻辑发出停车复位指令。当手柄 B 处于起动位置时，阀 63 动作，送出起动信号，管路 5 有气；阀 64 继续保持在上位，管路 2 继续有气。此外，当进入供油区（Fuel Range）时，手柄 B 还带动转速设定电位器，给电子调速器送去一个与手柄位置相对应的转速设定值。

2. 集控室遥控的准备工作

在要求进行集控室遥控操纵时，事先应完成以下准备工作：

（1）调速供油离合器应处于“遥控”部位。

（2）机旁操纵台上的“遥控/机旁”转阀 100 应置于“遥控”位置，下位通。

（3）集控室操作台上的“驾控/集控”转换阀 80 置于“集控室”位置，上位通。

此时，0.7 MPa 的控制空气已送至以下各处：

（1）曲轴箱油雾浓度监视报警装置；

（2）盘车机联锁机构；

（3）喷油定时自动调节机构；

（4）经机旁操作台的“遥控/机旁”转换阀 100 和 24 送至集控室操作台，压力表 73 指示控制控制压力。

由于阀 80 已经置于“集控”位置，工作于上位，因而控制空气到达阀 63 和 64，为集控室操纵做好准备。同时，压力开关 76，77 闭合，给控制电路提供开关量信号。

3. 集控室操纵

下面以停车、换向、起动和运行中换向起动 4 种情况为例说明对主机进行集控室手动遥控的操作方法和气动操纵系统的动作原理。

1）停车

驾驶室车钟给出“STOP”指令，集控室的操作手柄A和B都处于“STOP”位置，阀64被压下，工作于上位，控制空气通过，然后分成两路。

一路经速放阀58和单向节流阀69送到正、倒车换向指令阀70，作为后续操作的准备条件；另一路经管路2、或门阀85到达二位三通阀38控制端，来自管路0的控制空气通过阀38和23后再分成两路。

一路使阀25下位通，控制空气通过阀25和128使高压油泵处于不可供油状态。另一路使阀117下位通，为起动操作提供准备条件。与此同时，限位开关60也向电子调速器发送断油停车信号，确保可靠停油。

2）换向

在停车状态下，当驾驶台发出指令时，轮机员首先通过手柄A进行回令。当集控台指示灯指示的凸轮轴位置与车令一致时，再将手柄B从“STOP”位置推向“START”位置。

假设驾驶台发出的是正车（AHEAD）车令，则集控室应将手柄A推到“AHEAD”位置。此时存在两种情况：一是车令与凸轮轴位置相一致，即“AHEAD”指示灯亮，说明满足起动逻辑鉴别条件，可直接将手柄B推到“START”位置，进行起动操作；二是车令与凸轮轴位置不一致，即“AHEAD”指示灯不亮，操纵系统将首先进行正车换向，必须等换向结束之后才能进行起动操作。

现假设车令与凸轮轴位置不一致，即车令为正车，而凸轮轴位置为倒车。此时，因手柄B停留在“STOP”位置，而手柄A在正车位置，故管路6有气，通过或门阀87后一路送至阀55等待（因空气分配器处在倒车位，阀55工作于左位而截止），另一路再经或门阀29后到达阀10的控制端，使之工作于左位而打开。气源经过阀10左位后一路经阀9（手动阀，工作时应置于左位）到达各个高压油泵的换向气缸，进行正车换向（换向到位后，相应的磁力开关7动作，送出开关量反馈信号）；另一路经阀14（此时控制端无气，下位通）到达空气分配器换向气缸，推动活塞向左运动进行正车换向。换向到位后，通过机械动作使阀55工作于右位，阀前等待的控制空气经55和或门阀50，使管路12有气。

管路12有气标志着空气分配器换向结束，到达阀37的阀前等待，为主机起动准备条件。高压油泵换向结束后，各个换向气缸上的磁力开关7动作，通过电路处理给出凸轮轴位置信号。这一信号用作集控台“AHEAD”指示灯的控制信号，此外还用于自动遥控系统进行逻辑判断。以上为操纵系统进行正车换向的过程，与倒车换向过程类似。

3）起动

当车令与凸轮轴位置一致时，将集控室手柄B推到“START”位置，阀被压下，工作于上位，管路5有气；由于是油气分进型主机，此时阀仍然处于上位，管路2继续有气，系统仍处于停止供油状态。管路5的控制空气经或门阀91到达37的控制端，使其下位通，阀前等待的气源经过阀37、或门阀31使阀33下位通。只要盘车机是脱开的，阀115上位通，管路19有气，控制空气就将通过阀33下位使管路22有气。管路22的控制空气将产生以下逻辑动作。

（1）使阀14，15均工作在上位，空气分配器的位置被锁定。

（2）使阀26工作在右位，为空气分配器投入工作准备条件。

(3) 使阀 27 工作在左位，阀前等待的气源经过阀 27 左位到达阀 28 和辅起动阀，使辅起动阀打开。阀 28 为慢转电磁阀，没有慢转指令时工作于右位，控制空气得以通过，使主起动阀也打开。3.0 MPa 动力空气立即进入起动空气总管，一方面到达各缸气缸起动阀，另一方面经过手动阀 118 和阀 26 的右位，然后分成两路：一路进入空气分配器，另一路经阀 117 下位（停油时工作于下位）使空气分配器投入工作，指挥各个气缸起动阀按照正车的顺序开启，使主机进行正车起动。

若有慢转指令，则慢转电磁阀 28 得电，工作于左位，起动时只有辅起动阀打开，使主机慢转。当主机慢转 1～2 转后，取消慢转指令，电磁阀 28 失电，打开主起动阀，转入正常起动。当主机转速已经达到起动转速时，将操纵手柄 B 从“START”推向“FUEL RANGE”区域，这时阀 63,64 都复位到下位通，电位器 62 输出转速设定电压信号。

阀 64 的复位使管路 2 的停车指令立即消失，阀 38 复位到上位通，于是就有：

(1) 阀 25 复位到上位通，各缸高压喷油泵停车气缸内的压缩空气通过阀 25 泄放，进入工作状态；

(2) 阀 117 复位到上位通，空气分配器停止工作。

管路 6 要经单向节流阀 69 进行延时泄放，有利于各缸高压油泵换向成功。

阀 63 的复位使管路 5 立即失压，阀 37 和 33 先后都复位到上位通，管路 22 上的控制空气将通过阀 33 上位和单向节流阀 32 延时泄放。阀 32 的节流作用是使进气过程延时结束以获得约 1 s 的油气重叠的时间，保障主机起动的成功率。起动供油阶段结束以后，主机操纵手柄 B 下面的电位器 62 输出转速设定信号送至电子调速器，调速器通过电动执行器控制主机高压油泵齿条调节油量，进入正常运行阶段。

4) 运行中换向起动

驾驶台车钟给出运行中换向指令后，值班轮机员首先通过手柄 A 回令。此时，由于手柄 B 仍处于“FUEL RANGE”区域，阀 63 和 64 均工作于下位，回令车钟 70 不具备气源条件，尽管它已处于正车或倒车的换向状态，但是管路 6 或管路 8 上没有换向指令气压输出，因此回令操作只是使车钟产生声、光应答信号，并不执行换向操纵，主机仍然处于原来的运行状态。

接下来应对主机进行减速，将手柄 B 拉至低于换向转速的区域，观察转速表，当主机转速下降到换向转速时，再把手柄 B 拉至“STOP”位置，操纵系统执行停油动作，主机进一步降速。与此同时，回令车钟 70 在获得气源并通过管路 6 或管路 8 送出换向信号，进行相应的换向操作。换向结束后，再把手柄 B 从“STOP”扳到“START”位置，只要空气分配器换向完成，即“正/倒车起动联锁”解除，就可以使主机进入强制制动工况，而后开始反向起动。其操作过程和气路工作过程与停车起动完全一致。

二、驾驶室遥控

主机气动操纵系统均设置有与驾驶台自动遥控系统进行接口的气路。只需在集控室操纵状态下，将操作台上的“驾控/集控”转换阀 80 置于“驾控”位置，则阀 80 工作于下位，接通停车电磁阀 84、正车电磁阀 86、倒车电磁阀 88 和起动电磁阀 90 的工作气源；同时，切断集控室主机操作台气源，手柄 A 和手柄 B 均失去对气路的控制功能。或门阀 85,87,89 和 91 的两个输入端分别接收来自集控操作台和各个电磁阀的输出信号。在驾控时，自动遥控系统根据车令和主机状态进行逻辑判断，通过电信号指挥各个电磁阀动作。电磁阀的输出代替来自集控室的命令,实现对主机的各种操纵,其工作过程与集控室操纵相同。

根据需要,主机可以选配不同的自动遥控系统。自动遥控功能或因厂家而异,但一般都具有正常起动、重复起动、慢转起动、重起动、一次性限时起动、正常换向、应急换向和制动等逻辑功能,同时还可以对换向、起动失败等情况进行监视,当发生故障时,将给出声光报警信号。此外,在转速和负荷控制方面,一般还有最低稳定转速限制、最高转速限制、临界转速自动回避、加速速率限制、程序负荷、增压空气压力限制以及转矩限制等功能。

三、机旁应急操作

任何主机的气动操纵系统都必须具备机旁应急操作功能,以便在遥控气路、调速器等发生故障或在其他某些必要情况下能够在机旁对主机进行操纵。

当进行机旁操纵时,首先要进行操作部位的切换。MAN-B&W-MC/MCE 型主机的机旁应急操作台,如图 5-1-3 所示。切换至"应急操纵"的操作步骤如下。

(1) 检查换向阀 105 的位置。阀 105 是在机旁操纵时的手动换向阀,切换之前应确保处于希望的位置。从图 5-1-1 可看出,只有停车阀 102 被压下时,换向阀 105 才起作用。

(2) 逆时针转动锁紧手柄 A,使油门调节手轮 B 处于自由状态。

(3) 将锁定臂(BlocKing Arm)置于"应急(Emergency)"位置。

(4) 将手轮 B 转至合适的位置(参见主机说明书),逆时针转动压紧手轮(Impact Hand-wheel)P,使油门拉杆从调速器输出断开,连接到手动调节手轮 B。

(5) 将操作部位转换阀 100 由"正常(Normal)"转至"应急(Emergency)"位置。切换至"应急(Emergency)"位置后,机旁操作台气源接通(压力开关 106 和 107 动作,送出相应的开关量信号),可通过机旁手动阀对主机进行应急操纵;管路以的气源被切断,集控室和驾驶台操作失效。

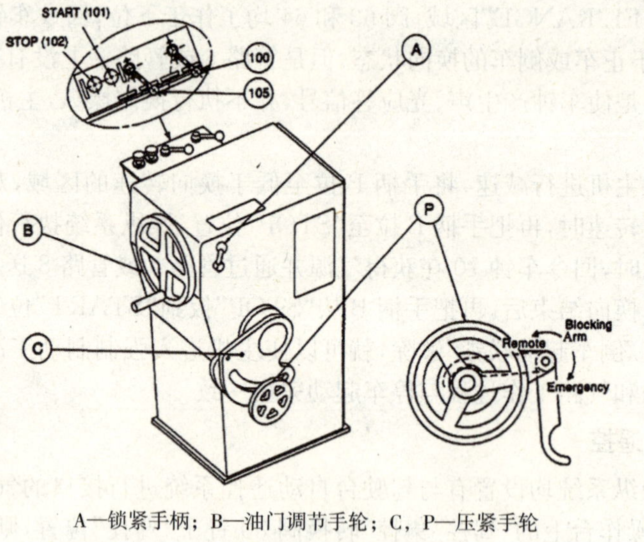

A—锁紧手柄;B—油门调节手轮;C,P—压紧手轮

图 5-1-3 机旁应急操作台

机旁操作指令由停车阀 102、正/倒车换向阀 105 和起动阀 101 给出,并分别通过或门阀 23,29,30 和 31 同来自集控室或驾驶台的遥控指令相"或"。由于遥控气路不工作,以上

或门阀的输出只能来自机旁。

1. 停车

按下停车阀 102，使其上位通，来自转换阀 100 的气源经或门阀 103 和 23 送至二位三通阀 25 的控制端，其后的停油动作与遥控操作相同。应注意的是，停车阀 102 不带复位弹簧，而是采用气动复位，在按下起动阀 101 之前，停车阀 102 将保持在上位(即停车位置)。

2. 换向

只有按下停车阀，换向阀 105 的阀前才有工作气源，因此只有在停车状态下才能进行换向操作。当正车换向时，将阀 105 置于正车位置，阀前压力经过阀 105 的下位送至或门阀 29，阀 29 的输出有气，进行正车换向；当倒车时，或门阀 30 的输出有气，进行倒车换向。在机旁手动操纵时，换向联锁应由操作轮机员自行判定。

3. 起动

按下起动阀 101，使其上位通，输出有气并分成三路。其中，一路使阀 102 复位；一路经或门阀 31 送至阀 33 的控制端，进行起动操作；还有一路经或门阀 103 和 23，送至阀 25 的控制端，使主机在起动过程中保持停油。当起动成功后，松开起动阀，靠弹簧复位，停止起动。在机旁控制气路中，单向节流阀 104 的作用和单向节流阀 69 的作用相同。

4. 供油调速

机旁手动操纵的供油调速是通过操纵手轮 B 经传动杠杆、离合器和调油轴等直接控制高压油泵实现的，因此，在机旁给出的不是转速设定信号，而是油量信号。此时调速器不起作用。

四、安保断油

在气动控制箱内设置由安全保护系统控制的断油停车电磁阀 127，它由独立的气路提供工作气源。一旦按下应急停车按钮，或主机出现紧急情况使得安全保护系统输出应急停车指令时，电磁阀 127 得电，下位通，安保控制空气将通过阀 127 和或门阀 128 送至高压油泵停油阀，实现断油停车，对主机进行安全保护。

五、喷油定时自动调节(VIT 机构)

VIT 机构的实质是在主机负荷变化时，能够自动调整高压油泵的喷油提前角，使主机在部分负荷时有较高的爆压，提高部分负荷下的经济性，而在高负荷运行时最高燃烧压力不超过额定值，以达到节能和保障主机性能的双重效果。在 MAN－B&W－MC/MCE 型主机的气动遥控系统中，喷油定时自动调节是根据主机负荷变化有规律地使喷油提前或后移的一种设计，实验证明这种设计可以提高爆压，尤其是在高负荷区内可以使主机工作在最佳燃爆的状态下，降低油耗。

在如图 5－1－1 所示的气动操纵系统中，喷油定时自动调节单元是由传动杠杆，调压阀 53，VIT 伺服机构 52 以及操作机构控制杠杆等组成的。当调速器的输出发生变化时，调油轴一方面改变高压油泵燃油齿条的位置，另一方面驱动调压阀 53 的控制杠杆动作，使之绕支点螺钉 O1 或 O2 偏转，如图 5－1－4 所示。调压阀 53 在控制杠杆的作用下输出一个与主机负荷相关的压力信号，这一压力信号经单向阀 49 和电磁阀 40 的右位到达各个气缸的 VIT 伺服器 52。各缸伺服器按照输入气压的大小输出一个对应的位移信号，拉动高压油泵的喷油定时调节齿条，调整高压油泵套筒的升降，使喷油定时随着主机负荷的变化而提前或后移，图 5－1－5 给出伺服器位移输出杆与高压油泵定时调节齿条的连接关系。VIT 伺服器实质上是一个定位气缸，随着输入压力的增大，其输出杆向右的位移也增加，杠杆绕支点逆时针转动，通过连接杆推动定时调节齿条向左移动，喷油定时提前；反之，若输入气压减小，则喷油定时滞后。

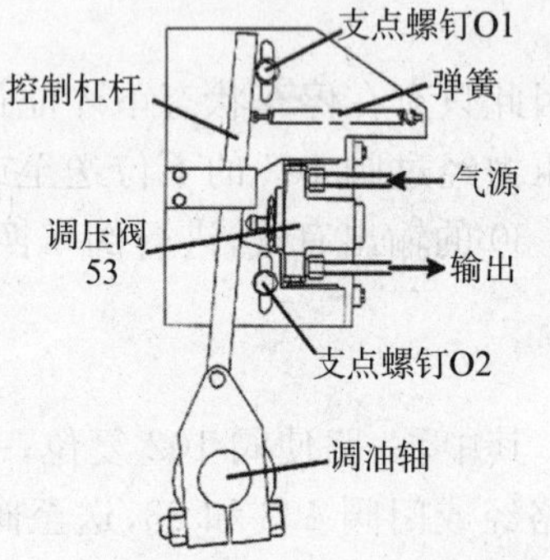

图 5－1－4　VIT 控制杠杆动作原理

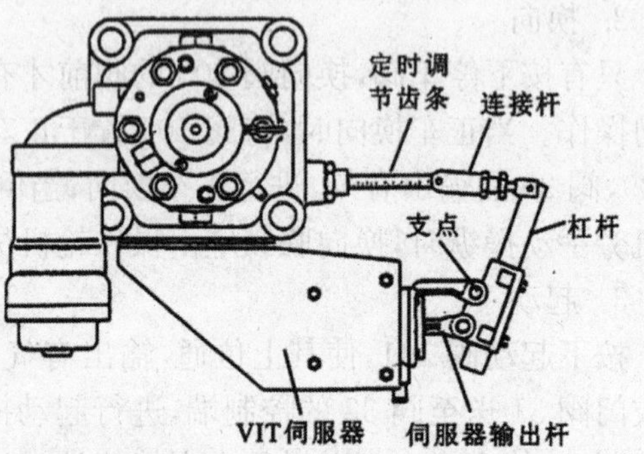

图 5－1－5　伺服机构与定时齿条

喷油定时随着主机负荷变化而变化的设计规律可用图 5－1－6 加以描述，图中①～④分别对应主机负荷的 4 个不同区域。

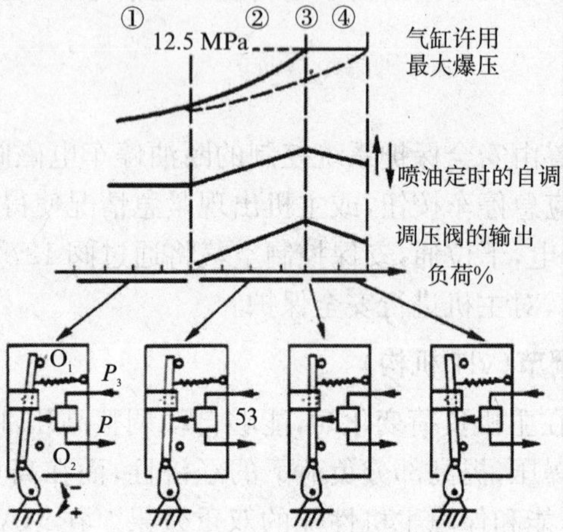

图 5－1－6　喷油定时随主机负荷变化的规律

（1）主机在约 50％标定功率以下的低负荷区运行时，控制杠杆在弹簧的拉力作用下贴紧支点 O1，喷油定时不受控制，喷油提前角 θ 最小，VIT 机构不起作用。

（2）当主机负荷在约 50％标定功率以上时，随着喷油量的增加，控制杠杆绕支点 O1 转动压紧调压阀 53 的控制端，调压阀输出压力增加，喷油定时得以提前，爆压增长要比原先快。

（3）当负荷达到 80％～85％额定负荷时，控制杠杆开始和支点 O2 接触，这时爆压应达到最大允许压力。如果负荷继续增加，控制杠杆绕支点 O2 转动，调压阀 53 的输出压力开始减少，喷油提前角 θ 逐渐减小，因此这是喷油定时调节的一个转折点。

（4）当负荷高于 80％～85％额定负荷时，喷油定时将随复合增加而后移，大体保持爆压恒定，确保机械负荷和热应力不超过允许值。必要时，可以对支点 O1 和 O2 以及调压阀的位置进行调节，调油轴传动杠杆和控制杠杆之间的相对位置一般不作调整。这就可以对定时自动调节特性曲线的起始点、转折点和终结点进行调整，使主机获得最经济的油耗控制。

图5-1-1中的单向节流阀49可以在调油轴转角波动较小(即主机喷油量变化不大)时，阻断对定时控制的干扰，其设计要求是在油门开度有±2格变化的情况下，应不影响喷油定时控制。电磁阀40在倒车状态下有电，向VIT伺服机构送入一个自调压阀59预先调定的固定压力，喷油定时不再随负荷的变化而变化。

【任务实施】

一、任务要求

会管理维护主机遥控气动操纵系统。

二、任务操作

1. 管理要点

在气动遥控系统中，信号的传递都是以压缩空气作为工作介质。遥控气源的压力必须正常，一般为0.7 MPa；操作空气要求无尘、无水、无脏物；为了使某些运动部件得到润滑，操作空气最好经过滑油雾化处理。

为了使气动遥控元件发挥其应有的效能，轮机人员必须重视气动遥控元件的定期检查和保养工作。建议按以下周期进行维护、检查和调校工作。

(1) 1～7天对滤器、气瓶排放污水，并注意查看有关的液位情况。

(2) 半年至1年更新空气过滤器中的过滤元件，对遥控气路认真进行漏气检查。

(3) 每2年对强度在3 MPa以下的气动元件，如气缸等执行机构，进行维护检查。

(4) 每4年对强度在1 MPa以下的气动元件，即大多数气动阀件，进行维护检查。

(5) 每4～8年对密封垫片之类的橡胶制品，即使没有表面破损等情况，也必须予以更新。

(6) 原则上经过8年长期使用之后的1 MPa以下的气动元件都要求更新，以确保工作的安全和可靠。

在进行维护和检查的时候，对金属零件应用清洗油清洗，对橡胶制品则用肥皂水清洗。若发现破损、老化等情况，必须予以更换：在安装时，要用低压压缩空气吹净并给予必要的润滑。

2. 故障排除

如果遥控系统工作不正常，只要对遥控气路有充分的理解，一般不难查出故障并予以排除。若仍然感到有困难，则可根据具体故障现象按遥控系统的功能进行专项检查，同时可借助说明书提供的故障表判断故障原因，从而进行排除。在进行专项检查之前，首先应着手以下项目的检查：

(1) 核对遥控系统高、低压气源的压力是否正常。

(2) 检查管路上是否有泄漏情况。

(3) 检查应急停车等应急操纵是否已被撤销。

【任务评价】

(1) 会分析与排除起动逻辑回路故障。

(2) 会分析与排除换向逻辑回路故障。

(3) 会分析与排除主机转速控制回路的故障。

【课后练习】

(1) 根据系统图说出主机气动操纵系统从集控室操纵步骤。

(2) 根据系统图说出主机气动操纵系统从驾驶台至集控室操纵的转换阀是哪一个。

(3) 根据系统图说出主机气动操纵系统从集控室至机旁操纵的转换阀是哪一个。

任务2 微机控制的主机遥控系统的操作、维护保养及常见故障处理

Task Two Operation, Maintenance and Common Fault Resolving of Computerized Remote Control System

【任务描述】

本任务是掌握微机控制的主机遥控系统操作方法、功能试验方法和参数调整方法。

【学习目标】

(1) 认识微机控制的主机遥控系统结构功能。

(2) 会操作微机控制的主机遥控系统、进行功能试验和参数调整。

【相关知识1】

一、AC-4系统概述

AC-4主机遥控系统的结构组成和布局如图5-2-1所示。

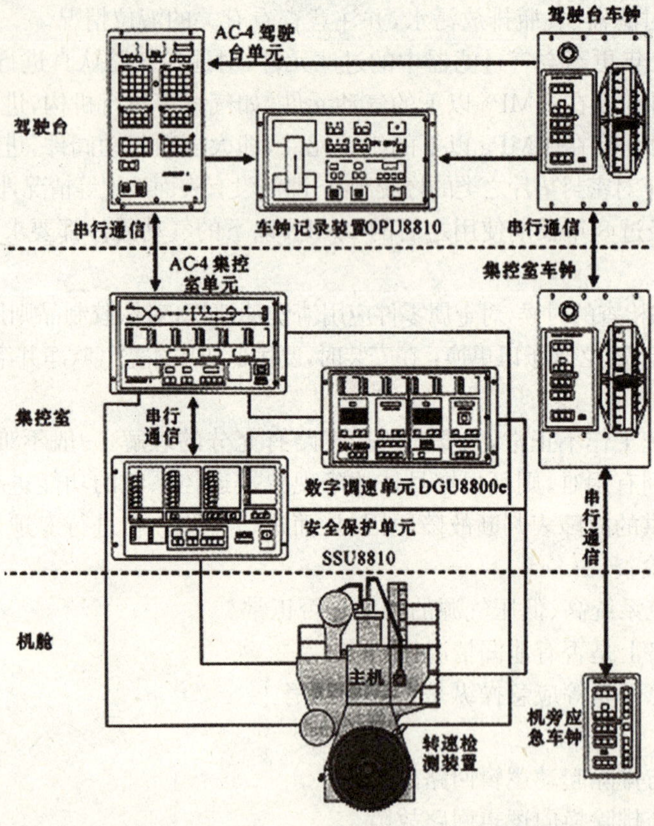

图5-2-1 AC-4主机遥控系统的结构组成

AC-4 主机遥控系统包括四大部分：①实现主机起、停、换向等逻辑控制的 AC-4 主机遥控系统，包括 AC-4 驾驶台单元和 AC-4 集控室单元；②实现主机转速控制的 DGU8800e 数字调速单元；③实现主机安全保护功能的 SSU8810 安全保护单元；④车钟系统，由驾驶台车钟、集控室车钟和机旁应急车钟组成。各大部分在功能上具有完整性和独立性，既可以由这四部分组合成一套完整的主机遥控系统，也可以单独地与其他遥控系统配合使用。

AC-4 系统的以上各个组成部分都是采用以 Intel8088 为核心的微机电路实现的。其中，驾驶台单元、集控室单元和安全保护单元各包含一套，而数字调速系统则在同一操作面板上包含两套微机系统，分别实现调节器（REGULATOR）和执行器（ACTUATOR）功能。此外，车钟系统和车令记录装置 OPU8810 也是由 Intel8088 微机电路控制的。

图 5-2-2 给出驾驶台单元、集控室单元、安全保护单元和数字调速单元的硬件结构及其相互连接关系。

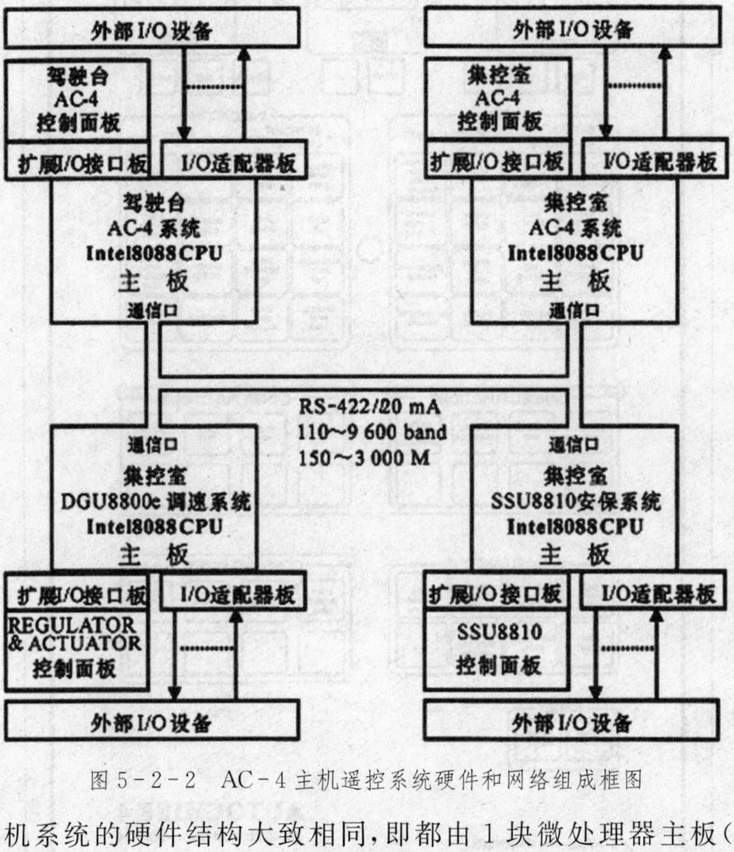

图 5-2-2　AC-4 主机遥控系统硬件和网络组成框图

各单元微机系统的硬件结构大致相同，即都由 1 块微处理器主板（PROCESSOR CARD）、1 块扩展 I/O 接口板（EXTENSION CARD）和最多 32 块 I/O 适配器板（ADAPTER CARD）组成。微处理器主板主要由 CPU（Intel8088）、存储器（62256RAM，2864EEPROM，27512EPROM，82S137ROM 等）、可编程并行接口芯片（8255）、串行接口芯片（8251）、中断控制器（8259）、计时/计数器、ADC 和 DAC 等组成，是微机系统进行数据处理及 I/O 控制的核心；扩展 I/O 接口板连接操作面板上的指示灯、按钮和 LCD 数码显示器等，实现人机交互过程中的信息输入与输出；I/O 适配器板的任务是将外部 I/O 信号转换为标准统一的电信号，再送到微处理器主板上的I/O接口芯片，或将微处理器主板送出的控制信号进行转换后驱动I/O设备，如电磁阀等。尽管各单元的硬件组成基本相同，但由于程序存储器中存储的程序不同，因此各自实现的功能也各不相同，它们之间采用RS－422串行总线相互连接，进行信息通信，共同协调完成主机遥控的各种功能。

二、AC－4主机遥控系统的操作面板及系统的主要功能

1. 驾驶台操作面板

驾驶台操作面板如图5－2－3所示，它为驾驶员与遥控系统提供人机之间交互的界面。在驾驶台可以实现对主机的遥控、状态监视，也可以实现有关驾驶台单元的参数设定等。

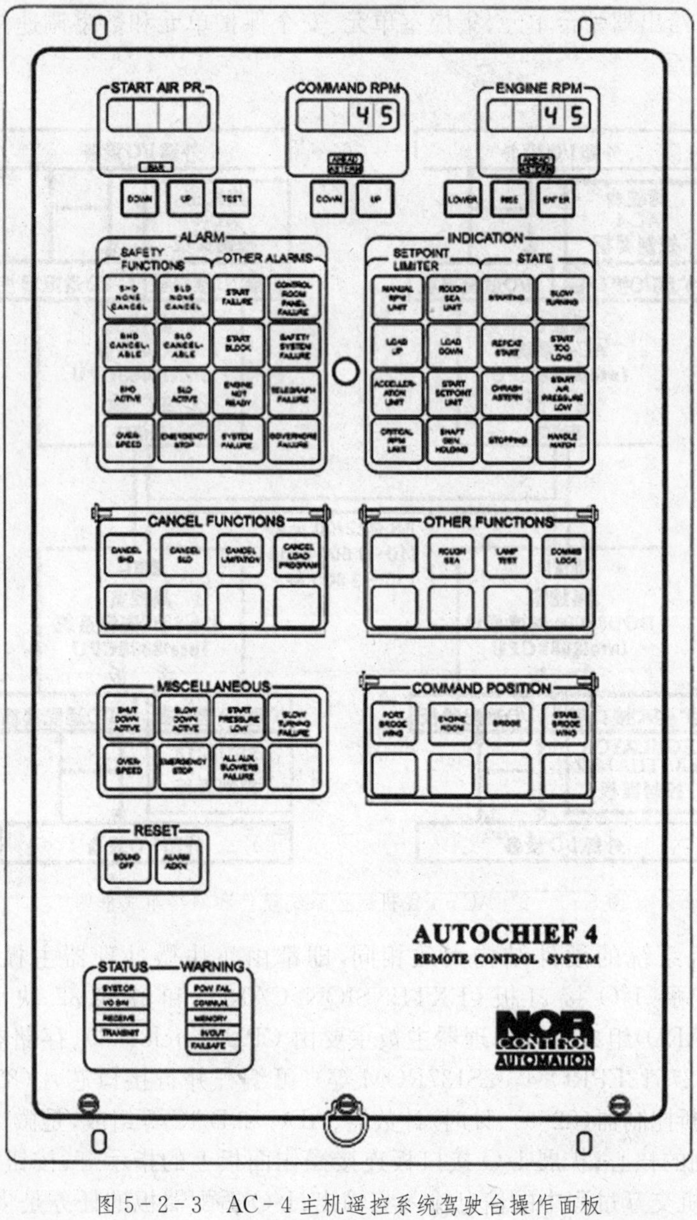

图5－2－3　AC－4主机遥控系统驾驶台操作面板

驾驶台操作面板的上部是三个数码显示器，向下依次是报警指示灯、状态指示灯、取消按钮、试验及参数设定按钮、操车位置及报警声响确认按钮等。

驾驶台操作面板的主要功能包括：显示过程报警状态；显示过程参数值；显示和主机遥控系统相关的状态；接收驾驶台车钟系统的信号，如转速设定信号、正倒车信号等；接收驾驶台应急停车信号；驾驶台控制的相关参数设定。

三个数码显示器有两种用途。在正常情况下，它们分别用于显示"起动空气压力""车令设定转速"和"主机实际转速"；在进行参数查询和整定时，它们可显示遥控系统的工作状态和报警值，也可进行参数修改。

报警指示灯的报警内容包括安全保护和其他报警两部分。安全保护指示包括可取消的故障自动停车和故障自动减速信号，不可取消的故障自动停车和故障自动减速信号，已执行的故障自动停车和故障自动减速信号，还有超速和手动应急停车信号。其他报警指示灯有 3 个是与主机起动有关的，即主机没备妥、起动联锁和起动失败。上述三项的具体内容将在集控室面板介绍。其他报警还包括系统故障、集控室面板故障、安全保护系统故障、车钟故障及调速器故障等系统内部故障。

系统状态指示灯分为两部分，左边 8 个指示灯指示设定转速限制器（SETPOINT LIMITER）的限制项目，右边 8 个指示灯指示主机不同的运行状态。设定转速限制器的指示项目主要有手动最大转速限制、恶劣海况限制、负荷程序加速限制、负荷程序减速限制、加速速率限制、起动设定转速限制、临界转速限制和轴带发电机运行转速限制。主机运行状态指示包括正常起动、慢转起动、重复起动、起动超时、紧急换向、起动空气低压、停车和操作手柄匹配。重复起动和起动超时将在集控室面板中详细介绍。紧急换向（CRASH ASTERN）指示灯亮代表主机在运转中换向，且将进行制动操作。紧急换向是有条件的，例如，要求车钟手柄从正车全速拉到倒车全速，而且操作时间要小于 6 s，若不满足上述两个条件，则不属于紧急换向。操作手柄匹配（HANDLE MATCH）指示灯用于主机运行时操作部位无扰动切换，当集控室操作手柄给出的设定转速与驾驶台操作手柄给出的设定转速基本相等时，允许操作部位从驾驶台转到集控室，或从集控室转到驾驶台。

操作指示板中部有取消功能带灯按钮和其他功能带灯按钮。取消功能按钮用于应急操纵，包括取消故障自动停车、取消故障自动减速、取消多种限制和取消负荷程序。这是在紧急情况下驾驶员所采取的舍机保船措施，平时一般不会使用。其他功能按钮包括恶劣海况（ROUGH SEA）、试灯（具有硬件检验功能）、显示和调试功能锁定（COMMIS LOCK）3 个按钮。显示和调试功能锁定按钮用于参数显示和修改，若"COMMIS LOCK"指示灯灭，则顶部的数码显示器为正常显示状态；按下 COMMIS LOCK 按钮，指示灯变亮，则数码显示器为系统参数显示和整定状态；再次按下 COMMIS LOCK 按钮，指示灯闪光，则数码显示器为 I/O 通道参数整定状态。恶劣海况（ROUGH SEA）的具体含义将结合集控室的操作指示面板介绍。

主机操作部位转换有 4 个带灯按钮，分别代表驾驶室内、驾驶室左舷、驾驶室右舷、集控室（或机旁）4 个操作部位。一般来说，集控室与驾驶室内的按钮转换只是通信联系，转换由专门的手柄完成，而驾驶室内与驾驶室两舷的按钮转换既是通信联系，也是直接转换。

在操作指示面板的左下方有报警消声按钮和报警确认按钮，在这两个按钮的下方有系统工作状态指示灯和系统硬件故障指示灯。系统工作状态指示灯指示计算机的运行状态，包括系统处于运行状态、输入输出模拟试验状态、数据通信接受状态、数据通信发送状态共4个指示灯。系统硬件故障指示灯的指示内容包括电源故障、通信故障、存储器故障、输入输出通道故障、安全保护系统线路故障共5项。

2. 集控室操作面板及其功能

集控室操作面板如图5-2-4所示。与驾驶台一样，操作指示面板内部主要包括一台微处理器主板、多个I/O接口板和电源板等。它是轮机员与遥控系统之间进行人机交互的部件，可以实现系统状态监视、操作及参数修改等。

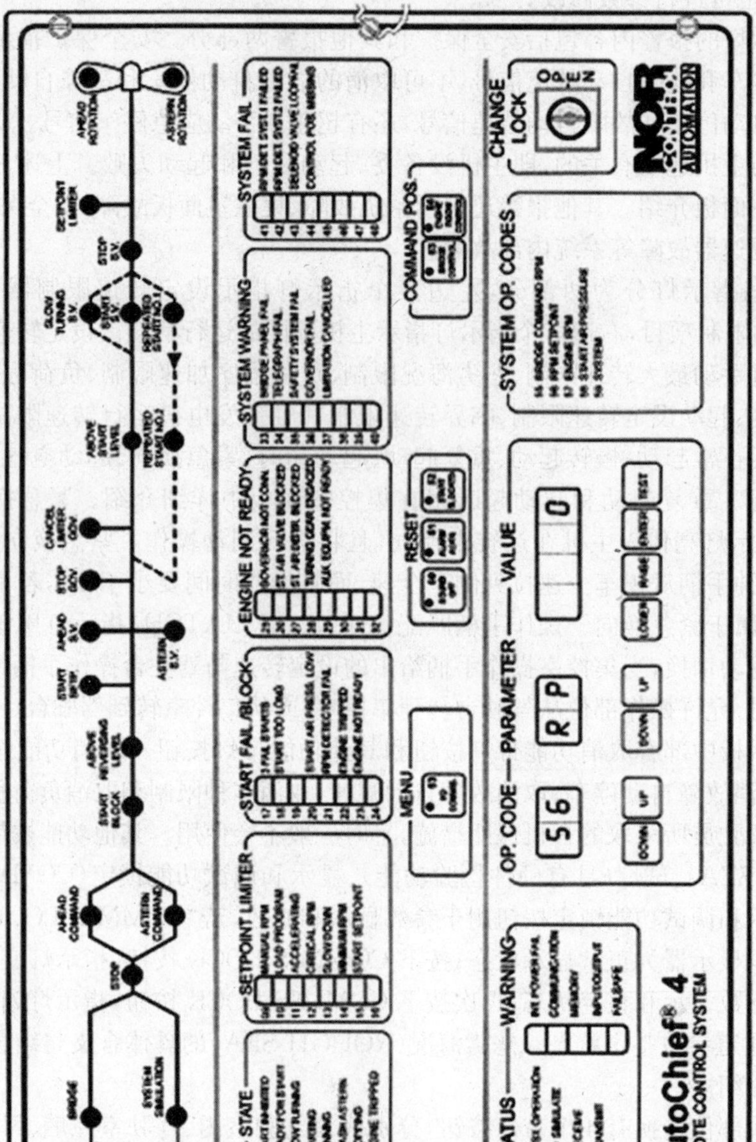

图5-2-4　AC-4主机遥控系统集控室操作面板

集控室操作指示面板指示主机起动、停车、换向等逻辑控制过程，面板外部分为3个区域，上部为整个主机起动过程状态图板，中部为整个主机遥控系统状态和报警指示灯及复位等按钮，下部为参数显示和修改功能区及计算机内部状态和报警指示灯。

主机遥控系统状态和报警指示部分包括主机状态指示、给定值限制器、起动失储阻塞、主机未备妥、系统警告、系统故障等6个方框。主机状态指示方框有8个指示灯，它们指示主机的各种状态，包括禁止起动、允许起动、慢转起动、正在起动、运行、紧急换向、正在停车及故障停车等。系统警告方框指示遥控系统主要设备故障和某些应急操纵。系统故障方框指示测速装置失灵、电磁阀及控制位置丢失三个重大的故障。

给定值限制器方框有7个指示灯，它们分别指示轮机长最大转速限制、负荷程序、加速速率限制、临界转速、减速限制、最低转速限制和起动给定转速设定等。应特别注意的是，给定值限制器是位于车钟与调速器之间的给定转速处理环节，给定值限制器的输出才是调速器真正的转速给定值。

起动失败阻塞方框包括起动失败(START FAIL)和起动阻塞(START BLOCK)两部分。起动失败包括两项，即由点火失败引起的三次起动失败和主机转速一直达不到发火转速所引起的起动超时。起动失败指的是主机已经实施压缩空气起动，但起动没有成功，而起动阻塞指的是由于主机未备妥或设备故障等原因使主机起动被禁止。起动阻塞包括起动空气压力低、转速监测器故障、主机故障停车以及主机未备妥等。主机未备妥方框包括调速器未连接、主起动阀关闭、空气分配器阀关闭、盘车机未脱开及其他辅助设备未准备好等项目。其中，调速器未连接指的是调速器的执行电机输出轴未与主机燃油总轴相连或连接不到位。

主机遥控系统状态和报警指示部分有一排带灯按钮，包括复位(RESET)操作部位转换(COMMAND POS)和调试功能锁定(COMMIS)等按钮。复位按钮有3个，分别用于报警应答、报警声响切除和被禁止起动故障的复位。

操作部位转换按钮有2个，它与驾驶台操作指示面板上的2个按钮相对应，用于驾驶室与集控室进行操作部位转换的请求和应答。在本系统中，真正使操作部位生效是靠主控台上的转换手柄实现的，此手柄控制的是气动二位五通阀。

显示和调试功能锁定按钮用于参数显示和修改，若"COMMIS."指示灯灭，则数码显示器为系统参数显示和整定状态，按下"COMMIS."按钮，指示灯变亮，则数码显示器为I/O通道参数整定状态。显示和调试功能锁定按钮需要与下部数码显示器及修改锁配合使用。

3. AC-4主机遥控系统的主要功能

1) 起动阻塞(START BLOCK)

在起动主机时，要注意"START BLOCK"和"ENGINE NOT READY"信号。"START BLOCK"产生的原因包括：起动空气压力太低，转速检测装置故障，有应急停车命令，主机因滑油失压、超速等原因导致的故障停车。"ENGINE NOT READY"产生的原因包括：调速器与燃油齿条没连接好、起动空气阀未打开、起动空气分配器未打开、盘车机未脱开。

2) 慢转起动(SLOW TURNING)

如果主机停机超过设定的时间(通常设定为30 min)，则第一次起动主机时，慢转起动电磁阀动作，供给有限的起动空气到主机，使主机进行慢转。如果在设定的时间内完成慢转，自动进入正常起动过程；如果在确定时间内没完成慢转，则集控室“SLOW TURNING FAILURE”和驾驶台“START FAILURE”报警灯亮。慢转起动功能可以通过驾驶台面板上的“CANCEL LIMITATION”或“CANCEL SLOW TURNING”按钮予以取消。

3）正常起动（NORMAL STARTING）

当正常起动时，起动电磁阀动作，向主机提供 3.0 MPa 的起动空气。与此同时，主机遥控系统给调速器提供一个预先设定好的转速设定值。当主机转速达到正常起动的发火转速时，切断起动空气并开始供油。预先设定好的转速设定值只持续 6 s 左右，随后被驾驶台的转速设定值所取代。在起动过程中，驾驶台和集控室单元面板上的“STARTING”指示灯亮。

4）重复起动（RESTARTING）

若起动空气切断后，主机未能正常发火燃烧，则系统将自动进行第二次试起动。同时驾驶台和集控室单元上的“REPEAT START”指示灯亮。第二次试起动的发火转速设定值较高（重起动发火转速），同时取消调速器中的扫气空气压力限制和转矩限制。若三次试起动都失败，则发出起动失败报警信号。如果在规定时间内未达到发火转速，则发出起动时间太长报警。起动故障的复位可通过把驾驶台车钟手柄置“STOP”位，或通过集控室的“START BLOCK”复位按钮实现。

5）转速设定（SPEED SETTING）

主机转速设定是通过驾驶台车钟手柄实现的。可以在驾驶台单元面板上的“COMMANDRPM”显示器上显示出来，也可以在集控室单元面板上显示出来。

6）负荷程序（LOAD PROGRAM）

当船舶出港时，主机从港内全速（FULL AHEAD）到航海转速（MAX AHEAD）的加速过程为负荷程序（LOAD PROGRAM）。此时，驾驶台单元面板上的“LOAD UP”和集控室单元面板上的“LOAD PROGRAM”指示灯亮，正常的加速过程时间是 30 min。当加速过程结束时，上述两个指示灯熄灭。

当船舶进港时，驾驶台车钟手柄从“MAX AHEAD”扳向“FULL AHEAD”，则系统自动进入一个降速负荷程序过程。此时，驾驶台面板上的“LOAD DOWN”和集控室面板上的“LOAD PROGRAM”指示灯亮。降速负荷程序的时间大约需要 15 min。

如果驾驶台车钟手柄从“MAX AHEAD”直接扳到“FULL AHEAD”以下时，AC－4 主机遥控系统将自动取消降速负荷程序。如果在降速负荷程序结束之前将车钟手柄又扳向“MAX AHEAD”位置，则系统将从当时的转速开始负荷程序加速过程，这时的加速时间比正常时间缩短。

负荷程序可以通过驾驶台上的“CANCEL LOAD PROGRAM”或“CANCEL LIMITATIONS”按钮取消，此时在集控室单元面板上的“LIMITATION CANCELED”和“LOAD PROGRAM CANCELED”指示灯亮。

7）轮机长最大转速限制

在集控室单元面板上，轮机长可以对驾驶台的主机转速设定值进行限制。如果驾驶台车令超过该限制值，则驾驶台和集控室面板上的“MANUAL RPM LIMIT”指示灯亮。同时调速器以该限制值为转速设定值控制主机的转速。

8）临界转速回避

如果驾驶台转速设定落在临界转速区内，驾驶台单元和集控室单元面板上的“CRITICALRPM LIMIT”指示灯亮。在加速过程中，主机转速将维持在临界转速下限；在减速过程中，主机转速将维持在临界转速上限。AC－4系统提供两个临界转速区可供使用，通常只需要一个。

9）故障降速（SLOW DOWN）

故障降速信号由安全保护系统检测和发送到AC－4主机遥控系统。故障降速分两种类型——可取消的故障降速和不可取消的故障降速。对于可取消的故障降速，安全保护系统首先给出故障降速报警信号，使驾驶台单元面板上相应的报警指示灯亮，经过一个预先设定的时间延时，再实际执行故障降速。此时，驾驶台单元面板上相应的报警指示灯亮。对于不可取消的故障降速，安全保护系统通常是直接执行故障降速。当执行故障降速时，主机转速即被限制在故障降速设定转速上。

10）换向（REVERSING）

当驾驶台车钟手柄从停车位置扳向正车或倒车任何位置，主机将根据起动顺序自动进行换向动作。如果在制动转速以上运行时进行换向，则供给制动空气，以便尽快地完成降速和换向操作。

11）应急操纵（CRASH MANEUVERING）

当驾驶台车钟手柄从“FULL AHEAD”扳向“FULL ASTERN”时，AC－4控制系统认为这是应急操纵状态。此时，系统的工作过程是：驾驶台和集控室单元面板上的“CRASH ASTERN”指示灯亮，主机停油，应急换向和强制制动，以重起动发火转速设定值起动，取消增压空气压力限制和转距限制。当起动成功后，切断起动空气和正常供油。

12）恶劣海况模式（ROUGH SEA MODE）

恶劣海况模式是一种可供选择的工作方式，用来防止在恶劣海况情况下发生超速停机现象。在AC－4驾驶台单元和安全保护系统操作面板上都设置“ROUGH SEA MODE”选择按钮，按下此按钮，“超速”现象被特别监控。具体做法是：当主机转速达到“超速”转速时，切断燃油供给，主机转速将下降；当主机转速下降到复位转速时，恢复燃油供给，主机的转速慢慢地恢复到先前的转速。

为了得到更好的恶劣海况运行效果，该功能的动作上限值是可调整的，适当地调整这个上限值，可避免系统在“超速”/“复位”之间频繁波动。这种工作模式显然不利于发挥主机最大输出功率。

13）轴带发电机控制模式（SHAFT GEN. CONTROL MODE）

如果船舶装备带有定频齿轮（CFG）装置的轴带发电机，主机遥控系统必须具有和船舶电站控制系统进行信息交流的功能，以避免在主机转速降低或故障降速时造成轴带发电机跳闸，从而导致全船失电的恶性事故发生。

三、AC－4主机遥控系统在不同车令下的工作过程

图5－2－5是AC－4集控室单元面板上指示主机起动、停车、换向等控制过程的Mimic图，图中用21个LED指示灯全面地指示主机各种控制过程的状态。下面对主机起动、停车、换向过程的状态指示分别加以说明。

BRIDGE——驾驶台遥控操作状态；

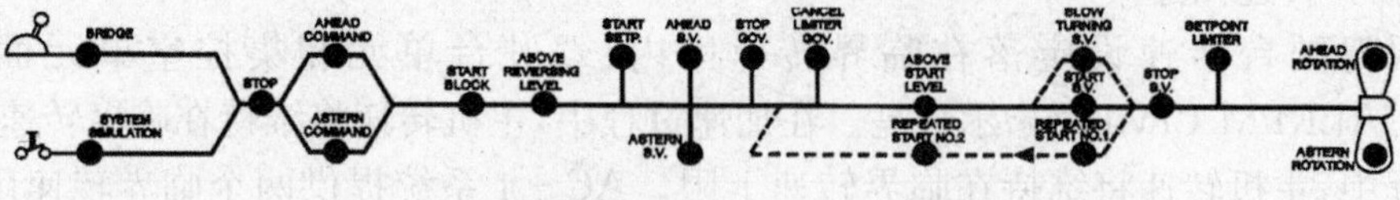

图 5-2-5　AC-4 集控室单元面板上的 Mimic 状态流程

SYSTEM SIMULATION——系统仿真模拟操作状态；

STOP——停车状态；

AHEAD COMMAND——驾驶台正车车令；

ASTERN COMMAND——驾驶台倒车车令；

START BLOCK——起动阻塞状态；

ABOVE REVERSING LEVEL——柴油机转速高于换向转速状态；

START STEP——设定转速状态；

AHEAD S. V——正车电磁阀通电状态；

ASTERN S. V——倒车电磁阀通电状态；

STOP GOV——调速器停止工作状态；

CANCEL LIMITER GOV——调速器取消燃油限制状态；

ABOVE START LEVEL——柴油机转速高于起动转速状态；

REPEATED START——重复起动状态；

SLOW TURNING——慢转起动状态；

SETPOINT LIMITER——起动限制器状态；

AHEAD ROTATION——柴油机正转状态；

ASTERN ROTATION——柴油机倒转状态。

1. 主机正车起动过程的状态指示

控制部位选择在驾驶台，BRIDGE 灯亮；驾驶台车钟手柄在停车位置时，STOP 灯亮；如果起动阻塞灯亮，说明有起动故障存在，具体是什么故障，在“START FAIL/BLOCK”区域的指示灯 17～24 予以指示。例如，“START FAIL/BLOCK”区域中的 20 号灯亮，则说明起动空气压力低，应检查空气瓶压力和主起动阀的位置。当起动空气压力恢复正常，按复位按钮，或将车钟手柄扳向停车位置。复位后，将车钟手柄扳向正车任何位置，正车车令、起动设定、正车电磁阀、起动电磁阀指示灯亮。

当主机起动后，正车转向指示灯亮。如果设定值限制器指示灯亮，则在设定值限制器区域中的相关指示灯亮。例如，设定值限制器区域中临界转速指示灯亮，表明车令设定转速在临界转速区内。同时驾驶台上的临界转速限制指示灯亮。当车钟手柄越过临界转速区后，指示灯熄灭。

2. 主机停车过程的状态指示

驾驶台车钟手柄放在停车位置，停车指示灯亮，调速器停止工作，停车电磁阀和正车转向指示灯亮。在主机停车过程中，主机状态区域中的正在停机指示灯亮。在主机停车完成后，主机状态区域中的 02 号备车毕指示灯亮。

3. 主机倒车起动过程的状态指示

驾驶台车钟手柄放在倒车位置，倒车车令指示灯亮。起动设定、倒车电磁阀、起动电磁阀指示灯亮。当主机起动后，倒车转向指示灯亮。在主机倒车起动完成后，主机状态区域中的 05 号运行指示灯亮。

【任务实施 1】

一、任务要求

会设置 AC－4 主机遥控系统的参数显示。

二、任务准备

AC－4 主机遥控系统一套。

三、任务操作

为了便于在日常使用、管理维护、故障诊断和系统调试等过程中对遥控系统的内部状态和参数进行查看和设置，AC－4 的集控室单元面板上设有专门的数码显示器和操作按钮，数码显示器显示格式如图 5－2－6 所示。通过显示器和操作按钮进行显示或设置的参数类型有两种，即系统参数和 I/O 通道参数，可通过“COMMIS LOCK”按钮进行切换。显示器的左边两位用于显示系统参数编码（OP. CODES）或者 I/O 通道号编码（I/O CHANNEL），并可通过其下方的“DOWN”或“UP”按钮进行编码选择。中间两位用于显示当前编码下的参数（PARAMETER）名称或参数性质，同样可以通过其下方的“DOWN”或“UP”按钮进行选择。右边的四位用于显示具体的参数值（VALUE），在必要的情况下可通过“LOWER”和“RAISE”按钮进行修改，修改完毕按“ENTER”键输入。平时，集控单元面板上的“CHANGE LOCK”修改锁一般置于“LOCK”位置，通过编码显示框下面的“DOWN”或“UP”按钮操作只能读出编码 55～58 的参数显示值。只有用钥匙将“CHANGE LOCK”修改锁置于“OPEN”位置时，才能将编码 1～58 的参数全部读出。

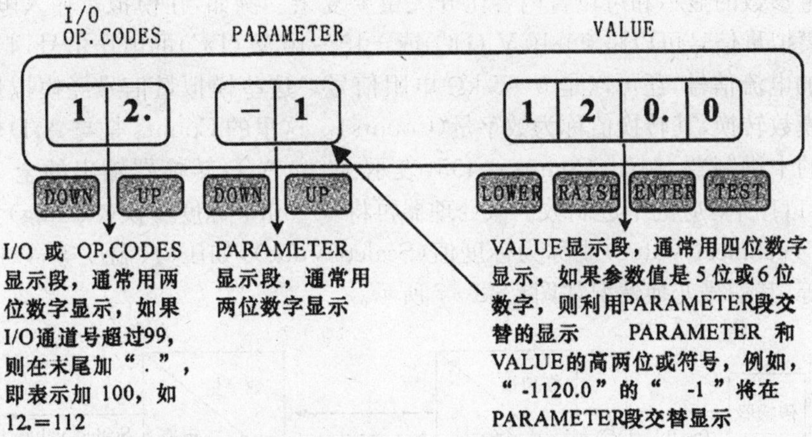

图 5－2－6　数码显示器格式

系统参数主要是指遥控系统在工作过程中的各种特征参数，如发火转速值、轮机长限制转速值、超速保护限定值、慢转起动参数和主起动空气报警参数等，系统参数的编码与集控室单元面板上的参数编码排序一致。例如，编码 9（MANUAL RPM）为轮机长转速限制参数，包括正车最大转速 P_1、倒车最大转速 P_2 和恶劣海况的正车最大转速 P_3。在驾驶台遥控操纵中，如车钟指令值超过轮机长设定值，则主机转速达到轮机长设定值时不再上升，并给出轮机长转速限制指示（09 号灯点亮）。

如欲显示或修改正车最大转速值 P_1，则首先使"OP. CODE"显示器中的显示值为 09，然后使"PARAMETER"显示器显示 R，此时"VALUE"显示器将显示当前的正车最大转速设定值。若需要修改，则通过 LOWER 和 RAISE 按钮调整到希望的数值，并按"ENTER"键。显示值闪烁两次后变为平光，说明设定的新值已被输入，修改完毕。参数修改完毕后应将修改锁置回"LOCK"位置，以防数据丢失。

I/O 通道参数是指与计算机输/输出通道相关的设置参数或反应通道状态的状态参数，如模拟量零点和量程参数、A/D 转换值以及开关量的状态等。I/O 通道参数的意义在于可以修正模拟量信号的零值和量程，设定上、下限报警值，对输入信号及传感器接线情况等进行监视。在遥控系统不正常情况下，可以借助显示对输入信号进行检查，还可以进行遥控系统控制功能的输出模拟。I/O 通道参数的显示和设置与系统参数基本相似，区别在于打开修改锁开关后，需要按一下 COMMIS LOCK 按钮（49 开关灯点亮），使编码显示切换为 I/O 通道号。I/O 通道的编号与 I/O 通道编号（CH xx）相同。其中，有些对应开关量，有些对应模拟量，具体的通道安排可查阅说明书。

开关量的典型例子如控制主机进行起动、停车、正车和倒车换向的电磁阀控制信号，它们的通道号分别为 CH65，CH70，CH66 和 CH68。以正车换向电磁阀（CH66）为例，若要查看它的输出状态，则首先按 I/O COMMIS 按钮一次，使 LED 指示灯 49 平光亮，然后选择通道号 66。此时，"PARAMETER"显示器将显示参数性质为"dO"，"VALUE"显示器的显示内容与当前遥挂系统所进行的逻辑动作有关。若此时车钟手柄在停车位，则"VALUE"显示器应显示"CLOS"。若处在正车换向的过程当中，则应该显示为"OPEN"。如果实际显示内容与逻辑上应当显示的内容不符，则说明输出该路输出存在故障，如电磁阀故障或线路故障等。按同样的方法，也可以可查看起动、停车和倒车电磁阀的状态。

模拟量参数的显示和可设置内容比开关量要复杂。例如，在模拟量输入电路中，传感器坊出的模拟量信号可以是 0～10 V (DC)或－10～10 V (DC)的电压信号，4～20 mA 或 1～5 mA 的电流信号，还可以是 0～5 kΩ 电阻信号。这些模拟量信号经模拟量输入接口电路进行模数转换，其转换值称为数字量（Counts）。这里的 Counts 是与 A/D 输出二进制数相对应的十进制数，例如，Counts＝495，表示 12 位 A/D 转换器输出的全 1 二进制数 111111111111 所对应的十进制数。微处理器再将"Counts"标度变换（Scaling）为统一标准的工程值（Technical Value）或称为标度值（Scaled Vdue），如压力、温度等，以便于参数显示与报警等，其信号变换情况如图 5-2-7 所示。

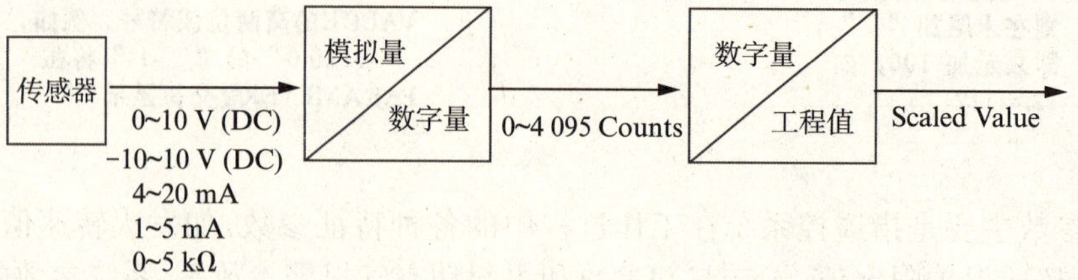

图 5-2-7 模拟量信号的转换过程

对应某一个通道编号，通过选择"PARAMETER"显示器中不同的参数类型可以得到模拟量电路中各种参数值，例如，若选择参数类型为 AC，则可读出这一通道的数字量

(Counts)；选择 AI，可读出模拟量输入工程值；选择 AP，可读出模拟量输入的百分数。同理选择 CL，CH，tL 和 tH 可分别读取数字量低限、数字量高限、工程值低限和工程值高限。

二、AC-4 主机遥控系统装置的故障诊断与分析

当主机遥控系统出现故障时，管理人员可以从以下几方面着手进行故障分析：

(1) 观察操作台和操作面板上的状态指示灯、报警指示灯以及 LCD 显示器显示的故障信息等，了解故障的大致内容和范围。

(2) 根据故障的报警指示和故障信息提示，采取相应的操作试验以便区分开故障是发生在主机遥控的气动操作系统部分还是在电动遥控部分。例如，如果不能由驾控遥控起动主机，则应该首先改为集控室或机旁试起动，如果集控室或机旁都不能起动，则首先应检查的范围是气动操作系统；反之，可以确定故障发生电动遥控部分。

(3) 在进行(2)项后，再参照(1)项提供的各种指示及信息，有目的地利用遥控系统所提供的其他专用“检验/实验功能 TEST”或通过“参数检查与修改”等方法，进一步确定故障的具体部位、具体环节或具体回路。

(4) 在确定故障的具体部位、具体环节或具体回路后，就要“查找—分析—测试—判断”接线图及其环节中的“I/O 设备”“导线”“接线端子或针孔插件”“适配器板、扩展 I/O 接口板或专用 I/O 接口板”等每个小环节的确切状况，如果发现故障，应给予相应的维修或更换备件。

(5) 检修后要进行运行试验。若条件允许，则可以起动主机进行实操试验，以便验证故障是否已经消除；若条件不允许，也可以将起动空气和燃油总阀关闭，仅通过遥控系统模拟试验或参数监视等方法即可验证故障是否已经修复，而无须起动主机。

【相关知识 2】

一、DGU8800e 数字调速系统

DGU8800e 数字调速系统是由计算机控制的全数字式调速系统，它具备全制式液压调速器的所有功能，能满足低速长冲程柴油机的所有调速任务，既适用于定距桨(Fixed Pitch Propeller，FPP)，又适于调距桨(Controllable Pitch Propeller，CPP)。DGU8800e 数字调速系统具有两个不同版本，分别对应于 MAN-B&W-MC 机型和 Wartsila Sulzer RTA 机型，两者略有不同，这里介绍的是面向 MAN-B&W-MC 机型的版本。

(一) DGU8800e 数字调速系统结构组成及原理框架

1. DGU8800e 数字调速系统的结构组成

DGU8800e 数字调速系统主要由 DGU8800e 数字调速单元、DSU001 数字伺服单元、TRAFO001 变压器单元、ELACT001 执行器、转速检测装置和扫气压力传感器等部分组成。图 5-2-8 给出它们之间的相互关系。

1) DGU8800e 数字调速单元

DGU8800e 数字调速单元一般镶嵌于集控台的立面上，它包含两个独立完整的微机子系统，分别用于主机转速调节和执行机构的输出定位。两个子系统共用一个操作面板，如图 5-2-9 所示。面板的左半部分(REGULATOR)显示调速器的相关状态和参数，通过按钮操作可对调速器进行参数修改和其他操作；右半部分(ACTUATOR)则为执行机构提供显示和操作接口。

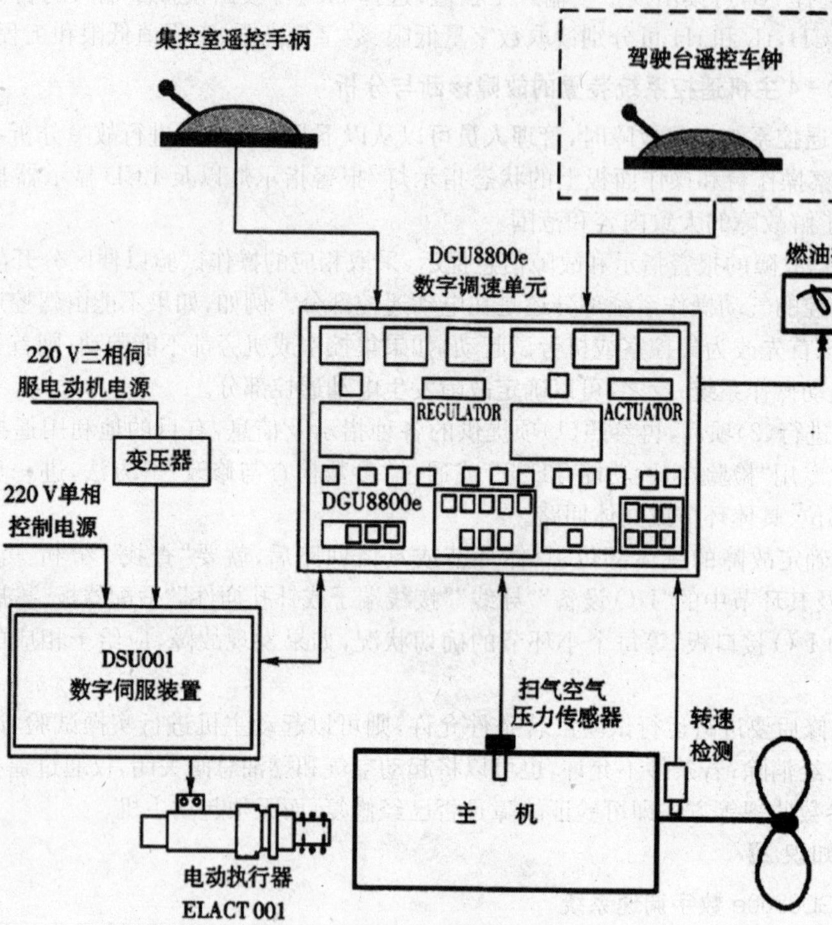

图 5-2-8 DGU8800e 数字调速系统的结构组成

调速系统根据设定转速和实际测量转速由控制算法程序计算出主机供油量(即燃油齿条位置),并把这一目标供油量通过数字通信方式送给执行机构定位系统,改变主机供油,实现转速控制。

执行机构定位系统将来自调速系统的目标供油量(齿条位置)作为设定值,并根据齿条位置的当前测量值,计算控制量,由 DSU001 数字伺服单元和 ELACT001 执行器操纵油门扛杆,直到齿条实际位置与调速系统给出的目标位置为止。

调速系统和执行机构定位系统均分别由一个 Intel8088 微处理器控制,信号的输入和输出通过计算机接口电路实现,其外界 I/O 信号主要包括以下信号。

(1) 输入/输出通道:①来自两个测速探头的飞轮转速信号。②来自安全保护装置的减速信号。③来自遥控系统或集控室手动设定手柄的二个车令速度输入信号,信号类型可以是 4~20 mA 电流、0~10 V (DC)电压或 5 kΩ 电位器信号。④一个扫气空气压力输入信号,4~20 mA 对应 0~0.4 MPa。⑤螺距反馈信号,5 kΩ 电位器或－10~＋10 V电压信号(仅限 CPP 系统)。⑥两个燃油刻度指示(负荷指示)输出信号,4~20 mA电流或 0~10 V (DC)电压。⑦变负荷润滑(LCD)开关信号。⑧可变喷注定时(VIT)及其报警信号。⑨柴油发电机起动信号(轴带发电机运行且命令转速降低时激活)。

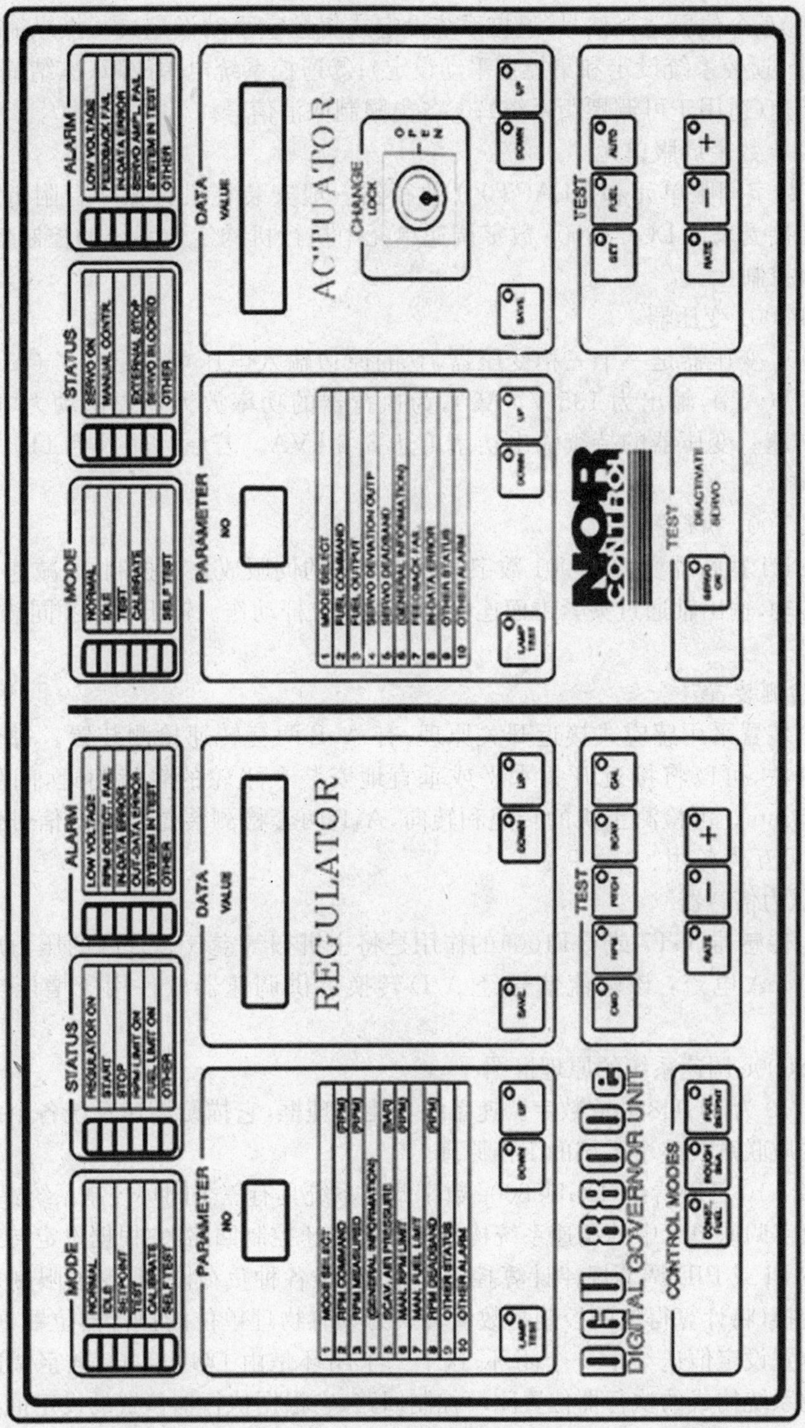

图5-2-9　DGU8800e数字调速器面板

(2) DSU001 数字伺服单元：①来自安全保护装置的停车信号；②来自安全保护装置的减速信号；③车令位置选择信号(遥控系统设定或集控室手动设定)；④操纵命令数量选择(1 个或 2 个，遥控系统设定和集控室手动设定)；⑤遥控系统电源故障(冻结最新设定转速)；⑥备用转速(适用于可调螺距系统)；⑦各类限制取消信号。

2) DSU001 数字伺服单元

DSU001 数字伺服单元和 ELACT001 执行器一般安装在机旁操作台附近，DSU001 数字伺服单元接受来自 DGU8800e 数字调速单元中执行机构定位系统的控制信号，现对执行器的伺服控制。

3) TRAF0001 变压器

TRAF0001 变压器是一个三相变压器，它的原边输入电压可以是 0 V (AC)，200 V (AC)或 440 V (AC)，输出为 135 V (AC)，为执行器的功率放大器提供动力电源，控制伺服电动机转速。变压器的持续输出功率可达 3.6 kVA。若原边输入为 110 V 等其他电压，则需定制。

4) ELACT001 执行器

ELACTCl01 执行器受 DSU001 数字伺服单元中的伺服放大器控制，经减速后带动执行器输出轴转动，输出轴通过夹紧锥面连接带动油门拉杆动作。输出轴的不同转角即代表不同的喷油量。

5) 转速检测装置

转速检测装置采用感应式接近开关原理，有 A，B 两套转速检测装置。每套有两个感应式接近开关，可以将接近开关水平或垂直地安装在飞轮的轮齿附近，间隙要求为 2.5 mm±0.5 mm。可检测主机的转速和转向，A，B 两套检测装置测得的信号供调速器择优选用，也可互为备用。

6) 扫气压力倍感器

扫气压力传感器(GT7 或 GT100)的作用是将主机扫气空气总管内的压力成比例地转换成 4～20 mA 电流：该电流信号经 A/D 转换后供调速器软件用于增压空气压力限制。

2. DGU8800e 调速系统的原理框图

图 5-2-10 为 DGU8800e 数字调速系统功能原理框，它描绘调速系统各个组成环节之间内在的本质联系及整个系统的工作原理。

从图 5-2-10 可以看出，DGU8800e 数字调速系统具有三个闭环控制系统：一个是由 DGU8800e 数字调速单元中的调速系统构成的主机转速控制回路，它根据设定转速与测量转速的偏差按 PI 或 PID 调节规律计算控制量输出，经各种负荷限制(燃油限制)、非线性补偿和标度变换(将计算得出的控制量数值转换为具有物理单位的执行器位置刻度值)后作为执行器位置设定值送给下一个闭环；这下一个闭环是由 DGU8800e 数字调速单元中执行机构定位系统构成的执行器位置闭环控制回路，它根据执行器位置的设定值和实际值偏差，按照 PI 调节规律，计算出执行器的设定转速，送给 DSU001 数字伺服单元；最后一个闭环是由 DSU001 数字伺服单元、执行器以及电动机转速测量环节构成的电动机转速闭环控制回路。为便于描述，将上述三个闭环分别称为外环、中环和内环。

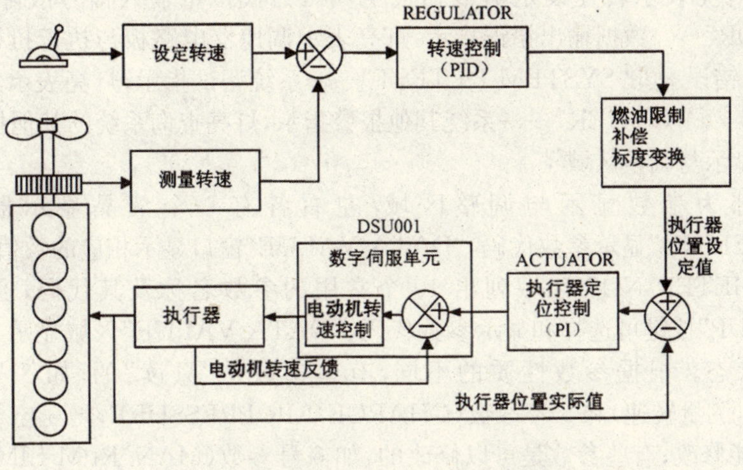

图 5-2-10 DGU8800e 数字调速系统的原理

(二) 调速器(REGULATOR)

图 5-2-9 已经给出 DGU8800e 数字调速单元整个操作面板的结构,其左半部分为调速器(REGULATOR)区域,右半部分为执行机构(ACTUATOR)区域。执行机构(ACTUATOR)区域设有一个钥匙开关(修改锁 CHANGE LOCK),供两部分公用。下面阐述调速器(REGULA-TOR)操作面板的功能及其相关操作。

1. 调速器(REGULATOR)操作面板

调速器操作面板由上、中、下 3 部分组成,顶部为 3 组工作指示灯,中间部分为参数显示与调整区,底部为操作按钮区。

1) 工作指示灯

操作面板的顶端是调速器的工作指示灯,按类型分为 3 组,分别为运行模式(MODE)、运行状态(STATUS)和报警(ALARM),

(1) 运行模式(MODE)指示灯。运行模式指示灯共有 6 个,用于指示调速器的当前运行模式,分别为“NORMAL”“IDLE”“SETPOINTT”“TEST”“CALIBRATE”和“LF TEST”。其含义将结合调速器的运行模式进行阐述。

(2) 运行状态(STATUS)指示灯。①“REGULATOR ON”——调速器运行指示,灯亮表示主机供油量受调速器控制。②“START”——主机启动指示,灯亮表示调速器输出启动供油量。③“STOP”——主机停车指示,灯亮表示车令转速设定值为零。④“RPM LIMIT ON”——转速限制指示,灯亮表示至少有一种设定的转速限制值起作用,如手动转速限制、临界转速限制等。⑤“FUEL LIMIT ON”——油量(负荷)限制指示,灯亮表示至少有一种负荷限制值起作用,如手动给油量限制、负荷加速程序限制、扫气空气限制等。⑥“OTHER”——系统其他状态指示,灯亮表示在“参数显示与调整区域”通过 9 号参数查询系统的其他状态。

(3) 报警(ALARM)指示灯。①“LOW VOLTAGE”——低电压指示,灯亮表示 +5 V,+15 V,−15 V,+20 V 电源中的某种电源电压太低,相应适配器电路板上的 LED 指示灯再分别指示。②“RPM DETECT FAIL”——转速检测装置故障指示,详细信息见有关适配器电路板上的发光二极管(LED)指示灯。③“IN-DATA ERROR”——数据输入错误指示，灯亮表示转速设定值或扫气空气压力模拟量输入信号故障。④“OUT-DATA ERROR”——数据输出错误指示，灯亮表示调速器电路板与执行机构电路板之间的数据通信有错误。⑤“SYSTEM IN TEST”——系统测试指示，灯亮表示系统工作在试验或校验模式。⑥“OTHER”——系统其他报警指示，灯亮查询系统的其他报警。

2）参数显示与调整区域

面板中部为参数显示与调整区域，左右各有一个液晶显示器显示窗口，“PARAMETER NO”显示参数代码，“DATA VALUE”窗口显示相应的数值或状态。

“PARAMETER NO”区域列出 10 个常用的参数名称及其代码，通过区域内的“DOWN”和“UP”按键可选择和显示参数代码，“DATA VALUE”区域显示与该代码相对应的数值或状态。根据参数性质的不同，有些参数是“只读”的，如 3 号参数（RPM MEASURED，测量转速）和 5 号参数（CHARGE AIR PRESSURE，增压空气压力），它们只能显示，不能修改；有些参数是可以修改的，如 6 号参数（MAN. RPM LIMIT，手动转速限制）、7 号参数（MAN. FUEL LIMIT，手动最大油量限制）、8 号参数（RPM DEAD BAND，转速死区）等。对于可修改的参数，可通过该区域的“DOWN”和“UP”按键进行修改。

修改参数要配合使用“修改锁 CHANGE LOCK”和维修密码“SERVICECODE”。当修改参数或使用某些按钮功能时，必须将授权的钥匙插入“CHANGE LOCK”并将钥匙转向“OPEN”的位置。对某些重要参数的修改还必须输入服务密码。当修改参数后，若按下 DATA VALUE 区左下方的“SAVE”，则修改过的参数将在 EEPROM 存储器中保存起来。任何参数的修改都将立即生效，如果未经保存，则系统断电后重启时，参数将恢复修改前的状态。

“PARAMETER NO”区域左下角的“LAMP TEST”按钮用于面板试灯和计算机系统的内存自检。

3）操作按钮

面板的底端是调速器的控制模式选择按钮和测试按钮。

控制模式选择按钮包括恒定油量“CONST FUEL”模式按钮、恶劣海况“ROUGH SEA”按钮和燃油直接控制“FUEL SETPNT”按钮，用于选择调速器的控制模式；测试按钮包括命令转速按钮“CMD”、实际转速按钮“RPM”、螺距按钮“PITCH”、增压空气按钮“CHARGE AIR”、校验按钮“CAL”、增加按钮“＋”、减少按钮“－”和增减速率按钮“RATE”，用于在模拟试验时产生模拟信号。

2. 调速器（REGULATOR）的运行模式

如上面所述，操作面板上的模式（MODE）指示灯分别指示六种不同的运行模式。在同一时刻，系统只能有一种运行模式，分别阐述如下：

1）正常（NORMAL）模式

“NORMAL”指示灯亮，表示系统在正常模式下工作。在主机处各车完成后的停车状态下，只要操纵手柄离开“停车”位置，系统便自动进入正常模式，“NORMAL”指示灯亮。

2）空闲（IDLE）模式

当车钟手柄放在停车位置时，系统自动进入空闲模式，“IDLE”指示灯亮。在空闲模式下，可对系统进行模拟试验、内存自检和系统校验等操作。

3）设定值（SETPOINT）模式

设定值模式又称燃油直接控制模式，车钟手柄发出的转速设定信号既不通过加/减速速率限制等转速限制环节的限制，也不通过调速器的运算和调节，而直接发送到电动执行机构前的选小环节，从而实现直接控制主机油门开度。这种操作模式比以往的机旁应急操作更加方便、快捷和舒适，通常在主机遥控系统发生故障或对执行机构进行校准时才使用。

将修改锁（CHANGE LOCK）打开，并且按下"FVEL SETPNT"按钮，系统自动进入设定值模式，"SETPOINT"指示灯亮。这时调速器的转速只是通过车钟手柄直接调节给油量，实现转速的开环控制，手柄的"微速"和"海上全速"挡分别对应燃油齿条的零刻度和满刻度位置。

4）试验（TEST）模式

试验模式的功能是通过产生相应的模拟信号临时代替原有 I/O 接口电路采集的真实信号，以便对系统进行测试。当人为改变这些模拟信号的大小时，根据系统的反应可以了解系统的工作情况，还可以确定故障范围提供参考。

调速器（REGULATOR）测试按钮可以提供命令转速"CMD"、实际转速"RPM"、螺距"PITCH"、增压空气"CHARGE AIR"和校验信号"CAL"等 5 个模拟信号。只要按下其中一个测试按钮，则可让调速器进入试验模式。例如，短时间按下"CHARGE AIR"按钮使按钮内的指示灯闪光，表示该按钮的模拟输入功能被激活，并可通过"＋""－"按钮增、减模拟信号的大小。通过选择相应的参数编号（PARAMETER NO），在数值显示器（DATA VALUE）上可读取该数值的变化情况。数值增/减的速度有快慢两挡，当按下试验区域的速率"RATE"按钮时，数据变化的速率将加快。长时间按下被激活的模拟按钮，指示灯熄灭，信号源将恢复为传感器信号。

需要注意的是，在正常模式（NORMAL）运行时，不能对实际转速"RPM"进行模拟；否则会影响系统的正常运行。另外，在 5 个模拟信号中，校验信号"CAL" 比较特别，参见校验（CALIBRATE）模式。

5）校验（CALIBRATE）模式

按下校验按钮"CAL"将使系统进入校验模式，"CALIBRATE"指示灯亮。在校验模式下，系统自动调用一个预设的方波信号叠加与转速测量值叠加，并且不经过转速限制环节，直接参与调速器的偏差运算。这时相当于对系统施加一个扰动信号，通过测量和计算调速器对输入扰动信号的响应情况，可以校验调速器的灵敏度和调节精度。

该模式既可以在正常模式下进入，也可以在空闲模式下进入。这里介绍从正常模式进入的情况，关于空闲模式下进入的情况涉及的操作较多，可参阅调试说明书。

6）自检（SELF TEST）模式

自检模式是一个专门用于检测计算机存储器的模式，该模式必须在空闲模式才能进入。方法是先将 1 号参数"MODE SELECT"的数值设为 5，然后按下"LAMP TEST"按钮，"SELF TEST"指示灯亮，CPU 运行存储器检验程序。如果检验结果正常，将显示"REG-UP"，如果发现存储器有故障，将显示"Error"。系统在运行这种检验程序的时候不再运行其他应用程序，不对其他设备进行控制。

在进行存储器检验的同时，必然检验微处理器 CPU 的功能，因为检验程序必须通过 CPU 才能运行，同时存储器检验的结果还通过 I/O 接口电路影响操作面板上指示灯的亮灭，因此也可以间接检验指示灯的好坏。

3. 调速器(REGULATOR)的三种特别控制模式

在一些特殊的工况下，调速器为用户提供三种特别有效的控制模式，以获得主机更好的运行性能。这三种特别的控制模式是恒定供油量(C0NST FUEL)控制模式、恶劣海况(ROUGH SEA)控制模式和燃油设定值(FUEL SETPNT)直接控制模式。

1) 恒定供油量(CONST. FUEL)控制模式

该模式是一种当主机转速维持在预设的转速死区限制(RPM DEADBAND LIMIT)范围内时，燃油供油量维持恒定不变的控制模式。这种控制方式的目的主要是为了减少调速器的频繁动作。在正常海况定速海上航行时，可按下"CONST. FUEL"按钮，其发光二极管灯亮，进入恒定供油量控制模式。此时，若主机转速在预定的死区范围内时，调速器保持恒值输出，高压油泵齿条的位置将不发生变化，调速器和齿条机构工作更加稳定。恒定供油量控制模式的死去偏差默认值为±2 r/min。应该说死区值越大，调速器工作越稳定，但对主机转速和船速的要求将降低。死区值越小，调速器灵敏度越高，工作越不稳定。

2) 恶劣海况(ROUGH SEA)控制模式

在正常海况定速海上航行时，调速器采用 PI 调节规律调节，并按正常的 PI 参数运行。在恶劣海况(大风浪天气)航行时，按下"ROUGH SEA"按钮，调速器将进入恶劣海况转速控制模式运行。该模式主要采取以下三大举措：①减小 PI 调速器的比例带，即加强调速器对偏差的反应力度，以抑制因大风浪使螺旋桨部分露出水面而引起的主机转速过大波动。②在 PI 调节规律中引入微分(D)作用，以便在主机螺旋桨开始露出或潜入水面时，调速器的微分作用给出一个超前调节，使主机转速相对稳定，不会因螺旋桨的露出或潜入引起主机转速波动过大或飞车。③DGS 数字调速系统还兼有极限调速器的功能，即当主机转速接近"超速"转速时，自动切断燃油供给，主机转速将下降；当主机转速下降到复位转速时，恢复燃油供给，主机的转速慢慢地恢复到先前的转速。这是一种双位式幅差控制。

3) 燃油设定值(FUEL SETPOIM)直接控制模式

在调速器或转速检测装置等发生故障时，可以将执行机构面板中右方的修改锁用钥匙把开关扳向开(OPEN)的位置，然后按下"FUEL SETPOINT"按钮，调速器的基本功能和转速反馈信号都将被切除，车钟手柄给出的车令信号控制电动执行机构及燃油齿条位置调油调速。燃油设定值直接控制模式是一种撇开调速器和转速反馈环节的开环转速控制系统。在这种控制模式下，各种燃油限制仍然起作用，所以主机不会超负荷，但是容易超速，所以在这种模式下的加/减速操车速度不能太快。

(三) 执行机构(ACTUATOR)

执行机构子系统由执行器定位控制环节、DSU001 数字伺服单元、电动机转速及转角传感器等组成，接收转速控制环节送来的执行器位置命令信号，并根据命令位置与电动机实际转角位置的偏差进行 PI 调节，实现执行器的定位控制，对应于图 5－2－10 的中环和内环。

1. 执行机构(ACTUATOR)操作面板

执行机构操作面板与调速器部分的布局相似，也由上、中、下 3 部分组成，即顶部的 3 组工作指示灯，中间部分的参数显示与调整区和底部的操作按钮区。

1）工作指示灯

(1) 运行模式(MODE)指示灯。运行模式指示灯共有5个，用于指示调速器的当前运行模式，分别为“NORMAL”“IDLE”“TEST”“CALIBRATE”和“SELF TEST”。

①“NORMAL”——灯亮表示执行机构正处在正常的实时输入/输出数据处理及给油调节过程中。

②“IDLE”——灯亮表示执行机构正处在“运行就绪”状态，对所有的输入数据或信息进行监视，一旦发现某种能引起模式转换的信号输入，比如，某处车钟手柄给出动车车令信号，则调速器和执行机构都将自动进入“NORMAL”模式等。

③“TEST”——灯亮表示执行机构处在测试或模拟试验模式，可从操作面板输入模拟数据以代替实际传感器的信号输入。

④“CALIBRATE”——未使用。

⑤“SELF TEST”——灯亮表示执行机构正处在“自检”模式，微机系统自检程序被激活。按下ACTUTOR面板PARAMETER区域右下方的“LAMP TEST”按钮，系统进入该模式。

(2) 运行状态(STATUS)指示灯。

①“SERVO ON”——伺服电动机正常工作时亮。

②“MANUAL CONTR”——故障时，开锁，用“＋”和“－”按钮手动操作时亮。

③“EXTERNAL STOP”——由于应急运行、故障停机和超速而引起的强制停机时亮。

④“SERVO BLOCKED”——因严重的系统故障而引起执行机构阻塞时亮。

⑤“OTHER”——其他系统状态标志，通过选择有关参数可显示附加信息。

(3) 报警(ALARM)指示灯。

①“LOW VOLTAGE”——低电压指示，灯亮表示＋5 V，＋15 V，－15 V，＋24 V电源中的某种电源电压太低，相应适配器电路板上的LED指示灯再分别指示。

②“FEEDBACK FAIL”——反馈信号故障指示，即执行机构位置测量装置故障。

③“IN-DATA ERROR”——数据输入错误指示，由输入数据自检程序检查到的一组故障，可通过选择适当的参数编码来显示进一步的附加信息。

④“SERVO AMPL FAIL”——伺服放大器系统故障指示。

⑤“SYSTEM IN TEST”——系统测试指示，灯亮表示系统工作在试验模式。

⑥“OTHER”——系统其他报警指示，可通过选择适当的参数编码显示进一步的附加信息。

2）参数显示与调整区

执行机构的参数查询与修改方法与调节器完全相同。在参数区标注有10个参数编码及参数名称。其中，可读(Readable)参数主要有油量命令值(FUEL COMMAND)、油量输出值(FUEL OUTPUT)、伺服机构偏出输出(SERVO DEVIATION OUTP)等；可修改(Adjustable)参数主要有伺服死区(SERVO DEADBAND)、反馈故障(FEEDBACK FAIL)等。

3）伺服机构操作按钮

在ACTUATOR面板的左下方“TEST”区有一伺服机构操作按钮(SERVO ON)，按钮内含工作状态指示灯。灯亮表示伺服机构在工作状态,灯灭则表示相反状态。“SERVO ON”指示灯的状态可以自动转换,当车令手柄离开停车位置时,系统将自动进入“NORMAL”模式,且“SERVO ON”灯亮。当手柄处在停车位置时,系统将进入“IDEL”模式,且“SERVO ON”灯灭。此外,伺服器的工作状态还可以通过按钮手动切换。

4）测试按钮

在执行机构面板的右下方试验(TEST)区设有“SET”“FUEL”和“AUTO”三个试验功能按钮。这些按钮可以在多种有关系统实验的模式(如 TEST 和 CALIBRATION 等)下操作,各自的功能如下:

(1)“SET”——油量手动设定按钮,用它可以改变油门位置,也就是改变油门 PI 反馈定位系统的给定值,可以检查该闭环系统中的 PI 调节器、油门位置反馈装置及电机是否正常,可以进行手动校验,所以,按下“SET”按钮,运行模式方框中试验和校验指示灯都要亮。油量给定值的大小由增“+”和减“－”按钮手动调定。

(2)“FUEL”——油门调节按钮,用它直接控制电机调节油门,可以检查电机及其驱动电路是否正常工作,可以在集控室进行手动控制,所以,按下“FUEL”按钮,运行模式方框中试验和运行状态手动控制(MANUAL CONTROL)指示灯都要亮。油门量的大小也是由增“+”和减“－”按钮手动调定。

(3)“AUTO”——自动校验按钮,按下“AUTO”按钮,将起动一个执行机构的“自动校准”程序(包括零点和量程),对执行机构进行自动校验。此时,运行模式(MODE)方框中试验和校验指示灯都要亮。

注意:在操作上述三个按钮之前,都要将修改锁开关用钥匙扳向开(OPEN)的位置,同时,要按下执行器面板的左下方试验区伺服机构运行“SERVO ON”按钮。

2. 执行机构定位系统

执行机构定位系统已在图 5－2－10 中体现,为进一步明确起见,对其单独重画,如图 5－2－11所示。应当明确的是,执行机构的定位功能是由 DGU8800e 中的 ACTUATOR 部分完成的,它送给数字伺服单元的信号实质上是一个电动机转速的设定值,伺服单元中的伺服放大器(SBS)根据实际转速和设定转速的偏差控制电动机转速,进而控制其输出轴的转速. 直至转速为零。这种控制方案有利于电动机的平稳运转,当执行器位置偏差较大时。电动机转速运转,随着偏差的减小,转速也在降低,直至偏差为零。系统的工作原理前面已经阐述,这里不再重复。下面简要介绍一下 DSU001 数字伺服单元、ELACT001 执行器和传感器。

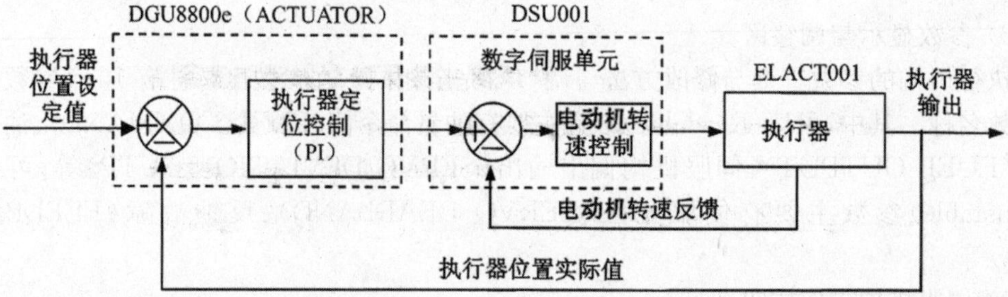

图 5－2－11　执行机构定位控制原理

1) DSU001 数字伺服单元

DSU001 数字伺服单元控制箱由两路电源供电，一路是由三相 220 V（AC）输入、135 V（AC）输出的变压器（TRAF0001）供给的三相伺服电动机动力电源，变压器输出功率是3.6 kVA；另一路由 220 V 单相电源提供的控制电源。控制箱内包含一个 ABS 电源、SBS 伺服放大器和一个为 DGU8800e 供电的 24 V（DC）电源。

2) ELACT001 执行器

ELACT001 由无刷伺服电动机、减速装置和角度传感器组成，其外形如图 5－2－12 所示。伺服电动机受 DSU001 数字伺服单元中的伺服放大器控制，经减速后带动执行器输出轴转动，输出轴通过夹紧锥面连接带动油门拉杆动作。对齿条位置（即喷油量）的测量是通过安装在输出轴另一端的角度传感器实现的，输出轴不同的转角即代表不同的喷油量。

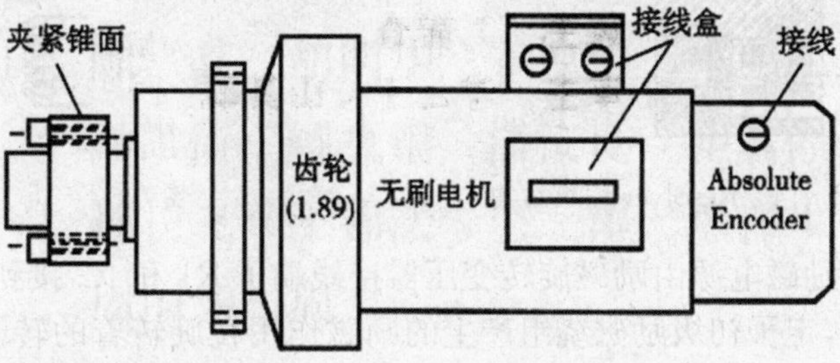

图 5－2－12　电动执行机构外形

ELACT001 是 ELACT 产品系列中的一个，另外两个型号分别为 ELACT002 和 ELACT003，它们的区别主要在于输出功率上的差别，型号越大，功率越大。

ELACT 执行器具有体积小、功率大和可靠性高等优点。装置不含电刷且没有电子器件使用球形长寿润滑轴承，转速范围宽，转矩波动小。

伺服电动机具有内建的自动防故障装置，一旦出现系统故障或系统失电，电动机能够停留在原来的位置，确保主机保持原有转速不变，制动电路如图 5－2－13 所示。在正常情况下，制动控制触点断开，24 V 直流电源始终对 220 μF 的大型制动电容充电。当出现系统故障或系统失电时，制动控制触点闭合，电容向电磁制动线圈供电，强力制动，使执行机构将保持燃油齿条在当前位置上。

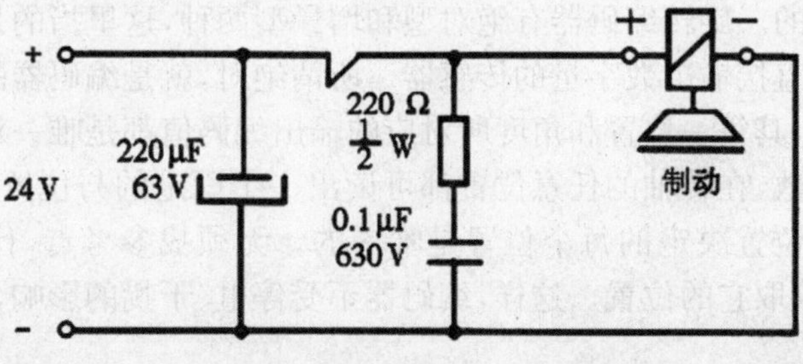

图 5－2－13　电动执行机构制动电路

3) 旋转变压器

伺服电动机的转角位置和速度反馈机构（Resolver）是一个只有电磁绕组、不含任何电子元件的旋转变压器，在电机转子位置的检测中，旋转变压器由于其具有坚固耐用、能够提供高精度的位置信息和可靠性极高等突出优点，而获得越来越广泛的应用。图 5-2-14 和图 5-2-15 是转角位置和速度反馈机构(Reso1ver)的绕组结构原理，它由三组旋转变压器绕组组成，即励磁旋转变压器定子初级励磁绕组和转子次级绕组，正弦旋转变压器转子初级正弦绕组和定子次级正弦绕组，余弦旋转变压器转子初级余弦绕组和定子次级余弦绕组。

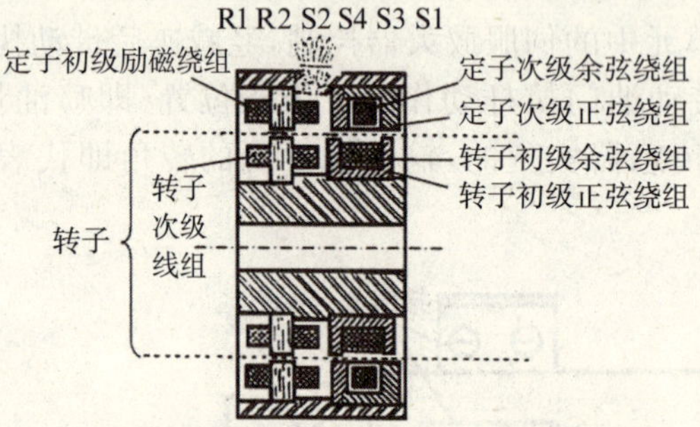

图 5-2-14 Resolver 绕组结构

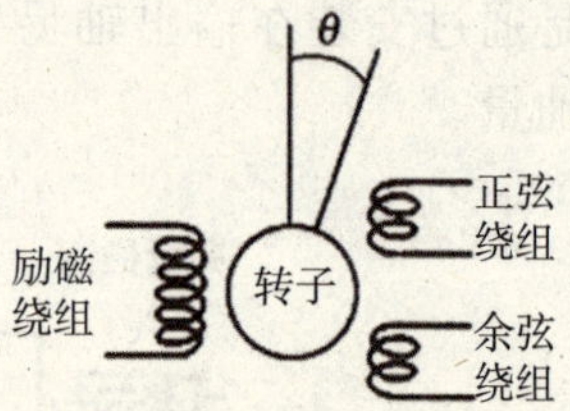

图 5-2-15 Resolver 工作原理

外部单相交流励磁电源由励磁旋转变压器接线端子 R1 和 R2 接到励磁旋转变压器的定子初级励磁绕组，定子初级励磁绕组产生的励磁作用在旋转着的转子次级绕组上，定子和转子之间的磁通分布符合正弦规律。因此，当励磁电压加到定子绕组上时，通过电磁耦合，转子绕组产生与转子转角成正比感应电动势。该感应电动势产生的磁动势在转子磁体内耦合到正弦旋转变压器的转子初级正弦绕组和余弦旋转变压器的转子初级余弦绕组，而后又通过它们感应到正弦旋转变压器的定子次级正弦绕组和余弦旋转变压器的定子次级余弦绕组，由 S2 和 S4 输出余弦转角位置反馈信号，由 S1 和 S3 输出正弦转角位置反馈信号。这两个位置反馈信号的电压幅值严格地按转子偏转的角度呈正弦和余弦规律变化，其频率和励磁电压的幅值相同。

这些反馈信号被馈送到伺服驱动器，在伺服驱动器内将这些信号转换为相位、速度和位置信号，也就是说测得反馈信号电压就可知道转子转角和速度大小。

4）旋转编码器

燃油齿条位置即伺服电动机的输出位置是通过一个直接安装在伺服电动机非负载端的旋转编码器实现的。旋转编码器有绝对型和增量型两种，这里指的是绝对编码器。

绝对编码器是直接输出数字量的传感器。所谓绝对，就是编码器的输出信号在一周或多周运转的过程中，其每一位置和角度所对应的输出编码值都是唯一对应的。这种编码器不用计数器一直计数，在转轴的任意位置都可读出一个固定的与位置相对应的数字码，即绝对编码器由机械位置决定的每个位置是唯一的。无须找参考点，什么时候需要知道位置，什么时候就去读取它的位置。这样，编码器不受停电、干扰的影响，其抗干扰特性、数据的可靠性大大提高。

【任务实施 2】

一、任务要求

学员会查询与修改调速器(REGULATOR)参数。

二、任务准备

AC－4主机遥控系统一套。

三、任务操作

1）调速器参数及参数类型

数字调速器软件中使用大量的系统参数，而显示器的位数有限，因此将参数分为三大类，分别用三种不同的参数类型代码（Op. Code）区分，即Op. Code0，Op. Code1和Op. Code2。

（1）Op. Code0：类参数代码。Op. Code0参数用于正常操作中常用参数的设置和查询，是系统上电时默认参数显示类型。Op. Code0参数又分为用户1参数和用户2参数。

用户1参数（USER1 Parameters）的编号为01～10，参数名称及其代码已在"PARAMETER NO"区域列出，这些参数是最常用的，且对用户完全开放，用户可以随时根据柴油机的运行工况，对这些参数做相应的修改。

①MODE SELECT（参数类型选择，参数编号窗口选择"1"，数值窗口选择"0"为Op. Code0类型，选择"1"为Op. Code1类型，选择"2"为Op. Code2类型）；

②RPM COMMAND（车令设定转速数值，只读）；

③RPM MEASURED（实际测量转速数值，只读）；

④GENERAL INFORMATION（公共报警信息常数，由参数编号14选择，范围0～8，只读）；

⑤SCAV. AIR PRESSURE（扫气空气压力数值，只读）；

⑥MANUAL RPM LIMIT（手动转速限制数值）；

⑦MANUAL FUEL LIMIT（手动给油量限制数值）；

⑧RPM DEADBAND（转速死区限制数值）；

⑨OTHER STATUS（其他状态）；

⑩OTHER ALARM（其他报警）。

用户2参数（USER2 Parameters）编码是11～21，参数名称可查阅说明书，这些参数为受保护参数，对其查询或修改时需要先把修改锁打开。

（2）Op. Code1：类参数代码。Op. Code1参数用于描述主机的特性和定义系统的功能性参数，如柴油机型号、气缸数量、额定转数、额定负荷、飞轮齿数、执行机构动作行程等机械特性和起动转速、加速速率限制、负荷限制、临界转速、VIT参数、调节作用规律强度（比例带、积分时间和微分时间）等决定系统工作的功能性参数，具体情况参阅说明书。Op. Code1参数的修改受到服务密码的保护。

（3）Op. Code2：参数均为基本I/O参数：用于定义各个模拟量和开关量输入通道的特性，如程量的高、低限参数和标度变换参数等，具体情况参阅说明书。

2）参数修改实例

现以把手动转速限制（该参数属于Op. Code0类型，参数编号为No. 6）从当前值82 r/min修改为80 r/min为例，说明参数修改方法和服务密码的使用。

（1）选择"密码"。将修改锁用钥匙转到开（OPEN）的位置，此时参数编号显示器上显示的必定是Op. Code0参数，通过"DOWN"和"UP"按钮选择参数编码"99"，则数值显示器上显示为“授权密码表”中的一个随机数，该数可能是厂家提供给用户的若干密码中的一个。滚动“授权密码表”，选择系统交付使用时厂家为本船设定的密码，如某船数字调速单元设定的密码是“86”。

（2）转换 Op. Code 类型和参数调整。将修改锁从开（OPEN）转到锁（LOCK）的位置，在参数编号显示器上调出“1”，在数值显示器上调出“0”（此时可有 0，1，2 共 3 种 Op. Code 的选择代码可选择）。选定 Op. Code 代码后，再将修改锁开转回到开（OPEN）的位置。然后，在参数编号显示器上调出“6”，并将数值显示器的数值调整为“80”。

（3）复位“密码”和保存调整结果。当参数调整完毕后，还需对密码进行复位，复位方法是进入 Op. Code0 显示状态，99 号参数的数值修改成密码（如“86”）以外的任何其他数值，并按“SAVE”按钮，保存修改后的参数值，最后再将修改锁转到锁“LOCK”的位置。

应该指出的是，如果在参数调节完成之后，不复位“密码”，则下次只要打开修改锁开关，无须密码就可以进行参数修改，有可能导致某些参数的非授权修改，引发重大故障。

【相关知识 3】

安全保护系统是主机遥控系统三大重要组成部分之一，是为保护主机安全运行而特设的一个功能系统。它的主要作用是在主机运行过程中出现不正常情况时（例如，主机冷却水系统、滑油系统、燃油系统的温度、压力、流量等参数异常，主机排气温度过高，增压器滑油油柜液位过低，曲轴箱内油雾浓度越限，盘车机未脱开，主机超速，转速传感器发生故障等），自动控制主机减油、减速或停油停机。

上述情况的感知大多采用开关量传感器检测，一旦出现异常，则通过安保系统输出信号控制“安保电磁阀”动作，再通过操纵系统中的气路控制停油装置进行停油停机或减油减速，同时给出报警信号。在机舱无人的情况下，安保系统的重要作用是不言而喻的。

通常安保系统下达的故障减速和故障停机指令，还可以根据故障对主机的危害程度不同，分成可取消（CANCELABLE）和不可取消（NON CANCEL）两类，例如，推力轴承高温、主机滑油失压、超速等所引发的故障停车指令通常是不可取消的；主机排气温度过高、增压器滑油油柜的液位过低、转速传感器发生故障等所引发的故障停车指令通常是可取消的。对现代先进的微机主机遥控系统而言，有些故障还可采取智能处理方法。例如，AC－4 主机遥控系统中采用两套转速传感器，在正常情况下对两套转速传感器信号择优选用，若一套传感器发生故障，选用另一套，若两套都发生故障则采用被处理后的转速设定进行开环式转速控制等。图 5－2－16 是 SSU8810 安全保护系统的操作面板，面板上大多是各种报警指示灯，少数是状态指示灯及复位与显示器操作按钮等。

一、SHUT DOWN/SLOW DOWN 故障停机和故障减速保护功能

1. SHUT DOWN 故障停机保护

本系统实现的故障停机（SHUT DOWN）保护项目是：

（1）01 超速保护 OVERSPEED。

（2）02 主机滑油低压保护 MAIN LUBRICATION OIL LOW PRESSURE。

（3）03 凸轮轴滑油低压保护 CAMSHAFT LUBRICATION OIL LOW PRESSURE。

（4）04 推力块高温保护 THRUST PAD HIGH TEMPERATURE。

（5）05 涡轮增压器进口滑油压力低 TURBOCHARGER LUB. OIL INNET LOW PRESSURE。

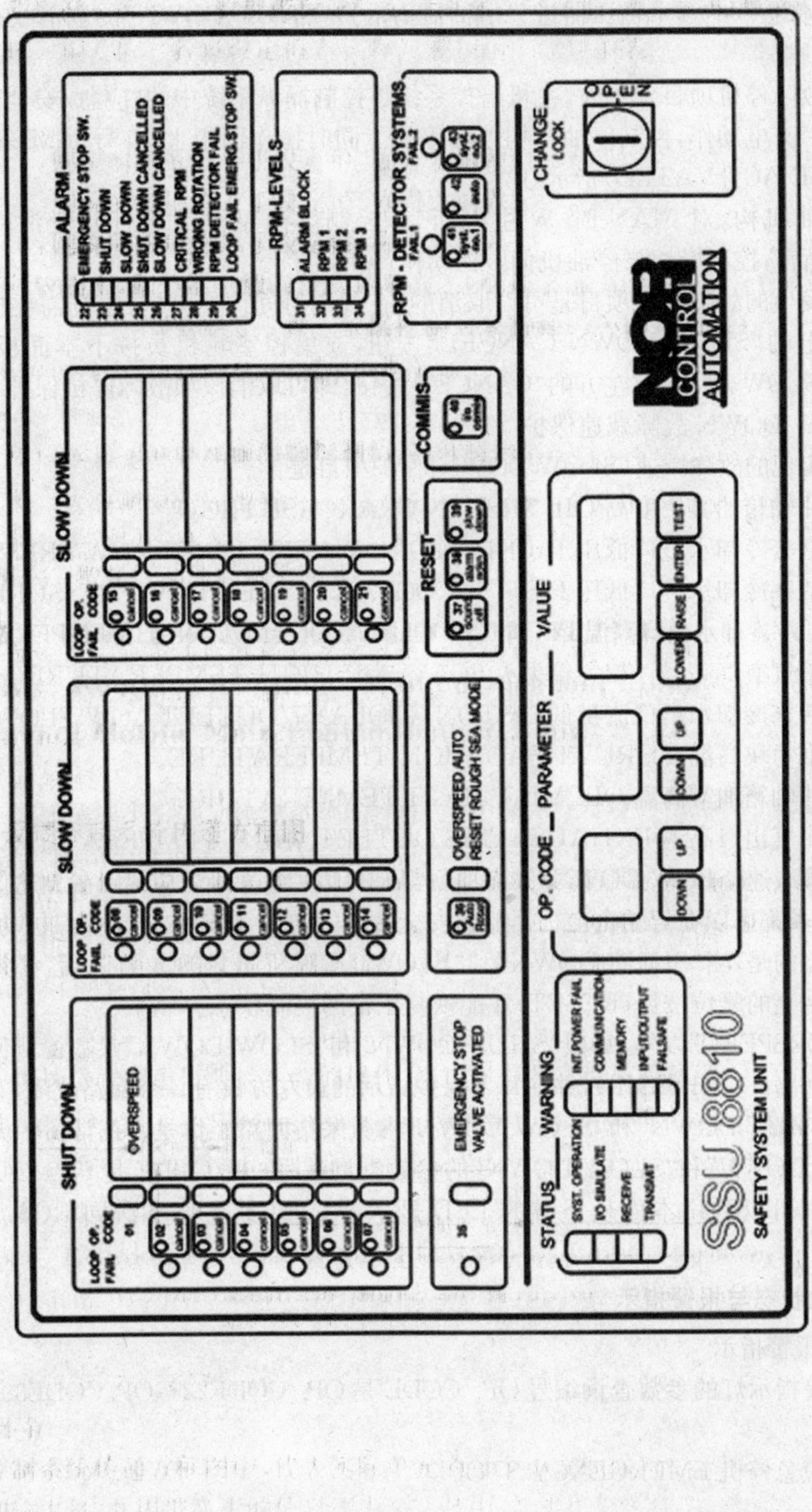

图5-2-16　SSU8810安全保护面板

其中,不可取消的故障停机保护项目(NONE CANCELLABLE)有"超速保护"和"主机滑油低压保护"。

可以取消的故障停机保护项目(NONE CANCELLABLE)有"凸轮轴滑油低压保护""推力块高温保护"和"透平增压器进口滑油压力低","SHUT DOWN"的取消权在驾驶台操作面板。

当上述故障停机项目发生时,主机遥控系统将控制操纵系统中的"应急/安全保护停油电磁阀(127)"有电动作,控制停油机构停油停机。同时操作面板上35号(EMERGENCY STOPVALVE ACⅢVATED)指示灯亮。

关于停油机构,对MAN-B&W主机而言,控制燃油泵泄油阀打开泄油;对NEW Sulzer主机而言,控制燃油泵停油机伺服构动作,关闭油门。

如果所发生的故障停机项目是可以取消的,在规定时间内,驾驶员根据需要按下驾驶台操作面板上的"SHUT DOWN CANCEL"按钮,或集控室轮机员按下本面板"SHUT DOWN"和"SLOW DOWN"左方的"CANCET按钮,即可取消该项故障停机保护功能。

2. SLOW DOWN故障减速保护

本系统实现的故障减速(SLOW DOWN)保护项目是:

(1) 08曲轴箱油雾浓度高OIL MIST IN CRAKCASE HIGH。

(2) 09缸套冷却水进口低压JACKET COOL WATER INLET LOW PRESSURE。

(3) 10活塞冷却水进口低压PISTON COOLANT INLET LOW PRESSURE。

(4) 11活塞冷却水出口高温PISTON COOLANT OUTLET HIGH TEMPERATRE。

(5) 12扫气空气高温,(扫气箱失火SCAV. AIR HIGH TEMPERATURE(FIRE)。

(6) 13活塞冷却水出口流量低PISTON COOLANT OUTLET LOW FLOW。

(7) 14推力块高温THRUTT PAD HIGH TEMPERATURE。

(8) 15曲轴箱油雾高温OIL MIST HIGH TEMPERATURE。

(9) 16排气出口高温EXHAUST GAS OUTLET HIGH TEMPERATURE。

以上故障减速(SLOW DOWN)保护项目都是可以取消的保护项目,在上述保护项目发生时,驾驶员都可以在驾驶台上根据船舶安全航行的需要,随时取消这些保护功能。

应该指出的是,当"SHUT DOWN"和"SLOW DOWN"故障现象解除后,必须按下集控室或驾驶台上的复位按钮(RESET)才能恢复正常的控制状态。

除"OVERSPEED"以外,每项"SHUT DOWN"和"SLOW DOWN"参数检测回路都带有故障检测回路(LOOP FAIL),并在每项保护指示的最左方设有一个回路故障LED指示灯,以指示"SHUT DOWN"和"SLOW DOWN"参数采集回路工作是否正常。

"SHUT DOWN"和"SLOW DOWN"的参数查询编号OP. CODE是OP. CODE01～OP. CODE21,可以利用本面板下方的LED显示器显示,其操作方法同RCS AC-4和DGS8800。

二、其他状态与报警指示

1. 综合报警指示

综合报警指示灯的参数查询编号OP. CODE是OP. CODE22～OP. CODE30,这些报警是:

(1) 22应急停机EMERGENCY STOP。

(2) 23 故障停机 SHUT DOWN。

(3) 24 故障减速 SLOW DOWN。

(4) 25 故障停机被取消 SHUT DOWN CANCELLED。

(5) 26 故障减速被取消 SLOW DOWN CANCELLED。

(6) 27 在临界转速区运行 CRITICAL RPM。

(7) 28 车令与转向不一致 WRONG ROTATION。

(8) 29 转速检测装置故障 RPM DETECTOR FAIL。

(9) 30 应急停机电磁阀回路故障 LOOP FAIL EMERG. STOP SW。

上述指示灯中，23，24，25，26 四个指示灯都是报警组灯，其具体内容还要看"SHUTDOWN"和"SLOW DOWN"指示灯和在 LED 显示器上查询。

2. 系统运行状态与硬件故障指示

1) 系统运行状态 STATUS

(1) 系统运行状态 SYSTEM OPERATION。

(2) 输入/输出模拟试验状态 I/O SIMULATE。

(3) 通信接收状态 RECEIVE。

(4) 通信发送状态 TRANSMIT。

2) 硬件故障指示 WARNING

(1) 内部电源故障 INT. POWER FAIL。

(2) 系统通信故障 COMMUNICATION。

(3) CPU 主板上存储器芯片故障 MEMORY。

(4) 输入/输出回路故障 INPUT/OUTPUT。

(5) FAIL SAFE。

应急停机电磁阀 EMERG. STOP VALVE ACTIV AED：当出现故障紧急安保停机时，主机遥控系统控制安保应急停机电磁阀(127)动作，35 指示灯亮；如果出现回路故障，则左边的 LED 灯亮。

3. SSU 面板功能按钮

转速检测系统 RPM DETECTOR SYSTEM：包括三个选择按钮及指示灯(41 SYSTEM No. 1，42 AUTO，43 SYSTEM No. 2)，用于选择第一套转速检测系统 SYSTEM No. 1 或第二套转速检测系统 SYSTEM No. 2，如果按下"AUTO"按钮，系统将自动选择两套转速检测系统的一套工作。

复位按钮 RESET：包括消声按钮"SOUND OFF"、报警确认按钮"ALARM ACKN"、故障减速复位按钮"SLOW DOWN"。

【任务实施 3】

一、任务要求

会进行主机安全保护模拟试验。

二、任务准备

AC-4 主机遥控系统一套。

三、任务操作

1. 安保系统介绍

安保操作界面(图 5－2－17)设有操作按钮、LED 以及相关的显示。具体可分为故障自动停车指示区、减速运行指示区、报警项目指示区、转速指示区、应急电磁阀工况显示区、恶劣海况超速控制情况显示区、带灯复位操作区和转速检测系统操作显示区等。

在故障停车和减速运行区域，一般都设有三个指示灯：左下指示灯用于对参数检测传感器回路是否断线进行监视，若亮表该回路断线；左上指示灯是具取消功能的按钮指示灯，按下取消按钮，取消该路报警检测，同时该指示灯亮，再次按下则恢复；右侧指示灯用于给出参数越线报警显示。

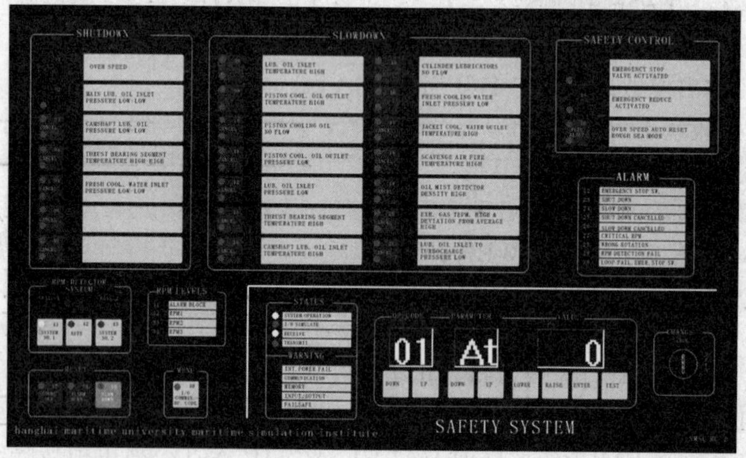

图 5－2－17　安保操作界面

1）故障自动停车指示区

01：超速。

02：主轴承滑油压力低。

03：凸轮轴滑油压力低。

04：推力轴承温度高。

05：缸套冷却水出口温度高。

06：备用。

07：备用。

“SHUT DOWN”区：下辖 5 项 SHUT DOWN 故障，第一项和第二项不可取消外，其余三项可以取消。

2）减速运行指示区

08：主机滑油进口温度高。

09：活塞冷却油出口温度高。

10：活塞冷却油流量低。

11：活塞冷却油出口压力低。

12：主机滑油进口压力低。

13：推力轴承块温度高。

14：凸轮轴滑油进口温度高。

15：气缸注油器流量低。

16：冷却淡水进口压力低。

17：缸套冷却水出口温度高。

18：扫气箱着火/温度高。

19：曲轴箱油雾浓度高。

20：排气温度高/各缸排气温差大。

21：涡轮增压器滑油进口压力低。

3）报警项目指示区

22：应急停车电磁阀动作。表明在驾、集、机侧三处之一已经发出应急停车指令，该安保设备立即执行应急停车控制。

23：故障自动停车。

24：减速运行。

25：故障停车被取消。

26：减速运行被取消。

27：主机运行于临界转速的时间过长。

28：错向运行。指驾车钟给出的转向指令与测速设备测得主机的转向不一致。

29：转速检测系统有故障。

30：应急停车回路有断线故障。

4）转速指示区

31：转速报警闭锁。该项目有一个转速设定值，若主机转速低于该设定值，它就起作用；若高于该设定值，它就不起作用。

32：转速1。

33：转速2。

34：转速3。

5）应急电磁阀工况显示区

35：应急停车电磁阀已投入工作。

44：应急减速电磁阀已投入工作。

6）恶劣海况时超速控制情况显示区

36：处于恶劣海况航行时，超速以后可以具有“自动复位”功能。

7）带灯复位操作区

37：消声按钮。每当有新的自动停车或减速故障出现时，该按钮上的指示灯就闪，表示可以消声应答。应答后，消声，该灯灭。

38：报警应答按钮。每当有新的自动停车或减速故障出现，并且消声应答后，该按钮上的指示灯就闪，表示可以消闪应答。应答后，该灯灭，同时自动停车和减速故障报警指示灯由闪变常亮。

39：减速运行复位按钮

。消声、消闪应答后，若自动停车或减速故障消除则该指示灯闪，表示可以复位。应答后，该灯灭，同时自动停车或减速故障报警灯由常亮变灭。

8）系统工况显示

01：系统正常工作。

02：有模拟输入/输出信号。

03：接受报警系统送来的串行输入信号(闪光)。

04：有串行信息向报警系统输出(闪光)。

9）系统报警显示

05：报警单元电源有故障。

06：串行信息传输有问题。

07：报警单元中的存储器有问题。

08：输入/输出通道不能正常工作。

09：安保系统有问题。

2. 参数设置及更改

所有的主机“SHUT DOWN”和“SLOW DOWN”故障被触发的条件参数均可人为设置或更改，具体方法如下：

(1) 在主机安全系统板下方的中间区域设有三个数码表，分别表征“OP. CODE”“PARAMETER”和“VALUE”，其中“OP. CODE”对应着各项“SHUT DOWN”或“SLOW DOWN”故障的编号，即从01至21。

(2) 要设置参数或更改参数设置时，首先按“OP. CODE”下方的“DOWN”或“UP”按键，使“OP. CODE”数字区内的显示数字与要设置或更改的故障代码一致。

(3) 在数码表的左边设有“CHANGE”钥匙开关，将钥匙开关转至左方的“LOCK”位置时，“VALUE”下方的数码表中实时变化显示的是对应参数的当前运行值，将钥匙开关旋到右边的“OPEN”位置时，“VALUE”下方的数码表中静止显示的是对应参数的设定值，此时可以更改。

(4) 按“VALUE”数码表下方的“LOWER”或“RAISE”按键，将“VALUE”数码表中显示的数字调整为要更改的数字后按“ENTER”按键确认输入即可完成更改。

(5) 为防止他人误操作或任意更改参数，更改完毕请将“CHANGE”钥匙开关转至左方的“LOCK”位置将更改权限上锁。当长时间不用时，建议将“CHANGE”钥匙开关的钥匙取出并妥善保管。

注意：当“CHANGE”钥匙开关的位置位于左边的“LOCK”位或右边的“OPEN”位时，均可将钥匙取出，请确保“CHANGE”钥匙开关的钥匙取出的状态是在“LOCK”锁定状态，以避免误操作的影响。

主机安全系统在正常运行期间，其左下方“STATUS”挡下的“RECEIVE”和“TRANSMIT”指示会交替闪亮，反之则表示系统处于冻结或停止状态。

3. 应急情况下的越控操作

按“越控”键，主机故障自动减速控制暂时失效，主机可继续加速至故障自动减速转速之上。

4. 故障自动减速的复位操作(主机不停机)

(1) 无扰动切换到集控室操作,保证主机正常运行。

(2) 按复位键。

【任务评价】

(1) 主机安全保护装置的使用操作方法正确。

(2) 主机超速保护模拟试验方法正确。

(3) 主机滑油低压保护模拟试验方法正确。

(4) 主机加速速率限制环节的参数调整试验方法正确。

(5) 主机程序负荷限制环节的参数调整试验方法正确。

(6) 轮机长转速限制操作方法正确。

(7) 主机遥控系统其他参数的调整试验方法正确。

【课后练习】

(1) 简述主机遥控调速系统的结构功能。

(2) 简述微机控制的主机遥控系统参数调整步骤。

任务3　现场总线型主机遥控系统的操作、维护保养及常见故障处理

Task Three　Operation, Maintenance and Common Fault Resolving of Main Engine Remote Control System Based on Fieldbus

【任务描述】

现场总线(Field Bus)是一种应用于工业现场的计算机互联总线,只需少量的几根通信线便可将各种计算机控制的设备(如智能化仪表、控制器和执行机构等)连接起来。它具有分布式、开放式、互联性和高可靠性等特点,既可以与同层网络互联,也可以与不同层网络(上层局域网或下层现场网络)互联,还可以实现网络数据的共享,因此广泛应用于各种工业控制的场合。自20世纪90年代以来,现场总线开始应用于船舶机舱的监视报警和主机遥控等系统。目前,现场总线技术已经成为船舶自动化的发展趋势。

现场总线的种类较多,但目前在船上应用的则以CAN总线和ProfiBus总线为主,不同的设备厂商所采用的总线类型各不相同。例如,以西门子PLC构建的系统一般采用ProfiBus,而KONGSBERG(原NORCONTROL)等公司的产品则采用CAN总线。此外还有一些厂商采用自己研制的现场总线,如德国的SAM公司等。这里以KONGSBERG公司生产的AutoChief C20(简称AC C20)为例,介绍基于现场总线的主机遥控系统。

AC C20型主机遥控系统是由KONGSBERG公司开发生产的AutoChief系列产品,是一种集控制、报警和安全保护于一体的综合推进控制系统。AC C20采用分布式模块化设计,分布式模块采用标准化设计,模块之间通过双冗余CAN总线互联。针对不同的船舶和主机类型,可以通过软件进行灵活组态,除了能适用于连接定距桨的可逆转主机之外,还可适用于各种连接变距桨的不可逆转主机以及各种通过减速齿轮箱连接螺旋桨的各种中、高速柴油主机。此外,AC C20还能适用于MAN-B&W-ME系列和SULZER RT-FLEX系列等智能型电喷主机。这里主要介绍与MAN-B&W-MC主机相配套的AC C20主机遥控系统。

本任务是掌握现场总线型主机遥控系统操作、应急操作和参数调整。

【学习目标】

(1) 认识现场总线型主机遥控系统结构功能。

(2) 会现场总线型主机遥控系统操作、应急操作和参数调整。

【相关知识】

一、AC C20 遥控系统的结构组成

与 MAN-B&W-MC 主机相配套的 AC C20 主机遥控系统主要由驾驶台操作单元(Bridge Maneuvering Unit,BMU)、集控室操作单元(Control Room Maneuvering Unit,CMU)、主机接口单元(Main Engine Interface,MEI)、电子调速器单元(Digital Governor Unit,DGU)和主机安全单元(Engine Safety Unit,ESU)等组成,其结构如图 5-3-1 所示。结构框图按上、中、下分别对应驾驶台、集控室和机舱三个位置。

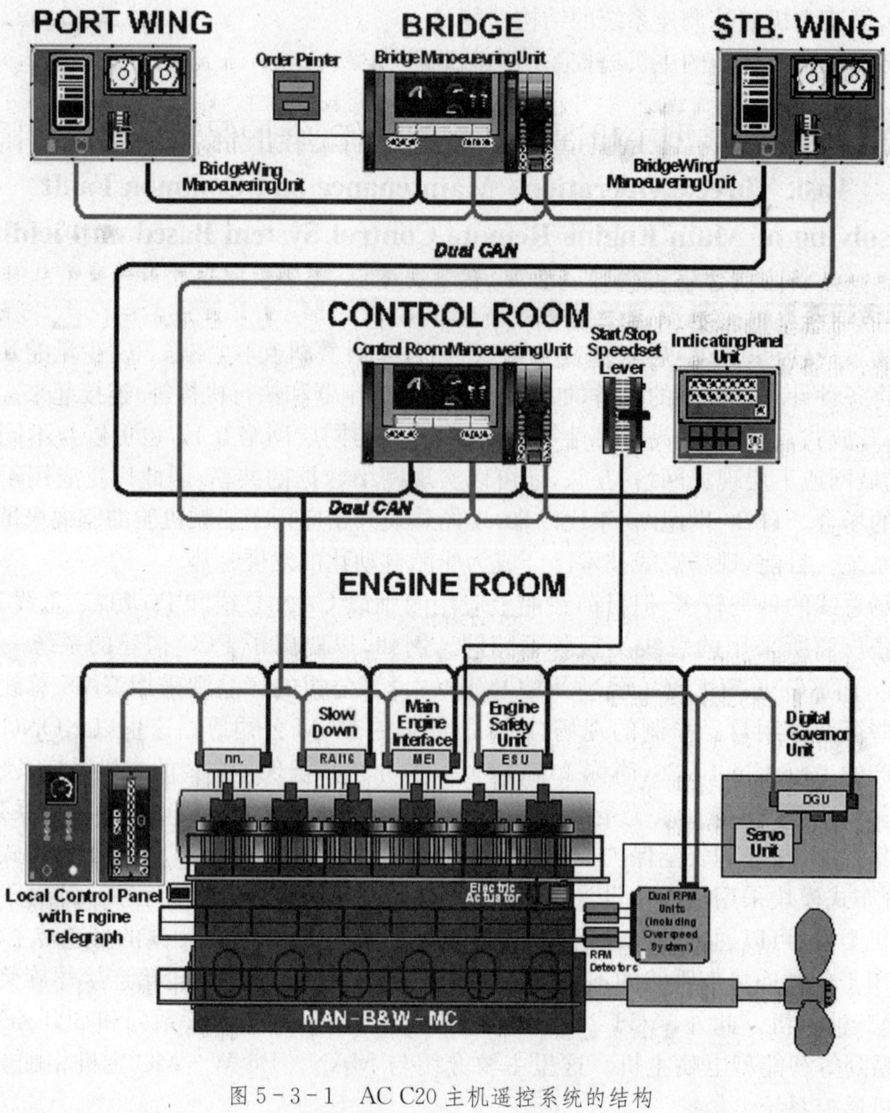

图 5-3-1 AC C20 主机遥控系统的结构

驾驶台主要安装驾驶台操作单元(BMU)和车令打印机。某些具有特殊要求的船舶要求能够在驾驶台的两侧对主机进行操纵，AC C20 系统还可配置侧翼操作单元(Bridge Wing Maneuvering Unit，BWU)，在图 5-3-1 中标示为 PORT WING 和 STB. WING。驾驶台操作单元 BMU 包含两部分：一部分是 AutoChief 操作面板(AutoChief Control Panel，ACP)；另一部分是单手柄复合车钟(Combined Lever and Telegraph Unit，LTU)，两者组装在一起形成一个整体；侧翼操作单元包括操作手柄、指示灯按钮面板、起动空气压力表和主机转速表等；车令打印机与驾驶台操作单元相连，对车令进行实时记录。

集控室主要布置有集控室操作单元(CMU)、主机起/停与转速设定手柄(Start/Stop & Speed-set Lever)和指示面板单元(Indication Panel Unit，IPU)。集控室操作单元的结构组成与驾驶台操作单元完全一致；"主机起/停与转速设定杆"设有主机的起动、停车挡位和正、倒车转速设定区域，用于在集控室操作时对主机进行半自动操纵；指示面板单元包括反映主机运行状态的各种指示灯和辅助风机控制开关等。其中，"主机起/停与转速设定杆"为可选设备，如果不安装，则可通过集控室操作单元上的单手柄复合车钟(LTU)直接操纵主机。

机舱设有机旁操作面板(Local Control Panel，LCP)、按钮式车钟(Pushbutton Telegraph，PBT)、主机接口模块(Main Engine Interface，MEI)、数字调速系统(Digital Governor System，DGS)和主机安全单元(Engine Safety Unit，ESU)等。机旁操作面板和按钮式车钟安装在机旁操作台上，配合机旁安装的起动、停车和换向手控气动阀以及主机油量调节手轮用于完成主机的机旁应急操作。主机接口模块(MEI)一方面通过网络接收驾驶台操作单元或集控室操作单元发出的操作命令，另一方面输出控制信号控制气动操纵系统中的各个接口电磁阀，实现主机的起动、停油和换向等逻辑动作。主机安全单元(ESU)通过传感器检测主机运行状态，当发生危及主机安全的情况时，将发出自动降速或自动停车命令。数字调速系统(DGS)包括数字调速器(Digital Governor Unit，DGU)、转速测量单元、伺服单元和执行机构四大部分，DGU 通过网络接收转速设定命令和主机实际转速，根据控制规律输出油量信号，由伺服单元控制执行机构，改变主机给油量，实现主机的转速控制。

AC C20 的上述各个组成部分都是由单板计算机控制的相对独立的子系统，各个子系统通过一种被称为控制器局域网(Controller Area Network，CAN)的网络总线互联，形成一个 CAN 总线控制网络，CAN 网络中的每个子系统称为网络的一个节点。不同的节点可根据方便性原则安装在船舶的不同位置，甚至可以直接安装在机器设备(如主机)上，具有分布式安装的特点，因此被称为分布式处理单元(Distributed Process Unit，DPU)。每个 DPU 均有各自的微处理器和 I/O 接口电路，能够对各种模拟量或开关量传感器输入的信号进行检测，并向不同的外围设备进行开关量或模拟量输出。DPU 在机械构造、电气特性和电路原理方面采用标准化设计，但不同的 DPU 加载不同的应用软件，用以适应不同的任务需求。

DPU 均设置有两个 CAN 总线接口，并通过两套 CAN 总线互联。当正常工作时，其中一套 CAN 总线工作，另一套备用，当工作网络出现故障时能够自动进行热切换。CAN 总线的这种设计称为双冗余网络设计。

AC C20 就是通过 CAN 网络中的各个 DPU 协同工作来实现主机遥控系统的各种功能的。

二、分布式处理单元

采用分布式处理的网络化设计是目前船舶自动化发展的方向之一，这种设计理念已被国内外众多的生产厂商所采用。在这种网络化的控制系统中，分布式处理单元(DPU)是系统硬件的主要存在形式。KONGSBERG 公司的产品也一样，在机舱监视与报警系统和主机遥控系统中均采用相同的 DPU 模块和 CAN 网络结构，其 AC C20 主机遥控系统和 DC C20(或 K－Chief 500)监视与报警系统的 DPU 模块互为通用。

AC C20 所用到的 DPU 模块包括开关量输入、开关量输出、模拟量的输入、模拟量输出等通用模块和专门用于主机遥控的专用模块。专用模块在机械和电气特性上与通用模块完全一致，只是在 I/O 通道的设计上考虑主机遥控的特殊需要。关于通用模块参见项目六的相关阐述，主机遥控系统专用模块有：①主机接口单元(MEI)；②主机安全单元(ESU)；③转速检测箱(RPMD)；④数字调速器(DGU)。

【任务实施】

一、任务要求

会进行 AC C20 车钟系统及操作部位切换。

二、任务准备

AC C20 主机遥控系统一套。

三、任务操作

AC C20 车钟系统的典型配置是一个由驾驶台车钟、集控室车钟和机舱应急车钟组成的三地车钟系统，如图 5－3－2所示。对于有侧翼操作台的系统，则还有侧翼车钟。其中，驾驶台车钟和集控室车钟与 AutoChief 操作面板(Autochief Control Panel, ACP)一起分别组成驾驶台操作单元和集控室操作单元，和 ACP 共用一个 DPU，而机舱应急车钟则单独使用一个 DPU。三地车钟通过 DPU 的双冗余 CAN 总线相互通信。

驾驶台车钟和集控室车钟完全相同，均为单手柄复合车钟(LTU)，而机舱应急车钟则为按键式车钟(Pushbutton Telegraph, PBT)。

1. 单手柄复合车钟(LTU)

单手柄复合车钟(LTU)安装在驾驶台操作面板和集控室操作面板上，所谓复合车钟是指装置同时具有传令和主机操作指令的发讯功能，如图 5－3－3 所示为 LTU 的面板结构。

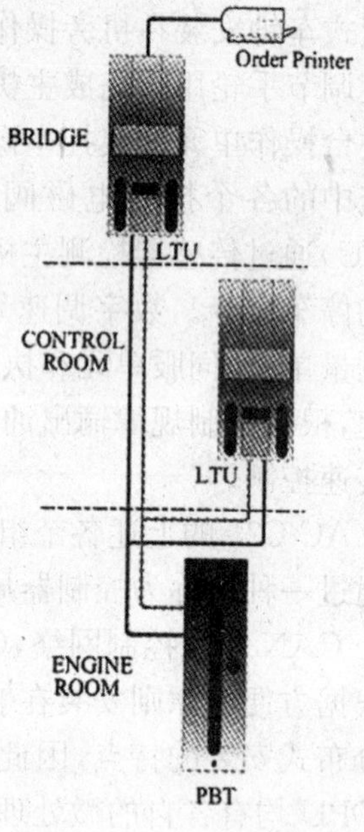

图 5－3－2　AC C20 车钟系统

车钟手柄共分 11 档，包括停车(Stop)位和正、倒车各 5 个挡位。正车的 5 个挡位包括微速(Dead Slow)、慢速(Slow)、半速(Half)、全速(Full)和海上全速(Navigation Full)；倒车的 5 个挡位包括微速(Dead Slow)、慢速(Slow)、半速(Half)、全速(Full)和应急倒车(Emergency Astern)。手柄两侧，对应各个挡位，分别布置有发光二极管(LED)指示灯，当手柄打在不同位置时，对应的 LED 点亮，并且手柄下方的文本显示器会显示相应的档位名称。例如，手柄的当前位置为“Slow”，则“Slow”灯点亮，其文本显示内容也为“Slow”。尽管手柄分为不同的挡位，但手柄也可以自由地移动到两个挡位之间的任意一个位置，因此可实现精细的转速设定。

车钟左下方设有三个带灯按钮，其上标明“Bridge”(驾驶台)“ECR”(集控室)和“Local”(机旁)标识，用于进行操作部位的指示和切换。

车钟右下方的三个带灯按钮分别为“At Sea”(海上航行)“Stand by”(备车)和“FWE”(完车)按钮，用作辅助车钟。

车钟的正下方还设有一个保护翻盖，上面的红色标示为“Emergency Stop”(应急停车)。紧急情况下，可打开翻盖，按下应急停车按钮。此时，遥控系统将触发主机安保系统发出应急停车信号，同时也将使转速控制系统的转速设定值为 0，实现应急停车。再按一次应急停车按钮，并将车钟手柄回零，可实现应急停车的复位。

2. 按键式车钟(PBT)

按键式车钟位于机舱机旁操作台上，用于在机旁操作时与驾驶台或集控室进行传令联络，其面板结构如图 5-3-4 所示。按键式车钟的挡位划分与单手柄车钟完全一致，区别在于它是通过带灯按钮进行传令操作和车令指示的。

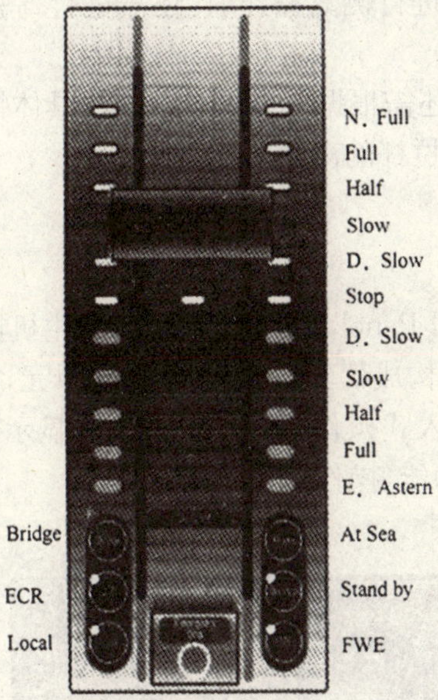

图 5-3-3　单手柄复合车钟

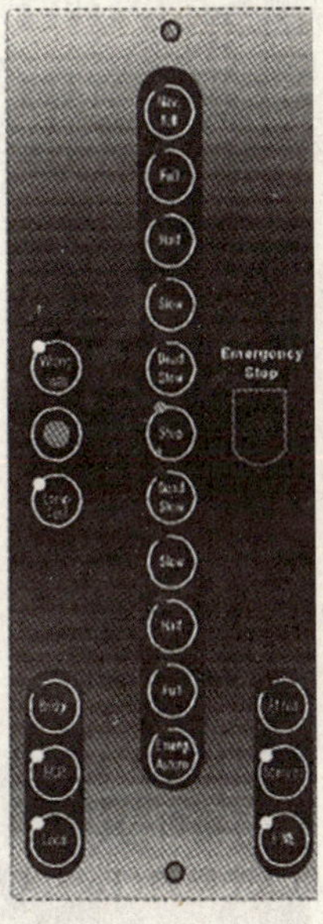

图 5-3-4　按键式车钟

按键式车钟没有主机操作指令的发讯功能，因此它只是一个纯粹的传令车钟。当在机旁进行操作时，轮机员要通过机旁的主机应急操作装置对主机进行手动操作。

按键式车钟的左侧还设有一个试灯按钮和错向报警指示。

3. 操作部位及其切换

AC C20 主机遥控系统典型的操作部位包括驾驶台、集控室和机旁三个位置，主机的当前操作部位由车钟上相应的按钮灯指示。

“Bridge”按钮上的 LED 点亮表示为驾驶台操纵，此时主机将根据驾驶台操作手柄发出的指令由遥控系统进行自动遥控。当进行驾驶台操作时，车钟的传令功能将失效，但集控室和机旁车钟上挡位指示灯还将指示驾驶台手柄的位置。

"ECR"按钮上的LED点亮表示为集控室操纵，此时集控室和驾驶台之间的通信联络通过车钟系统进行。当驾驶台车令发生变化时，目标挡位的指示灯点亮，同时蜂鸣器响。轮机员应首先回令(即把集控室车钟手柄移动到目标挡位，蜂鸣器停响)，然后通过"主机起/停与转速设定杆"(Start/Stop & Speed-set Lever)操纵主机，使主机达到车令要求的状态。

"Local"按钮上的LED点亮表示为机旁操纵，此时机旁与驾驶台之间可通过车钟系统建立通信联系。当驾驶台车令发生变化时，轮机员首先通过机旁车钟的按键回令，然后通过机旁应急操作装置对主机进行相应操纵。机旁应急操作装置因主机类型而异，一般为主机气动操纵系统自带的手动控制阀和主机油量调节手柄或手轮。

操作部位切换可通过带灯按钮的操作实现。例如，从集控室转到驾驶台操作时，首先按下集控室车钟上的"Bridge"按钮，这将使集控室和驾驶台车钟上"Bridge"按钮的LED闪光且使蜂鸣器响，然后在驾驶台按下"Bridge"按钮，两地"Bridge"按钮的LED变为平光，且蜂鸣器停响，"ECR"按钮的LED熄灭，操作部位切换完毕。其他切换与上述过程相类似，但需要注意到以下两点：

(1) 对于有侧翼操作台的系统，当需要进行侧翼操作时，还需进行驾驶台与侧翼操作台之间的操作转换。具体方法这里不予展开。

(2) 在机旁与集控室之间进行转换时，还需根据气动操纵系统的具体情况进行其他某些操作，如进行气动阀件的转换操作和油门拉杆的离合切换等。

二、AC C20操作面板

1. AutoChief操作面板

AutoChief操作面板(Autochief Control Panel，ACP)是AC C20主机遥控系统的重要组成部分，它和单手柄复合车钟(LTU)一起构成驾驶台/集控室操作单元，如图5-3-5所示。ACP由独立的一个DPU控制，内装嵌入式操作系统，通过LCD显示窗口、按键和多功能旋转按钮为用户提供丰富的人机交互功能，操作简单便捷。

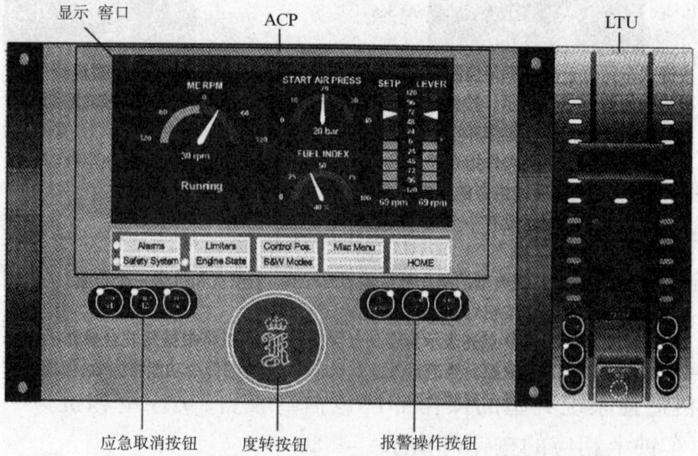

图5-3-5 AC C20驾驶台/集控室操作单元

1）显示窗口

显示窗口具有丰富的显示功能，通过菜单式软按钮调出各种 Mimic 显示画面。如图5－3－6所示为两个常用的显示页面，窗口顶部文本显示副车令、操作部位和主机状态等，底部显示为菜单按钮，中间部位为主要显示区域，可以是文本信息、流程图或显示参数的模拟仪表和条形图等。如图 5－3－6(a)所示显示主机转速、起动空气压力、燃油齿条刻度、手柄设定转速(SETP)和经过各种转速限制环节之后实际送到调速器的设定转速(ACT)；如图 5－3－6(b)所示显示出主机当前状态(STATE)、起动失败/起动阻塞(START FAIL/BLOCK 原因和主机备车未完(ENGINE NOT READY)原因等。AC C20 的软件显示功能不仅省去传统的硬件显示面板，而且也使显示内容更加丰富多彩。

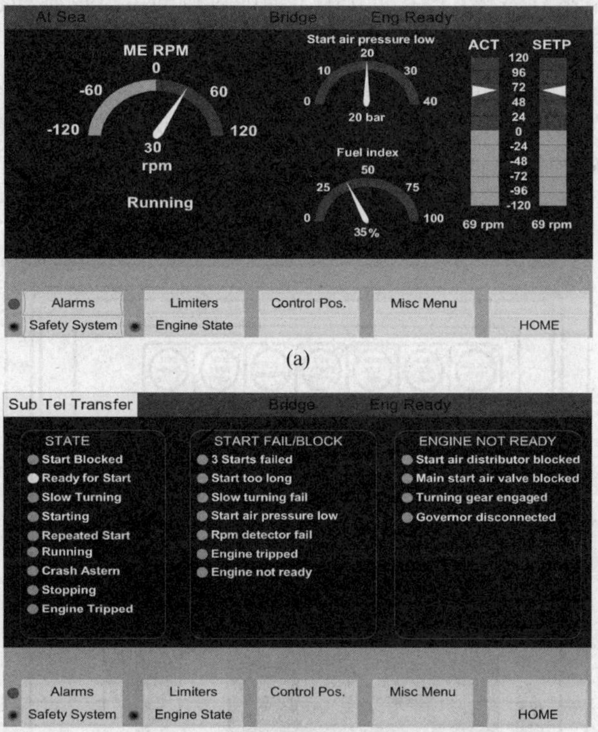

(b)

图 5－3－6　ACP 显示窗口

2）多功能旋转按钮

多功能旋转按钮相当于计算机鼠标，可用于点击显示窗口中菜单键和 Mimic 图中的操作对象、移动 Mimic 图中的虚拟手柄以及进行参数修改。通过左、右旋转可对操作目标进行轮回选择(被选目标变为高亮)，按下旋转按钮即可激活相应的功能。因此旋转按钮是驾驶台和集控室操作面板的重要操作工具。

3）应急取消按钮

应急取消按钮是为紧急情况下取消遥控系统的各种限制和自动降速及自动停车功能而设置的。按下“Cancel SHD”键时将取消被设定为可取消的自动停车项目，而按下“Cancel SLD”则可取消被设定为可取消的自动降速项目，“Cancel limits”用于取消转速和负荷限制。

4）报警操作按钮

报警操作按钮包括“Sound off”（消声）按钮和“Alarm ackn.”（报警确认）按钮。当有报警事件时，显示窗口将出现报警信息的文本显示，可通过这两个按钮进行消声和确认，恢复正常后报警文本消失。与报警确认和消声按钮并排设置的还有一个“In command”绿色指示灯，灯亮表示该ACP具有对主机的操作权。

2. IPU指示面板单元

IPU指示面板单元位于集控室操作台，面板的结构和布局如图5-3-7所示。它由一个独立的DPU进行控制，其主要功能是对主机及遥控系统状态进行直接显示，另外还兼有辅助风机的控制和状态指示功能。面板上半部分指示主机及遥控系统的状态，具体内容参见面板上的各个指示灯名称；下半部分用于辅助风机的运行控制和状态显示。辅助风机的数量最多可以有三台，分别通过带灯按钮“START /RUN”和“STOP”进行控制和指示。运行选择开关打在“MAN”位置时可通过“START/RUN”或“STOP”按钮进行手动起停控制；当置于“AUTO”时，风机将根据风压情况自动起动或自动停止，增加或减少运行风机的数量；而置于“STOP”时，将禁止对风机的操作。若有风机出现故障，则“WARNING”报警灯发出报警信号。

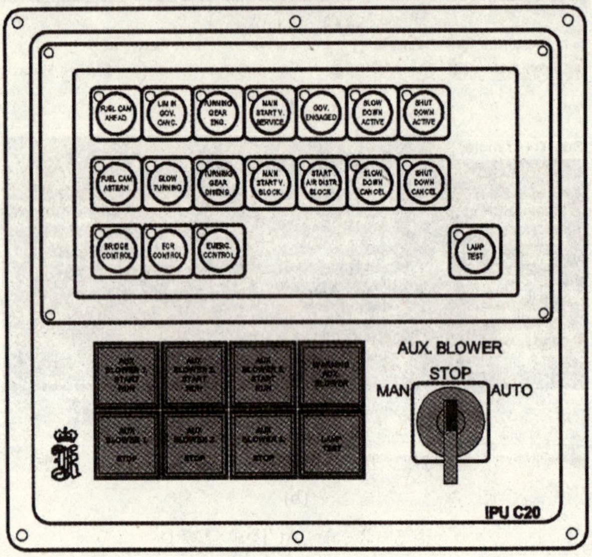

图5-3-7　指示面板单元

3. 机旁显示面板

当操作部位切换至机旁操作时，通过按键式车钟与驾驶台联络，根据驾驶台车令在机旁操作主机。此时，借助机旁显示面板能够了解主机当前运行状态、安全状态及操作部位等综合信息。显示内容包括主机转速、主机运转方向指示、主机当前操作部位指示、辅助风机运行指示、应急操作指示、自动停车指示和盘车机未脱开指示等，此外包括一个自动停车取消按钮和试灯按钮。

【任务评价】

（1）现场总线型主机遥控系统操作方法正确。

（2）现场总线型主机遥控系统参数调整方法正确。

【课后练习】

（1）现场总线型主机遥控系统结构有哪些？

（2）现场总线型主机遥控系统特殊工作模式有哪些？

任务 4　电控柴油机控制系统的认识

Task Four　Knowledge of Main Engine Electronically Profiled Injection Control System

【任务描述】

随着智能控制在陆上工业各领域广泛应用和成熟，船上控制系统也发生变化，最先引入智能控制的是船舶航向自动操舵仪，随之是航迹保持器。到 20 世纪 80 年代末，引入船舶主机，形成智能型柴油机概念。由于人们对船舶可靠性、经济性和废气排放控制的日益关注，90 年代各大船舶主机制造商相继在实验室开展智能柴油机研究，1993 年 MAN B&W 公司研制出试验机，在实验室中运转。1998 年首台智能型柴油机安装在挪威的 Bow Cecil 轮上。2000 年 11 月使用智能系统船舶主机进行试航，并通过 DNV 等船级社认可，2002 年初 MAN B&W 公司正式推出电子控制的 ME 系列柴油机。而瑞士 Wartsila 公司在 1998 年首先推出共轨式全电子控制的智能型柴油机 Sulzer RT-flex（电控等压喷射）燃油喷射系统，该系统实现无凸轮轴柴油机的燃油喷射，排气阀启、闭，起动空气和缸套润滑的全电子控制，堪称柴油机的第三次革命。目前，国内关于智能柴油机的叫法不一，这里称之为电控柴油机。本任务是认识电控柴油机控制系统组成功能，会诊断电控柴油机控制系统故障。

【学习目标】

（1）认识电控柴油机控制系统组成功能。

（2）会诊断电控柴油机控制系统故障。

【相关知识】

一、电控柴油机控制系统的基本概念

智能控制引入船舶主机控制系统是从智能调速器开始的，它把船舶主机现时的排烟中的含氧量、温度、增压器的压力、转速等信号都引入控制系统，根据现时主机的给定转速与实际转速的偏差大小，再综合现时的排烟温度、增压器的压力、含氧量等决定燃油量，使其充分燃烧，达到经济性要求。但是，影响船舶柴油机燃油的燃烧充分与否的因素很多，不仅与增压器压力的大小、输入新鲜空气量的大小有关，还与喷射开启时间、喷射时间持续长短、燃油喷射的压力有关，而且在不同柴油机转速下，他们也是不相等的。所以，当时智能型调速器就不能完全达到减排高效目的，只能通过传统柴油机自身结构上的突破，才能提高船舶主机可靠性、经济性和降低排放。Wartsila 公司首先提出共轨技术，在传统的 Sulzer RTA 型柴油机上取消废气排气阀驱动装置（Exhaust Valve Driver）、燃油泵（Fuel Pump）、凸轮轴（Camshaft）、可逆（倒车）伺服电动机（Reversing Servomotor）、燃油连接（Fuel Linkage）、起动空气分配器（Start Air Distribution）和凸轮轴驱动（Eamshaft Drive）等机构。采用 Common Rail（共轨）装置建立燃油压力；采用液压控制排气阀启、闭操作；采

用容积喷射控制单元(Volumetric Injection Control Unit)控制燃油的流量和喷射时间;采用燃油供给单元(Fuel Supply Unit)取代原有的燃油泵提供高压燃油,由液压伺服液压泵提供动力液压油。其结构示意图,如图 5-4-1 所示。

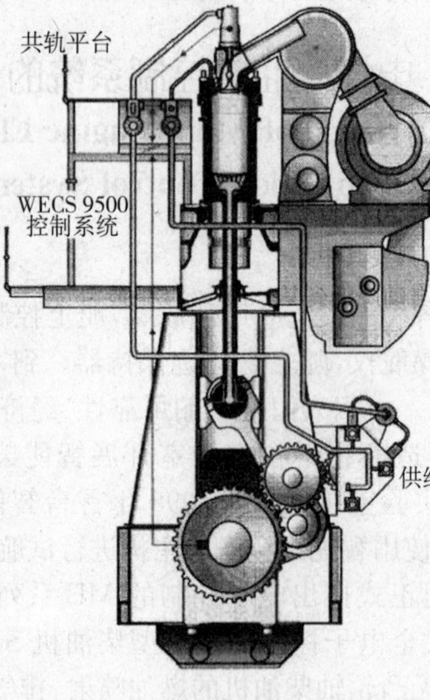

图 5-4-1 RT-flex 型电控柴油机结构

1. 电控型柴油机的共轨技术

采用传统机械结构的柴油机无法实现高效减排目标,只有通过机电一体化设计对传统柴油机在结构上进行变革,才能实现高可靠性、经济性和高效减排的目的,通过几十年的研究,诞生柴油机共轨技术。图 5-4-2 为瑞士 Wartsila 公司研制的 Sulzer RT-flex 型船用低速柴油机电子控制共轨技术系统。从图 5-4-2 中可以看见,该系统取消凸轮轴装置对其喷油和排气控制,取而代之的是 WECS-9500 控制系统,它给各缸的气缸控制单元(CCU)发送燃油喷射控制信号,气缸的控制单元根据这个指令和本缸气缸的活塞位置等控制燃油喷射量、喷射时间、喷射方式(一次性喷射,脉冲性喷射)以及喷射油头的个数。排气阀的控制是由 WECS-9500 控制系统发出指令给各缸控制单元(CCU),CCU 就根据指令给本缸的排气控制电磁阀通电,控制高压伺服油驱动排气阀使之排气;而柴油机的起动也是由 WECS-9500 控制系统根据曲柄角度传感器送来的曲柄的位置信号判别各缸的活塞位置,从而发出哪个缸应打开起动阀进气,进行起动。这里的起动阀也是采用电动控制电磁阀。

从图上看,各缸的燃油压力都是一样的,各缸的液压伺服油压力也是一样的,由此而得名为共轨技术,只不过各大柴油机制造商所采用的压力不同而已。像瑞士 Wartsila 公司的 Sulzer RT-flex 机型是采用 1 000 bar 高压燃油压力,而 MAN-B&W 的 ME 系列是采用 7～8 bar 低压燃油压力,它需进行两次增压后才能喷射。

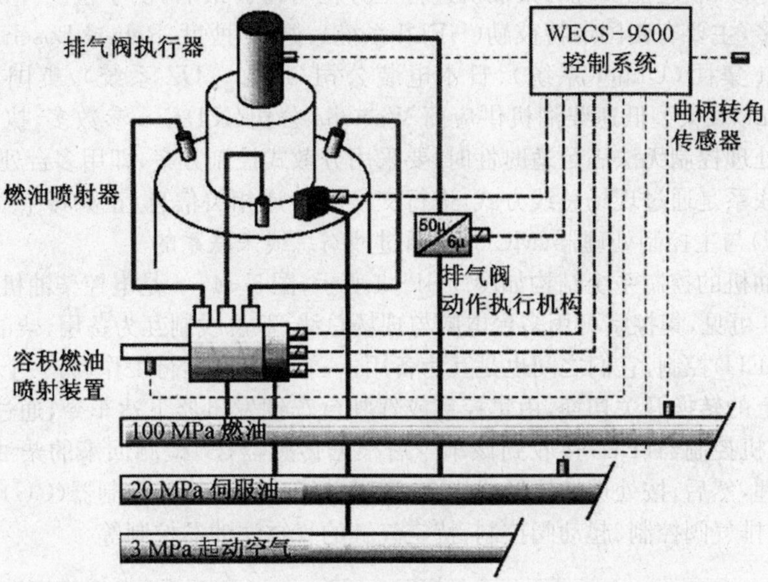

图 5-4-2　Sulzer RT-flex 型船用低速柴油机电子控制共轨技术系统

2. 电控型柴油机控制系统的主要功能

1）电控型柴油机控制系统组成

要实现柴油机高效率和降低废气排放量，采用传统的机械结构是无法达到的，只有通过机电一体化设计才能实现。运用电的控制手段，才能做到灵活多变，适应不同柴油机的工况要求。船舶柴油机的电控系统主要由以下各部分组成。

(1) 运行模式选择程序部分。它主要由低排放控制模式、燃油经济性模式、主机运行保护模式、应急停/倒车的最优化等模式组成。电控系统可根据船舶航行的实际情况，由驾驶台或自身控制系统选择对应所需的运行模式。

(2) 主机控制系统。它主要由气缸喷射油量的控制、燃油泵的控制、气缸的压力测量与分析、最大功率 P_{max} 的控制、排气阀的控制、压缩压力的控制、增压系统的控制等单元组成，它控制柴油机各系统运行。

(3) 主机工况监测、分析与管理。主机工况监测、分析与管理应能自动采集主机的各种运行参数，并通过计算机控制，使主机始终运行在最佳状态，它主要由活塞环或气缸套的工况监测、气缸压力监测、扭力和振动的监测以及柴油机智能管理等单元组成。

2）电控型柴油机的主要功能

要实现电控型柴油机的各种功能，要靠现代自动化、计算机、通信等技术手段支持。首先将检测回来的柴油机各种运行状态信号送到计算机进行处理（按照最佳的工作模式，使柴油机燃油效率最高，排放最低），处理结果对柴油机的燃油喷射系统、电子调速系统、增压系统、排气阀系统等进行控制，这就要求检测信号的传感器反应快、可靠性高、计算机运行速度快，各系统的执行机构动作快、灵敏和可靠。其次是对柴油机的管理维护、故障诊断等进行深层次管理，使柴油机在寿命期限内达到最大效率。它主要完成柴油机各工况监测，记录历史数据，对其进行分析，检测磨损量，预测检修、更换备件的时间表，同时，还能对备件进行管理，少件或缺件自动形成申购表。通过检测回来的柴油机运行参数，对存在的故障能进行故障诊断，它能实现对柴油机进行全方位管理。最后，由于检测开发电控型柴油机的公司很多，主要有美国卡特彼勒(HEUI系统)、德国(博世)Rebert Boseh公司、意大利(菲亚特)Fiat集团(Unijet系统)、日本电装公司(ECD－UZ系统)，英国Loucas公司(diesel system)及大型低速柴油机供应商Wartsila公司(RT-flex参数多，执行机构多，用单台计算机处理控制无法满足适时性时，要采用分散式控制方案，即用多台处理器。这样，他们之间的联系是通过现场总线方式，进行交换和传递相关信息，正如每个气缸的控制处理单元(CCU)与主控制处理器(MCU)是通过网络总线来联系的。

电控柴油机的控制系统结构如图5－4－3所示，图5－4－4是电控柴油机的控制系统。由图5－4－3可见，集控室可用多台电脑与现场总线，双总线制互为备用，柴油机由两个主机控制单元(EU)控制，它们之间也是互为备用，一个单元在运行工作，另一个处于热备用，通过集控室上的转换开关切换，由集控室或驾驶台车钟发讯器下达车令，通过数据处理送到总线上，主机控制器(EU)接收到该车令后根据传感器(S)检测回来的柴油机现时状态信息进行处理，然后，按处理结果形成指令，通过总线送到各缸的控制器(CU)，对本缸的燃油喷射控制、排气阀控制、起动阀控制、特定气缸的气缸注油器控制等。

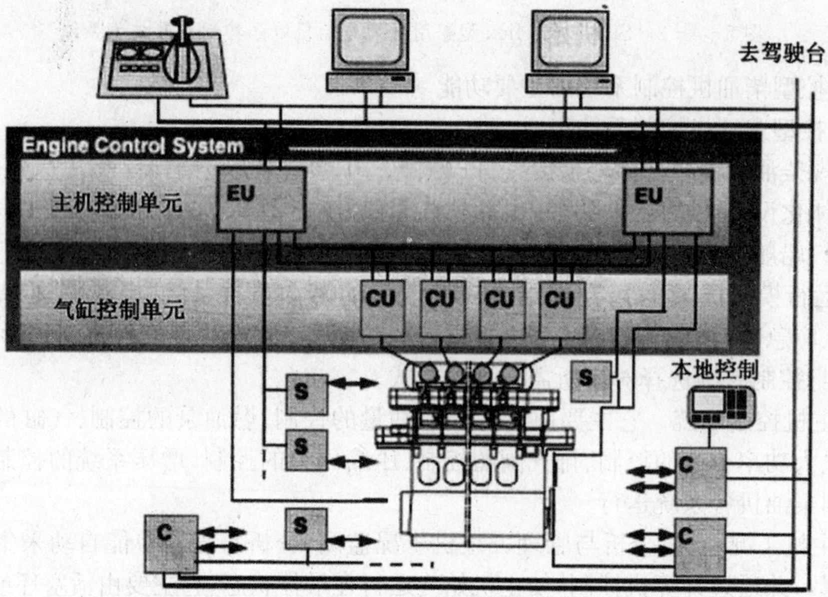

图5－4－3　电控柴油机的控制系统结构

开发电控型柴油机的公司很多，主要有美国卡特彼勒(HEUI系统)、德国(博世)Rebert Boseh公司、意大利(菲亚特)Fiat集团(Unijet系统)、日本电装公司(ECD－UZ系统)、英国Loucas公司(diesel system)及大型低速柴油机供应商Wartsila公司(RT-flex系统)和MAN－B&W公司(ME系统)低速柴油机。我国船上所采用的比较典型的是Wartsila公司的RT-flex系统和MAN－B&W公司的ME系统，这里以这两个系统作介绍。由于各公司进行技术保密，只能对其方框结构介绍，无法做到元器件的介绍，作为管理维护人员来讲，必须知道其信息的流程关系以及各现场传感器、执行器的作用，一旦这些单元发生故障，能够排除这些故障。

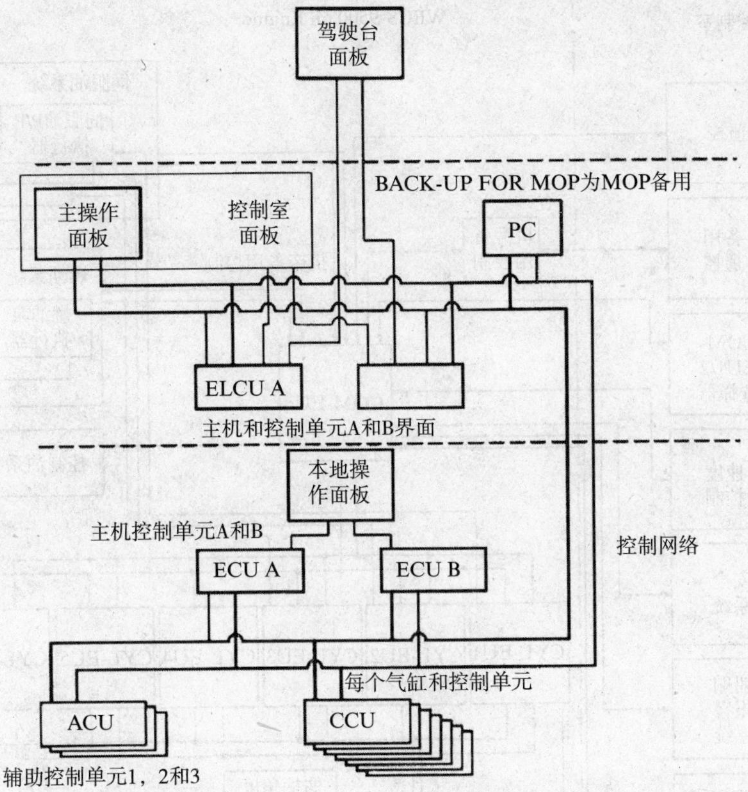

图 5－4－4　电控柴油机的控制系统

二、Wartsila 公司的 RT-flex 系统

1．WECS－9500 控制系统

Wartsila 公司的 RT-flex 型电控柴油机控制系统的核心单元是 WECS－9500，它的结构原理，如图 5－4－5 所示。由图 5－4－5 可见，它主要由主控制器(COM－EU)和各气缸的控制单元(CYL－EU)等组成。主控制器(COM－EU)接收外界的信号，如主机遥控系统、调速器、安保系统、人机界面、控制油系统、燃油系统、液压伺服系统等信号，然后进行程序处理，把处理的结果送到各气缸控制器(CCU)，由其再去控制燃油系统的执行器、液压伺服系统的执行器等进行相应调节，使柴油机完成相应功能，并达到最佳运行状态。

WECS－9500 控制系统不仅取代传统柴油机上凸轮轴相关的机械零部件的功能，而且能对燃油喷射、排气阀动作、柴油机的起动、换向、停车和气缸润滑等功能的全电子化灵活控制。通过对相关参数的设定和修改，可调节主机的运行状态和性能参数，实现柴油机最佳性能。此外，还可对主机的运行情况进行实时监测，并与船上的其他控制系统、报警系统连接，将主机的运行情况直接送到各系统，各系统可直接采用该信号进行综合处理。可见，它主要的作用是对 Common Rail 的燃油压力、伺服油压力进行控制以及主机、气缸相关的功能管理，其中包括对主机的状态检测、参数的调整、控制气缸的喷油时间、喷油量、排气时间，使主机处于最佳工作状态，另外，还负责对外界系统的通信。

WECS－9500 控制系统各功能单元的作用：

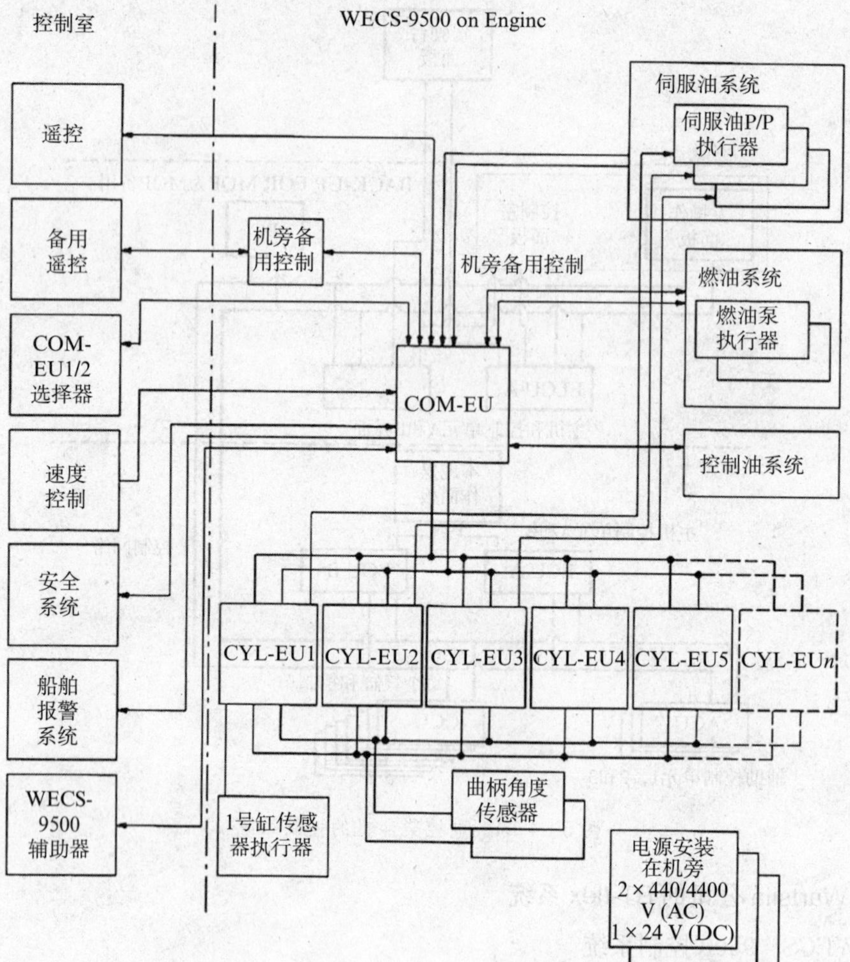

图 5-4-5 WECS-9500 控制系统

(1) 公共电子控制单元(COM-EU)。它包括两个主控制模块 MCM,它们互为备用,一个 MCM 工作,另一个处于热备用状态,由外部的选择开关发信号给选择模块 ASM,ASM 模块根据选择开关的信号确定哪个模块处于工作,哪个处于热备用。MCM 的主要作用是对 Common Rail 中的油压进行控制、控制主起动阀以及与其他系统通信,并对主机内部信号进行检测和传输。

(2) 气缸电子控制单元(CYL-EU)。每个气缸都装配一个气缸电子控制单元(CEU),它安装在 Common Rail 平台的下部,它提供对气缸的起动空气阀的起、闭进行控制,燃油喷射、排气阀的起、闭在时间和数量上进行控制,即 VIT VEO VEC 等功能控制。

(3) 曲柄轴角度传感器(Crank Angle Sensor)。它用于准确测量曲柄轴位置,该信号送到 CEU,从而推算出气缸的活塞位置,便于对气缸的喷油和排气的时间控制。

(4) 各缸执行器的传感器用于检测各电磁阀、液压伺服油缸的工作状态。

(5) WECS 的辅助控制单元(WECS Assistant)。它安装在集控室,由一台计算机和一台 MAPEX－CR 的控制装置组成。这套装置作用是：显示主机的状态及报警信息，例如，每个气缸的燃油、废气、延时时间，每个气缸活塞速度等状态信息显示，以及各传感器测量值、参数设定值和动态曲线显示。对各运行参数越限进行报警显示。对主机的一些参数进行设定。参数设定可分为两组：一组为操作人员，无须密码进入设定，例如，最大油耗限制，磨合模式，修改 VIT，FQS 等的参数，改变喷油的起始角度，排气阀的关闭角度等；另一组为专家，需密码进入，只有柴油机厂家服务人员或经过厂家授权的人员才能改定，如发火顺序等。同时，作为智能化的主机，RT-flex 机型还配备一些附加功能，如一些特殊的参数检测、数据分析、管理维修、备件管理等，其中包括 MAPEX－TP(气缸磨损检测)，MAPEX－PR(活塞运行可靠性检测)，MAPEX－CR(燃烧可靠检测)，MAPEX－TV/AV(扭矩振动/轴向振动检测)，MAPEX－SM(备件和维修)等，用户可根据自己的要求选择这些功能(全部或部分)。

2. WECS－9500 系统中的公共电子单元(COM－EU)

WECS－9500 系统中的公共电子单元，其中有一个模式识别模块，是由集控室中的选择器选中某一个主控板为运行板，另一个为备用板，该信号通过识别选中其中一个作为运行板，另一个为备用板，例如，以 1 号为运行板，2 号就成热备用板。这时运行主控板就与驾驶台或集控室的外界系统通信，根据各传感器采集回来的主机实时运行状态信息和外界指令要求，形成命令，传输给每个缸的气缸控制器，进行相应控制操作，同时，识别模块发出指令给燃油泵执行驱动器，使燃油泵工作；识别模块也发出指令使控制油泵工作。选中的主控板根据车钟指令也直接对起动空气阀进行控制。

3. 气缸控制单元(CYL－EU)

WECS－9500 控制系统中的气缸控制单元，它由气缸的控制中心模块和阀件控制信号放大驱动模块组成。当气缸控制模块从 CAN 总线上与主控制模块进行通信，从冗余设计的曲柄轴角度编码器获取曲柄轴的位置，推算气缸活塞的位置，对气缸运行状态进行控制，同时也采集燃油喷射信号、排气阀的位置信号以及三个喷射阀状态的适时信号，然后通过设定的程序进行计算处理，对各燃油喷射阀、废气排放阀、起动进气阀和液压伺服油泵的执行器进行控制。

4. 电控型柴油机燃油系统的控制

由于电控型柴油机燃油是采用共轨系统的，所以，就有共轨燃油压力控制和各缸喷射油量的控制。图 5－4－6 为 Sulzer RT-flex 电控型柴油机的共轨管路燃油压力控制。由图 5－4－6 可见，主控模块 MCM 从气缸控制模块 CCM 接收柴油机转速信号和现时共轨上的压力信号，然后通过内部运算处理输出控制燃油泵执行机构的驱动器信号，并对其控制，使得燃油泵输出的燃油压力达到现时柴油机的转速所要求的压力。当共轨上的燃油压力高时，通过燃油压力控制释放阀，使其保持稳压；当安保系统检测到危及主机的故障信号时发出关闭燃油信号，使燃油速闭阀动作，把燃油排放掉。同时，共轨燃油压力也受主轴承滑油压力控制的燃油压力控制阀控制，起到保护柴油机的目的。燃油增压泵是由曲柄轴通过传动机构驱动的，如果其中一个燃油泵驱动器发生故障，它会通过弹簧使得正常连接在适当位置或移动到最高位置，变成定量泵，其余没有发生故障的燃油泵仍保持变量泵而受控。

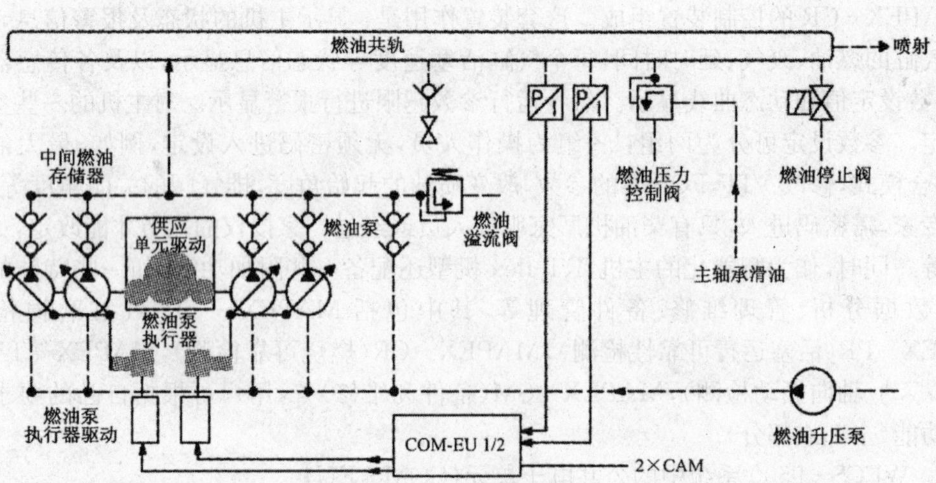

图 5－4－6　Sulzer RT-flex 电控型柴油机的燃油共轴压力控制

图 5－4－7 为 Sulzer RT-flex 电控型柴油机的燃油喷射量控制。在非喷射燃油时间段内，气缸控制模块 CCM 不发出喷射燃油信号，三个电磁阀无电，控制伺服油不能进入喷射控制阀的信号端，喷射控制阀下位通，共轨管路中的 1 000 bar 的燃油通过三个喷射控制阀下位，进入燃油喷射量油缸中，控制量油缸中活塞位置，就量好该气缸燃油喷射量的大小。燃油喷射量是主控模块(MCM)通过比较速度控制器中的喷射油量和燃油指令信号的要求推算出的。当 CCM 根据曲柄轴编码器送来的曲柄角度信号和 VIT，就可计算出喷射初始角，到达喷射初始角时刻，CCM 给 VDM 发喷油指令，使共轨电磁阀通电(这三个电磁阀是否同时通电，取决当时柴油机的负荷和转速，如低速、低负荷时，只需一个电磁阀工作，即一个油嘴工作)，这时相应的液压伺服控制油出现在喷射控制阀的信号端，使其上位通，这时共轴管路的燃油被堵塞，量油缸中 1 000 bar 燃油再通过活塞驱动，形成更高压，通过喷油嘴喷入气缸进行雾化燃烧。由于各阀件起、闭是需要时间的，为了准确定时喷油，需要计算出延时时间，通常把触发信号发出时刻到有效喷射的时刻之间差值称为喷射动作滞后时间。根据之前循环的喷射动作滞后时间可计算出下一个喷射循环。喷射系统还可以采集三个喷射阀的开启时间监测每次的循环，以至于保证不混乱。如果油量传感器被损坏了，控制系统将取代主控制器 MCM 的燃油指令信号，进行定量喷射。

5. 液压伺服油压力控制

图 5－4－8 为 Sulzer RT-flex 电控型柴油机液压控制油压力控制。主控制模块 MCM 采集控制油轨的伺服油的压力信号，与给定值 200 bar 比较，若出现偏差，通过 CAN 总线使各气缸控制模块 CCM 去控制伺服泵输出量，从而控制伺服油轨的压力。每个气缸控制器(CCM)都输出一个指令信号给伺服泵内部的压力控制器，通常该控制信号是一个脉宽调制信号(1～2.5 A AC)，其频率为 60～100 Hz。伺服和控制油都是把润滑油经过一次过滤后的滑油。伺服控制油共轨管路系统装一个安全阀，还安装两个压力传感器，把共轨伺服控制油压力信号送到主控模块 MCM。控制油系统除了安装安全阀外，还装一个稳压阀，以保持控制油压力不变。

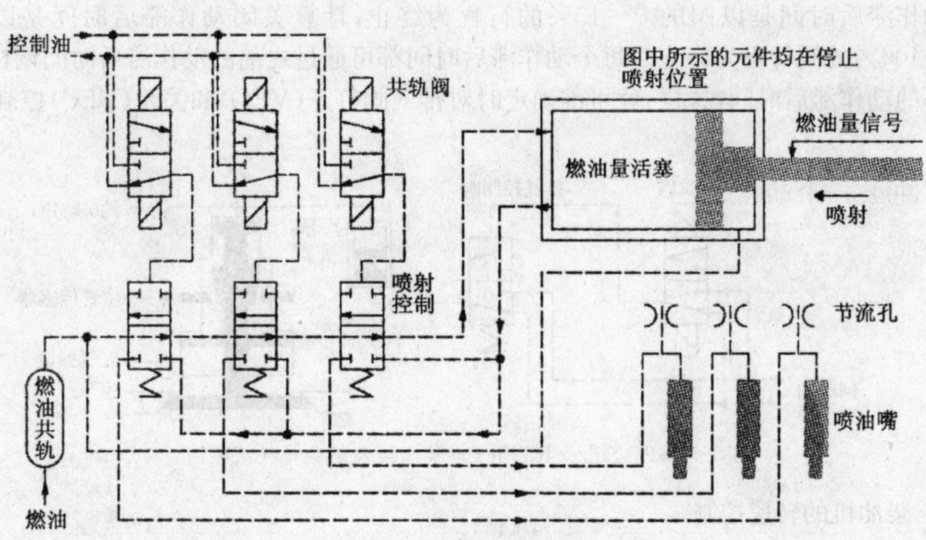

图 5-4-7　Sulzer RT-flex 电控型柴油机燃油喷射量控制

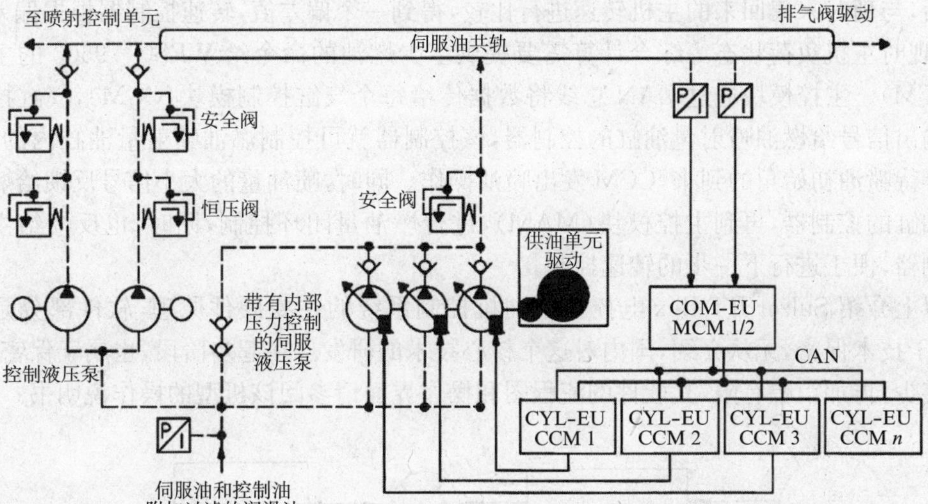

图 5-4-8　Sulzer RT-flex 电控型柴油机液压控制油压力控制

6. 排气阀的控制

图 5-4-9 为 Sulzer RT-flex 电控型柴油机的排气阀控制。气缸控制模块(CCM)根据曲柄轴角度编码器的信号和 VED(排气阀开启),发出开启排气阀的信号,该信号使排气轨道电磁阀动作,上位通,伺服油进入排气控制阀的信号端,这时伺服油进入执行油缸,活塞移动,把 4 bar 的液压油增压推入排气阀的上油室,阀心下移进行排气,同时,排气阀移动的位置由两个冗余设计位置传感器进行监测,反馈给气缸控制模块(CCM),监视排气阀是否开启。若一个位置的传感器损坏,另一个传感器可继续使用,这时会给出报警信号。若两个位置传感器都损坏,CCM 内部的固定动作程序仍然保持有效,排气阀仍能工作。

同样,CCM 发出排气指令到排气阀打开,也有延时,称其为排气动作滞后时间。计算开启动作滞后时间是以阀的0～15%的行程为终止，计算关闭动作滞后时间是以阀的15%～100%的阀行程为终止。每个动作滞后时间都可通过之前的动作滞后时间调校下一个循环的动作滞后时间，这样，就可准确定时对排气阀打开(VEO)和关闭(VEC)控制。

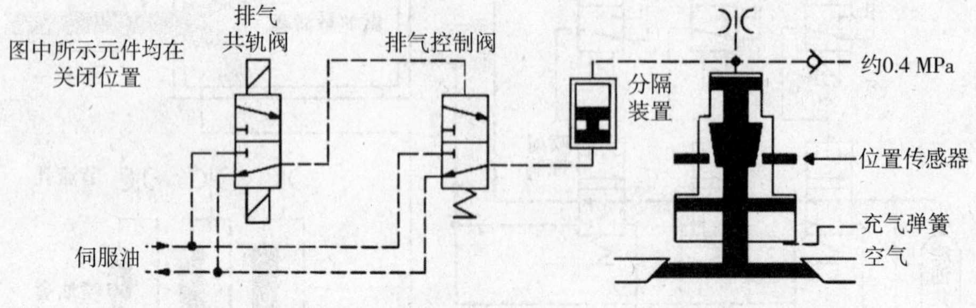

图5-4-9 Sulzer RT-flex电控型柴油机的排气阀控制

7. 柴油机的转速控制

Sulzer RT-flex电控型柴油机的转速控制是由一个独立于WECS-9500控制系统的转速控制器完成的。图5-4-10为该机型的转速控制。当转速控制接收到车钟的转速命令之后，与现时采集回来的主机转速进行比较，得到一个偏差值，转速控制器根据偏差值的大小、现时主机负荷状态等综合计算需要提供多少燃油的命令给WESC-9500的主控模块(MCM)。主控模块通过CAN总线将数据传给每个气缸控制模块(CCM)，气缸控制模块再输出信号给燃油喷射量油缸的控制器，该控制器就可控制燃油喷射量油缸内的油量，然后等待喷油初始角的到来，CCM发出喷油操作。同时，喷油量的大小信号反馈给燃油喷射量油缸的控制器，再到主控模块(MAM)，进行燃油量闭环控制，同时，也反馈给主机转速控制器，便于进行下一步的转速控制。

以上介绍Sulzer RT-flex电控型柴油机控制系统的主要硬件原理，软件部分是其核心，属于技术保密，无从介绍，国内对这个核心技术的研发也在起步阶段，也属于保密阶段，资料甚少，再加篇幅有限，其软件的流程图和操作界面请参阅该机型的操作说明书。

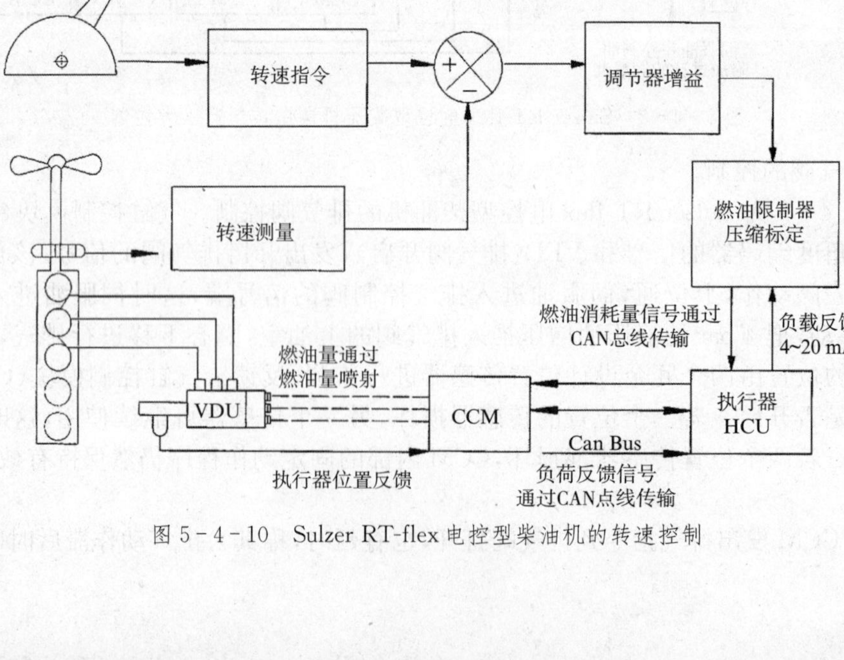

图5-4-10 Sulzer RT-flex电控型柴油机的转速控制

三、MAN－B＆W 公司的 ME 系列电控型柴油机控制系统

MAN－B&W 公司的 ME 系列电控型柴油机也是采用共轨技术，但是燃油共轨管路的压力为低压 7～8 bar，伺服油的压力为 200 bar，都属于低压力系统，能比较有效地防止漏油。这样在机械结构上与 Wartsila 公司共轨柴油机有所不同。对于燃油就得各缸进行两次增压达到喷射压力要求。图 5－4－11 为 ME 系列电控型柴油机的共轨系统，由燃油泵使燃油增压到 7～8 bar，送到各个气缸的两次增压器进行喷射前的再增压，使压力达到喷射压力，而液压伺服油是由主滑油泵送来的滑油通过两次过滤（6 μm），再通过曲柄轴驱动的增压泵或电动驱动增压泵，增压到 200 bar，并送到阀箱，通过控制各缸的电磁阀，使伺服油分别进入各缸排气阀的液压缸单元进行排气操作和进入各缸燃油增压的液压缸单元进行增压喷油操作。

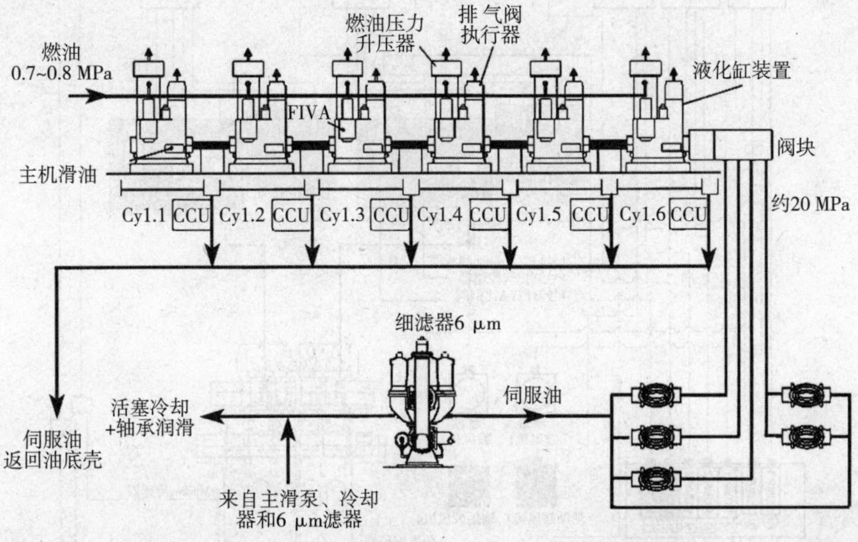

图 5－4－11　ME 系列电控型柴油机的共轨系统示意

同样，ME 系列柴油机也有燃油喷射、排气阀起停和换向等控制。它也是采用计算机直接控制系统，与常规计算机控制系统相似，有输入通道、开关量信号、模拟量信号（有电压信号±10 V，电流信号 4～20 mA）、脉冲信号（曲柄轴角度编码脉冲信号）等输入；输出通道有控制各个电磁阀的开关量信号，也有继电接触器控制信号、模拟量电压（±10 V）、电流（4～20 mA）信号等控制相关执行器，还有通信通道，与其他计算机进行串行通信，与上、下位机进行网络通信，人机界面有一个专用通道。

1. ME 系列柴油机的电控控制系统

图 5－4－12 为 ME 系列柴油机的电控控制系统。主控板也是采用冗余结构的。在集控室有两个并联冗余的主机信息控制单元 A 与 B 和两个并联冗余的操作面板（实现人机信息交换）。这两个主机信息控制单元也与驾驶台上的操作显示面板进行信息交换，在机舱里有两个主机控制单元 A 和 B，与冗余设计的双总线相连接，它与集控室中的主机信息控制单元（EICU）、执行器控制单元 ACU1，2，3 以及与各气缸的控制器 CCU 进行信息交换（通信）。

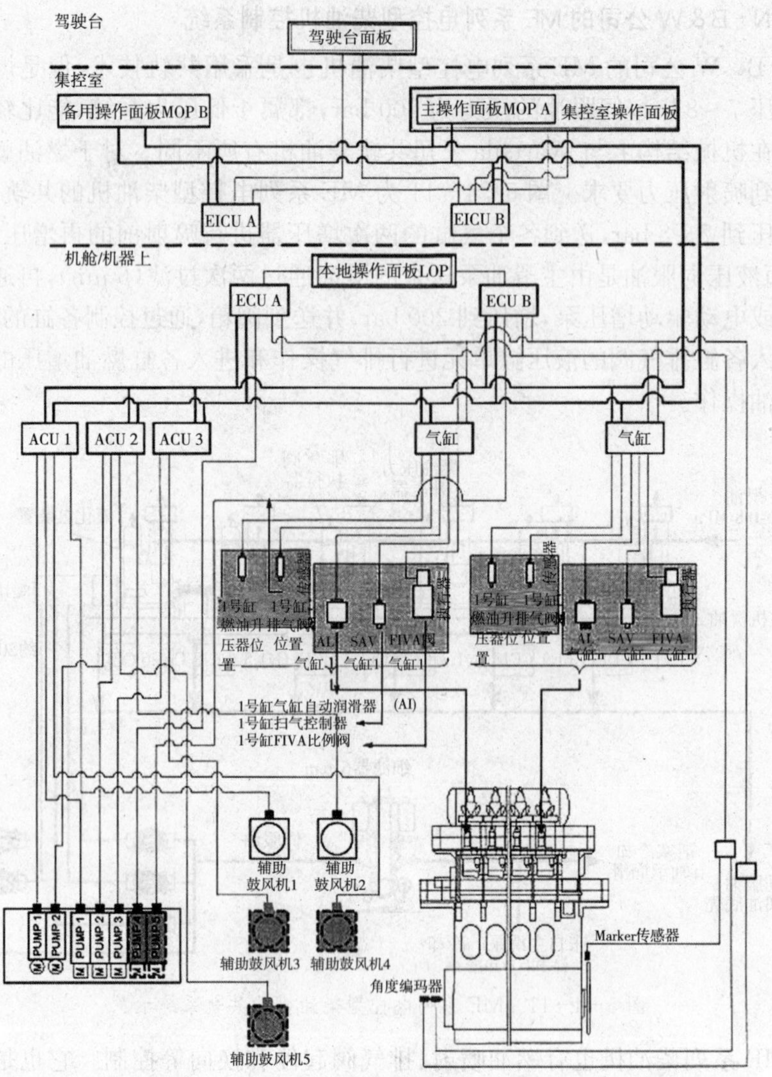

图 5-4-12　ME 系列柴油机智能控制系统

1）主机信息控制单元(EICU)

在集控室的操作台中，上面有两个操作界面(MOP)，其中一个为运行状态，另一个为热备用状态，一旦运行中操作界面发生故障，它能自动切换到另一台备用机上。它接收驾驶台上操作信息和集控室操作界面上信息，同时，它还与外部系统进行通信。它与上位机的主机功率管理系统、手动操作系统、主机遥控系统、报警系统、安保系统进行信息交换，其功能和作用与 WECS-9500 控制系统相似。

2）主机控制单元(ECU)

主机控制单元(ECU)是 ME 系列柴油机智能控制器的核心，它管理着三个辅助控制单元和各缸控制单元(CCU)，并对其进行监控，同时，接收现场传感器送来的信号和机旁操作板的操作指令，对 ACU、CCU 下达指令，实现主机换向、起动、喷油、排气、停车等一系列操作，使主机各运行状态达到最佳运行状态，为了安全可靠，它可直接控制备用泵的起、停运行。

3) 辅助控制单元(ACU)

辅助控制单元(ACU)是对燃油泵、润滑泵和辅助鼓风机进行起、停控制,使其共轨管路中保持所要求的压力。它有自动控制模式和手动控制模式。在自动控制模式下,各台辅助鼓风机是根据设定好的"起动顺序",按扫气压力的大小进行起、停控制,当扫气压力小于或等于 0.4 bar 时,就按"起动顺序"起动辅助鼓风机,当扫气箱中压力达到 0.7 bar 时,就依次停止这些鼓风机,其停止是按扫气压力逐一减台的,即大于或等于 0.7 bar 时,先延时停一台鼓风机,当扫气压力为 0.4～0.7 bar,就不再停第二台;若停了一台鼓风机,扫气压力还是大于 0.7 bar 时就停止第二台,以此类推。起动正好相反,以0.4 bar为起动值,当主机停车时,辅助鼓风机将继续运行 15 min 后才停机,在手动操作模式下,由操作人员控制。

4) 气缸控制单元(CCU)

每个气缸都有一个独立的气缸控制单元(CCU),它接收曲柄轴自由端安装的曲柄轴角度编码器的脉冲信号,由此计算本气缸活塞位置和工作进程状态。同时,接收主机转速传感器信息,计算活塞的运行速度信号。采集燃油增压活塞和废气排气阀的位置信号。根据 ECU 发来的指令进行综合处理,控制主机各缸的起动、停车、喷油、排气等操作。本系统与 RT-flex 机型有所区别,它的燃油喷射采用模拟量控制,而排气阀控制是采用开关量控制的。对于燃油喷射采用比例阀,而对于排气控制采用开关量的开启/关闭。两者不会混乱,因为燃油喷射时间段与排气阀开启时间段是不会重合在一起的,所以采用一个三位三通液压伺服阀控制,如图 5-4-13 所示。

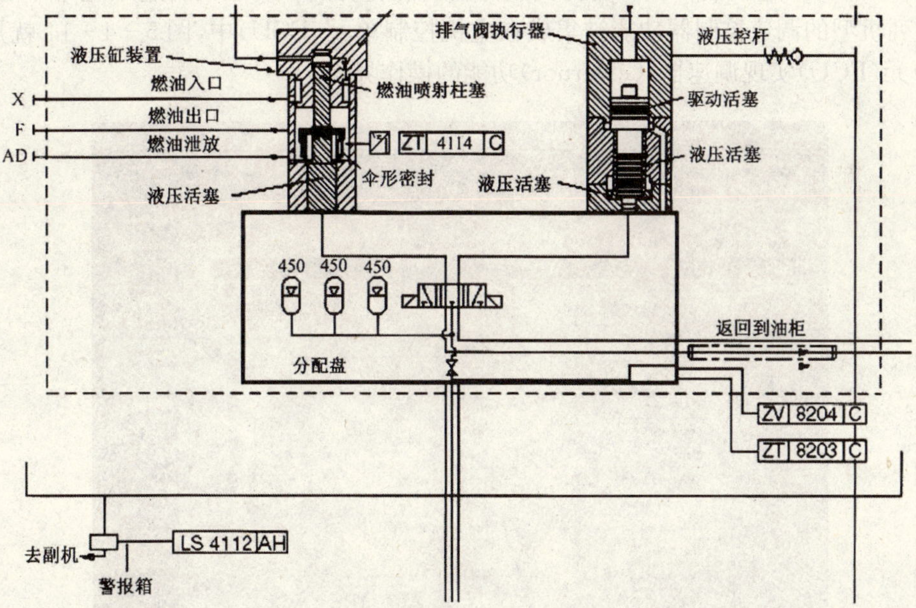

图 5-4-13　燃油喷射和排气阀液压操作原理

当要进行燃油喷射时,使电磁阀左边有信号,左位通,高压动力油进入左边的燃油增压器活塞的下位,高速推动增压缸活塞,使燃油缸内的燃油升压,从喷油嘴向气缸内喷油。燃油量的多少是由 CCU 控制 FIVA 的比例阀(图中未画出)来控制,与 Sulzer RT-flex 机型不同,它靠控制燃油进油阀的开度实现,而 Suler RT-flex 机型以量油缸的活塞位置来度量。当轮到排气操作时，CCU 就使得右端有信号，右位通，高压动力进入排气阀执行器的液压油缸的活塞的下端，高速推动液压油使排气阀执行器的油缸活塞向上运动，形成高压动力油去操作排气阀，使其打开排出废气。当排气结束时，处于既不喷油，又不排气操作时，控制阀两端都没有信号，阀处于中位，两个增压器的活塞下端高压油回流到回油柜，其中，燃油量的测量、喷射以及排气阀的运动过程，参见《主推进动力装置》（大连海事大学出版社，2012 年）的 ME 系列柴油机介绍，这里不重述。

在图 5－4－12 中，有一气缸自动润滑器（AL），它也是由 CCU 控制的，也是一个启、闭阀，它的通断馈给率是由喷射的频率来控制的，即燃油喷射频率高说明主机转速高，气缸的润滑注油也要频繁，保持气缸活塞良好润滑。

2. 柴油机转速控制

当驾驶台或集控室的车钟发生主机转速指令，通过转速协调器进行调制，按照主机的运行参数和本身特性参数对车钟的转速指令进行调制：如稳速过程，停车减速过程，最小转速、最大转速、定速航行过程，紧急停车指令、故障减速、功率与转矩最佳配合、起动时的等速速率加率、负荷程序、临界转速回避、转速微调等，这时车令的发送是不一样的，按照对应的设定程序发送车令，然后，这个车令与主机实际转速信号进行比较，得到偏差值，送到转速调节器（Governor）进行比例积分微分调节或智能控制算法进行计算处理，所得的信号，经过主机性能指标的限制器进行相应限制，不超过限制值，把现结果输出作为当时燃油量的给定值，若超过限制值，只能以限制值输出作为当时燃油量的给定值指令，送到气缸控制单元（CCU），由它控制 FIVA 的比例阀，实现燃油量控制，使主机转速跟随车令的要求，ME 系列机型的调速控制器功能被集成在主机控制单元（ECU）中，图 5－4－14 就是主机控制单元（ECU）实现调速器（Governor）功能的操作界面。

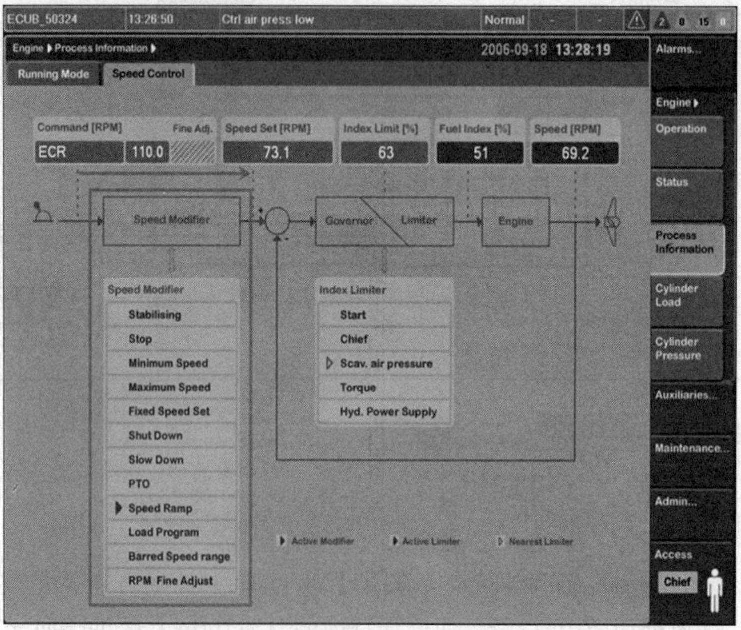

图 5－4－14　ME 系列机型调速器界面

3. 曲柄轴角度偏码器

ME系列机型转速传感器是采用磁脉冲式输出转速传感器，它的曲柄轴角度编码器与通常编码器有所不同，图5-4-15为该机型曲柄轴编码器原理。它有8个磁感应探头，分成A与B两组；A组中两个为检测转速和方向，另两个为标记位检测，一个放在0°位，另一个放在90°位上，而B组，也用两个探头检测转速和方向，其他两个为标记位，但与A组的标记位相差45°，一个放在45°位上，另一个放在135°位上，这样，曲轴自由端驱动一个磁性半圆环转动，在标记位上的探头就会有输出电动势变化，若输出高电平为“1”，低电平为“0”，则可作出曲柄轴位置角度与四个探头的输出的电平高低的变化表，见表5-4-1。

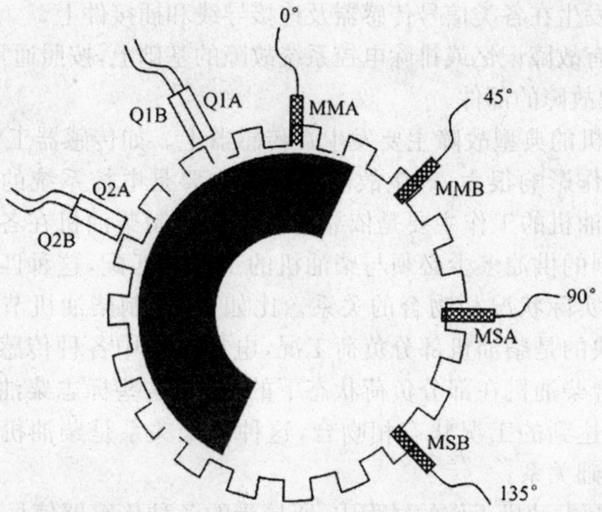

图5-4-15 曲柄轴编码器原理

用于检测转速的两个探头是正交的，在时间上相差90°(1/4周期)。这两组信号通过转速角度测量系统处理后送到主机控制单元(ECU)和气缸控制单元(CCU)，从而推算出气缸活塞的位置，作出相应控制和操作。

表5-4-1 四个标记位探送输出电平高低与角度的关系

位置	0°～44°	45°～89°	90°～134°	135°～179°	180°～224°	225°～269°	270°～314°	315°～359°
MMA	1	1	1	1	0	0	0	0
MMB	0	1	1	1	1	0	0	0
MSA	0	0	1	1	1	1	0	0
MSB	0	0	0	1	1	1	1	0

ME系列机型的智能控制系统的操作软件是采用组态软件方式，界面友好，操作方便，由于篇幅有限，请参阅ME系列的操作手册。

电控型柴油机是柴油机的第三次变革，是机电一体化设计在内燃机设计的成功应用。由于电控型柴油机正处于发展壮大阶段，随着新的控制策略和方法的改变，其性能和管理能力将进一步提高，使电控型柴油机实现真正的“智能化”。

【任务实施】

一、任务要求

会诊断电控柴油机故障。

二、任务操作

在诊断电喷发动机故障时，一般都遵循这样的原则：

首先判断故障的原因是在电控部分还是在机械部分，采用的方法就是利用故障检测仪检查是否有故障记忆，如果有故障记忆，则可确定故障原因在电控部分，如没有则可初步确定故障原因在机械部分。

第二步是根据故障记忆的内容及提示产生故障的相关原因去确定系统中的故障部位，这些故障部位大多发生在各类信号传感器及连接导线和插接件上。

第三步是在没有故障记忆或排除电控系统故障的基础上，按照通常的柴油机故障排除规律，确定可能引起故障的部件。

常见电喷柴油机的典型故障主要发生在传感器上。如传感器工作不正常时，对柴油机微机控制系统工作影响很大，产生故障的原因主要是电控系统的元件性能发生变化或不稳定。电控柴油机的工作主要是依靠电控单元控制柴油机在各种工况条件下的供油，而电控单元控制的供油多少必须与柴油机的工况相匹配，这种匹配关系必须是电控系统状况与柴油机实际状况相吻合的关系。比如，在控制柴油机节气门使柴油机在经济车速运转时，反映的是柴油机部分负荷工况，电控系统中各种传感器所提供给电控单元的参数，也应符合柴油机在部分负荷状态下的数据，这些标志柴油机负荷状态的参数必须与要求柴油机达到的工况状态相吻合，这种匹配关系是柴油机电控系统能否满足实际要求的一种基础关系。

电控单元在控制发动机工作的过程中，所接受的各种传感器信号是给定的范围，而电控系统的自诊断系统功能就是判断这些传感器的信号是否超出这个范围，只有信号超出规定范围后，自诊断系统才能确定系统中有故障，才能给出故障代码。若信号没有超出给定范围，却与实际情况有较大的偏差，这种不准确信号仍会使电控单元按照提供的不准确信号控制柴油机工作，从而造成柴油机产生故障现象，此时自诊断系统不能给出故障代码，控制系统产生故障排除。

【任务评价】

(1) 会维护管理电控柴油机控制系统。

(2) 电控柴油机故障诊断方法正确。

【课后练习】

(1) Sulzer RT-flex 型与 ME 系列电控柴油机控制系统的区别有哪些？

(2) 电控柴油机控制系统有几条共轨？

项目六　船舶机舱监测与报警系统的操作、维护及故障分析

Item Six　Operation, Maintenance and Fault Analysis of Ship Engine Room Monitoring and Alarming System

项目描述

机舱监视与报警系统(Ship Engine Room Monitoring and Alarm Systems)是轮机自动化的一个重要内容,它的功能是准确可靠地监测机舱内各种动力设备的运行状态及其参数,一旦运行设备发生故障,自动发出声光报警信号。根据自动化程度的不同,有些系统还具有报警记录打印,参数和状态的定时或召唤打印以及参数的分组显示等功能。对于无人值班机舱,集中监视与报警系统还能把报警信号延伸到驾驶台、公共场所、轮机长房间和值班轮机员的住所。机舱集中监视与报警系统不仅可以改善轮机管理人员的工作条件,减轻劳动强度,及时发现设备的运行故障,而且也是实现无人机舱的基本条件。通过本项目的学习,学生能操作维护机舱监视与报警系统,能处理常见故障。

任务1　机舱报警控制柜结构和功能的认识

Task One　Knowledge of Construction and Function of Engine Room Alarm Control Box

【任务描述】

机舱集中监视与报警主要包括报警监视系统、远距离监视仪表及车钟记录仪。远距离监视仪表主要用来独立遥测一些重要参数,如主机转速、滑油压力等。监视仪表有显示仪表和记录仪表,它们都被集中安装在集控室的监视屏上。车钟记录仪主要用来自动记录主机车令及其发令和回令时间。车钟记录通常安装在驾驶台,也有安装在集控室的。监视与报警系统是机舱集中监视的主要部分,主要由它完成对机舱中所有运行设备的监视。本任务是认识机舱报警处理流程。

【学习目标】

(1) 认识机舱报警控制柜结构和功能。

(2) 认识机舱报警处理流程。

【相关知识】

一、参数类型

机舱中需要监视的参数可分两类：一类是开关量；另一类是模拟量。

所谓开关量，是指只有两个状态的量。这两个状态通常表现为开关的断开和闭合，而开关的形式可以是机械开关或继电器触点。在船舶机舱中，开关量可以反映设备的运行状态，例如，设备是运行处于状态还是停止状态，设备是正常工作还是出现故障，主机凸轮轴位置以及阀门位置等。监视与报警系统能对这些开关量进行显示，需要报警的则发出声光报警。

模拟量是指连续变化的量，如温度、液位、压力和转速等参数均为模拟量。监视与报警系统应能对这些模拟量进行实时显示，如果参数超过预定的范围，则应发出越限声光报警。越限报警分为两种情况，有些参数是不允许超过某一上限值的，当超过这一上限值时发出的报警称为上限报警；另外一些参数则不允许低于某一下限值，当低于这一下限值时发出的报警称为下限报警。通常，温度参数的报警为上限报警，压力参数的报警为下限报警，而液位参数的报警则既有上限报警也有下限报警。

应当指出的是，对于有些设备，其运行参数虽然为模拟量，但并不把这些模拟量直接送入监视与报警系统，而是通过电压力继电器、温度继电器或液位开关等转换为开关量信号再送至监视与报警系统。对于这类参数，监视与报警系统将以开关量的形式进行处理。

二、监测方法

监视与报警系统的种类很多，但所采用的监测方法有两类：一类是采用连续监测方法；另一类是采用扫描监测方法。

1. 连续监测

连续监测是指机舱中所有监测点的参数并行地送入监视与报警系统，并对所有监测点的状态及参数进行连续监测。系统中的核心单元是报警控制单元，它由各种测量和报警控制电路组合而成。每个监测点需要一个独立的电路进行测量和产生报警信号，测量结果和报警信息送至公共的显示和报警电路，但在设计上通常将多个同类型参数的电路制作成一块电路板。连续监测的方法由于每个监测点采用单独的电路，因此，各监视点之间的相互影响较小，当某一监视点通道发生故障时，不会影响其他通道的工作，监视点的数量增减在原则上也不受限制。所需硬件较多，造价较高。

2. 扫描监测

扫描监测也称为巡回监测，这种方法是以一定的时间间隔依次对各个监测点的参数和状态进行扫描，将监测点信息逐一送入监视与报警系统进行分时处理。因此，无论监视点有多少，仅需要一个测量和报警控制单元。

巡回监测方法可通过常规集成电路和微型计算机来实现。由于微机具有采样速度快、检测精度高、体积小、数据处理功能强大、显示手段先进等优点，大多数船舶均采用基于微机技术的监视与报警系统。此外，计算机网络技术的成熟应用已经使得监视与报警系统朝着分布式网络结构的方向发展。

三、监视与报警系统的组成与功能

一个完善的监视与报警系统由三大部分组成：①分布在机舱各监视点的传感器；②安装在集中控制室内的控制柜和监视仪表或监视屏；③安装在驾驶台、公共场所、轮机长和轮机员居室的延伸报警箱。典型监视与报警系统的组成及其分布如图 6-1-1 所示。

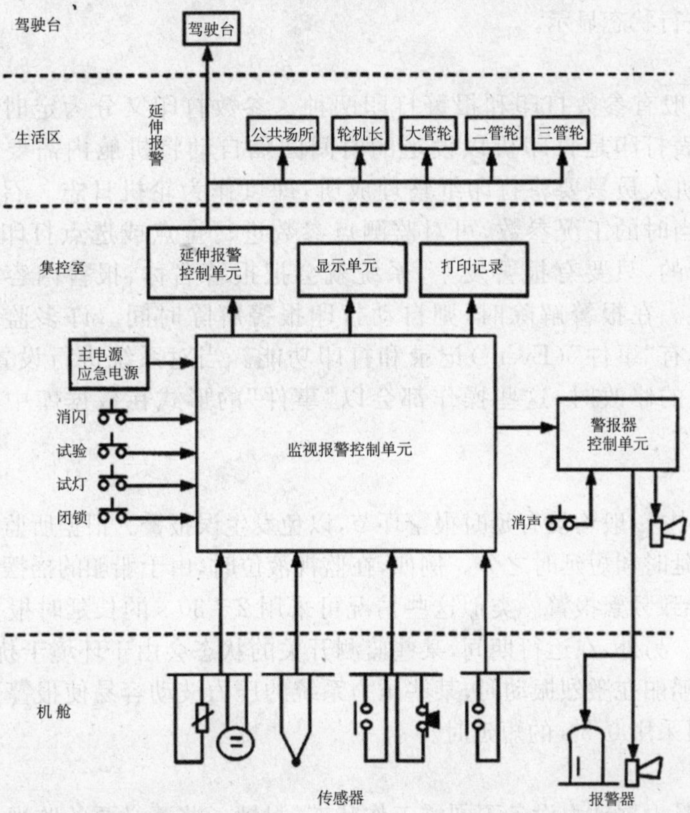

图 6-1-1　机舱监视与报警系统的组成

不同的监视与报警系统，由于实现手段不同，在功能上也略有差异，但原则上都应该具有以下几个方面的功能：

1. 声光报警

声光报警是监视与报警系统最基本的功能，只要监测点的状态发生异常或者出现参数越限，系统就应该发出声光报警，以便问题得到及时处理。

在正常运行期间，监视与报警系统不会发出报警指示和声响报警。当被监视点发生异常时，若该监视点未被闭锁，则系统立即发出声响报警，并且相应的报警指示灯（或屏幕文本字块）快速闪烁，指示报警内容。当报警发生后，要求值班人员按消声按钮进行消声（一般情况下，消声按钮对于所有报警都是共用的）和报警确认（按确认按钮或点击闪烁文本）。当报警确认后，报警指示灯由闪烁转为平光（或者闪烁转为高亮）。当监视点状态或参数恢复正常时，报警指示消失，即报警灯熄灭（或者高亮消失）。当出现短时报警时，系统也会立即发出声光报警，但往往由于监测状态在短时间内自动恢复正常，报警指示将由“快闪”转为“慢闪”，但声响报警还将继续，直到按下消声按钮。

2. 参数与状态显示

参数显示是指通过模拟仪表、数字仪表或者计算机屏幕对所有监测点的运行参数进行显示，即模拟量显示。状态显示指的是反映设备运行状态的开关量显示，通常采用绿色指示灯（灯泡或发光二极管）表示系统或设备的正常运行，红色灯指示灯表示报警状态。对于采用计算机屏幕的系统，则还可以采用“ON”“OFF”“HIGH”“LOW”“NORMAL”和“FAIL”等文本进行状态显示。

3. 打印记录

打印记录一般有参数打印和报警打印两种。参数打印又分为定时制表打印和召唤打印，定时制表打印是打印机以设定的时间间隔自动将机舱内需要记录的全部参数打印制表，轮机人员只要将打印纸整理成册，即可作为轮机日志。召唤打印是根据需要，随时打印当时的工况参数，可对监测点参数进行全点或选点打印。报警打印是由系统自动进行的，只要有报警发生，系统就会把报警名称、报警内容和报警时间进行自动打印输出。在报警解除时，则自动打印报警解除时间。许多监视与报警系统的软件功能还具有“事件”(Event)记录和打印功能。当对系统进行设置、组态或上下限报警值等参数的修改时，这些操作都会以“事件”的形式在数据库中进行记录或进行打印输出。

4. 延时报警

在报警装置中，一般均设有延时报警环节，以免发生误报警。根据所监视的参数不同，其延时时间有长延时和短延时之分。例如，在监视液位时，由于船舶的摇摆，容易反复造成虚假越限现象，导致频繁报警。类似这些情况可采用 2～30 s 的长延时报警，在延时时间之内越限不报警。另外，在运行期间，某些监测开关的状态会由于环境干扰的原因而发生瞬间变化，例如，船舶在激烈振动时，某些压力系统的压力波动容易使报警开关发生抖动。为避免误报警，可采用 0.5 s 的短延时。

5. 闭锁报警

闭锁报警就是根据动力设备不同的工作状态，封锁一些不必要的监视点报警。例如，船舶在停港期间，由于主机处于停车状态，主机的冷却系统、燃油系统、滑油系统等均停止工作，与这些系统相关的参数都会出现异常。因此，有必要对与这些系统有关的监视点进行报警闭锁。

6. 延伸报警

延伸报警功能是为无人值班机舱设置的。在无人值班的情况下，必须将机舱故障报警信号分组后传送到驾驶台、公共场所、轮机长及值班轮机员住所的延伸报警箱。延伸报警通常是按故障的严重程度来分的，可把全部监视点的报警信息分为四组：主机故障自动停车报警、主机故障自动降速报警、重要故障报警和一般故障报警。有时为了简化延伸报警，在值班轮机员住所的延伸报警箱上仅设置重要故障报警和一般故障报警两个报警指示灯。

7. 失职报警

在无人值班的情况下，监视与报警系统在发出故障报警的同时，还会触发 3 min 计时程序。若值班轮机员未能在 3 min 内及时到达集中控制室完成确认操作，即使已在延伸报警箱上进行过确认，仍将被认为是一种失职行为，报警系统会使所有延伸报警箱发出声光报警信号。报警系统发出失职报警后，只能在集中控制室进行消声，复位 3 min 计时器后才能撤销失职报警。

8. 值班呼叫

值班呼叫功能主要用于轮机员交、接班时进行信号联络。例如，大管轮与三管轮进行交接班时，大管轮只要在集控室把“值班选择”指向“三管轮”位置即可。这样，系统就会撤销大管轮的值班信号，而向驾驶台、公共场所和三管轮住所的延伸报警发出三管轮值班呼叫声响信号，值班指示灯闪光。应答后，报警声消失，值班指示灯从闪光转为平光，表示三管轮进入值班状态。以后，监视系统会把报警信号传送到三管轮住所的延伸报警箱，而不再送到大管轮处。

9. 测试功能

在集中控制室的操作台上，一般都设有试灯按钮和功能测试按钮。按试灯按钮，所有指示灯都要亮，不亮的指示灯需要换新。按功能测试按钮，所有监视点均进入报警状态，否则，未报警的监视点表示相应监视通道有故障。测试功能可协助进行故障定位。

10. 自检功能

监视与报警系统正常工作的前提是系统本身没有故障。为了确保监视与报警系统本身的工作可靠性，对诸如输入通道、电源电压和熔丝等重要环节，应具有自动监测功能。当出现异常时，系统将自动发出相应的系统故障报警。

11. 备用电源的自动投入

要使监视系统在全船失电的情况下能正常工作，就必须配备相应的备用电源。在主电源失压或欠压时，系统能自动启用备用电源，实现不间断供电。

【任务实施】

一、任务要求

按机舱报警流程处理机舱报警。

二、任务准备

AC-4 综合报警台一套。

三、任务操作

大多数导致报警发生的原因均无法在报警发生之后自行消失，只有进行相应的处理才能使状态恢复正常，这类报警称为常规报警或长时报警。对于某些具有主/备切换功能的设备，当主用设备出现故障并发出报警时，备用将自动运行，往往由于运行参数恢复正常，而在短时间内自动消失，这类报警称为短时报警。监视与报警系统对这两种情况一般采用不同的处理方法，如图 6-1-2 所示为一般的报警处理流程。

【任务评价】

(1) 会按机舱报警的流程处理一般故障报警。

(2) 会按机舱报警的流程处理短时自动消失的故障报警。

【课后练习】

(1) 机舱监测报警的检测方法有哪些?

(2) 失职报警是什么意思?

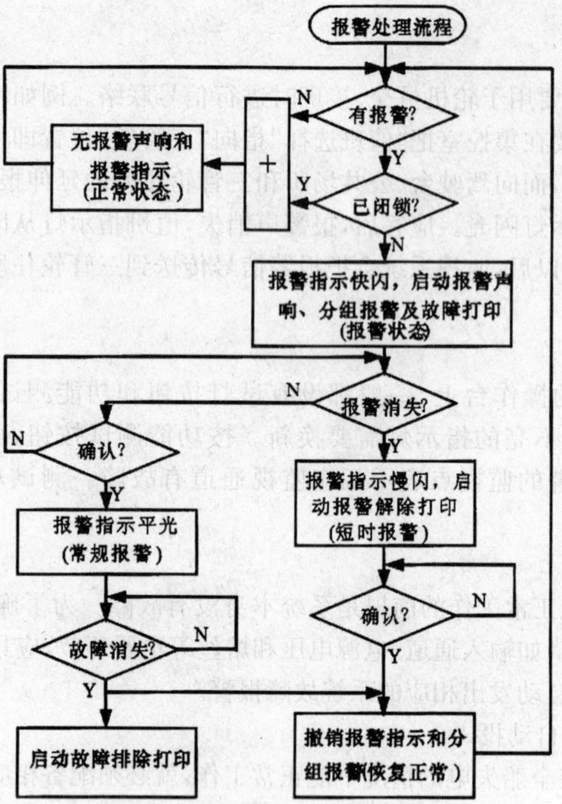

图 6-1-2　监测点报警处理流程

任务 2　单元组合式监测与报警系统的认识及操作

Task Two　Knowledge of Unit Combined Monitoring and Alarm System and Its Operation

【任务描述】

在采用连续监视方法的监视与报警系统中,每一个监测点均需要一个独立的监视与报警控制单元,整个监视与报警系统是由各个检测点的报警控制单元组合而成的,因此,称为单元组合式监视与报警系统。由传感器所检测的每个监视点的状态和参数值相对独立地送到集中控制室,监视与报警系统连续不断地对每个监视点的工作状态进行单独处理。在系统设计时,通常将一个或几个类型相同的监视点控制单元设计在一块电路板上。因此,单元组合式监视与报警系统往往由多块印刷电路板组成。当监视点所对应的设备发生故障或运行参数越限时,监视与报警控制单元应能提供故障报警信号。报警信号一般送至一个公共的报警控制电路,发出声光报警,同时还应送至打印设备进行故障打印。除了发出公共报警信号外,电路板上的相应监视点还应有报警指示灯指示报警内容。对于模拟量监视点,一般还设有参数显示按钮,当按下显示按钮后,相应监视点的测量值能送至公共显示仪表进行参数显示。公共显示仪表往往具有多个量程,当送入不同类型的参数测量值时,应根据参数性质选择正确的量程范围进行读数。有些监视与报警系统还具有延伸报警功能，可将报警信号延伸送至驾驶台、公共场所、轮机长及值班轮机员住所。

报警控制单元有开关量报警控制单元和模拟量报警控制单元，这两种控制单元的工作原理基本相同，只是越限报警值的调整方法不同。对于开关量报警控制单元，它输入的信号是开关状态，一般由温度开关、压力开关、液位开关等传感器检测，越限报警值的调整往往是在传感器上，通过调整其幅差来实现的。对于模拟量报警控制单元，其输入量是运行参数的模拟量，越限报警值一般通过印刷电路板上的电位器进行调整。

本任务认识单元组合式监测与报警系统，认识单元组合式监测与报警系统的电路，掌握单元组合式监测与报警系统的操作。

【学习目标】

(1) 认识单元组合式监测与报警系统。

(2) 认识单元组合式监测与报警系统的电路。

(3) 会操作单元组合式监测与报警系统。

【相关知识】

一、报警控制单元的组成原理及功能

1. 开关量报警控制单元

开关量报警控制单元由输入回路、延时环节和逻辑判断环节的组成，其逻辑原理如图 6-2-1 所示。其中，输入回路用于接收开关量传感器送来的输入信息(即触点是闭合还是断开)，并且在输入异常时发出报警信号；输入回路同时还可接受“试验”信号，当输入试验信号时同样输出报警信号，以模拟监视点的故障信号。延时环节用于对报警信号产生适当的延时，实现延时报警功能，以避免误报警。逻辑判断环节用来完成逻辑运算、状态记忆和报警控制。在监视点参数处于正常范围时，开关量传感器的触点闭合，输入回路不输出报警信号，因此，报警指示灯处于熄灭状态，也不启动声响报警、分组报警和故障打印。当监视点的运行设备发生故障，或其相关参数越限时，传感器触点断开，输入回路送出报警信号，经延时环节和逻辑判断环节后发出报警。报警内容通常包括：①控制报警指示灯，使之快速闪、慢闪、平光或熄灭；②启动公共报警系统，向集控室和机舱发出声光报警；③输出分组报警信号至延伸报警单元，进行归类分组后控制延伸报警箱实现分组报警；④启动报警记录打印机，记录故障发生时间和报警内容。逻辑判断环节除了接收报警信号外，还接收闭锁、消闪、闪光和试灯信号。

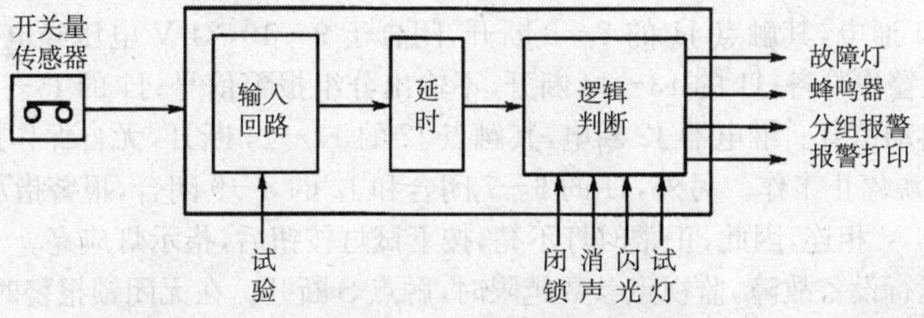

图 6-2-1　开关量报警控制单元组成

根据持续时间的长短，报警可分为长时报警和短时报警。长时报警是指报警长时间存在，而短时报警则是发生报警后，短时间内外部输入信号恢复正常，报警自行消失。

开关量报警上、下限设定值的设定是由开关量传感器来实现的。例如，当采用压力继电器作为压力传感器时，其上限报警设定值为继电器的下限设定压力与幅差之和，而下限报警的设定值则是其下限设定压力。

2. 模拟量报警控制单元

模拟量报警控制单元主要由测量回路、比较环节、延时环节和逻辑判断环节组成，其原理如图 6-2-2 所示。图中，测量回路把监测点的传感器送来的模拟量信号转换成相应的电压信号，以作为监测点参数的测量值 u_i，并在模拟量传感器发生短路或开路时，向自检单元发出传感器发生故障信号。比较环节用于故障报警鉴别，它将测量值 u_i 与电位器整定的报警设定值 u_L 进行比较，若参数越限则输出报警信号至延时环节。在功能试验时，比较环节接收到“试验”信号，若能输出被监视点参数越限的报警信号，则说明控制单元工作正常；否则，说明单元有故障。延时环节和逻辑判断环节的作用与开关量报警控制单元中的环节完全相同。其中延时环节不是所有的模拟量报警控制单元都设置，而只适用于需要延时报警的监视通道中。

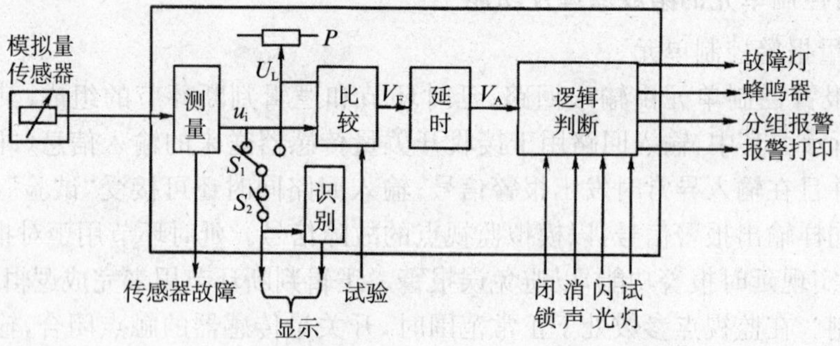

图 6-2-2 模拟量报警控制单元组成逻辑原理

二、用继电器组成的监视与报警控制单元

如图 6-2-3 所示为一个典型的继电器式监视与报警控制单元，它以继电器为基本元件，每块插件板可同时设置 6 个相同的监视与报警控制电路，图中仅示出其中一个。下面介绍该电路的工作原理。

1. 监视与报警控制

在正常情况下，开关量传感器的触点 S 闭合，在未按功能试验按钮时，触点 T 闭合。于是继电器 J1 通电，其触点 J1 的 8—9 断开，闭合于 9—10，24 V 电压经电阻 R1 向电容 C1 充电，为报警作准备；J1 的 13—14 断开，不输出分组报警信号；J1 的 I5—16 断开，不输出故障打印启动信号。继电器 J2 断电，其触点 J2 的 13—14 断开，无自保作用；J2 的 11—12 断开，闪光源停止工作。另外，J1 的 6—7 闭合和 J2 的 8—9 闭合，报警指示灯 L 经试灯按钮 TL 与 24 V 相连，因此，正常时灯不亮，按下试灯按钮后，指示灯应亮。

当发生运行设备故障，监视点参数越限时，触点 S 断开。在无闭锁报警时，闭锁开关 B 断开，D3 截止。此时电容 C2 经 R2 和 J1 放电实现延时报警功能。待 C2 放电到其电压降到一定值时，延时时间到，继电器 J1 断电，J1 的触点 8—9 闭合，电容 C1 上的电压经双绕组继电器 J2 的 2—3 绕组、二极管 D1 和声响报警控制单元放电，使继电器 J2 通电，同时启动声响报警。J2 通电后其触点 13—14 闭合自保，以保证 C1 放电结束后，继电器 J2 继续保持通电。这时，J1 的 13—14 闭合，J2 的 15—16 闭合，二极管 D2 导通，输出分组报警信号至延伸报警控制单元。J1 的 15—16 闭合，使故障打印控制电路产生一个正脉冲信号，起动打印机把故障打印记录下来。J2 的 11—12 闭合，接通闪光源的电源，使闪光源单元投入工作，输出快闪和慢闪两种闪光信号。J1 的 5—6 闭合和 J2 的 6—7 闭合，报警指示灯 L 接通快闪信号源，使指示灯快闪。

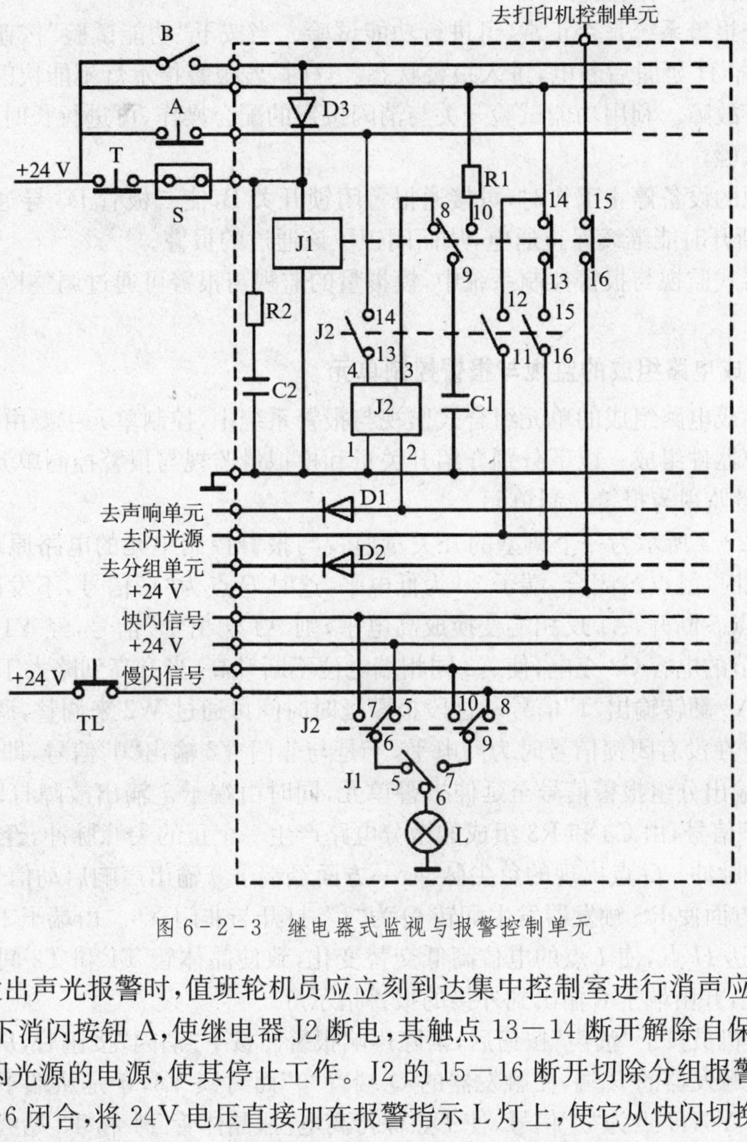

图 6-2-3　继电器式监视与报警控制单元

在系统发出声光报警时，值班轮机员应立刻到达集中控制室进行消声应答，切除声响报警，然后按下消闪按钮 A，使继电器 J2 断电，其触点 13—14 断开解除自保。J2 的 11—12 断开切除闪光源的电源，使其停止工作。J2 的 15—16 断开切除分组报警信号。J2 的 6—7断开，5—6 闭合，将 24V 电压直接加在报警指示 L 灯上，使它从快闪切换成平光。

当故障排除参数恢复正常时，触点 S 重新闭合，继电器 J1 通电，其触点 J1 的 9—10 闭合，电源经电阻 R1 向电容 C1 充电，J1 的 15—16 断开，在故障打印控制单元产生一个负脉冲，自动启动打印机打印出故障排除时间。J1 的 6—7 闭合和 J2 的 8—9 闭合，报警指示灯 L 熄灭，撤销报警信号。

当出现短时故障报警时，即轮机员尚未按应答按钮，监视点参数已自行恢复正常，使触点 S 断开又闭合，这时继电器 J1 和 J2 均通电。触点 J1 的 9—10 闭合，C1 充电；J1 的 15—

16 断开，启动故障排除打印；J1 的 13—14 断开，撤销分组报警。J1 的 6—7 闭合，J2 的 9—10 仍闭合，报警指示灯 L 接通慢闪信号源，使灯从快闪切换成慢闪。这时，值班轮机员先按下消声按钮，切除声响报警，然后在了解报警原因后按下消闪按钮 A，使继电器 J2 断电，触点 J2 的 11—12 断开，使闪光源停止工作；J2 的 9—10 断开，8—9 闭合，使报警指示灯 L 从慢闪直接切换成熄灭，而不经过平光过程。

2. 功能试验与闭锁报警

为了检查报警系统是否正常，可进行功能试验。当按下"功能试验"按钮时，其触点 T 断开，使继电器 J1 延时后断电，进入报警状态。这时，若报警指示灯不能快闪，则说明该报警控制电路有故障。利用功能试验开关与消闪按钮的配合操作，可进行长时故障报警或短时故障报警试验。

在被监视的设备停止工作时，可接通报警闭锁开关 B，使二极管 D3 导通，保证继电器 J1 在触点 S 断开时能继续保持通电，从而闭锁了该通道的报警。

在继电器式监视与报警控制系统中，模拟量的监视与报警可通过调整检测开关的幅差间接实现。

三、用集成电路组成的监视与报警控制单元

在采用集成电路组成的单元组合式监视与报警系统中，控制单元主要由运算放大器和门电路等集成器件组成。以下分别介绍开关量和模拟量监视与报警控制单元的工作原理。

1. 开关量监视与报警控制单元

如图 6-2-4 所示为一个典型的开关量监视与报警控制单元的电路原理。当监视点参数正常情况时，触点 S 闭合，端子 30 为低电平，这时 P 点为"1"信号，不发声光报警。当参数越限，触点 S 断开，A1 反相端变换成高电平，则 A1 输出"0"信号，经 Y1 反相为"1"信号，向延时环节的电容 C2 充电，使 A2 同相端电位不断升高，当升高到略大于 A2 反相端设定的电位时，A2 翻转输出"1"信号。这段报警延时时间可通过 W2 来调整，调整范围为2～30 s。端子 10 在没有闭锁信号时为高电平，于是与非门 Y2 输出"0"信号，即 P 点为"0"信号，经端子 8 输出分组报警信号至延伸报警单元，同时由端子 7 输出故障打印信号。与非门 Y3 输出"1"信号，由 C3 和 R3 组成的微分电路产生一个正的尖峰脉冲，经非门 Y4 输出一个负的尖峰脉冲。G 点出现的负尖脉冲，一方面经端子 9 输出声响启动信号至警报器控制单元，另一方面使 RS 触发器发生翻转 Q 为"1"，打开与非门 Y6。由端子 13 送来的闪光信号经 Y6 到达 H 点，使 I 点的电位高低交替变化，致使晶体管 T1 和 T2 间断导通，报警指示灯 L 闪光，并由端子 6 输出到外接的报警指示灯。

当值班轮机员按下"消声"按钮后，消除声响报警。按下"消闪"按钮后，从端子 14 送来低电平信号至触发器的 R 端，使触发器的 Q 端置"0"而封锁 Y6，于是从端子 13 来的闪光信号不能通过 Y6，H 点为"1"信号，使 I 点保持高电位，晶体管 T1 和 T2 始终导通，报警指示灯转为平光。若用一个确认按钮完成消声和消闪，按下确认按钮后，一方面消除声响报警，另一方面从端子 16 送来高电平信号可消闪。

当故障排除参数恢复正常状态时，传感器触点又闭合，端子 30 为低电位，A1 输出"1"信号，经 Y1 反相为"0"信号。因 A2 同相端电位低于反相端而输出"0"信号，经 Y2 输出"1"信号。P 点的正阶跃电平通过端子 7 输出故障排除打印信号，同时 Y3 的输出 E 点为"0"信号，使 I 点保持低电位，T1 和 T2 均截止，报警指示灯 L 熄灭。

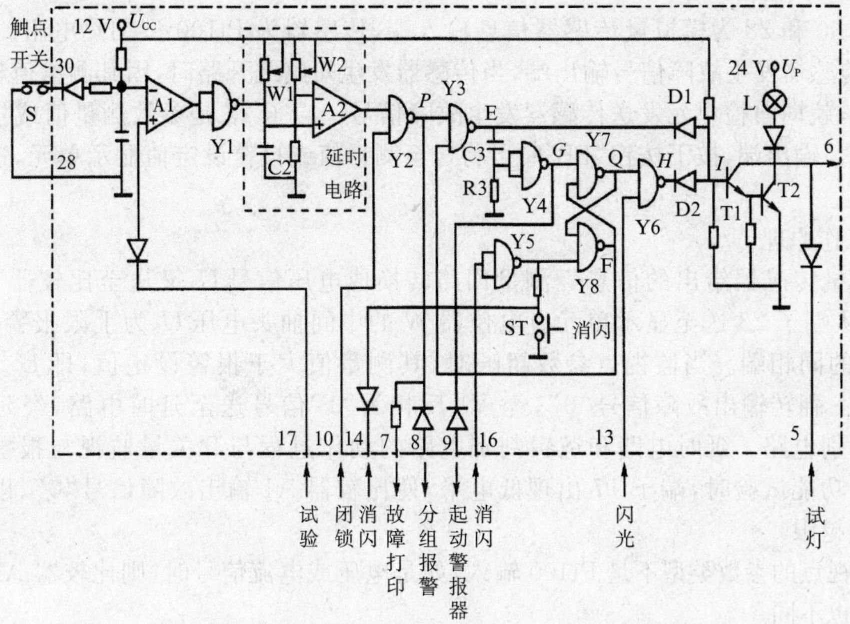

图 6-2-4　用集成电路组成的开关量监视与报警控制单元

若要进行功能试验，当按下“试验”按钮时，端子 17 出现低电平，A1 输出“0”信号，它相当于参数越限，可试验报警功能和检查报警系统能否正常工作。若需实现报警闭锁，只要接通闭锁开关，端子 10 就出现低电平，使 P 点始终为“1”信号，从而闭锁该通道的报警。

2. 模拟量监视与报警控制单元

模拟量监视与报警控制单元的典型电路如图 6-2-5 所示，图中延时环节和逻辑判断环节在原理上与开关量监视与报警控制单元相同，下面仅对不同之处予以说明。

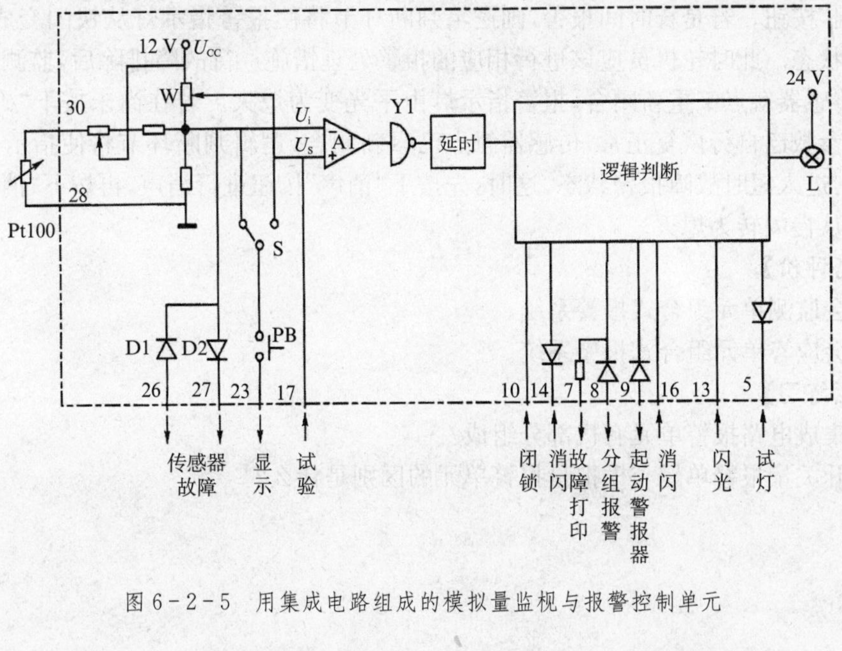

图 6-2-5　用集成电路组成的模拟量监视与报警控制单元

1）输入及输出信号

端子30和28为模拟量传感器信息输入端，传感器为Pt100型铂热电阻。端子26和27为传感器发生故障信号输出端，当传感器发生短路或开路时，因其测量值超过正常测量范围，就向自检单元发送传感器发生故障信号。端子23是参数测量值或报警设定值（极限值）输出端，按下按钮“PB”时可将送至测量值或报警设定值显示单元，进行选点显示。

2）工作原理

模拟量传感器给出的信息经测量回路转换成电压信号U_1又送至比较器A1的反相端，并从端子23送至显示单元。电位器W的中间抽头电压U_S为上限报警设定值，送至A1的同相端。当监视点参数超限时，其测量值大于报警设定值，即$U_1>U_S$，使比较器A1翻转输出故障信号“0”，经Y1反相为“1”信号送至延时电路，经延时后送至逻辑判别电路。延时电路和逻辑判别电路的动作过程与开关量监视与报警控制单元相同。功能试验时，端子17出现低电平，使比较器A1输出故障信号“0”，以模拟监视点参数越限。

若监视点的参数类型不是Pt100输入，如是电压或电流信号时，则比较器A1之前的处理电路也不同。

【任务实施】

一、任务要求

在听到报警后应会应答和处理报警。

二、任务准备

AC-4综合报警台一套。

三、任务操作

在发生报警时值班轮机员首先应按“确认”（Acknowledgement）按钮，以消除声响，然后按“消闪”按钮。若是长时间报警，则逻辑判断环节将使报警指示灯从快闪变成平光，以指示故障状态。此时轮机员应该进行相应的报警处理措施。待故障排除后，监测点参数恢复正常，传感器触点又重新闭合，报警指示灯由平光变为熄灭。若在尚未按下“确认”按钮时监测点参数已自行恢复正常，传感器触点已重新闭合，逻辑判断环节将使指示灯从快闪转为慢闪，进入短时故障报警状态，这时，先按下“消声”按钮进行消声，再按下“消闪”按钮，指示灯将从慢闪转为熄灭。

【任务评价】

（1）会监测单元组合式报警系统。

（2）会应答单元组合式报警系统。

【课后练习】

（1）集成电路报警单元有机部分组成？

（2）开关量报警单元与模拟量报警单元的区别是什么？

任务3 网络型监测与报警系统的认识、操作及维护
Task Three Knowledge of Network Monitoring and Alarm System and Its Operation and Maintenance

【任务描述】

目前，船舶机舱监视与报警系统基本上都采用计算机实现。根据计算机监控系统的结构特点，船舶机舱监视与报警系统可分集中型系统、集散型系统和全分布式系统。

集中型系统采用单台计算机的结构形式，可靠性较差，一旦计算机发生故障，则整个系统完全瘫痪。集散型系统采用集中和分散相结合的系统结构，将监视任务合理地分散成由多台微机进行分别监视的子系统，各个子系统与上层计算机进行通信连接，以便集中管理和信息共享。

初期的集散型系统，在各子系统内部大多采用模拟信号传输，即在子系统计算机与机旁仪表之间使用模拟量进行信号传输，所以在机旁和子系统计算机之间需敷设大量的电缆。另外，模拟信号长距离传输所引起的干扰也较严重。典型子系统如西门子公司的SIMOS32 型集中监视和报警系统。

后来，一些公司应用传统控制网络技术对子系统进行了改造，即在控制对象附近放置现场理单元来实现模拟信号的收发，而现场处理单元与子系统计算机之间则通过BITBUS，RS-485 等网络进行数据交换。这种改造虽然起到一定的效果，并已成为一个时期内船舶监视与报警系统的主流，但由于传统控制网络的固有缺陷，所以未能实现真正意义上的全分布式控制。而且各公司所建控制网络的封闭性，也阻碍船用现场控制设备间互换与互操作的实现。这类系统的典型代表有西门子公司的 SIMOS IMA32C 系统和 NORCONTROL 公司(KONGSBERG 公司的前身)的 Datachief 1000 系统等。

进入 20 世纪 90 年代后，随着现场总线技术的不断完善，在新造船舶中，越来越多地采用现场总线作为各个子系统的内部控制网络，上层网络采用局域网，形成全分布式的网络型监控系统。

这里先以 KONGSBERG 公司的 Datachief C20(简称 DC C20)系统为例介绍网络型监控系统的结构和功能特点，然后简要介绍 DC C20 的改进型产品 K-Chief500 监控系统。

本任务是掌握网络型监测与报警系统操作及维护。

【学习目标】

(1) 认识网络型监测与报警系统。

(2) 认识 DC C20 监视与报警系统的结构组成。

(3) 会网络型监测与报警系统的操作及维护。

【相关知识】

一、DC C20 监视与报警系统的结构组成

DC C20 采用 CAN(Controller Area Network)现场总线和以太网(Ethernet)相结合的网络结构形式，系统的结构组成及其布局如图 6-3-1 所示。系统中的主要包括设备如下。

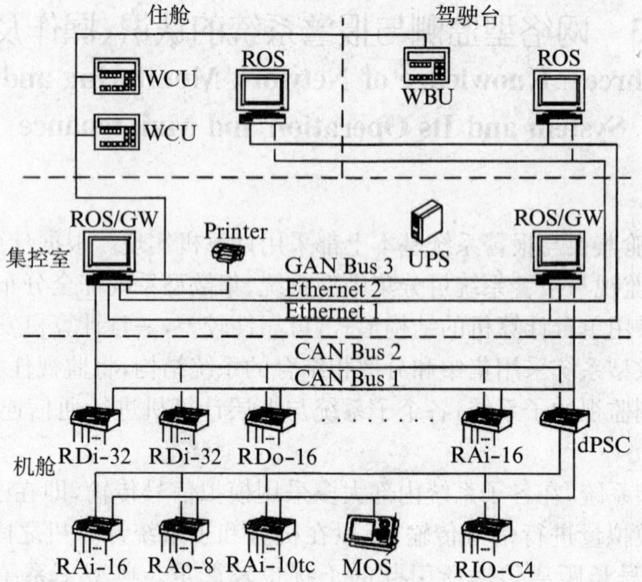

图 6-3-1 Data Chief C20 监控系统的结构

1. 分布式处理单元(DPU)

DPU(Distributed Processing Unit)是采用模块化设计、具有通信功能的智能化远程I/O单元,如图 6-3-1 所示的 RDi-32,RDo-16,RAi-16,RAo-8,RAi-10tc 和 RIo-C4 等。他们分布在机舱各处,一方面作为传感器和执行器的 I/O 接口,直接与传感器和执行器相连,另一方面通过 CAN 总线与上层网络相连,从而实现上层网络对机舱设备的监视和控制。连接 DPU 和上层网络的 CAN 总线采用双冗余结构,即具有两套 CAN 总线,在图 6-3-1 中分别标识为 CAN Bus1 和 CAN Bus2。这两套 CAN 总线总是互为热备份,当主用网络出现故障时,备用网络自动切入工作,充分保证系统工作的可靠性。

2. 远程操作站(ROS)

ROS(Remote Operator Station)由 PC 机、操作操作面板 OCP(或普通 PC 机键盘)、鼠标、显示屏和打印机组成,PC 机采用 Windows NT 或 Windows XP 操作系统。ROS 通常设置在集控室、驾驶室和甲板舱室,常见的配置是集控室 2 台,驾驶室和轮机长房间各 1 台,其他舱室是否设置可根据需要而定。其中,集控室的 2 台是必备的,其他场所为可选安装。各 ROS 均配置双网卡,形成双冗余的 Ethemet 网络,在图 6-3-1 中分别标识为 Ethemet 1 和 Ethemet 2。

集控室的 2 台 ROS 还兼有系统网关(Systeem Gatee Way,SGW)的功能,使得局域网中的各个 ROS 能够通过系统网关 SGW 与 CAN 总线相连。通过 SGW 和 CAN 总线,ROS 一方面可以接受各个 DPU 单元送出的机舱现场信息,另一方面还能向 DPU 发送操作指令、控制参数和程序包。

3. 值班呼叫系统(WCS)

按照无人机舱的基本设计原则,DC C20 系统在驾驶室和轮机员舱室及公共场所设有延伸报警装置。驾驶室的延伸报警装置称为 WBU(Watch Bridge Unit),而舱室及公共场所的延伸报警装置则称为 WCU(Watch Cabin Unit)。WBU 和 WCU 通过 CAN 总线(在

图 6-3-1 中标识为 CAN Bus3)与 ROS 进行通信连接,形成值班呼叫系统(Watch Calling System,WCS)。

4. 其他辅助设备

系统中的其他辅助设备包括不间断电源(UPS)、以太网集线器(HUB)、现场操作站(Locd Operator Station, LOS)和便携式操作站(Midi Operator station, MOS)。

UPS 确保在短时间失电的情况下能够继续给系统中提供 220 V (AC)和以 24 V DC 电源。HUB 用于以太网内各个 ROS 联网。

LOS 用于在机舱现场对各个 DPU 模块进行操作,在 LOS 面板上可以选择和访问挂在同一 CAN 总线上的任意 DPU,如查看 DPU 中的过程变量、对所辖设备的现场操作、参数调整和模块自检操作等。

MOS 是一个特殊设计的移动式操作站,通过 MOS 面板可以方便地实现各种操作站功能,可用作 LOS,ROS 或驾驶台值班监视系统的显示单元。

DC C20 是一个全微机的分布式网络型监控系统,其结构在最大程度上保证系统的安全可靠和管理维护的方便。

二、分布式处理单元(DPU)

DPU 是采用模块化设计且具有通信功能的智能化远程 I/O 单元,所有的监视和自动功能均由这些 DPU 单元进行最终实施,是 DC C20 系统的核心组成部分。它们分布在机舱各处,可以直接安装在机器设备上,也可以根据需要将若干个 DPU 单元组装在一个控制箱内,并称之为“数据获取单元(SAU)”。DPU 单元以微处理器为核心,采用单电路板结构。DPU 一方面作为传感器或执行器的接口,对来自模拟量、开关量传感器的信号进行处理、监视和报警,或向不同设备输出模拟量、开关量控制信号。另一方面,DPU 通过双芯屏蔽电缆或双绞线等连接到双冗余 CAN 总线,实现 DPU 单元之间的互联以及 DPU 单元与 ROS 和 LOS 之间的数据通信。ROS 通过网络对 DPU 的工作状态进行连续监视,并可通过网络向各个 DPU 下载相应的软件和参数,使不同的 DPU 具有相应的不同功能,例如,某些用于监视与报警、某些用于控制、某些用于安全保护或这些功能的混合。与传统系统相比,连接电缆的数量大大减少。

按照数据输入、输出类型的不同,DPU 模块也分为不同的类型,主要有模拟量输入模块、热电偶输入模块、模拟量输出模块、开关量输入模块、开关量输出模块以及输入输出混合模块等。一个实际系统中所包含的模块类型及模块数量根据实际情况而定。

1. DPU 的特点

尽管不同 DPU 的输入、输出类型及其功能不同,但它们都有共同的特点,主要特点如下。

(1) 所有 DPU 模块均采用统一的机械和电气设计。例如图 6-3-2 给出模拟量 I/O 模块的外观结构图和正面视图。从图 6-3-2(b)可以看出,模块的正面包括接线端子、状态指示灯和各种说明符号。其中,X10 为两路 24 V 电源端子、X1 为模拟量输入端子、X3 为计数输入端子、X7 为 RS-422/85 通信端子、X8 和 X9 分别为 CAN 总线 1 和 CAN 总线 2 的接线端子,每个端子上均标有端子号,端子的名称和端子号的编排规则适用于所有 DPU。例如,X1 端子的编号共有 3 位数,其中第 1 位和第 2 位为通道号,第 3 位为端子号(如 011～014 表示第 1 通道的 1～4 号端子,161,164 表示第 16 通道的 1～4 号端子)。

(a)

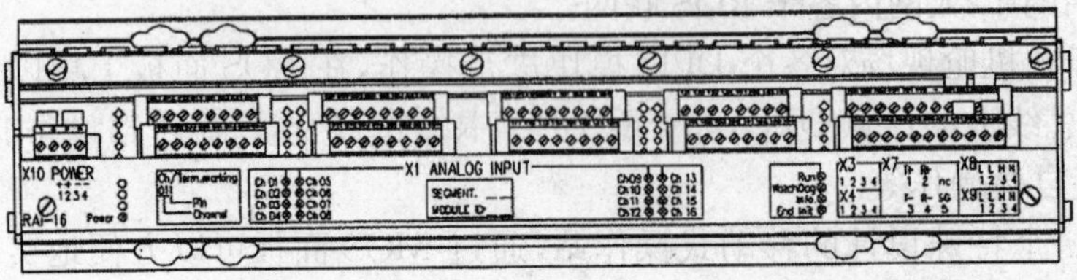

(b)

图 6-3-2　DPU 模块示例

状态指示灯包括通道状态指示灯和模块状态指示灯，通道状态指示灯用于指示相应输入输出通道的工作状态，每个指示灯对应一个通道；模块状态指示灯有“RUN”“Watch Dog”“Info”“End Init.”和“Prower”等，它们组合起来表示模块的不同状态，见表6-3-1。

表 6-3-1　模块状态指示灯的组合表示

LED 指示灯名称标示	正常工作	应用程序未加载	未初始化	工作停止	电源极性错误
Run	绿	灭	灭	灭	灭
Watch Dog	灭	红	红	红	灭
Info	黄（闪烁）	灭	灭	灭	灭
End Init.	绿	绿	灭	绿	灭
Power	绿	绿	绿	绿	灭

（2）DPU 具有参数储存功能，能够独立完成参数的监视、报警和控制。当 ROS 出故障时，DPU 的工作不受影响。

（3）DPU 具有完备的通信功能，支持双冗余 CAN 高速多主通信网络协议，具备 CAN 网络状态、容错管理功能。DPU 单元之间通过冗余的 CAN 总线进行通信。很多 DPU 还配备一个 RS-422 或 RS-485 串行接口，以便和其他外部设备进行数据通信。

（4）通过 ROS，可将用于 DPU 硬件组态和编程所需的软件下载到 DPU 中，并在 ROS 上对 DPU 单元进行遥控组态。在更换 DPU 后，需要给新单元下载参数。在 ROS 和 LOS 上，可以实现对 DPU 的监视、控制和参数调整。

（5）所有的 DPU 单元均用 24 V（DC）电源供电，DPU 单元的硬件无须进行设置和调整，所有连接均可即插即用。DPU 的电源、通信、I/O 通道连接都采用光电隔离。

（6）具有强大的自检功能（检查模块内部温度、存储器性能以及 CAN 总线状态）。若 DPU、过程总线、电缆或传感器有故障，则会产生相应的报警信号。

2. 常见的 DPU 模块

DC C20 系统中常用的 DPU 模块如下。

1）模拟量输入模块（RAi－16）

RAi－16 是一个具有 16 个通道的模拟量输入模块，每个通道的输入类型可以是电压、电流或电阻信号，具有内建的量程和量纲转换功能和参数越限报警功能。除此之外，模块还包含一个计数器通道，计数频率为 5～500 Hz。此模块适用于检测机舱的各种温度、压力、液位和转速等模拟量信号。必要时，RAi－16 也可当作开关量输入模块来使用。

2）热电偶输入模块（RAi－10tc）

RAi－10tc 把是为各种热电偶传感器专门设计的模拟量输入模块，共有 10 个输入通道，特别适用于检测柴油机的排烟温度。具有内建的热电偶冷端补偿和量程、量纲转换功能和参数越限报警功能。如果采用外部冷端补偿，则需采用外部放大电路，并以 RAi－16 模块进行输入。

3）模拟量输出模块（RAo－8）

RAo－8 是一个具有 8 个通道的模拟量输出模块，输出信号可以选定为±10 V（DC）的电压信号或者是±20 mA 的电流信号。适用于模拟量指示输出和控制量信号输出。

4）开关量输入模块（RDi－32，RDi－32A）

RDi－32 和 RDi－32A 都是具有 32 个通道的开关量输入模块，RDi－32 为触点输入，RDi－32A 为 24 V（AC）或 24 V（DC）电压信号输入。当输入状态异常时，能够发出开关量报警，并由发光二极管（LED）指示每个输入通道的输入状态。适用于检测各种机舱设备的运行状态、阀门位置等开关量信号。

5）开关量输出模块（RDo－16）

RDo－16 是一个具有 16 通道的开关量输出模块，设有发光二极管（LED）指示每个通道的输出状态。最大输出电压为 230 V（AC），最大输出电流为 3 A（电阻性负载），支持脉冲输出。适用于各种开关量指示输出和开关量控制信号的输出。

6）混合模块（RIO－C1，RIO－C2，RIO－C3，RIO－C4）

混合模块是指单个模块中既包含模拟量或开关量输入通道，又包含模拟量或开关量的输出通道。

（1）RIO－C1 具有模拟量和开关量的输入、输出和脉冲输入功能，模块所包含的通道类型、通道数量和相应的功能特点见表 6－3－2。

表 6－3－2 RIO－C1 的通道类型

通道类型	通道数	功能描述
模拟量量输入（AC 电压）	2	单相交流电压输入，Max. 30 Vrms，50/60 Hz
模拟量输入（AC 电流）	1	交流电流输入，Max. 1A，50/60 Hz
模拟量输入	4	同 Rai－16
计数脉冲输入	2	24 V（DC）计数脉冲输入，检测磁脉冲转速探头
开关量输入	4	同 Rai－3216
模拟量输出	2	4～20 mA 电流输出
开关量输出	6	Max. 3A（电阻性负载），直接驱动电磁阀或继电器

从表 6－3－2 可以看出，RIO－C1 的模拟量输入通道可直接测量单相交流电的电压和

电流信号，通过测量或计算，可以获得船舶电站系统中发电机和电网电压、发电机输出电流、发电机和电网频率、发电机和电网电压之间的相位差、电网的有功功率和无功功率；两个计数器输入通道可分别接收来自两个磁脉冲传感器的脉冲信号，从而计算出回转设备的转速值；输出通道可分别输出模拟量指示信号和开关量控制信号。因此，RIO－C1 特别适用于对发电机组的监测和控制。同时，也适用于船舶主机或辅机的安全保护系统。

(2) RIO－C2 包含 8 个开关量输入和 8 个开关量输出通道，每个通道均设有 LED 进行输入和输出的状态指示。其输入信号可以是自由触点或 24 V 交直流电压，输出为继电器触点输出，特别适用于泵和阀门的控制。

(3) RIO－C3 专门用于船舶发电机的安全保护，其 I/O 通道设计成可与各种电流、电压变换装置以及配电板设备进行连接，具有短路、过流、逆功率自动脱扣和有功功率、功率因素计算等功能。

(4) RIO－C4 也是专门用于船舶电站系统的发电机监控模块，其主要功能包括发电机并车、发电柴油机自动起停、发电柴油机转速定值控制、发电机功率计算、机组间负荷分配、主配电板仪表驱动、柴油机预润滑控制(可选)、燃油选择控制(可选)和发电机电压定值控制(可选)等。RIO－C4 是 RIO－C1 的升级产品。

7) dPSC，PSS 和 MSI

dPSC 是一个具有双处理器的网段控制器，全称为 dual Process－Segment Controller，用于 CAN 网络的扩展；PSS 类似以太网的集线器 HUB，全称为 Process Segment Starcoupler，用于 CAN 总线分支，此外还具有分段隔离的作用；MSI 是 Multi Serial Interface 的英文简称，当系统中的 RS－422/485 通信接口不够用时，可采用 MSI 来实现 DC C20 与其他设备的数据连接。

8) MEI，DGU，ESU 和 RPME

这四个模块是专门用于主机遥控系统的 DPU 模块，分别用作遥控系统和主机的接口单元、数字调速器、安全保护单元和转速检测单元，已在 AC C20 中叙述。

三、网关

DC C20 是一个网络型监控系统，在不同网络类型及不同网段之间需要有一个专门设施来转换网络之间不同的通信协议或在不同数据格式之间进行数据翻译，这一设施称为网关。在 DC C20 系统中，共有两种网关，即系统网关(System Gate Way，SGW)和 CAN 总线双处理器网段控制器(dual Process Segment Controller，dPSC)。

1. 系统网关(SGW)

SGW 是 CAN 总线网和 Ethemet 两网之间的网关，采用双冗余设计，实现 CAN 与 Ethemet 两种网络之间的冗余连接，进而实现 DPU 和 ROS 之间的双向信息传输。其主要任务是：

(1) 接受来自于 CAN 总线的信息，对 ROS 进行刷新。

(2) 管理从 ROS 发送到 DPU 或 LOS 的操作指令、参数和程序。

所有必需的组态和软件安装均通过 Ethemet 网完成。通过执行简单的网络管理协议还可以通过 Ethemet 网进入 SGW 和 CAN 的故障诊断数据库。

2. 双处理器网段控制器(dPSC)

CAN 网络最多能支持 110 个节点，即在 CAN 总线上最多能挂接 110 个 DPU 模块。

当系统规模较大,或者出于某种特殊需要时,往往需要对 CAN 网络进行扩展,即把 CAN 网络扩展成上、下两层,上层一般叫做全局 CAN 总线(Global CAN Bus),下层则称作局部 CAN 总线(Local CAN Bus)。

dPSC 就是用于扩展局部 CAN 总线的专门设备,它是一个双二通道 CAN 网关,设有两个单独供电的处理器,每个处理器各有两个 CAN 接口,两个处理器通过双口存储器共享信息。因此,一个 dPSC 模块共有 4 个 CAN 网络接口,其中 2 个冗余接口连接上层全局 CAN 总线,另外 2 个连接下层局部 CAN、总线。此外,dPSC 还提供 2 个 RS-422/485 串行通信接口,用于连接其他具有数字通信功能的控制系统或设备,如辅锅炉控制系统和分油机控制系统等。如图 6-3-3 所示为采用 dPSC 进行 CAN 总线扩展的实例。

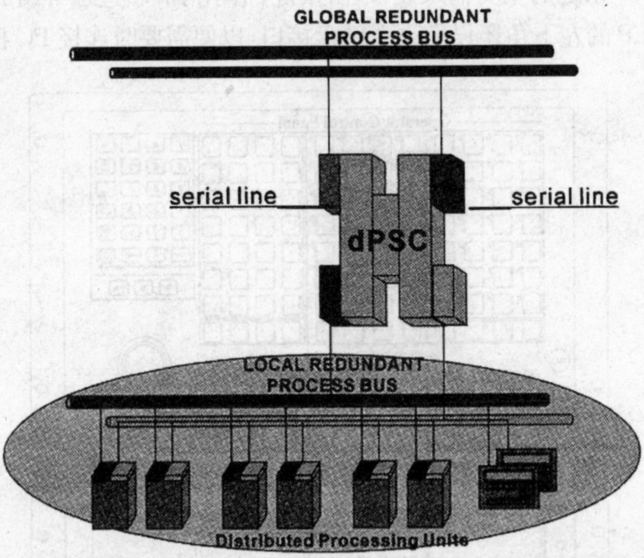

图 6-3-3 CAN 总线扩展实例

dPSC 的主要任务是:

(1) 处理来自于 Locd CAN Bus 的信息并将其送往 Global CAN Bus,进而通过系统网关 SGW 供 ROS 使用。

(2) 管理由系统网关 SGW 或 ROS 发送到 Locd CAN Bus 的指令、参数和程序。

dPSC 具有开放式主控制器的能力,能够管理连接到总线上的所有 DPU。如果与某个 DPU 的通信出了故障,dPSC 将在 Global CAN Bus 上产生系统故障信息。dPSC 遵从 ISO11898 标准,对 CAN 通道采用光电隔离。因而,一个 CAN 通道的短路或故障不会影响其他的通道。dPSC 还带有两个 RS-422/485 双路串行接口,用于和其他设备的通信。当 dPSC 的两个处理器控制同一个 DPU 时,它们处于并联运行状态,因而可为 CAN 总线通信和逻辑控制提供冗余功能。

四、远程操作站 ROS 及系统功能

ROS 是 DC C20 系统的重要组成部分,一个 ROS 由主计算机(MCU)、显示器(VDU)、打印机、操作操作面板(OCP)或普通的 PC 键盘和鼠标。在系统的监视与报警和控制过程中完成以下任务:

(1) 和 CAN 网络中的数据采集或控制设备(即 DPU)进行双向数据通信,从 DPU 收集数据或向 DPU 传送指令、数据和程序。

(2) 对报警信息进行监控和报警信息的确认功能。

(3) 向驾驶台和轮机员舱室提供延伸报警信息。

(4) 在 CAN 网络和 Ethemet 局域网之间起网关的作用。

DC C20 的大部分操作都和 ROS 有关,下面仅从 ROS 的角度来介绍 DC C20 的系统功能。

1. 人机交互接口

人机交互接口包括输入设备、打印输出和各种显示界面等。主要包括以下内容。

1) 操作操作面板(OCP)

OCP 是 DC C20 系统的主要输入设备,由按键、指示灯和轨迹球等组成,如图 6-3-4(a)所示。此外,在 OCP 的左下角还设有一个键盘接口,以便需要时连接 PC 机标准键盘。

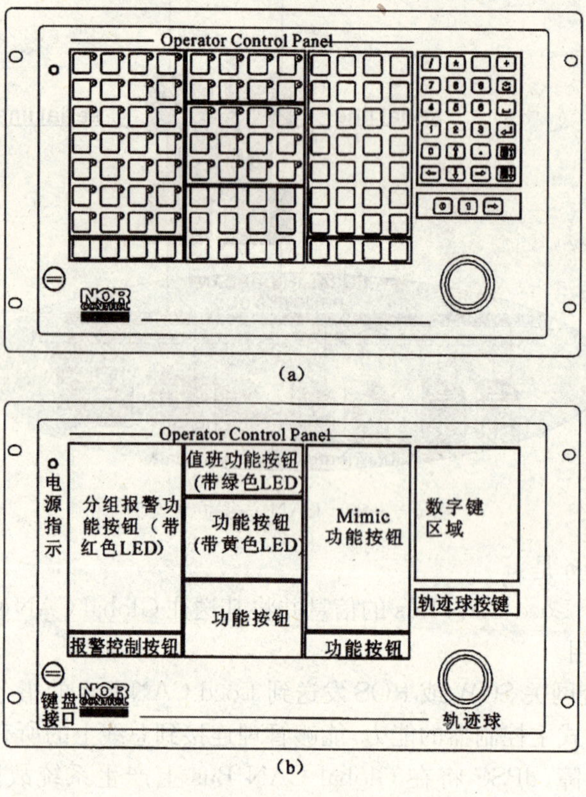

图 6-3-4 OCP 功能结构

按照功能的不同,OCP 分为不同的功能区,如图 6-3-4(b)所示为不同区域的功能划分。分组报警区域用于在发生报警时进行分组报警指示和报警确认;值班功能按钮区域用于值班状态的指示、值班切换和值班呼叫;Mimic 功能按钮用于各种系统的 Mimic 模拟图的显示和操作;数字键区域用于在需要时输入各种数值,并提供屏幕的翻页和方向键功能;报警控制按钮用于报警确认、消声、报警汇总显示(显示当前存在的所有报警)和历史报警显示(分页显示最后发生的 2 000 个报警,每页 26 个);轨迹球和轨迹球按键相配合完成光标移动、光标定位和相应的操作功能;其他功能按钮的具体功能依实际情况不同而异。

如果系统没有配置 OCP 硬件，则可在主计算机上连接标准键盘和鼠标。按“F1”功能键，将在显示屏上调出 OCP 模拟图，可用鼠标进行点击操作。模拟 OCP 的功能与硬件 OPC 类似。

2）显示界面

显示界面是计算机监控系统重要的信息输出手段，DC C20 的软件系统在 ROS 上提供丰富的显示界面，与 OCP 相配合可以实现各种复杂的人机交互功能。ROS 上的显示界面大致包括以下几种类型。

（1）文本显示界面用于输出报警信息和监视机舱设备运行的实时状态或实时参数，分为报警显示窗口和监视窗口。其中，报警显示窗口具有三种类型：①分组报警窗口，按分组类型显示当前报警状态；②报警汇总窗口，显示当前存在的所有报警；③历史报警窗口，分页显示最后发生的 2 000 个报警，每页 26 个。监视窗口类型包括：①分组显示窗口，显示同一报警组中所有测量点的状态清单；②选点显示窗口，显示预先选定的各个测量点的状态清单；③测量点属性窗口，显示某一测量点的详细信息，如测量点名称，报警限等（在计算机编程时，通常用一被称为“标签（Tag）”的变量来保存测量点的属性，因此测量点属性也称为标签属性）。

如图 6-3-5 所示为一个文本显示界面的例子，显示内容为主机分组显示窗口。

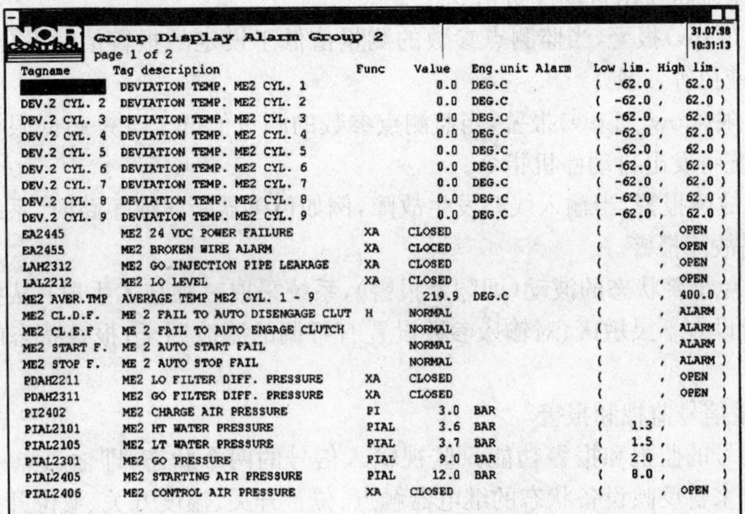
NOR CONTROL　Group Display Alarm Group 2　page 1 of 2　31.07.98 10:31:13

Tagname	Tag description	Func	Value	Eng.unit	Alarm	Low lim.	High lim.
[illegible]	DEVIATION TEMP. ME2 CYL. 1		0.0	DEG.C		-62.0	62.0
DEV.2 CYL. 2	DEVIATION TEMP. ME2 CYL. 2		0.0	DEG.C		-62.0	62.0
DEV.2 CYL. 3	DEVIATION TEMP. ME2 CYL. 3		0.0	DEG.C		-62.0	62.0
DEV.2 CYL. 4	DEVIATION TEMP. ME2 CYL. 4		0.0	DEG.C		-62.0	62.0
DEV.2 CYL. 5	DEVIATION TEMP. ME2 CYL. 5		0.0	DEG.C		-62.0	62.0
DEV.2 CYL. 6	DEVIATION TEMP. ME2 CYL. 6		0.0	DEG.C		-62.0	62.0
DEV.2 CYL. 7	DEVIATION TEMP. ME2 CYL. 7		0.0	DEG.C		-62.0	62.0
DEV.2 CYL. 8	DEVIATION TEMP. ME2 CYL. 8		0.0	DEG.C		-62.0	62.0
DEV.2 CYL. 9	DEVIATION TEMP. ME2 CYL. 9		0.0	DEG.C		-62.0	62.0
EA2445	ME2 24 VDC POWER FAILURE	XA	CLOSED				OPEN
EA2455	ME2 BROKEN WIRE ALARM	XA	CLOCED				OPEN
LAH2312	ME2 GO INJECTION PIPE LEAKAGE	XA	CLOSED				OPEN
LAL2212	ME2 LO LEVEL	XA	CLOSED				OPEN
ME2 AVER.TMP	AVERAGE TEMP ME2 CYL. 1 - 9		219.9	DEG.C			400.0
ME2 CL.D.F.	ME 2 FAIL TO AUTO DISENGAGE CLUT	H	NORMAL				ALARM
ME2 CL.E.F	ME 2 FAIL TO AUTO ENGAGE CLUTCH		NORMAL				ALARM
ME2 START F.	ME 2 AUTO START FAIL		NORMAL				ALARM
ME2 STOP F.	ME 2 AUTO STOP FAIL		NORMAL				ALARM
PDAH2211	ME2 LO FILTER DIFF. PRESSURE	XA	CLOSED				OPEN
PDAH2311	ME2 GO FILTER DIFF. PRESSURE	XA	CLOSED				OPEN
PI2402	ME2 CHARGE AIR PRESSURE	PI	3.0	BAR			
PIAL2101	ME2 HT WATER PRESSURE	PIAL	3.6	BAR		1.3	
PIAL2105	ME2 LT WATER PRESSURE	PIAL	3.7	BAR		1.5	
PIAL2301	ME2 GO PRESSURE	PIAL	9.0	BAR		2.0	
PIAL2405	ME2 STARTING AIR PRESSURE	PIAL	12.0	BAR		8.0	
PIAL2406	ME2 CONTROL AIR PRESSURE	XA	CLOSED				OPEN

DEV.1 CYL. 2	DEVIATION TEMP. ME1 CYL. 2	HIGH
DEV.1 CYL. 3	DEVIATION TEMP. ME1 CYL. 3	HIGH
DEV.1 CYL. 6	DEVIATION TEMP. ME1 CYL. 6	LOW
DEV.1 CYL. 9	DEVIATION TEMP. ME1 CYL. 9	HIGH

图 6-3-5　DC C20 ROS 分组显示窗口

（2）图形显示界面包括机舱主要系统的 Mimic 模拟窗口、柱状图窗口和设备状态窗口等，主要包括：①管路系统 Mimic 窗口；②柱状图窗口，如各缸排烟温度及其平均温度柱状图窗口；③备用泵汇总显示窗口；④控制器和阀位状态汇总窗口；⑤参数曲线趋势图窗口；⑥电站管理窗口；⑦主配电板和发电机窗口。

这些窗口实时显示设备的工作状态，如阀门的开闭状态、设备的起停状态、液位的高低或其他参数等。图形显示界面具有可交互的性质，即在图形界面上可以对实际设备进行操作和控制。

(3) 访问控制界面。为了安全考虑,系统可以通过访问密码设置对系统进行操作和控制的权限,包括报警限修改在内的参数调整以及对系统所进行的其他所有操作均以事件记录的形式进行保存。

3) 打印设备

ROS可以配置打印设备进行必要的打印输出。通过设置,打印设备可以按定时或者即时召唤的方式打印各种记录。记录内容包括报警或者事件的名称以及报警或事件发生的具体时间等。报警信息,还包括报警消失的时间。

2. 监视与报警功能

监视与报警是DC C20最重要的功能之一,这一功能使系统能够对机舱设备的运行状态和参数进行连续监视,并在发生异常时进行报警。

1) 模拟量监视和报警

模拟量是指那些连续变化的量,如温度、压力、液位和转速等。在处理模拟量报警时,DC C20具有以下特点。

(1) 高限(High)报警,当监测点参数的测量值高于设定的报警值时发出报警,适用于温度、转速和液位等参数。

(2) 超高限(High-High)报警,当监测点参数的测量值高于某一超高限设定值时发出报警,此时系统将发出自动停机指令。

(3) 低限(Low)报警,当监测点参数的测量值低于设定的报警值时发出报警,适用于温度、压力和液位等参数。

(4) 超低限(Low-Low)报警,当监测点参数的测量值低于某一超低限设定值时发出报警,此时系统将发出自动停机指令。

(5) 线路故障报警,当输入线路发生故障,例如传感器断线或短路时,系统将发出相应测量点的线路故障报警。

(6) 为避免报警状态的波动(即频繁报警),系统采取三种技术手段:从报警状态向正常状态恢复时设有不灵敏区;对输入参数设置有可调的滤波因子;报警状态的触发和消失均设有延时。

2) 开关量信号监视和报警

开关量信号的监视和报警功能只监视输入信号的两个状态,即输入点是断开还是闭合。输入信号来自反映设备状态的继电器触点、位置开关、温度开关、液位开关和压力开关等。通过正确调整开关量的动作值,系统也能实现测量点的高限和低限报警。为避免报警频繁,开关量报警也设有延时功能。

3) 报警闭锁

在船舶机舱中,有些报警属于条件报警,当满足某种特定的条件时,即使监测点的状态不正常,也不应该发出报警。例如,当船舶在港时,与航行无关的报警都将被闭锁。DC C20的这一功能是通过对某一报警点或者报警组定义一个报警抑制信号来实现的,当条件满足时,则抑制信号有效。

4) 接受其他系统的报警信息

许多辅助设备的控制系统都有自带的监视和报警功能,如分油机控制系统、曲轴箱油雾浓度监视与报警系统、燃油黏度控制系统等。这些控制系统一般都定义有各种不同的报警状态，当报警发生时，除了在自身操作面板上发出报警之外，还可将报警信号送至 DC C20 系统，并由 DC C20 系统进行统一的报警处理。

此外，船舶火灾报警系统往往是一个独立的监视与报警系统，只要火灾报警控制箱设有和其他设备的数据接口，便可以通过 RS-422 串行接口与 DC C20 的 CAN 网络相连，并在 ROS 上以 Mimic 窗口的形式显示各层甲板的火灾探头分布及报警情况。

5）报警确认

当报警发生时，DC C20 可以在 Mimic 显示、分组显示和汇总显示等各种情况下对屏幕上所出现的单个报警或整个报警分组进行报警确认。

6）柴油机排气温度监视

排气温度监视系统除了监视各缸实际排烟温度之外，还将计算各缸排烟温度的平均值和偏差值。其中，偏差值是指单缸排烟温度和平均温度之间的差值，当超过允许范围时将发出排温偏差报警。偏差允许范围是根据柴油机的负荷大小连续计算的，柴油机负荷越大，允许的偏差报警带就越小。由于低负荷时，各缸排温会相差较多，因此当平均温度低于某一设定值时，偏差报警自动封锁。

7）历史参数曲线监视

这一功能不仅可以显示出过程参数的当前值，而且可以显示参数的历史状态，并以曲线的形式形象地反映出参数随时间的变化过程和发展趋势。DC C20 最多可以显示 5 个历史曲线页面，每个页面可包含 8 个参数的变化曲线，以不同颜色和标签进行区分。

8）油耗经济性监视

在 DC C20 系统中，可通过 DPU 采集燃油流量、燃油温度、柴油机转速、轴输出功率和航速等信息。这些信息通过网络发送至 ROS，由 ROS 进行处理和计算，就可以实现对柴油机的油耗信息进行实时监视，据此可进一步对各种操作的经济性进行评估。

这一功能是通过安装在 ROS 上的专门软件实现的，计算程序输出的性能参数包括：

（1）柴油机瞬时油耗，包括单台主机瞬时油耗和总瞬时油耗（对于多主机船舶）(kg/h)。

（2）船体效率（kg/n mile）。

（3）柴油机效率[g/(kW·h)]。

（4）单机轴功率和总轴功率（对于多主机船舶）(MW)。

（5）燃油消耗总量和输出功总量按照航次累计。

（6）航行时间（h）。

（7）航行距离（n mile）。

（8）航次总油耗（t）。

（9）航次输出总功（MW·h）。

（10）油耗经济性监视窗口通过 OCP 功能键激活，一般在每个航次结束时进行复位清零，复位操作将激活打印机输出一份航次报告。

9）设备运转计时监视

为了便于掌握设备的运行时间，DC C20 提供设备运行计时监视功能，对各种指定的设备，如空压机、泵、风机和发电机等，当进行运行状态跟踪计时。轮机员通过 OCP 功能键可随时调出计时统计窗口，或进行打印输出，统计结果可作为制定设备维修计划的重要参考。每当对某个设备进行维修之后，应对其进行计时清零，以便重新计时。

3. 综台控制功能

利用DPU模块的输入输出功能和软件设计，DC C20除了对机舱设备的状态和参数进行监视与报警之外，还可实现对设备的控制。与设备控制有关的各种数据采集、信号处理和控制功能均由与设备相连的各个DPU完成。这一解决方案使得一旦ROS出现故障时能够确保进行有效的机旁操作。归纳起来，DC C20的控制功能包括以下几个方面：

（1）泵的控制。

（2）阀门遥控。

（3）PID过程反馈控制。

（4）辅助设备的控制。

（5）电力管理系统。

五、K－Chief500监视与报警系统

K－Chief500监视与报警系统是DC C20系统的升级产品，其结构组成和系统功能与DC C20基本相同，只是在操作面板和屏幕操作界面上作了改进。本节首先介绍K－Chief500的结构组成，然后给出一个K－Chief500的系统实例。

1. K－Chief500的结构组成

K－Chief500主要由操作站（Operator Station，OS）、便携式操作站（Midi Operator Station，MOS）、集控室操作面板（Control Room Panel，CRP）、值班呼叫系统（Watch Calling system，WCS）和分布式处理单元（Distibuled Processing Units，DPU）等组成。

1）操作站（OS）

K－Chief500的操作站（OS）在DC C20的ROS基础上进行改进，主要体现在操作面板和操作界面方面。

（1）操作面板。K－Chief500的操作面板比DC C20在设计上更为简洁，省去分组报警功能、值班功能和Mimic图形等大量的功能按钮，而是把这些操作功能设计成显示窗口的菜单键。在硬件上只保留报警控制按钮、操作权控制按钮、数字/字母小键盘和轨迹球等基本部件。操作面板的结构如图6－3－6所示，图中标明各个按键的名称和功能。

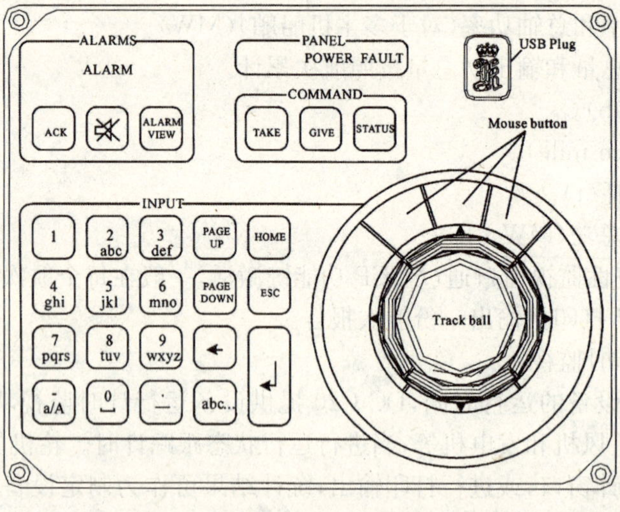

图6－3－6 K－Chef500操作面板

(2) 操作界面。K－Chief500 采用 Windows XP 作为操作系统，系统开机后将自动进入浏览器（Navigator）的主界面。浏览器主要由各种软件按钮组成，如图 6－3－7 所示为浏览器的一个典型样例。针对不同的船舶，可以设置不同的按钮数量和定义不同的按钮功能。

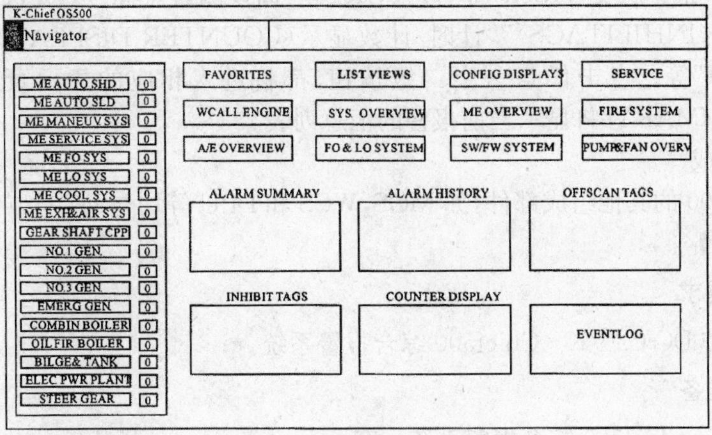

图 6－3－7　K－Chef500 主界面

浏览器分为 2 个操作区域，左侧区域为报警浏览器，右侧区域为图形显示浏览器。在报警浏览器中，可对报警进行分组操作和显示。图中当前分组内容分别为“主机自动停车（ME AUTO SHD）”“主机自动降速（ME AUTO SLD）”“主机气动操纵系统（ME MANEUV. SYS）”“主机日用系统（ME SERVICE SYS）”“主机燃油系统（ME FO SYS）”“主机滑油系统（ME LO SYS）”“主机冷却水系统（ME COOL. SYS）”“主机排气和空气系统（ME EXH&AR SYS）”“轴系和调距桨（GEAR SHAFT CPP）”“1 号发电机组（No. 1 GEN.）”“2 号发电机组（No. 2 GEN.）”“3 号发电机组（No. 3 GEN.）”“应急发电机组（EMERG. GEN.）”“组合锅炉（COMBIN. BOILER）”“燃油锅炉（OIL FIR. B0ILER）”“污水柜和液舱（BILGE&TANK）”“应急电源装置（ELEC. PWR PLANT）”以及“舵机系统（STEER GEAR）”，按钮右侧的数字显示各个分组的报警总数（当前的报警数均为 0）。点击每个分组按钮即可显示相应分组的参数和报警状态，例如，点击“ME AUTO SHD”将显示与主机自动停车有关的各个参数名称、参数值、报警设定值和当前报警状态等信息。

图中右侧上方小按钮为主按钮组，下方大按钮为二级按钮组。在主按钮组中，点击“收藏夹（FAVORITES）”可进行值班轮机员的个性显示及其管理，点击“列表查看（LIST VIEWS）”可以列表的形式查看监视参数，点击“显示配置（CONFIG DISPLAYS）”可对各种显示进行自定义配置，进入“服务（SERVICE）”菜单可显示系统信息、说明书查阅、背景亮度调节和报警测试等，进入“值班（WCALL ENGINE）”菜单可操作对值班呼叫系统，进入“系统总览（SYS. OVERVIEW）”可查看整个系统的网络布局及网络工作状态（若采用 AC C20 主机遥控系统，则在这里还将显示 AC C20 的网络结构，并可对主机遥控系统的参数进行设置）。“主机总览（MEOVER VIEW）”“火警系统（FIRE SYSTEM）”“发电机总览（A/E OVERVIEW）”“燃滑油系统（FO&LO SYSTEM）”“海淡水系统（SW/FW SYSTEM）”和“泵与风机总览（PUMP&FAN OVERV）”等则以 Mimic 图的形式显示相应系统的工作状态。

二级按钮组的内容与当前激活的主按钮相对应，若二级按钮指向的目标为列表或Mimic图，则该二级按钮将以所指向的列表或Mimic图的缩略图形式显示。图6-3-12中当前激活的主按钮为“LIST VIEWS”，其对应的二级按钮包括“报警汇总（ALARM SUMMARY）”“报警历史（ALARM HISTORY）”“离线测量点标签（OFFSCAN TAGS）”“报警抑制标签（INHIBITAGS）”“计时/计数显示（COUNTER DISPLAY）”和“事件记录（EVENTLOG）”等。点击任意一个二级按钮，都将进入相应的显示页面，例如，点击“ALARM SUMMARY”将显示当前报警的汇总列表。

2）其他组成

K-Chief500的其他组成部件，如MOS，WCS和DPU等均与DC C20完全相同。

【任务实施】

一、任务要求

会管理维护DC C20/K-Chief500综合报警系统。

二、任务准备

DC C20/K-Chief500综合报警系统一套。

三、任务操作

DC C20/K-Chief500是一个集监视与报警和控制功能于一体的全微机式系统，不论是进行日常的操作还是进行管理维护，都需要有一定的计算机基础知识和操作经验，而且还要熟悉被控对象的控制原理。以下仅从ROS和DPU两个方面简要介绍DC C20/K-Chief500的管理维护要点。

1. ROS的管理维护

1）熟悉系统

ROS的软件系统具有内建的在线测试和程序自诊断功能，只要与ROS相连的内部或外部设备出现故障，多数情况都可以在屏幕上显示故障代码。因此，必须充分熟悉说明书，以便在需要时能够快速查阅故障代码所对应的可能的故障原因及其排出方法。

2）定期进行系统测试

说明书推荐每周进行一次系统测试，以确定系统本身是否工作正常。对于DC C20系统，测试方法如下：

(1) 按下OCP上的“报警测试（Alarm Test）”按钮，“系统故障（System Failure）”指示灯闪光，蜂鸣器响。

(2) 按下“报警确认（Alarm Acknowledgment）”按钮，“系统故障（System Failure）”指示灯变为平光，蜂鸣器停响。

(3) 再次按下“报警测试（Alarm Test）”按钮，“系统故障（System Failure）”指示灯熄灭。对于K-Chief500系统，则可在系统的主界面（Navigator）上进行。方法是点击“SERVICE”主按钮，在随后出现的二级按钮组中点击“TEST”二级按钮。

如果测试不成功，则应参照设备说明书所述步骤进行故障诊断。

3）ROS的系统设置

ROS运行的是Windows NT或Windows XP操作系统，为使系统能够正常工作，要进行各种系统设置，特别是网络设置和 CAN 节点设置。这需要比较专门的知识，但系统调试好之后，如果没有进行设备的更换和维修，除非系统崩溃，一般不需要进行特别的操作。因此，为防范于未然，必须对 ROS 软件进行必要的备份。

4）ROS 的停机操作

如对系统进行电气维护时，有必要对 ROS 进行停机。为避免系统故障，说明书规定严格的停机操作步骤，因此停机操作必须严格按照规定的程序进行。

2. DPU 的管理维护

所有 DPU 模块均采用统一的金属外壳密闭式封装，在内部电路上采用智能化设计，因此不存在任何用户可维修的部件，也无须进行任何的跳线设置。

当 DPU 模块出现异常时，在 ROS 屏幕上将出现模块通信错误（Communication Error）报警，根据报警显示信息可确定相应模块所在的物理位置。所有 DPU 模块均设有 5 个状态指示灯，根据指示灯的不同状态组合可以分别采取模块断电重启或从 ROS 对模块进行重新加载等措施，若故障依然存在，则应考虑更换模块。更换 DPU 模块时需要考虑以下问题：

（1）模块更换要按说明书规定的步骤进行，更换完毕要对新模块进行初始化设置。

（2）一旦由于某种原因导致两个 DPU 的节点 ID 发生冲突时，将会使系统出现严重问题。此时，应首先把其中一个从 CAN 总线断开，对另一个进行断电复位，并在 ROS 上利用 RioLoad 工具软件对节点 ID 进行更正。

（3）若诊断结果显示只是 DPU 模块中个别通道出现故障，则可考虑启用同一模块的空闲通道，而不必更换整个模块。若同一模块内的空闲通道不足，则还可以考虑采用其他模块的空闲通道。但无论哪种情况，都需要对所涉及的模块进行重新设置。

【任务评价】

（1）会操作网络型监测与报警系统。

（2）会维护网络型监测与报警系统。

【课后练习】

（1）常见的 DPU 模块的种类有哪些？

（2）网关的作用是什么？

任务 4　曲轴箱油雾浓度监视报警系统的保养及故障诊断

Task Four　Maintenance and Fault Diagnosis of Crankcase Oil Mist Monitoring and Alarm System

【任务描述】

曲轴箱油雾浓度监视与报警器是保证柴油机安全运行的重要装置之一。在高温时滑油会产生油气，这些油气在曲轴箱中与 70 ℃左右的相对低温空气混合形成油雾，当油浓度超过正常标准时，可能会引起曲轴箱的爆炸事故。当柴油机装有曲轴箱油雾浓度监视与报警器后，一旦油雾浓度超过正常标准时，能及时发出声光报警，同时使主机自动降速或停车。船上所采用的油雾浓度监视与报警器种类繁多，早期有 Graviner Mark4 型油雾浓度探测器，其特点是以机械运动部件及分立元件为主，设备本身体积比较大，容易出现故障。

随后设计以单片机为核心的 Graviner Mark5 型油雾浓度探测器，该探测器体积较小，它取消许多机械旋转部件，大大提高监视与报警器工作的可靠性，同时，它采样准确、执行速度快，并有较强的自检功能。Graviner Mark6 型油雾浓度探测器是随着网络技术的发展及传感器技术的不断进步而发展起来的，它采用 CAN 总线把传感器及控制单元连接起来，从而可以使系统中的检测点数目增加，一台油雾浓度探测器可以监视多台柴油机。

上述系统反映技术的不断进步与发展，但从检测方法上来看大同小异，相同的是检测都是采用光学方法，不同的是前两种产品通过检测透光度反映油雾浓度的大小，而 Mark6 型雾浓度探测器通过检测散射光强确定油雾浓度大小的。

本任务是掌握曲轴箱油雾浓度监视报警系统的保养及故障诊断。

【学习目标】

(1) 认识曲轴箱油雾浓度监视报警系统。

(2) 认识 Mark6 型曲轴箱油雾浓度监视报警系统。

(3) 会曲轴箱油雾浓度监视报警系统的保养及故障诊断。

【相关知识】

一、曲轴箱油雾浓度检测原理

下面以 Graviner MaFk6 曲轴箱油雾浓度监测器为例说明油雾浓度检测原理。

各曲轴箱油雾气样采集与测量单元的工作原理如图 6-4-1 所示。该单元共有 11 个二位三通电磁阀，其中有 10 个电磁阀分别采集各曲轴箱的气样，该系统最多可检测 10 个缸的气样，如果是 6 缸柴油机，则只用其中的 6 个电磁阀，空 4 个不用。另一个是清洗空气电磁阀，压缩空气通过该电磁阀清洗测量装置。系统在正常运行期间，单片机轮流使各采样点电磁阀通电，通电的电磁阀（如图所示采样点 1 的电磁）左位通，该缸曲轴箱油雾气样在抽风机作用下流经测量室，其他点的采样电磁阀断电右位通，曲轴箱气样在抽风机作用下经旁通管路直接排出而不经测量室。

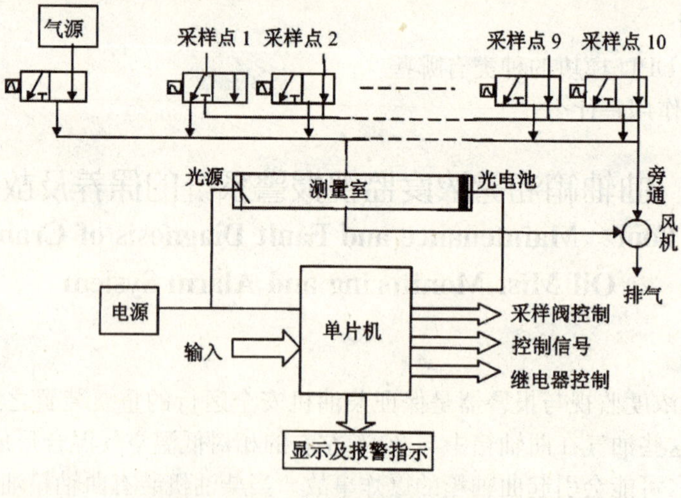

图 6-4-1　气样采集及测量原理

测量部分由测量室、光源和光电池组成。光源接通电源以后将发射一束光强不变的平行光并照射在光电池上，当流经测量室的待测气样油雾浓度变化时，其气样的透光程度发生变化，即照射到光电池的光强也发生变化，光电池输出的电流大小与接收到的光强成一定的函数关系。该电流信号经电流/电压转换并经变增益放大后送至模数(A/D)转换器，把与油雾浓度相对应的电压信号转换成数字量送入单片机。单片机先把所测量到的各缸曲轴箱气样油雾浓度值加在一起除以缸数，得到一个平均浓度值并存入 RAM 中。以后每检测一个缸的曲轴箱气样油雾浓度值，就与平均浓度相比较得到一个偏差浓度值，并用新的浓度值取代原先所检测到的该缸气样的油雾浓度值，算出一个新的平均油雾浓度。这样每检测一个缸的曲轴箱气样就能得到两个值，即偏差浓度值和平均浓度值，单片机再把这两个值与报警设定值相比较，不管平均浓度值达到平均浓度报警值，还是偏差浓度值达到偏差浓度报警值，都将在液晶显示器上显示(显示值为 100%)，并发出声光报警，同时向主机的安全保护系统送一个故障降速或故障停车信号。

在正常运行中，单片机定时使清洗空气电磁阀通一次电，电磁阀通电后左位通，来自气源的压缩空气经该阀左位进入测量室。该压缩空气一方面对光源、光电池及测量室进行清洗，防止光源和光电池被油雾污染而影响测量精度；另一方面压缩空气对测量单元起到冷却作用，提高光源和光电池的使用寿命，也能防止光电池因温度升高而产生的特性漂移。除此之外，测量单元要检测一次空气的油雾浓度，该值此时应该为零，如果不是零，则看一下与原零点偏差有多大，若偏差不大，则以新得到的浓度值为相对零点并取代原零点，若偏差较大，系统则认为光源或光电池污染严重，清洗无效，OPTICAL FAULT 灯亮，发出报警并终止采样。

二、Mark6 曲轴箱油雾浓度监视与报警系统典型实例

发生故障初期的轴承表面可产生高于 200 ℃的高温，导致快速产生高温油气，高温油气遇到曲轴箱内相对较低的空气会凝结成细雾，细雾直径的典型值为 0.5～5 μm。当密度达到 1 μg/L(取决于油的品种)时就有爆炸的危险。采用光学测量技术，油雾浓度可以测量小到 0.05 mg /L 的浓度。油雾浓度探测技术已经用于监视曲轴箱的工作状态，系统从曲轴箱各部位通过管路将油雾样品抽取出送到传传感器进行光学密度分析，这项技术行之有效并随着技术的发展取得很大的改进。Mark6 型油雾浓度探测器主要的改进设计是取消采样管路、每个检测点用一个传感器进行检测，并通过通信总线连接起来，大大降低扫描时间，提高检测速度。Mark6 保留 Graviner 建立的差动测量系统，使系统有高灵敏度，最大限度地降低误报警的发生。该系统仍然使用光学传感测量方法，但用散射光测量取代透明度的测量，从而实现传感器的小型化。通过标准的接口安装固定在机器上，各个采样点独立且不用采样管路，传感器内部多光源的设计使得当一个光源损坏时传感器仍能正常使用。模块化设计使得在很短的时间内就能完成故障探头的更换。

Graviner Mark6 OMD 系统可以安装多达 64 个分布于 8 台柴油机上的探头。在没有报警的正常情况下全系统扫描时间为 1.2 s。

传感器电缆直接连接安装于柴油机上的接线盒，然后通过两根电缆(通信电缆和电源线)分别连接到位于集控室的控制单元及显示单元或其他合适的地方。该系统采用数字传输技术，这意味着显示及控制部分可以安装在位于集控室的控制单元内，在有报警发生时，没有必要到现场进行操作。系统由三部分组成：传感器(探头)、接线箱及控制单元，如图6-4-2 所示。

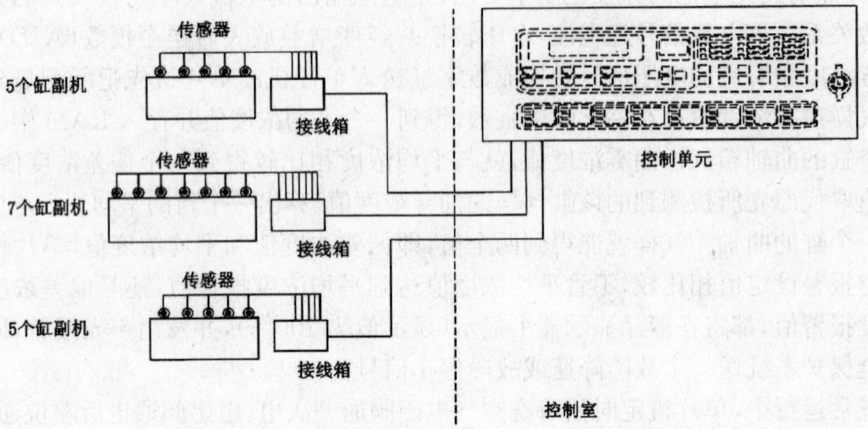

图 6-4-2 系统结构

每个传感器连续不断地监视它所连接的曲轴箱内部的油雾浓度,此外传感器本身要进行自检。控制单元将按顺序扫描传感器内以数字量形式存储的各种信息,包括传感器的地址码。控制单元根据这些信息分析处理每台机器,计算油雾浓度平均值及相对于平均报警值的偏差值,再与预设的平均报警值及相应的机器的油污浓度进行比较。

控制单元配有 LED 显示器显示每台机器的平均油雾浓度,在报警状态下根据需要自动显示报警点的油雾浓度值及相应的机器的油雾浓度平均值。

油雾浓度探测器可以通过软件设置使之适应二冲程机或四冲程机或其组合,软件菜单提供各种功能的实现方法。它有三个用户级别:用户、工程师及服务商。

用户级别的操作只能实现查询功能,不能进行报警设定及系统设定。工程师级别的操作受密码保护,输入密码后可以完成很多设置,但不可以对事件及历史记录进行更改及复位。

服务商级别的操作受密码保护,但不同工程师级别的菜单,允许进行所有操作,这种操作必须有厂家的授权或代理授权。

为了安全,所有的系统控制及报警显示与输出都在控制单元实现,每个传感器上装有三个指示灯:绿色灯指示电源状态、红色灯指示报警状态、淡黄色指示灯指示故障状态,探头上还有设置地址码的开关。

任何一个传感器的工作都是独立的,当一个传感器出现故障或者保养并不影响其他传感器的工作时,一个传感器或者一个柴油机油雾浓度检测系统都可以被隔离,从而便于维修和保养,并不影响其他部分的正常工作,探头之间及控制单元之间采用 CAN、总线连接完成彼此之间的信息交互。

Mark6 型油雾浓度探测器系统接线如图 6-4-3 所示,图中安装有 14 个传感器,每个传感器有 5 根线,图中符号说明如下:

(1) 每个传感器都有两电源线,0 V 和 24 V。

(2) C_+ C_- 为两根 CAN 总线通信线,连接到所有传感器。

(3) AL BCK LP 为故障信号线。

(4) 所有的传感器都通过接线盒再与控制单元连接,传感器之间通过 CAN 总线连在一起。

（5）每台机器配一个接线盒。

（6）控制单元中每台机器对立一个继电器故障停车信号，NC 为常闭触点，NO 为常开触点，C 为公共触点。

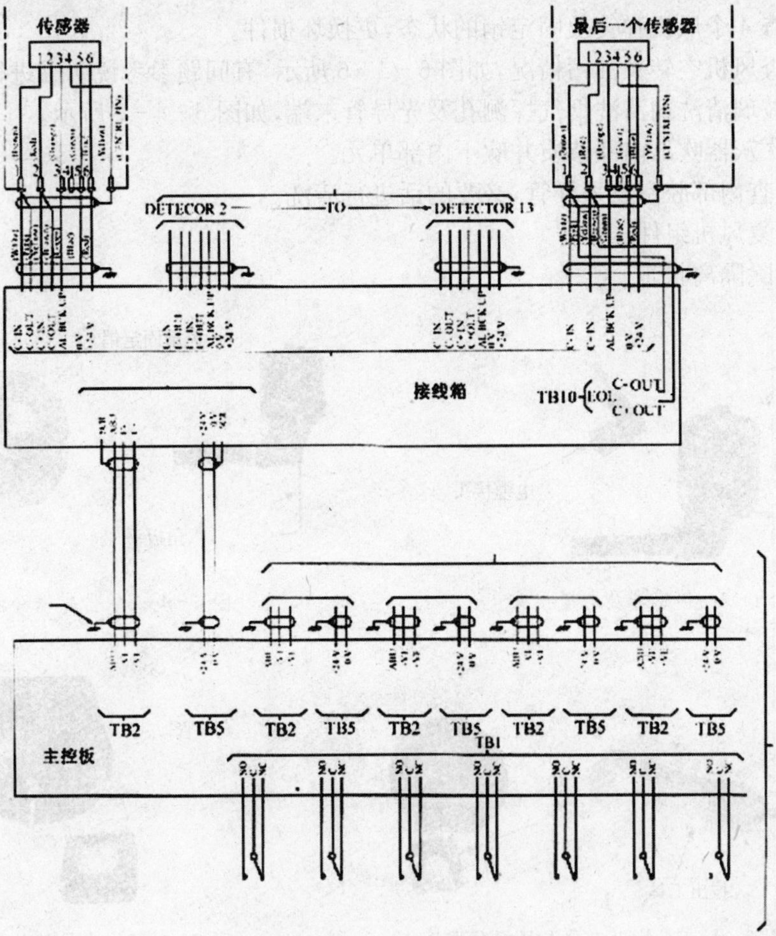

图 6-4-3　Mark6 型油雾浓度探测器系统接线

【任务实施】

一、任务要求

会保养及诊断 Mark6 曲轴箱油雾浓度监视与报警系统的故障。

二、任务准备

Mark6 曲轴箱油雾浓度监视与报警系统一套。

三、任务操作

1. 维护与保养

1）探头的清洗步骤

（1）如果要对某个探头进行维护保养或对某台机器的全部探头进行保养，需要按照说明书对某个探头或某台机器进行隔离。

(2) 拆卸探头电缆,取下探头,如图 6-4-4 所示。

(3) 用内六角扳手拆卸探头底部的两个螺钉,如图 6-4-5 所示。

(4) 拆卸探头盖,检查密封状态,更换坏损件。

(5) 用起拔器小心拆卸风机组件。

(6) 检查 4 个风机弹簧及固定销的状态,更换坏损件。

(7) 检查风机空转及油污情况,如图 6-4-6 所示,有问题参考说明书进行操作。

(8) 用玻璃清洗剂清洗烟气探测孔及光导管末端,如图 6-4-7 所示。

(9) 用吹灰器吹出内部杂质并吹干内部单元。

(10) 检查内部腔室及采样管,必要的话进行清洗。

(11) 装复风机组件。

(12) 解除隔离状态。

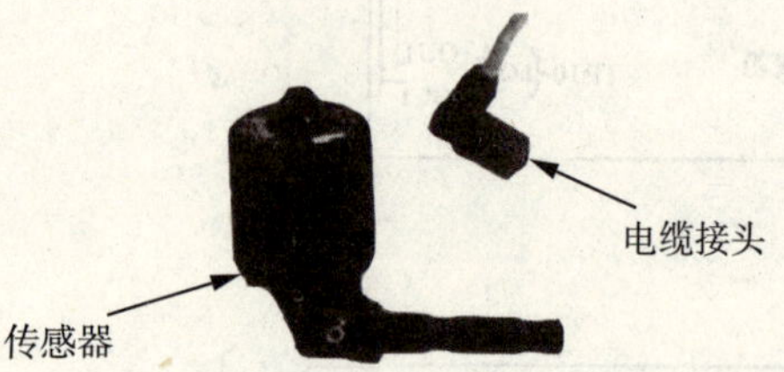

图 6-4-4 传感器及电缆接头

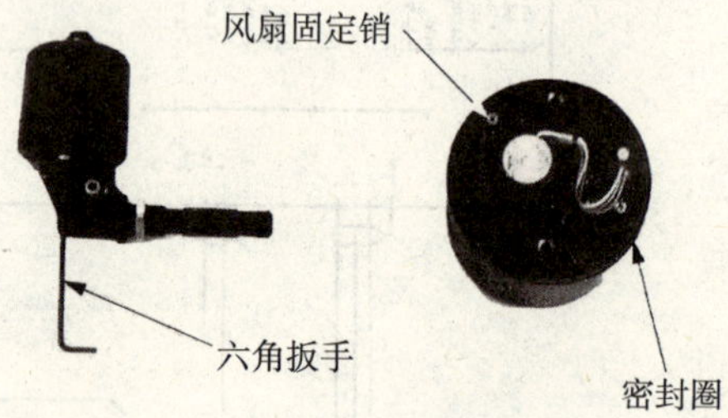

图 6-4-5 传感器分解

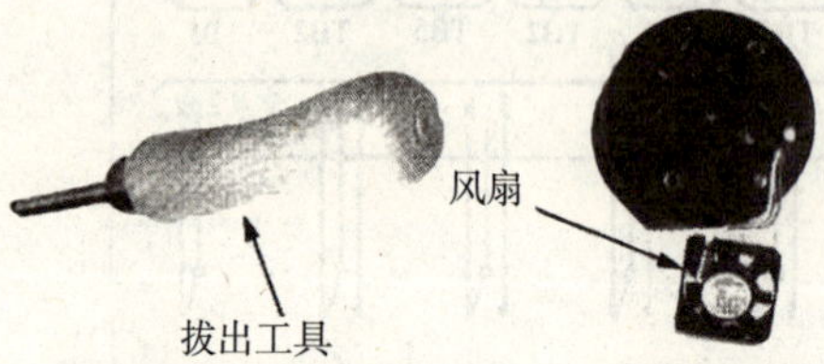

图 6-4-6 拔出工具与风机位置图

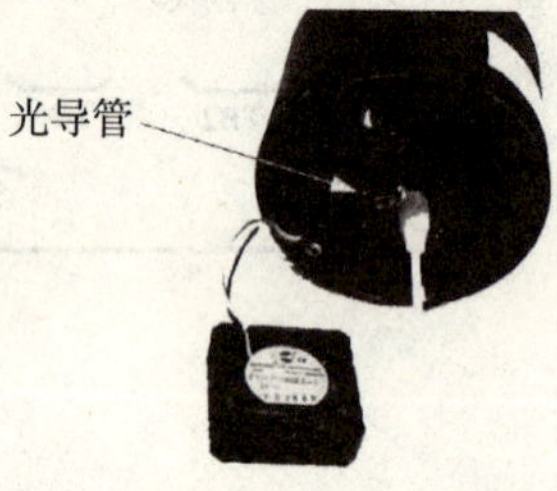

图 6-4-7 光导管位置图

2) 探头的更换

需要注意的是在柴油机运转过程中不要拆卸探头,以免热油从安装孔喷射出来。如果要拆卸的话,必须非常小心。正在使用中的探头不管什么原因,只要拆卸下来,就必须对光学组件进行清洗。更换探头按如下顺序:

(1) 关闭电源,隔离探头。

(2) 拆卸探头顶部电缆。

(3) 用 4 mm 的 L 形内六角扳手拆卸探头基座固定螺钉。

(4) 拔出探头并记录探头地址。

(5) 在新探头上设置与旧探头完全相同的地址。

(6) 安装新探头并固定,贴好标签。

(7) 安装电缆。

(8) 打开电源,启动程序进行初始化。

(9) 如果该探头被隔离,要解除隔离状态,按下“MAIN DISPLAY”键返回主显示,然后复位,进行初始化。

(10) 探头使用 5 年后要返回授权代理处进行全面灯芯检修包括更换密封件。

3) 探头的报警功能试验

探头安装设置后可用试烟器进行报警试验,试验所用到的工具如图 6-4-8 所示,试验步骤如下:

(1) 剪一段约为 30 mm 长的油芯,放到带有吸球的支持器内,将尼龙管与连接头接起来。

(2) 将尼龙管的另一端插到探头底座上的快速连接头上,如图 6-4-9 所示。

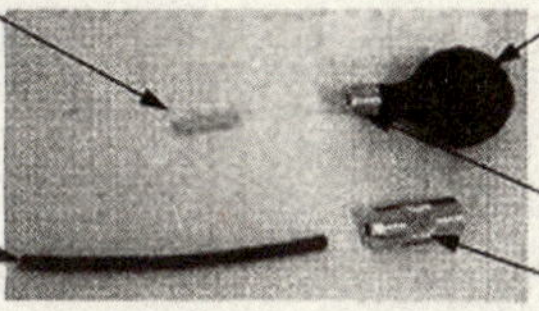

图 6-4-8　试验工具

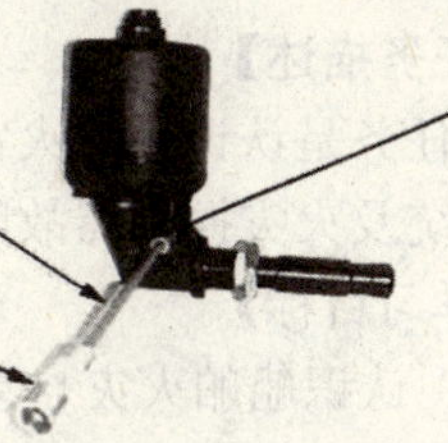

图 6-4-9　尼龙管与传感器快速接头的连接

(3) 将油芯放到烟油瓶中沾一点油,然后密封油瓶。

(4) 点燃试烟器中的油芯,然后将火熄灭,捏吸球(但不用总持续),只要保持油芯有烟即可,即保持阴燃状态。

(5) 将油芯插入管路接头中,同时捏吸球。

(6) 探头指示灯应该由绿色变成红色指示报警状态。

(7) 如果指示灯没有变成红色,可能是因为油芯没有处于阴燃状态,必要时重新点燃。

(8) 为了将尼龙管从连接头拔出,在拔管路的同时用手压住塑料锁紧环。

(9) 尼龙管被拔出后应妥善存放。

(10) 油芯可重复使用,用后要完全熄灭。

2. 常见的故障及诊断

(1) 控制单元电源指示灯不亮,显示器无显示:这种现象通常是电源故障,以此为主线索进行故障诊断。

(2) 设备上的探头电源指示灯不亮:可能的原因是接线箱熔丝损坏或探头故障。

(3) 显示器上显示“COMMS FAULT”:可能的原因是探头地址码设置错误、探头供电不正常及探头处于各种状态。

(4) 显示器上显示“FAN FAULT”:内部风机故障。

(5) 显示器上显示“LED FAULT”:探头油雾循环腔需要清洗或 LED 有故障。

(6) 显示器上显示“DETECTOR FAULT”:探头透光孔被堵、导光管损坏及探头故障。

(7) 错误的偏差报警“FALES DVEIATION ALARM”:偏差报警设置有问题。

【任务评价】

(1) 曲轴箱油雾浓度监视报警系统的保养方法正确。

(2) 曲轴箱油雾浓度监视报警系统的常见故障诊断方法正确。

【课后练习】

(1) Mark6 型曲轴箱油雾浓度监视报警器的探头如何清洗?

(2) Mark6 型曲轴箱油雾浓度监视报警器的探头如何更换?

任务5 船舶火灾自动报警系统的认识、火灾探测器类型及故障分析

Task Five Knowledge of Ship Fire Automatic Alarm System, Types of Fire Detectors and Fault Analysis

【任务描述】

本任务是认识船舶火灾自动报警系统,认识船舶火灾探测器类型,掌握船舶火灾自动报警系统及火灾探测器故障分析。

【学习目标】

(1) 认识船舶火灾自动报警系统。

(2) 认识船舶火灾探测器类型。

(3) 会分析船舶火灾自动报警系统及火灾探测器故障。

【相关知识】

在船上,若早期发现的火灾很容易扑灭,所造成的损失也很小。但是,在茫茫大海中航行的船舶,若没及早发现火灾,一旦蔓延起来,由于孤立无援,其后果不堪设想。

在船员入睡的夜晚,在无人值班的机舱及无人看管的货舱或船员离开后燃烧的火灾,如何能及时发现呢? 为此,人们着手开始研制火灾报警装置,并很快投入使用。随着技术的发展,单一功能的火灾报警器逐步被既能发现火灾并报警,又能联动灭火、排烟,还能联动防火分隔的智能化火灾自动报警系统所取代。

在机舱或货舱,火灾初起一般是先有烟雾、不正常的温升和火光。因此为了及早地发现火灾,并扼杀于萌芽状态中,可以借助各种传感器(自动探测器)将烟、热或光信号变为电信号,然后送入报警控制单元进行信号处理,发出报警及其他控制信号。这就是船舶的火灾自动报警系统。

在某些特种船舶如滚装船、火车渡船及液化气船中,往往在某些舱室内装设可燃气体探测器,用来监测可燃气体的浓度,以防止可能引起的燃烧和爆炸。

一、火灾自动报警系统的结构

一套船舶舱室火灾自动报警系统主要包括探测器(含手动报警按钮)、报警控制器、区域报警屏、联动控制器、通信广播设备等五部分组成。其系统如图 6-5-1 所示。

1. 探测器

探测器分布在被测环境现场,它监测环境的有关物理量如烟、光、热等,将其转换成与该物理量对应的电信号,并传送到报警控制器。手动报警按钮一般安装在人员经常出入经过的走廊、通道、楼梯口等明显的地方。探测器主要有感烟、感温和火焰探测器三种。

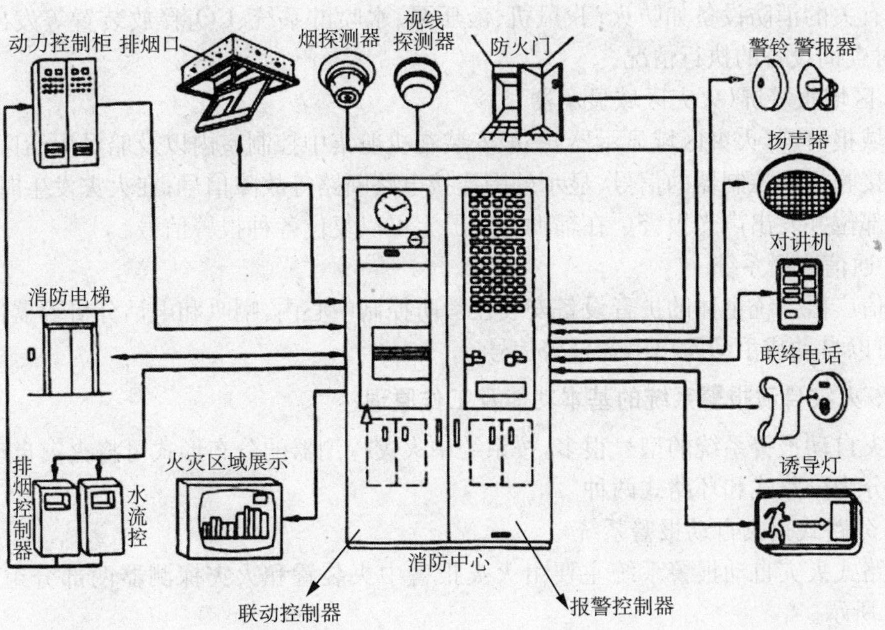

图 6-5-1　船舶舱室火灾自动报警系统组成

2. 中央控制单元(消防中心)

中央控制单元(消防中心)一般安装在驾驶台或消防控制中心内,主要有报警控制器和联动控制器。目前船舶上应用的报警控制器主要有继电接触器控制、可编程序控制器(PLC)控制及微机控制等三种。其作用是接收火灾探测器从监控现场发送来的火灾信号,经过处理后发出声光火警报警信号并显示火警的区域部位,以便船员及早采取灭火措施。报警控制器主要实现以下功能。

(1) 当火警发生时,发出声光报警信号并指示火警发生的位置。声响信号可以手动切除,但不能影响下一次火灾报警。

(2) 对报警指示设备的输入、输出线路进行监控,包括外部探测器和警铃线路的断路故障、系统内部故障(电源故障、指示灯故障、接地故障、熔丝损坏)以及主控制箱的门是否打开等,对于这些故障都能自动发出声光报警信号,并显示具体故障部位。火灾报警声光信号与机舱设备故障声光信号有明显区别,消声功能与火警相同。

(3) 火警与故障信号有记忆功能,只有在火警和故障已经消除,并由人工复位后方能恢复正常。

(4) 具备手动模拟测试条件,方便检测设备是否正常。

(5) 每一火灾探测分路可以被切断,以便对某一分路进行检查维护,并且设有切断的指示等显示。

(6) 配置有主、副电源,可以自动转换,保持不间断地供电。

(7) 具备担负某些辅助功能。

(8) 满足船用的环境条件试验要求。

3. 联动控制器

联动控制器安装在消防控制中心内,连接报警控制器送来的火灾信号,通过控制电路模块向有关的消防设备如防火门、风机、液压泵、水喷淋系统、CO_2释放装置等发出控制命令，同时查询设备的执行情况。

4. 区域报警屏（火灾区域显示器）

区域报警屏（火灾区域显示器）一般安装在机舱集中控制室内以及船员生活区走廊内。它可以接收报警控制器的信号，显示外围连接电路断路等故障信号；在火灾发生时，可以指示报警部位并发出声光报警。在辅助报警屏上可以复位各种报警信号。

5. 通信广播系统

通信广播系统主体的扩音设备安装在消防控制中心内，喇叭和电话分机等器件安装在现场，可以自动或手动发出语音报警信号。

二、火灾自动报警系统的基本功能及工作原理

火灾自动报警系统的型号很多，按系统中火灾探测器的分布形式可将火灾自动报警系统主要分为分路式和环路式两种。

1. 分路式火灾自动报警系统

分路式火灾自动报警系统主要由火灾报警中央装置和火灾探测器两部分组成，如图 6-5-2 所示。

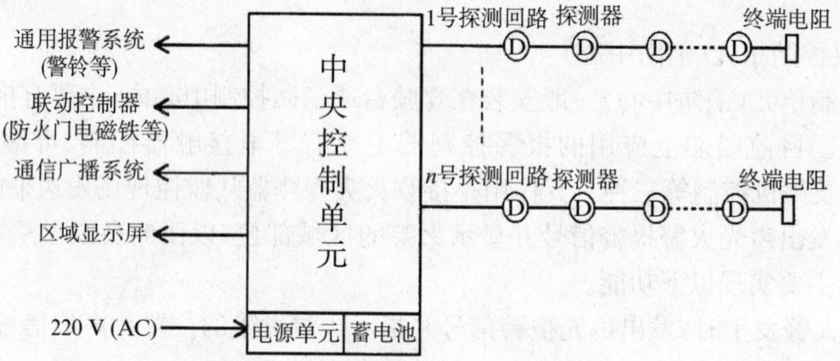

图 6-5-2 舱室火灾自动报警系统

1）基本功能

探测器监测周围环境的情况，并将信号传输给中央装置。火灾报警中央装置的基本功能是：当它接收到探测器传来的火警信号后，发出声光报警信号，并指示出火源部位，起动外部报警控制设备，还能对系统进行故障监测。当系统发生故障时，发出故障声光信号，指示故障类型，其故障声光信号与火警声光信号有明显的区别。火警与故障信号有记忆功能，只有在火警和故障已被消除，并经人工复位后方能恢复正常。另外还具各手动模拟测试功能，检测设备是否正常。每个探测分路均可切断，切断后有相应的灯光指示。主、副电源可以自动转换，保持不间断对系统供电。

2）工作原理

目前在火灾报警系统中，对于火灾探测器通常采用三种接线方式：二线制、三线制、四线制。

图 6-5-3 是二线制接线方式，此电路电源线与信号线重合。如果各个火灾探测器状态正常，则通电后其内部接线柱 6,7 闭合，使电源得以送入下一个火灾探测器。在终端探头有一终端设备（一般为电阻或齐纳二极管），使得系统在正常监视状态时有一监视电流

(微安级)。一旦火警发生,相应探测器动作,使电源两端电阻急剧下降,产生一较大的动作电流(毫安级),由系统内部处理后给出声光报警。如果某一回路中一个探头发生故障,则其内部接线柱6,7不能闭合,使电源端开路,由系统处理后显示该回路开路或探头故障。不管采用何种方式,均要求可以实现检测探测器脱落、探测器故障失效、线路开路故障、终端电阻脱落或故障失效、火灾报警等功能。

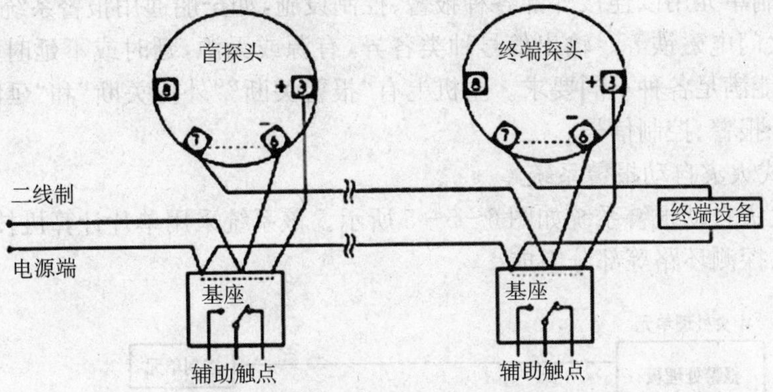

图 6-5-3　火警系统探测分路结构

分路式火灾自动报警系统的主机面板如图 6-5-4 所示。其主机为模块式结构,可根据系统的不同需要选用相应模块,以组成大小、功能各异的系统。基本模块有中央单元、分路单元、报警控制单元和电源单元。每个分路单元有 8 个探测分路,选用 n 块分路单元可组成具有 $8n$ 个探测分路的系统。每个分路由一个开关控制此分路的接通和关断,由红黄二个指示灯分别指示其处于火警或分路断开的状态。每个分路单元上有两个开关用于此单元上 8 个分路火警和故障的模拟试验功能。主机与探测器的连线为三芯线,探测器工作电压为 24 V (DC)。每个探测分路的最末一个探测器内接一个 10 kΩ 的终端电阻。分路单元内还设有短路保护电路,当探测分路发生短路现象时此电路动作,以避免电流过大。短路现象消除后,短路保护电路自动复原。

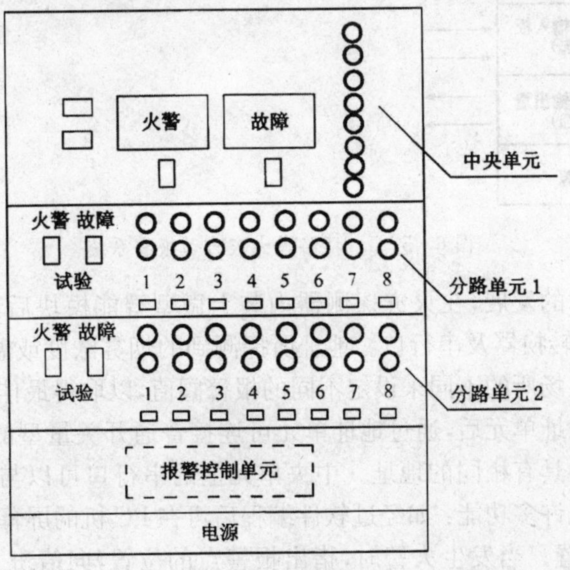

图 6-5-4　分路式火警系统的主机面板

当系统发生火警或故障时,中央单元上发出相应的声光报警信号。因为火警系统是一个安全系统,所以必须保证其本身系统处于正常的工作状态,为此,主机内有各种故障自检功能中央单元右侧有一排指示灯,分别指示分路开路故障、警铃回路故障、接地故障、电瓶故障、熔丝故障、电网故障、分路关断和主机门开。分路关断和门开指示灯提醒操作人员在正常的工作状态时应将所有分路接通,并关上主机门。

报警、控制单元用以连接外部各种报警、控制设施,如全船通用报警系统、各种报警灯、报警铃和防火门电磁铁等。输出信号种类各异,有源或无源,延时或不延时,连续或断续,常开或常闭,能满足各种不同要求。主机上有"报警关断""外控关断"和"延时关断"开关,用以控制对外报警、控制信号。

2. 环路式火灾自动报警系统

环路式火灾自动报警系统如图 6-5-5 所示。该系统采用单片计算机技术,由中央单元、操作单元、探测环路等部分组成。

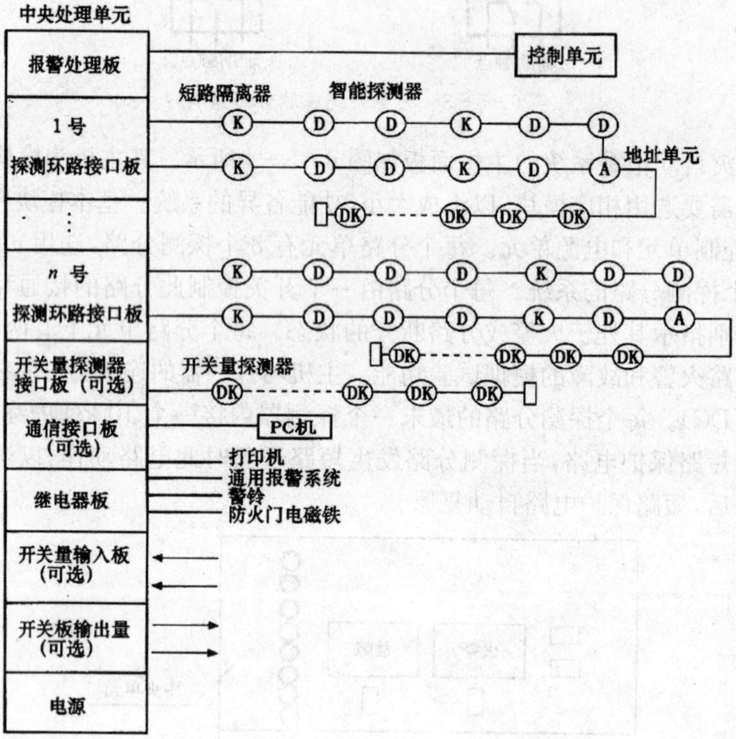

图 6-5-5　环路式火灾自动报警系统

由于计算机技术的发展,在火灾探测器内装上微型智能模块后,就构成智能探测器。内有微处理器、A/D 转换器及串行口。地址所探测到的烟雾浓度或温度是一个模拟量,所以可根据探测器安装场所的不同来设定不同的报警阀值,以取得最佳的效果。

在环路中装上地址单元后,通过地址单元可连接普通开关量型的火灾探测器,在这条叉路上的火灾探测器具有相同的地址。中央单元上的串行口可以与 PC 机通信,利用 PC 机上丰富的软件完成许多功能:如经过软件编程后可在 PC 机的屏幕上显示各层甲板上探测器、按钮的安装位置。当发生火警时,指出报警点的位置,向值班人员提示最佳灭火方案,通过打印机记录各种事件的发生;由于中央单元上输出的报警、控制信号是可编程序的,因此可以设定较为复杂的报警控制功能,如某几个探测器动作触发某扇防火门经某段时间的延时后关闭等。

1) 中央单元

中央单元为模块式结构,由几种功能不同的模块所组成,可根据系统所需选用相应的模板。所有线路板安装在一个标准的框架中。中央单元由以下几个部分组成。

(1) 报警处理板。此板是中央单元的核心部分,板内有一个内部和两个外部串行通信口。内部串行口用于接收来自探测环路接口板的信息,控制其相应动作。外部串行口用于与操作单元等通信。此板还通过继电器板完成相应的报警、控制功能,通过通信接口板实现与外部计算机、打印机等的串行通信,控制开关量输入/输出板完成相应功能。

(2) 探测环路接口板。此板用于与探测环路中的探测器通信,并将探测器的状况传至报警处理板。每块板可连接 2 个探测环路,一个中央单元中最多可插入 95 块探测环路接口板。板上的多位开关用以设定其地址。

(3) 继电器板。它受报警处理板所控制,驱动外部报警、控制设备。如通用报警系统、警铃、防火门电磁铁等。板内有 2 路 24 V/2 A 直流电源输出,3 路 24 V/2 A 直流有源信号输出,4 路容量为 2 A 的继电器信号输出,2 路以集电极开路形式输出的信号。

(4) 通信接口板。此板内有 2 个 RS-232 和 2 个 RS-485 串行通信口,它由报警处理板所控制,用于与外部计算机、打印机通信。

(5) 开关量输入板。此板可接收 24 路经光电隔离的开关量信号,受报警处理板所控制。

(6) 开关量输出板。此板可输出 24 路经光电隔离的开关量信号,受报警处理板所控制。

(7) 开关量探测器接口板。此板用于连接以非智能型的开关量探测器所组成的探测分路,每块板可连接 4 个分路。

(8) 电源单元包括整流电源和蓄电池,两路电源可自动切换。

2) 探测环路

在该系统中,一个中央单元最多可连接 190 个探测环路,每个环路中可安装 99 个模拟量探测器或地址单元。一个环路可覆盖船上几层甲板。因为中央单元和探测器之间的通信信号在发送和接收时受过特殊处理,所以对其电缆要求不高,一般的二芯非屏幕船用电缆即可。

3) 操作单元

操作单元是操作人员与系统进行人机对话的装置,其面板如图 6-5-6 所示。

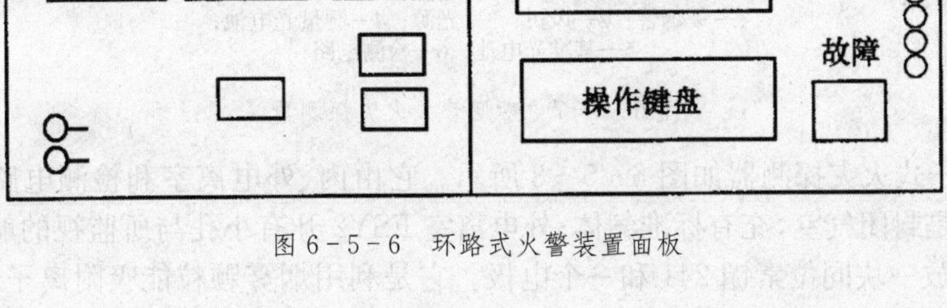

图 6-5-6 环路式火警装置面板

当系统发生火警时，左上角的火警大灯闪亮，其右侧的二组三位数码管分别显示报警的环路号和探测器号。操作单元右部的液晶显示屏显示系统的信息，液晶窗下方的键盘用以输入操作人员的各种控制命令，如设置日期、时间，设置某个探测器的灵敏度，在某段时间内关断某几个探测器等。有的操作功能需输入相应的密码后才能实现，以避免非相关人员误操作。当系统发生故障时，操作单元右下方的故障灯闪亮，其上方相应的发光二极管指示故障类型。

三、火灾探测器

1. 火灾探测方法

在火灾发生之前，普通可燃物燃烧过程会产生大量烟雾，温度将急剧上升，并且出现火光，因此根据火灾前兆的物理现象，火灾探测方法可分为烟探测法、热(温度)探测法和光探测法。在滚装船、消防船和油船的货舱或某些舱室可能会聚集较多的易燃气体。在易燃气体的浓度超过燃烧下限时，遇明火会产生燃烧或爆炸。为了检测易燃气体是否达到危险浓度，在这些船上一般装有易燃气体探测报警系统，对易燃气体的火灾探测方法为气体浓度探测法。

2. 火灾探测器

火灾探测器是火灾自动报警系统的检测单的特征物理量，如烟雾、温度、火光等转换成电信号向火灾报警中央单元发送。对普通可燃物按其探测火灾参数的不同，可以划分为感烟式、感温式、和感光式探测器等类型，而船上主要采用感烟式和感温式探测器。对易燃气体的探测较多的是采用气敏半导体探测器。

1) 感烟式火灾探测器

(1) 感烟管式火灾探测器如图 6-5-7 所示。它是利用烟雾浓度不同其透光程度不同的原理检测的，抽风机把所监视舱室的气样由集烟管 1 和感烟管排出。光源 3 经透镜变成平行光分别照射在光电池 4 和 5 上。当气体中烟雾浓度增大时，基准光电池 5 产生的电信号不变，而测量光电池 4 产生的电信号减小。把这两个电压信号送至检测电路 6，当两电压差大到一定值时，发出火灾报警信号。

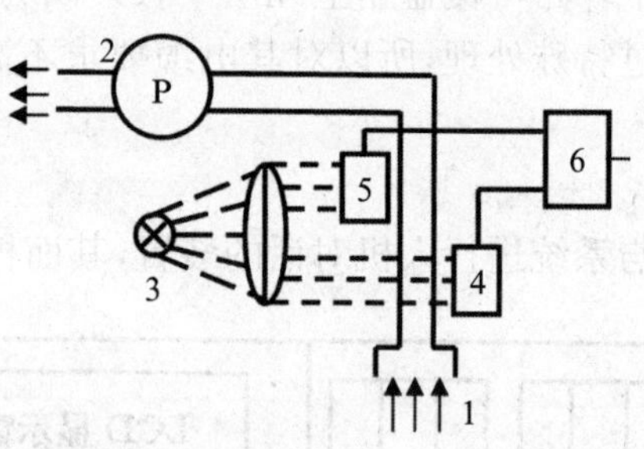

1—集烟管；2—风机；3—光源；4—测量光电池；
5—基准光电池；6—检测电路

图 6-5-7　感烟管式火灾探测器

(2) 离子式火灾探测器如图 6-5-8 所示。它由内、外电离室和检测电路组成，内电离室 FSY1 是封闭气室，充有标准气体；外电离室 FSY2 开有小孔与所监视的舱室相通，每个电离室中放一块同位素镅 241 和一个电极。它是利用烟雾颗粒能吸附离子的原理探测的。同位素镅 241 能发射 α 射线使空气电离，并在电场作用下产生离子电流。当有烟雾的气体进入外电离室时，烟雾颗粒能吸附一部分离子，使其离子电流减少，相当于它的等效电阻值增大，而内电离室的等效电阻不变。随着外电离室的烟雾浓度增大，A 点电位 U_A 提高，经场效应管 BG1 源极耦合到晶体管 BG2 的基极放大后输出。当烟雾浓度达到一定值时，使输出电压相应提高到某一动作电压，通过起门槛作用的稳压管 DW1 触发可控硅管 SCR1 使之导通，继电器通电发出火灾探测信号。

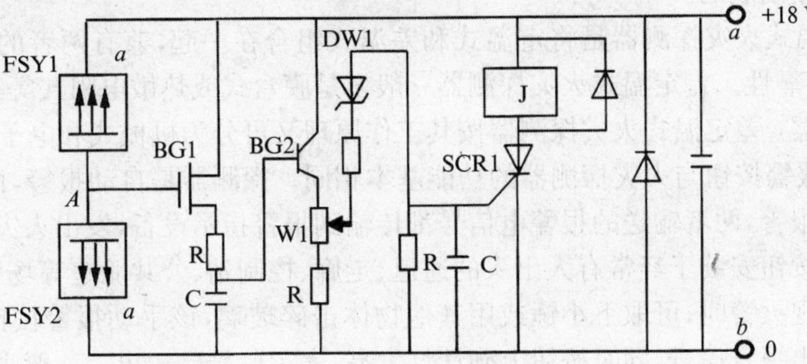

图 6-5-8　离子式火灾探测器

2）感温式火灾探测器

船上常用的感温式火灾探测器有定温式、差温式和差定温式三种。感温式探测器主要用于住室、走廊、控制室和舱室容积较小场所的火灾场所。

(1) 定温式（或称恒温式）火灾探测器是根据监测点温度达到某个设定值来探测的。常用的定温式火灾探测器有低熔点金属丝和双金属片，如图 6-5-9(a)和图 6-5-9(b)所示。

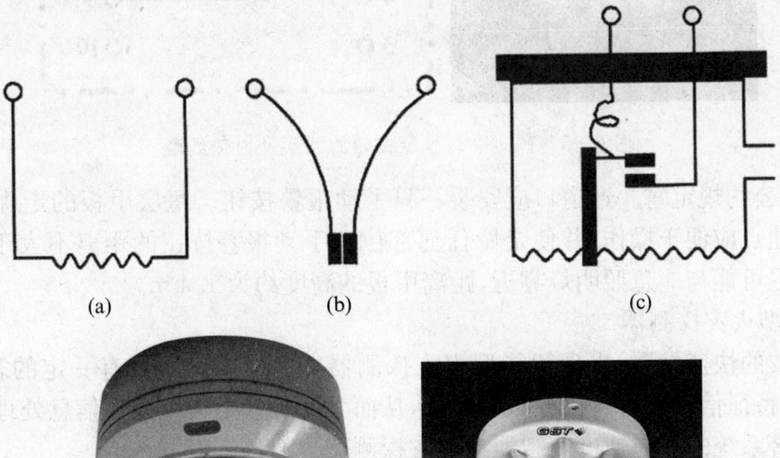

图 6-5-9　感温式火灾探测器及实物

当监测点温度达到设定值时，低熔点金属丝被熔断；或利用膨胀系数不同的双金属片，受热弯曲使触头断开。它们可使一个继电器断电，其常闭触头闭合发出火灾探测信号。

(2) 差温式(或称温升式)火灾探测器是根据监测点温度升高变化率来探测的，如图6-5-9(c)所示。在火灾前期温度上升较快，如温度升高变化率每分钟超过 5.5 ℃时，使得气室内的气体快速膨胀，由于小孔放气量很小，气体来不及从小孔泄放，其压力升高，波纹膜片下弯使动触头与静触点闭合发出火灾探测信号。差温式火灾探测器也可以是采用热敏电阻及电子电路制成的。

(3) 差定温式火灾探测器是将定温式和差温式组合在一起，兼有两者的功能，扩大使用范围，提高可靠性。差定温式火灾探测器一般多是膜盒式或热敏电阻式等典型结构的组合式火灾探浏器，差定温式火灾探测器按其工作原理又可分为机械式和电子式两种。

(4) 手动报警按钮与火灾探测器的功能基本相同。探测器是自动报警，而手动报警按钮是人工手动报警，两者输送的报警电信号都传输到报警指示设备，发出火灾报警信号。

手动报警按钮安装于经常有人出入的通道、走廊、控制站、公共舱室等场所。当巡逻员或附近人员发现火警时，可取下小锤或用其他物体击碎玻璃，该手动报警按钮即自动向报警指示设备发出报警信号，同时按钮上确认灯发亮，表示信号已送出。一般来讲，手动报警按钮只需击碎玻璃即自动动作。也有的在击碎玻璃后需按下按钮。手动报警按钮的外形及内部线路如图 6-5-10 所示。

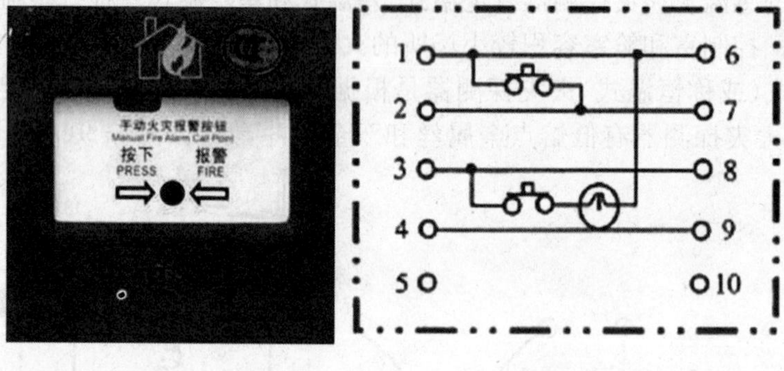

图 6-5-10　手动报警按钮的外形及内部线路

SOLAS 公约规定每一通道口应安装一只手动报警按钮。每层甲板的走廊内，手动报警按钮安装地点应便于操作，并使走廊任何部位与手动报警按钮的距离不大于 20 m。具体安装时应尽可能与应急照明灯靠近，距离甲板的高度约为 1.4 m。

3) 智能型火灾探测器

随着科技的快速发展，出现智能型火灾探测器。这种探测器具有一定的智能处理能力，能对火灾特征信号进行直接分析和处理，从而大大减轻中央单元的信息处理负担，提高整个火灾报警系统的响应速度。智能型火灾探测器一般具有以下特点：

(1) 火灾探测器的输出信号与火灾状况(烟雾浓度变化、温度变化等)成线性变化。探测器能够按预报警、火灾发讯、联动警报三个阶段传送信号。探测器变脏、老化、脱落等故障状态信息也传送到中央单元，以进行检测识别并发出故障警报信号。

(2) 火灾探测器内配置高集成度的微型智能模块(内含 CPU，A/D 转换器，串行通信接口)，并具备通信功能。

(3) 火灾探测器具有地址编码功能，探测器的编码地址有系统软件程序决定，在火灾报警控制器上可根据需要命名或更改火灾探测器的地址。

(4) 具有很高的环境适应能力与稳定性。智能型火灾探测器具有抗灰尘吸附、抗电磁干扰、抗温度影响、抗潮湿、抗腐蚀等特点。

(5) 各种工作原理的探测器都有配套的火灾识别软件。探测器的灵敏度和警戒值可以灵活设定。

(6) 具有自动故障检测功能。无须加烟或加温测试，只要利用报警控制器键盘上的按键，即可完成对探测器的功能测试。

4) 气敏半导体火灾探测器

目前在易燃气体探测器的实际应用中多采用气敏半导体(或称金属氧化物元件)，它是铂金属丝上涂以金属氧化物，在高温中焙烧而成。气敏半导体品种很多，主要有氧化锡、氧化锌、氧化钴、氧化铁和氧化镍等，其中氧化锡使用最广。用这些氧化物制成的气敏半导体，按其性质可分为 N 型和 P 型两大类。N 型气敏半导体元件，在遇到敏感气体时，其电阻值减小；而 P 型气敏半导体元件，在遇到敏感气体时，其电阻值增大。气敏半导体火灾探测器结构如图 6-5-11 所示。

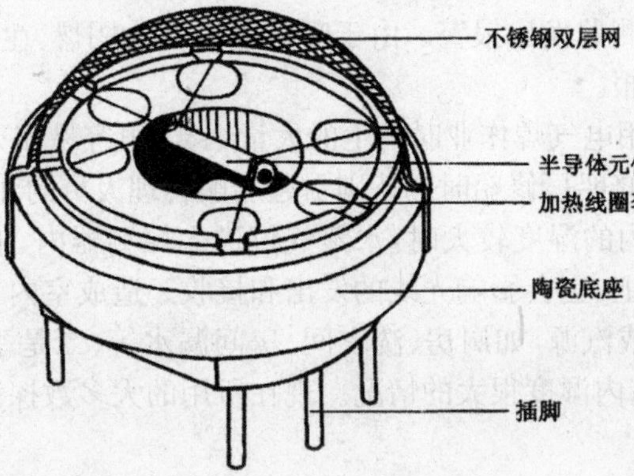

图 6-5-11 气敏半导体火灾探测器

四、火灾探测器的故障分析

在火灾自动监控系统的实际运行过程中，控制器(中央单元)本身很少出现故障，而且即使出现故障，由于船舶检测维修设备所限，往往也无法解决。实际上，出现故障最多的是火灾探测器以及外围接线。火灾探测器故障主要有漏报或误报两种情况：漏报指的是火灾已发展到应当报警的规模但却没有报警；误报指的是没有火灾却发出报警信号。

1) 漏报分析

感温式、感烟式和气敏式探测器都是接触式探测器，只有当足够浓或足够热的烟气到达探测器所在位置时才能被探测到并作出反应。假定探测器本身及线路没有故障，出现漏报往往是探测器没有探测到足够多的烟气。例如，目前常用的感烟探测器基本上适用于船舶各部位，其顶棚的高度一般不超过 10 m。这样当其地面附近起火时，火灾烟气可在几秒钟升到顶棚，并迅速形成烟气层，探测器能够起到及时发现火灾的作用。如果船舶的内部空间(如机舱顶层)较大、较高，烟气到达顶棚的时间必将延长，而且由于卷吸空气的稀释，烟气的浓度有所降低，等达到探测器的报警浓度时，火灾已经发展到相当大的规模，早期灭火的时机往往已被错过。有时过于靠近天花板也不合适。例如，在夏季，环境温度较高时，可造成室内顶棚下的空气温度较高。它可以导致燃烧刚产生的烟气无法到达顶棚，这通常称为烟气的热降。若探测器离顶棚过近就会漏报警。为避免热降，感烟探测器应与顶棚保持一段距离。又如，当室内有通风换气装置时，形成的强制空气流动可以使烟气偏斜，以致到不了探测器位置。所有这些都应具体情况分别对待。

造成探测器误报有结构方面的原因，也有使用方面的原因。前一方面主要与探测器的灵敏度有关，探测器的灵敏度过低会造成报警延迟，但太高又容易发生误报，应当选择合适的报警范围。现在通用的探测器大都将灵敏度设为若干级，如定温探测器的一级灵敏度的动作温度为 62 ℃，二级灵敏度的动作温度为 70 ℃，三级灵敏度的动作温度为 78 ℃。感烟探测器的一级灵敏度表示单位长度的烟气减光率达到 10%报警，二级灵敏度表示该减光率达到 20%报警，三级灵敏度表示该减光率达到 30%报警等。

2）误报分析

根据实际使用统计，由于使用不当引起火灾误报主要有以下因素：

(1) 吸烟。这是大量事实所证明的，尤其是当房间顶棚较低(如机舱集控室和船员舱室等)而探测器的灵敏度较高时更容易发生。有时一个人吸烟就可干扰探测器的工作，三个人同时吸烟足以使探测器发出报警。由于吸烟过程多为阴燃，生成的烟颗粒较大，故更容易使光电型探测器误报。

(2) 电气焊。在使用电气焊作业时产生的大量烟雾，很容易使火灾探测器发出火警信号。在机舱工作间以及修船厂修船时应特别引起船舶管理人员的注意。

(3) 水蒸气。当室内的湿度较大时，水蒸气可进入探测器内，干扰探测器的工作。若水蒸气凝结在有关元件上，也会影响光线的发出和接收。造成室内水分过多主要有两种情况：一是室内存在水源或汽源，如厨房、洗衣间、房间漏水等；二是季节影响，如夏季，尤其是梅雨时节，容易出现室内湿度很大的情况。现在所用的大多数探测器适用于相对湿度低于 85%的环境。

(4) 小昆虫和蜘蛛网。为了让烟气进入探测器内腔，通常设置一些进烟孔，并在孔口加上丝网，其主要目的是阻挡昆虫进入，但孔口过小又会影响烟气进入。出于综合考虑，目前常用的丝网孔径为 1.25 mm。它可挡住大昆虫，但小昆虫和小蜘蛛难免进入。

(5) 炊事。做饭时常产生大量的烟气，尤其是炒、蒸、熏时产生的烟气量更大。这种烟中往往掺杂着油蒸气，对探测器的有害影响很严重。

(6) 缺乏清洁。这一因素对探测器的影响是逐渐积累的。探测器的使用时间长了，其内部总会积聚污染物，因此必须定期清洁。然而船舶管理人员并未重视这一问题，火灾探测器往往几年不保养，这就难免经常发生误报。

(7) 当火灾自动报警系统显示某区域报警，但该区域并无火情。则可能是探测器本身的故障，如场效应管输入阻抗降低、镅 241 片剂量较低、可控硅击穿。

五、干货舱自动探火及报警系统

干货舱自动探火及报警系统形式较少，因为在装货后的航行途中，货舱一直是无人到达的，货舱已构成了一个独立的密闭舱室。从这个特点出发，货舱比较多的采用感烟式自动探火及报警系统。

1. 系统的基本组成

干货舱自动探火及报警系统示意图如图 6-5-12 所示，它由抽风机、管道、烟雾探测器和报警指示设备等组成，如货舱发生火灾，烟雾通过管道被抽吸到安装在驾驶室的烟雾探测器，则报警指示设备即发出声、光信号。此时，驾驶台值班人员便可根据控制箱屏上的相应指示，判断失火货舱，采取相应消防措施。此外，被抽吸的烟雾可以通过旁路控制开关，直接排放到驾驶室，以便值班人员可以嗅闻，证实是否属于火灾的烟雾。

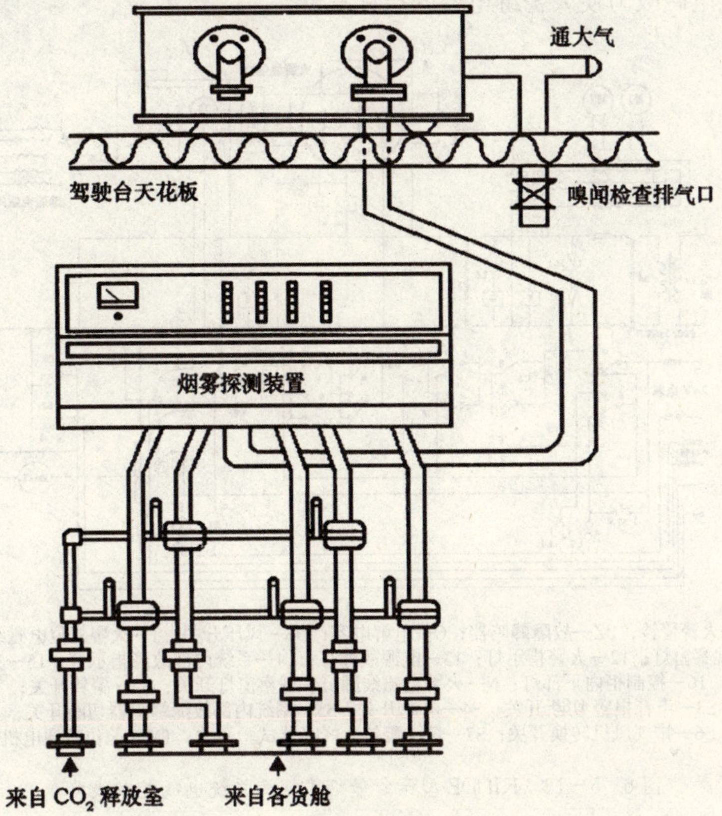

图 6-5-12　货舱自动探火及报警系统

2. KIDDE 型干货舱自动探火及报警系统

KIDDE 型干货舱烟雾探测系统电气控制线路如图 6-5-13 所示。该系统控制柜共分为四层：第一层主要有舱位选通电机、舱位指示器、各种操作开关、指示灯、火警继电器、电源变压器等；第二层是观察窗，内有照明灯，安装有检测各舱是否堵塞的小旋转风叶；第三层安装有控制电路、光电检测装置、模拟试验烟雾吹入口以及风压检测开关等；第四层装有各选通电磁阀以及各舱气体吸入管。

1）启动前的准备

在系统启动前，必须先将开关 S1，S3，S4 闭合，排气风机转换开关，选中任一风机，火警警铃开关陇置于“ON”位置（1－2，3－4 闭合），系统内部故障蜂鸣器切断开关 S5 置于“ON”位置（1－2 闭合），否则系统通电后会出现故障警报。

2）系统工作过程

当正常监视状态时，由于无烟雾通过光电池，其输出电压很小；当货舱火警发生时，有烟雾通过光电单元，由于烟雾颗粒的折射作用，使光电池输出电压增大，此电压使N线圈磁路产生足够大的电磁吸力，吸动指针使触点1，2闭合，使继电器C与CA获电动作。继电器C动作后，其触点1—2闭合，一方面使警铃Bell动作。另一方面使电磁线圈H有电动作，其触点使舱位选择电机TM失电，舱位选通指示停在火警发生的货舱；其触点4—5闭合使外部警铃接通；其触点7—8闭合使火警指示灯L2亮。继电器CA是火警辅助继电器，火警发生时断开故障报警信号电路，保证火警的优先级。火警消除后，按复位按钮使线圈J有电，产生电磁吸力使火警继电器的指针复位。

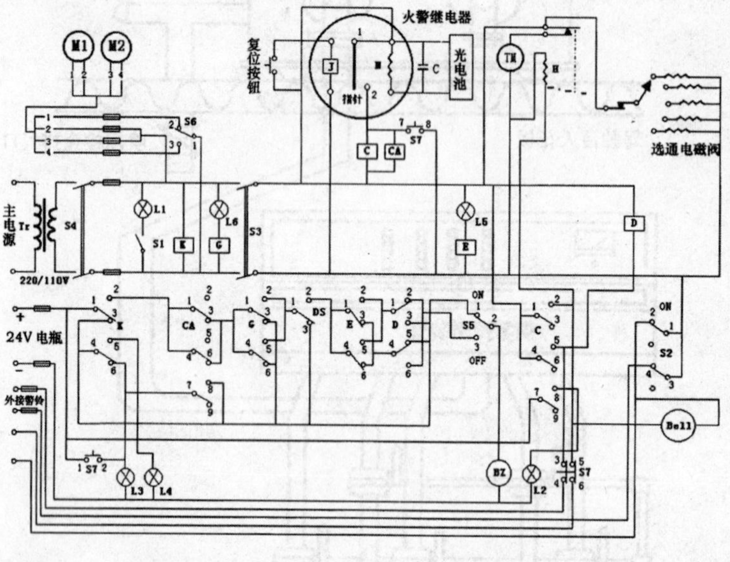

Bell—火警警铃；BZ—故障蜂鸣器；C—电解电容；DS—风压开关；J—火警复位电磁线圈；
L1—观察窗灯；12—火警指示灯；13—电源故障灯；14—系统内部故障指示灯；15—光源；
16—控制柜内下部灯；N—火警电磁线圈S1—观察窗灯开关；S2—警铃开关；
S3—声音报警 切断开关；S4—电源开关；S5—系统内部故障蜂鸣器切断开关；
S6—排气风机转换开关；S7—灯、警铃、蜂鸣器试验开关；TM—舱位选通电机

图6-5-13 KIDDE型干货舱烟雾探测系统电气控制线路

3）自检功能

由于系统具有较强的自检功能，一旦发生故障报警，管理人员只需根据线路原理查找相应故障点排查即可。现将系统自检功能分析如下：

（1）主电源失电时，继电器K失电，使其触点1—3，4—6闭合，使电源故障指示灯L3亮，故障蜂鸣器BZ发出声音信号。

（2）当下列故障出现时，使系统内部故障指示灯L4亮，系统内部故障蜂鸣器BZ发出声音信号。当控制柜下部灯熄灭时，继电器G失电复位，使自身触点1—3，4—6闭合。风压未建立或压力开关故障，DS的1—3触点闭合。光电池的光源故障，使继电器E失电复位，其自身触点1—3，4—6闭合。当外部警铃断路或故障时，继电器D失电，使自身触点1—3，4—6闭合。

六、易燃气体探测报警系统

1. 易燃气体

通常油船的货品即原油和普通石油产品，主要成分都是多种烃化合物掺在一起的混合

物(由氢元素和碳元素组成)。这些化合物的沸点范围可从－162 ℃到远超过＋400 ℃,就多种化合物组成的任一具体的混合物而言,其挥发性主要决定于其挥发成分(具有低沸点的特征成分)的含量,含量越多,挥发性越大:在油船货品正常营运循环中,即在装载航行—卸油—压载航运—洗舱—装油的全过程中,油舱内的油气都是由多种碳氢化合物组成的。当一种石油产品被装入油舱时,其易挥发成分即开始挥发,释放出石油气并扩散到其液面以上的空间,此时挥发出的气体仍有重新溶进这种石油产品的倾向,最后会达到平衡,在液面上的空间形成一定数量的均匀分布的石油气,即各种烃气的混合物。

当空气中烃气的浓度到达一定的范围时,烃气和空气的混合物在一定条件下就会产生燃烧或爆炸的危险。这个范围的下限即燃烧下限(LEL),就是指烃气浓度已低到不足以维持和蔓延燃烧的程度。该范围的上限即易燃上限(UEL)达到不再能维持和蔓延燃烧、引爆的程度。

2. 系统的工作原理

系统原理如图 6-5-14 所示,主要包括测量单元和控制单元。测量单元的信号处理电路图如图 6-5-15 所示。

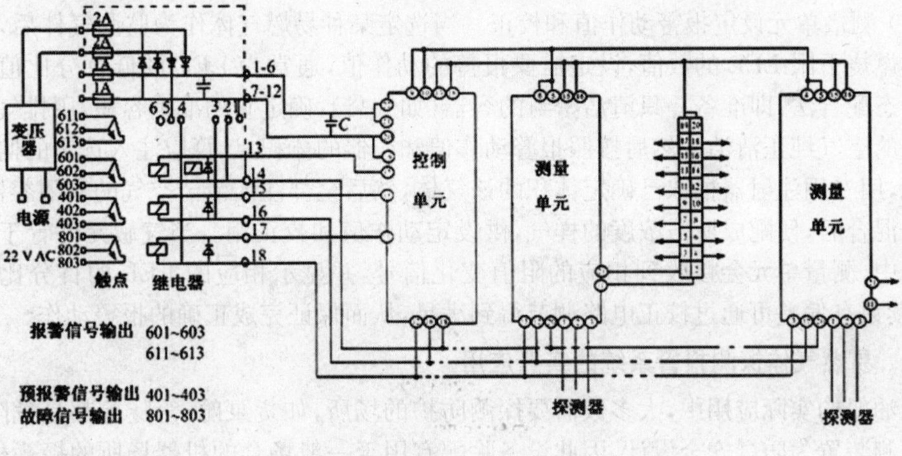

图 6-5-14 系统原理

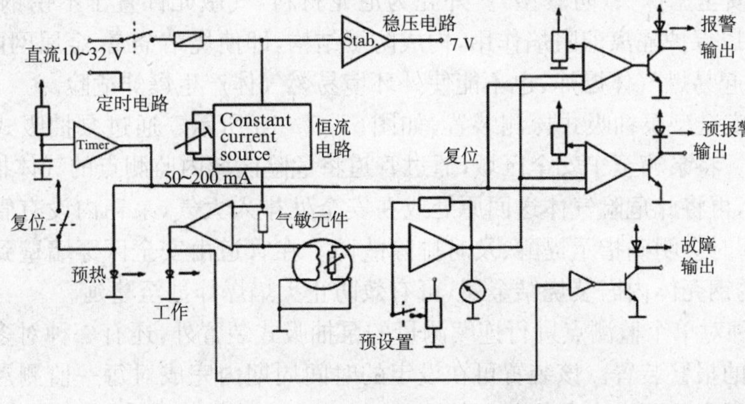

图 6-5-15 测量单元的信号处理电路

测量单元的信号处理电路分析如下：

(1) 气敏半导体元件需要在加热电阻丝通电加热下保持对空气中氧可逆吸附所需的温度，即加热电阻丝上电压不变，保持温度恒定，则气敏半导体的氧吸附量保持不变，从而在清洁的空气中，半导体的电阻值不变。若周围空气中有敏感气体存在，由于气体分子把阳离子吸附在半导体表面上，半导体的电阻值就随气体浓度增高而变小。因此在正常状况下，加热电阻丝的工作条件就决定基准的半导体电阻值，气敏元件中加热线圈工作电压定为 5 V，因而测量单元的电路中通过采用恒流源的办法给加热电阻丝供电，这样不管气敏元件探测点距离测量单元的连接线路有多长，总可保证在加热电阻丝上设定 5 V 电压，从而使测量稳定精确。

(2) 由于气敏半导体的反应并非线性变化而是指数变化，因此测量单元电路中运用运算电路进行校正补偿。从而达到显示度数与气体浓度成线性关系。

(3) 定时电路。当测量单元长期关闭后再通电工作时，由于加热电阻丝刚开始工作，还未建立起正常工作环境温度。因此最初几分钟内半导体的阻值不正常，测量单元显示报警状态。因而设计定时电路，在预热阶段(一般 2 min 左右)切断输出信号，防止误报警，当加热到正常工作温度，则自动恢复正常功能。

(4) 测量单元设定报警动作值和校正。当选定某种易燃气体作为监测气体后，就可根据它的燃烧下限 LEL 的数值，设定需要报警的动作值，通常为 LEL 的低百分比值。一般采用静态配合法，即准备一只清洁密封的容器(如气袋)，确定它的准确容积，用排气法保证容器内的空气纯正清洁。然后按照报警动作值和容器的体积，计算应注入选定的监测气体的体积，用专用注射器抽取己确定体积的该气体，然后全部注入清洁空气的密闭容器内，经过充分混合后，便配成所需浓度的样气，供设定动作值和校正用。当气敏元件置于配制好的样气中，测量单元会接收到相应的阻值变化信号，并显示相应的 LEL 的百分比浓度读数，如读数有偏差可通过校正电路调节得到满足，从而保证完成正确的报警动作。

三、易燃气体探测报警系统的实船应用

在油船的实际应用中，大多数需要探测防护的场所，如货泵舱、管隧等都是危险区域，要求探测装置为防爆安全设计，因此设备除配有用于一般场合的机器场所的探头外，还有专门设计的防爆安全型探头、本质安全性泵抽吸式探测装置。

(1) 防爆安全型探头(防爆型)。外壳为尼龙材料，气敏元件置于不锈钢腔体内，由烧结金属粒子加以保护隔离即阻焰作用，构成防爆结构，即使烧结金属、金属网内气敏半导体及电气火花引起易燃气体爆炸，也不能使外环境易燃气体产生爆炸危险。

(2) 本质安全型泵抽吸式探测装置，如图6－5－16 所示。通过泵抽吸式设计达到本质安全型要求。将泵箱至于安全区域，通过管道将危险区域内监测点的气体抽置泵箱内气敏半导体测量，再将此危险气体送回原处或在安全处排入大气，泵箱内设有管道堵塞监测线路，发生堵塞时会明确指示提醒、及时排除故障。在管道由安全区穿墙壁到危险区处安装阻焰器，不锈钢壳体内嵌装烧结金属，可有效防止火焰爆炸甚至蔓延。

(3) 除这种对单个监测点进行连续测量的泵抽吸式装置外，还有一种对多点(数十点)进行循环监测的报警装置。该装置可在设定的时间周期内完成对每一监测点抽吸气体并测量。为保证每个监测点在平均分配的测量时间内不因管道长短而产生测量质量问题，每个监测点在测量抽吸前一步都进行预抽吸，以得到最新的监测点样气。此外每个在等待测量的监测点管道都受到反压装置的保护，以防止吸入水或被杂物阻塞。中央测量装置中配有标准浓度样气，可随时校验设备。

实船在确定每个固定气体监测点时，除应满足规定的保护面积和间距外，还应考虑拟载运货品的蒸气密度、舱内各种构件的布置、空气进出口位置所形成的死角位置。根据具体情况确定监测点布置的高低间隔，尽可能将易聚集气体的死角部位置于有效监测范围中，做到更安全可靠。

【任务实施】

一、任务要求

学员会操作 JB－TBL－2100C 火灾报警控制器。

二、任务准备

JB－TBL－2100C 火灾报警控制器（联动型）与探测器及各种模块组成自动监测系统（图 6－5－16）。

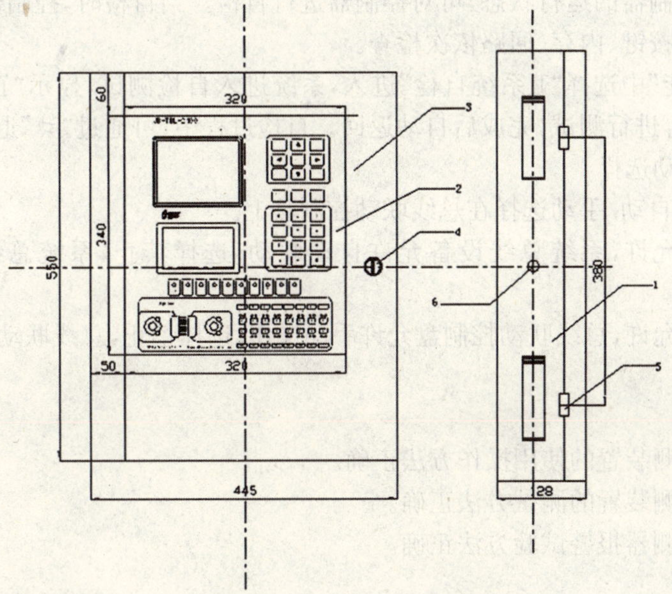

图 6－5－16　自动监测系统

三、任务操作

1. 菜单操作的基本方法

JB－TBL－2100C 型火灾报警控制器采用大屏幕液晶显示器，各种显示和操作功能均以表格和菜单方式处理，操作直观、简单。基本操作方法：

（1）查看报警信息：“↓”“↑”键换行查看信息，“←”“→”键切换报警信息。

（2）菜单操作：功能菜单为多级拉出式菜单。

①菜单选择：“↓”“↑”键选择菜单，也可通过数字键选择对应的菜单（数字键选择将直接进入对应的下一级菜单或执行相应的功能）。

②进入和退出：“→”或“确认”键进入所选的菜单，也可通过数字键直接进入。“←”或

“♯”键返回上一级菜单，在操作菜单或表格中只能通过“♯”键返回。

(3) 编程操作：“↓”“↑”换行，“←”“→”换列，上页和下页换页，“♯”退出，“保存键”保存，“*”键选择，数字键输入。“*”键：当编程项有多种选择时，可连续按*键对所有选项进行浏览和选择，也可以直接用数字键选择。

(4) 每个界面最下一行为提示信息，可参考提示信息操作。

2. 密码锁的打开与关闭

当系统初始化时，显示初始化菜单，在该菜单下系统不接收任何操作。当初始化完成后，系统进入正常工作状态，按“确认键”或“♯”键进入密码输入状态。本机密码设置为两级：一级为用户密码，用来系统自检、查看系统信息、校对时钟、查看事件记录等；二级为安装密码，它不仅有一级密码的功能，还具有对控制器进行编程设置的功能。出厂时用户密码为“1111”，用户密码不允许进行系统编程，安装密码允许所有操作。密码为四位数字，允许输入三次，密码正确进入“系统功能”菜单，三次全错系统返回。

3. 系统自检

为了验证控制器的运行状态，可对控制器进行自检。当自检时，控制器将对显示器、指示灯、声响电路、按键、内存、回路依次检查。

在“系统功能”中选择“1 系统自检”进入，系统进入自检测试，显示“正在测试”。系统对指示灯、音响等进行测试，完成后自动返回。自检过程中，可通过“♯”退出。

4. 自动/手动选择

总线设备的自动/手动选择在总线联动控制盘上。

自动：选择允许，系统总线设备允许自动联动；选择禁止，系统总线设备禁止自动联动。

手动：选择允许，总线联动控制盘允许手动操作；选择禁止，总线联动控制盘禁止手动操作。

【任务评价】

(1) 火警探测装置的使用操作方法正确。

(2) 火警探测装置的测试方法正确。

(3) 火警探测器报警试验方法正确。

【课后练习】

(1) 船舶火灾自动报警系统及火灾探测器类型有哪些？

(2) 船舶火灾自动报警系统及火灾探测器故障有哪些？